A Hadamard del. Imp. Godard, Paris.

La bonne femme et le médecin sur le pont de Bâle.

VOYAGE
EN SUISSE
EN LOMBARDIE
ET EN PIEMONT

PAR

LE COMTE THEOBALD WALSH

ILLUSTRÉ PAR HADAMARD

PARIS

J. VERMOT, LIBRAIRE-ÉDITEUR

33, QUAI DES GRANDS-AUGUSTINS, 33

1862

Tous droits réservés

VOYAGE
EN SUISSE
EN LOMBARDIE ET EN PIÉMONT

A LEURS ALTESSES

MADAME LA PRINCESSE DE HOHENZOLLERN-SIEGMARINGEN

ET

MADAME LA DUCHESSE D'HAMILTON

NÉES PRINCESSES DE BADE

COMME UN TÉMOIGNAGE DE RESPECT ET DE DÉVOUEMENT

L'Auteur

AVANT-PROPOS

Je suis étranger à la géologie, à la minéralogie, à la botanique et à l'économie politique ; je ne suis ni homme de lettres ni artiste ; ceux donc qui désireront savoir ce que je suis,

<blockquote>Car il faut bien enfin que je sois quelque chose,</blockquote>

ceux-là, dis-je, n'ont qu'à parcourir les pages suivantes. Ils y trouveront un peu de tout, et se convaincront, je l'espère, que je suis resté fidèle à mon épigraphe. En entrant en Suisse, j'ai pris à tâche d'oublier tout ce que j'avais lu ou entendu jusqu'alors sur cette contrée tant visitée et si souvent décrite ; évitant de ressembler à ces gens qui vont semant sur leur route les points d'admiration dont ils ont fait provision d'avance, j'ai voulu ne devoir qu'au pays seul toutes mes impressions, et non les recevoir de seconde main. Je me suis efforcé de tenir, en écrivant, un juste milieu entre le style *exclamatoire*, l'enflure descriptive de Bourrit et la pédantesque aridité de William Coxe. Loin de viser à l'effet, j'ai voulu parler de la nature dans un style naturel ; peut-être trouvera-t-on que j'ai trop bien réussi et que ma manière est trop simple; mais j'aime à croire que, pour la rareté du fait, on voudra bien ne pas me faire un crime de cette simplicité.

Je dois prévenir ici les amateurs d'aventures extraordinaires et d'émotions vives que j'ai trop de loyauté pour effrayer le lecteur par le récit de dangers que je n'ai pas courus et le plonger, de gaieté de cœur, dans des angoisses que je n'ai pas éprouvées. Je regrette de n'avoir rien à leur offrir de plus terrible que des journées de dix à douze heures d'une marche fatigante, par des sentiers fort escarpés, fort mauvais, à la vérité, mais dans lesquels il n'eût pu m'arriver rien de pis que de me donner une entorse ou de me démettre un bras, accidents vulgaires et de très-peu d'intérêt.

Destiné très-probablement à rester *l'homme d'un seul livre*, je n'ai rien négligé pour que celui-ci fût aussi irréprochable relativement qu'il m'était donné de le faire : j'oserai dire que la Suisse est ma *chose*; je l'aime, je l'ai parcourue dans tous les sens, à diverses reprises; j'ai fouillé aux sources de son histoire, étudié ses mœurs d'autrefois et ses mœurs d'aujourd'hui; depuis l'année 1828, j'ai passé tous mes étés en Suisse, et j'ai fait à Genève, à trois reprises, des séjours de six mois chacun. Je me suis attaché dans mon livre à faire ressortir les traits du caractère national et les nuances qui distinguent les habitants des divers cantons; je me suis mis en relation avec les hommes les plus marquants du pays, en tous genres, et j'ai puisé, dans leur conversation, de quoi rectifier mes propres remarques et suppléer à leur insuffisance. Il ne me reste plus rien à faire pour mon livre qu'à former un souhait : c'est qu'il procure à mes lecteurs la moitié du plaisir que j'ai trouvé à l'écrire.

VOYAGE EN SUISSE

EN LOMBARDIE ET EN PIÉMONT

BALE

Un voyage en Suisse a toujours été au nombre des projets qui ont souri à ma jeunesse. J'étais décidé à l'entreprendre, mais, à cet âge heureux on a tant de lendemains devant soi que l'on remet tout d'un jour à l'autre; cependant les années s'envolent et leur fuite rapide émousse en nous cette précieuse faculté de jouir, plus regrettable peut-être que le bonheur lui-même, et, lorsque enfin nous songeons à exécuter des projets dès longtemps formés, nous ne nous retrouvons plus tels qu'il nous faudrait être pour le faire avec avantage. L'adolescent qui a rêvé avec délices à son plan favori et l'homme fait qui va le réaliser sont deux êtres bien différents. Jadis je me faisais une joie d'errer au travers de cette belle Suisse en artiste, le sac sur le dos, le livre de croquis sous le bras, vivant de cette vie indépendante et aventureuse qui, tant de fois, m'avait fait envie dans les récits des voyageurs, me repaissant d'illusions et m'abandonnant à ces émotions si vives et si pures que l'aspect d'une belle nature et d'un pays heureux et libre font naître dans une âme qui n'a rien perdu encore de sa fraîcheur native. Aujourd'hui mes dispositions ne sont plus les mêmes, et, si le lecteur y gagne, moi j'y perds beaucoup : un enthousiaste de vingt ans, tout frais sorti du collége, peut se montrer bien ennuyeux, bien ridicule; mais que lui importe? il ne s'en doute pas, il jouit. « Le monde, dit Johnson, est là devant lui tout émaillé de fleurs, comme un lointain doré des rayons du soleil. »

Sterne range les voyageurs en sept classes distinctes, et il est dans l'ordre de rechercher, en commençant, à laquelle de ces classes j'appartiens. Je déclare d'abord que je désavoue toute prétention à la qualification de voyageur sentimental ; le sentiment me devient suspect dès qu'il s'affiche, et je n'aimerais pas à en faire métier. A dix-huit ans, je raffolais de Sterne; mais, devenu plus mûr (dirai-je plus froid?), j'ai cru découvrir que cette sensibilité et ce naturel qui m'avaient séduit n'était plus d'aussi bon aloi, et qu'il y entrait un peu trop d'esprit et de recherche. Je prendrais volontiers le titre de voyageur paresseux qui m'irait mieux que tout autre, mais le soin de ma réputation m'empêche d'y songer : on se hâterait d'en conclure que j'ai l'insolente prétention de faire un livre sans me donner de peine et en m'amusant; je ne saurais, en vérité, trop que répondre. M'inscrire sur la liste des voyageurs curieux, serait prendre en quelque sorte l'engagement de ne dire que du neuf, ce qui, pour la Suisse, est assez difficile, surtout quand on arrive le deux cent quinzième. Restent encore les voyageurs menteurs, les voyageurs oiseux, les voyageurs vains, moroses, tous gens avec lesquels je n'ai, Dieu merci, rien de commun. Ne trouvant donc, dans cette classification, aucune catégorie qui me convienne, je me vois forcé de m'en créer une tout exprès et de me ranger parmi les voyageurs *sans aveu*; cela n'éveillera point l'envie et me laissera une grande latitude.

Huningue et ses fortifications rasées jettent dans une disposition peu bienveillante le Français prêt à entrer à Bâle; il ne peut, en effet, se rappeler, sans un mouvement d'humeur, que c'est aux instances des Bâlois que les hauts alliés ont accordé le démantèlement de cette forteresse. Il existe à ce sujet une anecdote peu connue qui expliquerait leur empressement à solliciter un sacrifice qu'on eût pu leur refuser sans que l'équilibre de l'Europe en souffrît. S'il en fut autrement, c'est qu'il est difficile de se montrer deux fois généreux dans l'enivrement des premiers triomphes.

En 1815, le bourguemestre avait, m'a-t-on dit, réuni quelques amis à souper dans sa maison située proche du rempart : tandis qu'on discutait paisiblement, en mangeant, sur la marche des armées et l'issue probable de la campagne, voilà qu'une bombe, lancée au hasard des batteries de Huningue, enfonce le toit, traverse l'étage supérieur et tombe avec fracas au milieu de la table. Ce plat, qui n'était pas porté sur le menu, fit perdre l'appétit aux convives, lesquels se dispersèrent tout effrayés. On commença dès lors, à Bâle, à faire de sérieuses réflexions sur les inconvénients d'un si importun voisinage qui rendait la clause de la neutralité tout à fait illusoire à l'égard de la ville. Il était clair, en effet, que le commandant de Huningue, manquant de vivres, n'avait qu'à en faire demander aux autorités bâloises, en ayant soin d'appuyer sa requête d'une ou deux bombes, pour être assuré de voir aussitôt arriver le nécessaire, et même le superflu. Il fut résolu, en conséquence, qu'on insisterait fortement auprès des puissances alliées afin d'être débarrassé de cette fâcheuse sujétion qui entravait aussi évidemment le libre arbitre des Bâlois, en dépit de l'inscription bienveillante placée par Louis XIV au-dessus de la porte de la forteresse : « *Sociis tutelam, hostibus terrorem.* »

Après cette anecdote, *se non vera, almen ben trovata*, je veux, toute rancune cessante, rapporter un trait honorable pour nos anciens alliés ; il date de la même époque. La diète helvétique, dominée par la force des circonstances, donne ordre à un corps de confédérés, commandé par le général Bachmann, de se porter en France pour appuyer les opérations des alliés. Ces braves régiments ne purent oublier aussi facilement les liens de confraternité militaire qui les unissaient à nous; ils n'obéirent qu'avec répugnance, et bientôt, l'idée d'avoir à se mesurer avec leurs anciens compagnons d'armes leur devenant insupportable, ils se mutinèrent contre leurs chefs, et déclarèrent qu'ils n'iraient pas plus loin. Il fallut leur faire repasser la frontière de Suisse.

Pour qui n'a vu que nos places de guerre fortifiées à la Vauban et à la Cohorn, c'est un aspect frappant et original que celui que présente une ancienne ville suisse avec ses fortifications du moyen âge; ce long mur d'enceinte, recouvert d'un toit au-dessous duquel règne une galerie d'où les assiégés pouvaient tirer à couvert sur les assaillants; ces fortes tours crénelées s'élevant d'espace en espace pour servir d'arsenal et de retraite lorsque le mur n'était plus tenable ; ces portes en ogive surmontées d'un beffroi d'une élévation prodigieuse, aux quatre angles duquel sont comme suspendues d'élégantes tourelles destinées aux vigies, tout ce que vous voyez vous reporte à un temps qui n'est plus. Ce système de défense est par lui-même bien autrement pittoresque, parle bien davantage à l'imagination que nos ravelins, nos courtines et nos ouvrages à cornes. La poudre à canon a tué ce que la guerre avait de plus poétique.

On vient de me montrer, sur l'un des bancs de la salle où le célèbre Érasme donnait ses cours, un portrait de lui en profil, assez ressemblant, tracé, dit-on, par un de ses élèves avec la pointe d'un canif. Le *cicerone* m'a assuré avoir tout récemment découvert cette antiquité sur laquelle il a passé un trait à l'encre pour la rendre plus apparente. J'ai bien peur qu'il n'en soit de ce portrait comme de la fameuse *plume de l'abdication* que le concierge de Fontainebleau a déjà vendue tant de fois, et qui n'en est pas moins toujours à vendre.

Un de nos plus fameux mathématiciens a dit : « Nous sommes trois en Europe en état de comprendre mon livre. » Ce mot, d'un amour-propre naïf, Érasme eût pu l'adresser à ses contemporains avec juste raison. Ce devait être en effet, pour son siècle, chose bien difficile à comprendre que l'érudition exempte de pédantisme, la gaieté sans licence, l'esprit sans affectation et l'imagination unie au bon goût; je ne vois guère, parmi les hommes marquant de son époque, que **Montaigne**, **Thomas Morus**, **Ulrich de Hutten** et quelques autres qui aient été en état d'apprécier tout ce que valait Érasme. Je joindrais pourtant encore Holbein qui, dans un portrait regardé comme un chef-d'œuvre, nous a représenté cet écrivain tel que nous le retrouvons dans ses ouvrages. C'est le comble de l'art que d'avoir su réunir tant de choses dans un simple profil. Rien de ce qui peut révéler l'homme supérieur n'y est omis : le caractère pensif de ce front, cet œil qui, bien que voilé par la paupière, semble laisser échapper l'éclat du feu dont il brille ; cette bouche si expressive dont les lèvres minces et les coins légèrement relevés indiquent l'atticisme d'un esprit inclin à la raillerie ; ce nez effilé qui passait chez les anciens pour l'un des caractères de la sagacité ; l'effet général résultant de l'ensemble de ces détails si finement sentis et si heureusement rendus, tout enfin, dans cet admirable morceau, rappelle le grand artiste prenant le génie sur le fait.

Dans la même salle se voit aussi le portrait de Luther également peint par Holbein. Tout ce que j'en puis dire, c'est que le voisinage du premier de ces deux morceaux fait autant de tort à celui-ci que l'ingénieux et tolérant Hollandais en eût pu faire jadis au fougueux réformateur, s'ils se fussent trouvés en présence. Le pinceau de l'artiste n'a reproduit ici que la représentation d'une nature commune, je dirai presque ignoble, à laquelle le *mens divinior* semble avoir manqué tout à fait. J'aime à croire que le peintre n'a pas rendu fidèlement son modèle, car, à voir cette large figure, ce regard sans expression, ces traits épais, dépourvus de caractère moral, on croirait avoir sous les yeux un vrai moine défroqué ou quelque bon vivant de bas étage plutôt qu'un homme appelé, par des facultés supérieures et par une foi ardente, à consommer une grande révolution religieuse.

On voit, dans la salle du musée, outre diverses antiquités curieuses trouvées dans les ruines d'*Augusta Rauracorum*, un tableau de la passion peint par Holbein et dans lequel se retrouvent et les beautés et les défauts qui le caractérisent : expressions variées et vraies, poses un peu tourmentées, composition riche, dessin sec et dur, coloris froid. Ses ébauches et ses cartons à la plume et au crayon noir me plaisent beaucoup. C'était un homme d'un caractère original, bizarre, ne travaillant qu'à ses heures, souvent à court d'argent et en prenant peu de souci, en un mot, un vrai artiste. On a recueilli quelques traits de lui assez plaisants, voici l'un des meilleurs.

Il avait fait prix avec un apothicaire pour lui peindre à fresque la façade de sa maison. L'ouvrage avançait lentement, par suite des longues libations que le peintre altéré faisait au cabaret voisin où l'impatient pharmacopole venait souvent le relancer. Holbein imagine un moyen ingénieux pour se soustraire à son importunité ; ce fut de peindre au-dessous de son échafaudage, que recouvrait une toile, deux jambes pendantes qui firent tellement illusion que l'argus lui adressa désormais des compliments sur son infatigable assiduité.

C'est à tort qu'on attribue à Holbein la fameuse *Danse des morts* qui est l'ouvrage d'un peintre nommé Glauber, venu cinquante ans plus tard ; cette fresque n'existe plus ; on en a transporté avec succès sur toile deux têtes qui se voient au musée ; elles m'ont paru d'un bon style.

On me pardonnera de donner ici quelques détails sur le sujet de cette fresque : dans l'origine la *Danse des morts* fut simplement une farce de carnaval avec travestissement. Des masques, représentant la mort et munis de ses attributs, couraient par les rues et les places publiques, faisant danser les passants de gré ou de force ; plus tard, par je ne sais quelle transition bizarre, ces danses s'exécutèrent dans les cimetières en l'honneur des trépassés, avec addition de motets et sentences édifiantes; le clergé en approuva l'usage, et on leur donna le nom de *danses macabres*, de deux mots grecs qui signifient danses infernales; ce thème devint à la mode, les peintres s'en emparèrent; les maisons, les livres d'heures furent ornés des représentations plus ou moins grotesques, plus ou moins ingénieuses qu'ils en firent; les moralistes ne restèrent pas en arrière, les poëtes en tirèrent maintes allégories, ce fut à qui traiterait ce bizarre sujet; on en vint jusqu'à croire qu'un tableau de ce genre, exécuté en accomplissement d'un vœu, était si agréable à la divinité, qu'il pouvait arrêter la marche de la peste et conjurer tous les fléaux [1].

La fresque dont j'ai parlé plus haut avait été peinte, autant que je puis me souvenir, par ordre du concile, à l'occasion de la terrible peste qui ravagea Bâle dans le quinzième siècle. On en voyait encore les restes, il y a quelques années, sur les murs d'un cloître qui menaçait ruine et qu'il a fallu démolir.

J'ai regretté ce cloître; j'aurais été m'y promener. C'était celui de ce bon abbé Martin qui, entré à Constantinople à la suite des croisés vainqueurs, se mit, pour la plus grande gloire de Dieu et de son couvent, à piller dévotement les reliquaires de Sainte-Sophie. Le récit que le moine Gunther nous a laissé de ce pieux exploit, est si naïf, si bien empreint du cachet de l'époque, que je ne puis me refuser le plaisir d'en citer le passage suivant emprunté à la *Bibliothèque des Croisades* de MM. Michaud et Poujoulat :

« Pendant que les vainqueurs dépouillaient gaiement cette ville dont le droit de la guerre les avait rendus maîtres, l'abbé Martin pensa aussi à faire son butin, et, pour ne pas rester les poches vides pendant que tous les autres s'enrichissaient, il résolut de porter ses mains sacrées à la rapine; mais, comme il jugeait indigne de lui d'enlever des choses profanes, il songea à s'approprier des reliques des saints.... Il prit donc avec lui un chapelain, et, poussé par je ne sais quel grand pressentiment, il se rendit dans une église qui était en vénération parce qu'on y gardait de grands trésors et des reliques précieuses.... Pendant que les croisés se précipitaient en foule dans cette église, enlevant de tous côtés

---

[1] Il existe dans quelques bibliothèques un ouvrage rare, publié en 1690 et ayant pour titre : *Simulacres et historiées faces de la mort, danses macabres et danses des morts*.. Il en fut fait coup sur coup plusieurs éditions.

l'or, l'argent et les objets de prix qu'ils trouvaient, l'abbé Martin jugeant au-dessous de lui de commettre un sacrilége si ce n'était pour des choses sacrées, gagna un lieu secret où la religion semblait lui promettre ce qu'il désirait le plus ardemment; il y trouva un vieillard d'une belle figure, portant une longue barbe blanche. C'était un prêtre, mais fort différent des nôtres par son habillement. L'abbé le prenant pour un laïque, lui dit d'un air calme mais d'une voix terrible : « Perfide vieillard, « montre-moi les précieuses reliques que tu conserves, ou attends-toi à « la mort ! » Le vieillard, plus effrayé du ton que des paroles, car il ne les comprenait pas, essaya d'adoucir l'abbé en lui adressant d'un air suppliant quelques mots latins. L'abbé lui fit alors entendre dans la même langue ce qu'il exigeait de lui. Le vieillard alors lui ouvrit un coffre de fer et lui montra des trésors que l'abbé Martin estimait plus que toutes les richesses de la Grèce. A cette vue, l'abbé plongea aussitôt avec avidité ses mains au fond du coffre, et remplit des fruits de son pieux larcin les pans de sa robe et de celle du religieux qui l'accompagnait, puis tous deux, cachant avec adresse ces précieuses reliques, se rendirent à leurs navires. Ceux qui connaissaient et aimaient l'abbé, lui demandèrent, en le voyant, quel était le butin qu'il venait d'enlever. Martin leur répondit d'un air joyeux : « Tout va bien pour nous, » à quoi ils répliquèrent : « *Deo gratias...* » La vertu des saintes reliques protégea constamment l'abbé au milieu des périls de son retour ; la tempête s'apaisait en leur présence, les pirates s'adoucissaient en approchant du vaisseau. Plein de sollicitude pour le trésor qu'il portait, il ne craignit pas de traverser l'Italie en proie aux discordes civiles et de franchir les Alpes infestées de brigands. Enfin il arriva heureusement à Bâle, et fit don à son monastère des fruits précieux de tant de fatigues et de travaux. »

La cathédrale de Bâle, d'un gothique moins svelte, moins délié que celles de Strasbourg et de Fribourg, est cependant d'un bel effet; elle se rapproche, sauf erreur, du style byzantin. Au-dessus du portail, on voit la statue équestre d'un chevalier armé de toutes pièces qui, lancé au galop, enfonce sa longue pique dans la gueule béante d'un dragon ailé. L'homme et son coursier sont si massifs, le dragon est si petit, que de loin le bon chevalier a l'air de donner, du bout de sa lance, la becquée à un moineau en bas âge.

Cette vaste place de la cathédrale a été le théâtre, au moyen âge, de plus d'un tournoi, de plus d'une solennité féodale. Parmi celles-ci, il en est une assez peu connue et digne d'être remarquée. Elle est mentionnée dans ces anciens auteurs sous le nom *mulcte* (punition, amende honorable) du *harnescar*. Ce châtiment, infligé probablement par les tribunaux de l'empire, consistait à conduire processionnellement à la cathédrale le délinquant, nu-tête, nu-pieds et portant sur ses épaules un chien, s'il était comte; s'il était chevalier ou écuyer, une selle, et les cornes d'une charrue avec le soc s'il était bourgeois ou paysan. En 1229, un comte de Ferrette subit à Bâle ce châtiment ignominieux. Nous en retrouvons quelques traces en France, et l'on voit, dans l'excellente *Histoire de Saumur* par M. Bodin, Foulques le Rechin punir de la même manière son fils rebelle qui dut s'agenouiller à la porte de la cathédrale d'Angers, portant sur son dos une selle sur laquelle son père mit le pied.

Près de la cathédrale, règne une terrasse d'où l'on jouit d'une vue étendue, qui peut passer pour pittoresque, lorsqu'on a traversé en droiture la France par la route de Paris à Bâle; au fait, le paysage ne manque ni d'intérêt, ni de grandeur, et le Rhin, dans son cours majestueux, contribue à lui en donner. C'est de cette jolie vallée de la Wiese, dont vous voyez les sinuosités se perdre dans les montagnes de la forêt Noire, qu'est sorti l'un des écrivains les plus populaires de l'Allemagne : Hebel, auteur des *Allemanische gedichte*[1]. Ce petit ouvrage, éminemment original, est rempli de grâce, de naïveté et de la plus ravissante poésie. Son apparition a fait une vive sensation parmi les hommes de lettres et les érudits; de l'autre côté du Rhin, les éditions s'en sont multipliées rapidement et Gœthe lui a consacré plusieurs articles d'une haute et lumineuse critique. Le dialecte dans lequel il est écrit est, à peu de chose près, celui dont se servaient ces tribus allamaniques qui ont peuplé de proche en proche la Souabe et une grande partie de la Suisse; c'est du moins ce que soutiennent les gens versés dans la science de la linguistique.

Les poésies de Hebel sont comprises avec plus ou moins de facilité dans tous les cantons où l'allemand est en usage, leurs idiomes ne différant que par des nuances légères de celui des habitants du Wiesenthal, tandis que, pour les Saxons et les Prussiens, ce livre est presque inin-

---

[1] *Poésies allamaniques.* Les beautés de ce livre ne me semblent pas susceptibles d'être conservées dans une traduction.

telligible. La différence tranchée, qui sépare le haut allemand du bas allemand[1], indique évidemment deux races distinctes, et voici un autre fait qui vient à l'appui de cette opinion. Lorsque le paysan de la Franche-Comté et le montagnard du Jura vous parlent des *Allemagnes*, ils n'entendent point par là la Prusse, la Saxe et la Westphalie, mais bien la Souabe et l'ancienne Suisse, connue dans les anciens documents sous le nom de *Basse-Allamanie*.

Pendant les excès qui accompagnèrent le triomphe de la prétendue réforme, les Bâlois, gênés par la présence du nonce, le menacèrent de le précipiter du haut de cette terrasse; cet argument *ad hominem*, peu conforme à l'esprit de l'Évangile, le détermina à s'éloigner. Cependant, s'il faut en croire Hebel, l'auteur du *Manuel du voyageur en Suisse*, les Bâlois, dans leur zèle, ne s'en tinrent pas à la menace, et ce qu'ils avaient dit ils le firent.

Au reste, si l'on étudie cette grande révolution religieuse ailleurs que dans les histoires toutes faites, on est amené à juger peu favorablement les motifs qui l'ont déterminée, même en mettant à part le caractère de plusieurs des principaux acteurs. Il est aisé de se convaincre par les faits que, dans ces apostasies en masse, l'entraînement, l'esprit d'imitation, l'attrait de la nouveauté, les considérations politiques, souvent même l'intérêt privé, ont eu une plus grande part que la conviction consciencieuse. En mainte occasion, les mesures coercitives sont venues stimuler le zèle des populations indécises, et le protestantisme a eu aussi ses dragonnades. Ici, on ne retrouve rien de cette haute moralité, de cette charité immense, de ce grand caractère de génération sociale que présente l'avènement du christianisme; le doigt de Dieu ne s'y montre nulle part, et partout se trahit l'œuvre des passions humaines; on sent enfin qu'on assiste, non à la naissance d'une religion, mais à l'établissement d'une secte.

Les environs de Bâle offrent un grand nombre de châteaux ruinés; d'un point élevé, j'en ai compté jusqu'à sept, perchés, comme l'aire de l'aigle, sur des rocs presque inaccessibles, à l'entrée de la vallée de la Byrse. On en découvre en outre plusieurs sur les derniers gradins des montagnes de la forêt Noire. Les seigneurs de ces antiques manoirs étaient la terreur des Bâlois pendant le moyen âge. Lorsque, au com-

---

[1] *Hoch-deutsch* et *platt-deutsch*.

mencement du seizième siècle, Bâle entra dans la ligue des cantons suisses, les habitants, rassurés et devenus plus aguerris à la suite d'un état d'hostilité permanent, baissèrent leurs ponts-levis que la crainte, leur avait fait tenir jusque-là habituellement levés, et, pour narguer leurs ennemis, remplacèrent les hommes armés qui veillaient à la garde des postes par des femmes filant leurs quenouilles, tout en percevant les droits de péages.

Notre judicieux et spirituel Philippe de Commines nous a laissé une peinture naïve de ces temps d'anarchie féodale «.... et, pour parler d'Alemagne en général, il y a tant de fortes places et tant de gens enclins à mal faire et à piller et dérober, et qui usent de violence les uns contre les autres pour petite occasion, que c'est chose merveilleuse. Car un homme qui n'aura que lui et son vallet, défiera une grosse cité, et un duc, pour mieux pouvoir dérober avec le port de quelque petit chasteau-rochier où il se sera retraict, il y aura vingt hommes ou trente à cheval qui courront défier à sa requête. Ces gens icy ne sont guères de fois punis des princes d'Alemagne, car ils s'en veulent servir quand ils en ont affaire, mais les villes, quand elles les peuvent tenir, les punissent cruellement et ont bien souventes fois assiégé tels chasteaux et abbattu. »

L'université de Bâle est le plus ancien établissement d'instruction publique qui ait été ouvert à la jeunesse de la Suisse et même de l'Allemagne. Fondée par le pape Æneas Sylvius, en 1460, elle a jeté un grand éclat pendant le seizième et le dix-septième siècle; mais la concurrence des universités allemandes lui a porté un coup fatal, depuis lors, elle a toujours été en déclinant; les abus s'y sont introduits en foule, et il n'y a pas bien longtemps encore que les places de professeurs, diversement rétribuées, étaient le partage exclusif des bourgeois de la ville et se tiraient au sort entre les candidats, lettrés ou non. On assure pourtant que les effets de ce singulier usage n'étaient pas aussi ridicules qu'on aurait pu s'y attendre, des transactions et des échanges à l'amiable venant corriger les caprices de la loterie universitaire. Aujourd'hui, les étrangers sont admis à occuper les chaires, M. Vinet de Lausanne y a enseigné avec talent la rhétorique et la littérature française, et l'Université compte, parmi ses professeurs, des savants qui, par leurs importants travaux, se sont acquis une renommée européenne.

L'ancienne ville impériale, la ville savante et guerrière du moyen âge, n'est plus aujourd'hui qu'un vaste comptoir, une immense fabrique; l'esprit mercantile y a passé son niveau de plomb, et des noms qui se sont jadis illustrés dans la république des lettres et sur les champs de bataille, figurent aujourd'hui sur la porte des magasins et sur les lettres de change. Le descendant du fier faron s'est fait fabricant de rubans, et les M...., les F....., font parler d'eux sur toutes les *places* de l'Europe, comme autrefois les Schaler et les Mœnchen dans les tournois de l'Allemagne. « Où demeure M. de ....., demandai-je à quelqu'un de l'*hôtel de la Cigogne.*» Un Bâlois, qui était présent, me répondit : « Nous n'avons pas ici de *de.* » Voilà des gens bien antiféodaux, pensai-je à part moi, et je m'enquis plus tard de la cause de cette singularité; la voici : la ville de Bâle est la seule de toute la Suisse où l'ombrageuse vanité des bourgeois ait imposé le sacrifice de la particule nobiliaire à tous les seigneurs qui ont sollicité chez eux le droit de bourgeoisie; la morgue patricienne n'est pas la seule ni la plus ridicule.

Après avoir vu se succéder l'aristocratie des châteaux, l'aristocratie des camps, nous sommes menacés d'en subir une nouvelle, qui peut-être nous fera regretter celles qui l'ont précédée; je veux parler de l'aristocratie des comptoirs. Celle-ci a aussi ses titres écrits sur des lettres de change, ses préjugés de caste et ses prôneurs qui ne sont pas toujours habiles. L'esprit du siècle où nous vivons est essentiellement positif et calculateur; mais, tout en affectant un grand zèle pour le progrès des lumières, il est loin de négliger les intérêts matériels; cela n'a rien en soi de blâmable. Cependant les gens qui se sont constitués les champions de la classe financière et industrielle ont peut-être fait preuve d'un empressement mal entendu, en prétendant tout subordonner à celle des supériorités sociales, qui se fonde sur le coffre-fort. Le commerce fait la richesse des nations; à la bonne heure, mais s'ensuit-il qu'on soit recevable à nous présenter, comme les bienfaiteurs de l'État, ces négociants qui consentent à l'enrichir tout en faisant d'excellentes affaires? Je ne vois rien, dans un pareil dévouement, qui surpasse les forces humaines, et pourtant, à entendre certains écrivains industriels, il semblerait, en vérité, que les commerçants, les manufacturiers et les banquiers soient autant de Codrus et de Curtius se précipitant, tête baissée, pour le salut de la patrie, dans les hasards des spéculations et dans le gouffre de l'agiotage. Leur profession est honorable, sans doute, et il m'appartient moins qu'à un autre de chercher à la déprécier, mais, en la faisant trop valoir, on force ceux qui ne l'exercent pas à compter avec et à lui contester une prééminence à laquelle elle n'a pas droit. Il semble, en effet, que le magistrat, le soldat, le savant, l'artiste ont au moins autant de titres à notre reconnaissance et à nos égards que le négociant qui spécule sur les cotons et les cafés et donne, pour de l'argent, le sucre et la cannelle; ne le fît-il même, comme M. Jourdain père, que pour obliger ses amis. Continuons donc à préférer la considération qui se fonde sur des travaux honorables, sur de beaux faits d'armes, ou même, faute de mieux, sur de nobles souvenirs, à celle qui ne repose que sur des sacs d'écus. Gardons-nous de l'excès de cet esprit cupide et mercantile, capable de dégrader notre caractère national, et qui, s'il faut en croire le mot connu d'un homme qui s'est rarement trompé, tend à faire d'une nation voisine un peuple de boutiquiers. « Combien vaut-il? *What is he worth?* » telle est la première des questions qu'on vous adresse en Angleterre sur le compte de quelqu'un; si nous n'y prenons garde, ce triste travers deviendra le nôtre, et ceux qui vaudront réellement le plus seront, parmi nous, ceux qui passeront pour ne *rien valoir*. Le niveau de la cupidité est plus à craindre encore que le niveau révolutionnaire qui, du moins, ne pouvait rien contre la dignité morale et l'estime de soi-même. « Nous voyons, dit Montesquieu, que dans les pays où l'on n'est affecté que de l'esprit de commerce, on y trafique de toutes les actions humaines et de toutes les vertus. »

J'engage ceux qui aiment les souvenirs historiques à se rendre sur le champ de bataille de Saint-Jacques, situé à peu de distance de la ville; il est aujourd'hui couvert de vignobles, dont le vin a reçu le nom de *Sang des Suisses*, en commémoration de l'héroïque défense d'une poignée de confédérés qui y tinrent en échec, pendant toute une journée, un corps d'Armagnacs d'une force décuple, que commandait le Dauphin de France, depuis Louis XI. Leurs vainqueurs, épouvantés d'un succès si chèrement acheté, reculèrent; ils sentirent qu'une seconde victoire pareille à celle-là consommerait leur perte. Voici un trait relatif à cette affaire mémorable, qui nous a été conservé par un contemporain. Un chanoine de Neuchâtel, revenant du concile de Bâle, rencontra en route mille six cents Suisses détachés du camp des confédérés, avec ordre de se jeter dans la ville à tout prix «... Sur ce leur remonstrances que l'ost du Dauphin comportoit vingt-cinq, voire trente mil Armagnacs, champoyants[1] et spoliants monts et vaux par alentour la ville, et sembloit ugne entreprise non humaine de voloir, avec si petit reconfort, gagner les portes à l'encontre de telle espoventable multitoude. Ung des dicts seigneurs des *ligues* (et sembloit iceluy chevalier, par grave et souperbe prestance, avoir autoritey), respondit : Si faut-il qu'ainsi soit faict demain, et, ne povant rompre à la force les dicts empêchements, *nous baillerons nos ames à Dieu et nos corps aux Armagnacs.* » Ils tinrent parole. Æneas Sylvius, alors à Bâle, rapporta que les Suisses arrachaient de leurs corps les flèches ensanglantées pour les lancer à leurs ennemis, et, bien qu'ils eussent les mains coupées, ils ne mouraient point qu'ils ne fussent vengés de celui dont ils avaient reçu le coup mortel. Quatre Armagnacs s'acharnent sur un homme de Schwyts; ils l'avaient renversé, percé de coups et le foulaient aux pieds; son compagnon saisit une hache, fond sur eux, en tue deux, met les autres en fuite, et, chargeant sur ses épaules le corps sanglant de son ami, l'emporte hors de la mêlée.

L'étranger qui se promène sur le pont regarde avec curiosité une grotesque figure en bois apparaissant à une des fenêtres de la haute tour et tirant la langue aux passants par un mouvement régulier que lui imprime le balancier de l'horloge. Cette figure, fort ancienne, remonte à une époque où les habitants du petit Bâle étaient en hostilité continuelle avec ceux de la ville. Un plaisant Bâlois imagina de les narguer par cette grimace permanente; mais ceux-ci opposèrent à l'injurieuse facétie une image encore plus malhonnête qui mit les rieurs de leur côté. Cette anecdote m'en rappelle une autre plus récente et de meilleur goût. Le vieux médecin S***, homme habile et d'un esprit original, passait dernièrement sur le pont lorsqu'une vieille commère bâloise, dans l'espoir d'attraper une consultation gratis, l'arrête et lui expose son état. Le docteur l'écoute d'un air d'intérêt, et, quand elle a fini, lui dit : « C'est bien, ma bonne, je vois ce que c'est; fermez les yeux et montrez-moi votre langue. » La vieille obéit; à l'instant le docteur tourne le dos, s'éloigne, laissant là sa patiente en butte aux railleries des curieux qu'avait rassemblés cette scène bouffonne; un modeleur en terre cuite en a fait un joli groupe.

A Bâle, la vie sociale a peu d'intérêt et de mouvement. Les hommes, après avoir employé toute la journée à leurs affaires, se font voiturer à leur maison de campagne, où ils passent leur soirée en famille. Dans

[1] Tenant la campagne.

l'hiver, ils se réunissent pour boire, fumer, deviser sur le prix des soies et le taux des effets publics et parler politique. Les femmes, absorbées par le soin de leurs enfants, la tenue du ménage, les devoirs de famille, vivent fort retirées. Les petits parlages de coterie (*Small-Talk*), le tricot, les miroirs explorateurs placés aux deux côtés de la fenêtre, emploient le peu de moments qui leur restent, et le passage du salon d'été au salon d'hiver, du salon de gala au salon de famille, forment, avec les mariages et les naissances, les événements de leur vie monotone. Elles n'ont ni le temps ni la facilité d'acquérir des talents et de cultiver leur intelligence; les jeunes gens terminent pour la plupart, à quinze ou seize ans, des études superficielles et cherchent un emploi plus lucratif de leur temps, soit dans le comptoir paternel, soit dans quelque maison de banque ou de commerce à l'étranger. Si les arts, les sciences et la littérature sont cultivés à Bâle, c'est par exception et comme à la dérobée. Les seuls plaisirs qu'on y connaisse sont les dîners et puis encore les séjours annuels dans les bains d'Allemagne et de Suisse.

Je dois pourtant ajouter les concerts; l'hiver, ils sont très-suivis, et Bâle est de toutes les villes de Suisse celle où l'on fait la meilleure musique. On peut en dire autant de Zurich.

Avec les vieilles mœurs, Bâle a conservé beaucoup des vieilles institutions. Les lois somptuaires, par exemple, y sont toujours en vigueur, et les Bâloises qui ont des diamants ne les portent guère qu'aux eaux. Parmi toutes ces femmes de millionnaires, il en est peu qui se permettent le cachemire des Indes. Les maîtrises et jurandes se sont maintenues, et les corporations d'artisans, investies de droits politiques, exercent une influence réelle; le gouvernement et la classe des bourgeois riches sont obligés de les ménager et de se soumettre à leurs exigences.

En 1690, les artisans et le peuple, mécontents de la tendance aristocratique du gouvernement, assiégèrent l'hôtel de ville et y tinrent bloqués les membres du conseil, qu'ils prirent par la famine et forcèrent à capituler. Forts des concessions ainsi arrachées, les chefs des révoltés se saisirent du pouvoir, dont ils usèrent sans ménagement contre leurs adversaires. Entre autres exemples de rigueur, ils frappèrent d'une amende de six mille écus et d'une réclusion de trois ans, dans sa maison, la femme d'un conseiller, jeune et belle personne, pour avoir réuni chez elle et présidé un *conseil* des matrones bâloises qui se mêlaient de politique.

SCHAFFHOUSE

La forêt Noire. — Le Rhin. — Lauffenbourg. — *Chute de Schaffhouse.* — Jean Müller.

La route qui conduit de Bâle à Schaffhouse, en passant par le grand-duché de Bade et en remontant le Rhin, traverse une contrée riante mais sans caractère prononcé; ce n'est plus un pays de plaines mais ce n'est pas encore un pays de montagnes, et le cours du Rhin donne seul quelque intérêt au paysage. Déjà grossi du tribut de toutes les eaux de la Suisse, il se montre digne du surnom de *Vater-Rhein*[1], que les Allemands lui ont donné; on voit déjà sur ses rives les ceps célébrés dans une chanson nationale qui retentit sur toute l'étendue de son cours. Il semble préluder par les vins du Margraviat aux vins du Johannisberg et de Nierstein.

De temps en temps je m'arrêtais en gravissant à pied la montée qui conduit à la petite ville de Waldshut; je jetais encore un coup d'œil sur cette belle et riche Alsace dont les champs immenses se déroulaient jusqu'aux pieds des Vosges. Je disais, pour quelque temps, adieu à la France, et en la perdant de vue, je rêvais déjà au plaisir que j'aurais à la saluer au retour.

J'ai remarqué sur cette route plusieurs ruines de châteaux appartenant jadis à des seigneurs du parti autrichien, tels que ceux de Vaduz,

[1] Le Père Rhin.

Baudeck, Triesen. Les confédérés, lors de la guerre de l'indépendance, y portèrent le fer et le feu. « Jusqu'à quand, s'écriaient les habitants de Waldshut épouvantés, Dieu sera-t-il donc pour les Suisses? » « Jusqu'à ce que vous soyez devenus meilleurs qu'eux, » leur répondit le chevalier Werner de Schynen.

Je ne veux pourtant point passer si près de la forêt Noire sans lui consacrer quelques lignes, ne fût-ce que par reconnaissance. C'est à elle que je dois d'avoir vu en réalité, à vingt ans, ce qu'avaient présenté ma jeune imagination, mes rêves arcadiens et les douces et riantes bergeries de Gesner. En parcourant alors cette contrée peu visitée, j'ai cru me retrouver au milieu de mes anciennes connaissances : l'honnête Amyntas, le vénérable Palémon, la naïve Chloé et l'intéressant Myrtil; enfin j'ai revu ce bon peuple de pasteurs dont j'avais vécu entouré au collége et que je croyais être disparu de la terre avec l'âge d'or. Les manières simples, l'heureuse physionomie, le costume propre et assez pittoresque de ces braves gens concouraient à rendre l'illusion plus complète. Les têtes des vieillards étaient belles et pleines de caractère; les jeunes gens, bien faits et robustes, portaient sur leurs traits réguliers une expression de mâle franchise, et les jeunes filles étaient, pour la plupart, charmantes de simplicité, de grâces et de décence. Cette population se montrait à moi, il faut le dire, sous l'aspect le plus favorable. Tous, petits et grands, s'étaient endimanchés pour recevoir dignement une auguste voyageuse, que sa renommée et ses bienfaits avaient déjà devancée au fond de ces vallées. On ne voyait de tous côtés qu'arcs de triomphe en verdure, chargés de devises, que députations de notables, précédées par le bailli du lieu, armé de l'inévitable harangue qui, en cette occasion du moins, n'était point menteuse; que danses villageoises au son de la cornemuse, et repas à trois ou quatre services, auxquels il fallait faire honneur trois ou quatre fois par jour. Ces hommages étaient rendus avec une cordialité franche et reçus avec un charme d'affabilité qui leur ôtait ce qu'ils auraient pu avoir d'importun ou de servile. Si les mauvais pas qu'on rencontrait quelquefois sur la route arrêtaient, pour un moment, la marche des calèches, ces vigoureux montagnards, dans leur zèle, se précipitaient au nombre d'une douzaine sur les quatre roues, et, soulevant les voitures avant qu'on eût le temps d'être descendu, ils les transportaient plus loin.

Le costume du pays est à la fois pittoresque et riche; les femmes por

Costumes de la Forêt noire.

tent des jupons d'un beau drap rouge, plissés à plis innombrables, des corsets de velours noir, dessinant bien la taille, et d'où sortent des manches bouffantes d'une éclatante blancheur, des bas de coton très-fins et bien tirés, de petits souliers garnis de boucles en argent complètent leur ajustement. Une grosse chaîne du même métal, qui leur fait deux ou trois fois le tour du corps, vient leur tomber sur le côté, et soutient un chapelet avec quelques bijoux, parmi lesquels j'ai remarqué des pièces d'or percées. Leurs cheveux, généralement blonds, leur pendent sur les épaules en grosses tresses entremêlées de rubans de couleur, et sur le sommet de la tête est fixé, soit un nœud de larges rubans noirs, soit un chapeau de paille soufrée dont les bords sont pendants ou relevés des quatre côtés d'une façon aussi originale que coquette. Le crayon aurait peine à en donner une idée exacte, au moins; dans les dessins que j'ai vus, l'effet de cette coiffure n'était point rendu. Le vêtement complet de la plupart de ces paysannes revient, m'a-t-on assuré, à cinq cents francs et plus. Les hommes sont vêtus de noir, à l'exception du gilet, qui, le plus souvent, est en drap rouge, sur lequel se détachent de larges bretelles en cuir piquées et brodées avec recherche.

On remarque, parmi les habitants de la forêt Noire, quelques usages singuliers; de ce nombre est celui qui substitue, à perpétuité, les biens d'une famille sur la tête du plus jeune des fils. L'institution de ces *minorats* a eu pour but, dit-on, dans l'origine, de rendre les mutations de propriété le moins fréquentes possible, afin d'éviter d'avoir à acquitter aussi souvent ces droits onéreux auxquels les successions étaient soumises sous le régime féodal. En entrant en possession, le cadet paye une sorte de légitime à ses frères et sœurs, qu'il n'est pas rare de voir rester comme domestiques dans la maison paternelle jusqu'à ce qu'ils trouvent à s'établir avec avantage. Il arrive aussi qu'un père de famille, se sentant vieillir, abdique, en faveur d'un de ses fils, auquel il abandonne ses biens, en stipulant certaines conditions dont l'inexécution donne lieu quelquefois à des difficultés; car, il faut bien le dire, nos troglodytes de la forêt Noire sont tant soit peu processifs, surtout pendant l'hiver, saison où la longueur des soirées leur permet, après avoir lu un chapitre de la Bible ou commenté la gazette, de fouiller dans de poudreuses paperasses, au sujet desquelles un voisin officieux, un de ces beaux parleurs qui font les capables dans chaque hameau, réveille des prétentions oubliées et ranime des feux mal éteints. Aussi n'est-il pas rare de voir, à la suite de ces consultations gratuites, le vénérable Palémon et l'intéressant Myrtil expier, par quelques jours de prison, le tort d'avoir entamé, à la légère, une mauvaise affaire sur laquelle le juge avait déjà prononcé en dernier ressort.

La principale industrie du pays, depuis que l'introduction des machines a fait tomber la filature du coton à la main, consiste dans la fabrication des horloges en bois, dont il se fait des envois considérables dans toute l'Allemagne; il s'en expédie même jusqu'en Chine. On trouve quelquefois de ces petites pendules du prix de 6 à 12 francs qui marchent avec une régularité surprenante. Les serinettes, ou orgues avec figures mouvantes, qui font les délices des enfants, viennent également d'ici.

Au milieu de ces montagnes stériles et, par conséquent, peu habitées, le voyageur est étrangement surpris, en sortant d'une gorge sauvage qui offre l'image de la solitude la plus profonde, de découvrir un édifice imposant, dont les vastes toits en ardoise, les ailes prolongées, la façade majestueuse et l'élégante coupole se détachent de la sombre verdure des sapins. Cet édifice est l'antique abbaye de Saint-Blaise, qui jadis jouissait d'un revenu considérable dont les princes-abbés savaient se faire honneur. Ils se piquaient d'exercer l'hospitalité noblement; et Voltaire, venu à Saint-Blaise pour y faire quelques recherches dans la bibliothèque, y reçut un accueil distingué, auquel sa célébrité lui donnait des droits, mais que ses opinions antichrétiennes auraient pu lui faire refuser de la part de religieux qui auraient eu une façon de penser moins tolérante. Il n'est pas inutile d'ajouter, pour ces gens qui ne sont pas portés à l'indulgence à l'égard des abbayes richement dotées, que celle-ci nourrissait, par ses bienfaits, les habitants de ces pauvres vallées, possédait une riche collection de livres rares et de manuscrits, et renfermait des hommes qui joignaient à une grande instruction de l'esprit et du goût.

Depuis la sécularisation de tous les couvents de l'Allemagne, Saint-Blaise a été acheté par M. le baron d'Eichtal de Carlsruhe, qui y a établi une grande manufacture d'armes et répand par là beaucoup d'argent dans le pays, où il s'est fait aimer. Cette digression m'a jeté hors de ma route; mais, si elle n'a pas de rapport au voyage actuel, elle a du moins rapport au voyageur, et réveille en lui des souvenirs de temps, de lieux et de personnes qu'il aime à se retracer. Il demande donc grâce pour cette fois-ci et reprend le fil de son itinéraire.

Chemin faisant on a, à Lauffenbourg, un avant-goût des fureurs du Rhin qui se précipite sur une pente, extrêmement inclinée et se brise en bouillonnant contre les rochers dont son lit est hérissé. Ce n'est point, à proprement parler, une chute, mais plutôt un de ces *rapides* si fréquents dans le cours des fleuves du nouveau monde. Quoiqu'il n'y ait ici rien de fort remarquable, il serait pourtant à désirer, pour l'honneur de la *chute de Schaffhouse*, que l'on y arrivât tout neuf en fait de cascades, son effet en serait plus frappant. Il y a à Lauffenbourg une pêcherie de saumons que l'on dit fort productive; on les prend dans des nasses en gros fil de fer, qui, suspendues dans les eaux du fleuve aux *passées* que ces poissons préfèrent, sont relevées soir et matin, au moyen d'une chaîne qui s'enroule sur une manivelle. La rapidité du courant donne une haute idée de la force musculaire des saumons qui réussissent à le remonter, et l'on se sent disposé, quand on a dîné, à s'apitoyer sur le sort de ces aventureux enfants de l'onde, dont les infatigables efforts n'aboutissent, le plus souvent, qu'à les faire figurer, couronnés de persil, sur quelque table d'hôte.

C'est au-dessous de la chute de Lauffen que se fait, m'a-t-on dit, la pêche des saumonneaux, petits poissons sur le compte desquels les ichthyologues sont partagés, les uns soutenant que ce sont, comme leur nom l'indique, de jeunes saumons, les autres prétendant, au contraire, qu'ils forment une espèce à part. Quoi qu'il en soit, il n'y a qu'une seule opinion parmi les gastronomes sur le mérite de ces poissons. Ils sont de la grosseur de nos goujons, dont ils diffèrent du reste autant que la meilleure truite diffère de l'insipide poisson blanc. L'époque à laquelle on les pêche est un temps de bombance pour les gourmets de Bâle. J'ai vu un de ces messieurs dont la figure s'épanouissait et devenait presque poétique en me parlant de ce mets délicat et de la manière de le manger : « Vous prenez le saumonneau entre l'index et le pouce, vous le portez à la bouche, vous aspirez et il entre de lui-même. » Il me semblait voir notre savant et spirituel professeur dans *l'Art de la gueule*, Brillat-Savarin, enseigner comment on doit manger un becfigue pour le savourer dignement.

A une demi-lieue de Schaffhouse, je me suis détourné de la route pour prendre le sentier qui mène à la cataracte dont le tonnerre grondait à mon oreille. En descendant je m'efforçais d'en apercevoir quelque chose au travers du taillis qui bordait le chemin; le cœur me battait d'impatience et je marchais d'un pas rapide, comme si j'eusse craint d'arriver trop tard. Enfin je parviens à un endroit découvert où, d'un coup d'œil, j'embrasse l'ensemble de la cascade, dont les eaux écumeuses blanchissaient sous un ciel sombre et menaçant. Je dois avouer que cette première impression est restée au-dessous de l'idée que je m'en étais faite. Je ne m'attendais à rien moins qu'à voir se réaliser à mes yeux ce qu'avaient présenté à mon esprit ces paroles de la Bible : « *Et les cataractes du ciel s'ouvrirent.* » Les descriptions des grandes scènes de la nature sont le plus souvent exagérées et, pour peu que vous ayez d'imagination, la voilà qui va brochant sur le tout et vous préparant ainsi des mécomptes; c'était là ce qui m'arrivait. J'avais *vu*, dans des pages animées et éloquentes, la chute du Niagara, celle du Velino, et je comparais l'effet de mes lectures à ce qui était sous mes yeux; j'en étais désappointé. Cependant, dès que je fus arrivé au bord du fleuve, jusqu'au pied de la tour d'Imwart, je revins à une appréciation plus juste et trouvai que ce spectacle gagnait de la grandeur et devenait plus imposant à mesure que je m'en rapprochais. Le ciel était orageux; des nuages immobiles s'étendaient comme un voile noir derrière les collines qui dominent le lit du Rhin et jetaient sur ce tableau une teinte sombre et sévère qui lui allait bien. Après être resté une demi-heure en contemplation, exposé à la pluie, je reçus le prix de ma persévérance; le soleil perçant les nuages donna soudain au paysage une vie nouvelle et un nouvel aspect. L'écume devint d'une blancheur éblouissante; des accidents de forme et de lumière rompirent la monotonie de cette masse jusqu'alors confuse; des milliers de diamants étincelaient au milieu d'un tourbillon de vapeurs, sur lequel se balançait, au gré de la brise, un iris dont les vagues contours et les nuances brillantes se perdaient et reparaissaient tour à tour. Le fleuve se précipitait en nappes majestueuses, en gerbes diaphanes, tombait avec fracas dans l'abîme, d'où il rebondissait en bouillonnant pour se dérouler en vagues émues. Puis, devenues plus tranquilles, ses eaux formaient une multitude infinie de petits flots qui brillaient comme des lames d'argent poli et venaient mourir sur le sable du rivage.

On traverse, sur un bateau long et frêle, ces eaux encore assez agitées pour vous offrir les émotions d'une traversée dangereuse, sans vous en faire courir les risques. C'est du milieu du Rhin que l'on voit la chute se déployer avec le plus d'avantage; c'est aussi de là qu'on en juge le mieux l'élévation (d'environ soixante pieds). Le courant vous fait dériver rapidement, et ce n'est qu'avec effort que les bateliers vous ramènent, en rasant la rive, au bas du sentier qui conduit à la galerie. Cette galerie en bois a été pratiquée précisément au point où se précipite la masse d'eau la plus considérable. L'observateur, de cette station, ne peut saisir l'ensemble de la cataracte, qui ne se présente à lui que de profil, mais il en est dédommagé par tout ce qu'un pareil spectacle, vu de très-près, peut offrir de frappant dans ses détails. Brisées et refoulées par les anfractuosités du roc, les eaux s'échappent en gerbes dont les teintes azurées ou verdâtres tranchent sur la blancheur de l'écume; elles se croisent en tous sens, se heurtent et s'éparpillent en pluie étincelante. Des jets de vapeur s'élancent du gouffre bouillonnant, tourbillonnent au gré de l'air violemment agité, et sont balayées dans l'espace. Au fracas continu de la cataracte se mêlent, à intervalles inégaux, de sourdes détonations, dont le contre-coup ébranle cette frêle galerie, sur laquelle un vent impétueux chasse de fréquentes bouffées d'un brouillard qui vous inonde. L'admiration vous rend muet, le bruit vous rend sourd, et vous sortez de là trempé, gelé et enchanté. C'est bien un *enfer d'eau*, ainsi que l'a dit heureusement Byron de la chute de Terni.

Il ne resterait rien à désirer ici, sinon un entourage plus pittoresque; car, à l'exception du château de Lauffen, qui s'élève avec ses tourelles au-dessus de la cataracte, tous les accessoires en sont de peu d'effet. Les collines formant le fond du tableau, ainsi que celles qui bordent les rives, sont couvertes de tristes vignes ou de broussailles, et n'offrent à l'œil qu'une nature pauvre et des lignes monotones. Sur l'un de ces rochers qui élèvent au milieu du fleuve leurs formes arrondies que revêt à peine une végétation chétive, j'aperçus un objet, qu'après un examen plus attentif je reconnus n'être autre chose qu'une figure humaine, grossièrement découpée dans une planche et fixée au roc. Je ne saurais dire l'impression qu'a produite sur moi ce ridicule ouvrage de la main des hommes au milieu de toute cette magnificence. Il n'est pas, après tout, impossible que cette idée ait trouvé des approbateurs; car il est des gens d'un goût bien singulier. Un Anglais qui voyait pour la première fois la *chute de Schaffhouse* s'était écrié d'un ton méprisant:

« Quoi! ce n'est que cela! Il ne vaut guère la peine de venir d'aussi loin pour voir si peu de chose. » En revanche, ce spectacle qui l'avait si faiblement frappé en nature, le ravit de telle sorte quand il le vit dans la *caméra oscura* de la tour d'Imwœrth, qu'il ne trouva pas de termes pour exprimer son admiration. « Oh! oh! » s'écriait-il par intervalles, comme suffoqué par l'enthousiasme.

Ceux qui voudront, comme moi, se donner le plaisir de contempler la cataracte par le clair de lune, pourront passer la nuit dans l'excellent hôtel Weber, bâti depuis quelques années précisément en face. La chose en vaut la peine; l'effet de la chute est tout autre; le silence et le calme du soir, la demi-lueur du crépuscule lui prêtent quelque chose de mystérieux et de grandiose qui porte à la rêverie. A cette heure solitaire, il y a moins pour les yeux, mais plus pour l'imagination.

Ce lieu-ci a failli devenir le théâtre d'un événement tragique. Un amant passionné de la nature, M. Baggesen, que ses ouvrages ont placé fort haut parmi les poëtes allemands, résolut, à une époque où il était ivre d'enthousiasme et de poésie, d'échapper au positif de l'existence en se jetant, la tête la première, dans les eaux de la cataracte. Par bonheur, il avait su prendre si bien son temps, que des bateliers se trouvèrent là tout à point pour repêcher le moderne Empédocle, dans un moment où l'exaltation poétique faisait probablement place, en lui, à l'instinct tout animal de la conservation. Les lecteurs de M. Baggesen n'y ont pas perdu, et lui-même a acquis à bon marché l'honneur de ce saut mémorable; il en a été quitte pour changer d'habits.

Un voyageur allemand a écrit qu'il ne connaissait qu'un seul moyen de donner une idée juste de la *chute de Schaffhouse,* c'était de la mettre en musique. Assurément, depuis la *Description de l'île de Ceylan* en quatuor, par feu M. de Lacépède, description qu'il soutenait ne pouvoir s'appliquer à aucune autre partie du monde, on n'a rien vu d'aussi singulier. Sans m'arrêter à discuter une pareille assertion, je me bornerai à faire observer que la représentation des objets matériels et des phénomènes de la nature sort entièrement du domaine d'un art qui ne peut reproduire que l'impression morale résultant de ces objets. Le *Lever du soleil,* de Haydn, son *Fiat lux,* son *Chien couchant* qui guette et arrête en musique, ne détruisent pas ce que j'avance, car je défie quiconque n'aura pas été prévenu de soupçonner le moins du monde, en entendant ces passages, quelle a été l'intention du compositeur. Quant à la tempête d'Iphigénie en Tauride et au calme qui la suit, c'est autre chose; Gluck l'a traitée dans le système que je viens d'indiquer, et ne s'est pas restreint à l'imitation matérielle, qui, en pareil cas, se rapproche de la chose imitée, comme le roulement des timbales se rapproche du fracas de la foudre. Les amateurs sérieux font peu de cas de la musique imitative : c'est bon pour le gros public.

Un potier a voulu également exercer son génie sur cette scène imposante; il a modelé, en terre cuite, la cataracte y compris ses alentours, et figuré, avec une fidélité scrupuleuse et dans les plus exactes proportions, jusqu'au moindre rocher, jusqu'à la plus humble baraque. Lorsqu'il lui venait des amateurs, il vidait une carafe dans le lit du Rhin, et le fleuve engouffrait les ondes écumeuses dans un abîme de quinze pouces et huit lignes : l'illusion était des plus complètes.

Le Florentin Poggio, l'un des littérateurs les plus distingués du quinzième siècle et qui accompagna le pape au concile de Constance en qualité de secrétaire, est, dit-on, le premier auteur qui fasse mention de la chute de Schaffhouse, dont Montaigne et le président de Thou ont dit quelque chose après lui. Il est curieux de comparer ce peu de lignes, froides et sèches, que les notabilités littéraires de ce temps-là ont consacrées, comme en passant, à cette scène magnifique, avec les longues et pompeuses descriptions qu'en ont tracées les écrivains de nos jours; on a peine à se figurer qu'ils parlent du même objet[1]; à cette époque de demi-barbarie, la *nature* n'était point encore inventée, et c'est une découverte des siècles modernes que celle de cette divinité supplémentaire, en l'honneur de laquelle on a entonné tant d'hymnes qu'elle n'a point dictés. Dans son culte, si fort à la mode aujourd'hui, et qui fait tant d'hypocrites, tout n'est pourtant pas factice. Le sentiment des beautés naturelles est inné chez l'homme bien organisé; cela est hors de doute, mais ce sentiment ne peut se développer qu'à la faveur de certaines conditions dont la première se trouve peut-être dans les raffinements de notre vie civilisée, je dirais presque artificielle, qui nous portent à chercher des jouissances plus vraies et plus intimes en nous rappro-

---

[1] J'ai remarqué pourtant une phrase du *Poggio* qui me parait devoir trouver grâce auprès des lecteurs romantiques du dix-neuvième siècle; la voici : « Le Rhin se précipite entre des rochers avec une telle fureur et un tel fracas, *qu'on dirait qu'il déplore lui-même sa chute.* »

chant de la nature, que l'on goûte d'autant mieux qu'on est plus désabusé sur le vide des plaisirs tumultueux du monde. Le penchant à la rêverie, ce symptôme maladif de nos sociétés modernes, doit aussi contribuer à ce résultat. Nos pères, hommes de livres, ou hommes d'action, n'en étaient pas encore là ; ils vivaient à une époque où l'on savait plus qu'on ne pensait, et où l'on pensait plus qu'on ne sentait, à une époque où les facultés de la mémoire et de l'intelligence étaient exercées aux dépens de celles de l'imagination.

L'impression que produit l'aspect d'un beau pays doit nécessairement s'émousser par l'habitude ; témoin le fait suivant. Une dame de ma connaissance, pleine d'un enthousiasme véritable pour la Suisse, rencontra dans une ferme d'Allemagne un berger du canton de Berne, qu'on en avait fait venir pour soigner des vaches, ses compatriotes. Charmée de pouvoir s'entretenir d'une contrée qu'elle aime avec un homme qu'elle suppose partager toute son admiration, elle l'aborde en lui disant : « Ah ! que c'est un beau pays que la Suisse ! » « Oui, madame, lui répond naïvement le montagnard, c'est un fameux pays pour les bêtes à cornes. » Cette réponse, peu romantique, était pourtant toute naturelle et facile à prévoir ; car il y a moins de poésie dans la tête de ces bonnes gens qu'on ne se plaît à le croire, et puis, d'ailleurs, une admiration de tous les jours, de tous les instants doit finir par s'amortir à la longue.

Le spectacle est usé, l'homme engourdi s'endort.

Il ne faut pas que j'oublie de dire que la vue de la cataracte est affermée... pour douze cents francs par an ! ! J'entends celle de la rive gauche, car, de la rive opposée, on voit le spectacle gratis. Le fermier a profité de l'escarpement du rocher pour pratiquer un seul et unique sentier qui conduit à la galerie dont j'ai parlé et dont l'accès est fermé par deux portes ; on sonne, aussitôt un *cicerone* vient d'en haut vous ouvrir et vous introduit dans le sanctuaire moyennant une rétribution d'un franc par personne. Là, il vous fournit, par-dessus le marché, un manteau de toile imperméable fort nécessaire, et vous guide sur les planches glissantes qui aboutissent au point le plus avancé de cet observatoire aquatique, où peu de personnes peuvent s'aventurer sans éprouver des vertiges. On calcule que le nombre annuel des curieux peut s'élever à deux ou trois mille. C'est donc une assez bonne spéculation.

Schaffhouse est une vieille petite ville, bien bâtie, fort propre et ayant une physionomie à elle. Toutes les maisons ont le pignon sur la rue, et sont ornées extérieurement de fresques dans lesquelles l'artiste a fait plus de frais en couleurs qu'en génie, mais qui cependant donnent à la ville un aspect gai et soigné. Plusieurs de ces maisons, fort anciennes, ont beaucoup de cachet et attirent l'attention des artistes. On voit saillir de chaque façade une ou deux moitiés de tourelles à plusieurs pans, percées de fenêtres et garnies intérieurement de sièges qui en font de petits cabinets, d'où les dames se tiennent, en tricotant, au courant de ce qui se passe par le monde, et suivent de l'œil le voyageur qui, en attendant l'heure de son souper, se promène dans la ville d'un air désœuvré (j'allais dire *ennuyé*, mais gardons-nous-en bien pour l'honneur du corps).

Cette ville-ci est la patrie de l'historien de la Suisse, Jean Müller, que son talent a placé au premier rang des prosateurs de l'Allemagne, dont on l'a surnommé le Tacite. Il m'est tombé entre les mains des fragments de sa correspondance, d'après lesquels il paraît qu'il ne trouvait pas, dans sa ville natale, et en général dans son pays, les encouragements et les facilités dont il aurait eu besoin, lorsqu'il commençait, en 1771, à s'occuper de son *Histoire de la Suisse*, œuvre capitale. Il se plaint des obstacles qu'un étroit esprit de rivalité entre les cantons, et une prudence méticuleuse de la part des gouvernants, opposent à ses recherches. « La Suisse, observe-t-il, a désormais plutôt besoin d'un Tell et d'un Winkelried que d'un Tschudi[1]... Il devient plus que jamais difficile d'écrire selon la conscience, et il pourra bien arriver à mon livre d'être brûlé publiquement dans ce pays-ci ou au moins défendu... »

Cette correspondance est aussi intéressante par le fond que par la forme; on y voit l'historien se dérider de temps à autre, et sa gravité de métier faire place à une légèreté enjouée qui n'exclut pas la profondeur. On s'y associe à ses lectures et à ses travaux; on y recueille des données instructives sur la situation politique de la Suisse à l'époque qui a précédé la fièvre révolutionnaire que nous lui avons inoculée afin d'avoir les profits de la cure; l'auteur fait connaître son sentiment sur les historiens de l'antiquité, et je crois devoir traduire les jugements

---

[1] Auteur d'une chronique célèbre.

sommaires qu'il en porte dans une de ces lettres : « Les anciens ne sont pas tous également bons; César écrit en empereur et c'est mon auteur favori, ainsi que Tacite, pourtant un peu prodigue de réflexions, et Salluste, qui resserre les vérités les plus profondes dans le style le plus énergique. Quant à *monsieur* Tite Live, il me paraît déjà plus diffus, plus louangeur, plus inventeur, quoiqu'il le soit cependant bien moins que *Sa Grâce et Son Excellence monsieur le bourguemaître* Plutarque, dont la prolixité et la crédulité passent toutes les bornes. »

Il est curieux de voir Müller, qui, dans ses ouvrages, a affecté, comme Salluste, de faire usage de tournures vieilles et d'expressions surannées, n'avoir aucun scrupule pour se servir, dans sa correspondance, d'une foule de néologismes qui ne sont, pour la plupart, que des mots français *germanisés* de la manière la plus plaisante; je citerai entre autres, l'expression *Voltairisieren*, pour dire : écrire l'histoire à la manière tranchante et superficielle de Voltaire.

Müller a passé une grande partie de sa vie hors de son pays, a été successivement au service de plusieurs cours étrangères, s'est fait créer baron par l'empereur d'Autriche et est mort, en 1809, ministre de Jérôme, roi de Westphalie. Lorsqu'on a lu ses écrits, d'après lesquels on se le figure comme un Suisse des temps héroïques, on a peine à expliquer sa conduite par ses principes. Aurait-il menti à sa conscience en professant cette fière indépendance de républicain et ce saint enthousiasme pour le pays qui l'a vu naître? ou bien, serait-ce la pureté de son patriotisme qui lui aurait inspiré l'irrévocable résolution de s'éloigner pour jamais d'une patrie dégénérée? A-t-il enfin imité la noble fierté de Caton, ou suivi l'exemple moins honorable de Thémistocle pensionné à la cour du grand roi? Faute de pouvoir résoudre ces questions d'une manière favorable à la mémoire de cet écrivain célèbre, on voudrait les laisser indécises, mais malheureusement ce qu'on sait de sa vie publique et privée ne permet guère de rester dans le doute, et l'on a à regretter que son caractère ne soit pas élevé à la hauteur de son talent. Il serait si doux d'estimer l'homme que l'on admire!

J'engage les voyageurs à ne pas quitter Schaffhouse sans avoir été au village de Herbeling, à une petite demi-lieue de la ville, pour y prendre une idée générale de la chaîne des Hautes-Alpes, ainsi que l'on parcourt le sommaire d'un livre avant que d'en commencer la lecture. Ils jouiront là d'une vue éloignée, mais immense, et, embrassant d'un coup d'œil l'ensemble des cantons les plus pittoresques de la Suisse, goûteront, par anticipation, le plaisir qui les attend, lorsqu'ils les visiteront en détail. Cette petite butte de Herbeling semble vraiment avoir été mise là tout exprès.

ZURICH

Pont d'Églisau. — Lac de Zurich. — Stœfa.

En arrivant pour dîner à Églisau, petite ville située sur le Rhin, à moitié chemin de Schaffhouse à Zurich, je trouvai toute l'auberge en mouvement. Une grande table en fer à cheval occupait la presque totalité de la salle à manger; la cuisinière et ses aides s'agitaient autour de leurs fourneaux; le parfum des fritures et des ragoûts embaumait les corridors et l'escalier; les garçons allaient et venaient, et un jeune homme, à face réjouie, que je pris pour le premier sommelier, surveillait et activait ces préparatifs d'un air empressé. Il me pria de l'excuser s'il ne s'occupait pas immédiatement de moi; il attendait une noce dont le repas était commandé depuis plusieurs jours, et m'invita à passer dans sa chambre, où je voudrais bien prendre patience, en attendant que le mien fût prêt. Je fus très-surpris de me trouver dans une espèce de cabinet d'étude, garni de tablettes, sur lesquelles étaient rangés d'excellents livres allemands, français et anglais, dont plusieurs, je l'avoue à ma honte, ne m'étaient guère connus que par leurs titres. Ces livres, parmi lesquels figuraient de bonnes éditions allemandes des classiques latins, paraissaient avoir été lus et relus, et le lecteur n'était autre que mon jeune homme à figure épanouie, qui, après avoir terminé ses études dans quelque université d'Allemagne, n'avait pas dédaigné de revenir faire, la serviette sous le bras, les honneurs de l'auberge paternelle. Il n'y a qu'une pareille simplicité de mœurs qui soit capable de remédier aux inconvénients que peut entraîner une éducation trop soignée pour un homme destiné à rester dans une situation secondaire où des facultés développées ne sont un bien qu'autant qu'une sage modération nous aide à en régler l'usage. Chez nous, le dégoût et le mécontentement ne tarderaient guère à s'emparer du jeune homme qui, ayant la conscience de ses talents, se verrait réduit à végéter dans une petite ville où il ne trouverait pas des ressources en rapport avec les besoins intellectuels qu'un haut degré de culture lui aurait fait contracter, et où il ne pourrait utiliser cette surabondance de force et d'activité morales qui, si elles restent sans emploi, font le malheur de celui qui les possède, et troublent, en certains cas, la société qu'elles auraient dû servir.

C'est à Églisau que j'ai vu, pour la première fois, un de ces ponts en bois dont la construction est aussi légère que solide, et qui ont cela de particulier que le voyageur, au lieu de passer *au-dessus* de l'arche, passe *au-dessous*. Je vais tâcher d'en donner une description qui me fasse comprendre : Qu'on se figure deux arcs parallèles, faits de plusieurs longues pièces de sapin fortement assemblées, et dont les extrémités reposent, d'un côté sur la culée, de l'autre sur la pile. C'est à ces arcs, distants d'une quinzaine de pieds, que sont enclavées les pièces de bois perpendiculaires auxquelles se trouve comme suspendu le *tablier* du pont, mis à couvert de la pluie par un toit qui lui donne l'aspect d'une galerie; le poids de la calèche la plus légère ébranle tout l'édifice, en apparence très-frêle, et en fait sortir certains bruits gémissants qui ne sont guère propres à rassurer les gens peu familiers avec les effets de l'élasticité. Des chariots de rouliers, chargés de dix ou douze milliers, passent pourtant sur ces mêmes ponts, d'autant moins sujets à se rompre qu'ils ploient davantage.

La situation de Zurich est ravissante et l'aspect de la ville ne dépare point cette situation. Les rives du lac, mollement ondulées, s'inclinent en pente douce jusque dans ses eaux, dont la limpidité est admirable; elles sont ombragées par d'élégants groupes d'arbres, et rendues vivantes par une multitude de villages et d'habitations que leur blancheur permet d'apercevoir à une grande distance. L'œil les suit dans leurs gracieux contours; ici elles s'arrondissent en larges baies, plus loin elles s'avancent dans le lac, formant des promontoires de l'effet le plus varié et le plus pittoresque; les prés, les vignes, les forêts de sapins, les bouquets d'arbres d'une verdure moins sombre alternent et se mêlent de manière à répandre sur le paysage une heureuse diversité. Dans le fond règne un amphithéâtre de montagnes largement dessinées, sur lesquelles se déroulent des pâturages qu'interrompent, çà et là, des bois de sapins. L'horizon enfin est borné par les hautes sommités de Glaris et d'Appenzel dont les masses rocheuses s'élèvent majestueusement couronnées de leurs neiges éblouissantes. Un ciel pur et lumineux, un beau soleil couchant, ajoutaient, lorsque je le vis, à l'effet de ce tableau enchanteur, où tout semble offrir un caractère de bonheur et de calme qui pénètre l'âme et vaut bien, selon moi, les beautés d'un genre plus sévère qui distinguent les autres parties de la Suisse. Ici le site est gracieux, les maisons sont riantes, et les habitants portent sur leurs traits une expression de sérénité et de contentement tout à fait en harmonie avec le pays où ils vivent. De tous côtés je suis frappé de cette propreté recherchée, compagne de l'aisance; je ne vois ni masures ni mendiants. Les sentiers et les chemins qui côtoient le lac sont bordés de petits jardins bien clos et cultivés avec soin; chaque habitation a le sien; et les fleurs n'y sont point oubliées. Des arbres ployant sous le poids de leurs fruits s'alignent sur des tapis de gazon dont la verdure veloutée repose l'œil ébloui par l'éclatant reflet du lac. Vous ne voyez rien de délabré, ni de négligé, rien ne traîne autour de ces maisons, de ces granges et de ces étables; chaque chose est à sa place et vous sentez qu'un esprit d'ordre et de *rangement* préside à toutes les actions de la vie de ces populations laborieuses. Mais (il y a des *mais* à tout!), on ne tarde pas à s'apercevoir qu'il manque quelque chose à cette délicieuse contrée : c'est un costume national. Celui qui y est en usage ne cadre nullement en effet avec la simplicité rustique et le caractère du pays. J'ai parcouru les rives du lac dans toute leur longueur; les habitants avaient leurs habits des dimanches, et j'ai vainement cherché, parmi eux, un seul paysan proprement dit; je n'y ai vu que des *bourgeois*, pour me servir de l'expression des gens de campagne. Les hommes portaient des vestes à pans, des gilets de soie noire, des culottes courtes ou des pantalons en nankin ou autres cotonnades, et des chapeaux ronds à hautes formes; les femmes et les jeunes filles étaient vêtues à la façon de celles des villes, et avaient des robes d'indienne à gigots! leur coiffure n'offrait rien non plus de caractéristique. Ce ne sont plus de simples et naïves Philis à la Gesner; ce ne sont point encore de sémillantes Martons, ce sont de bonnes grosses Gothons, fagotées en spencer, en robes à la mode, et que, de loin, on prendrait, à leur démarche, pour des garçons déguisés.

On a dit que le malheur avait quelque chose de contagieux; j'ignore jusqu'à quel point peut être fondée cette observation fâcheuse en ce qu'elle tendrait à nous éloigner des êtres qui souffrent, et à substituer, à l'impulsion d'un noble dévouement, les froids calculs de l'égoïsme; mais il est une autre remarque plus consolante qui doit servir de compensation à la première : c'est que le bonheur se gagne, lui aussi, et est susceptible de s'accroître par le contact. N'est-ce pas en effet être déjà heureux à moitié, que de vivre entouré de gens qui le sont? Cet inappréciable avantage, les rives du lac de Zurich le joignent à ceux dont la nature les a doués; et, parmi les sites divers que j'ai visités, il n'en est aucun au milieu duquel je me sois senti aussi disposé à m'écrier avec saint Pierre : « Il fait bon ici; plantons-y trois tentes. »

Dans nos tristes pays de plaines, la campagne change d'aspect plusieurs fois dans le cours de la belle saison; à la verdure si gaie et si jeune du printemps nous voyons succéder la verdure plus terne de l'été, qui elle-même disparaît pour faire place à ces teintes jaunissantes et rougeâtres de l'automne. Les prairies se flétrissent de bonne heure et les champs dépouillés ne présentent plus que la couleur du sol, sur lequel croissent encore quelques plantes tardives. Ici il n'en est pas de même; les arbres et les prés se montrent, jusqu'à l'hiver, revêtus de leur parure printanière, et j'ai vu, en septembre, les gazons émaillés de mille fleurs, comme au mois de mai. La richesse du sol, une humidité constamment entretenue par l'abondance des eaux courantes habilement dirigées, conservent à la végétation sa brillante fraîcheur même au cœur de l'été, et bien avant dans l'automne. Je m'étonnais surtout de voir les prés recouverts d'une herbe grasse et vigoureuse, qui se fauche cinq ou six fois dans l'année; mais je ne tardai pas à m'apercevoir que, si les yeux jouissaient, c'était aux dépens d'un sens voisin. M. Simond nous a représenté les nymphes de l'Helvétie épanchant, de leurs urnes fécondes, le liquide trésor des basses-cours sur leurs champs altérés; moi je les ai vues faire avec leurs doigts ce que nos paysans font avec des fourches et éparpiller, d'une main plus équitable que propre, les bienfaits d'un fumier fertilisant sur le velours émaillé des prairies. C'était une parodie triviale du beau tableau du Guide où l'on voit l'Aurore « laissant tomber des fleurs qu'elle ne répand pas. »

Cet usage me fait revenir à la mémoire une idylle zurichoise que la muse pastorale de Gesner n'eût pas désavouée ; elle est de M. David Hess.

Un jeune paysan riche recherche en mariage une fille de son village, qui hésite à accepter sa main, parce qu'elle ne se sent pas assez de goût pour lui (voilà qui est bien zurichois !). Le jeune homme se creuse la tête pour chercher les moyens de se la rendre favorable, et imagine de lui faire, pour le jour de sa fête, une surprise qui doit la toucher ; son plan est arrêté, et il profite de l'obscurité de la nuit pour le mettre à exécution. Le lendemain, lorsque la jeune fille ouvre sa fenêtre pour respirer l'air frais du matin, son odorat est tout à coup frappé par un parfum bien connu ; mais comment s'expliquer la chose ? elle ne possède pas même une vache, et voilà son petit pré, son modeste jardinet arrosés en entier ! Son cœur reconnaissant la met sur la voie ; elle a deviné l'auteur de cette attention délicate... l'affection la plus tendre est seule capable d'un pareil sacrifice, qui ne demeurera pas sans récompense... On devine le reste.

J'ai été on ne peut plus surpris, en entrant pour dîner dans la salle à manger de l'hôtel, d'y trouver réunie une société brillante et d'y voir une recherche de toilettes que je ne m'attendais pas à rencontrer en Suisse. Tous ces amis de la nature avaient l'air d'autant de citadins venus de Paris, de Londres et de Pétersbourg tout exprès pour civiliser ces montagnes et y apporter la mode et les belles manières. Les prétentions de tous genres étaient ici en présence ; des diamants brillaient même sur le cou de quelques dames, les dentelles étaient étalées, bref, on eût cru se trouver à un dîner prié ; et c'est tout au plus si j'ai pu découvrir, dans une foule élégante, quelques jeunes gens portant la blouse ou la veste du voyageur sans en paraître trop honteux. Ces tables d'hôte, après tout, offrent un spectacle assez amusant pour l'observateur. On mange d'abord en silence, tout en jetant un regard furtivement curieux sur ses nombreux commensaux, et en formant, d'après ces physionomies diverses, des conjectures qui mettent souvent en défaut les principes de Lavater. Vous adressez la parole à votre voisin de gauche pour le tâter : c'est un être nul, un homme qui mange : *fruges consumere natus*. Vous vous tournez vers votre voisine de droite : c'est une précieuse, et cependant un troisième convive, dont quelques paroles sensées ou spirituelles vous ont révélé la valeur est là, à quatre places de vous, flanqué d'insignifiants personnages qui n'en jouissent pas et vous empêchent d'en jouir. Dans l'impossibilité de pouvoir causer, il faut se résigner à dîner, et vous dévorez votre dépit avec les fricandeaux, les truites saumonées et le gibier de toutes sortes qui chargent la table. Lorsque la faim a cédé à la profusion des mets, la conversation se généralise et remplace les chuchotements particuliers; les uns font de l'esprit pour amuser les dames, d'autres, tout frais sortis des mains de leur maître de langues, conversent laborieusement en mauvais anglais ou en italien de grammaire et fatiguent l'assistance par leur médiocrité polyglotte. Plus loin, un conteur élève la voix, et faisant subir à ses voisins son itinéraire passé et futur, les entraîne impitoyablement sur les routes qu'il a parcourues, exagère les dangers auxquels il a échappé, épuise les hyperboles de l'admiration, jusqu'à ce qu'enfin, après avoir lassé la patience de ses auditeurs, il se voit interrompu et contraint d'écouter, à son tour, ce qu'il a forcé les autres à entendre. C'est un peu là notre histoire à nous autres faiseurs de voyages.

Le haut bout de la table était occupé par les députés de la diète helvétique; parmi ces visages, remarquables par leur caractère grave et réfléchi, s'en détachait un d'une expression qui contrastait singulièrement avec celles qui l'entouraient. Les traits prononcés de ce personnage, ses yeux noirs et perçants, son font élevé, son nez aquilin, sa physionomie mobile, son teint qui signalait l'influence d'un climat plus chaud, tout, en lui, annonçait un enfant de l'Italie. C'était pourtant un Suisse, mais un Suisse de nouvelle fabrique, député du canton de Tessin.

Parmi les manuscrits de la bibliothèque, on conserve les lettres originales de l'infortunée Jeanne Gray, adressées au savant Bullinger, l'un des *Pères de l'église* de Zwingle. Ces lettres, écrites en latin, se font à la fois remarquer par la gravité des sujets qui y sont traités et par l'élégante correction du style; elles se distinguent en même temps par la beauté des caractères : un expert écrivain ne ferait pas mieux. Quand on songe que Jeanne Gray avait à peine dix-huit ans lorsqu'elle a écrit cette correspondance, enrichie de citations grecques et je crois même hébraïques, dans laquelle la solidité du raisonnement se trouve unie à ce que l'érudition a de plus varié, on ne peut assez s'étonner de l'éducation toute virile que recevaient les femmes de ce temps-là, quand toutefois elles en recevaient.

Une vaste case de la bibliothèque est consacrée exclusivement aux œuvres des auteurs zurichois, si nombreux et si féconds depuis la renaissance des lettres, que la case est déjà presque remplie. S'ils pullulent à l'avenir dans la même proportion, ils finiront bientôt par mettre à la porte les auteurs étrangers et par former, à eux seuls, une bibliothèque toute nationale, dans l'acception rigoureuse du mot. Il est assez curieux que dans cette ville, aujourd'hui si riche en livres et en auteurs, on n'eût pas trouvé, à la fin du quinzième siècle, une seule Bible à acheter, et qu'au milieu du quatorzième aucun des membres du chapitre ne savait écrire.

Parmi les noms de ces écrivains aborigènes, j'ai vu avec plaisir celui de Bodmer, savant aimable, littérateur éclairé et honnête homme, qu'on pourrait surnommer le Platon de l'Athènes suisse. Je ne puis me refuser au plaisir de transcrire une anecdote qui lui est relative et que j'emprunte à M. Ramond : celui-ci, en se faisant présenter à ce vieillard respectable, fut frappé de son extrême ressemblance avec Voltaire qu'il venait de quitter; il lui en fit l'observation. « Si je ressemblais en tout à M. de Voltaire, répondit Bodmer, il ne manquerait rien à ma gloire, mais peut-être M. de Voltaire serait-il plus heureux s'il me ressemblait davantage. » Il y a plus de vraie philosophie pratique dans cette réponse modeste que dans tout le *Dictionnaire philosophique*.

A côté de Bodmer se trouve Lavater, dont on a, je crois, beaucoup trop parlé de son vivant, ce qui fait peut-être qu'on en parle trop peu aujourd'hui. Ce n'était, il me semble, ni un homme de génie ni un bon écrivain. Son système, beaucoup trop absolu, décèle plus d'imagination que de véritable esprit d'observation. On y rencontre bien, par-ci par-là, quelques vérités de détails, des aperçus ingénieux, mais l'ensemble n'en est rien moins que satisfaisant pour la raison, et l'auteur tombe trop fréquemment dans le puéril et dans le ridicule. Ce système, qui consiste à juger les gens d'après leur physionomie, n'est pas sans dangers dans son application; on l'a vu successivement prôné, combattu, puis dédaigné, et il n'a pas malheureusement, pour le sauver de l'oubli, le charme de style et les riants tableaux qui ont soutenu les *Études de la Nature*, en dépit des erreurs qui y fourmillent. Mais si Lavater ne possède que des titres contestés à la considération des gens de lettres, il en a de mieux fondés à l'estime et au respect des hommes de bien. Ce fut un être bon, vertueux, un ami sincère de l'humanité. Sa dernière action fut une bonne action ; il défendit qu'on recherchât son assassin et mourut en lui pardonnant. J'ai parlé de lui avec des personnes qui l'avaient connu intimement ; son imagination exaltée le portait, m'a-t-on dit, vers le merveilleux ; il accueillait, dans sa crédulité avide, tout ce qui présentait un caractère en apparence surnaturel, et, vers la fin de sa vie, il entretenait constamment l'espoir que Jésus-Christ lui apparaîtrait face à face.

Les protestants le regardent comme l'un des apôtres les plus zélés de leur croyance ; d'un autre côté, Jean Müller l'accuse d'être intolérant : reproche singulier à faire à un réformé ! Quant à moi, je lui trouve une façon de penser par trop large, témoin ce passage d'une de ses lettres à Mercier le dramaturge : « ..... J'adore votre dieu ! le dieu de Mercier, de Newton, de Confucius, de saint Paul, de Jésus-Christ ! » De ces cinq noms, dont on remarquera l'étrange amalgame, le premier est souligné d'une seule ligne, le second de deux, et ainsi de suite jusqu'au cinquième qui en a cinq. Ce passage parle peu en faveur de l'orthodoxie d'un ministre du saint Évangile.

Le bibliothécaire vous montrera le livre de psaumes de Charlemagne, dont il a fait don au chapitre. Car ce grand empereur est venu à Zurich ; si vous en doutez, voyez, au-dessus du portail de la cathédrale qu'il a fondée, cette figure revêtue des ornements impériaux : c'est la sienne, à ce qu'on assure. Elle est assise et tient, en travers sur ses genoux, le glaive de la puissance temporelle[1]. S'il vous faut une preuve tirée des chroniques et des légendes, en voici une qui vient en droite ligne du bon archevêque Turpin.

Charlemagne séjournant à Zurich pour rendre la justice, fonder une église, et mettre l'ordre dans l'administration de ses domaines, avait fait poser à la porte de la maison qu'il habitait une clochette que devaient sonner tous ceux qui avaient à solliciter le redressement de quelques griefs. Un jour la cloche sonna ; les chambellans, accourus au bruit, furent bien surpris de ne trouver personne ; la même chose eut lieu le

---

[1] « In diebus dominicis et festivis... ornatus sedebat gladium super genua transversum tenens. » (*Vie de Charlemagne*, par le prêtre Siffrid, son contemporain.)

lendemain; et l'on découvrit avec non moins d'étonnement que le sonneur n'était autre qu'un serpent qui, pendu au cordon de la cloche, l'agitait de toutes ses forces. On ouvrit aussitôt à cet étrange solliciteur, qui se glissa jusqu'au pied du trône de Charlemagne; puis, après s'être dressé sur lui-même, il siffla d'un ton plaintif et sortit en retournant souvent la tête. L'empereur comprit ce jeu muet, il donna l'ordre de suivre la pauvre bête, qui rampa jusqu'à son trou, situé sur le bord de la Limmat et s'arrêta en répétant ses sifflements lamentables. Ils n'étaient pas sans motif : car un gros poisson assiégeait l'entrée de son habitation, prêt à dévorer sa famille. Sur le rapport des commissaires, l'empereur fit justice de l'agresseur, qu'il mangea à son dîner, pendant lequel le reptile reconnaissant reparut pour laisser tomber dans la coupe de Charlemagne un anneau d'or sur lequel brillait une magnifique escarboucle; c'était un talisman qui conférait le don de plaire toujours à quiconque le portait. L'empereur, jugeant que ce talisman allait à son épouse comme une bague au doigt, lui en fit cadeau, et, dès ce moment, il l'aima avec une tendresse et une constance insolites. Mais l'imprudente épouse, qui ne voulait rien devoir qu'à elle-même, jeta un beau jour l'anneau magique dans une source d'eau minérale; et le charme continuant à opérer, Charlemagne s'attacha tellement à ce lieu, qu'il y bâtit une ville dans laquelle il fixa sa résidence et où il voulut être enterré. Cette ville est Aix-la-Chapelle.

Zurich, malgré ses rues irrégulières, me plaît par son caractère d'antique simplicité qui s'harmonise parfaitement avec celui de la contrée et répond à l'idée que je m'étais faite d'une ville suisse. Les maisons, propres et bien soignées, n'offrent, à quelques exceptions près, aucunes prétentions architecturales. Sur la porte de la plupart d'entre elles se lit une inscription gravée dans la pierre, telle que : *au Limaçon, au Cierge, au Berceau, au Bouc*. Dès le premier abord, l'étranger croit voir autant d'auberges, mais le grand nombre de ces inscriptions ne tarde pas à le détromper. L'usage en est fort ancien et les vieux bourgeois de Zurich y rattachent une foule de circonstances relatives à l'histoire de leur ville. La maison du *Bouc*, par exemple, a donné son nom à une association jadis célèbre dans le pays; c'était là que se réunissaient des jeunes gens déterminés, appartenant aux premières familles, et qui, à l'époque où Zurich, alliée avec l'Autriche, faisait la guerre aux Suisses, se rendirent redoutables par leur audace aventureuse. Au nombre de soixante, ils sortaient de la ville en partisans armés jusqu'aux dents, guerroyaient pour leur propre compte et revenaient chargés de butin, ou ramenaient des prisonniers considérables dont ils tiraient de fortes rançons. Quand Zurich fut forcée de faire la paix avec les confédérés, ces *sabreurs* intrépides (schwertler) en furent exclus à la demande de Schwytz. Le conseil répugnait à admettre cette clause, les *Boucs* vinrent en corps le presser de l'accepter, disant qu'ils sauraient bien, d'eux-mêmes, se procurer une paix honorable. Ils quittèrent en effet la ville et se retirèrent dans un château de la Souabe, d'où ils cherchèrent à traiter avec les confédérés, mais sans succès. Ayant été informés enfin que le landammann d'Uri, homme influent, se rendait à Zurich, ils l'enlevèrent et le gardèrent comme otage; ce fut à son active entremise et au besoin que les confédérés avaient du prisonnier qu'ils durent la conclusion d'un arrangement tout en leur faveur; ils revinrent dans leur patrie, et reçurent en outre quelques centaines de florins à titre de rançon.

Au temps de Rodolphe de Habsbourg, Zurich était déjà une ville riche et un point important. Justifiant déjà le vers apologique d'Othon de Frising :

Nobile Turegum multarum copia rerum.

c'était l'entrepôt du commerce très-actif qui se faisait alors entre l'Italie et l'Allemagne, et il n'est pas étonnant qu'une si belle proie ait excité la convoitise des seigneurs du voisinage. Les Zurichois, menacés, s'adressèrent au comte de Regensberg, le plus puissant d'entre eux, pour obtenir son patronage armé, auquel il mit une dure condition; il exigea que la ville le reconnût pour seigneur suzerain et lui prêtât foi et hommage. Montrant ces nombreux châteaux qui commandaient les deux rives du lac, il dit aux négociateurs : « Votre ville est là comme le poisson dans le filet. » Ces fiers bourgeois refusèrent de sacrifier leur indépendance, ils se tournèrent vers Rodolphe de Habsbourg, qui se montra plus accommodant. Commandés par lui, ils emportèrent d'assaut et détruisirent plus tard ces mêmes châteaux de Wulp, d'Uto et de Baldern, dont on avait voulu leur faire peur.

Depuis ce moment jusqu'à celui où ce petit État fut admis à faire partie des cantons, il a eu des fortunes diverses et des jours de crises; s'alliant tantôt avec les archiducs contre les confédérés, tantôt avec les confédérés contre les archiducs, faisant d'autres fois la guerre pour son compte, et contre les uns et contre les autres, passant de la position d'une ville impériale au régime de la dictature, puis de celui-ci aux institutions républicaines, il a déployé, en toute occasion, une activité persévérante dans ses vues de liberté et d'agrandissement, ainsi qu'une inébranlable constance dans les revers qu'il s'est quelquefois attirés. Parmi ses magistrats, Zurich en compte plusieurs qui, politiques consommés et habiles capitaines, ont exercé une grande influence sur ses destinées et sur celles de la Suisse; il n'a manqué aux Brun, aux Stussi, aux Waldmann, qu'un plus vaste théâtre pour rendre leurs noms célèbres. Unissant à l'énergie de l'homme d'action le tact de l'homme d'affaires et la souplesse du diplomate, ils possédaient le secret de cette éloquence qui met en jeu les passions populaires qu'elle exploite; ils n'avaient qu'un but, leur propre élévation, qui souvent se conciliait, il est vrai, avec l'intérêt de la patrie; ils y tendaient de toute la force de leur volonté, d'ailleurs peu scrupuleux sur le choix des moyens. Avides de pensions, d'honneurs et de pouvoir, ils se montraient, une fois arrivés au terme de leur ambition, arrogants envers leurs égaux, durs envers leurs subordonnés, despotiques et jaloux dans l'exercice de leur autorité, qu'ils travaillaient sans cesse à étendre. Stussi et Waldmann expièrent cruellement des torts de ce genre. La faveur du peuple, qui les avait portés à la plus haute fortune, les délaissa, et ils périrent misérablement, l'un dans une expédition malheureuse, l'autre par la main du bourreau.

Stussi était un terrible homme; voici un mot de lui qui le caractérise, ainsi que son époque. Les habitants d'Utznach, petite ville que la comtesse de Sargans avait cédée aux Zurichois par testament, faisant quelques difficultés pour jurer foi et hommage à leurs nouveaux maîtres, Stussi leur dit d'un ton menaçant : « Sachez que les boyaux de vôtre ventre nous appartiennent! » Les pauvres gens ne jugèrent pas prudent de s'exposer à en perdre l'usufruit.

Ce que j'ai dit plus haut de l'aspect de la ville de Zurich est de l'histoire ancienne; c'était encore vrai en 1834, mais aujourd'hui les choses sont bien changées, et Zurich a perdu complétement son caractère depuis la destruction de ses fortifications, sur l'emplacement desquelles on a bâti sans plan, sans ordre, sans alignement, au gré du caprice individuel des acquéreurs de terrain et des architectes; c'est de l'anarchie en moellons et en mortier : cela ne ressemble à rien. Il s'est élevé par-ci par-là quelques belles constructions, l'hôtel *Bauer*, dans la ville, et la Pension, sur le lac, les hôtels du *Belvéder* et du *Lac;* un petit nombre de maisons particulières; mais cela manque d'ensemble et de cachet; rien n'était plus pittoresque que la vue du lac depuis la salle à manger de l'*Épée*, qui était alors l'hôtel en vogue, cette tour du Wellenberg, qui s'élevait d'une manière si originale du milieu des eaux cristallines de la Limmat, faisait admirablement bien dans le paysage comme repoussoir. Elle est remplacée par un pont en pierres fort massif et fort laid, sous les lourdes arches duquel les eaux ont tout au plus la place de passer.

Toutefois l'aspect de la ville, vue du côté du lac, a beaucoup gagné; on en a déblayé les abords, on a planté de jolis jardins dans le goût anglais et tiré un très-bon parti d'un ancien bastion, qui forme une île et sert de débarcadère aux bateaux à vapeur.

Bien que l'*Athènes de la Suisse* soit déchue de son ancienne renommée littéraire et scientifique, et que l'esprit mercantile y ait profondément imprimé son cachet tout prosaïque, le goût des études et des arts ne s'y est pas perdu entièrement. L'enseignement public y a repris un nouvel éclat par suite du système d'épuration auquel ont été soumises les universités d'Allemagne. Beaucoup de professeurs distingués sont venus se réfugier à Zurich. La génération actuelle y compte une réunion de savants, d'écrivains et d'artistes dont la réputation n'est pas circonscrite dans les limites étroites de leur patrie. MM. David Hess, Meyer, de Khaonau, de Wyss, Naigueli, Vogel, Wetzel et plusieurs autres ont contribué à conserver le feu sacré dans cette capitale de la Suisse allemande.

Beaucoup de nos hommes de lettres ne se doutent pas qu'une grande partie de la spirituelle et amusante correspondance de Grimm est due à la plume d'un Zurichois, de Meister, qui, lié intimement avec le chargé d'affaires littéraire du prince de Saxe-Gotha, le suppléait toutes les fois que sa paresse ou le soin de ses plaisirs l'empêchaient de remplir ses fonctions; le prince ne perdait rien au change. C'est un phénomène assez curieux que celui que présentent ces deux étrangers qui, lancés au travers du tourbillon de la société du dix-huitième siècle, parmi toutes ces coteries rivales, ont su échapper au vertige universel et, tout francisés qu'ils étaient quant à la forme, ont conservé pourtant leur individualité germanique, ainsi que l'impartiale liberté de leur jugement. Nul mieux qu'eux ne nous a fait connaître l'époque curieuse à laquelle ils ont vécu, et ne l'a plus justement appréciée sous le point de vue politique, philosophique et littéraire.

Je viens de visiter l'atelier du peintre Vogel, chez lequel j'ai vu plusieurs tableaux relatifs à l'histoire de la Suisse. Cet artiste, fort versé dans la connaissance du moyen âge, en a fidèlement reproduit dans ses compositions les mœurs, le costume et le caractère; mais on peut lui reprocher d'exagérer un peu l'expression de ses figures et la pose de ses personnages, comme de ne pas assez varier les airs de tête. Il s'est trop exclusivement inspiré du type qui se retrouve dans les belles peintures sur verre de l'arsenal de Lucerne; ces défauts sont surtout sensibles dans son Nicolas de Flue prêchant la concorde aux chefs des confédérés. J'aime mieux celui de ses tableaux qui représente les Zurichois partant pour Kappel sous la conduite de Zwingle et d'un Lavater; il y a de l'élan sur ces figures et du mouvement dans l'ensemble de la composition. Un autre tableau a pour sujet un épisode singulier d'une des guerres soutenues par les Zurichois. L'archiduc Albert étant venu mettre le siége devant leur ville avec des forces très-supérieures, les habitants, trop peu nombreux pour résister, revêtirent de toutes les armures disponibles leurs femmes et leurs filles qui, ainsi accoutrées, défilèrent fièrement, la hallebarde à la main, le long des remparts et abusèrent si bien l'ennemi, qu'effrayé de la multitude de ces défenseurs improvisés, il se hâta de lever le siége.

Je conseille aux voyageurs de visiter une promenade qui domine la ville et le lac; c'est une allée plantée de vieux arbres et longeant le cimetière, qui vaut aussi la peine d'être vu. Au bout de cette allée se trouve un monument assez médiocre, élevé à la mémoire d'un artiste distingué, M. George Naigueli, qui a bien mérité des amis de l'art musical. Il a fondé dans le canton des sociétés chorales pour lesquelles il a écrit des compositions parfaitement adaptées à leur destination. J'ai assisté à une séance de la société de Zurich; elle compte cinq ou six cents membres formés par ce maître habile. Il n'y en avait guère que trois cents présents à cette séance, que présidait M. Naigueli. L'exécution était excellente; les morceaux, chantés sans accompagnement, étaient admirables d'ensemble, de justesse et de nuances. Ce cœur de deux ou trois cents voix d'homme, d'un timbre mâle et grave, produit un effet auquel, malgré ma vieille expérience musicale, j'étais loin de m'attendre. Ce n'est point de la musique savante qu'on entend là, ce sont des chants nationaux, religieux et guerriers, ou bien même des chansons de table. Dans la plupart des villages du canton de Zurich et des cantons environnants, il existe de semblables sociétés, dont M. Naigueli peut être regardé comme le fondateur. Cette institution chez les protestants se lie à leur culte; la musique vocale fait partie en conséquence de l'éducation primaire; aussi n'est-il pas rare d'entendre, dans les temples des campagnes, chanter les cantiques en parties avec une grande perfection.

Le rigorisme des anciennes mœurs et l'influence des ministres se sont opposés, jusqu'ici, à ce qu'il y eût un théâtre à Zurich, bien que les habitants de toutes les classes y aiment le spectacle avec passion. On s'occupe maintenant à bâtir une salle, et tout fait espérer aux entrepreneurs qu'elle ne restera pas vide, du moins pendant les premières années. Il y en a déjà quelques-unes qu'il s'était organisé une société d'amateurs, composée en entier d'artisans, qui, ayant couru les pays étrangers, en avaient rapporté le goût du théâtre, avec quelques réminiscences suffisantes pour jouer, tant bien que mal, devant des spectateurs d'un goût peu difficile, les pièces qu'ils avaient vu représenter à Dresde, à Vienne et à Berlin. La troupe se suffisait à elle-même, quant au matériel, vu qu'elle comptait dans son personnel des ouvriers de toutes professions. Le cordonnier, père noble, bottait gratis le héros ferblantier, qui, en retour, le revêtait de pied en cap d'une armure resplendissante. Grâce à cet heureux concours la troupe se trouva prête, et le jour de la première représentation fut annoncé; quelques plaisants de la bonne société se procurèrent des billets, dans l'intention de rire aux dépens de ces Roscius de boutique, mais il en advint autrement, et, au lieu de s'amuser des acteurs, ils s'amusèrent de la pièce. La bonne compagnie en masse se porta en conséquence à la seconde représentation, et applaudit avec fureur; décidément nos amateurs avaient la vogue. Plus tard, la discorde s'étant mise dans la troupe, l'association dramatique fut dissoute par ordre de l'autorité.

J'ai côtoyé la rive gauche du lac pour me rendre à Stœfa, village cité comme l'un des plus beaux de la Suisse. Il est difficile de se faire une idée de tout ce que cette excursion offre d'intérêt par une belle matinée. Le sentier des piétons suit toutes les sinuosités du lac; à chaque pas je découvrais un nouveau point de vue et des beautés nouvelles; une vapeur légère planait sur le paysage, adoucissait les objets sans les cacher, et répandait sur toute la contrée quelque chose de vague et d'indécis qui en augmentait le charme. Une multitude d'oiseaux rasaient d'une aile rapide la surface du lac, se jouaient dans les eaux que sillonnaient de nombreux bateaux chargés de fruits et de légumes. Ces bateaux se rendaient au marché de Zurich, dont les clochers, qu'on apercevait dans le lointain, semblaient sortir du sein des ondes. Les cris joyeux des bateliers, le bruit cadencé de leurs rames parvenaient jusqu'à la rive, et les paysans, occupés à leurs travaux, y répondaient par leurs salutations bienveillantes. Le soleil, encore peu élevé au-dessus de l'horizon, dardait ses rayons au travers d'une atmosphère d'une transparence extrême, dorait les croupes verdoyantes de l'Albis, les vives arêtes de l'Utliberg, et répandait une teinte rosée sur la cime imposante du Glærnisch et des montagnes neigeuses qui bornaient le tableau. Toute cette nature respirait je ne sais quel air de jeunesse et de fraîcheur que je n'avais encore rencontré nulle part ; c'était une de ces vues dont Byron a dit :

> . . . On the heart the freshness of the scene
> Sprinkles its coolness.

J'ai pris, dans cette excursion, ma première leçon d'allemand-suisse, et voici comment. Après avoir marché deux grandes heures, j'arrêtai un paysan pour savoir de lui si j'étais bien sur la route de Stœfa, et combien il me restait encore de lieues à faire. Cet homme me regarda d'un air étonné, me broya, entre ses deux mâchoires, quelques mots durs et inintelligibles, puis passa son chemin. Je m'adressai à un second, à un troisième, sans être plus heureux, si ce n'est pourtant qu'ils me firent comprendre qu'ils ne me comprenaient pas ; j'en rencontrai enfin un quatrième, plus intelligent, sans doute, auquel je répétai ma question, et qui, fendant, pour sourire, la bouche jusqu'aux oreilles, prononça d'un air de triomphe le nom de Stœfa, mais en ouvrant et prolongeant l'œ d'une façon si démesurée qu'il faudrait une demi-douzaine d'accents circonflexes pour pouvoir en donner l'idée. Ce petit incident me fit sentir la nécessité d'étudier la prononciation particulière au pays, et de tirer de mes observations quelques règles indispensables pour la pratique. Le fin saxon que m'avait jadis enseigné mon maître n'était en Suisse qu'un luxe inutile.

J'arrivai pourtant à Stœfa, après une marche de cinq mortelles heures, et ayant fait quatre de ces lieues de Suisse qui approchent de l'infini autant qu'il est donné aux choses d'ici-bas. Ce village est effectivement magnifique et situé dans une position ravissante; je ne regrettai point mon temps ni ma peine, le but et le chemin qui m'y avaient conduit m'en dédommageaient amplement. Après m'être arrêté sur le môle pour jouir à mon aise de cette vue admirable, j'entrai dans une auberge de très-belle apparence, où l'on me servit un dîner des plus mauvais. Je m'en plaignis, et la cuisinière allégua, pour son excuse, que le maître et la maîtresse de la maison étaient aux eaux pour le moment. Or, il est bon de savoir que la fureur des eaux est si universellement répandue par toute la Suisse, qu'il y a à peine, dans les vingt-deux cantons, un individu, riche ou pauvre, jeune ou vieux, qui ne se fasse, en quelque sorte, un devoir d'aller passer au moins une quinzaine à l'un des cent établissements de bains disséminés dans le pays, et qui sont, pour les gens des environs, autant de lieux de plaisance où ils vont se délasser de leurs affaires, prendre, comme on dit vulgairement, du bon temps. On assure même que cet usage est souvent l'objet d'une clause particulière insérée dans les contrats de mariage à la demande de la jeune épouse. Au reste, cet usage date de loin; et, sans remonter aux Romains, qui avaient, comme on sait, la passion des eaux thermales, nous voyons que, dès le quinzième siècle, Bade en Argovie était déjà le rendez-vous de tout le beau monde de la Suisse et de l'Allemagne méridionale; c'était le Baden-Baden d'alors, et l'on y menait joyeuse vie, s'il faut en croire le Poggio, que j'ai cité plus haut : « On s'y baignait en commun, revêtu de longues robes; tout y était pêle-mêle : princes, princesses, prélats, chevaliers, dames châtelaines, moines, astrologues; on y faisait la conversation, on y jouait aux dés, il se servait même des collations dans le bain. »

A Stœfa, ainsi qu'à Richtenschwyl et Wœdenschwyl, qui ne sont également que de gros bourgs, les habitants ont fondé un hôpital pour les pauvres, une caisse d'épargnes et une maison de travail. Dans un coin reculé de ce canton, les paysans, dont la petite rivière de Glatt désolait souvent les propriétés, ont contribué, de leurs bras et de leurs bourses, pour creuser dans le roc vif un tunnel de deux cents pas qui les préserve des ravages des eaux torrentielles. Toutes ces choses se sont effectuées par une simple délibération de la commune, sans la participation et presque à l'insu du chef-lieu du canton. Voilà les bienfaits de l'esprit d'association et du régime municipal.

Le village, ou, pour parler plus juste, la petite ville de Stœfa compte sept cents maisons, et près de quatre mille habitants, tous plus ou moins aisés. Beaucoup d'entre eux sont riches même, et il n'est pas rare de voir de ces paysans ayant deux ou trois cent mille francs. La population est à la fois agricole et manufacturière, ce qui peut se dire généralement de celle des deux rives du lac. Dans chaque maison se trouve un métier pour la fabrication des tissus de soie unis; le père, la mère, les enfants y travaillent dans les moments que leur laissent leurs occupations rurales; de la sorte, il n'y a point de temps perdu, et c'est là ce qui explique comment Lyon est hors d'état de soutenir la concurrence, pour ce genre de produits, avec la Suisse, qui fabrique à bien meilleur marché. Les habitudes d'ordre et de moralité gagnent également à un pareil arrangement; cette race de cultivateurs-fabricants ne peut être assimilée sans injustice à nos paysans de France, non plus qu'à nos canuts de Lyon. Elle est plus instruite, plus industrieuse que les premiers, plus économe et moins démoralisée que les seconds.

L'agriculture, loin d'avoir souffert de ce partage, est dans l'état le plus prospère; le bétail, nourri à l'étable, n'en sort que pour aller boire; il est d'une race monstrueuse, et l'on tue souvent des bœufs pesant trois milliers et plus. Les terres qu'on fume *à noir* produisent étonnamment et ne se reposent jamais. J'ai remarqué beaucoup plus de prairies artificielles, de pommes de terre, de raves que de céréales. C'est du grand-duché de Bade et de l'Alsace que cette partie de la Suisse tire le blé nécessaire à sa consommation. On cultive ici la vigne avec autant de soin qu'en Bourgogne, et l'on récolte une quantité prodigieuse d'un vin acide et sans feu (ce qui tient au climat), mais qui trouve un débit assuré dans le pays.

Dans ce canton les habitants des campagnes savent presque tous lire et écrire; chaque village a un maître d'école, et l'enseignement mutuel, adopté dans un grand nombre de localités, achèvera de rendre universelles ces connaissances élémentaires, qui, pour le paysan, constituent presque à elles seules l'instruction et suffisent au peu de loisirs qu'il a, comme au peu de besoins intellectuels qu'il éprouve. Il règne, parmi ces populations, un respect pour la religion et les mœurs, un amour de l'ordre et un sens droit qui garantissent la société contre l'abus que des passions perturbatrices pourraient faire de ces moyens d'instruction mis à la portée de tous. J'ai examiné les petites bibliothèques de plusieurs habitations de paysans, elles se composent, presque toujours, d'une Bible, de plusieurs livres de dévotion dont les titres sont quelquefois singuliers[1], de quelques traités d'agriculture à la portée de ces lecteurs simples mais intelligents, et, par extraordinaire, d'une *Histoire de Guillaume Tell* écrite en style de légende, ou bien un ou deux volumes contenant les faits et gestes de quelque brigand fameux; il ne m'est jamais arrivé d'y rencontrer un ouvrage impie ou licencieux. S'il s'en colportait de pareils dans les campagnes, ils trouveraient peu d'acheteurs, et le magistrat du lieu, quittant sa charrue, s'empresserait de venir appliquer les règlements de police qui en prohibent la vente. Dans ces temps d'exaltation fébrile qui accompagne et suit les révolutions, la lecture des journaux, plus incendiaires en Suisse que partout ailleurs, a bien causé quelque effervescence parmi les habitants des campagnes, que les clubs travaillaient activement, mais les derniers événements ont prouvé que l'agitation n'était qu'à la surface, et le bon sens du peuple a rendu vaines les menées de ceux qui s'efforçaient de l'égarer.

C'est de Stœfa que partirent en 1795 les premiers mouvements qui eurent pour but et pour résultat d'obtenir, en faveur des habitants des campagnes, une plus juste répartition des droits politiques, ainsi que la suppression du monopole commercial et industriel que s'était réservé le corps des bourgeois de Zurich. On sait que c'était dans ce corps que résidait autrefois la souveraineté; il était devenu tellement jaloux de ses prérogatives que, dans l'espace d'un siècle et demi, il ne fut pas créé un seul nouveau bourgeois. Les écrivains, qui nous représentaient jadis la Suisse comme un pays de liberté et d'égalité, se trompaient étrangement. Dans la plupart des cantons, les bourgeois souverains avaient encore, en 1790, non-seulement des sujets et des vassaux, mais même des *serfs attachés à la glèbe* (Leibeigene).

Tout récemment les rives du lac ont été le point de départ d'une réaction religieuse qui fait honneur à la population. Le gouvernement, fort avancé dans les voies du radicalisme, et, ce qui était pire, dans les ten-

---

[1] L'Apothicaire de l'âme, l'Échelle du ciel, le Jardinet du Paradis, la Cassette au trésor, etc.

dances antichrétiennes, eut la malheureuse et coupable idée d'appeler à Zurich le fameux Strauss pour le mettre à la tête du séminaire. Le but était évident : on voulait déchristianiser le canton, en confiant à des mains pareilles l'enseignement des futurs ministres. Les populations ne s'y méprirent pas; elles se portèrent en masse sur Zurich, accompagnées de leurs ministres, et ayant à leur tête un fabricant riche et influent, M. Hurlimann; le gouvernement terrifié tomba devant une émeute de bâtons; je vis arriver à Bade en fugitifs les imprudents auteurs de cette mesure impopulaire, que personne ne plaignait.

Je suis revenu à Zurich en bateau, et j'ai vu le soleil couchant dorer ce même paysage qui m'avait apparu si frais et si romantique, éclairé par le soleil du matin; je ne saurais dire en vérité lequel de ces deux aspects est le plus enchanteur, et je ne puis que conseiller, à ceux qui viendront après moi, de consacrer une journée à la délicieuse excursion de Stœfa; le temps qu'on emploie de la sorte n'est rien moins que perdu, et d'ailleurs on ne voyage pas en Suisse pour courir et pour arriver.

C'est sous les magnifiques ombrages d'une promenade habituellement solitaire, qu'on a placé, au bord des eaux cristallines de la Limmat, le tombeau de Gessner. L'emplacement est heureusement choisi, mais le style du monument n'y répond pas; il est lourd et sans élégance. On aimerait mieux trouver, sous ces arbres séculaires, au milieu de ces gazons si frais, une simple pierre, à demi-couverte de lierre et de mousse, sur laquelle se lirait le nom du poëte.

L'auteur de la *Mort d'Abel* fort goûté en France, est placé, par les Allemands du dix-neuvième siècle, au nombre de leurs auteurs de troisième ou quatrième ordre; ils paraissent généralement en faire peu de cas, serait-ce, par hasard, parce qu'il n'est que naïf et simple? Quant à moi, je trouve qu'il y a toujours du mérite à être le premier, même dans un genre secondaire. La crainte que j'ai de perdre la première impression produite sur moi dans ma jeunesse par la lecture de cet auteur si touchant et si naturel, m'a pourtant jusqu'à présent, empêché de le relire; aussi est-il fort possible que je m'abuse sur son talent que je jugerais peut-être aujourd'hui d'une façon plus sévère. Mais il est, surtout en littérature, de ces préjugés auxquels on tient, et qu'on ne voudrait pas échanger contre des opinions plus raisonnées, témoin madame de Sévigné, qui, pour rien au monde, n'aurait voulu renoncer à son admiration pour les livres de chevalerie et ces grands coups d'épée qu'elle aimait tant.

Gessner n'est pas le premier de sa race qui se soit illustré; un de ses ancêtres, du même nom que lui, fit hommage à l'empereur Ferdinand d'un grand ouvrage sur le règne animal, et l'empereur lui concéda, en récompense, des armoiries qui faisaient allusion à ses travaux scientifiques. C'était un écusson partagé en quatre quartiers, dont l'un contenait un lion qui figurait son *Histoire des quadrupèdes;* un autre, un aigle pour la partie ornithologique; le troisième un dauphin couronné, et enfin un basilic, afin que les poissons et les reptiles fussent aussi représentés.

Cette famille existe encore à Zurich; la fille de l'auteur de la *Mort d'Abel* a épousé l'un des hommes les plus universellement respectés de la Suisse, le bon, l'attachant M. Gaspard Zellweger de Trogen, ami éclairé de son pays, homme élevé et libéral dans le vrai sens du mot. On lui doit une *Histoire de l'Appenzell* très-complète et renfermant des détails curieux et instructifs.

J'ai vu exercer une compagnie de ces carabiniers zurichois, dont l'adresse et le sang-froid se sont fait remarquer lors de l'invasion des Français; embusqués dans un bois au nombre d'une centaine, ils empêchèrent, pendant deux jours, le corps de Masséna de passer la Limmat; ils prenaient pour point de mire les officiers du génie chargés des travaux du pont de bateaux et n'en manquaient aucun; il fallut effectuer le passage sur un autre point. On est frappé de la bonne tenue de ces hommes sous les armes; c'est que la plupart d'entre eux ont servi et apportent dans ces corps d'élite les habitudes militaires. L'archiduc Charles disait d'eux : « Que les Suisses conservent soigneusement cette arme, c'est la seule qui puisse leur être d'une utilité réelle si jamais ils ont à soutenir une guerre dans leurs montagnes. » Tous les cantons, au reste, paraissent convaincus de cette vérité, et ne négligent rien pour entretenir, parmi les populations, ce goût ou plutôt cette passion pour l'exercice du tir. Il n'est pas un petit village qui n'ait sa société de tireurs se réunissant à jour fixe; souvent il y a des réunions de tous ceux du canton, et dans ces cas-là une prime est décernée aux plus habiles; c'est ordinairement une arme d'honneur. On fabrique à Berne et à Zurich de ces carabines d'une portée et d'une justesse étonnantes; le prix des plus soignées varie de dix à douze louis.

La rapidité des eaux de la Limmat rend croyable une gageure originale qu'ont soutenue, il y a quelques cents ans, douze jeunes Zurichois. Invités, en leur qualité d'alliés, à une fête qui se donnait à Strasbourg, ils voulurent, en bons convives, apporter au festin un plat de leur façon. Ils placèrent, en conséquence, au milieu d'un bateau, un énorme chaudron plein de bouillie de millet toute brûlante, qu'ils entourèrent d'une couche épaisse de foin, et, saisissant leurs avirons, ils partirent au son de la musique et aux cris encourageants de la population réunie sur la rive. Ils ramèrent tant et si bien, qu'ils arrivèrent, à ce qu'on assure, au terme de leur voyage, avant que leur mets ne fût refroidi. Quand on songe à la longueur de ce trajet, d'au moins cinquante lieues, on a de la peine à se persuader (sans vouloir faire tort à la force musculaire et à la véracité de ces navigateurs) qu'ils n'aient pas servi du réchauffé à leurs amis les Strasbourgeois, qui, frappés de cet exploit nautique, n'y auront pas regardé de si près.

Si l'on en excepte quelques bals et quelques concerts publics, Zurich offre peu d'agréments de société, et cette observation s'applique à toutes les villes où les deux sexes vivent habituellement séparés. Les femmes se renferment dans le cercle de leurs occupations de famille, tandis que leurs maris et leurs fils vont, le soir, se délasser du tracas des affaires dans leurs sociétés ou clubs qui leur offrent, avec cette absence de toute gêne qui est le caractère des réunions d'hommes, le passe-temps du billard, de la pipe et du vin du cru, dont ils arrosent la conversation politique ou commerciale. Celle de ces sociétés qui tient ses séances au Baugarten, a fait preuve de goût; il est impossible de boire de mauvais vin en plus belle vue; la première fois que j'y vins il n'y avait que très-peu de monde; les comptoirs n'avaient pas encore lâché leurs prisonniers. Je m'assis donc sur l'esplanade et me mis à regarder devant moi, rêvant et admirant tour à tour. Le concierge, avisant un étranger ainsi inoccupé, se fit un devoir d'hospitalité de venir lui offrir une pipe toute chargée, avec une allumette; je lui répondis que j'étais indigne; il m'apporta, un instant après, une assiette qui contenait du pain, du fromage et un couteau, nouveau refus de ma part; mais mon homme ne se découragea pas et reparut une troisième fois avec une chopine de vin et un verre, je le remerciai encore; pour le coup, il eût été difficile de rendre l'expression qui se répandit sur ses traits; il contemplait, avec un air de profonde stupéfaction, mêlée de méfiance, le bipède insensible à l'attrait de la pipe, du fromage et du vin blanc, et semblait se demander à quelle race appartenait cet intrus suspect. Heureusement M. St..., qui m'avait fait d'une manière si obligeante les honneurs de la ville, vint me saluer et je fus classé.

On retrouve encore ici quelques restes des antiques mœurs, et il est un de ces vieux usages que je signale avec plaisir, parce qu'il atteste qu'il s'est conservé, dans la population, quelque chose de cette bonhomie, de cette honnêteté, de ce respect pour la foi jurée qui, on aime à le croire, étaient plus communes jadis que de nos jours. Lorsqu'un jeune homme et une jeune personne ont fait choix l'un de l'autre, que leurs projets d'union ont été approuvés par les parents, et que la cérémonie des fiançailles a eu lieu, ils ont aussitôt la liberté de se voir seuls ; ils sortent ensemble sans que nul y trouve à redire. La jeune fille est sous la sauvegarde de l'honneur de son fiancé, et il est sans exemple que la confiance des parents ait jamais été trompée.

Après avoir quitté Zurich, je m'acheminai à pied vers l'abbaye d'Einsiedlen, en suivant la rive gauche du lac et les flancs ondulés de l'Albis qui l'emportent de beaucoup, pour la beauté et la variété des sites, sur les collines plus monotones de la rive opposée, où l'on voit un peu trop de vignes. Le joli village de Horgen fut jadis le théâtre de combats sanglants que se livrèrent les Suisses lors de leurs guerres de religion. Successivement pris et repris, il fut pillé, en dernier lieu, par les catholiques, et un homme de Schwitz s'adjugea, pour sa part du butin, la grosse cloche de l'église, pesant trois quintaux, que ce robuste vainqueur, s'en retournant chez lui, emporta bel et bien sur ses épaules. Plus tard, les Zurichois prirent leur revanche et usèrent de représailles ; ayant fait une excursion heureuse sur les terres de l'abbé de Saint-Gall, ils s'emparèrent des cloches du couvent, qu'ils transportèrent à Zurich. Singuliers trophées que ceux-là! Ils rappellent à la mémoire une règle de pillage jadis en usage chez les Romains, et fondée sur cette opinion, générale alors, que dans une ville prise, les temples et les autels cessaient d'être sacrés ; comme si les dieux eussent abandonné, en même temps que la fortune, la cause des pauvres vaincus ; en conséquence, les lieux saints étaient pillés sans scrupule.

Il est des choses qui ne sont bonnes à voir que de loin, et de ce nombre est, selon moi, le caractère national des anciens Suisses. Ce peuple n'a eu qu'une belle époque, celle de son affranchissement; il a vécu ensuite, et vit encore sur sa bonne réputation d'autrefois, qu'il n'a rien fait pour justifier dès qu'il n'a plus eu d'ennemis à redouter. En lisant son histoire on sent s'évanouir le prestige attaché à son nom, et l'on se voit, avec peine, forcé de le faire descendre du rang élevé où ce prestige l'avait placé dans l'opinion. Au fait, du quinzième au dix-huitième siècle, les Suisses ne valaient pas mieux que les autres peuples de l'Europe, qui, eux-mêmes, ne valaient pas grand'chose. Leurs annales, durant cette longue période, n'offrent plus que d'injustes agressions, des marchés honteux, des démêlés de famille; et la famille qui présente le spectacle de ces sanglants débats a perdu, il faut l'avouer, ses plus beaux titres à l'estime et à l'intérêt de l'homme impartial. Les Suisses d'alors ne sont plus ce qu'étaient leurs pères, avec lesquels il ne leur reste qu'un seul point de ressemblance, qui est leur incontestable bravoure. Turbulents, cupides, sanguinaires, ils ne reconnaissent plus d'autres droits que le droit de l'épée et se montrent sans pitié pour leurs sujets conquis ou achetés. On se surprend à regretter de voir libres des gens qui montrent si peu de respect pour la liberté d'autrui, et font un si coupable abus de la leur, et l'on en vient presque à souhaiter que l'Autriche, profitant de leurs divisions, réunisse temporairement sous son joug de fer tous ces frères dénaturés qui se battent, et retrempe, par une oppression commune, un peuple qui paraît avoir abjuré les mâles et antiques vertus auxquelles il a dû sa régénération politique.

Plus tard, ce même peuple, devenu moins remuant, n'en paraît guère plus estimable. Une politique méticuleuse et peu nationale règle ses relations avec les grandes puissances voisines et, dans ses rapports fédéraux, se révèle un esprit de méfiance, de rivalité locale bien différent de cette noble franchise et de ce patriotisme élevé qui jadis siégeaient dans ses conseils. Les intrigues et l'or de l'étranger font taire la voix de l'intérêt public; à l'austérité des mœurs républicaines succède l'amour des honneurs et des pensions. Le parti français, le parti autrichien et espagnol, les factions des *durs* et des *mous* se disputent le pouvoir et ensanglantent tour à tour leurs triomphes. Le lien fédéral se relâche de plus en plus, et, au lieu de cette généreuse devise des vieilles ligues suisses : *Tous pour chacun et chacun pour tous*, les cantons semblent avoir adopté celle-ci : *Chacun pour soi et Dieu pour tous.* C'est dans cet état que l'agression de la Révolution française a trouvé la Suisse, et l'on sait ce qui en est advenu.

Comme il peut y avoir quelques-uns de mes lecteurs auxquels l'histoire particulière de ce pays ne soit pas très-connue, je vais leur ouvrir les trésors de mon érudition d'hier, afin de prouver que ce n'est point l'amour du paradoxe ou une disposition dénigrante qui m'a dicté les réflexions ci-dessus. Parmi les faits nombreux qui viennent à l'appui de mon opinion, je me contenterai de citer l'injuste envahissement et le partage de l'Argovie, du pays de Vaud, l'occupation de la comté de Neuchâtel, les atrocités commises dans le Toggenbourg par Ital Reding; les massacres et les incendies qui ont, à plusieurs reprises, désolé les rives du lac de Zurich; les horreurs exercées en cette ville sur le cadavre du bourguemestre Strussi, dont les bourgeois furieux déchirèrent le cœur à belles dents, et employèrent la graisse à frotter leurs chaussures; le supplice de Waldmann, de Schumacher, de Suter, l'assassinat de Pompée de Planta, victimes de la rage des factions; les proscriptions de Bâle à la fin du dix-septième siècle; les soulèvements des campagnes dans ce canton et dans ceux de Lucerne, de Berne, de Soleure, soulèvements provoqués par l'arrogance et la dureté avec lesquelles les bourgeois des villes exerçaient un pouvoir usurpé; les exactions et la tyrannie révoltante qui pressuraient sans relâche les bailliages italiens et ceux qu'administraient en commun plusieurs cantons; la corruption parvenue à ce point, qu'à Berne, l'ambassadeur de France distribuait solennellement, au son des trompettes, l'argent des pensions que le roi son maître faisait aux membres influents du conseil, et amoncelait sur la place publique de Fribourg, des tas d'écus qu'il faisait remuer à la pelle en demandant : « Si cela ne sonnait pas mieux que les paroles vides de l'Autriche, etc., etc. » Je termine cette triste nomenclature, qu'il ne tiendrait qu'à moi de rendre plus longue, en observant que les discordes intestines qui déchiraient le pays, et la passion pour le service étranger avaient répandu, parmi les populations, de telles habitudes de licence, de sang et de brigandage que, dans une seule année (1480), il y eut, en Suisse, quinze cents individus exécutés pour meurtres et pour vols.

Les villages de cette rive du lac sont beaux, bien peuplés et ne le cèdent en rien à ceux de la rive opposée. On remarque parmi leurs habitants, enrichis par différentes branches d'industrie, un degré de culture qui ferait honte à beaucoup de nos villes du troisième rang. Il s'y trouve des théâtres de société, des cabinets de lecture, des concerts d'amateurs, et l'hiver on y donne des bals par abonnements. Acteurs, lecteurs, musiciens et danseurs, appartiennent tous à cette classe que nous nommons en France celle des paysans renforcés. Dans une petite église près de Richterschwyl, on montre, sur un devant d'autel, un bas-relief représentant Voltaire et J. J. Rousseau foudroyés à côté de leurs ouvrages que dévore le feu du ciel; allégorie qui prouve au moins que leurs noms, ainsi que la tendance de leurs écrits, ne sont pas inconnus dans ces campagnes.

Je dînai à Richterschwyl dans une auberge, ou, pour mieux dire, un hôtel, situé au bord du lac et duquel on jouit d'une vue magnifique. Je m'étonnais de trouver un aussi bel établissement dans un endroit si peu passager, mais ma surprise cessa quand j'appris que c'était le lieu de bains (*Badort*) le plus fréquenté des environs. De là, je pris un bateau pour me rendre à Rapperschwyl; l'après-dînée était superbe et ma traversée fut une délicieuse promenade; cette partie du lac vaut bien celle qui baigne la ville de Zurich; elle est aussi riante; les rives sont aussi peuplées, aussi pittoresques, mais l'effet de l'ensemble est plus grandiose, parce que l'observateur est bien plus rapproché des masses imposantes qu'offrent les hautes montagnes d'Appenzell, de Glaris et de Schwytz, auprès desquelles celles de ce canton-ci ne sont guère que des collines élevées. Les sommités qui dominent le fond du lac de Zurich et celui de Wallenstadt ont, en outre, un caractère abrupt et sauvage qu'on n'apprécie bien que d'ici. J'abordai à la petite île d'Uefenau placée, ainsi qu'un belvédère, au milieu de ce site admirable. C'est là que reposent ignorés les restes d'un personnage qui fit grand bruit dans son temps, de Ulrich de Hutten, poëte lauréat, homme de guerre, controversiste redoutable, auteur aujourd'hui oublié des fameuses *Lettres des Hommes obscurs* qui eurent un succès prodigieux au seizième siècle, et contribuèrent à renouveler en Allemagne la littérature et la philosophie, en portant le dernier coup à la scolastique et au pédantisme aristotélique déjà ébranlés par les attaques des Érasme et des Reuchlin[1]. Il

---

[1] *Litteræ obscurorum virorum.* Les critiques de la célèbre *Revue d'Édimbourg* les mettent à côté des *Lettres Provinciales* et des lettres de *Junius*, tant pour le talent et la verve d'ironie qu'elles renferment que pour l'effet qu'elles ont produit sur les contemporains.

vint terminer ici, dans l'exil et la pauvreté, sa vie aventureuse. C'est aussi dans l'ile d'Uefenau qu'a habité, pendant quelque temps, Hugo Foscolo, l'un des littérateurs les plus distingués de l'Italie moderne, qui se vit également proscrit pour ses fameuses lettres de *Jacobo Ortis*, dont l'apparition fut, de l'autre côté des monts, un événement politique autant que littéraire. Ces lettres, écrites en 1797, sont brûlantes d'exaltation, on croit entendre le fougueux tribun Rienzi, évoquant, du haut des ruines du Capitole, le génie de Rome antique et appelant à la liberté ses compatriotes dégénérés. On trouve bien, dans tout cela, de la déclamation et de l'enflure, mais c'était l'inconvénient inhérent au sujet, inconvénient rendu encore plus sensible par le caractère pompeux et emphatique de la langue italienne, telle que l'ont traitée quelques prosateurs modernes. Au reste, Hugo Foscolo a eu le mérite, assez rare dans les temps de révolutions, de rester fidèle à ses principes au prix de tous les sacrifices. Après avoir, en vrai Italien, exhalé son éloquente indignation contre les auteurs du traité de Campo-Formio, et pleuré sur l'asservissement de sa patrie qui en fut la suite, il s'exila en Angleterre, où il vécut de ses travaux littéraires; il y est mort il y a peu de temps. Quelqu'un qui l'a connu intimement, m'a dit qu'il n'avait rien de romain dans son extérieur non plus que dans ses habitudes. Il était petit, laid, très-fat, ridiculement recherché dans sa mise, sans pour cela abandonner ses prétentions d'auteur.

On raconte que la petite ville de Rapperschwyl doit son existence à une circonstance singulière. Un certain comte, Rodolphe de Toggenbourg, revenant dans ses domaines, après une longue absence, son sénéchal, en qui il avait une confiance entière, vint au-devant de lui avec le dessein de lui dévoiler les torts de son épouse. Il commença par lui annoncer qu'il avait une chose de la plus haute importance à lui communiquer en secret: mais le comte qui, peut-être, avait déjà conçu quelques soupçons, l'interrompit aussitôt par ces paroles : « Dis-moi ce que tu as à me dire, mais je t'avertis de ne pas te permettre un mot d'observation sur la comtesse qui est la bien-aimée de mon cœur et la joie de ma vie. » Le prudent sénéchal sentit le danger d'une confidence aussi intempestive, et, pour donner le change à son seigneur et cacher son trouble, il se rabattit sur la situation précaire de la contrée, et sur les moyens de pourvoir à sa défense, concluant par le conseil de bâtir un château fortifié et un village sur la langue de terre où ils se trouvaient, ce à quoi le comte Rodolphe acquiesca tout d'abord. C'est la première fois, à ma connaissance, qu'une cause semblable aura amené un pareil résultat. Je prie donc les esprits chagrins de vouloir bien accepter la fondation de Rapperschwyl en compensation de la ruine de Troie. Cette pauvre ville expia, on le croirait du moins, la tache de son origine; car il n'en est pas, dans ce pays-ci, qui ait été plus souvent prise, reprise, rançonnée, pillée et brûlée. Dans le quinzième siècle, tenant encore pour l'Autriche, elle fut assiégée, pendant sept mois, par les forces des Suisses réunies, et le blocus fut si rigoureux que les habitants, à ce qu'assure un chroniqueur, manquaient d'eau, bien que le lac baignât leurs murs. Le fait est difficile à croire; ils n'avaient qu'à gratter le sol à la profondeur de quelques pieds pour trouver l'eau horizontale.

C'est l'archiduc d'Autriche Léopold qui a fait construire, un siècle avant, entre Rapperschwyl et Pfeffikon, le pont en bois qui réunit les deux rives du lac, dans sa partie la plus étroite. Ce pont est, je crois, le plus long qui existe; il m'a fallu, en marchant d'un pas ordinaire, vingt minutes pour arriver au bout. Il est praticable pour les voitures, mais sans garde-fous, de sorte que si l'on a affaire à des chevaux ombrageux qui s'effrayent du retentissement de leurs pas sur ces planches mobiles, on court risque d'être culbuté dans l'eau et de s'y casser le cou, en raison du peu de profondeur; ce qui, au milieu d'un lac, est un genre de mort assez peu ordinaire. Il ne paraît pas que les atterrissements augmentent de manière à permettre de prévoir le moment où les deux rives, venant à se réunir, formeront deux lacs au lieu d'un.

Dans les hivers très-rigoureux, il arrive parfois que le grand bassin du lac gèle en entier. Escher, vieil auteur zurichois, raconte que la chose eut lieu de son temps et qu'un étranger, peu au fait des localités et trompé d'ailleurs par une épaisse couche de neige, traversa, par le brouillard, le lac dans toute sa longueur. Arrivé à Zurich, il parla de la belle plaine, si unie, sur laquelle il avait trotté pendant plusieurs heures; on lui dit que c'était le lac; le pauvre homme tomba de son haut, en entendant cela, et faillit mourir des suites d'un effroi rétroactif.

A peine a-t-on quitté le pont qu'on commence à gravir le chemin roide et raboteux qui franchit le mont Ezel et conduit à la célèbre abbaye d'Einsiedlen. Je m'aperçus bientôt que j'entrais dans la région voisine des Alpes; les bouquets de sapins devenaient de plus en plus nombreux, les arbres des plaines plus clair-semés; aux terres cultivées succédaient les pâturages, et je ne voyais plus d'habitation que de loin en loin. Après avoir monté péniblement pendant deux heures et demie, j'atteignis le sommet sur lequel se trouvait l'auberge isolée où je devais passer la nuit. Grande fut ma joie quand, de ma fenêtre, je découvris la vue du versant opposé; je me fis montrer le Rigi, avec lequel je me proposais de faire plus ample connaissance le surlendemain, et j'allai m'asseoir sur un mamelon, proche la maison, pour profiter des derniers moments de la soirée. De ce point, on jouit d'une vue aussi variée qu'étendue, tant sur la plaine ondulée de la Suisse, depuis le lac de Constance jusqu'aux sommités de la forêt Noire, que sur les cantons montagneux de Glaris et d'Appenzell. Le soleil, se couchant au milieu des nuages floconneux, éclairait partiellement la contrée de la manière la plus piquante; des îles de lumières se détachaient çà et là, du sein des ombres; les lacs, dont l'azur foncé contrastait, en quelques endroits, avec la verdure qui les encadrait, brillaient plus loin comme des miroirs éblouissants; les neiges du *Sentis* étaient revêtues d'une teinte rosée, tandis que les rochers nus qui surplombent au-dessus du lac de Wallenstadt offraient de ces tons chauds qu'on retrouve pourtant quelquefois en Suisse. Sur les deux rives de celui de Zurich, de nombreux clochers s'élevaient du milieu des arbres, et le fer-blanc qui recouvre leurs flèches légères étincelait aux derniers feux du jour. Après une marche fatigante, je savourais, en égarant ma vue sur le paysage, la douceur d'un repos acheté, et ce bien-être, tout à la fois physique et moral, que l'on éprouve quand on a atteint une certaine hauteur, à laquelle le jeu des poumons semble plus libre, et l'action vitale plus facile. J. J. Rousseau a très-bien décrit cette sensation dans une de ses lettres, où il rend compte d'une excursion en Valais. D'un point qui domine celui où je me trouvais, l'œil embrasse, m'a-t-on dit, un horizon beaucoup plus vaste, et cette seconde sommité pourrait susciter une concurrence fatale à la vogue du Rigi, si des rivalités locales ne s'opposaient pas à ce qu'on y bâtisse une auberge. Toutefois, je crois que la position plus centrale de cette dernière montagne lui assurera toujours la prééminence.

SCHWYTZ

Einsiedlen. — Morgarten. — Lac d'Égeri. — Zoug. — Vallée de Goldau. — Arth.

Je repartis le lendemain de bonne heure; c'était un dimanche; à chaque pas, je rencontrais sur ma route des groupes de pèlerins disant leur rosaire que le salut de l'étranger ne leur faisait pas interrompre. Les femmes marchaient séparément, par petites bandes de quatre ou cinq; plus loin des hommes, de tout âge, cheminaient en silence, le chapeau à la main, ou bien récitaient ensemble les prières que l'un d'eux commençait à voix haute. Je n'apercevais ni dans leur démarche, ni dans l'expression de leur physionomie, rien qui sentît l'hypocrisie ou l'apathique insouciance qui accompagne les pratiques d'une dévotion machinale. Ces pèlerins, graves et recueillis, ne me rappelaient aucunement ces habitudes de dissipation et de désordre si sévèrement reprochées à leurs devanciers; ils ne donnaient pas la plus légère prise au ridicule, et leur aspect était véritablement édifiant... Mais il me semble déjà voir le ricanement philosophique contracter les lèvres de quelques-uns de mes lecteurs. Ah! laissez de grâce, à ces pauvres montagnards, leurs antiques et consolantes *superstitions!* Le pèlerinage d'Einsiedlen ne vaut-il pas bien les orgies de vos esprits forts de cabaret, et les excès de tout genre qui en sont trop souvent la suite? Les hommes en seront-ils donc meilleurs et plus heureux lorsque, à l'aide de l'égoïsme, vous serez parvenus à substituer votre doctrine de l'intérêt bien entendu aux vieilles croyances qui ont régénéré le monde?

L'emplacement de l'abbaye paraîtrait admirablement choisi, si l'on ne savait pas que ceux qui ont élevé ces *maisons de Dieu* (gotteshaus) n'ont pas eu, pour la plupart, la liberté du choix. Il leur a fallu bâtir leurs premières cellules, remplacées plus tard par de plus somptueux édifices, dans des lieux reculés, incultes, que les puissants de la terre leur abandonnaient afin qu'ils rachetassent, par leurs prières, les égarements d'une vie trop mondaine. L'architecture simple et grave du couvent, ses lignes prolongées, ses vastes ailes s'harmonisent on ne peut mieux avec la nudité et le caractère sévère de ce vallon retiré, où, sauf quelques petits bois de sapins, l'œil ne découvre que d'immenses pâturages sur lesquels s'élèvent des habitations éparses et que dominent les cimes de ces deux rochers inaccessibles qui, en raison de leur bizarre configuration, ont reçu le nom de *Crocs de Schwitz*. La nature n'offre rien en ces lieux qui puisse étonner ou distraire l'imagination, mais il y règne une solitude et un calme qui conviennent parfaitement à l'esprit des institutions monastiques; tout y est monotone comme l'existence des religieux. En effet, cette continuelle affluence de pèlerins ne peut faire pour eux diversion; elle ne frappe que l'étranger qui voit ici ce qu'il n'a pas vu la veille, ce qu'il ne reverra pas le lendemain, et qui s'en retourne ému.

Que de fois ces pieux asiles ont caché les derniers jours de leurs nobles fondateurs! Les chroniques nous apprennent qu'à l'époque qui suivit les croisades, le penchant pour la vocation religieuse était devenu général parmi les seigneurs et les chevaliers; cela se conçoit. Fatigués de la vie guerroyante à laquelle ils étaient condamnés, blasés sur les jouissances grossières qui étaient les seules qu'ils connussent, usés par l'action et par l'âge, qui, en imposant silence aux passions tumultueuses, permettait au cri d'une conscience bourrelée de se faire enfin entendre; entretenus dans l'idée alors dominante, qu'il n'était pas de chemin plus sûr pour arriver au ciel que la porte d'un couvent, ces hommes naïfs et pleins de foi se réfugiaient dans la vie contemplative ainsi que dans un port, et embrassaient avec ardeur, comme une expiation, les austérités du cloître. *Mirabilis multitudo prudentium et no-*

bilium virorum ad claustra confugit, dit le continuateur de Berthold de Constance, *comites et marchiones in coquina et pistrina fratribus servire et porcos eorum pascere pro deliciis computabant*[1]. »

Comme je n'écris point un *Manuel du voyageur*, je me dispenserai de parler tout au long de l'image miraculeuse de la Vierge, de l'élégante chapelle en marbre noir qui lui sert de sanctuaire au milieu de la nef; des nombreux *ex-voto* qui couvrent les murs; de cette plaque d'argent percée de cinq trous dans lesquels les pèlerins introduisent dévotement leurs doigts, je ne sais pourquoi; de ces douze tuyaux de la fontaine, auxquels ils boivent successivement, afin de ne pas manquer celui qui a servi à désaltérer le Sauveur : ces détails se trouvent partout. Comme je parcourais l'église, j'ai remarqué, à une espèce de bureau, un religieux recevant des pièces de monnaie, de la main des pèlerins qui se pressaient en foule autour de lui, et leur délivrant, en échange, un petit papier. Cette circonstance eût suffi à un voyageur aussi peu charitable et aussi partial que Coxe, pour conclure aussitôt que les bons pères avaient renouvelé le commerce lucratif des indulgences; quant à moi j'ai constaté que ces billets ne sont autre chose que les quittances de l'argent donné pour faire dire des messes. Dans un coin obscur une jeune dame, en grand deuil, priait agenouillée; ses traits, à demi-cachés par un long voile noir, étaient remarquables par leur délicatesse et leur pâleur; peut-être pleurait-elle la mort prématurée d'un époux, et venait-elle demander, aux pieds de la vierge d'Einsiedlen, la conservation des jours d'un enfant, l'unique consolation de son veuvage. Quoi qu'il en soit, elle était, dans cette foule nombreuse de pèlerins, le seul être qui eût l'air *intéressant*, dans l'acception que le monde attache à ce mot, et le seul dont un poëte, un peintre et un romancier eût pu faire quelque chose; tous les autres ne disaient pas la moindre chose à l'imagination.

En visitant la bibliothèque je parlai au religieux qui m'accompagnait de quelques manuscrits curieux qu'on m'avait montrés à Zurich; il se mit à sourire en me disant : « Ils se sont enrichis de nos dépouilles; » puis il m'apprit que la bibliothèque du couvent avait été mise au pillage, lors de l'invasion des Français, à la suite desquels certains biblio-

---

[1] Une multitude étonnante d'hommes nobles et prudents se réfugie dans les cloîtres; des comtes et des marquis mettent leurs délices à aider les frères dans les travaux de la cuisine et de la boulangerie, et à nourrir leurs cochons.

philes zurichois étaient venus criant : *Væ victis!* et faisant main-basse sur ces trésors enfouis dans la poussière d'un cloître, et dont les propriétaires étaient, selon eux, incapables d'apprécier la valeur. Les religieux, avertis à temps, avaient transporté dans les recoins les plus inaccessibles de leurs montagnes et jusqu'en Tyrol, les vases sacrés, les ornements du culte ainsi que l'image miraculeuse, à laquelle ils avaient substitué une autre vieille statue, bien noircie par le temps, que les vainqueurs ne manquèrent pas d'expédier à Paris comme un trophée de la victoire remportée sur la superstition.

Le pasteur Bridel demandait à l'un des religieux de l'abbaye si l'image de la Vierge faisait encore des miracles : « *Oui, sans doute*, répondit le religieux, *et le plus grand, c'est que, dans un siècle comme le nôtre, on continue à venir la visiter.* » Il avait raison; cette affluence est prodigieuse. Je m'amusais, de la fenêtre de mon auberge, située sur la grande place, à observer la foule des pèlerins venus de toutes les parties catholiques de la Suisse. La diversité de ces figures, marquées, selon les différents cantons, d'un type particulier, me semblait réfuter suffisamment l'opinion de l'historien Jean Müller, qui croit que la population suisse est en grande partie aborigène ou primitive, et non pas composée des débris de ces peuplades d'origines diverses, qui, tour à tour victorieuses ou vaincues, ont inondé l'Europe. Les femmes, vêtues de leurs costumes nationaux, se distinguaient principalement par la variété de leurs coiffures, bizarres pour la plupart, et parmi lesquelles je n'en ai trouvé que peu qui m'aient paru élégantes. De ce nombre était celle de notre jeune hôtesse, dont je vais tâcher de donner une description intelligible pour les dames que cet article intéresse plus spécialement. Qu'elles se figurent donc deux larges bandes d'une dentelle blanche, plus ou moins belle, s'élevant, à l'aide de l'empois, verticalement au-dessus de la tête, comme la double crête d'un coq, ou plutôt comme les ailes repliées d'un papillon. Elles sont fixées à un bonnet très-exigu, tout juste, suffisant pour contenir les cheveux et orné d'un bouquet de fleurs artificielles et de brimborions d'or et d'argent. Toute la coiffure est retenue sur la tête au moyen d'une épingle en or ou en vermeil, qui descend jusque sur le front. Elle a le défaut de ne pas convenir également à tous les âges, par exemple, la vieille belle-mère de mon hôtesse, avec ses cheveux gris, sortant de dessous un énorme bouquet que surmonte cet élégant échafaudage de dentelles, ne ressemble pas mal à la figure de l'hiver portant, sur sa tête chargée de frimas, la corbeille du printemps.

Mon hôte, jeune homme de fort bonne mine, m'apprit, tout en m'apportant mon dîner, qu'il avait servi comme lieutenant en pays étranger, mais que, sur les ordres pressants de son père, il avait quitté, depuis quelques mois, le service militaire pour celui de son auberge. Il ne paraissait pas avoir pris encore philosophiquement son parti sur cette mutation, ni s'être résigné à son rôle de Cincinnatus. Il regrettait l'épaulette de capitaine qui s'offrait à lui, dans une très-prochaine perspective, alors qu'il avait donné sa démission, et que les agréables loisirs de la vie de garnison étaient encore présents à sa pensée et lui arrachaient des soupirs. Ce jeune homme-là, me disais-je, est assurément bien loin des mœurs patriarcales; eh bien, que quelques années s'écoulent, qu'il devienne père de famille, et des habitudes d'ordre feront bientôt succéder, à ces vaines fumées de gloriole, des idées plus saines et plus en harmonie avec sa position. Citoyen d'un État démocratique, et participant, pour son compte, à l'exercice de la souveraineté, il appréciera les avantages d'une situation indépendante, et cessera de regretter la solde d'une puissance étrangère et l'existence vide et inoccupée du militaire en temps de paix. En dirigeant ses propres affaires, il se mettra au courant de celles de sa commune et de son canton. Un jour il pourra être élu premier magistrat de son village, faire partie, par la suite, du grand-conseil, et être appelé enfin à être un des membres influents du gouvernement de cette petite république, qui l'enverra en diète discuter ses intérêts et les affaires générales de la Suisse. Si je repasse alors par ici, je ne reconnaîtrai plus mon évaporé de lieutenant, rentré dans la vie civile si fort contre son gré; on l'a dit avec raison : les institutions font les hommes.

Einsiedlen est la patrie du fameux empirique Paracelse, qui passa une partie de sa jeunesse dans cette vallée solitaire. Voici ce qu'il dit de lui-même dans un de ses écrits : « Apprenez, médecins! que mon bonnet *en sait* plus long que vous, et que ma barbe a plus d'expérience que toutes vos académies!... C'est vous qui devez me suivre, et non pas moi qui vous suivrai, Avicenne, Bhazès, Galien, Mesué! Vous aussi, docteurs de Paris, de Montpellier, de Souabe, de Misnie, de Cologne, de Vienne, des bords du Danube, du Rhin; vous, îles de la mer; toi, Italie; toi, Dalmatie; toi, Athènes; vous, Grecs, Arabes, Israélites; je le répète, c'est vous qui me suivrez : mon règne est arrivé. » On voit, au travers de ce flux de pathos, que la modestie n'était pas la vertu du bonhomme; il se trompettait tout uniment lui-même. Aujourd'hui on y fait plus de façons, c'est le voisin qui vous rend ce service à charge de revanche. Pour en revenir à Paracelse, son caractère original, son imagination fantasque et la brusque singularité de ses manières avaient accrédité, parmi les simples habitants de cette vallée, l'opinion qu'il était possédé d'un malin esprit, et ce sera sans doute cette croyance populaire qui aura fait donner le nom de *pont du Diable* à un petit pont jeté sur un filet d'eau, tout près de la maison du prétendu démoniaque, lequel n'aura pas manqué d'être soupçonné d'opérer ses guérisons les plus merveilleuses à l'aide de la magie noire. Ce même penchant à la superstition est encore commun dans ce canton-ci, et, vers la fin du dernier siècle, une pauvre vieille femme a été condamnée au bûcher, comme sorcière, sur la déposition de trente témoins, et a reçu, d'après les expressions officielles du temps, « le juste châtiment de son crime » sur la place de Schwytz.

L'instruction publique est fort en arrière dans cette partie de la Suisse, ce qu'il faut attribuer en partie, non à l'influence du catholicisme, ainsi que quelques protestants le prétendent, mais à l'éloignement des habitations, dispersées sur la surface du pays et rarement groupées en hameaux. J'ai vu, dans une description topographique du canton, qu'en maints endroits les enfants étaient obligés de faire deux et trois lieues pour aller à l'école et en revenir. Ce n'est guère que pendant une moitié de l'année qu'ils peuvent la fréquenter, le soin et la garde de leurs bestiaux absorbant tout leur temps dans la belle saison. Or, en hiver, les communications doivent être presque impraticables; il ne leur resterait donc, de compte fait, que trois à quatre mois par an à consacrer à leur éducation : il n'y a pas lieu de s'étonner de ce qu'elle soit si fort négligée.

Le district d'Einsiedlen offre un aspect des plus monotones; aussi loin que l'œil peut s'étendre, on ne découvre que des pâturages. Tous les habitants sont voués à la vie pastorale et ne subsistent que du produit de leur bétail, renommé pour sa beauté; il s'en exporte, chaque année, trois ou quatre mille têtes pour l'Italie. Le peu de blé qui se consomme dans le pays vient d'Allemagne; on n'y voit presque point de champs cultivés, et, il y a trente ou quarante ans, l'usage de la charrue et du fléau y était inconnu. Le froment, à cette époque, s'y cultivait dans les jardins comme objet de curiosité, et le pain est, encore aujourd'hui, considéré comme objet de luxe dans la plupart des localités. Le laitage et les pommes de terre font ici, comme dans beaucoup de cantons, le fond de la nourriture. Lorsque, à l'époque de la grande disette qui suivit la guerre de la révolution, les comités de bienfaisance voulurent distribuer des lentilles aux habitants, ceux-ci refusèrent d'en manger. Le terrain se prêterait ici aussi bien qu'ailleurs à la culture des céréales; mais la crainte des mauvaises récoltes, le penchant à l'oisiveté et l'esprit de routine qui forment le caractère distinctif des peuples pasteurs ont, jusqu'à présent, repoussé toute tentative d'innovations.

Comme je quittais l'auberge, j'y vis entrer une caravane de petits voyageurs; c'étaient des écoliers de douze à seize ans et plus, qui, sous la conduite du maître de pension et d'un sous-maître, couraient gaillardement le pays, le sac sur le dos et le bâton ferré à la main; ceux-ci avaient déjà fait leurs quatre ou cinq lieues dans la matinée et n'en paraissaient nullement fatigués. Ces courses pédestres dans les Alpes sont fort en usage dans les maisons d'éducation de la Suisse; on y consacre le temps des vacances, et les élèves s'en trouvent à merveille au physique ainsi qu'au moral. Ils apprennent à voir, à se tirer d'affaire, et, quittant momentanément la vie studieuse pour la vie d'action, ils font connaissance avec le monde extérieur, où leur goût et leur esprit d'observation rencontrent mainte occasion de se développer. Je ne suis pas aussi partisan de ce moyen d'éducation et de ce genre de passe-temps pour les pensions de demoiselles, qui ont beaucoup plus à perdre qu'à gagner à courir ainsi par monts et par vaux; pourtant on a vu, à ce qui m'a été assuré, tout un essaim de jeunes personnes venir en pèlerinage au Rigi, pour admirer la belle nature.

Je ne veux pas quitter l'abbaye d'Einsiedlen sans mentionner un fait historique qui a de l'intérêt, en ce qu'il montre comment de petites causes peuvent amener de grands résultats. Un droit de pacage, contesté par les religieux aux pâtres de Schwytz, et au sujet duquel l'empereur prit parti pour l'abbaye, fut le germe de ressentiments qui, s'envenimant de plus en plus, et se compliquant, de part et d'autre, de tous les intérêts hostiles et de toutes les prétentions rivales de l'époque, ne tardèrent pas à allumer une guerre longue et sanglante, d'où sortirent l'indépendance de la Suisse et la ruine de la noblesse qui avait tenté d'arrêter le mouvement.

Afin d'éviter un long détour et d'arriver plus tôt sur le champ de bataille de Morgarten, je pris à Rothenthurm, qui est à une lieue, un paysan qui, malheureusement, n'avait jamais fait le chemin par lequel il se proposait de me conduire. Il résulta de sa présomptueuse confiance qu'il nous égara complétement sur le revers de la montagne du haut de laquelle cinquante bannis de Schwytz, déterminés à périr ou à reconquérir leurs droits de citoyens, firent jadis rouler, sur l'avant-garde de l'archiduc d'Autriche, des rochers et des troncs d'arbres qui y mirent le désordre. J'avais besoin, je l'avoue, de toute la puissance de ces intéressants souvenirs pour prendre mon parti sur le désagrément d'errer, à l'entrée de la nuit, au milieu d'une épaisse forêt de sapins et sur une pente escarpée qui n'était pas tout à fait sans dangers. Mon guide, désorienté, s'efforçait de réparer sa faute en courant, à droite et à gauche, à la recherche d'un sentier frayé qui nous tirât de ce labyrinthe. D'après ses indications contradictoires, je gravissais péniblement en m'accrochant aux branches, ou bien je redescendais en me rejetant sur mes hanches, me laissant glisser sur mes talons et me précautionnant de mon mieux contre les risques d'une dégringolade dont il n'était pas aisé de prévoir le terme ; je ne me souciais nullement de suivre les rochers et les troncs historiques ci-dessus mentionnés. Enfin, après nombre de marches et de contre-marches, après deux heures d'efforts et d'un espoir à chaque instant trompé et renaissant toujours, nous eûmes le bonheur de déboucher sur une belle pelouse qui nous conduisit, par une pente rapide, sur le lieu à jamais mémorable où douze cents pâtres, conduits par Aloys Reding, culbutèrent et taillèrent en pièces un corps de neuf mille chevaliers et hommes d'armes que commandait l'archiduc Léopold d'Autriche. Guillaume Tell, d'après la chronique de Klingenberg, combattit vaillamment aux côtés de son beau-père, Walter Furst, l'un des trois confédérés du *Rutli*. L'élite de la noblesse autrichienne périt, soit sous le fer des Suisses, soit dans les eaux du lac d'Égeri, soit écrasés par les pierres et les arbres que les vieillards et les femmes de Schwytz firent rouler du sommet des hauteurs voisines. Ainsi se trouva vérifié le mot prophétique du fou de Léopold : « Vous avez longtemps « délibéré pour savoir par où vous entreriez dans le pays, mais aucun « de vous n'a songé aux moyens d'en sortir. » On a bâti, sur le lieu du combat, une chapelle destinée à perpétuer le souvenir de la victoire; au-dessus de la porte est un tableau assez mal peint, et personne, en le voyant, ne sera tenté de dire des Suisses l'équivalent de ce qu'on a dit de César [1]; mais qu'ils se consolent, leur part est encore assez belle, et les palmes de Morgarten, de Granson, de Morat, de Laupen, de Sempach, n'ont rien à envier aux lauriers de Salamine et de Marathon.

Il existe toutefois, dans les annales militaires de cette nation, deux époques bien distinctes qui ne sauraient être confondues que par les gens aux yeux desquels les triomphes, à quelque cause qu'ils se rattachent, paraissent toujours également honorables. Dès que les Suisses, après leurs prodiges d'héroïsme patriotique, commencent à se battre pour le compte des puissances étrangères, dès qu'ils mettent leur bravoure à l'encan et que, selon l'expression d'un contemporain, « on marchande la chair et le sang d'un Suisse comme on marchande un bœuf, » mon enthousiasme pour eux se refroidit. Quand je les vois repousser à Sempach une injuste agression, je fais des vœux pour eux et j'applaudis à leurs succès; mais à Marignan, ces mêmes Suisses ne m'intéressent plus, et je vois avec orgueil l'impétuosité française, *la furia francese*, triompher des avides et insolents stipendiaires du duc de Milan. Cependant, après que leurs guerres ont cessé d'être nationales, ils offrent néanmoins toujours à notre admiration leur intrépidité accoutumée, ainsi que cette inébranlable fidélité à leurs engagements qu'il est si beau de conserver dans les circonstances critiques, et dont ils ont donné, à la fin du siècle dernier, un exemple qui doit vivre à jamais dans la mémoire des hommes. La sanglante journée du dix août, non moins célèbre que ses *sœurs aînées*, n'a point à craindre de se voir désavouée par elles : « Il est, a dit Montaigne, des défaites glorieuses à l'envi des plus belles victoires. »

Dans les temps modernes, les rives du lac d'Égeri ont de nouveau été illustrées par la belle défense des républicains des petits cantons contre leurs *frères et amis* les républicains français. Les premiers étaient commandés encore par un Reding, digne rejeton d'une race généreuse qui s'est distinguée en temps de paix comme en temps de guerre [2]. La courte harangue qu'il fit à ses soldats la veille du combat, et la scène impo-

[1] Eodem animo scripsit quo bellavit : Il a su écrire comme il a su combattre.
[2] Ce fut aussi un Reding qui, dans la guerre d'Espagne, gagna la bataille après laquelle le général Dupont se vit forcé de conclure la fameuse capitulation de Baylen.

sante dont elle fut suivie, nous reportent aux beaux temps de la Suisse : « .... La mort, confédérés, plutôt que la retraite. Si vous approuvez ma résolution, que deux hommes sortent des rangs, et jurent, en votre nom, de tenir cet engagement sacré. » Deux hommes s'avancèrent aussitôt, et, aux acclamations de tous, prêtèrent, entre les mains de leur héroïque chef, un serment auquel nul ne manqua. Les Français furent refoulés de Morgarten jusqu'au village d'Égeri, tandis que d'autres colonnes étaient repoussées avec perte à Wollerau, à Richtersweil et près d'Arth; mais le curé d'Einsiedlen Herzog ayant laissé libre, par sa retraite, l'important passage de l'Etzel qu'il était chargé de garder, les Suisses furent tournés dans leurs positions et forcés d'accepter la capitulation honorable que leur proposa le général Schauenbourg. Ils avaient perdu, dans divers combats, trois cent quarante hommes seulement, et la perte des Français se monta à près de quatre mille; la fameuse légion Noire fut détruite presque en entier. Après tout, le dévoûment de cette poignée de vrais Suisses ne fit que retarder l'invasion du pays, qui fut dévasté par la guerre, puis ruiné par les réquisitions. Tout ce qui ne fut pas officiellement volé par les dignes collègues des Forfait et des Rapinat devint la proie de la maraude; le quart de la population fut réduit à vivre de la charité des cantons voisins qui ne resta pas inactive. Il est curieux d'entendre un contemporain, dont le témoignage ne saurait être suspect, exprimer son opinion sur cette expédition des Français dans les petits cantons : « O guerre impie ! dans laquelle il semble que le Directoire ait eu pour objet de savoir combien il pouvait immoler à son caprice de victimes choisies parmi les hommes libres les plus pauvres et les plus vertueux, et d'égorger la liberté dans son berceau [1]. »

Une population agricole et surtout manufacturière pourrait à peine se relever d'un pareil désastre après une longue suite d'années, mais, pour une peuplade de pasteurs, il en est autrement; ses prés reverdissent, ses troupeaux multiplient, ses exportations reprennent leur cours, les dettes se payent peu à peu, et, au bout de vingt ans, il n'y paraît presque plus; si ce n'est pourtant que l'habitude de la mendicité, si elle n'est point réprimée par des mesures sages et fermes, s'y enracine et s'y perpétue. On a mendié d'abord pour avoir le nécessaire, et il est à craindre qu'on ne mendie ensuite pour avoir le superflu. Il est vrai de dire aussi,

[1] Discours de Carnot.

à la justification de ces pauvres gens, que la plus grande partie de leur pays, que j'ai traversé en entier, ne m'a guère offert que des pâturages maigres et de mauvaise qualité, dans des fonds marécageux où il serait plus aisé d'établir d'inépuisables tourbières que des prés passables.

De la chapelle de Morgarten jusqu'au village d'Égeri, où je comptais coucher, il me restait encore deux grandes lieues à faire. La nuit était magnifique, le ciel étoilé et la lune dans son plein. Il y aurait eu de fort belles choses à dire sur tout cela, mais j'étais harassé; il était dix heures, et l'*autre* réclamait impérieusement son souper et son lit. Engagé dans un chemin raboteux que l'obscurité et l'impatience me faisaient encore trouver plus long, j'envoyais mon guide prendre des informations aux maisons isolées que nous rencontrions de loin en loin, et les jappements de quelques chiens inhospitaliers répondaient seuls à ses questions; or un tel concours de circonstances comprime singulièrement les élans de l'enthousiasme, et est peu favorable aux périodes cadencées du style descriptif. Enfin nous atteignîmes l'auberge au moment où les maîtres, sur le point de se coucher, allaient en fermer la porte, et, en moins d'une demi-heure, je m'attablai devant un souper appétissant et proprement servi. En France, en un pareil lieu et à une pareille heure, j'aurais couru grand risque de m'aller coucher dans des draps sales, après avoir mangé un morceau sous le pouce.

J'arrivai à Zoug le lendemain dans la matinée, après avoir suivi un sentier agréablement coupé de forêts et de prairies. Cette petite ville ou, si mieux on aime, ce grand village ne serait guère visité des étrangers, s'il n'était pas sur la route très-fréquentée qui mène de Zurich au Rigi en passant par l'Albis, point de vue remarquable, et cependant l'aspect de son lac fort romantique, mériterait bien une course exprès. Le voyageur n'aurait pas grand'chose à dire de la ville si, il y a quelque cent ans, deux rues entières n'avaient pas glissé un beau jour et disparu tout doucement dans le lac sans qu'il y eût seulement mort d'homme. Un berceau fut aperçu flottant près de la rive : il contenait un enfant qui fut sauvé. Un événement de ce genre n'est pas commun; on l'attribua, dans le temps, à certaines carpes monstrueuses qui avaient miné, à la longue, le lit argileux sur lequel reposaient les couches calcaires servant de fondation aux maisons englouties.

Le nouveau Moïse dont je viens de parler était Pierre Collin, qui fut tué, avec ses deux fils, à la bataille de Bellinzona, après avoir sauvé des mains des ennemis la bannière du canton. Je demandai à voir cette bannière teinte encore de son noble sang; elle avait été brûlée par les Français avec d'autres trophées du même genre... La passion de la gloire est une passion jalouse, et qui n'est pas toujours généreuse.

Il est à remarquer que ce Pierre Collin a été le premier landamman élu parmi les bourgeois du canton; jusqu'alors on avait toujours été chercher ce magistrat suprême parmi les habitants des cantons voisins. D'où pouvait provenir un aussi singulier usage? Était-ce d'un étroit esprit de rivalité entre les familles riches et influentes? ou bien d'un sentiment d'indépendance exagéré qui répugnait à revêtir le voisin d'une autorité temporaire qui aurait pu lui faciliter les moyens d'acquérir une prépondérance dangereuse? Espérait-on que l'impartialité d'un étranger, isolé et désintéressé dans les questions locales, suppléerait à tout ce qu lui manquerait sous le rapport du patriotisme et de la connaissance des intérêts du pays? J'aurais désiré que notre hôte, qui charmait deux Anglaises en accompagnant sa voix traînante de la râclerie d'une mauvaise guitare, eût été homme à résoudre mes doutes.

Il y a tout au plus un siècle que, sur cette même plage où j'attends mon bateau, un homme descendit au milieu de la nuit pour s'embarquer secrètement et gagner en toute hâte le territoire de Lucerne. Cet homme fuyant pour dérober sa tête à la rage de ses ennemis triomphants, était le baron Fidèle de Zurlauben, rejeton d'une famille illustrée qui, placée depuis plus de deux cents ans à la tête des affaires de cette petite république, y avait joui d'une autorité et d'une influence non contestées. Dispensateurs des pensions et gratifications que la France payait, depuis François Ier, au canton de Zoug, les Zurlauben s'étaient servis de ce moyen pour accroître leur crédit et affermir la prépondérance du parti français, qui se croyait hors de toute atteinte. Cependant la faction opposée ne s'endormait pas; elle sut habilement exploiter les passions envieuses et cupides de la multitude au sujet de la répartition de l'argent de France; les deux mille bourgeois souverains renversèrent le gouvernement existant et remirent le pouvoir suprême aux mains des chefs de la faction des *durs*. Les proscriptions signalèrent leur triomphe. Zurlauben, banni pour cent ans et un jour, vit ses biens confisqués et deux de ses principaux adhérents pendus en effigie; il mourut en exil, mais la réaction ne se fit pas longtemps attendre; le vent de la faveur populaire tourna de nouveau; le magistrat proscripteur, condamné à la peine infamante des galères, subit l'humiliation de venir au pied du gibet, recevoir, des mains du bourreau, les effigies qu'il y avait fait clouer huit ans auparavant, et dut les porter sur ses épaules jusqu'à l'hôtel de ville, où il les vit réintégrer avec honneur. Ce même peuple, qui l'avait naguère élevé sur la ruine de ses ennemis, menaçait sa vie, et, par un juste retour, il lui fallut aussi s'embarquer secrètement pour aller mourir à Turin au fond d'une prison; sa fille éplorée l'accompagna seule au rivage.

Mon bateau longeait rapidement les flancs du Rigi, que j'avais eu en perspective pendant toute la traversée. Les belles lignes cadencées de cette montagne célèbre, l'élégance de sa forme pyramidale, le vaste développement de sa base, qui, au dire de mes bateliers, a plus de dix lieues de tour, captivaient toute mon attention. Son ombre projetée sur le lac me protégeait contre les rayons du soleil qui, jusque-là, m'avait gâté le paysage, en l'inondant d'une lumière trop éblouissante. J'en jouissais désormais sans mélange, et mon œil reposé errait sur tous les points de ce bassin si pittoresque, ombragé des plus beaux groupes d'arbres. En approchant du village d'Arth, je distinguai, un peu au delà, certaines éminences grisâtres qui, vues du point où j'étais, avaient l'air de tas de décombres fraîchement remués, ou de ces amas de graviers que les torrents accumulent. La distance m'abusait; ce que j'apercevais n'était autre chose que les traces et les débris de l'éboulement de 1806. Dès que je fus débarqué, je me rendis sur le théâtre de cet épouvantable désastre qui ensevelit cinq villages et coûta la vie à quatre cent cinquante-sept malheureux, écrasés sous les ruines de leurs demeures. D'après la relation que j'en ai lue, des pluies prolongées avaient précédé et, à ce qu'on croit, préparé cet événement, que des signes précurseurs annoncèrent dans le courant de la journée. A cinq heures du soir, une immense avalanche de rochers se détacha du sommet d'une montagne voisine (le Rossberg) et fondit, avec la rapidité de la foudre et un fracas cent fois plus fort que celui du tonnerre, sur la riante vallée de Goldau, qu'elle couvrit au loin de ses énormes débris. Le mouvement et le bruit durèrent environ deux minutes; puis succédèrent le silence et l'immobilité de la mort. La largeur de la couche calcaire qui glissa ainsi sur sa base était, selon Ebel, de plus d'une lieue; son épaisseur d'au moins cent pieds, et sa longueur, à partir du haut de la montagne jusqu'au bas, de mille pieds environ. Les rochers, broyés dans leur chute, ont labouré le sol profondément et se sont entassés dans un désordre vraiment *chaotique*, sur un espace de plus de deux lieues en tous sens. Quelques-uns de ces fragments, pour la plupart de forme cubique, paraissent avoir plus de cent pieds carrés. Quoique cette scène de désolation commence à perdre un peu de sa hideuse nudité, il se passera encore bien des années avant que ces collines, affaissées sur elles-mêmes, se soient recouvertes de végétation et que ces masses de brèche décomposées se dépouillent de leur aspect ruineux. Au reste, ce domaine du chaos et de la mort est déjà partagé par les héritiers des malheureuses victimes qu'il recouvre; des barrières de bois divisent en petites portions un sol bouleversé et stérile, d'où s'élèvent les impures exhalaisons des eaux stagnantes, et sur lequel croissent quelques touffes de gazon perdues au milieu des plantes marécageuses. Au moment de mon passage, le ciel était extrêmement sombre; les nuages, balayés par un vent impétueux, s'amoncelaient sur la vallée; le tonnerre grondait au-dessus de ces ruines, où il ne lui restait plus rien à détruire; cela semblait en harmonie avec cette nature désolée, et pourtant un beau soleil, un ciel serein eut fait, je crois, ressortir davantage l'aspect mélancolique de ces lieux, autour desquels tout eût paru brillant de vie et de fraîcheur.

L'expression d'*avalanche de rochers* que, faute de mieux, j'emprunte à l'un de mes devanciers, ne peut donner qu'une bien faible idée de ce terrible phénomène. Quelle est l'avalanche qui en ait jamais approché, tant pour l'énormité des masses mises en mouvement que pour l'inconcevable vélocité de leur chute et les effets destructeurs qui l'ont accompagnée? En traversant la portion de la vallée qui a été préservée, j'y ai reconnu les traces des anciens éboulements dont les traditions du pays font mention, et, après avoir observé attentivement la profonde déchirure du Rossberg, j'ai cru découvrir, dans l'extrême inclinaison de ses couches laissées à nu et crevassées en maints endroits, des menaces d'éboulements futurs. Parmi les circonstances qui ont accompagné celui de 1806, il en est une que j'emprunte à la relation du docteur Zach, médecin d'Arth, comme étant tout à fait caractéristique. Quatorze personnes furent retirées vivantes de dessous les décombres, toutes plus ou moins blessées; de ce nombre était une jeune fille échappée à la mort comme par miracle. Quelques personnes la questionnant sur ce qu'elle avait éprouvé lorsqu'il lui avait été possible de recueillir ses esprits, elle répondit qu'elle avait cru assister à la fin du monde et que le son d'une cloche étant parvenu jusqu'à elle, elle n'avait pas douté que ce fût celle qui appelât au dernier jugement les vivants et les morts. Au reste, les accidents de ce genre sont moins rares en Suisse que partout ailleurs, et celui-ci, tout déplorable qu'il est, paraît encore peu de chose comparé à la chute d'une partie du mont Conto (dans les Grisons) qui, en 1659, ensevelit sous ses débris la petite ville de Plurs avec ses deux mille habitants.

Le voyageur chemine deux heures durant sur ce sol bouleversé, et au travers de ces rochers accumulés jusqu'au lac de Lowerz, jadis si joli, et dont une partie a été comblée par l'éboulement. Il a hâte d'échapper à l'impression douloureuse que produit sur lui un tel spectacle, et c'est avec un sentiment de bien-être indicible qu'il approche de Schwytz et de ses riants alentours; il croit être délivré d'un affreux cauchemar. Cependant mon imagination, frappée par ce que je venais de voir, me faisait regarder avec quelques appréhensions la cime dégradée du Mythen, qui semble menacer de sa chute, plus ou moins éloignée, le bourg florissant bâti à ses pieds. Une longue traînée de débris qui, tous les hivers, s'en détachent, lui trace son passage destructeur jusque sur la place de Schwytz; mais les habitants n'en dorment pas moins sur l'une et l'autre oreille. L'un d'eux me disait : « Oh! le Mythen est encore solide; il y a bien longtemps qu'il dure. »

Les délicieuses prairies que l'on traverse avant d'arriver sont exploitées de la manière suivante : au printemps on y met le bétail, qui passe plus tard sur les montagnes; puis on les fauche dans l'été, et au commencement de l'automne on y récolte un regain abondant, enfin les vaches, en descendant des pâturages alpestres, y trouvent encore de quoi vivre pendant quelques semaines. Ce petit pays, qui a de neuf à dix lieues en longueur et sept en largeur, nourrit jusqu'à seize mille bêtes à cornes! On reconnaît bien ici, en effet, la résidence d'une peuplade de pasteurs, point de fabriques ni de magasins, nul mouvement industriel ou commercial dans ces rues, ou pour mieux dire, autour de ces jolis groupes de maisons non alignées, que séparent des arbres, des jardins et des prés; on voit à toutes ces figures qu'elles n'ont point été étiolées dans l'atmosphère épaisse et engourdissante d'un comptoir; on y remarque je ne sais quel mélange de mâle fierté et de simplicité, répondant à l'idée qu'on se forme des anciens pâtres qui battirent les Autrichiens à Morgarten; toutefois, s'il faut en croire les voisins, la simplicité des mœurs pastorales ne serait qu'à l'extérieur, et cette démocratie de paysans spirituels, mobiles et passionnés aurait plus d'un rapport avec la démocratie d'Athènes, à la culture et au poli près. Les jours de la landsgemeinde [1], l'intrigue est loin d'être inactive. Les brigues se suivent, se croisent, se combattent, et souvent l'éloquence sans apprêts de tel orateur populaire fait tourner les délibérations de manière à tromper les prévisions des plus fins politiques du pays. On vit même, dans le siècle dernier, la femme du général Reding défendre, avec autant d'éloquence que de présence d'esprit, son mari absent devant le peuple souverain qui poussait des cris de mort contre lui; elle parvint à le sauver. Autrefois, lorsqu'il y avait des places lucratives à ambitionner, telles que celles de baillis dans les pays sujets, la corruption était passée en usage; on achetait ou vendait les votes sans que personne y trouvât à redire. La charge de bailli à Bellinzona revenait à deux mille florins; c'était un prix fait. L'acquéreur avait, pour son argent, un titre d'abord, ce qui jadis était beaucoup en Suisse, puis un almanach et un écu de six livres par an, alloué comme salaire; on y ajoutait, il est vrai, la faculté discrétionnaire de se faire rembourser par les administrés, au moyen d'exactions de toute espèce, le montant de son capital avec les intérêts. Le landamman élu donnait autant de chapeaux de paille qu'il avait eu de têtes votant pour lui; tout ceci est parfaitement exact.

Outre la crosse du saint évêque Magnus, en grande vénération dans le pays, l'église de Schwytz renferme encore une curiosité d'un autre genre, c'est la riche bannière en soie brodée d'or, avec inscriptions et devises, que le pape Jules II avait donnée à *ses bons et fidèles alliés de Schwytz*, lorsqu'il se trouvait en guerre avec l'empereur; à cette occasion il avait, dit un contemporain, ajouté à ses litanies le verset suivant : « *Sancti Suiceri, pugnate pro nobis* [2] *!* » Il fut le premier pape qui forma auprès de sa personne une garde suisse, laquelle, par parenthèse, ne lui fut pas inutile, car lors du sac de Rome par l'armée impériale (en 1527), elle fit bravement et loyalement son devoir, et périt en grande partie pour sa défense. On sait que ses successeurs l'ont con-

---

[1] Assemblée générale dont fait partie tout citoyen du canton dès qu'il a seize ans accomplis. C'est dans cette assemblée que réside la plénitude de la souveraineté; les conseils ne sont investis que d'une autorité déléguée par elle.

[2] « Saints Suisses, combattez pour nous! »

servée jusqu'à présent en maintenant le costume tel qu'il était dans l'origine, ce qui forme un bizarre contraste avec la nature des fonctions actuelles de ce corps. N'est-il pas, en effet, plaisant de voir ces hommes d'armes du seizième siècle, tout bardés de fer, contenir, dans les solennités de la semaine sainte, la foule fashionable qui obstrue les abords de la chapelle Sixtine, et engager leurs redoutables hallebardes dentelées dans les *gigots* bouffants des insulaires trop indiscrètes?

On lit, dans une ancienne chronique manuscrite, que des colonies, sorties du Danemark et de l'Ostfrise, vinrent, à une époque très-reculée, s'établir dans cette partie de la contrée. Elles étaient conduites par deux frères, Tschey et Schwyter; une rixe s'éleva entre eux, et Tschey eut le sort de Rémus; il périt de la main de son frère, qui donna son nom au pays; il est singulier de retrouver, entre les traditions des anciens maîtres du monde et celles d'une obscure peuplade de la Suisse, un trait de conformité aussi frappant; je penche à croire que ce sera une réminiscence du chroniqueur, ces bonnes gens aimaient à se donner carrière sur le chapitre des origines.

Il m'a fallu revenir sur mes pas pour prendre, à Arth, le chemin qui mène au Rigi et qui me paraît devoir être préféré aux deux autres; voici pourquoi : de ce côté vous montez, par une gorge qui vous empêche de rien voir, jusqu'au moment où, d'un coup d'œil vous découvrez tout, tandis qu'en arrivant par les chemins moins pénibles et plus intéressants de Weggis et de Kussnacht, vous vous êtes blasé en route, et vous perdez l'effet magique de l'imprévu; une fois en haut vous ne gagnez guère que d'en voir un peu plus à la fois.

J'ai observé, sur la façade d'une des plus belles maisons d'Arth, une *danse des morts*, imitation grossière de celle qui existait à Bâle. Cette allégorie se compose, ainsi que tout le monde sait, d'une file de couples, dans chacun desquels la mort figure comme partner obligé : tandis que, prenant les postures les plus grotesques, elle racle sur son violon ou souffle dans son hautbois; des individus de tout sexe, de tout âge, de tout rang et de toute profession dansent, malgré qu'ils en aient, au son de sa lugubre musique. Parmi cette foule de danseurs à contre-cœur l'artiste a eu l'idée de se représenter lui-même au moment où, peignant ce triste bal auquel nous sommes tous nés invités, il se voit forcé à son tour d'entrer en danse; cet à-propos m'a semblé plaisant et original.

LE RIGI

Les Alpes. — Le mont Pilate. — Kussnacht. — Guillaume Tell. — Gessler. — Neu-Habsbourg.

Assez d'autres ont décrit le Rigi et son admirable vue par un beau temps; le tableau de ce qu'il est par la pluie aura du moins le piquant de la nouveauté. Si l'on a alors, comme moi, la patience de s'y arrêter pendant quelques jours, il offre, faute de mieux, un panorama moral qui n'est pas sans intérêt. N'est-il pas en effet curieux d'y voir se succéder, à chaque instant, de nouveaux visages sur lesquels le désappointement se peint dans toutes ses phases, d'étudier les symptômes divers de ce mal si commun qu'on nomme l'ennui, et d'en suivre les progrès sur les muscles faciaux d'une multitude d'honnêtes personnes, qui ne se doutent pas qu'elles servent de sujet à vos observations morales et physiologiques?

Quand j'arrivai sur le Rigi-kulm (sommet du Rigi), harassé d'une marche de cinq heures faite par une chaleur étouffante, quelques nuages, lambeaux déchirés de l'orage de la veille, flottant sur la plaine et sur les flancs des montagnes voisines, donnaient au paysage un aspect éminemment pittoresque et singulier; la chaîne imposante des glaciers apparaissait, dans le lointain, à demi voilée par des vapeurs légères que le soleil teignait des nuances les plus riches et les plus harmonieuses. Mais hélas! mon admiration fut de courte durée; le soleil se cacha, les nuages devinrent ternes, s'épaissirent de plus en plus, et bref, en moins d'un quart d'heure je me vis comme séparé du monde des vivants et enseveli dans un brouillard qui ne me permettait pas de distinguer les objets à dix pas. Cela était dur, mais je me résignai; un jeune Anglais, moins patient que moi, redescendit, après être resté un instant sur le Kulm, et, malgré les représentations de son guide, s'obstina à ne pas vouloir accorder au soleil le quart d'heure de grâce, privilége des absents. Notre auberge de bois fut bientôt battue par des torrents de pluie et par les rafales d'un vent impétueux, et nous nous préparâmes à acheter, au prix de longues heures d'attente et d'ennui, le retour douteux d'un moment de beau temps. Nous avions, pour seul compagnon dans ce lieu de plaisance, M. Henri Keller, de Zurich, auteur de la carte de Suisse, bien connue des voyageurs, et d'un panorama du Rigi, au moyen duquel il vous étale, sur une table, la chaîne immense des glaciers, que vous mettez ensuite dans votre poche pour la modique somme de six francs. Domicilié en quelque sorte au Rigi-kulm, et en connaissant bien les us et coutumes, M. Keller se montrait moins découragé que nous, et nous prédit que la soirée ne s'écoulerait pas sans qu'il ne nous arrivât des amateurs, curieux d'assister au déchirement des nuées, et de voir le magnifique tableau du Rigi se dérouler graduellement à leurs pieds, doré des rayons du soleil levant. Plus tard, et à ma grande surprise, sa prédiction se réalisa. Toute la nuit nous entendîmes ouvrir à de nouvelles bandes d'arrivants qui, trempés et recrus, manifestaient leur impatience en ébranlant la porte sous les coups redoublés de leurs bâtons ferrés. Ces nouveaux hôtes voulaient aussi eux, souper et se coucher; ils criaient à tue-tête, appelant l'aubergiste et le garçon, qui leur répondaient en courant, tout effarés, sur les planchers retentissants. Les guides juraient et riaient entre eux; enfin c'était, dans cette frêle baraque, naguère déserte et silencieuse, un brouhaha et un mouvement à ne pas pouvoir fermer l'œil. A souper, nous n'avions été que trois à table; le lendemain nous nous trouvâmes à peu près une trentaine à déjeuner, et des figures!... Où diantre la nature va-t-elle chercher ses admirateurs? On y reconnaissait les types nationaux de toutes les parties de l'Europe; je crois voir encore certaine face de Suisse, toute ronde, qui avait l'air de sortir immédiatement d'un ventre tout rond, supporté sur une paire de jambes des plus courtes. Il ne manquait à cette figure-là que le chapeau pointu pour rappeler celle des *Mémoires de Gramont*. La grosse gaieté de ce personnage original était desservie par un rire bruyant et une voix éclatante; je lui entendais répéter si souvent le mot de Champagne, que je m'imaginai qu'il interpellait quelqu'un de sa société portant ce nom; mais, en prêtant une oreille plus attentive, je compris que mon homme avait gagné un pari de champagne; il opinait pour qu'on sablât de suite le champagne, demandant à l'hôte s'il avait de bon champagne, car il était diablement difficile en fait de champagne. Nous avions aussi quelques Bernois qui affectaient, comme le beau monde de Berne, de ne pas parler allemand. Ils soutenaient assez bien leur personnage et s'exprimaient couramment en français médiocre, quoique avec un accent tant soit peu étranger[1]; de temps à autre, pourtant, ils lâchaient, par mégarde, un *saget ihr, si vous platt*, qui, trahissant leur origine, provoquait un rire malin parmi les auditeurs lucernois.

Cependant la pluie continuait; le découragement était peint sur tous les visages; les guides, à chaque instant consultés, secouaient la tête et répondaient d'un air morne qui augmentait encore la consternation générale. Il faisait un froid piquant, auquel on ne pouvait se soustraire qu'en se réfugiant dans la salle à manger, où l'épaisse fumée, qui s'échappait en tourbillons pressés d'une douzaine de pipes, vous exposait au danger d'une suffocation imminente. Si par hasard le ciel venait à s'éclaircir, si les nuages, s'entr'ouvrant un instant, donnaient l'espoir d'apercevoir quelque chose, voilà qu'aussitôt nous nous précipitions tous hors de la maison, dans les plus grotesques équipages : les uns affublés de leurs couvertures de lit, drapées à l'antique, et armés, en guise de lance, du long bâton des Alpes; d'autres s'enveloppant dans leurs manteaux de taffetas gommé, et soufflant dans leurs doigts d'un air piteux. Un vent d'ouragan s'engouffrait dans les plis de ces vêtements de circonstance, torturait les chapeaux sur la tête des dames, portait le désordre dans la savante symétrie des papillotes, faisait pleurer les plus beaux yeux du monde, et rougissait indistinctement les nez, jeunes

---

[1] La prétention qu'ont les Bernois de bien parler français n'est ni nouvelle ni mal fondée, s'il faut en croire Albert de Bonstetten, qui écrivait en 1481 : « Expeditiores omnes gallicam ferme sapiunt linguam et ornate fari solent. » Ils ont un peu dégénéré sur le dernier point, et l'adverbe *ornate* est aujourd'hui de trop.

ou vieux. On se hâtait de s'extasier, en grelottant, devant un coin du paysage, qui brillait un instant au travers des trouées du brouillard, puis disparaissait comme un songe. Alors les figures, pour un moment raccourcies, se rallongeaient de nouveau. Ce spectacle-là ne valait pas celui qu'on perdait, mais, à coup sûr, il était plus gai; car tous ces enthousiasmes, à moitié gelés, avaient une expression des plus comiques. Assaillis par la bourrasque et par la pluie, il nous fallait retourner dans la maudite salle enfumée, à moins qu'on ne préférât aller se claquemurer solitairement dans d'étroits taudis sans feu, et où il n'y avait, entre les deux lits et la porte, que la place tout juste nécessaire pour une petite table et deux chaises. C'était alors qu'il faisait bon voir l'ennui aux prises avec ses victimes, et chacun, selon ses goûts et son caractère, luttant contre sa fatale influence. Ceux-ci, en chargeant leur dixième pipe, associent, par leurs clameurs, tous les assistants à leur éternelle partie de piquet; ceux-là se promènent les mains derrière le dos, le front soucieux, et jetant, de temps à autre, un regard de désespoir vers les fenêtres, sur lesquelles la pluie ruisselle; un dessinateur termine négligemment, dans un coin, un dessin commencé dans des temps plus heureux, tandis que sa voisine parcourt, d'un œil distrait, le spirituel et intéressant voyage de M. Simond, comme on feuillette un roman nouveau, sorti de la fabrique de MM. tels et tels; plus loin un gros monsieur dort d'un air profondément réfléchi; sa tête, qui tombe sur sa poitrine, le réveille en sursaut, il tire sa montre, va à la fenêtre, n'y voit rien, se rassied, tambourine avec ses doigts un petit air sur la table, puis se replonge dans son assoupissement méditatif. Enfin ceux auxquels le sentiment poétique manque tout à fait prennent leur parti en se bourrant philosophiquement de tartines au fromage qu'ils arrosent de grandes jattes de café à la crème. Une commune infortune rend sociable; on va cherchant à qui parler, et si l'on est assez heureux pour rencontrer un homme dans cette cohue, on souffle sa lanterne pour jouir de sa trouvaille. Mais la porte s'ouvre; un nouvel arrivant, qui entre crotté jusqu'à la ceinture, réveille pour un moment l'intérêt et la curiosité, on se groupe autour de lui; les questions se croisent avant que d'attendre la réponse : « Fait-il beau temps en bas? Le vent a-t-il tourné? Par quel chemin êtes-vous monté? Avez-vous rencontré M. un tel? Combien d'heures avez-vous mises à venir? » Après ce succès passager, le nouveau débarqué se fond dans l'insignifiance générale, et revêt peu à peu la figure d'uniforme, figure sur laquelle semble se réfléchir l'ennui de toutes celles qui l'entourent.

Je suis en mesure de fournir une nouvelle preuve à l'appui du consolant système d'Azaïs, car, si j'ai éprouvé le désagrément de pouvoir représenter d'après nature les brouillards du Rigi, j'en ai été dédommagé du moins par un phénomène assez rare et fort curieux dont j'ai été témoin. Tandis qu'errant dans les nues, je réfléchissais tristement sur mon mécompte et regrettais tout ce que j'aurais pu voir de beau, le soleil, se faisant jour au travers des vapeurs, illumina tout à coup en face de moi un nuage, sur lequel je distinguai aussitôt une figure humaine qui s'agitait au centre d'un petit arc-en-ciel circulaire, brillant des couleurs les plus vives. Je me hâte d'appeler un confrère pour le faire jouir de ma découverte, et nous voyons alors deux figures gesticuler dans l'arc-en-ciel, qui se peuple de plus en plus à mesure que le nombre des curieux augmente. Bientôt il est surmonté de deux nouveaux iris, et nous voilà tous nous mirant à l'envi dans cette *psyché* aérienne, et nous pavanant couronnés de notre triple auréole. Il était amusant d'entendre les exclamations de surprise et de joie que la singularité de ce spectacle nous arrachait, et de voir les attitudes, théâtrales ou grotesques, que prenaient ceux qui étaient assez heureux pour trouver place dans le cercle magique.

Ce phénomène, que plusieurs voyageurs ont désigné par le nom de *miroir*, me semble mériter à plus juste titre celui de *lanterne magique de la nature* (style à la d'Arlincourt). L'astre du jour remplit ici l'office du bout de chandelle, les nuées errantes remplacent le drap, et l'écharpe de la messagère céleste forme le cadre au milieu duquel vous figurez, tout à la fois spectacle et spectateurs.

Après avoir payé le tribut de notre admiration à ce tableau fantastique, nous rentrâmes pour nous attabler devant un dîner où le bœuf, vrai Protée de cuisine, reparut successivement sous trois formes diverses, aussi peu séduisantes l'une que l'autre; le lendemain, en revanche, nous eûmes affaire à un veau tout entier, se multipliant en grillades, en ragoûts, en blanquettes et en rôtis. Je dois pourtant convenir, plaisanterie à part, que l'auberge du Rigi-kulm est relativement bonne, et qu'il faut s'estimer heureux de trouver, sur la dernière cime de la montagne, un gîte passable, d'où l'on n'a que dix pas à faire pour jouir de la plus admirable des vues générales que présente la Suisse. Il n'y a pas bien des années qu'il n'existait ici qu'un misérable chalet, et c'est au moyen d'une souscription volontaire, à laquelle ont surtout pris part les amateurs de Lucerne et de Zurich, qu'on a construit cette maison, dont tous les matériaux ont dû être apportés ici à dos d'hommes. Elle est en bois et très-basse, afin de donner moins de prise aux furieux ouragans qui règnent dans ces hautes régions. Les fondateurs n'ont point eu comme le président Desportes, la prétention d'élever un temple à la nature (nom pompeux donné à la baraque de Montanvert); leur but a été seulement d'offrir un modeste asile à ceux de ses adorateurs qui ne sont pas par trop exigeants; on y trouve une quarantaine de lits, un peu durs, il est vrai, une chair qui, si elle n'est pas recherchée, est du moins saine et substantielle, et enfin une bonne figure d'hôte. Celui-ci s'attache fort à ses pratiques, dont il sait, avec art, soutenir la patience chancelante, en les flattant par l'espoir d'un beau temps prochain.

Le surlendemain de mon arrivée la pluie cessa enfin totalement sur le soir. Le ciel était cependant encore chargé de nuages lourds, d'une couleur cuivrée qui, tranchée horizontalement, laissait régner au-dessous d'eux, une longue zone nuancée d'un beau vert azuré. Les cimes du Rigi, du Pilate et des monts environnants, entièrement plongées dans l'ombre, contrastaient avec la plaine qui était inondée de lumière. Les lacs étincelaient des feux du soleil, caché pour nous derrière l'épais rideau dont j'ai parlé; à nos pieds nous voyions Lucerne, avec son enceinte de murailles blanches, flanquée de ses jolies tours, se dessiner sur de verdoyantes collines; des bateaux, réduits par l'éloignement aux dimensions de ceux des Lilliputiens, apparaissaient comme des points noirs sur l'azur de son lac; ils nous apportaient des compagnons. L'air, imprégné d'humidité, était d'une transparence extraordinaire qui permettait de distinguer les objets les plus éloignés. Une multitude de petites villes et de villages se détachaient sur cet océan de verdure dont les Alpes semblaient être les rivages. La vue étonnée planait sans obstacle sur un immense bassin, qu'inondait une clarté rendue plus éclatante par la teinte obscure du ciel et les fortes ombres des montagnes. Comprenant les cantons de Lucerne, de Soleure, de Bâle, de l'Argovie, de Zug, ainsi qu'une partie de ceux de Zurich et de Berne, ce bassin n'avait pour bornes que la chaîne du Jura et les lignes bleuâtres des Vosges et des montagnes de la Forêt-Noire. Tout cela était bien beau, me direz-vous; d'accord, mais il y manquait les neiges éternelles des Hautes-Alpes, et ce que je ne voyais pas m'empêchait de jouir sans mélange de ce que j'avais sous les yeux; je dus encore ajourner mes espérances au lendemain matin.

Il faut tout l'ennui d'un séjour pareil à celui que j'ai fait ici pour se résoudre à feuilleter jusqu'au bout ces volumineux registres, destinés à recueillir les tirades pompeusement admiratives des amants de la belle nature, ainsi que les jugements contradictoires que les voyageurs plus prosaïques y inscrivent sur le mérite de telle ou telle auberge. Tout en parcourant d'un regard distrait ces pages insipides, j'en tirais des inductions peu favorables à la classe des oisifs qui, ne sachant pas s'ennuyer à domicile, consacrent leur temps et leur argent à promener par le monde le fardeau de leur désœuvrement. C'est une macédoine qu'un volume semblable; ici, un jeune voyageur propagandiste, à propos du *sol classique de la liberté*, fulmine ses invectives contre la tyrannie des rois et les manœuvres de l'aristocratie, et appelle du haut du Rigi les peuples à l'indépendance: plus loin, un Anglais atteste qu'il a trouvé à l'hôtel du *Cheval blanc*, *the accommodations very good and the charges very moderate* (formule invariable), il est démenti, deux lignes plus bas, par un de ses compatriotes; ailleurs, un étudiant allemand, tout frais émoulu de l'université, apostrophe, d'une citation grecque ou latine, la nature qui n'en peut mais; enfin, à la page suivante, un bel esprit de Genève ou de Neuchâtel s'échauffe à froid dans une tirade de vers français, irréprochables quant au nombre des pieds. Ceux-là, à mon avis, se montrent les plus sensés qui écrivent simplement leur nom pour donner avis de leur passage à des amis que le hasard peut amener ici le lendemain; j'ai dû à cette habitude d'agréables rencontres[1].

Les guides avaient ordre de nous réveiller, pour peu que le lever du

---

[1] Je veux pourtant donner un échantillon de la poésie du cru qui a pour moi le mérite d'être tout à fait de circonstance. C'est un voyageur désappointé qui parle:

> Nigrescit cœlum nebulis, subitoque liquescit
> Aer et infansâ labitur unda nube.
> Evanuere oculis valles sylvæque virentes;
> Evanuere agri cœruleique lacus, etc., etc.

Suit la nomenclature descriptive de tout ce qui s'évanouit aux yeux. Un Anglais a fait également une assez jolie pièce de vers sur le rapetissement des objets vus de cette hauteur considérable.

soleil s'annonçât bien, **sinon, non**. Je ne dormis guère, et, à la pointe du jour, je distinguai quelques légers bruits, car cette maison est sonore comme la fameuse prison acoustique du tyran de Syracuse; on marchait doucement, on se parlait à voix basse, on ouvrait la porte extérieure pour regarder dehors; il était clair que nos gens se consultaient sur ce qu'ils avaient à faire; leur parti est pris, ils montent avec fracas, chacun d'eux s'en va frapper à la porte de ses maîtres, leur crie de se lever. « Le soleil va paraître, les glaciers seront superbes. » Ceux-ci répondent, questionnent, s'interpellent, demandent leurs bottes, leurs manteaux... mais les sons du cor des Alpes ont retenti, semblables à ceux de la trompette du jugement; « *il rauco suon della tartarea tromba.* » Tout le monde est debout; le bruit va augmentant par degrés, les portes s'ouvrent avec fracas, c'est une tempête; les voyageurs se précipitent hors de leurs chambres, se pressent dans l'étroit corridor, descendent l'escalier quatre à quatre, et nous voilà tous réunis, au nombre d'une quarantaine, au pied du *signal*, l'œil fixé vers le point de l'horizon où le soleil s'annonce. Quelques vieux guides, quelques habitués du Rigi secouent la tête d'un air de méfiance, mais l'enthousiasme plein d'espoir des novices dédaignait leurs fâcheux pronostics. En effet, les pics gigantesques des Hautes-Alpes ressortaient nettement sur le bleu foncé du ciel; les glaciers, qui se déroulent en festons à leurs bases, et les vastes plaines de neige qui les entourent étaient visibles sur toute la ligne, mais, à nos pieds, Lucerne et son lac, ainsi que le plat pays de la Suisse, étaient cachés sous d'épais brouillards. Enfin un point lumineux brille à l'horizon, un cri de joie se fait entendre, on se retourne vers la chaîne des Alpes, mais, ô stupeur! son aspect n'a pas varié; point de ces belles nuances rosées, de ces teintes transparentes et vaporeuses dont on nous avait fait fête, point de ces cimes fantastiques, apparaissant comme suspendues entre le ciel et la terre et baignées d'une lumière éthérée; cela était d'un froid et d'un terne à désespérer! Un maudit nuage bleu lapis, avec un liséré d'or, qui s'était interposé entre le soleil et les hautes sommités des Alpes, avait suffi pour décolorer ce sublime tableau et le dépouiller de sa poésie. Par compensation, l'aspect de la plaine était curieux, le soleil travaillait activement la masse des brouillards jusqu'alors immobiles; c'était une vraie déroute; les nuées s'échappaient de ci, de là, s'élevant en tourbillons pressés. On eût dit une immense chaudière dont l'écume bouillonnante débordait de toutes parts[1]. Il y avait ici de la *couleur* et du *mouvement;* parfois on apercevait Lucerne, puis, la trouée, se refermant pour se former plus loin, laissait entrevoir un coin du lac et de ses rives pittoresques. La cime du Pilate, ses arêtes richement éclairées semblaient la digue qui refoulait les vagues floconneuses de cette mer de vapeurs. Bientôt dilatées par la chaleur, elles montèrent rapidement, laissant la plaine à découvert, mais voilant le soleil et la chaîne des glaciers.

Cependant le Pilate s'obstinait à tenir sa tête chauve affublée de son *bonnet de nuages*, selon l'expression des gens du pays, et, de plus, il avait ceint, autour de ses flancs décharnés, son *grand sabre* de vapeurs. Ma constance ne tint pas contre ces funestes présages, et je me rendis aux avis de mon guide qui me garantit l'infaillibilité d'un pareil oracle, *plus sûr que celui de Calchas*, c'est-à-dire de mon hôte qui s'efforçait de me retenir, la journée du lendemain devant être fort belle, d'après ses notions particulières.

Ce que j'ai dit plus haut de la modeste auberge du Rigi-Kulm appartient désormais à la Suisse primitive; c'était vrai il y a vingt-cinq ans, mais le temps a marché, et les progrès du siècle, en ce qui touche la civilisation matérielle, ont fait leur chemin jusque sur le sommet du Rigi. On y a construit un immense hôtel des plus confortables, qui peut héberger cent voyageurs, en leur donnant à chacun un lit. L'été dernier, l'hôtel en a contenu trois cents à la fois, tous retenus par le mauvais temps, qui rendait la descente impraticable. Il se bâtit un second hôtel pareil au premier, dans lequel on est fort bien, m'a-t-on assuré, et à des prix modérés, eu égard à ce point élevé, où il faut tout apporter à grands frais.

Ayant à choisir entre les deux chemins qui conduisent à Lucerne, je préférai prendre celui de Kussnacht, pour voir, en passant, la fameuse *Hohle-gasse* (chemin creux) où Tell, après s'être élancé hors du bateau de Gessler qui l'emmenait prisonnier, vint l'attendre et le percer de la flèche qu'il lui avait destinée. Je trouvai, sur le théâtre de cet événement, la chapelle et le tableau d'usage, avec une inscription en vieil allemand qui en explique le sujet. On va concevoir de moi une bien mauvaise idée, je ne saurais qu'y faire, mais je dois avouer que Guillaume Tell n'est pas mon héros. Sans m'arrêter ici à discuter le plus ou

---

[1] *Manfred* de Byron.

moins de vérité historique du fait qui le concerne[1], je me bornerai à observer qu'on l'a loué outre-mesure. On a jugé, ainsi qu'il arrive trop souvent, son action d'après l'événement et, parce qu'il a frappé intempestivement le premier coup, on l'a proclamé le libérateur de sa patrie, tandis qu'il n'a fait, après tout, que venger, par *le plus légitime des guet-apens* (expression de M. Simond), une injure qui lui était personnelle. Cet acte isolé faillit au contraire compromettre le succès du grand projet d'affranchissement, et fut regardé comme un contre-temps fâcheux par tous ceux qui y avaient pris part. Les vrais libérateurs de la Suisse sont, à mes yeux, Stauffacher, Erni de Melchtal, Attinghausen, chefs de cette noblesse de paysans, comme Gessler l'appelait ironiquement, qui, représentant les cantons de Schwytz, d'Uri et d'Underwald, formèrent la sainte conjuration du Gruttli. En admettant pour constatée la circonstance de la pomme, dont Müller ne dit pas un mot dans son *Histoire philosophique*, mais que Tschokke, dans son *Histoire populaire*, n'a eu garde d'omettre, il me semble, sauf erreur, que Tell eût dû tuer Gessler avant que de tenter, aux dépens de son cœur paternel, la barbare épreuve que celui-ci lui imposait ; en effet, sa seconde flèche n'eût pu lui rendre ce que la première pouvait lui faire perdre. En relisant ce paragraphe, il me vient dans la pensée qu'il ne ferait pas bon à le débiter sur la place d'Altorf un jour de marché ; l'auteur pourrait bien éprouver le sort que le gouvernement d'Uri fit subir, au milieu du dernier siècle, à un petit écrit intitulé : *Tell, fable danoise*; il fut brûlé publiquement par la main du bourreau.

Le village de Kussnacht, où je me suis embarqué, a été jadis témoin de la résistance héroïque de quarante-cinq hommes de Schwytz qui y tinrent en échec plus de mille Autrichiens. Au reste, les faits d'armes de ce genre sont si multipliés, dans les beaux temps de l'histoire de la Suisse, qu'on croit à peine devoir les signaler, et l'on peut dire, de cette partie du pays, ce que Cicéron disait d'Athènes : « En quelque lieu que je pose le pied, j'y rencontre un souvenir historique. »

En traversant le lac pour se rendre à Lucerne, on passe tout auprès de la petite île d'Alstadt, sur laquelle notre abbé Raynal, dans son enthousiasme pour les Suisses, avait fait élever, à ses frais, un obélisque en pierre, destiné à perpétuer le souvenir de leur délivrance. Ce monu-

[1] Voyez là-dessus les lettres de Coxe.

ment avait bien quarante pieds de haut, ce qui, à côté de la pyramide du Rigi, ne laissait pas que de faire un assez bel effet, et le fondateur n'avait point oublié, comme bien on pense, la pomme historique qui figurait embrochée au bout de la flèche; mais il avait compté sans la foudre qui frappa si souvent l'obélisque, qu'on le trouva un jour gisant en morceaux au pied de son socle. L'abbé avait fait des démarches, auprès des magistrats d'Uri, pour en obtenir l'autorisation de réaliser son projet sur la prairie de Gruttli; il essuya un refus. La réponse noble et judicieuse de ces républicains mérite d'être rapportée; la voici : « Tant que les Suisses demeureront libres, et se sentiront fiers de leur liberté, un pareil monument sera sans objet, et si jamais ces généreux sentiments de patriotisme venaient à s'éteindre chez leurs descendants, il serait encore aussi inutile aux confédérés que le furent, aux Romains asservis, les trophées élevés dans les jours glorieux de la république. »

L'empereur Rodolphe de Habsbourg avait fait bâtir, près du village de Meggen, dans le voisinage de Lucerne, un château, auquel il donna le nom de Neu-Habsbourg, et qui fut, pendant plusieurs années sa résidence d'été. L'emplacement que mes bateliers m'ont montré, en était fort bien choisi; il dominait toute cette partie du lac, et était entouré de forêts pleines de gibier; l'empereur, qui s'y plaisait beaucoup, s'était fait aimer dans le pays, et les chroniqueurs nous ont conservé de lui un trait qui est bien dans l'esprit du temps. Un jour qu'il chassait dans les environs, il rencontra, sur les bords d'un ruisseau grossi par l'orage, un vieux prêtre qui, portant le saint viatique à un mourant, ôtait sa chaussure pour passer à gué le torrent débordé. Rodolphe met aussitôt pied à terre, et force le bon vieillard à monter sur son palefroi et à s'en servir jusqu'au lieu de sa destination. Le lendemain, le prêtre vint lui témoigner sa reconnaissance, en lui ramenant l'animal; mais l'empereur lui répond : « Dieu me garde de jamais monter ou de laisser monter à mes hommes d'armes, le cheval qui a porté mon Créateur. Si vous croyez, en conscience, ne le pouvoir garder, disposez-en pour le service de Dieu, car j'en ai fait présent à lui, de qui je tiens mon corps, mon âme, mes honneurs et mes biens. » Lorsqu'eut lieu, plus tard, le soulèvement du pays, ce même château assiégé par les forces des quatre Waldstettes, se rendit à la seule condition que la châtelaine pourrait emporter ce qu'elle avait de plus précieux; cette condition obtenue, elle chargea son mari sur ses épaules. Mais on ajoute que celui-ci la tua sur la prairie de Meggen, « ne voulant pas, dit-il, qu'une femme pût se vanter d'avoir sauvé la vie à un chevalier. » Si je rapporte cet *on dit*, que j'aime à croire calomnieux, c'est seulement pour montrer qu'alors, comme aujourd'hui, les partis n'étaient que trop enclins à accréditer, les uns contre les autres, les imputations les plus odieuses qui trouvaient les passions et les haines politiques toujours prêtes à les accueillir. Sur ce chapitre-là les pâtres suisses n'étaient nullement en reste vis-à-vis de leurs ennemis, et, en lisant les témoignages des contemporains, il est aisé de s'apercevoir que, « pour être héros, en n'en est pas moins homme. »

Maintenant quelques mots pour ceux qui préfèrent les souvenirs littéraires aux souvenirs historiques : un de nos premiers écrivains, Paul-Louis Courier, a fait, en 1809, un séjour de deux mois sur les rives du lac de Lucerne, ici près. « Ses bords, dit-il, n'ont pas un rocher où je n'aie grimpé pour chercher quelque point de vue, pas un bois qui ne m'ait donné de l'ombre, pas un écho que je n'aie fait jaser mille fois, c'est ma seule conversation. » Ce fut dans une de ces courses, au pied des tours ruinées de Neu-Habsbourg, qu'il fit un jour la rencontre d'une jeune paysanne lucernoise, cueillant des pois dans un champ, rencontre à laquelle nous devons une des meilleures de ses excellentes lettres. Je vous renverrais bien, ami lecteur, à la page 264 de sa correspondance, si ce n'était la crainte que j'ai que vous ne revinssiez plus à mon livre.

Je trouve les lettres de Courier supérieures à ses *pamphlets*, tout admirables qu'ils sont. D'abord elles ont sur eux l'avantage d'être complétement exemptes de *manière;* on y retrouve la correction, l'élégance, l'harmonie de style, l'inépuisable variété de formes des écrivains du grand siècle; on ne se lasse pas de les admirer comme œuvre d'art, mais j'avoue que je ne saurais m'attacher à celui qui les a écrites; l'auteur et l'homme restent, pour moi, deux êtres tout à fait distincts, et, en rendant pleine justice au premier, il m'est impossible d'aimer le second ni de sympathiser avec lui.

Il y a, dans le caractère de Courier, bien différent en cela de Jean-Jacques Rousseau et de Bernardin de Saint-Pierre, quelque chose de sec, de hargneux, je dirais presque de haineux qui me repousse; on a peine à croire qu'il ait été bon. En réfléchissant sur la sévérité de ce jugement, je me demande s'il ne s'y glisserait pas, à mon insu, un reste de rancune politique, ce qui, j'avoue, serait fort possible, car Courier est, après Béranger, l'homme qui a fait le plus de mal à la Restauration.

LUCERNE

Zwingle. — L'arsenal. — Monument. — Sempach. — Buttisholz. — Mont Pilate. — Habitants de l'Entlibuch.

Pendant ma quarantaine dans les nuages du Rigi, le hasard m'avait servi à souhait, en me mettant à même de faire quelques connaissances qui ont été pour moi d'une ressource précieuse, tant là haut qu'ici-bas. De ce nombre étaient trois Lucernois, sous les auspices desquels j'ai visité tout ce que leur ville offre de remarquable[1]. J'ai passé avec eux deux heures à l'arsenal, l'un des plus curieux de la Suisse ; j'y ai contemplé, avec une sorte de respect, les lambeaux des bannières sous lesquelles les Suisses ont vaincu à Sempach, ainsi que les armures et les drapeaux conquis sur les ennemis de leur indépendance. On m'a également montré un trophée moins glorieux, mais auquel l'esprit de rivalité religieuse a jadis attaché non moins de prix, je veux parler de la hache

[1] MM. de Ruttimann, fils de l'ancien avoyer, et M. le colonel Pfyffer de Wyher, auteur d'une description et d'un panorama du Rigi indispensables pour tous ceux qui veulent débrouiller le chaos des montagnes et des glaciers. Ces messieurs m'ont fait les honneurs de leur intéressante ville avec une obligeance que je ne puis trop reconnaître.

d'armes de Zwingle, tué au combat de Kappel; elle prouve que si ce prédicateur-soldat y a reçu, comme dit Ebel, la couronne du martyre, ce n'a été du moins qu'à son corps défendant.

On conserve ici un grand nombre de ces arbalètes qui ont servi aux Suisses à affranchir leur pays, et sont restées en usage assez longtemps encore après l'invention des armes à feu; l'une d'elles, brisée par le milieu, m'a mis à même de reconnaître les matériaux dont elles sont faites et la manière dont on les travaillait. L'arc se compose de plusieurs lames de corne, large de deux à trois pouces, et dont l'épaisseur va en diminuant du milieu aux deux extrémités; elles sont solidement collées et ficelées ensemble, de façon qu'elles semblent ne faire qu'un corps homogène, d'une extrême dureté, mais qui ne laisse pas que d'être assez élastique. Cet arc, lourd dans ses proportions et dans sa forme, est fixé par le milieu à un manche de bois, plus ou moins curieusement travaillé, et se tend au moyen d'un cric, auquel nulle force humaine ne saurait suppléer. La flèche, également très-courte et très-peu élégante, est, en revanche, d'une grande solidité, et se termine par un fer quadrangulaire à pointe fort obtuse, mais assez bien trempée pour pouvoir faire son trou, ainsi qu'une balle, au travers des armures. Quant à la corde, elle est en boyau, longue de deux pieds à peu près, et de la grosseur du petit doigt. Ces engins meurtriers atteignaient leur but à une grande distance, et les chroniques rapportent que Henri de Hanenberg, retenu dans Arth par les Autrichiens, décocha, par-dessus le mur, une flèche qui fut trouvée à mille pas de là avec un billet sur lequel on lisait : « Demain tenez-vous sur vos gardes à Morgarten. » Les Suisses, incertains sur le point par où l'on se proposait de les attaquer, durent leur salut à cet avertissement amical.

J'ai examiné aussi les redoutables *morgenstern* (étoiles du matin) qui jouent un grand rôle dans les victoires des Suisses. Ce sont des espèces de massues en fer, mais perfectionnées, et dont l'extrémité, qui se termine le plus souvent en boule, est hérissée de dents aiguës ; cette arme, maniée par un bras vigoureux, brisait casques et cuirasses, fracassant les têtes et les côtes qui se trouvaient dessous. Les éperons des chevaliers, par leur efficace simplicité, ont encore attiré mon attention; ce sont tout bonnement des pointes en fer de cinq ou six pouces de long, très-aiguës et fixées à demeure. Quand un cheval se sentait poignardé par cette terrible paire de stylets, force lui était de courir jusqu'à ce que la vie lui manquât. Au milieu de tous ces trophées du moyen âge, j'en ai remarqué un d'un genre tout différent; c'est un énorme drapeau en soie, orné de broderies dans le goût oriental. On m'apprit que c'était le pavillon amiral de je ne sais quel capitan-pacha, qu'un Lucernois, François de Sonnenberg, enleva de sa main en je ne sais quelle rencontre; un de ces messieurs ajouta qu'un voyageur questionneur (*inquisitive traveller*) demanda, en voyant ce pavillon, si les pirates turcs faisaient des courses jusque sur le lac de Lucerne.

Je ne veux pas quitter l'arsenal sans signaler aux amateurs ses admirables peintures sur verre, curieuses surtout en ce qu'elles offrent une représentation aussi fidèle que variée du costume civil et militaire des anciens temps. Le sujet en est presque toujours l'écusson d'un canton ou d'une ville ayant pour supports deux hérauts d'armes, vêtus des couleurs nationales. Le caractère des figures de la plupart d'entre eux est d'une beauté qui ne le cède en rien au fini de l'exécution. On vante beaucoup les vitraux de l'abbaye de Rathaus près d'ici, qui sont, dit-on, supérieurs à tout ce qu'on voit en Suisse dans ce genre; je n'ai pu m'en assurer par moi-même.

Sur l'un de ceux de l'arsenal, j'ai vu une figure gigantesque représentant un homme tout barbu, vêtu très-légèrement d'une ceinture de feuillage, armé d'une massue et servant de support à l'écusson de la ville. Voici ce qu'on m'en a raconté? Il y a bien, bien longtemps que des bûcherons découvrirent, sous les racines d'un très-vieux chêne, des ossements d'une dimension extraordinaire, et l'on ne manqua pas de dire, dans le pays, qu'ils avaient appartenu à un être de notre espèce, à l'un de ces géants antédiluviens dont parle l'Écriture. Un célèbre médecin de Bâle, auquel on les envoya, accrédita cette opinion populaire, qui ne trouva point de contradicteurs, jusqu'au moment où les progrès de l'anatomie comparée permirent de reconnaître l'erreur. L'existence du *Wildmann* ou homme sauvage est encore, pour les paysans, un fait hors de doute. Comment cet être fantastique est-il parvenu à se glisser dans la charge officielle qu'il occupe aujourd'hui? C'est là ce qu'on n'a pu m'apprendre. Tout ce que j'en sais, c'est qu'il a usurpé la place de l'aigle de l'empire qui, lui-même, avait pris celle du moine encapuchonné, dernier indice de la domination des abbés de Murbach.

Ce que Lucerne renferme de plus digne de l'attention des étrangers, c'est le monument qui a été élevé, par souscription, à la mémoire des

Suisses massacrés le 10 août, et dont la première pensée appartient au colonel Pfyffer d'Altishof, l'un de ceux qui ont eu le bonheur d'échapper à cette boucherie. Il n'est rien de plus simple à la fois et de plus poétique que cette pensée, qui a été saisie et rendue, par Thorwaldsen, avec tout le succès qu'on devait attendre d'un aussi grand artiste. C'est un lion percé d'une lance, qui expire, en couvrant de son corps un bouclier fleurdelisé qu'il ne peut plus défendre. Je m'attendais, sans trop m'expliquer pourquoi, à quelque chose de petit, de mesquin, mais je me suis senti saisi d'admiration, d'attendrissement et de respect, en contemplant cette œuvre du génie; la tête du lion mourant est d'un caractère sublime. Il est couché dans une grotte peu profonde, creusée dans un pan de rocher absolument vertical; le tronçon de la lance qui l'a percé est resté enfoncé dans son flanc, il étend sa griffe redoutable, comme pour repousser encore une dernière attaque; ses yeux à demi fermés vont s'éteindre pour jamais, et cependant son regard semble menacer encore! Sa face majestueuse offre l'expression d'une noble douleur et d'un courage calme et résigné; ce n'est pas un animal qui se débat dans les dernières convulsions d'une rage impuissante, c'est l'image d'un héros se dévouant à l'accomplissement d'un grand devoir, et prêt à exhaler son âme généreuse.

Au-dessus de la grotte se lit l'inscription suivante : *Helvetiorum fidei ac virtuti* (à la fidélité et au courage des Suisses); au-dessous sont gravés les noms des officiers et des soldats qui ont péri dans le massacre, et de ceux qui, arrachés à la mort, ont contribué à l'érection du monument. A dix pas de là s'élève une petite chapelle, sur la porte de laquelle sont ces deux mots : *invictis pax* (paix à ceux qui n'ont pas été vaincus), et, du côté opposé, on voit la maisonnette du gardien, qui est un des survivants du 10 août. Une pièce d'eau vive, alimentée par plusieurs sources, baigne le pied du rocher, dont le sommet est couronné d'une riche végétation, et tout alentour sont disposés avec goût quelques groupes d'arbres qui ombragent des bancs placés aux différents points de vue les plus favorables. Tout cela est bien, mais la part de la critique n'a pas été tout à fait oubliée par les arrangeurs du local; cette maisonnette du gardien, devenue une boutique de vues et de costumes du pays, dans laquelle sont étalés, en outre, tous ces brimborions faits pour tenter les voyageurs oiseux; cet uniforme de *garde suisse*, mis, ôté, remis vingt fois par jour par le cicerone qui accourt débiter à chaque nouveau venu son explication apprise par cœur, voilà ce qui ne vaut rien et ce qui glace le voyageur, qu'il faudrait laisser seul, livré à ses impressions. Il y a là-dedans un air d'exhibition et de spéculation qui contraste d'une manière désagréable avec la simplicité grandiose du monument, et les graves pensées qu'il réveille. C'est de la prose la plus vulgaire à côté de la plus haute poésie.

Pour achever de donner une idée de cette œuvre admirable, il me reste à en indiquer les dimensions. Le lion a vingt-huit pieds, depuis l'extrémité du mufle jusqu'à l'origine de la queue, et sa hauteur, s'il était debout, serait de dix-huit pieds. Il est en ronde-bosse (*alto relievo*) et taillé, d'un seul morceau, dans la masse même du rocher. La grotte, dans laquelle il est couché, a quarante-quatre pieds de long sur vingt-huit d'élévation. C'est un jeune sculpteur de Constance, nommé Ahorn, qui, sous la direction du colonel Pfyffer, a exécuté ce travail avec beaucoup d'intelligence, d'après le modèle en plâtre envoyé de Rome par Thorwaldsen. Le célèbre sculpteur, après avoir lu la lettre qui contenait ses premières instructions, voulut prouver au négociateur qu'il comprenait ce qu'on lui demandait, et crayonna à la hâte, sur le dos de l'enveloppe, un croquis que j'ai vu et qui, tout incorrect qu'il est, n'en est pas moins intéressant, en ce qu'il renferme la *première intention* de l'artiste, son idée-mère. Le modèle arriva à Lucerne tellement endommagé que le masque fut trouvé gisant, en morceaux, au fond de la caisse; ce fut un coup de foudre pour ceux des souscripteurs présents, mais l'un d'entre eux, le colonel Pfyffer de Wyher, recueillit ces fragments précieux que le frottement, par bonheur, n'avait pas encore usés, et parvint, à force d'industrie et de patience, à les remettre chacun à leur place et à les rejoindre solidement. J'ai vu le modèle ainsi restauré, il y paraît à peine.

Soit par inadvertance, soit à dessein, Thorwaldsen a omis, dans son ouvrage, ce cinquième doigt, à peine ébauché, qui pend en dedans de la patte de certains quadrupèdes. Cette omission, qu'on a reproduite avec scrupule sur le monument, a été sévèrement relevée par quelques connaisseurs pointilleux, auxquels je ne pense pas qu'on doive envier le triste honneur d'avoir, les premiers, signalé une tache aussi légère dans un pareil chef-d'œuvre. Il est des gens doués d'un malheureux sang-froid! le génie ne peut les émouvoir, il les trouve inexorables. Si j'osais hasarder une critique, elle porterait sur la crinière du lion, qui ne paraît pas suffisamment hérissée, *horrida;* elle est trop arrangée, bouclée. Je la voudrais *massée* à la manière de la chevelure du [gla]iateur mourant.

[L'] inauguration de ce monument national, quoi qu'on en dise aujour[d'hu]i, a eu lieu le 10 août 1821. L'affluence des étrangers et des Suisses [fut t]elle, en cette occasion, que, les auberges et les maisons particu[lière]s regorgeant de monde, on vit des voyageurs sans asile errer dans [la vi]lle, à l'entrée de la nuit, implorant l'hospitalité des habitants et [s'ins]tallant, pour ainsi dire, de vive force sur les escaliers et dans les [vesti]bules des maisons où ils étaient parvenus à se glisser; une pension [de j]eunes personnes, qui se trouva dans ce piteux cas, amusa beaucoup [les] mauvais plaisants de Lucerne. Au moment où l'on enleva, devant [la] foule innombrable de spectateurs, la toile qui couvrait l'échafau[dage], deux pigeons, qui, pendant les travaux, y avaient élu domicile, [s'en]volèrent effrayés et revinrent peu après reprendre possession de leur [nid] d'où l'on a eu le bon esprit de ne pas les chasser. Trompé par les [prop]ortions colossales du lion, je les ai pris pour des moineaux, bien [que] je les visse de très-près, et je n'ai pas été seul dupe de cette illusion [op]tique.

[L'] hôtel de ville vaut la peine d'être vu; les salles spacieuses, et point [trop] éclairées, en sont lambrissées en chêne; les plafonds à comparti[men]ts sont du même bois et travaillés comme la pièce d'ébénisterie la [plus] soignée. Ce genre d'ornements, grave et simple, convient parfaite[men]t à la destination de l'édifice. Dans l'une des salles, j'ai remarqué [un t]ableau historique dont le sujet a de l'intérêt. Les Autrichiens, déjà [chas]sés de Lucerne, tentèrent de surprendre la ville au moyen d'un [strat]agème concerté avec quelques-uns des habitants, qu'ils avaient mis [dans] leurs intérêts. Les conjurés s'étaient réunis pour la dernière fois, [afin] de régler les mesures définitives qui devaient assurer le succès de [leur] plan; ils allaient se séparer après avoir arrêté le jour de l'exécution, [lorsq]u'ils s'aperçurent de la présence d'un enfant qui, se trouvant là [par] hasard, avait tout entendu. Quelques-uns d'entre eux furent d'avis [de le] tuer, mais, le plus grand nombre s'opposant à cette précaution [barb]are, on se contenta de le faire jurer de ne révéler à personne ce [dont] il avait été témoin. L'enfant se glissa aussitôt dans la ville, mais il [ne] connaissait aucun des bourgeois; d'ailleurs il était tard, et la plu[part] des habitants étaient déjà couchés. Il ne se découragea pas, et, à force d'errer dans les rues, il aperçut encore de la lumière dans une maison où se réunissait pour boire la corporation des bouchers. Il entra, puis se tourna vers le poêle et dit à haute voix : « Poêle ! écoute bien ce que je vais te dire ; les gens d'Autriche s'entendent avec les bateliers et quelques-uns des bourgeois. Demain une centaine d'entre eux aborderont cachés dans des tonneaux ; ils en sortiront au coup de minuit. On leur livrera les portes ; ils tueront les hommes de garde et feront entrer leurs camarades apostés près de la ville. » Cette bizarre allocution fut rapportée en toute hâte aux magistrats ; le complot fut déjoué, et Lucerne dut son salut à la présence d'esprit de cet enfant et à l'interprétation un peu large qu'il donna à son serment.

A l'époque dont je parle, l'animosité contre les Autrichiens et ceux des nobles qui faisaient cause commune avec eux était telle, qu'on ne pouvait, sans courir risque de la vie, se montrer en public avec une plume de paon à sa coiffure, cet ornement étant le signe de ralliement des adhérents de l'Autriche. On raconte, à ce sujet, qu'un paysan lucernois, qui buvait dans un cabaret, brisa avec fureur son verre sur la table, parce qu'un rayon de soleil, venant à frapper dessus, lui montra, dans la réfraction prismatique, des couleurs abhorrées. Peut-être, dans ces temps d'ignorance et de superstition, un arc-en-ciel apparaissant subitement à Sempach ou à Morat, au-dessus des phalanges ennemies, eût suffi pour frapper de découragement les Suisses et changer la fortune de ces journées décisives.

Le pendant du tableau dont je viens de parler représente la retraite de Meaux, célèbre par l'intrépidité des Suisses. Charles IX, arrivé à Paris sain et sauf au milieu de cette *forteresse mouvante*[1], s'écria : « Sans mes bons compères les Suisses, ma vie et ma liberté étaient en grand branle. » Voici un second témoignage non moins honorable pour eux : « Sans jamais s'étonner, dit Lanoue, ils demeurèrent fermes pour un temps, puis se retirèrent serrés, tournant toujours la tête comme a accoutumé de faire un furieux sanglier que les aboyeurs poursuivent, jusqu'à ce qu'on les abandonnât, voyant qu'il n'y avait apparence de les forcer. » Il est bon d'ajouter que les assaillants étaient Condé et l'amiral à la tête de l'élite de leurs troupes.

Je suis entré dans la salle où siège le grand conseil et se traitent les affaires de la république ; ce n'était point l'époque de la session et j'en

---

[1] Expression énergique d'un témoin oculaire.

Poële ! Ecoute bien ce que je vais te dire !

ai été fâché. Il eût été intéressant pour moi d'assister à l'une des séances, qui ne laissent pas que d'être quelquefois orageuses. Sur l'estrade où les conseillers posent leurs pieds, on voit nombre de petites ouvertures recouvertes d'un grillage et pleines de sciure de bois; ce sont les crachoirs des honorables. La plaisante apologie de la pipe que Boufflers nous a donnée dans ses lettres m'est revenue aussitôt à l'esprit; il y ramène si comiquement cette phrase concluante : « Puis on crache, et cela fait toujours plaisir ! » MM. les représentants de Lucerne paraissent pénétrés de la vérité de ce principe.

Cette ville-ci est jolie, les rues en sont larges et assez régulières. On voit que la baguette de fer de l'abbé de Murbach a passé par là; il faut savoir, pour comprendre ceci, que cet abbé, jadis prince de Lucerne, avait, entre autres droits, celui de faire porter devant lui, quand il allait par la ville, une tringle longue de douze pieds, qu'un estafier tenait horizontalement, et toute maison qui l'arrêtait au passage devait être ou démolie, ou rachetée par le propriétaire au prix d'une amende assez forte; la police de grande voirie aurait dû adopter cet usage dans la plupart de nos villes. On chercherait vainement aujourd'hui les traces de ce quartier, composé en entier des maisons de bois que des Lucernois vainqueurs avaient rapportées du sac de la petite ville de Rottenburg; elles ont été depuis longtemps remplacées par des habitations dont l'extérieur soigné, mais sans recherche, annonce l'aisance des habitants. Il s'est conservé, au reste, une assez grande simplicité de mœurs à Lucerne, qui, en cela, se ressent du voisinage des petits cantons avec lesquels elle s'est alliée presque dès l'origine. On n'y voit point de grandes fortunes, ce qui tient à ce que la population n'est ni mercantile ni manufacturière; le commerce de transit avec l'Italie (par le Saint-Gothard), qui était jadis fort actif, a beaucoup perdu depuis l'ouverture de la route du Splugen. Il n'y a point ici de luxe ni, en général, de prétentions d'aucun genre; on y rencontre très-peu d'équipages. La société, fort unie avant la révolution, s'y est divisée depuis, mais non autant que dans quelques autres villes de Suisse; elle se distingue par une urbanité et un amour du plaisir qu'on ne s'attendrait guère à trouver dans cette contrée alpestre. Bals, concerts, comédies de société se succèdent pendant tout l'hiver; on donne même dans le carnaval des bals masqués. Le goût du service étranger, fort général dans ce canton, a contribué à répandre et à entretenir ces habitudes de sociabilité. Une grande liberté est accordée à la jeunesse, qui, à ce qu'il paraît, n'en abuse pas. Tous les dimanches, pendant la belle saison, les jeunes gens des deux sexes se réunissent pour aller faire une collation champêtre dans les environs et passer la soirée à danser. Les parents ne font point partie de ces réunions, où règne, dit-on, malgré cela, la plus grande décence, et qui sont présidées par un couple nouvellement marié qu'on a revêtu temporairement d'une autorité dictatoriale en ce qui concerne le choix du lieu, ainsi que les apprêts et la police de ces petites fêtes. Je voudrais seulement qu'on substituât d'autres dénominations à celles de *galopin* et de *galopine* données aux époux dirigeants.

J'ai vu ici, avec un extrême plaisir, le plan en relief d'une partie de la Suisse, fait par le général Pfyffer, mais, pour en bien jouir, il faut avoir parcouru le pays et le connaître un peu à fond, car autrement on ne regarde guère ce beau travail, dont le célèbre Saussure faisait grand cas sous le rapport de l'exactitude, que comme un joujou d'enfant, et l'on ne peut soupçonner tout l'intérêt qui s'y attache. Quand on a franchi ces cols, gravi ces glaciers, traversé ces torrents, suivi ces sentiers, reconnu les versants de ces différentes chaînes et exploré l'intérieur de ce labyrinthe de montagnes, on ne peut se lasser d'examiner cet ouvrage, et de refaire de l'œil des excursions intéressantes, mais pénibles, qui avaient en outre le désavantage de ne dérouler que successivement devant vous les diverses parties d'un grand tout, que vous embrassez ici d'un regard. La représentation minutieusement fidèle de cette nature alpestre évoque une foule de souvenirs fugitifs qui prêtent un charme infini à ce voyage résumé. Alors, pour peu que l'imagination s'en mêle, les montagnes et les vallées de carton disparaissent, ainsi que les lacs faits de morceaux de miroir, et c'est la Suisse elle-même, dans son ensemble et avec ses moindres détails, sur laquelle votre vue plane comme d'un point élevé; l'illusion est complète, et je conseille fort aux voyageurs, désappointés par le mauvais temps dans leur course au Rigi, de ne point dédaigner cette fiche de consolation.

Le général a eu la singulière idée de faire entrer, dans la composition de son plan en relief, des fragments des diverses espèces de roches qui forment la base des principales chaînes; chacune est scrupuleusement à la place qu'elle occupe dans la nature. Il est difficile de déterminer quel a pu être, en cela, le motif de M. Pfyffer, si ce n'est peut-être qu'il a pensé que, dans le cas où ses modèles viendraient un jour à disparaître, il était bon de conserver dans sa copie les échantillons des éléments dont ils se composaient.

Une des curiosités de Lucerne est son orgue, construit sur les plus grandes dimensions connues; le principal tuyau, qui est en métal, a quarante pieds de haut et trois de diamètre; on dirait un abîme quand on regarde dedans. Je l'ai fait *parler* et j'ai été fort surpris de ne rien entendre, mais d'éprouver par tout le corps une sorte de frémissement très-fort, revenant à intervalles égaux. C'étaient les vibrations du son dont je me trouvais trop rapproché pour en avoir la perception, mais qui, en revanche, se faisait entendre dans l'église et à une demi-lieue plus loin. Une dame aux nerfs délicats s'était trouvée mal peu de temps avant, en entendant mugir cet *ut*, gigantesque enfant d'Éole, comme dirait un poëte.

La cathédrale me fournit un trait qui fait connaître l'esprit dont étaient animées les troupes des petits cantons, lors de l'invasion française, et le peu de discipline qui régnait parmi ces braves descendants des pâtres de Morgarten. S'étant rendus maîtres de Lucerne, qui avait accepté, bon gré mal gré, la nouvelle constitution gallo-helvétique, ils jetèrent pêle-mêle sur la place leurs armes, qu'ils confièrent à quelques sentinelles, et se précipitèrent en foule dans l'église pour y entendre la messe, que leur dit un de leurs chefs, le capucin Steiger, et remercier Dieu de leur victoire. Rien n'eût été plus facile aux Lucernois que de fermer les portes et de prendre, comme dans une souricière, leurs vainqueurs désarmés; l'idée n'en vint à personne.

Je viens de visiter un lieu plein de nobles souvenirs; j'ai parcouru le champ de bataille de Sempach[1]; encore plein des émotions que j'y ai éprouvées, je ne puis me refuser au plaisir de parler de cette journée que l'héroïsme de Winkelried a rendue célèbre. Le dévouement de Léonidas et de ses trois cents Spartiates a servi de thème à plus d'un écrivain novice.

Les deux armées étaient en présence; quatorze cents paysans libres allaient défendre, contre plus de quatre mille chevaliers et hommes

[1] J'y ai été accompagné par les descendants d'un homme qui s'y est distingué. C'était un Ruttimann qui défendait Sempach, et il obtint, pour prix de sa belle conduite, le droit de bourgeoisie à Lucerne.

d'armes, la cause sainte que leurs pères avaient fait triompher à Morgarten. L'archiduc Léopold d'Autriche et ses barons, ne pouvant se servir de leurs chevaux sur ce terrain coupé et ne voulant pas attendre l'arrivée des fantassins pour *châtier l'insolence de ces rebelles et les écraser du talon*[1], avaient mis pied à terre, s'étaient formés en phalange et marchaient couverts de leurs cuirasses, armés de leurs longues lances et présentant de tous côtés un inexpugnable rempart de fer. Les Suisses, après s'être jetés à genoux pour faire leur prière, fondent sur eux avec leur impétuosité accoutumée, en poussant leur cri de guerre; mais ils font de vains efforts pour entamer ce carré impénétrable qui reçoit leur choc sans s'ébranler. Deux fois repoussés, ils reviennent deux fois à la charge; les lignes des Autrichiens sont encore intactes et les Suisses ont perdu un grand nombre de leurs meilleurs combattants; l'avoyer de Lucerne, Gondolding, est tombé, et avec lui plusieurs des chefs les plus intrépides. « Frappez sur les bois de lance, ils sont creux! » s'écrie une voix, mais ce moyen est sans succès; déjà les confédérés reculent, ils éprouvent déjà ce découragement fatal précurseur de la défaite; le front de l'armée ennemie, qui sent son avantage, se déploie et va les envelopper... Dans cet instant critique, Arnold de Winkelried s'écrie : « Confédérés, prenez soin de ma femme et de mes enfants, je vais vous faire un chemin! » Il se précipite aussitôt, les bras étendus, sur les piques autrichiennes, en saisit autant qu'il en peut atteindre et, les réunissant en faisceau sur sa poitrine, il tombe percé de coups et entraîne dans sa chute ses nombreux adversaires. Les Suisses s'élancent par cette trouée, se font jour au travers des rangs ennemis à la faveur de la confusion, et y portent la terreur et la mort. Les chevaliers en désordre, embarrassés par leurs lourdes armures, ne peuvent ni fuir ni se défendre; les Suisses triomphent, et le dévouement d'un homme a arraché la victoire aux mains d'un ennemi déjà victorieux. Certes les temps les plus glorieux de Rome et de la Grèce n'ont pas un héros qui soit au-dessus de cet embrasseur de lances[2].

Cette journée porta, à la puissance de l'Autriche dans ce pays, un coup

[1] Expressions attribuées à l'archiduc.

[2] Pardon du néologisme: je me prévaudrai d'un précédent qui est de nature à le justifier, et que l'analogie des deux cas rend on ne peut plus concluant : Charlotte de Montmorency, parlant de son fils le grand Condé, l'appelle le *fameux renverseur de murailles*.

dont elle ne put se relever. Six cent quatre-vingts barons et chevaliers, la fleur de la noblesse d'Allemagne et de Suisse, y périrent, et l'archiduc Léopold fut tué en voulant sauver sa bannière. La veille du combat, la confiance était extrême dans son camp, et Jean d'Ochsenstein, doyen du chapitre de Strasbourg, lui demanda : « Comment voulez-vous avoir tous ces paysans? bouillis ou rôtis? » Lorsque les chevaliers eurent mis pied à terre pour combattre, ils ne tardèrent pas à s'apercevoir de l'inconvénient de leurs chaussures à la poulaine, dont les pointes, démesurément longues, gênaient leurs mouvements; chacun se mit aussitôt en devoir de retrancher avec sa dague ce luxe incommode. Il y avait dans l'armée sept gentilshommes du nom de Mullinen, et l'un deux, en opérant avec trop de précipitation, se fit au pied une blessure assez grave pour l'empêcher de prendre part à l'action; il lui fallut aller se faire panser à l'arrière-garde, et ce fut à cet heureux accident qu'il dut la vie; ses six homonymes périrent, il resta le seul de son nom pour perpétuer une noble race, qui depuis, et jusqu'à une époque récente, a figuré avec honneur dans les annales de la Suisse[1].

On célèbre chaque année l'anniversaire de la bataille de Sempach. Le clergé de la ville vient dire, dans la chapelle bâtie sur le lieu même, une messe pour le repos de l'âme de tous ceux qui y ont péri, amis et ennemis indistinctement; on lit, à la foule assemblée, un récit de l'action composé un demi-siècle après, puis les noms des Suisses morts pour la patrie. Ce jour-là, chaque indigent domicilié dans le district de Sempach reçoit un pain; cette fondation remonte, dit-on, jusqu'à l'époque de la bataille; elle est touchante.

Du haut des collines de Sempach, sur l'autre rive du lac, on découvre le champ de bataille de Buttisholz, sur lequel les paysans de l'Entlibuch taillèrent en pièces, à eux seuls, les nombreuses bandes d'Armagnacs et d'hommes d'armes anglais qu'Enguerrand de Coucy avait pris à sa solde pour faire valoir, en Suisse, certains droits de succession, et qui pillaient le pays par avancement d'hoirie. Les vainqueurs revinrent dans leurs villages montés sur les superbes chevaux de leurs ennemis, revêtus de leurs riches armures et portant fièrement sur leurs têtes les casques empanachés des barons. Pierre de Thorberg, bailli de Wolfhau-

[1] L'usage des armes parlantes était alors général; celles de cette famille sont une roue de moulin (*muhle*) avec cette devise : *Pura me movent*. Si d'après feu l'avoyer Mullinen on juge de ses ancêtres, cette belle devise n'aurait pu être mieux portée.

sen, voyant passer, sous les murs de son château, un paysan ainsi accoutré, s'écria assez haut pour être entendu : « Faut-il que tant de nobles chevaliers aient péri de la main de ces rustres, qui se pavanent avec leurs dépouilles! » Le pâtre leva la tête et lui répondit sans s'émouvoir : « C'est pourtant là ce qui est arrivé, seigneur chevalier; nous avons mêlé aujourd'hui, sous les coups de nos hallebardes, le sang des nobles et celui des chevaux, et voilà comme il faut traiter ces pillards, ces ravageurs du pays; mais vous, prenez garde de payer cher bientôt la compassion que vous montrez pour eux! » Cette menace était prophétique, et peu de temps après le bailli de Wollhausen fut, comme tous ses collègues, expulsé de la contrée par les populations soulevées.

A part l'intérêt historique, la course de Sempach vaut bien la peine d'être faite; c'est l'affaire d'une après-dînée qu'il serait difficile d'employer à une plus jolie promenade. En revenant de la chapelle, nous nous sommes arrêtés dans la ville, qui semble avoir conservé la même physionomie qu'elle avait à l'époque où l'on préparait, sous ses murs, une si belle page d'histoire à Jean de Müller. Nous prîmes le café chez un aubergiste que nous trouvâmes lisant un Virgile bien feuilleté; je le félicitai sur son instruction et ses goûts studieux rares, en tous pays, parmi ses confrères; il me répondit par une citation latine très-bien choisie, dont je n'ai pas la prétention d'indiquer la source; je me rappelle seulement qu'il y était question des muses. Honteux de demeurer en reste, j'évoquai tout mon latin à mon aide et lui ripostai modestement par le banal « *dulces ante omnia musæ.* » Nous parlâmes de la journée de Sempach, et un heureux à-propos me suggéra le « *nec sine pulvere palma;* » alors mon homme me rétorqua une phrase de Tacite en l'honneur de la liberté; pour le coup, je restai court et je me mis à lui vanter l'excellence de son café, dont je lui demandai la recette. Il m'apprit que c'était du petit village de Munster, à l'autre extrémité du lac de Sempach, qu'était sorti Ulrich Gering, qui, le premier, apporta à Paris, en 1472, *son secret pour imprimer des livres*. J'ai lu quelque part qu'il y exerça avec distinction la profession d'imprimeur, qui alors faisait partie des professions savantes, jusqu'en 1510, et qu'en mourant il légua sa fortune aux étudiants et aux pauvres de Paris, en reconnaissance de quoi la Sorbonne faisait célébrer tous les ans un service pour le repos de son âme.

Le lac de Lucerne se fait remarquer par un genre de beautés totalement différentes de celles qui distinguent le lac de Zurich. On peut opposer ces deux sites l'un à l'autre, et non les comparer. Le caractère de grandeur sauvage de celui de Lucerne frappe plus fortement le voyageur, mais l'aspect si riant de l'autre le séduit peut-être davantage; on aimerait à visiter de temps en temps le premier, tandis qu'on préférerait vivre sur les bords du second. La majesté, en effet, finit par fatiguer, mais le charme ne s'use point, et l'on se lasse plutôt d'admirer que de jouir. Il y a ici deux ponts couverts, praticables seulement pour les piétons, et qui, par l'avantage de leur position et leur longueur (l'un a 1,380, l'autre 1,000 pieds), offrent une promenade à la fois facile et agréable. On y jouit d'une superbe vue sur le lac, qui, de là, vous apparaît dans toute son imposante magnificence. Devant vous s'étend un large bassin, encadré de hautes montagnes, parmi lesquelles s'élève, à gauche, le Rigi, dont la forme pyramidale et les flancs tapissés d'une douce verdure, contrastent heureusement avec la cime déchirée et les arides escarpements du Pilate. Plus loin, vous découvrez ces deux promontoires pittoresques aux pieds desquels, pendant les dangereuses bourrasques qui soulèvent à l'improviste les flots du lac, plus d'un voyageur pâlissant a recommandé son âme à Dieu. Ils sont dominés par le Rothstock, le Wœllenstock et plusieurs autres montagnes verdoyantes des cantons de Schwytz et d'Underwald, au-dessus desquelles brille encore, comme un diadème éblouissant, la ligne des neiges éternelles. Lorsque le lac est calme, le paysage se reflète en entier dans ses ondes limpides, dont la surface est animée par une multitude d'oiseaux d'eau. Ce sont, je crois, des macreuses; elles nagent, çà et là, se poursuivent, plongent avec une prestesse merveilleuse, sans s'effrayer de la présence des passants, dont elles reçoivent des miettes de pain; placées sous la sauvegarde d'une ordonnance de police, elles nichent en paix dans les roseaux qui bordent la rive. Personne ne s'expose à payer une amende assez forte pour le sot plaisir de tuer un gibier, qui ne fuit pas et dont la chair est mauvaise.

L'étranger peut faire tout un cours d'histoire de Suisse, à l'aide des tableaux qui ornent les ponts, et de l'explication instructive qu'en a donnée le chanoine Businger. Des enfants du peuple m'aidaient obligeamment de leurs lumières, quand ils me voyaient embarrassé à démêler le sujet de ces croûtes patriotiques. Les noms de Tell, d'Arnold de Winkelried, de Gondolding leur sont familiers; ils naissent et vivent au milieu de ces souvenirs, et savent de bonne heure qu'ils ont une patrie dont ils peuvent être fiers. Que l'on interroge chez nous les enfants de la même classe au sujet des Duguesclin, des Bayard, des Condé, des Turenne, ils répondront qu'ils ne connaissent pas ces messieurs-là, et qu'apparemment ils ne sont pas du quartier.

Revenu à Lucerne après bien des années, je me suis frotté les yeux, comme la *Belle au bois dormant*, croyant rêver. A la place d'un de ces ponts couverts et des bas-fonds du lac, où les macreuses se jouaient au milieu des roseaux, se disputant le pain que leur jetaient les passants, j'ai retrouvé un quai magnifique, planté de marronniers à fleurs roses, et bordé de somptueux hôtels, parmi lesquels on distingue entre tous les autres l'hôtel Suisse (le *Schweizer-Hof*), l'un des meilleurs de la Suisse. De ce quai, la vue s'étend sur le plus splendide panorama : en face de vous le Rigi, à droite le mont Pilate, qui semble placé là tout exprès pour lui faire contraste, et, au fond, les montagnes du canton de Schwytz, le tout se reflétant dans les eaux cristallines du lac; par un jour de soleil, cela est d'une beauté qui défie toute description.

Indépendamment des deux ponts que j'ai cités et qui forment comme une galerie historique, il en est un troisième consacré aux développements d'une allégorie philosophique qui a du rapport avec la *Danse des morts*, jadis si populaire de ce côté-ci des Alpes. On y voit représentés des personnages de l'un et de l'autre sexe, appartenant aux diverses conditions sociales et vaquant à leurs affaires ou à leurs plaisirs, sans paraître prendre nul souci de la mort, toujours présente à leurs côtés. Ici, c'est un roi sur son trône; là, un chevalier la lance au poing; plus loin, un magistrat sur son tribunal, un triomphateur sur son char, une jeune fiancée devant son miroir, et partout la mort ricanant d'un rire diabolique, et prête à saisir sa victime à l'improviste, au milieu de ses folles illusions. Déguisée sous le costume de quelque personnage secondaire, qui rend plus grotesquement hideuse sa tête de squelette, elle prend toujours part à l'action. Elle est, par exemple, le postillon qui conduit le char du triomphateur; elle est le maître-d'hôtel qui sert à table le gastronome en jouissances; c'est elle qui pose sur la tête de la jeune fille la couronne nuptiale. On peut se faire, d'après cela, une idée de cette série de tableaux dont la conception vaut, au reste, mieux que l'exécution, et pour lesquels le peintre s'est évidemment inspiré de la fameuse fresque de Bâle, qu'on a longtemps, par erreur, attribuée à Holbein.

L'origine de Lucerne et les vicissitudes qu'elle a éprouvées méritent la peine d'être mentionnées, comme donnant une idée de la manière dont les choses se passaient dans l'ancien temps. Un duc d'Allamanie ou de Souabe, nommé Wickard, fonde ici près, au septième siècle, un couvent dont il devient abbé, et auquel il fait don, en toute propriété, de la chétive bourgade de Lucerne, ainsi que des terrains incultes et marécageux qui l'entourent. Les moines défrichent les terres, dessèchent les marais, y établissent des colons, et s'attachent, dans leur intérêt bien entendu, à accroître, par tous les moyens alors en usage, l'importance de la bourgade dont ils sont seigneurs. Par suite des franchises et immunités qu'ils lui octroient (on n'était libre alors que par privilége), sa population augmente rapidement avec sa prospérité; bientôt c'est une ville florissante pour l'époque. Mais voilà qu'un siècle plus tard, l'abbé du couvent de Murbach, en Alsace, vient à passer par Lucerne en se rendant à Rome; il convoite, comme une proie, la ville naissante et l'abbaye qu'elle enrichit, et n'a pas peine à en obtenir l'investiture de Pépin, roi des Francs, dont tout ce pays dépendait. En conséquence, Lucerne se voit forcée de reconnaître pour souverain un moine résidant à soixante lieues de là[1]; mais les abbés de Murbach suivent, à son égard, le judicieux système de leurs prédécesseurs. Paternellement gouvernée par leurs délégués, s'administrant elle-même, la ville continue à s'agrandir, à s'embellir de manière à mériter le surnom de *Lucerna lucens*, qu'elle reçut alors. Ses nouveaux seigneurs confirment et étendent, moyennant finance, les libertés dont elle jouit, et cet âge d'or se prolonge jusqu'à l'époque où, pour faire face à des prodigalités ruineuses, un abbé de Murbach se voit forcé de vendre, corps et biens, son petit peuple à l'empereur Rodolphe de Habsbourg, au mépris de l'engagement solennel pris par ses devanciers de ne jamais aliéner leur droit de souveraineté, engagement payé à haut prix par leurs sujets trop confiants. Des mains habiles et humaines de Rodolphe, qui mit tout en œuvre pour adoucir l'amertume de ce changement, les Lucernois tombèrent sous la domination arbitraire et oppressive de son fils, l'archiduc Albert. Leurs priviléges, leurs franchises, violés sans scrupules,

[1] Le fait n'était pas rare alors; le pays d'Uri appartenait à une abbaye de femmes de Zurich et la Valteline à celle de Saint-Denis près Paris.

leur sont successivement retirés par les baillis autrichiens; plus de traces de libertés municipales, plus de sécurité. Entraînés dans les guerres continuelles de leur turbulent seigneur, ces pauvres gens versent sans profit leur sang pour une cause qui n'est pas la leur, et voient se tarir, l'une après l'autre, toutes les sources de leur prospérité. Le résultat de tant de vexations ne se fit pas longtemps attendre. Vingt-deux ans après être passés sous ce joug détesté, les Lucernois exaspérés le brisèrent et conclurent, avec les trois cantons, nouvellement affranchis, le traité de paix perpétuelle qui fonda leur indépendance.

Après cette époque, l'histoire de Lucerne ressemble à celle de toutes les autres villes de la Suisse. Son territoire s'agrandit par achats, par conquêtes, par l'incorporation des petites cités et seigneuries du voisinage, auxquelles elle accorde le droit de combourgeoisie, ou qu'elle admet sous son patronage. Il est pourtant une particularité que je crois devoir signaler comme étant caractéristique de l'époque. On voit, longtemps après leur affranchissement, les Lucernois solliciter et obtenir de l'empereur Venceslas le droit de vie et de mort et celui de battre monnaie. Non contents de cela, ils font confirmer plus tard, par l'empereur Sigismond, cette concession à laquelle ils paraissent attacher tant de prix et dont il semble qu'ils pussent si aisément se passer. C'est qu'il existait alors une idée profondément enracinée dans les esprits : celle du droit imprescriptible de souveraineté inhérent à la couronne impériale, idée que l'on voit prévaloir au milieu de toutes les usurpations et de toutes les révolutions de ce temps-là. Jamais les populations ne la perdent complètement de vue, et ces *droits de l'empire* sont l'objet de clauses et de réserves spéciales dans tous les traités d'alliance conclus par les cantons successivement affranchis de la domination autrichienne. La langue actuelle a même conservé des traces de l'influence générale qu'a exercée cette idée sur les esprits. Les grandes routes portent encore en Suisse le nom de routes *impériales;* le mot *empire* se prend dans l'acception de domaine public, et l'on dit : bâtir, anticiper sur l'*empire*, y déposer quelque chose, etc. Feu l'avoyer de Mullinen, l'un des hommes les plus instruits dans l'histoire de la Suisse, croit que c'est pour avoir tenté de substituer les couleurs de l'Autriche aux couleurs impériales que le bailli Gessler a fait éclater le soulèvement des trois cantons, qui n'auraient fait, d'après cela, que repousser une usurpation.

Le Pilate a eu jadis une fort mauvaise réputation et donné lieu à une foule de contes effrayants, que l'ignorance et l'attrait du merveilleux ont accueillis avec avidité. On assurait, sur la foi d'une légende, que Ponce Pilate, poursuivi par ses remords, était venu de Jérusalem se précipiter, la tête la première, dans le petit lac qui se trouve au sommet de cette montagne, et que, dans des accès d'humeur dont un noyé devrait être guéri, il déchaînait, sur le lac de Lucerne et sur la contrée environnante, d'épouvantables tempêtes, recevant fort mal les visiteurs que la curiosité lui amenait, leur prodiguant les bourrasques, la grêle, le tonnerre, et tirant traîtreusement par les pieds ceux qui poussaient la familiarité jusqu'à se baigner dans son lac. Ces bruits étaient si bien accrédités que l'autorité de Lucerne défendit pendant longtemps, sous peine d'une forte amende, de tenter l'ascension de cette cime redoutée; les pâtres qui habitent au pied s'engageaient même, par serment, à n'y conduire et à n'y laisser monter personne sans autorisation spéciale. Le naturaliste Conrad Gessner, dont il a été question au chapitre de Zurich, fut le premier qui rompit le charme au seizième siècle. Les magistrats de Lucerne, loin de s'opposer à son ascension, lui envoyèrent le vin d'honneur avant le départ et lui donnèrent, pour lui servir de guide, le héraut de la ville revêtu de son manteau officiel de deux couleurs. Gessner a rédigé en latin le récit de son expédition. J'en ai vu des fragments curieux ; l'auteur y énumère complaisamment les jouissances des différents sens dans cette excursion, et cite Aristote à propos des courses de montagnes. Ses guides lui montrèrent, au milieu d'une pelouse verdoyante, une place entièrement nue et sans herbe : « Là, nous dit-on, s'était posté l'enchanteur, appartenant à cette classe appelée jadis *écoliers ambulants*, et qui sont les successeurs des Druides, comme je l'ai fait voir dans mon livre intitulé *Mithridate*. Par la force des conjurations qu'il fit en ce lieu, il contraignit Pilate à se jeter, du haut du rocher qu'il habitait, dans le marais voisin. » Puis le naturaliste réfute gravement les *on dit* populaires et ajoute, avec une naïve bonhomie : « Telle est mon opinion; si quelque homme droit et pieux trouve une meilleure solution, je l'adopterai volontiers. » Trente-cinq auteurs, avant lui, avaient accrédité les rêveries contre lesquelles il eut le courage et le bon sens de s'élever. Quarante ans après son ascension, on y croyait encore dans le pays, et un curé de Lucerne, ayant à cœur de les déraciner, monta sur la montagne enchantée, suivi de tous les prêtres du voisinage et d'une foule de curieux, jeta, en leur présence, des pierres dans le lac, et provoqua l'ombre de Pilate par ces paroles outrageantes : « Maudit ! jette ton limon ! » Pilate se tint coi et ne souffla pas ; depuis oncques il n'a fait parler de lui.

Celui des revers de cette belle montagne qui domine le lac était couvert de magnifiques forêts de sapins, que la difficulté ou, pour mieux dire, la presque impossibilité de l'exploitation rendait sans valeur. Un marchand de bois de construction a acheté à vil prix ces belles forêts, dont il a su tirer parti à force d'industrie et à l'aide de travaux qui ont quelque chose de gigantesque. Il a fait construire, sur la pente escarpée du Pilate, une espèce de rigole ou de couloir en troncs de sapins solidement assemblés, le long duquel glissaient, entraînés par leur poids, les arbres ébranchés qu'on y poussait du haut de la montagne. Ce couloir, long de douze mille mètres (trois lieues de poste), franchissait les rochers, les vallées, était suspendu au-dessus des précipices, serpentait, en courbes immenses, sur le flanc et la base du Pilate, et aboutissait au lac par une pente habilement ménagée. Un tronc de sapin, de quatre-vingt-dix pieds de long sur deux et demi de diamètre, ne mettait pas trois minutes pour arriver en bas, et la rapidité de son passage était telle que, à l'instant, pour ainsi dire, où vous l'aperceviez au-dessus de vous, il était déjà bien loin au-dessous, ne paraissant plus avoir que quelques pieds de longueur. Il arrivait souvent qu'un de ces arbres, rencontrant un obstacle ou prenant une fausse direction, était lancé, ainsi qu'une flèche énorme, hors du couloir et retombait à une grande distance, se brisant comme une baguette, ou s'enterrant à moitié dans le sol. M. le colonel Pfyffer m'a assuré avoir plusieurs fois essayé de toucher avec sa canne ces troncs qui passaient devant lui, rapides comme la foudre ; il n'en a jamais eu le temps. Du lac, les bois gagnaient le Rhin par la Reuss et l'Aar, et descendaient en Hollande.

D'après Müller, les habitants de l'Entlibuch sont la race d'hommes la plus remarquable de la Suisse, tant par leur force et leur beauté que par les dons naturels dont ils sont doués. J'ai vu, en effet, à Lucerne, plusieurs paysans de ces vallées dont l'extérieur avantageux et la physionomie intelligente justifiaient cette opinion. C'est une tribu de pasteurs, simples, attachés à leurs anciennes mœurs, d'un caractère fier, indépendant et d'un tour d'esprit original et railleur. Ils aiment de passion les exercices gymnastiques, et surtout la lutte, dans laquelle ils excellent et dont ils ont fait un art, ayant ses termes techniques tout comme celui de l'escrime. Entre autres vieux usages qu'ils ont conservés, il en est un qui rappelle les saturnales de l'ancienne Rome; il consiste à s'envoyer réciproquement, le lundi gras, d'un village à l'autre, un député à cheval, vêtu d'un habit aux couleurs nationales et grotesquement orné de nœuds de ruban, de bouquets de fleurs et de petits fragments de miroir. Cet envoyé, reçu en grande pompe sur la place, s'arrête au-dessous de la bannière de la commune, avale un verre de vin qu'on lui présente avec tout le cérémonial usité en pareil cas, puis il tire gravement de sa poche sa dépêche officielle, écrite sur une immense feuille de papier, sur le dos de laquelle sont barbouillées, en vert et rouge, les armoiries de l'Entlibuch, et il la débite avec emphase et force gestes burlesques à la population attentive. C'est une pièce de vers libres, moitié historique, moitié anecdotique, et satirique plus qu'à demi, qui a trait à son village et à celui vers lequel il a été envoyé. Il est interdit au poëte de nommer aucun individu, mais permis à lui de désigner les personnages par tout ce qui peut servir à les faire reconnaître. Les victimes du rustique Aristophane se résignent souvent à se racheter pour un ou deux écus, plutôt que de se voir ainsi immolées à la risée publique. J'ai lu dans l'ouvrage de l'abbé Stadler, qui a habité longtemps ce district, plusieurs échantillons de cette éloquence bouffonne; le gros sel et les plaisanteries graveleuses n'y sont point épargnés, et, bien qu'il soit impossible à un étranger d'en saisir le principal mérite, qui consiste dans les allusions et l'à-propos, il peut cependant y reconnaître un fond d'esprit naturel et une verve de gaieté remarquables. L'ambassadeur, grâce à son caractère, est toujours respecté dans l'exercice de ses fonctions officielles; mais, ce moment passé, sa personne n'est plus inviolable, et il est prudent à lui de s'éloigner avant la nuit, s'il veut éviter les coups de bâton et la grêle de pierres que lui réserve la rancune de ceux qu'il a bernés. Quelquefois il est arrivé que cet échange de mystifications, mal prises ou poussées trop loin, a donné lieu à des rixes violentes entre les populations des différents villages, et l'autorité supérieure a dû, pour le maintien de l'ordre, interdire en certaines occasions l'ambassade du lundi gras. Les mariages dans l'Entlibuch offrent aussi certaines particularités curieuses; on reproduit le simulacre d'une enchère publique, et la mariée est adjugée à son époux, comme au plus offrant. Une vieille femme, tout habillée de jaune[1], jette au feu, après la cérémonie, la guirlande de l'épousée et le bouquet du jeune homme, et, d'après la manière dont la flamme les consume, elle tire l'horoscope du nouveau couple.

[1] C'était, je crois, la couleur d'uniforme de l'hyménée chez les anciens : « *croceo velatus amictu.* »

UNTERWALD

Stantz. — Baie d'Alpnach. — Vallée d'Engelberg. — Titlitz. — Faulblatter. — Passage des Alpes-Surênes. — Vallée du Kessel.

Je partis de Lucerne par une belle soirée, et, après avoir suivi, pendant une heure, une route qui serpente au travers d'un vallon solitaire, dont le fond, occupé par de fraîches prairies et orné de beaux massifs d'arbres, donne l'idée d'un parc anglais, j'arrivai à Winkel, petit village d'où l'on s'embarque pour le canton d'Unterwald; je voulais aller coucher à Stantz, et j'attendais dans l'auberge que les bateliers eussent achevé leurs préparatifs, lorsque tout à coup la porte s'ouvre. Un jeune homme entre précipitamment dans la chambre; il était haletant et baigné de sueur. Il me demande, en fixant sur moi un regard scrutateur, si je n'ai rien oublié à Lucerne. Cette question fut pour moi un trait de lumière; par un mouvement tout instinctif, je passai rapidement mes mains autour de moi et m'écriai sur-le-champ : « Ah ! oui, ma ceinture! » Convaincu de l'identité par l'à-propos de mon geste et de mon exclamation, cet homme me la présenta aussitôt; elle contenait une assez forte somme en or. Le maître de l'hôtel de l'*Aigle*, l'ayant trouvée dans le secrétaire de ma chambre peu après mon départ, n'avait pas perdu un moment pour faire courir sur mes traces un garçon sûr et intelligent, chargé de me la remettre et de lui en rapporter un reçu.

J'en fus donc quitte pour la peur, et il n'en eût pas été de même partout. Rien, en effet, n'eût été plus aisé à l'aubergiste que de garder le silence sur sa trouvaille, et d'oppposer à ma réclamation des dénégations parfaitement plausibles. S'il eût eu une obligeance moins empressée, il eût également pu attendre que je revinsse sur mes pas lui redemander mon bien.

Je n'ai rien vu en Suisse de romantique comme la petite baie d'Alpnach, que l'on traverse pour se rendre à Stantzstadt. Le soleil se couchait dans des nuages de pourpre et d'or, éclairant de ses derniers feux un paysage ravissant, dont une partie, qui s'effaçait déjà dans l'ombre, rendait l'autre plus riante et plus lumineuse. Le lac uni, transparent comme une glace, réfléchissait les gracieux contours et les teintes moelleuses de ses rives les plus rapprochées, tandis que, dans le lointain, les vapeurs diaphanes du soir planaient sur ses eaux d'un azur plus foncé. Le Pilate présentait, sous l'aspect le plus pittoresque, les arêtes bizarres de sa cime et l'immense développement de ses flancs dépouillés, sur lesquels errent presque constamment de légers nuages. Il avait l'air d'avoir été placé là, dans son imposante majesté, pour faire valoir le cône verdoyant du Rigi, que je voyais s'élever vis-à-vis, inondé d'une lumière éclatante. Combien la vue devait y être belle, avec ce brillant soleil et ce ciel si pur ! J'étais parti trente-six heures trop tôt. Mais nous approchions du rivage, et, en attirant mon attention sur la tour blanche de la petite ville de Stantzstadt, qui sortait du sein du lac, mes bateliers m'apprirent que, lors de l'embrasement de la ville, en 1798, cette tour échappa seule à l'incendie. L'un de ces hommes, déjà septuagénaire, avait été témoin et avait failli être victime des désastres qui pesèrent alors sur ce malheureux canton. Trop heureux s'il n'avait jamais été que l'objet de la curiosité des étrangers ! Mais de terribles voyageurs, qui s'étaient croisés contre toute liberté ne ressemblant pas à la leur, vinrent, à la fin du dernier siècle, visiter avec le fer et le feu ces contrées paisibles. Une lutte inégale s'engagea ; la patrie de Winkelried enfanta encore des héros, et l'Unterwald eut aussi ses Thermopyles. Deux mille Suisses, dignes en tout de leurs pères, défendirent pendant huit jours leur territoire contre une armée de quinze mille Français, commandés par le général Schauenbourg. Écrasés par le nombre plutôt que vaincus, leur résistance opiniâtre ne fit qu'exaspérer le soldat. Le canton fut mis à feu et à sang ; tout ce que le fer put atteindre fut massacré

Un enfant dormait paisiblement à côté de ses parents égorgés.

sans pitié, et la rage du vainqueur n'épargna dans le premier moment ni l'âge ni le sexe. J'ai vu dans le cimetière de Stantz une épitaphe à la mémoire de deux cents Unterwaldois, morts pour la cause de la liberté; il y avait parmi eux des vieillards, des femmes, des enfants et même un prêtre qui fut tué près de l'autel. Tout le pays fut bientôt soumis; mais cette conquête sans gloire coûta, dit-on, aux Français six mille hommes. Foy dirigea une des principales attaques; il était alors simple capitaine, et j'aime à penser qu'il fut un de ces Français généreux qui mirent tout en œuvre pour retenir la fureur des troupes victorieuses et adoucir les horreurs de la guerre qui se déchaînèrent sur ce malheureux petit pays.

On est heureux de rencontrer, dans le récit de ces journées de deuil et de sang, quelques-uns de ces traits qui consolent le cœur et le réconcilient avec l'espèce humaine; en voici un de ce genre. Pendant le sac de Stantz, un soldat, emporté par l'ardeur du meurtre et du pillage, pénètre dans une maison isolée pour s'assurer s'il n'y reste plus rien à tuer ou à prendre. Il voit, en entrant, une jeune femme et son mari étendus sans vie au pied du berceau d'un enfant qui dormait paisiblement à côté de ses parents égorgés. A ce déchirant spectacle le soldat est ému; il saisit l'enfant dans ses bras tout sanglants et s'écrie : « Pauvre abandonné! je te servirai de père! » Il tint parole; on le vit revenir à Lucerne et en repartir pour la France portant sur son sac cet orphelin, qu'il avait adopté et qu'il soignait comme une nourrice.

La dévastation à laquelle ce canton fut alors en proie servit également à développer le génie bienfaisant d'un ami de l'humanité, du célèbre Pestalozzi, qui recueillit environ une centaine d'enfants que la mort ou la ruine de leurs parents avait laissés sans aucune ressource, et fit sur eux le premier essai de son mode d'éducation. La ville lui avait cédé, pour cet objet, la jouissance d'un édifice public, c'est-à-dire des quatre murs et du toit. C'est là qu'il réalisa un miracle de charité, et qu'à l'aide de son actif dévouement et d'un esprit d'ordre et d'économie, il parvint à entretenir et à élever les orphelins devenus ses enfants; la bienfaisance publique seconda ses efforts; des dons lui parvinrent de toutes les parties de la Suisse; mais l'arrivée des Russes, refoulés par les armes victorieuses des Français, le contraignit bientôt de s'éloigner, lui et sa nombreuse famille adoptive, pour chercher un lieu où il pût en paix faire le bien. Le canton de Berne lui accorda généreusement un asile dans la petite ville de Berthoud, qu'il a habitée jusqu'à l'époque de son établissement à Yverdun.

Je tiens d'un spirituel vieillard, qui a eu le bonheur de mourir tout jeune à quatre-vingt-quatre ans, de M. de Bonstetten, des détails curieux sur le système, ou pour mieux dire sur l'absence de tout système qu'offrait l'institut de Pestalozzi. « Ce n'étaient, me disait-il, qu'essais et tâtonnements continuels ; nous étions fort liés, j'allais souvent passer quelques jours chez lui, et, à chaque nouvelle visite, je trouvais son établissement régi par une méthode nouvelle, différant quelquefois complétement de celle que j'avais vue appliquée à mon précédent voyage; *era sempre bene!* Le bon Pestalozzi m'assurait toujours qu'il obtenait les résultats les plus satisfaisants *quand même*. Il lui est arrivé ce qui arrive à tous les auteurs d'inventions utiles trouvées par simple tâtonnement, c'est de laisser perdre des vérités découvertes par hasard. » Il semblait s'être voué à un cours d'expériences sur l'éducation, dont ses élèves étaient les *sujets*. Ne se piquant nullement d'être inventeur, il se bornait à recueillir des faits et des observations qui pussent servir de base à cette science nouvelle, que les Allemands ont appelée la *pédagogique*, et faisait bon marché de ses principes toutes les fois qu'une découverte nouvelle, un aperçu lumineux, venait à en affaiblir l'autorité. Il était d'un caractère simple, modeste, et s'étonnait de la célébrité que ses travaux lui avaient faite, célébrité dans laquelle l'engouement entrait certainement pour beaucoup. On affirmait que, loin de plier ses nombreux élèves à l'uniformité d'une règle générale d'éducation qui ne peut convenir également à tous, Pestalozzi étudiait le caractère, les dispositions naturelles, le degré d'aptitude de chacun d'entre eux, dans le but de lui appliquer une méthode qui lui fût plus spécialement appropriée. Un Génevois, M. Huber-Saladin, qui a été élevé chez lui, raconte plaisamment à ce sujet comme quoi le célèbre instituteur, s'étant trouvé un jour seul à seul avec lui, s'était mis à le questionner, à le faire causer, et que, satisfait de ses réponses, il lui avait donné une petite tape d'encouragement sur la joue, en lui disant : « Eh mais, tu es gentil, mon enfant; comment te nommes-tu ? » Il y avait deux ans que M. Huber était dans la maison.

On voit ici, dans une des salles de l'hôtel de ville, un assez bon tableau représentant Nicolas de Flue qui prend congé de sa famille pour venir rétablir, parmi les chefs de la confédération réunie à Stantz, la concorde qu'avaient troublée le partage des riches dépouilles enlevées aux Bourguignons, et l'importante question de l'admission de Soleure et de Fribourg dans la ligue des cantons. Les esprits étaient aigris au dernier point ; une rupture paraissait imminente, et la suite en eût été une guerre civile qui livrait la Suisse à ses ennemis comme une proie facile. Les conférences, abandonnées et reprises plusieurs fois, paraissaient irrévocablement rompues, et les députés des divers cantons faisaient leurs préparatifs de départ. Les rues de Stantz retentissaient de cris de désolation : « Ce qu'Autriche et Bourgogne n'ont su faire, se disait-on, va se faire en pleine paix... le dernier jour de la Suisse est arrivé! » Dans ce moment critique, le saint ermite paraît, convoque l'assemblée, et, par son esprit conciliant, son éloquence persuasive, par les vues élevées de son ardent patriotisme, il parvient à conjurer l'orage; « en une heure, disent les chroniqueurs, tout fut arrangé. » Les députés se rapprochèrent, s'entendirent, et conclurent l'alliance connue sous le nom de l'*Union de Stantz*, qui, à vrai dire, fonda la confédération suisse. La joie que causa ce résultat si heureux et si inespéré fut telle, que partout, jusque dans le moindre village, les cloches furent sonnées en signe de réjouissance. Après avoir accompli cet acte de bon citoyen, l'homme de Dieu retourna dans sa solitude, dont il ne sortit plus.

J'étais seul, dans la salle à manger de la première auberge de la ville, attendant mon souper; je remarquai trois petits meubles semblables à des armoires, en beau bois de noyer, bien poli et travaillé avec recherche. J'eus la curiosité d'en ouvrir un : je reconnus, à ma grande surprise, qu'il contenait un cadre enrichi de dorures et divisé en une foule de compartiments, dans chacun desquels étaient peintes des armoiries, où toute la science du pal, du contre-pal, du champ de gueules et du champ d'azur avait été déployée; je crus d'abord avoir sous les yeux les preuves de tous les quartiers de noblesse du pays, mais je ne tardai pas à être détrompé par les inscriptions suivantes : « Corporation des maîtres cordonniers. » Ayant ouvert les battants d'un second meuble, j'y lus : « Corporation des maîtres bouchers. » Je renfermai alors respectueusement dans leurs sanctuaires les notables du tire-pied et les privilégiés de l'abattoir, en m'écriant d'un ton philosophique : « Où diable la prétention aristocratique va-t-elle se nicher? » Je crois devoir ajouter, pour l'explication de ce fait singulier au dix-neuvième siècle, qu'ici, comme presque partout en Suisse, le régime des corporations a été maintenu, et que jadis tout bourgeois suisse, étant libre et homme d'armes, avait le droit d'avoir un écusson; aussi l'usage en était devenu général dans le pays et s'y est conservé.

Une des fontaines publiques est surmontée de la statue d'Arnold de Winkelried, dont on montre encore la modeste habitation, non loin de la ville; bien qu'il combattit dans les rangs des Suisses, il était chevalier, et sa famille, ancienne dans le pays, avait déjà fourni des hommes remarquables. Une vieille légende attribue à l'un de ses ancêtres, Struthan de Winkelried, la destruction d'un dragon ailé qui, retiré dans l'antre ténébreux de Rotzloch, en sortait pour faire d'épouvantables ravages parmi les troupeaux. Struthan, banni de la contrée pour cause de meurtre, s'engagea à la délivrer de ce fléau, si l'on consentait à le relever de son ban; sa proposition fut acceptée, et il combattit à cheval le monstre, qu'il tua après une lutte acharnée; il fut légèrement blessé dans le combat, mais le sang de son redoutable adversaire, tel qu'un poison subtil, envenima la blessure et la rendit mortelle.

Un chevalier de l'Unterwald, Jobst de Rudenz, avait épousé la fille de Rodolphe d'Erlach, le héros de Laupen; des difficultés s'élevèrent entre eux au sujet de la dot. Emporté par une fureur aveugle, Rudenz détacha de la muraille l'épée avec laquelle le noble vieillard avait vaincu pour la patrie, et la lui plongea dans la poitrine. Quelle atrocité!... Ne vous récriez pas si fort, bonnes gens! les rapports de famille ne sont pas, de nos jours, beaucoup meilleurs; mais autre temps, autres mœurs. Aujourd'hui, en pareille occurrence, le gendre ferait un bon procès au beau-père; les avocats s'en mêleraient. Jadis le sang coulait, aujourd'hui c'est l'encre qui coule; on tuait avec l'épée, on diffame par un mémoire; et si les résultats sont autres, ce sont toujours, au fond, les mêmes sales motifs.

J'avais perdu de vue le frais bassin de Stantz et les magnifiques noyers qui ombragent ses pelouses couvertes d'habitations si riantes; je m'enfonçais dans l'étroite vallée d'Engelberg, dont l'aspect devenait par degré plus sauvage et plus solitaire; j'éprouvais une sorte de jouissance à me voir enfin hors des routes battues par la foule des voyageurs, et à me trouver seul au milieu de cette nature grandiose des Alpes (pas tellement seul pourtant, que je n'eusse quelqu'un à qui pouvoir dire : Voilà qui est beau!). Un voyageur, le comte de Forbin, rend compte fort plaisamment de l'impression désagréable que lui a fait éprouver, sur les ruines de Thèbes, l'apparition d'une femme de chambre anglaise, en petit chapeau plat, en robe à taille de guêpe, et foulant, un parasol à la main, la vénérable poussière des siècles. Je comprends son dépit; il est des rapprochements qui ont je ne sais quoi de faux et de ridicule, et l'on conviendra sans peine qu'un ermite agenouillé devant la croix mousseuse, un chevalier chevauchant sur son palefroi, quelques pèlerins cheminant en disant leur rosaire, un pâtre rassemblant ses chèvres, seront bien plus d'accord avec le caractère de cette vallée retirée qu'un *dandy*, perché sur son mulet et lorgnant les Alpes au travers de ses besicles. Ce n'est pas que j'aie, au reste, la prétention de faire meilleur effet que mes confrères les amateurs du pittoresque dans ces paysages où je les trouve de trop; je compatis bien volontiers au désappointement de ceux d'entre eux dont ma présence intempestive aura troublé les poétiques extases. Mais, si je n'aime point à rencontrer des messieurs, en revanche c'est toujours avec un nouveau plaisir que je reçois le salut cordial du montagnard; ce témoignage, tout banal qu'il paraît, me flatte de la part d'un homme indépendant qui n'a rien à craindre ni à espérer de moi. Dans les campagnes, en France, on n'est pas gâté sur cet article, et le coup de chapeau si humble du pauvre diable de métayer qui me salue ne m'y semble pas moins déplaisant que l'air rogue du paysan enrichi qui ne me salue pas. Ces gens-ci y mettent plus de bonhomie; ils s'estiment, non sans raison, tout autant que le monsieur qu'ils rencontrent; mais ils ne le regardent pas, pour cela, du haut de leur égalité.

Je remontais le cours de l'Aa, torrent fougueux qu'alimente la fonte des neiges et des glaces accumulées sur le Titlitz et dont les flots blanchâtres, ainsi que de l'eau de savon, m'ont singulièrement désenchanté sur le compte des glaciers, que je m'étais figurés, d'après quelques écrivains enthousiastes, tels que Bourrit, comme autant de fantastiques palais de cristal, d'où s'échappaient, en filets d'argent, des ruisseaux limpides. La vallée est richement boisée à droite et à gauche, et dominée, dans quelques parties, par de belles masses de rochers pittoresquement revêtus d'une végétation vigoureuse. Des *alpes*[1] se déroulent en pelouses veloutées sur les pentes les moins rapides, et quelques chalets épars, qui s'élèvent entre les bouquets de sapins, rappellent seuls la présence de l'homme. Un sentier rocailleux suit le cours du torrent, serpente au

---

[1] Nom donné aux pâturages élevés qui ne se fauchent pas.

travers des prairies, tourne des parois de rochers à pic et s'enfonce sous l'épais ombrage des hêtres dont les branches pendent jusqu'à terre ou s'arrondissent en voûte au-dessus de la tête du voyageur; des ruisseaux nombreux s'échappent des fissures du roc tapissé de mousses et de plantes grimpantes; ceux-ci sont limpides; on les voit bouillonner de cascade en cascade, et aller se perdre dans l'Aa, dont les eaux turbulentes se brisent contre les blocs de granit qu'elles blanchissent d'écume. Au sortir d'un étroit défilé, la vue plonge tout à coup sur un vaste bassin verdoyant, mais sans arbres, dont l'abbaye d'Engelberg occupe le fond et que domine la masse imposante du Titlitz et les cimes les plus élevées des Alpes Surênes. Je ne saurais décrire l'impression forte et profonde qu'a produite sur moi l'aspect de ces monts gigantesques, couverts de leurs manteaux de neige et de leurs éternels frimas. Je ne les avais encore vus que de loin, c'est-à-dire du haut Rigi; ils concouraient alors, comme accessoires, à l'effet d'un grand et magnifique ensemble; mais ici ils occupaient, à eux seuls, tout l'horizon, et agissaient d'autant plus puissamment sur mon imagination que l'œil, comme emprisonné dans une vallée resserrée et sans issue apparente, ne pouvait leur échapper. La sombre et solennelle uniformité de cette nature, muette et immobile comme la mort, porte dans l'âme un certain sentiment de tristesse et d'effroi que je n'avais point encore éprouvé. En observant l'architecture sévère et les murs rembrunis du couvent, je me disais que les religieux qui habitent cette mélancolique retraite, étaient placés là dans la position la plus favorable pour considérer cette vie comme un temps d'exil, ce monde comme une vallée de larmes, et pour appeler, de toute l'ardeur de leurs vœux, le moment où il leur sera tenu compte des privations qu'ils se sont volontairement imposées. Ici elles sont nombreuses : rien n'y est de nature à récréer la vue ou à reposer l'âme fatiguée des méditations et de l'austère uniformité de la vie monastique; pas un groupe d'arbres ni une habitation riante. Quelques sapins, au port roide, au lugubre feuillage, d'immenses pâturages, sur lesquels s'élèvent, de loin en loin, de chétives cabanes en bois, au-dessus des rochers dépouillés, voilà tout ce que l'œil découvre dans ce vallon désert et nu au cœur même de l'été, et qui, pendant un hiver de six mois, doit offrir l'image d'un vaste tombeau de neige et de glace, prêt à se refermer sur les êtres vivants qui en occupent la triste enceinte. Ce lieu rappelle à la mémoire les belles paroles de Thomas : « C'est bien là que la vie n'est que l'apprentissage de la mort ; mais la mort y touche aux cieux : c'est une porte qui s'ouvre sur l'éternité. » S'il faut en croire un des anciens abbés de Clairvaux, le choix de l'emplacement n'aurait pas été, de la part des fondateurs de monastères, quelque chose d'arbitraire ou de fortuit : « Nos saints et bienheureux prédécesseurs, écrivait-il à un confrère, choisissaient de préférence des vallées humides et basses, pour y bâtir leurs établissements, afin que les religieux, étant souvent malades et ayant la mort devant les yeux, vécussent toujours dans la crainte du Seigneur. »

L'abbaye d'Engelberg (le mont des Anges) a été fondée au commencement du onzième siècle, et, placée sous le protectorat des quatre Waldstettes, elle a exercé, jusqu'en 1798, la plénitude des droits de souveraineté sur cette vallée qui compte quinze cents habitants ; elle y a constamment signalé son autorité paternelle par de nombreux bienfaits. Un abbé, Léodégar, dont le nom y est encore béni, établit, dans une partie des bâtiments du couvent, des ateliers pour préparer et filer la soie, et institua une école où la jeunesse du pays reçoit gratuitement une instruction proportionnée à ses besoins. Une bibliothèque de dix mille volumes, la seule de cette importance qui existe dans cette partie de la Suisse, est ouverte à ceux que d'heureuses dispositions poussent à faire des études plus approfondies. Parmi les ouvrages curieux qu'elle renferme, un voyageur digne de foi m'a assuré avoir découvert un vénérable bouquin écrit en latin, dans lequel il a reconnu les éléments, assez développés, du fameux système de Gall. Des planches explicatives, jointes au texte, représentaient, sous leurs divers aspects, des crânes, ou, pour me servir de l'expression technique, des boîtes osseuses, divisées en compartiments numérotés, indiquant les différentes protubérances ou bosses qui appartiennent à chaque organe. Pour le coup, ce serait bien là le cas de s'écrier, avec un homme d'esprit : « Il n'y a plus rien de nouveau que ce qui a vieilli. » Mon voyageur n'ayant pu me donner avec exactitude le titre de l'ouvrage en question, le temps et la patience m'ont manqué pour le déterrer du milieu de cette docte poussière.

Voici un trait touchant d'un des abbés, dont je regrette d'avoir oublié le nom. Les paysans s'étaient soulevés contre son autorité et avaient commis des excès graves, qui mirent les cantons voisins dans la nécessité d'intervenir pour rétablir l'ordre. Un corps de Lucernois armés occupa la vallée et fit rentrer les mutins dans l'obéissance ; on saisit les instigateurs du mouvement, qui furent jugés et condamnés à la peine capitale. L'abbé, qui possédait, comme souverain, le droit de glaive, devait confirmer la sentence pour qu'elle devînt exécutoire, et, lorsque les juges se présentèrent devant lui à cet effet, ce vieillard vénérable, se tournant vers un crucifix, leur répondit avec émotion : « Je serais indigne du Maître que je sers et qui me pardonne tous les jours, si je n'avais appris à pardonner. Qu'on délie ces gens et qu'ils aillent en paix ! »

La vengeance que la sanguinaire Agnès tira du meurtre de son père, l'empereur Albert, décima, comme on sait, la noblesse suisse. Plus de mille victimes, prises dans les principales familles de l'Argovie, périrent sous la hache du bourreau ; leurs biens furent confisqués, et les couvents devinrent l'unique refuge des filles nobles, réduites à la mendicité. Dans une seule année, en 1325, l'évêque de Constance donna, le même jour, le voile à cent trente-neuf d'entre elles, dans l'église de l'abbaye d'Engelberg. La reine Agnès fonda, avec les dépouilles des malheureuses orphelines qu'elle avait faites, le couvent de Kœnigsfeld.

De la fenêtre de l'auberge je vois la calotte neigeuse du Titlitz, qui semble s'élever immédiatement au-dessus de l'église de l'abbaye, à laquelle on dirait qu'elle sert de coupole. L'accès en est difficile et dangereux ; plusieurs ascensions ont été pourtant couronnées d'un plein succès ; j'ai lu la relation de celle du docteur Heygrabend, qui dit, entre autres choses, que la détonation d'un pétard, allumé dans la cour du couvent au moment où il atteignit la dernière cime, ne se fit entendre à son oreille que cinq minutes après qu'il en eut aperçu le feu. Elle lui paraissait ne pas lui arriver directement, mais répercutée par les rochers d'alentour. Il était accompagné d'une quinzaine de personnes, tant guides que curieux, et aucune d'elles ne put, non plus que lui, découvrir le clocher de Strasbourg, que d'autres voyageurs assurent avoir distingué à l'aide d'une bonne lunette. Ils avaient sous les yeux une mer de glace ou une chaîne de glaciers qui leur semblait se prolonger, sans interruption, jusqu'au pied du mont Blanc, dont l'élévation, relativement aux autres cimes, était prodigieuse, malgré l'éloignement.

Je me remis en marche le lendemain de grand matin, pour me rendre à Altorf, par le col des Alpes Surênes, passage plus fatigant que dangereux, fort peu fréquenté des voyageurs, et qui mériterait de l'être davantage. On gravit pendant à peu près cinq heures, par une pente assez douce, et au milieu d'une nature âpre et sauvage. Autour de vous s'élèvent le Titlitz, le Faulblatter, le Spanœter, montagnes de douze à treize mille pieds de haut, constamment couvertes de neige. Entre les arêtes de rochers qui hérissent leurs flancs descendent et sont comme suspendus en festons des glaciers plus remarquables par leur blancheur que par leur étendue, et d'où sortent des milliers de filets d'eau qui se déroulent en rubans d'écume le long des parois grisâtres de ces masses gigantesques, sur lesquelles l'œil chercherait en vain un seul arbre ou une seule touffe de verdure. Le sentier, à peine frayé, passe au fond d'une vallée étroite, aride, parmi les débris de rocs que les avalanches amoncellent, et au travers des sapins renversés dont les troncs, brisés à plusieurs pieds de terre et blanchis par les hivers, ressemblent, de loin, à autant de fantômes debout sur ces ruines; il règne, dans ces hautes régions, un silence solennel qui n'est interrompu que par le murmure lointain des eaux découlant des glaciers. Ce silence, cette aridité, cette profonde solitude, cette absence complète de vie et de mouvement, produisaient sur moi une impression étrange et pénible. Peu familiarisé encore avec la sauvage majesté des Alpes, j'en étais comme écrasé, et nulle part le sentiment de la faiblesse de l'homme et du peu de place qu'il occupe dans la création ne m'avait aussi vivement affecté. Il me semblait que l'idée de l'infini et de l'éternité, cette idée qui donne le vertige quand l'intelligence cherche à la saisir, fût, en quelque sorte, rendue sensible par les objets qui m'entouraient. Mes notions sur les hauteurs et les distances étaient totalement renversées, et telle arête, à laquelle je croyais toucher, était à plusieurs heures de marche du point où je me trouvais. La cime du Titlitz, semblable à un dôme d'argent mat, grandissait à mesure que j'en approchais, s'élevant de plus en plus au-dessus de ses voisines, qui jusque-là avaient paru rivaliser avec elle. Je cheminais lentement, au travers des débris accumulés, ou sur un sol noir, spongieux, que recouvrait à peine un gazon maigre et flétri, et qui cédait sous le pied; le terrain allait se renflant et s'abaissant tour à tour; nous marchions sans avoir l'air d'avancer, et une éminence gravie nous laissait voir de nouvelles éminences à gravir. Une plaque de neige, d'une centaine de pas de tour, qui se trouvait près du sentier, fit diversion au sentiment d'impatience et de découragement qui commençait à s'emparer de moi. J'éprouvais un vrai plaisir de badaud, une joie d'enfant, à voir de la neige au mois d'août, et par une chaleur de vingt degrés; je gambadais dessus, je m'en frottais les mains, j'en portais à ma bouche. Après avoir pris là le repas frugal dont mon second guide s'était pourvu, j'atteignis, par un dernier effort, le point le plus élevé du passage, qui en est aussi le plus remarquable. La vue, du côté d'Engelberg, s'étend sur un bassin presque circulaire, qui, dans sa nudité, présente un caractère de désolation vraiment grandiose; il est dominé par un imposant amphithéâtre de rochers presque à pic, couronnés de neiges, et offrant les formes les plus hardies et les plus bizarres[1]. A leurs pieds s'accumulent, en talus, les débris qu'en détachent incessamment la chute des avalanches et la fonte des neiges. Ces débris finiront quelque jour par enterrer ces masses prodigieuses, faisant succéder à leurs arêtes dentelées, à leurs parois verticales, des contours plus réguliers, arrondis en cône par la main de la nature et du temps. De loin en loin s'élancent quelques pics décharnés, pareils à des colosses; ils arrêtent, dans leur course errante, les nuages, qui, s'amoncelant autour d'eux, les voilent pour un instant, puis, bientôt balayés, laissent apercevoir, au travers des vapeurs, une cime sourcilleuse qui a l'air de n'appartenir ni au ciel ni à la terre.

Du côté opposé, la contrée est toute différente et présente un aspect moins sauvage et plus varié. L'horizon, bien moins circonscrit, embrasse les cantons d'Uri, de Glaris, ainsi que les principales sommités de celui des Grisons. Malheureusement les nuages, qui s'étaient abaissés, me cachaient l'ensemble de ce magnifique tableau, et la chaîne des hautes Alpes n'était visible qu'en partie. J'apercevais les neiges briller, çà et là, dans la région des nuages que perçaient quelques-unes des cimes les plus élevées. La verdoyante vallée d'Altorf, éclairée d'un rayon de soleil, apparaissait à mes pieds à une immense profondeur, et le Bristenstock et la Windgelle, dont les coupoles glacées dominent au-dessus de ce monde de montagnes, me marquaient la direction de la vallée de la Reuss, que mon œil suivait, dans ses nombreux contours, jusqu'aux dernières sommités du Saint-Gothard.

Il se rattache à ces lieux une tradition propre à faire connaître le genre d'imagination de ces montagnards, que certains voyageurs vou-

[1] L'un d'eux figure assez exactement un immense artichaud avec ses feuilles très-ouvertes.

draient nous donner pour une race toute poétique, appelée à renouveler les riantes et ingénieuses fictions de la Grèce. Cet affreux désert, raconte-t-on, n'a pas toujours été ce qu'il est aujourd'hui : de gras pâturages, couverts de troupeaux nombreux et peuplés de riants chalets, tapissaient cette vallée du *Kessel* (la Chaudière), maintenant si aride. Mais l'âge d'or cessa tout à coup par l'effet de l'audace d'un riche berger, qui conçut l'idée impie de baptiser son bélier favori selon les rites consacrés par l'Église. A peine le sacrilége fut-il consommé, que l'animal se transforma tout à coup en dragon terrible et dévora le profanateur avec son bétail. Ce ne fut pas tout : les rochers, au même instant, s'écroulèrent de toutes parts, les avalanches fondirent du sommet du Titlitz sur la vallée, qui, couverte au loin de neiges et de débris, fut frappée d'une complète stérilité. Cependant les innocents, englobés dans la punition du coupable, mirent tout en œuvre pour faire cesser la malédiction qui pesait sur eux ; mais ce fut en vain : l'affreux dragon continuait ses ravages parmi leurs troupeaux, réduits à mourir de faim dans ces mêmes lieux où ils avaient trouvé naguère une nourriture abondante. Un savant vint à passer (peut-être était-ce un de ces *écoliers ambulants* dont le bon Conrad Gessner parle dans son *Mithridates*); consulté sur les moyens de mettre un terme à cette calamité, il prescrivit de prendre un veau, né sous l'influence de certaine constellation, de le laisser teter un an, et d'adjoindre, au bout de ce temps, une seconde vache à celle qui l'avait allaité, puis, l'année d'après, une troisième, et ainsi de suite jusqu'à la douzième année, époque à laquelle le monstrueux taureau, fort du lait de ses douze nourrices et probablement aussi de quelque petite diablerie du nécromant, fut conduit par une jeune fille sur la montagne et lâché contre le dragon, qu'il tua après une lutte acharnée. Depuis ce temps, ajoute-t-on, la vallée, sans avoir repris sa première fertilité, a pu être de nouveau fréquentée par les pâtres d'Engelberg.

Je crois rêver quand je me rappelle que des armées ont franchi, avec artillerie et munitions, ces rochers presque inaccessibles élevés de sept à huit mille pieds au-dessus du niveau de la mer : « *cœlum petimus stultitia*[1], » a dit Horace; ici cela n'a pas l'air le moins du monde d'une hyperbole. En 1799, le général Lecourbe passa, avec sa division, les Alpes Surênes,

---

[1] Nous attaquons le ciel dans notre folie.

pour attaquer à l'improviste les Autrichiens cantonnés sur la Reuss; ils ne purent tenir devant cet ennemi tombé du ciel et se replièrent. Peu de temps après, Soult vint prendre position sur le Saint-Gothard, dont il fit le centre des opérations stratégiques contre lesquelles Russes et Autrichiens échouèrent. Dans cette campagne, si glorieuse pour nos armes, où l'homme n'eut pas seulement à se mesurer contre l'homme, mais où il lui fallut encore vaincre la nature, les éléments et les privations de toutes espèces, les Russes se montrèrent, par leur intrépidité et leur activité infatigables, les dignes adversaires des Français. Quant aux Autrichiens, leur courage passif, leur prudente lenteur, ne leur ont pas fait jouer le beau rôle dans le cours de cette guerre; on dirait que ce pays-ci leur porte malheur.

Lorsque je jetai les yeux sur l'escarpement effrayant par lequel j'avais à descendre, j'avoue que je fus un peu déconcerté : j'en étais à mon début dans les courses alpestres ; mais, sachant d'un voyageur expérimenté qu'il y avait ici plus de danger apparent que de danger réel, je pris mon parti et me mis en devoir de chercher mon chemin parmi des pierres roulantes, et dans de petits ravins creusés par les eaux; ce sol mouvant et inégal m'exposait à de fréquentes chutes, plus risibles que périlleuses. J'étudiai la manière de me servir de ce long bâton ferré, auxiliaire indispensable en pareil cas, et sur lequel on apprend à compter comme sur une troisième jambe; jusque-là, il m'avait plutôt embarrassé et je ne l'avais pris que pour me servir de contenance et compléter le fourniment du voyageur. Je marchais avec d'autant plus d'ardeur que je voyais à mes pieds une vallée, en apparence bien unie, et au milieu de laquelle il me semblait distinguer un sentier, inondé il est vrai par la pluie de la nuit précédente. J'en croyais être à une demi-lieue environ; or, cette apparente demi-lieue, il m'a fallu plus de deux heures pour la parcourir, et le sentier inondé s'est trouvé être un torrent passablement large. Des couches de rochers, disposées en gradins, se succédaient les unes aux autres; lorsque je me retournais pour reconnaître le chemin que je venais de parcourir, les sinuosités de l'étroit sentier avaient cessé d'être visibles, et je comprenais à peine comment j'avais pu descendre de là-haut autrement que par les airs. J'arrive enfin dans la vallée qui de loin ne m'avait tant plu que parce qu'elle semblait m'annoncer que j'approchais d'Altorf, mais, hélas! après y avoir cheminé pendant plus d'une heure, je m'aperçus, en débouchant d'un petit bois, que je n'en étais qu'à l'entre-sol, selon l'expression d'un spirituel voyageur, et que le rez-de-chaussée était encore à une désespérante profondeur. Altorf m'apparaissait comme au fond d'un entonnoir de verdure, et j'avais encore pour deux heures de marche. Bientôt le sentier, s'enfonçant dans une forêt de sapins, commença à devenir rapide et difficile; il se repliait sur lui-même en méandres nombreux, me rappelant ce mot d'un plaisant qui, pour vanter un jardin anglais de France, observait qu'on y avait toujours un pied en *zig* et l'autre en *zag*. En vain je me hâtais au travers des pierres et des racines qui entravaient ma marche, il me semblait, à chaque clairière, revoir Altorf toujours à la même distance; pour comble de contrariétés, une averse, dont j'avais reconnu les avant-coureurs sur le haut du passage, vint m'assaillir et rendre la descente encore plus difficile; sans le bâton ferré, ce sentier inégal et glissant m'aurait coûté plus d'une culbute et d'une contusion. Bref, après une pénible course de plus de dix heures, j'arrivai à Altorf, trempé, fatigué et affamé, mais ravi pourtant de cette première journée de mon voyage dans les hautes Alpes; je lui devais des émotions toutes nouvelles, et c'est bien le cas de s'écrier avec Harold :

> Oh ! there is sweetness in the mountain air
> And life that blotted ease can never hope to share [1].

---

[1] Oh ! il est dans l'air des montagnes une douceur et une vie que la molle indolence ne peut jamais espérer partager.

URI

Lac des Quatre-Cantons. — Vallée de la Reuss. — Le Bristenstock. — Chapelle de Guillaume Tell. — Le Ruttli. — République de Gersau. — Fluelen. — Altorf. — Amsteg. — Route du Saint-Gothard. — Pont du Diable. — Défilé des Schœllenen. — Andermatt.

Il faut qu'il y ait un principe vivifiant dans l'air qu'on respire en Suisse et que les sensations inconnues et variées qu'on y éprouve, ainsi que les distractions sans nombre qui s'y offrent aux yeux, aient le pouvoir de charmer les fatigues du corps, tout en tenant continuellement en jeu les facultés de l'âme. Telle était la réflexion que je faisais à Altorf, en me levant aussi dispos et aussi ingambe que de coutume, après la fatigante et longue étape de la veille. Je me sentais, au moral comme au physique, une force, une élasticité inaccoutumées, et il me semblait jouir de cette plénitude de vie qu'on ne connaît guère que dans la première jeunesse. Cet effet, je l'ai plus d'une fois éprouvé dans ce pays-ci, et je suis convaincu que, pour une foule de cas, un voyage de plusieurs semaines fait à pied dans les Alpes serait un remède d'une grande efficacité. Cet exercice soutenu, ces journées passées au grand air, au milieu de cette atmosphère si pure des montagnes, cette succession d'émotions nouvelles et surtout ce changement complet d'habitudes, ce passage subit de notre vie factice à la vie de nature, tout me paraît devoir exercer, sur l'âme comme sur le corps, une action puissante et réparatrice, et tirer hors de lui-même l'être le plus absorbé par le sentiment de son mal, ou par la préoccupation d'une grande douleur.

Je m'acheminai, aussitôt après mon déjeuner, vers Fluelen pour m'y embarquer et visiter la partie historique du lac des Quatre-Cantons que je ne connaissais pas encore. Je jouissais de l'idée que j'étais enfin au cœur de la Suisse, dans les Alpes proprement dites. A Lucerne, leur caractère grandiose se faisait déjà pressentir, il est vrai; mais je n'étais pas satisfait entièrement : Lucerne tenait encore à la plaine; ici il ne me restait plus rien à désirer en fait de montagnes : j'en avais devant, derrière, au-dessus de moi; aussi loin que ma vue pouvait s'étendre, ce n'étaient que montagnes : et toutes de l'aspect le plus imposant. L'étroite nappe bleue du lac, profondément encaissé, se prolongeait jusqu'à Brounnen, au pied du Rigi, où elle semblait finir; des parois de rochers d'une immense hauteur plongeaient verticalement dans ses ondes et surplombaient en certains endroits au-dessus du bateau qui portait le voyageur et ses tablettes. Les sommets de ces gigantesques remparts étaient tapissés de pâturages de la verdure la plus fraîche, ou couronnés d'une végétation magnifique; au-dessus d'eux s'élevait un second étage de rochers, également couverts de pelouses et de forêts; mais, dans cette région plus haute, les sapins dominaient et tranchaient avec le feuillage gai des hêtres et des charmes qui formaient la zone inférieure. Si je me retournais, mon œil s'arrêtait sur cette ouverture si pittoresque de la vallée de la Reuss, en suivait les sinuosités, s'égarait entre les nombreux plans de montagnes fuyant les uns derrière les autres, se complaisant dans la riche variété de leurs lignes et la dégradation de leurs teintes harmonieuses, puis était involontairement ramené sur le point principal du paysage, sur la majestueuse pyramide du Bristenstock, dont la cime, toujours couverte de neige, dépassait toutes les sommités voisines. Que cette scène paraissait grande et admirable! C'était par une belle et calme matinée du mois d'août. Le ciel était sans nuages et la contrée à demi enveloppée de ces vapeurs chaudes qui fondent les nuances, adoucissent les lignes du paysage et lui donnent un caractère indécis et mystérieux qui plaît à l'imagination.

J'ai fait halte à la chapelle bâtie sur la plate-forme même où Guillaume Tell s'élança de la barque de Gessler. Il faut convenir qu'il a choisi, pour exécuter cet acte d'agilité intrépide, le point le plus romantique de toute la rive; Watelet et Gudin n'auraient pu sauter plus heureusement. Il n'y a rien de ravissant, en effet, comme cette petite chapelle s'élevant entre ces rochers aux formes hardies et ces belles masses d'arbres, dont les branches pendent sur les eaux calmes et profondes. Elle est en arcades et ouverte; sur les murs intérieurs sont peints les principaux traits de l'histoire de Tell, celui du chapeau, de la pomme, du débarquement, de la mort de Gessler. Ces fresques m'ont présenté une curieuse particularité, laquelle a donné lieu à la remarque ingénieuse, et, selon toute apparence, fondée, qui se trouve dans l'histoire de la destruction des républiques de Schwytz, etc., par le célèbre Tschokke : « Dans des tableaux bien antérieurs à la Révolution française, dit-il, Guillaume Tell figure toujours revêtu des couleurs nationales de la Suisse, qui sont le vert, le rouge et le jaune; mais il est assez singulier que l'odieux bailli Gessler soit, ainsi que ses satellites, constamment habillé aux *trois couleurs françaises*. Cette circonstance a peut-être contribué, plus qu'on ne le croit communément, à faire naître chez les habitants des petits cantons cette insurmontable aversion contre les Français et tout ce qui se rattachait à eux. » Cette aversion avait des racines plus profondes; le *livret infernal*, nom que dans ce pays on avait donné à la nouvelle constitution, œuvre informe du Bâlois Ochs, était, par sa tendance unitaire, trop incompatible avec l'esprit, les mœurs des petits cantons auxquels on prétendit l'imposer d'une manière si brutale. L'exaltation politique et religieuse fut à son comble; la vierge d'Einsiedlen fit des miracles; des bergers prophétisèrent et des moines plantèrent la croix au milieu des *landsgemeinde* assemblées; les bourgeois allèrent aux voix, le chapelet à la main; l'élan fut général, et la résistance héroïque opposée par les cantons de Schwytz, d'Uri et d'Unterwald à l'invasion de la propagande armée montra ce que peuvent quelques pâtres quand ils sont animés d'un véritable patriotisme. Si, à cette époque désastreuse, tous les cantons avaient fait preuve d'autant d'union et de dévouement, si les efforts de Berne pour repousser l'aggression avaient coïncidé avec ceux de ce petit peuple; si, tranchons le mot, la Suisse n'eût pas présenté alors le phénomène d'une république fédérative sans esprit fédéral, elle eût pu, en recourant à la dictature, réussir à sauver son indépendance et ses institutions.

On m'a raconté qu'un pèlerin des bailliages italiens, venant d'Einsiedlen, s'arrêta à la chapelle de Tell; il était peu versé dans l'histoire du pays, n'entendait point la langue, et prit tout naturellement les peintures à fresque qui décorent les murs pour des ex-voto en l'honneur du saint du lieu. Son attention se porta sur une arbalète suspendue dans un coin, et, ne doutant pas que ce ne fût une relique, il s'en approcha et la baisa dévotement; mais cet imprudent hommage fit partir l'arbalète tendue, soit à dessein, soit par hasard, et la corde froissa rudement le nez du pauvre Italien, qui s'écria en colère : « Les saints de ces gardeurs de vaches sont aussi rustres qu'eux. »

Je me suis fait conduire de là au fameux pré du Grutli, ou plutôt Ruttli[1]. Les voyageurs qui m'ont précédé m'ont laissé peu de chose à dire sur ce lieu célèbre, et je me bornerai à faire remarquer qu'il fut témoin d'une seconde alliance jurée, quatre cents ans après la première, entre les cantons catholiques, faisant cause commune, contre les cantons protestants. Combien était différent l'esprit qui dicta ce second serment, par lequel des Suisses se liguaient contre des Suisses! Combien les temps étaient changés! La fureur des haines religieuses avait remplacé cet élan sublime qui jadis avait animé leurs ancêtres, et les fils des premiers libérateurs de la Suisse juraient de tourner contre leurs frères ce même fer qui avait chassé de leur sol l'oppresseur étranger.

Plus récemment encore, en 1798, le Ruttli a été le but d'une promenade politique de quelques représentants du peuple suisse. Dans cette parade révolutionnaire, capable de profaner un lieu consacré par de si purs souvenirs, on débita des lieux communs sur les droits de l'homme, que les baïonnettes françaises étaient venues faire triompher sur les ruines de l'indépendance de la patrie; on récita des vers à la louange de la liberté, de l'égalité et de la fraternité, nouvellement importées de Paris, et l'on but à la république helvétique, *une* et *indivisible*. Ce toast ne lui porta pas bonheur, car, après avoir traîné, pendant quatre ans, au travers des séditions, une existence odieuse à tous ceux qui ne l'exploitaient pas à leur profit, elle tomba, et l'acte de médiation, « cette planche de salut dans le naufrage, » y mit fin, à la satisfaction générale, en 1803.

En côtoyant un rocher dont la base, offrant un talus moins roide, était ombragée d'une fraîche végétation et tapissée d'une herbe épaisse, j'entendis un bêlement plaintif qui me fit tourner la tête; je distinguai deux chevreaux, perchés sur l'angle d'une grosse pierre et suivant tris-

---

[1] Diminutif d'un vieux mot allemand *rutli*, qui signifie défrichement.

tement de l'œil mon bateau qui s'éloignait. Ne voyant là ni habitation ni étable, je demandai à qui appartenaient et d'où venaient ces animaux abandonnés ainsi à eux-mêmes; les bateliers m'apprirent qu'ils étaient à un paysan de Fluelen, propriétaire de ce coin de terrain, sur lequel ils sont condamnés à subir un exil temporaire; ils y vivent dans l'abondance, mais emprisonnés, d'un côté, par les eaux du lac, de l'autre, par la paroi infranchissable du rocher; ces petits Robinsons à quatre pattes implorent la pitié des bateliers qui passent, et demandent, *en leur patois*, qu'on les tire de leur ennuyeuse captivité, dont ils se rappellent fort bien qu'un bateau a été l'instrument; je m'étonne seulement de ce que le redoutable læmmer-geyer, ce vautour des Alpes qui enlève quelquefois des enfants, ne vienne pas mettre un terme à leur exil.

J'ai dîné à Brounnen, d'où j'ai joui d'une vue complète sur le canton de Schwytz, dont le chef-lieu se présentait à moi sous un nouvel aspect. Ce fond de vallée où l'on découvre, au milieu des arbres, ces jolies maisons éparses, ou pittoresquement groupées, a un caractère tout idyllique. En tournant sur mon talon, j'avais devant moi cette portion du lac de Lucerne, ou, pour mieux dire, ce troisième bassin que je n'avais point encore vu, et qui a, lui aussi, son genre de beauté. Ses rives, moins escarpées, sont entrecoupées de forêts et de pâturages, et l'on y voit plusieurs villages ainsi que de nombreuses habitations isolées : la délicieuse anse de Buochs, avec ses ombrages magnifiques, fait le fond de ce bassin, dont la ci-devant république de Gersau occupe un des bords. Cette république, plus microscopique encore que celle de Saint-Marin, comptait, en tout, quinze cents habitants. Fidèle à la cause de la confédération suisse, dont elle faisait partie, elle a recueilli sa part de gloire dans les journées mémorables où cette noble cause a triomphé. On voit encore, appendue aux piliers de l'église, la bannière des comtes de Hohenzollern, tige de la maison royale de Prusse; c'était un trophée rapporté de Sempach. Ce petit État a été englobé dans le canton de Schwytz de son consentement; les habitants y sont aisés, et cumulent les profits que leur donne l'éducation du bétail avec ceux de quelques branches d'industrie introduites parmi eux. Les traits suivants donneront une idée de la loyauté et de l'extrême simplicité de mœurs qui s'étaient conservées dans ce coin de terre. Un voyageur anglais, lord H****, m'a rapporté qu'il s'y était fait débarquer, en 1785, malgré les représentations des bateliers lucernois, qui lui peignaient les habitants comme une peuplade de demi-sauvages, capables de fort mal accueillir la visite d'un étranger. Lord H****, sans s'intimider, descendit à terre, fit, en deux heures, le tour de la république, en visita en détail la capitale, et déjeuna, au milieu de la population réunie, avec les provisions qu'il avait apportées de Lucerne. Comme il s'éloignait pour regagner le bateau, il s'entendit appeler à grands cris; curieux de connaître le motif de ces clameurs, il retourna sur ses pas, malgré les observations des bateliers, et reconnut qu'il s'agissait de lui rendre un bouchon que ses gens avaient laissé par terre. Il serait à souhaiter que tous les républicains, passés, présents et futurs, eussent été et fussent aussi scrupuleux que ceux-ci sur l'observation du septième commandement. Un autre voyageur m'a dit avoir vu affiché, dans une auberge de Gersau, un arrêté du conseil souverain, portant défense, sous peine d'amende, de vendre du vin à deux individus désignés par leurs noms, attendu que l'un s'enivrait habituellement et que l'autre trichait au jeu.

Je refis, pour revenir coucher à Altorf, le même trajet que j'avais fait le matin; mais, dans un pays tel que la Suisse, loin de perdre à revenir sur ses pas, on y gagne tout au contraire. On jouit bien autrement, en effet, du paysage, quand on l'a constamment devant les yeux, que lorsqu'il faut se retourner pour le voir; dans les deux cas, il n'est point le même, et j'ai souvent éprouvé qu'il n'était pas indifférent de voyager, dans les Alpes, en tel sens ou en tel autre.

A Fluelen, une douzaine d'enfants, armés d'arbalètes et précédés d'une bannière rouge, sur laquelle se détachait, en noir, la tête de bœuf (armes d'Uri), se sont avancés vers moi, en bon ordre, au moment où je débarquais. L'un d'eux, prenant la parole, me dit que la *société des petits arbalétriers*, fondée, je suppose, par le fils de Tell, venait me complimenter sur mon arrivée dans le canton et me souhaiter un bon voyage. Le harangueur débita son discours avec un air d'importance et de gravité fort comique. Je lui donnai une pièce de vingt sols, et j'eus, pour mon argent, le plaisir d'entendre vanter ma générosité par la *société des petits arbalétriers*. Le drapeau s'inclina respectueusement devant moi, la troupe défila en me présentant les armes, et, marchant au pas de charge, s'en alla honorer d'une réception semblable deux Anglais qui me suivaient. Hommage touchant, quoique un peu banal, et qui montre que les Suisses commencent de bonne heure à exploiter les souvenirs de leur patrie.

Altorf, avant le terrible incendie qui la détruisit de fond en comble en 1796, offrait presque l'aspect d'une grande ville ; le luxe et ses jouissances s'étaient répandus parmi les habitants, devenus riches par le commerce de transit qui se fait sur cette route très-fréquentée. Le relâchement des mœurs, suite ordinaire des richesses nouvellement acquises, s'y était graduellement introduit, et, cette circonstance enflammant d'un zèle inconsidéré quelques religieux des environs, ils dépeignirent Altorf aux yeux des simples habitants de la campagne comme une nouvelle GOMORRHE promise aux feux du ciel. Ces imprudentes déclamations, débitées du haut de la chaire, égarèrent-elles quelque fanatique envieux, au point de le pousser à anticiper, par des moyens humains, sur l'effet de la justice divine? le feu prit-il par hasard? c'est ce qu'on ne peut décider; mais toujours est-il constant que les gens des campagnes, accourus à l'incendie, se montrèrent beaucoup plus empressés à en profiter pour piller qu'à chercher les moyens de l'éteindre. La presque totalité de la ville fut réduite en cendre, et la perte évaluée à la somme, relativement énorme, de quatre millions et demi. Le vent du midi (fœhn), qui s'éleva au moment même, accrut la violence des flammes, et cette circonstance provoqua, peu de temps après, de la part du gouvernement, un arrêté qui prescrivait d'éteindre le feu dans toutes les maisons, aussitôt que le vent fatal venait à souffler. Une disposition de police semblable existait aussi dans le canton de Glaris.

Le dimanche, à la messe, j'ai été frappé de la physionomie antique des membres du conseil et des notables du pays; nulle part en Suisse je n'avais vu un aussi grand nombre de figures de l'*ancien régime*. Les conseillers portaient des habits dont la coupe surannée eût fait sourire la jeunesse réfléchissante et pensante (je veux dire notre *jeune France*, car l'autre expression a bien vieilli). Par-dessus était jeté le manteau, insigne de leur charge, et ils avaient, presque tous, les cheveux poudrés et la queue! Je leur ai su, au reste, bon gré de s'être refusés à adopter la coiffure à la *Titus*, importée chez eux sous de si fâcheux auspices. J'aime à croire que l'ancienne loyauté d'Uri s'est conservée avec ses anciens usages, et que, si l'occasion s'en présentait encore, on entendrait les magistrats du canton répéter cette belle réponse qu'ils firent, au quinzième siècle, aux envoyés de Berne, de Zurich et de Lucerne concernant le partage de l'Argovie, conquise sur l'archiduc d'Autriche par les armes des confédérés : « Nous avons entendu que l'empereur Sigismond et l'archiduc Frédéric se sont réconciliés. Restituons donc à ce dernier ce que nous lui avons pris, afin qu'il rende lui-même à l'empereur ce qui lui appartient; car nous avons fait cette guerre pour le compte de l'empire et non pour le nôtre. Et nous, gens d'Uri, nous ne voulons aucunement entrer en partage de ce qui n'est point à nous, nos pères nous ayant transmis pour règle et pour usage de priser la loyauté par-dessus toute chose. » Berne, Zurich, Lucerne, admirèrent ces nobles paroles, mais n'en partagèrent pas moins le gâteau.

J'ai trouvé quelque part un exemple plus récent et non moins honorable du respect professé par ce petit peuple pour les droits acquis. Un fort grand nombre de paysans se trouvaient être débiteurs de sommes empruntées aux bourgeois aisés de la ville, auxquels ils desservaient un intérêt de cinq pour cent. L'un d'eux imagina de se libérer au moyen d'une subtilité : selon lui, tout prêt à intérêt étant prohibé par l'Église, on devait envisager les intérêts payés comme autant d'à-comptes remboursés sur le capital. Il persuada à cinq paysans, qui se trouvaient dans le même cas, d'appuyer sa proposition devant la landsgemeinde, c'est-à-dire devant le peuple assemblé. Il porta la parole, et conclut en proposant que tout débiteur ayant payé les intérêts de sa dette depuis vingt ans fût considéré comme libéré. Une indignation générale accueillit ces conclusions, et l'orateur fut chassé ignominieusement de l'assemblée.

On assure que le gouvernement d'Uri, malgré cet extérieur d'antique simplicité qui distingue les magistrats, est, depuis longtemps, en possession de se faire remarquer par le langage pompeux et figuré de ses documents publics, de ses dépêches et communications officielles avec les autres cantons. Il y a toujours, dans le style, quelque chose d'oriental qui forme un singulier contraste avec le peu d'importance des affaires, pour la plupart d'un intérêt tout local. Au reste, cette petite démocratie n'a pas manqué d'hommes en qui l'absence de culture n'excluait pas l'habileté, et son histoire particulière n'offre pas, que je sache, les crises orageuses, les sanglantes réactions qui ont fréquemment signalé, dans les cantons voisins, l'exercice de la souveraineté populaire; les droits politiques y sont moins inégalement répartis, et chaque commune, s'administrant elle-même, forme, pour ainsi dire, un petit État indépendant. Une pareille démocratie n'est, au fond, ainsi que l'a dit M. Simond, qu'une aristocratie de paysans; mais cette aristocratie, si elle n'est pas progressive, est du moins conservatrice, et c'est là tout ce qu'il faut à cette tribu de pasteurs. Chaque village possède son école, dont le conseil municipal a la direction et le curé la surveillance. L'un de ces régents de campagne, M. Triner, s'était mis en tête, pour suppléer à la modicité de son traitement, de dessiner des vues des Alpes qu'il vendait aux étrangers. Doué d'heureuses dispositions, il est parvenu à faire, seul et sans conseils, des dessins qui décèlent un vrai talent et sont d'une fidélité remarquable.

Ces montagnards ont un goût décidé pour les pompes religieuses, et il n'y a pas bien longtemps qu'on voyait encore, à la voûte de l'église, un bout de corde qui jadis avait servi à la représentation du *mystère* de l'ascension.

Le jour de cette fête, un mannequin, revêtu de belles draperies et orné de guirlandes de fleurs et d'oripeaux, était hissé, à l'issue de la grand'messe, jusqu'au faîte de la voûte, au son d'une musique bruyante; de là, il laissait tomber sur la foule les guirlandes dont il était couvert et disparaissait dans les combles; cet usage, fort ancien, est tombé en désuétude. Le fameux général Souvarow, qui connaissait le faible des habitants d'Altorf, et qui lui-même était porté par goût ou par calcul vers les pratiques religieuses les plus bizarres, débuta, en arrivant ici, par une représentation qui eut un grand succès. Il parut à la fenêtre de l'hôtel de ville, couvert de scapulaires et de reliques, dans un costume moitié monacal, moitié militaire, et accompagné du curé, auquel il demanda sa bénédiction, qu'il reçut à genoux et rendit immédiatement au peuple ébahi. Après quoi il lui adressa une harangue ampoulée, dans laquelle il l'exhortait à se lever en masse contre les Français, qui étaient les précurseurs de l'Antechrist, dont ils venaient établir le règne.

Je n'ai point vu ici, dans le cimetière, autant de fleurs que dans le reste des cantons catholiques; mais sur les tombes nouvelles était placé un vase plein d'eau bénite, avec un rameau de buis. C'est une idée touchante que celle de cette muette invitation adressée aux passants pour en obtenir un souvenir en faveur de ceux qui ne sont plus. Je ne me suis pas refusé à remplir ce pieux devoir, et tant pis pour l'être égoïste et froid qui ne verrait là dedans que l'accomplissement d'une pratique superstitieuse. J'ai été payé, au surplus, par l'affectueux salut d'un vieillard qui, appuyé sur le mur du cimetière, jetait un regard attristé sur une fosse encore fraîche ; peut-être venait-elle de se refermer sur les restes d'un fils.

Il y avait, ce jour-là, soirée chez M. le landamman, et je voyais les *messieurs* noirs de la messe qui s'y rendaient. J'aurais bien désiré avoir un moyen d'introduction pour assister à cette réunion, et y prendre une idée du *genre* de la bonne société d'Altorf. J'y aurais puisé, en outre, dans la conversation des notabilités du pays, de ces notions qu'un voyageur ne trouve pas dans les livres. Mais il est probable, après tout, que la partie de cartes et la politique du jour, qui préoccupe tous les esprits en ce moment, auront servi, ici comme ailleurs, de passe-temps à l'honorable compagnie ; j'aurais été toutefois curieux d'entendre s'expliquer sur les affaires de la Suisse M. Zgraggen (prononce ce nom qui pourra !), l'une des meilleures têtes des petits cantons, à ce que l'on assure.

Il est une locution proverbiale : *ennuyeux comme la pluie*, dont on ne peut apprécier la justesse quand on n'a pas étudié ce déplaisant phénomène *sub dio*, en plein air, au milieu de la Suisse. Vous quittez votre gîte dans la crainte d'y être retenu par le mauvais temps, aussi bien que dans l'espoir de voir le soleil reparaître un peu plus loin. Vous cheminez d'abord sous des nuages menaçants, qui se traînent pesamment sur les revers de la vallée ou y dorment en longues bandes immobiles ; quelques fragments du ciel, dont l'azur brille au travers de leurs déchirures, soutiennent votre courage chancelant ; mais, peu à peu, tout se rembrunit, les nuées s'abaissent de plus en plus et finissent par vous dérober la vue des montagnes, dont les teintes, après avoir perdu par degrés toute leur transparence, se confondent en une masse d'un bleu presque noir. Enfin, quelques gouttes de pluie vous avertissent, trop tard, hélas ! d'une imprudence dont il vous faut subir les suites. L'ondée arrive, et, de quelque côté que se tournent vos regards inquiets, vous ne découvrez ni une maison ni un chalet pour vous mettre à couvert. Ces magnifiques noyers ne vous offriraient qu'un abri momentané et trompeur ; leur feuillage, une fois transpercé, vous payerait vos arriérés avec usure ; il faut donc vous résoudre à continuer votre marche au travers des flaques d'eau dont le chemin est inondé, ou sur un gazon glissant qui vous fait trébucher à chaque pas. C'est en vain que vous interrogez le ciel pour y chercher quelques présages consolateurs ; les nuages enfantent de nouveaux nuages, les averses succèdent aux averses ;

des vapeurs blanchâtres, s'élevant lentement du flanc des montagnes comme des colonnes de fumée, viennent vous ravir le peu d'espoir qui vous reste. Le manteau de toile imperméable, préservatif insuffisant, ne vous protége le buste qu'aux dépens des genoux et des jambes; ses plis nombreux forment autant de gouttières qui vous tiennent dans un demi-bain permanent. Cédant alors à l'influence attristante de cette situation, vous vous laissez aller à une disposition mélancolique, rendue plus vive par le souvenir récent des beaux jours dont vous avez joui. Vous prenez de l'humeur et vous vous abandonnez aux plus fâcheux pressentiments : « Cette pluie a tout l'air de devoir durer, dites-vous au guide... C'est le mauvais vent... Où en est la lune? nous pourrions bien avoir ce temps-là jusqu'au prochain quartier! » Bientôt la conversation, de plus en plus languissante, finit par tomber tout à fait; les lieues, s'étendant indéfiniment, comme dans la ballade de Goldsmith, semblent s'allonger devant vous[1]; vous marchez en silence, d'un pas rapide, et fixant un œil impatient sur les circuits du chemin qui vous reste à faire. Cependant vous approchez du village choisi pour votre halte... Déjà le ciel s'éclaircit; vous franchissez enfin le seuil de l'auberge... et voilà que le soleil, comme pour vous narguer, recommence à briller de tout son éclat! Le lecteur voudra bien se contenter, faute d'autre, de cette description de la pluie, faite d'après nature, et puisse-t-il ne pas répéter, en finissant, l'exclamation qui commence ce paragraphe! Je serais d'ailleurs fort embarrassé de parler de la vallée de la Reuss, que j'ai longée sans la voir. Il faudrait, pour cela, faire un appel à mon imagination, et je suis décidé à n'avoir recours qu'à mes souvenirs.

Il est temps cependant que j'introduise mon guide sur la scène, et que j'expose, en peu de mots, les circonstances qui ont amené notre association temporaire, dont je n'ai eu qu'à me louer. L'aubergiste de S***, sachant que je me proposais de commencer mon voyage pédestre en partant de Zurich, me proposa un de ses protégés, qui se présenta pendant mon souper, précédé, ainsi que l'honnête Lafleur de Sterne, des meilleures recommandations, et porteur, comme lui, d'une de ces physionomies heureuses qui laissent peu à faire aux certificats les plus favorables. Après que je lui eus adressé en français quelques questions,

[1] « . . . . . Immeasurably spread.
« Seem lengthening as I Go. »

auxquelles il répondit en allemand, nous fîmes nos conventions et je l'arrêtai. Mais à peine fut-il sorti que ma prudence endormie se réveilla, pour me faire observer que j'avais agi, dans cette occasion importante, avec mon défaut de réflexion habituel; que cet homme était un vieillard, encore assez vert, à la vérité, mais que son âge me rendrait inutile s'il m'arrivait de me trouver dans un de ces mauvais pas, dans une de ces circonstances difficiles où toute l'audace et toute l'agilité d'un jeune homme ne sont pas de trop. Ces considérations ne m'ébranlèrent pas, et puis je venais de souper, et il me répugnait, en un pareil moment, de faire perdre à ce pauvre diable sa subsistance de tout l'été, sur laquelle ma promesse lui avait donné le droit de compter. C'est une vérité humiliante, mais je crois

Qu'on en vaut mieux après avoir mangé.

L'auteur du *Voyage sentimental* a dit l'équivalent avant moi. Je me décidai donc à garder mon sexagénaire, et je n'eus pas lieu de m'en repentir, car c'était bien la plus honnête créature et le plus divertissant bonhomme qui eût jamais grimpé une montagne. Il avait été soldat au service de trois ou quatre puissances, et en était revenu un parfait cosmopolite. Il regrettait infiniment le *grand Napolion*, fameux *vainquère*, qui avait mis la profession fort en honneur et l'avait rendue lucrative. Cela ne l'empêchait pas pourtant de rendre justice aux harengs et à la bière des garnisons de la Hollande, ni de faire cas des agréments du service anglais, dont cependant les demi-payes ne lui plaisaient pas. C'était enfin l'officier de fortune *Dalgetty* en personne, au grade et à la fortune près; car il était rentré dans ses foyers, si toutefois il avait des foyers, avec des années de plus, des dents de moins et rien pour exercer celles qui lui restaient. Il avait embrassé le métier de guide, ne se sentant pas propre à autre chose, et par suite de ce penchant pour la vie errante et désœuvrée dont le soldat perd difficilement l'habitude. L'avant-veille, dans la descente rapide des Alpes Surênes, ses vieilles jambes trompaient souvent l'ardeur de son jeune courage; il glissait fréquemment, chancelait, tombait, puis se relevait d'un air de dépit : « Maudites bottes! » s'écriait-il en se redressant; et bottes n'en pouvaient mais. Il avait une manière à lui pour se reposer : elle consistait à marcher à grands pas, afin de me devancer d'un quart d'heure pour pouvoir alors s'asseoir et souffler en m'attendant. Je le retrouvais d'ordinaire causant avec quelque paysan, auprès duquel très-probablement il prenait, sur la route et sur les distances, des notions plus exactes que celles qu'il possédait. Tant que nous avons été dans le canton d'Uri, il s'arrêtait presque tous les cent pas, et, dirigeant son bâton ferré vers le sommet de quelque monticule où brillait un point blanc, ou bien vers quelque recoin de la vallée, il s'écriait d'un air important : « Capelle Tell; Jâteau Gessler; Fillache Tell! » Ces deux noms me poursuivaient, et je faisais des vœux pour être au plus tôt délivré de l'oppresseur comme du libérateur de la Suisse.

J'arrivai à Amsteg le soir d'un jour de fête; non loin de l'auberge, les hommes du village étaient réunis pour tirer à la cible, genre de divertissement très-populaire dans toutes les parties de la Suisse. Ils y faisaient preuve d'une adresse merveilleuse, atteignant très-souvent le point central de la cible, éloignée de plus de deux cents pas; c'était comme s'ils eussent mis dans un écu de six francs. On me proposa poliment de tirer, ce que je me gardai d'accepter, pour ne pas compromettre l'honneur du nom français. Tous ces paysans étaient chasseurs de chamois, et je plaignais le gibier qui avait affaire à de tels tireurs; ils me dirent effectivement qu'on en détruisait beaucoup, et que, pour empêcher que la race ne vînt à s'en perdre entièrement dans le canton, le gouvernement s'était vu dans la nécessité de mettre en interdit une montagne de plusieurs lieues de tour, qui est, pour ces pauvres animaux, comme un lieu de refuge. Tout chasseur pris dans l'enceinte réservée est passible d'une amende assez forte pour lui ôter l'envie d'y revenir. La valeur d'une peau de chamois, tué dans la bonne saison, varie de vingt francs à un louis; la chair se débite à vil prix dans les auberges, et est bien inférieure à celle de nos bons chevreuils du Nivernais. Ce sont les émotions que donne cette chasse, intéressante autant que périlleuse, et non les profits qu'on en retire, qui font que les montagnards s'y livrent avec cette ardeur passionnée.

Une fois à Amsteg, le voyageur commence à monter pour ne plus descendre que lorsqu'il est parvenu sur le revers méridional du Saint-Gothard; c'est aussi là qu'il voit les premiers ouvrages d'art de la route si hardie que les Suisses ont réussi à tracer au travers des vallées de la Reuss, des Schœllenen et d'Urseren, et qui sert de communication avec l'Italie. On peut désormais rouler commodément et rapidement en voiture par ces gorges effrayantes, où il n'y avait, jusqu'à ces derniers temps, qu'un chemin étroit, raboteux et roide, qui n'était praticable que pour les piétons et les mulets. Les difficultés de cette entreprise me paraissent avoir été encore au-dessus des obstacles qu'a rencontrés la construction de la fameuse route du Simplon, et les ressources qui ont dû y faire face étaient en même temps bien inférieures à celles que la volonté toute-puissante de l'Empereur avait mises à la disposition de nos ingénieurs. C'est un emprunt ouvert en Suisse qui a couvert les frais de ces travaux-ci; les capitalistes de Bâle ont fourni la plus grande partie des fonds, et on a tout lieu d'espérer que ce placement patriotique profitera aux particuliers ainsi qu'au pays. Les dépenses d'entretien ne peuvent cependant manquer d'être considérables, et de nombreuses causes de destruction conspirent contre ce monument de l'audace persévérante de l'homme. Les eaux torrentielles ravinent profondément la route, taillée en grande partie en corniche sur le flanc de montagnes escarpées, qui semblent en pleine décomposition; elle est exposée aux éboulements de rochers, à la chute des avalanches, et le parapet qui règne en maints endroits le long du précipice offre çà et là de larges brèches, emportées par les blocs qui ont roulé dans la vallée. Je me hâte d'ajouter, pour rassurer les timides, que les accidents de ce genre n'ont presque jamais lieu dans la belle saison, et qu'ils sont occasionnés par les longues pluies de l'automne et par la fonte des neiges. Autrefois le transit était fort actif sur cette route, et neuf mille bêtes de somme y étaient employées; mais l'ouverture récente des routes du Bernardin et du Splugen a dû ralentir ce grand mouvement, en multipliant les communications entre l'Allemagne et la haute Italie.

Ce canton-ci n'a guère d'autres ressources; il n'en est peut-être pas, en Suisse, qui possède moins de terrain susceptible de culture, et les montagnes y sont trop abruptes, trop dépouillées, pour y offrir des pâturages alpestres bien étendus ou bien abondants. Sur une surface de vingt-quatre milles géographiques, il ne nourrit, je crois, que dix mille têtes de bétail d'une petite espèce, mais qui fournit un fromage très-recherché des gourmets italiens. J'ai entendu dire par un homme du pays qu'une bonne vache donnait, dans son été, deux quintaux de ce fromage, puis un demi-quintal de fromage moins gras qui se consomme sur place. On reconnaît encore ici les traces de la guerre qui a ravagé ces pauvres vallées. Russes, Français, Autrichiens, ont tour à tour dévoré les faibles ressources de ces montagnards, arrivés à la fin à un tel excès de dénûment, que, d'après le relevé fourni par le district d'Altorf au gouvernement central, plus de mille familles, formant le sixième de la population totale du pays, étaient réduites à vivre d'aumônes. Des centaines d'enfants furent adoptés par la charité des cantons voisins. J'engage le philanthrope opulent qui parcourt cette route dans une bonne berline à réfléchir sur ces données exactes avant de débiter des lieux communs sur les abus de la mendicité au malheureux dont les sollicitations l'importunent. Eh! ne voyez-vous pas, à ses traits hâves et flétris, aux haillons qui le couvrent à peine, que la misère et ses horreurs ont passé par là? Que si vous en accusez la paresse des habitants, jetez les yeux autour de vous sur cette nature désolée, sur ce sol ingrat; observez ces prés rares et maigres, soigneusement enclos de pierres amoncelées et arrosés d'un filet d'eau amené à grandes peines; suivez du regard ce pâtre qui, grimpant de rocher en rocher, s'en va, suspendu quelquefois à une corde, faucher, au péril de sa vie, sur le bord d'un précipice, quelques poignées d'herbe que ses vaches n'ont pu atteindre; peut-être alors, revenant de votre injuste prévention, tirerez-vous de votre poche la petite pièce de monnaie qui peut faire vivre un de vos semblables jusqu'à demain; après, la Providence y pourvoira.

Une chose qui frappe l'étranger dans ce canton et en général dans toute la partie alpestre de la Suisse, c'est le mauvais *aménagement* des forêts; c'est bien ici que pourrait s'appliquer la fameuse prophétie de Colbert, que l'événement a heureusement démentie quant à la France : « Le pays périra faute de bois. » En effet, le régime forestier est tellement négligé dans la plupart des cantons, qu'on pourrait presque dire qu'il n'y existe pas. Les forêts croissent à l'aventure, à la garde de Dieu, comme disent les gens du pays; elles sont exploitées sans précaution, deviennent de plus en plus clair-semées, et les versants des montagnes se trouvent exposés sans défense à l'action des eaux, qui, entraînant la couche végétale, rendent le mal sans remède. Les superbes forêts de Wasen, qu'on croyait inépuisables, sont aujourd'hui presque entièrement détruites, et j'ai lu quelque part que, lors de l'incendie d'Altorf, on fut forcé, pour rebâtir la ville, de porter la hache dans la forêt du Bannberg, où il avait été jusqu'alors défendu, sous les peines les plus sévères, de couper un seul pied d'arbre; cette défense prudente avait pour but de prévenir les éboulements de rochers qui auraient menacé le chef-lieu du canton. On dit qu'il y a, dans le voisinage, des mines que le gouvernement pourrait exploiter avec avantage : il lui faudrait, pour cela, du bois ou de la houille; où en prendrait-il?

Les guides ne manquent pas de vous faire remarquer, près de Wasen, un abîme étroit et profond, dans lequel on entend mugir les eaux de la Reuss. C'est dans ce gouffre, disent-ils, que, d'après une tradition locale, un moine aurait précipité jadis une jeune fille, victime de ses séductions, et se serait jeté après elle, poussé par le remords. Cette tragique histoire, qui a fourni à M. Raoul-Rochette une ou deux belles pages, a été, en revanche, pour le célèbre Saussure, l'occasion d'une erreur plaisante. Peu familier avec la langue allemande, ou trompé par une désinence, il fait, du *Saut du Moine*, le *Saut du Singe*, et s'avoue incapable d'indiquer l'origine de cette dénomination bizarre, ne voyant pas ce que peut avoir à faire un singe en un pareil lieu. Je crois que c'est lui qui nous apprend que les plus gros cristaux découverts dans les Alpes ont été recueillis ici près, au fond d'une grotte qui porta le nom de Sand-Balme. Il y en avait qui pesaient plusieurs quintaux, et l'un d'eux allait jusqu'à sept ou huit cents livres; mais ils n'étaient pas d'une eau bien pure.

Après avoir dépassé Wasen, la vallée se rétrécit et devient belle à force d'horreur; à mesure que j'avançais, la végétation paraissait plus languissante; les arbres à feuillage vert, tels que les hêtres et les charmes, avaient successivement disparu, et étaient remplacés par de mélancoliques sapins et par les plus admirables mélèzes qu'on puisse voir. Quelques-uns, et ce n'étaient pas les moins beaux, sortaient des entrailles mêmes du rocher, paraissant ne se nourrir que de l'humidité qui suintait le long de leurs racines et de l'air vital des hautes Alpes. Les habitations, de plus en plus rares, annonçaient une nature âpre et hostile, avec laquelle l'homme semble redouter d'entrer en lutte, et je découvrais à peine quelques traces de culture sur ce sol appauvri. Cependant un champ de pommes de terre, créé sur un immense quartier de granit qui s'était éboulé des hauteurs voisines, champ dans lequel le propriétaire parvenait au moyen d'une échelle, me rappelait Malte rendue fertile à force d'art, et me prouvait que l'indolence des habitants n'était pour rien dans cet aspect général de stérilité. La contrée, devenue graduellement plus sauvage, ne m'offrit bientôt qu'une effrayante solitude, au milieu de laquelle mon œil attristé eût cherché vainement une maison, un arbre ou quelque chose qui eût vie. Des deux côtés d'une gorge étroite s'élèvent presque verticalement, à une hauteur étourdissante, des montagnes couvertes de débris de rocs qui pendent sur votre tête et sillonnées profondément, de leur cime à leur base, par d'affreux ravins dans lesquels bouillonne l'écume des torrents. On n'entend, au fond de ce ténébreux défilé, que le retentissement de la Reuss, dont les eaux tourmentées se brisent et bondissent toutes blanchissantes contre les blocs de granit dont son cours est encombré; elles forment une série non interrompue de cascades, au-dessus desquelles tourbillonne une humide vapeur. Après une heure et demie de marche, j'arrivai à ce fameux pont du Diable dont j'avais trop entendu parler pour en être bien vivement frappé; il n'a, par lui-même, rien de bien diabolique, et j'en avais passé dans la journée quatre ou cinq qui m'avaient beaucoup plus étonné par leur hauteur et la hardiesse de leur construction. Quant à celui-ci, le remplaçant qu'on vient de lui donner le fait paraître encore plus mesquin. La chute tant vantée de la Reuss m'a surpris, mais en moins; de même qu'à Schafhouse, je m'attendais à mieux, et cette cascade m'a fait l'effet d'une écluse de moulin magnifiquement encadrée. Le volume d'eau de la cataracte du Rhin, sa chute perpendiculaire, ne seraient pas de trop pour répondre au caractère grandiose du site. Ce torrent, respectable partout ailleurs, forme un contraste mesquin avec l'imposante majesté de la scène qui l'entoure; il n'est pas à sa place.

Le nom pompeux de pont du Diable a, dit-on, son origine dans une vieille légende, assez pauvre d'invention, et qui, je crois, n'a pas même le mérite de se rattacher exclusivement à ce lieu-ci. Au bon vieux temps, un pieux ermite conçut le projet charitable de jeter un pont sur ce torrent; il se mit à l'ouvrage avec ardeur; mais certain personnage mystérieux, qui avait ses raisons pour faire donner le saint homme au diable, profitait du temps où il disait ses *patenôtres* pour défaire ce qu'il avait fait; c'était toujours à recommencer, et l'ermite se désolait. On devine que ce malfaisant personnage n'était autre que Satan lui-même, qui, un beau jour, se présenta devant le persévérant anachorète en grand costume, queue en trompette, pied fourchu, nez crochu, œil flamboyant, et la langue tirée de deux pieds. Il lui proposa poliment d'entreprendre l'ouvrage, lui demandant pour récompense de lui abandonner le premier individu qui passerait sur le nouveau pont. Son offre fut acceptée; le lendemain le pont se trouva fait et bien fait, et l'infernal architecte demanda ses honoraires. Alors le rusé vieillard tira de dessous sa robe un chat noir qui, jeté sur le pont, fut le premier à l'*étrenner*. Honteux d'avoir été pris pour dupe, le diable emporta le chat, s'enfuit, la queue entre les jambes, et ne reparut plus. Si le lecteur n'est pas content, je lui dirai que c'est là de l'érudition de guides, que je lui donne pour ce qu'elle vaut.

Le passage des Schœllenen est dangereux en hiver et surtout au printemps; les avalanches et les éboulements de rochers y sont fréquents; l'on sait que pour déterminer la chute des avalanches, il suffit souvent du plus léger bruit. Aussi, dans les endroits les plus mal famés, les muletiers ont-ils soin de boucher avec du foin les clochettes de leurs mulets et de passer rapidement sans proférer une parole. Malgré ces précautions, il arrive pourtant des malheurs; et des croix de bois, placées en assez grand nombre le long de la route, indiquent la place où des voyageurs ont péri. Ces tristes monuments, dont quelques-uns semblent nouvellement posés, ajoutent encore à l'impression produite par l'aspect sévère et menaçant de ces lieux. Les croix dont il s'agit ont fait tomber M. Ramond dans une erreur comique : persuadé qu'elles avaient été mises là en mémoire d'assassinats nombreux (il revenait d'Italie), il jugea devoir prendre des mesures de défense, et traversa le redoutable défilé avec une carabine sur l'épaule, deux pistolets à sa ceinture, et un grand couteau de chasse, s'attendant à être attaqué à chaque détour, et effrayant bien gratuitement, par cet appareil terrible, les pacifiques montagnards qu'il rencontrait en route. Je dois dire, pour ceux qui seraient disposés à partager ses craintes, qu'il est sans exemple qu'un voyageur ait été attaqué en Suisse.

Au sortir de l'étroit défilé, de ce chaos de rochers croulants et de rochers écroulés, on pénètre sous une galerie percée dans le roc vif; on y fait une centaine de pas dans la boue et dans une demi-obscurité, puis on débouche, comme par enchantement, dans une vallée spacieuse, verdoyante, parsemée d'habitations, et embellie par le joli hameau d'Andermatt. Les dernières cimes du Saint-Gothard la dominent d'un côté, et elle est bornée de l'autre par les neiges éclatantes du Gallenstock et de la Furca. On y voit dormir, au milieu des prairies, la Reuss, dont le cours, encore si paisible, va bientôt cesser de l'être. Fatiguée des scènes de bouleversement et de destruction qui se succèdent dans l'affreuse gorge dont on vient de sortir, la vue se repose avec délices sur ce petit coin de paysage auquel, partout ailleurs, on ferait à peine attention. En l'examinant davantage, on est frappé de sa complète nudité; hormis un bois de sapins de quelques arpents, qui protége le village contre les avalanches, on n'aperçoit ni un arbre, ni une touffe de broussailles. Quelques aunes, qui marquent le cours de la rivière, interrompent seuls la monotonie des plans. D'immenses pelouses, se déroulant à perte de vue, tapissent le fond de la vallée et le talus des montagnes; ce sont elles qui lui donnent cet aspect frais et verdoyant dont on est charmé au premier coup d'œil, mais qui ne tarde pas à fatiguer par son uniformité : les habitants et quelques voyageurs affirment que la nature du sol n'est pas propre aux arbres; mais le bouquet de sapins dont j'ai parlé fournit la preuve du contraire; en outre, un Bernois, très-versé dans tout ce qui touche au régime forestier, a proposé aux gens de la vallée de planter gratuitement en mélèzes et en arbres résineux de différentes sortes les terrains qu'on lui désignerait, répondant du succès : ils ont rejeté son offre; et l'espoir d'un avantage certain, mais éloigné, n'a pu les déterminer à passer par-dessus la routine et la crainte de mécontenter la classe des habitants pauvres qui vivent du transport des bois de construction et de chauffage. La tradition rapporte qu'un magicien, envieux de la prospérité de cette petite vallée, qui jadis était comme un paradis terrestre, couvert de bois, de bosquets et d'arbres fruitiers, brûla les uns et les autres, et *charma* le sol, pour les empêcher de repousser; ce sorcier-là ne faisait pas les choses à demi.

Je trouvai, en arrivant, tout Andermatt en rumeur. La foudre venait de mettre le feu au clocher de l'église, attirée probablement par les cloches qu'on avait sonnées à grandes volées pour écarter l'orage, d'après la peu judicieuse coutume également en usage dans nos campagnes. Tous les gens du village étaient sortis de leurs maisons; les femmes surtout se faisaient remarquer au milieu de la bagarre; ce sexe, éminemment impressionnable, donne à tout une physionomie dramatique. De petites filles couraient dans le village, toutes hors d'haleine, et criant d'un ton lamentable : Au feu! au feu! Cette scène rappelait le désordre et les *femineos ululatus* de l'embrasement de Troie; heureusement ces terreurs étaient fort exagérées. L'incendie, qui fumait fort et brûlait peu, se borna à quelques lattes de la toiture de l'église. Aux premiers cris d'alarme, la maîtresse de l'auberge, ses filles, ses servantes, frappées d'une panique contagieuse, s'étaient hâtées d'empaqueter argenterie, linge, batterie de cuisine, croyant déjà voir en flammes toute leur maison, quoique le voisin Ucalégon ne brûlât pas encore[1], et pour bonne raison : l'église était à six cents pas de là. Contemplant d'un œil atterré ces préparatifs de mauvais augure, le voyageur voyait s'ajourner indéfiniment la perspective de son dîner. Heureusement, le feu une fois éteint, tout rentra peu à peu dans l'ordre, et l'on songea aux nouveaux venus, auxquels on servit, sous diverses formes, les truites les plus justement renommées de toute la Suisse; il y avait, en outre, un ragoût de veau garni de raisins secs et d'amandes bien épluchées et nageant dans la sauce. J'enregistre ici le fait pour l'instruction des gens qui pensent que l'histoire de l'estomac humain n'est pas moins digne d'intérêt que celle du cœur humain. Si nous en croyons Athénée, il y avait de son temps un certain Archestrate qui voyageait dans le but unique de rechercher, de déguster et de décrire les mets inconnus. A voir l'air de réflexion de quelques-uns de mes commensaux, absorbés dans leur assiette, je soupçonne que cette classe de voyageurs pourrait bien s'être conservée jusqu'à nos jours; ce sont incontestablement nos voisins d'outre-mer qui lui fournissent le plus de sujets. Je vais leur offrir un autre fait digne de leurs méditations. Un habitant de cette vallée, ayant mangé à Côme des escargots qu'il avait trouvés délicieux, eut l'idée d'enrichir sa patrie de ce nouveau plat; mais il ne lui manquait pour cela que des escargots; il ne put parvenir à en découvrir un seul dans toute la vallée; il ne se découragea point et fut chercher à Côme deux tonneaux des meilleurs et des plus beaux limaçons destinés à la colonisation, qui réussit au delà de ses souhaits. Grâce à ce gastronome patriote, les habitants d'Urseren ont trouvé pour l'hiver et le temps de carême une ressource qui leur est précieuse; je leur ai su, pour mon compte, bien bon gré de n'y avoir pas fait participer leurs hôtes.

On s'aperçoit avec peine, en visitant le cimetière d'Andermatt, que la simplicité pastorale a fait place chez cette petite peuplade à une puérile ambition de se distinguer. Les tombes n'y sont point ornées comme ailleurs de guirlandes et de bouquets, mais de croix en fer travaillées avec recherche et surchargées de colifichets en cuivre doré. Ces croix dominent des plaques de marbre sur lesquelles sont gravées en or des

---

[1] « . . . . Jam proximus ardet
« Ucalegon. »

épitaphes où les titres du défunt ne sont point omis; il y en a beaucoup dans ces républiques suisses, et ils sont longs. En les lisant je reconnaissais les effets de cet esprit de rivalité, si mal placé dans un pareil lieu. Les survivants cherchent, dans l'intérêt de leur vanité, à tirer le plus de parti possible de leur mort, et renchérissent les uns sur les autres en colifichets dorés et en formules laudatives. Ce n'est certes pas dans cette vallée solitaire que je me serais attendu à rencontrer un tel abus. Quelqu'un de ses habitants aura rapporté cette mode des pays étrangers; la simplicité de mœurs n'est, après tout, qu'une heureuse ignorance.

GRISONS

Vallée d'Urseren. — Lac d'Oberalp. — Abbaye de Dissentis. — Sumvix. — Forêt de Trons. — Ilanz. — Vallées de Lugnetz et de Walz. — Bains de Peid. — Plaz. — Route de Saint-Bernhardin. — Défilé d'Interrhein. — Splugen. — Défilé des Roffles. — La Via Mala. — Vallée de Domlesch. — Le Rhin. — Tusis. — Vallée de la Haute-Engadine. — Reichnau. — Coire. — Gouvernement. — Dimanche aux griefs. — Malserhaïde. — Vallée de Prettigau. — Insurrection des Prettigauviens.

Maintenant que j'arrive dans les Grisons, j'aurais beau jeu pour décrire un canton qui ne l'a été, que je sache, par aucun voyageur français; mais les descriptions ennuient à la longue, même celui qui les fait. Je prierai donc, une fois pour toutes, le lecteur bénévole de se figurer des montagnes, des forêts, des rochers, des pâturages, des glaciers, etc., etc., en un mot, tout ce qui entre comme partie intégrante dans la composition d'un paysage alpestre; il disposera ces matériaux d'après les diverses combinaisons que lui suggérera son imagination d'artiste, et me dispensera ainsi de me mettre en frais pour peindre avec des mots, genre de peinture qui n'est guère plus satisfaisant pour le public que pour le peintre, surtout lorsque celui-ci ne possède qu'un pinceau peu exercé et une palette peu riche, qui l'exposent à retomber fréquemment dans les mêmes formes et dans les mêmes tons. Je me réserverai seulement de dire un mot des sites qui offriraient quelque chose de frappant, ne consultant toutefois en cela que ma manière de sentir.

L'entrée de ce canton, lorsqu'on y pénètre par la vallée d'Urseren, n'a rien de bien séduisant; on jette, chemin faisant, un regard de reconnaissance sur le petit lac d'Oberalp, d'où sortent les délicieuses truites saumonées dont j'ai parlé plus haut. L'hôte d'Andermatt, qui, pour un prix modique, afferme de la commune le droit de pêche, prend quelquefois dans un seul mois d'été douze à quatorze quintaux de ces poissons délicats. Ce lac, au reste, ne peut avoir d'intérêt que pour un pêcheur ou un gourmand; les bords en sont marécageux, dénués de végétation et dominés par la cime peu pittoresque du Baduz, l'un des sommets du Saint-Gothard. A peu de distance du lac, on commence à descendre, par une pente rapide, dans une vallée dépouillée dont les revers n'offrent que d'assez maigres pâturages, et sur lesquels on aperçoit de loin en loin quelques chalets qui, pour leur malpropreté intérieure et extérieure, peuvent rivaliser avec les plus sales *burons* de l'Auvergne. On n'y fabrique de fromages, m'a-t-on dit, que ce qu'il en faut pour la consommation du pays, dont le commerce consiste dans les bestiaux, qu'on tâche de multiplier le plus possible et qui se vendent en Italie. Comme les habitants gardent plus d'élèves qu'ils n'en peuvent convenablement nourrir, et que les génisses portent dès la fin de la seconde année, il en résulte que la race a souffert. Leurs vaches sont petites, mais bien proportionnées, d'une jolie couleur gris cendré, avec les extrémités noires; elles n'ont point la physionomie bonasse et le regard stupide des nôtres; on dirait presque des vaches d'esprit, à voir leur air éveillé. Un large collier de cuir, piqué avec recherche et attaché par une boucle de cuivre bien luisante, suspend à leur cou une clochette dont les tintements argentins prouvent qu'elle est faite d'un métal choisi. On porte le nombre des bêtes à cornes que nourrit ce canton (le plus étendu de la Suisse après celui de Berne) à quatre-vingt-dix mille, et les profits qu'il retire de ce genre de trafic se montent à huit cent mille florins[1]. C'est, avec le transit, la principale source des revenus du pays.

Je fis halte vers midi dans un hameau d'un aspect assez pauvre pour me reposer et prendre du lait. Au long pourparler qu'avait mon guide

---

[1] Le florin est de deux francs quinze centimes.

avec une respectable matrone qui s'était mise à la fenêtre, je conjecturai qu'il n'y avait pas grand'chose à espérer; dans mon impatience, je me mêlai de la négociation et reconnus que mon plénipotentiaire et la dame se parlaient sans se comprendre. La langue romane, ou romance, est la seule qui soit en usage dans cette partie du canton, et mon guide ne savait que son patois allemand. Au moyen de quelques mots latins et italiens dont je lardai mon discours et d'une pièce d'argent que je montrai, je parvins pourtant à me faire entendre, et nous fûmes introduits dans la principale pièce de la maison. Trois femmes âgées et une jeune fille, assises autour d'une table, prenaient leur repas du milieu du jour, qui consistait en une sorte de potage au riz, blanchi avec un peu de crème, quelques galettes d'un pain noir et compact et quatre espèces de fromage de diverses couleurs et de puanteurs diverses, dont l'un était si dur, qu'on eût dit un fromage fossile. Le costume de ces femmes, fort pittoresque, rappelait celui dans lequel on représente Marie Stuart; un petit bonnet de velours noir avec une pointe descendant sur le front, un corset prenant toute la longueur de la taille et finissant également en pointe; un jupon noir plissé et assez court, des souliers à talon, voilà ce dont il se composait. La mise de la jeune fille était la même, sauf quelques légers changements que l'esprit innovateur de la mode y avait introduits. Le caractère de la physionomie de ces femmes, l'ensemble de leurs traits fins et réguliers, la couleur de leurs cheveux, et, plus encore, la différence du langage, indiquaient une race totalement distincte de celle que j'avais quittée dans le canton d'Uri.

Tout en mangeant mon lait, mes yeux s'arrêtèrent sur un petit reposoir où brillait un crucifix orné de fleurs artificielles et d'oripeaux; autour étaient suspendues quelques mauvaises gravures, parmi lesquelles je reconnus à l'instant le portrait d'un enfant qui, selon l'expression du poëte, eut

> . . . . Des sceptres pour hochets,
> Pour bourrelet une couronne.

Je fus curieux de savoir quelle idée ces femmes attachaient à ce portrait du roi de Rome, et je dis au guide de s'en enquérir. « Quel est ce saint-là? » leur demanda-t-il. Elles n'en savaient rien; toute image, aux yeux de ces bonnes gens, est une figure de saint, et ils avaient acheté celui-là de confiance. Il y aurait ici matière à tout un chapitre de réflexions philosophiques.

Cependant la contrée, à mesure que je descendais, devenait moins sauvage et plus riche; la vallée s'élargissait; j'avais devant moi de l'air et de l'espace; les villages que je traversais étaient plus beaux; à toutes les fenêtres je voyais suspendus des vases d'étain. « A quoi servent-ils donc? demandai-je au guide, est-ce à mettre le lait? — Non. — Seraient-ce des ustensiles de cuisine? — Pas davantage. » Et mon homme souriait. Ses dénégations et surtout son sourire m'eurent bientôt mis sur la voie. « Mais pourquoi donc exposer ainsi cette singulière pièce de vaisselle à la vue du public? — Oh! monsieur, répondit-il, c'est que ces pots ont de la valeur, et vous comprenez que, lorsqu'on en a beaucoup aux fenêtres, cela annonce une maison bien montée. » La vanité tire parti de tout. Je crois avoir lu dans les voyages de Montaigne que de son temps, en Suisse, cette sorte de meuble était en argent, tandis que les plats et les assiettes étaient de bois. Cela me fait penser à une épigramme adressée à je ne sais quel empereur romain qui portait fort loin la recherche sur cet article[1].

Je cheminais par un sentier pierreux qui traversait d'excellents prés appartenant à l'antique abbaye de Dissentis. Cette abbaye a joué jadis un rôle important dans l'histoire du pays; ruinée par la guerre à la fin du dernier siècle, ravagée par un incendie vers cette même époque, c'est à peine si elle a pu se relever de ces désastres successifs. On faisait dans ce moment les foins, et quelques religieux, aidés des jeunes novices, s'amusaient à faner par une belle soirée, faisant, par passe-temps, ce que leurs devanciers avaient dû faire dix siècles auparavant par nécessité. L'abbé, qui se promenait au milieu d'eux, avait plutôt l'air de calculer le nombre et la valeur de ses chars de foin que de réfléchir sur ce rapprochement. L'abbaye possède une belle bibliothèque riche en manuscrits curieux, et parmi les pieux cénobites il s'en est trouvé plusieurs qui ont su utiliser ces moyens d'instruction; on cite, entre autres, le père Placide, minéralogiste instruit et infatigable grimpeur de montagnes. C'est à lui qu'Ébel, qui n'est jamais venu dans les Grisons, doit tout ce qu'il dit dans son *Manuel* relativement à ce can-

---

[1] Elle finit ainsi : « Bibis auro; carius ergo c..... » Boileau a dit avec raison :

Le latin, dans les mots, brave l'honnêteté.

ton. Le P. Placide en a mesuré les points les plus élevés, et exploré la structure géologique dans les diverses ramifications de ses vallées ; c'est le Saussure des Alpes Rhétiques.

J'arrivai au beau village de Sumvix au coucher du soleil, comptant y passer la nuit ; malheureusement on m'apprit qu'il ne s'y trouvait plus d'auberge, mais qu'il y en avait eu une l'année précédente, ce qui ne me consola que médiocrement. Je m'assis donc, comme les voyageurs des anciens temps, sur la grande place, pendant que mon guide allait à la découverte et frappait aux portes des maisons les plus apparentes, demandant, en mon nom, le vivre et le couvert pour de l'argent. Soit défaut d'hospitalité, soit pour tout autre motif, après quelques instants de pourparler on le plantait là ; il frappait plus loin ; on échangeait avec lui quelques paroles, puis on le replantait là ; enfin il revint tout attristé me dire que personne ne se souciait de m'héberger. On lui avait objecté que, les *messieurs* étant accoutumés à de bonnes auberges, on n'était pas en mesure de les satisfaire, qu'on craignait le dérangement, et làdessus on lui avait fermé la porte au nez. Il y avait sur celle d'une belle maison en face de moi une patte d'ours, et j'aurais bien désiré loger là, dans l'espoir de faire connaissance avec le jambon de cette patte, mais nous y reçûmes la même réponse évasive. Il n'était nullement question ici de s'armer d'un superbe dépit, et de passer outre, en secouant la poussière de ses pieds contre ce village inhospitalier ; trois grandes lieues nous séparaient encore du gîte le plus rapproché ; il était nuit close, et il nous fallait absolument rester là où nous nous trouvions, dussions-nous souper d'un morceau de pain et dormir sur le foin. Une seule habitation restait encore, à laquelle nous n'avions pas frappé ; c'était celle du premier magistrat du village. Je dis au guide d'aller voir si là nous ne serions pas plus heureux ; après un assez long colloque, il me fit signe qu'il avait réussi ; j'entrai et fus reçu par le fils de la maison, qui était landamman, ou maire. Un moment après arriva son père, vieillard plus que septuagénaire, mais encore fort leste et qui remplissait la charge de podestat, de sorte que toutes les dignités administratives et judiciaires de l'endroit se trouvaient réunies dans la même famille. La gravité de cette double magistrature n'empêcha point mes hôtes de se disposer de la meilleure grâce du monde à me donner à souper. J'insistai pour avoir l'honneur de leur société, et nous prîmes place bientôt à une table couverte d'un linge très-blanc, et sur laquelle brillaient la salière en argent, *salinum paternum*, ainsi qu'un huilier et des couteaux de même métal. Les preuves de l'habileté culinaire de madame la landamman ne se firent pas attendre; le vieux podestat ne restait pas un instant en place; il allait, venait de la cave à la cuisine, et était partout à la fois. On n'eût pu recevoir son monde avec plus d'empressement et de cordialité; moi de me confondre en remercîments et en politesses, enchanté que j'étais de cet accueil qui me rappelait l'hospitalité des temps antiques. Je me récriais sur la gentillesse des enfants, qui étaient morveux; je caressais le gros chien de la maison, qui avait protesté par ses aboiements opiniâtres contre mon admission; je faisais causer le vieillard, dont j'écoutais les longues histoires, débitées dans un patois allemand mêlé d'expressions romanes. Il n'était jamais sorti de son village que pour aller, chaque année, sur les frontières d'Italie, vendre son bétail; mais son frère, qui avait servi en France comme capitaine, et son père, qui y était parvenu au grade d'officier général, lui avaient raconté beaucoup de choses sur les pays étrangers, et c'était de France qu'ils avaient rapporté ces pièces d'argenterie dont on ornait la table, *aux bons jours*. Les portraits de ces deux officiers, en grand uniforme et décorés de croix de Saint-Louis larges comme la main, ornaient la pièce où nous soupions. Le repas terminé, on me conduisit, par un escalier ressemblant fort à une échelle, dans la grande chambre d'honneur, qui était meublée avec une sorte de recherche. Là, en réfléchissant à la bonne réception dont j'étais l'objet, je me sentis assez embarrassé : oserai-je offrir six francs, pour mon souper et mon lit, à des gens riches, qui sont les premiers magistrats du lieu, et qui tiennent de si près à des officiers supérieurs? Je ne vis d'autre expédient, pour sortir honorablement de là, que de laisser, pour la servante, un peu plus que ce que m'aurait coûté une couchée d'auberge, afin de mettre ma *respectabilité* à couvert aux yeux de mes hôtes. Le lendemain matin un mot, saisi à la volée, me tira de ma perplexité; profitant naturellement de l'à-propos, je demandai au jeune homme combien je devais; plus civilisé que son père, il avait une certaine susceptibilité de délicatesse qui lui fit répondre en balbutiant : « Mais, monsieur... nous avions cru... nous avions espéré..... que vous nous feriez l'honneur... » Son vieux père entrant au même moment, cette vue lui rappela qu'il n'était pas maître dans la maison : « Je vais en parler à mon père, » ajouta-t-il. Le bonhomme ne se fit nullement prier; il vendait ses bœufs, son blé, son chanvre, et ne voyait pas pourquoi il n'aurait pas, tout aussi bien, vendu son souper; il en fixa le prix, qui d'ailleurs fut fort raisonnable. Je fus, je l'avoue, tout désenchanté, et j'aurais, de bon cœur, donné le double à la fille pour pouvoir emporter avec moi mes illusions.

Ici le pays commence à prendre un grand et beau caractère; la vallée est très-large, les revers en sont peu escarpés et revêtus partout d'une végétation riche et variée. Le chemin serpente à mi-côté au travers des prairies et de champs couverts de belles moissons déjà mûres; c'est un spectacle redevenu nouveau pour moi. Au-dessus s'étend la région des forêts entrecoupées de pâturages alpestres, enfin les cimes du Crispalt, du Piz-Roseïn, du Dœdi, couronnent magnifiquement l'ensemble du paysage, qui ne le cède point en beautés à ce que j'ai vu jusqu'ici. A mes pieds coule le Rhin, c'est-à-dire un des trois torrents qui portent ce nom célèbre; il y a en effet le Rhin antérieur, c'est celui-ci; le Rhin postérieur, et le Rhin du milieu, ce qui ne laisse pas que de jeter dans l'embarras les gens pour lesquels les épanchements de l'enthousiasme sont un besoin, et qui ne savent ici où les adresser. Les géographes et les érudits auraient, certes, bien pu se donner la peine de faire des recherches, pour constater quel est le véritable Rhin, le Rhin classique, historique et poétique; ils ont souvent pâli sur des questions d'une moindre importance.

Les lieux que je parcours évoquent des souvenirs chers et glorieux pour les habitants du haut pays (Oberland). Le jour de la liberté s'était enfin levé sur cette contrée, qui gémissait sous un joug oppresseur, tandis que la Suisse jouissait depuis plus d'un siècle d'une indépendance chèrement acquise. Ce fut sous un érable de la forêt de Trons, que l'on montre encore, que fut jurée en 1424 la première des ligues grises, ainsi nommées de la couleur du vêtement que portaient les paysans députés par les communes. Ceux-ci s'abouchèrent avec plusieurs seigneurs, que la crainte des vexations de l'évêque de Coire, déjà trop puissant, engagea à se réunir à leur cause et à se faire un appui de leurs paysans en les affranchissant. L'abbé de Dissentis entra dans la ligue; et, après plusieurs conférences nocturnes tenues mystérieusement dans la forêt, prélat, nobles et vassaux prêtèrent ensemble le serment de s'allier pour maintenir la justice et la paix dans le pays et faire respecter leurs droits, *sans porter atteinte à ceux d'autrui;* cette dernière clause fut fidèlement observée. N'est-il pas curieux de voir se reproduire dans un coin de la Rhétie une combinaison qui, deux siècles auparavant, avait jeté les bases des institutions d'un puissant royaume? La conjuration de Trons rappelle l'origine de la grande Charte d'Angleterre.

Aux environs de ce village, la vallée m'a paru plus pittoresque, plus fertile et plus peuplée. Le flanc des montagnes est cultivé jusqu'à une grande hauteur et ombragé de beaux bouquets d'arbres; de nombreux et élégants clochers blanchissent au milieu de cette verdure. Je remarquai sur la route un grand nombre de frênes misérablement mutilés et dépouillés comme en hiver, ainsi que des cerisiers couverts de fruits. Le feuillage des premiers, que l'on recueille deux fois par an, sert de nourriture aux chèvres pendant l'hiver; quant aux cerises, on les fait sécher au soleil pour les manger dans une sorte de potage à la farine. Partout je vois les échelles dressées et les paysans occupés à faire cette récolte, dont le mode ne me semble pas exempt de danger.

Le guide s'était trompé de chemin et nous avait fait dépasser le village où nous devions déjeuner; moi, par imprévoyance, j'avais refusé deux œufs durs et du pain, que mon hôte le podestat m'avait offerts le matin. Nous marchions toujours, et l'erreur du guide n'avait été constatée que lorsqu'elle n'était plus réparable; nous mourions de faim l'un et l'autre; il était dix heures, il y en avait quatre que nous cheminions sans nous arrêter, et nous en avions encore deux pour arriver à Ilanz. Nous ne voulions pas retourner sur nos pas; exténués de besoin et de fatigue, nous nous asseyions fréquemment sur l'herbe, avalant quelques gorgées d'eau fraîche qui ne remplissaient pas le vide toujours croissant de notre estomac. Je n'admirais plus; je regardais à peine, je grommelais, donnant au diable et mon étourdi et moi-même, me traînant à pas lents et guettant, à chaque échappée de vue, le clocher du village, qui semblait fuir devant nous; c'était un vrai martyre : je n'avais jamais réellement souffert de la faim qu'en cette occasion. La morale de cet incident, de peu d'intérêt d'ailleurs, est qu'il ne faut jamais oublier, en se mettant en route de bonne heure, de se munir d'un morceau de pain, lorsqu'on n'est pas très-sûr des distances. Le sentiment du besoin, joint à celui de la fatigue, bien plus fort dans ce cas-là, suffit pour désenchanter la plus jolie course. Les voyageurs qui déjeunent à cinq ou six heures, avant de se mettre en route, gâtent également leur matinée : ce repas fait sans appétit vous rend lourd et vous empêche de marcher. Mais je m'aperçois que je vais sur les brisées du bon et minutieux Ebel, dont je n'ai pas la prétention de supplanter le *Manuel*, qui doit être le *vade-mecum* de tout voyageur.

Le déjeuner dînatoire qu'on nous servit à Ilanz n'était point de nature à nous dédommager du jeûne prolongé que nous venions de faire; mais il ne manquait pas de cet assaisonnement qui jadis faisait passer le brouet noir. Cette petite ville, détruite à moitié par la guerre et l'incendie, ne s'est point encore relevée de ses ruines, et son aspect attriste au milieu de cette contrée riche et riante. C'est le chef-lieu de l'Oberland des Grisons, de la partie du pays dans laquelle le roman est exclusivement parlé. S'il faut en croire les érudits, cette singulière langue serait l'idiome primitif de quelques peuplades étrusques qui, sous les premiers rois de Rome, vinrent se réfugier au sein de ces montagnes. En admettant cette supposition, elle ne serait point la fille de la langue latine, ainsi que d'autres l'ont avancé, mais bien plutôt sa mère. Tite Live rapporte qu'une colonie de Toscans, chassés de leur patrie par les Gaulois, vint s'établir dans les vallées reculées de la Rhétie, et ajoute que les Rhétiens, descendus de ces colons, conservaient encore, dans leur langage, de nombreuses traces de leur idiome primitif. La même circonstance est mentionnée par Pline l'Ancien et par Justin. Dans le *Chartrier de l'abbaye de Dissentis*, qui date du commencement du sixième siècle, on voit un rôle de redevances fort ancien, ainsi qu'un testament d'un des premiers évêques de Coire, qui offrent l'un et l'autre une foule de mots et de locutions étrusques. Une quantité de noms de lieux, répandus dans le pays, semblent, en outre, par leurs racines et leurs désinences, indiquer une origine étrangère. En parcourant la carte, on est frappé de leur physionomie exotique; et un historien grison, Porta, observe que le voyageur, en visitant son pays, pourrait se croire dans l'Étrurie, le Latium ou la Campanie [1].

Je projetais de m'enfoncer dans les vallées sauvages et peu visitées de Lugnetz et de Walz, afin d'arriver aux sources du Rhin, en franchissant le col du Calendari, par où l'on descend à Hinterrhein; je pris en conséquence un guide malheureusement peu au fait de ces particularités locales qui jettent de l'intérêt sur la route que l'on a à parcourir; il était incapable de répondre à mes questions d'une manière tant soit peu satis-

[1] Je joins ici, pour les curieux, quelques mots comme exemples : Tusis (Thuscia), Realt (Rhetia alta), Lavin (Lavinii), Vettan (Vettones), Ardets (Ardeates), Sammen (Samnites).

faisante; en général, si j'excepte les guides de Chamouny, je n'ai guère trouvé parmi les hommes de cette profession que des gens importuns par leur bavardage, ou impatientants par leurs préjugés et l'ignorance où ils sont des choses qu'ils devraient savoir; ils parlent presque tous ou trop ou trop peu. Ceux qui ont le premier de ces défauts contribuent à farcir la tête de l'étranger qui les écoute des notions les plus absurdes ou les plus incomplètes; et c'est une de ces sources d'informations dont on ne saurait trop se méfier. Je me flattais de me dédommager amplement de la nullité du mien dans la soirée, et j'espérais trouver aux bains de Peid, où je devais passer la nuit, une nombreuse réunion de gens du pays, parmi lesquels il ne pouvait manquer de s'en rencontrer quelques-uns d'intéressants à questionner; on sait que ces établissements sont dans la belle saison le rendez-vous des notabilités du pays. Calcul fait du temps et des distances, il me semblait que nous étions près d'arriver, et j'allais cherchant des yeux cette maison de bains objet de mes vœux, dans laquelle je me croyais sûr de trouver « bon souper, bon gîte, et le reste. » Je demandai impatiemment au guide si nous n'étions pas bientôt à l'établissement; alors il me montra et me fit découvrir à grand'peine, à nos pieds, un bâtiment ou pour mieux dire une baraque dont la vue fit évanouir tous mes rêves et me plongea dans le plus amer désappointement. Il n'y avait aucune possibilité d'aller coucher plus loin; d'ailleurs, j'y aurais gagné peu de chose. Ces bains sont situés au fond d'une gorge étroite et sauvage, à l'embranchement de deux torrents qui roulent avec un bruit assourdissant leurs eaux limoneuses sur un lit de rochers; il est difficile de se figurer un séjour plus ennuyeusement affreux. Il ne laisse pas cependant d'être encore assez fréquenté; mais la bienfaisante naïade de Peid épanche son urne pour des gens qu'elle guérit ou ne guérit pas, sans que cela tire à conséquence pour sa renommée, circonscrite dans le petit district d'Ilanz et dans la vallée de Lugnetz. Peut-être ne lui manque-t-il pour devenir célèbre qu'un médecin habile et surtout adroit, et un entrepreneur en état de faire quelques avances, pour le bien de l'humanité et le sien propre. Ajoutons-y pourtant encore cinq ou six guérisons de malades de distinction afin de lui donner la vogue, on la verra alors rivaliser avec la nymphe de Pfeffers, toute fière des mille malades *comme il faut* qui viennent annuellement la visiter. En attendant un destin si beau, les bains de Peid ne vous offrent qu'une misérable bicoque ouverte à tous les vents, dans laquelle j'ai vu réunis une douzaine de paysans et paysannes des environs, hôtes modestes de ce modeste séjour, baragouinant leur langue romane ou un patois allemand inintelligible pour moi. Les buveurs d'eau et les baigneurs, parmi lesquels les femmes, sexe plus porté à espérer que le nôtre, formaient la majorité, étaient rassemblés dans une méchante chambre décorée, faute d'autre chose, du nom de salle à manger, écrit sur la porte. La table était couverte de grands brocs, contenant le salutaire breuvage, et qui se vidaient et se remplissaient tour à tour. Ils firent place aux apprêts du souper, qui était à l'avenant du local et des convives; on nous servit en détail un de ces grands diables de moutons bergamasques durs comme du chameau. Le souper fini, mon guide tira de son sac une clarinette fausse, et se mit à souffler avec véhémence des valses qui ravirent ces bonnes gens. J'en vis même quelques-uns d'entre eux qui, oubliant leurs rhumatismes, commencèrent gaiement à danser. L'hôte, espèce d'Italien, rempli de prévenances pour *il signor forestiere*, m'apporta deux carafes pleines, disait-il, d'eau de vertu diférente, savoir : l'une, merveilleusement propre à rafraîchir les gens trop échauffés; et l'autre, qui n'avait pas sa pareille pour réchauffer ceux qui s'étaient refroidis. « *Rara cosa*, ajoutait-il en m'expliquant ces effets divers, *e pero e verità*. » Ces eaux, que je goûtai en voyageur pénétré du sentiment de ses devoirs, avaient la saveur de l'encre et le piquant de l'eau de Selz, ce qui indique, si je ne me trompe, la présence du fer et du gaz acide carbonique. Une troisième source alimente les bains, au sujet desquels les habitants du pays ont un singulier préjugé. Ils se figurent que le moyen curatif n'a aucune efficacité si le baigneur n'a subi préalablement la désagréable opération des ventouses sur les bras, la poitrine et le dos; ils sont persuadés sans doute qu'il faut ouvrir à l'eau des passages pour qu'elle puisse plus aisément pénétrer et agir à l'intérieur. Un malade nouveau venu se montrait fort récalcitrant sur ce sujet, et l'éloquence des bonnes femmes ne l'ébranlait pas. Il invoqua mon témoignage pour contre-balancer le leur; l'aubergiste nous servit d'interprète, et je déclarai d'un air capable qu'aux bains de Bade, les plus célèbres de la Suisse, on en usait ainsi de temps immémorial, et que Michel Montaigne avait vu les bassins publics tout rouges de sang. Les bonnes femmes triomphèrent, et l'homme, victime de mon érudition, fut ventousé, à ce que j'appris le lendemain.

Dans la belle saison, me disait l'hôte, nous avons ici des messieurs, *gente pulita* (des gens propres), qui viennent ici *per passar il tempo*. « Juste ciel! pensai-je à part moi, où faut-il en être réduit pour rechercher un pareil passe-temps! *povera gente pulita!!* » Le dimanche, après le service divin, les habitants des villages voisins affluent à Peid, s'abreuvent largement aux deux sources pour les maux présents et à venir, dînent à l'*établissement*, et s'en retournent le soir gonflés d'eau minérale et un peu échauffés du vin qu'ils ont bu, en guise de correctif. Ceux qui tiennent à faire la cure dans les règles avalent cinq ou six grands verres d'eau le matin de fort bonne heure, se baignent, puis déjeunent avec un appétit qu'ils ont la bonhomie d'attribuer à la vertu de ces copieuses libations.

L'hôte me mena dans une des chambres les plus décentes; en passant l'inspection du lit, je lui fis observer que les draps n'étaient pas propres. « Impossible! s'écria-t-il d'un air d'assurance, on n'y a encore couché qu'une seule fois. » Cette garantie tout italienne ne me suffisant pas, je me jetai sans me déshabiller sur ce grabat, en pensant aux *comforts* et aux recherches des auberges de la Suisse proprement dite, et m'expliquant la différence par le nombre des étrangers qui y affluent. Dans cette partie reculée du pays des Grisons, ce n'est que de loin en loin qu'il passe des voyageurs; rien n'y est calculé pour eux et ils ne peuvent pas justement s'en plaindre.

A peu de distance de Peid, la vallée, jusque-là spacieuse, se partage en deux vallées supérieures: celle de Lugnetz, que je laissai à droite, et celle de Walz ou de Saint-Pierre. Je pénétrai dans une gorge étroite, en suivant un sentier assez facile qui s'élevait à mi-côte et était ombragé d'arbres touffus et de magnifiques sapins qui me cachaient l'abîme au fond duquel mugit l'impétueuse Glenner, que je voyais de temps à autre blanchir au travers du feuillage. Sans ces parapets de verdure, cette route, d'ailleurs très-bonne, serait effrayante, par l'escarpement et la profondeur du précipice, et il serait difficile de la parcourir sans y éprouver des vertiges qui la rendraient dangereuse. Elle est intéressante par le caractère imposant et solitaire du pays, richement boisé et pittoresquement remué. Après une marche de quatre heures, pendant lesquelles nous avions monté d'une manière presque insensible, nous atteignîmes le fond de la vallée de Saint-Pierre, dont les *Alpes* et les vertes pelouses s'étendaient, ainsi qu'un immense tapis, jusqu'à un nouvel embranchement, auquel venait aboutir une seconde gorge plus resserrée et plus sauvage encore que celle dont nous sortions; devant nous étaient groupées les maisons en bois de Plaz, chef-lieu de la vallée. La messe venait de finir; les paysans des environs couvraient le chemin, et il m'était facile de reconnaître à leurs traits, sur lesquels se reproduisait le type caractéristique des hommes du Nord, une race totalement différente de celle que j'avais remarquée à Ilanz; leur costume était aussi tout autre, et offrait par sa simplicité peu élégante et par les couleurs sombres qui y dominent quelques rapports avec celui de nos montagnards d'Auvergne. La langue allemande est la seule en usage parmi eux.

Tandis que la Rhétie gémissait sous le joug féodal qu'appesantissaient sur elle les évêques de Coire, les abbés de Pfeffers, les comtes de Werdenberg, de Bregenz de Montfort, et les puissants barons de Vatz, de Montale et d'Aspremont, les habitants de cette vallée reculée, issus, dit-on, des débris des peuplades allamaniques qui, refoulées par les Huns, avaient cherché un refuge dans ces lieux déserts et inexpugnables, étaient les seuls qui fussent restés libres au milieu de la servitude générale.

Me voici installé dans la meilleure chambre de la maison de M. le landamman, qui cumule ici, comme dans beaucoup d'endroits, les fonctions de premier magistrat et celles d'aubergiste. Devant sa porte s'élève un grand sapin ébranché, d'où pend un drapeau aux couleurs du canton. Un second bâton, fiché à côté de celui auquel tient le drapeau, indique que c'est pour la seconde fois que mon hôte jouit de la distinction qui lui a été conférée par le suffrage de ses concitoyens. Il me suffit de jeter un coup d'œil sur tous ces arbres élevés devant les maisons les plus apparentes, pour pouvoir compter les familles influentes de cette petite république, et déterminer le degré de considération et de confiance dont chacune d'elles a été appelée à jouir. En me promenant de long en large dans mon appartement, tout lambrissé en bois de sapin et dont ma tête effleure la plafond également en menuiserie, je m'arrête à l'une de mes six petites fenêtres carrées, pour voir exercer, sur la place de l'église, la force armée, ou plutôt le corps de réserve de l'arrondissement, dont le contingent d'élite vient de partir pour le champ de manœuvres, où se réunissent les milices de six cantons limitrophes. Ce corps-ci, auquel demeure confiée, pour le moment, la défense de la vallée, se compose de dix hommes et d'un sous-officier qui commande l'exercice, et qui, joignant parfois l'exemple au précepte, montre qu'il est loin d'être aussi novice que sa petite troupe. Ces pauvres gens ont, sous les armes, une tenue qu'il est inutile de chercher à dépeindre, attendu qu'il n'est personne chez nous qui n'ait vu exercer des conscrits et n'ait admiré les mouvements parfaitement gauches et tout d'une pièce de ces apprentis maréchaux de France. A voir la manière dont ceux-ci tiennent leur fusil, qui paraît être pour eux un embarras bien plus qu'une arme, il est difficile de se figurer qu'ils eussent beaucoup meilleure grâce à tendre l'arbalète de Tell, ou à manier la hallebarde de Winkelried; ceci soit dit sans offenser quelques auteurs distingués qui voudraient ramener les Suisses du dix-neuvième siècle au système de guerre du quatorzième. Il y a du moins ici une chose qui me plaît; tout ridicules que paraissent ces guerriers inexpérimentés, ils sont libres, et cela se voit tout de suite à la manière dont les traite leur instructeur, qui ne se permet point de leur relever le menton avec le poing ou de les secouer par les oreilles, comme je l'ai vu faire en Allemagne, et voire même en France, à l'époque de nos triomphes. Je suis descendu pour causer avec le sous-officier, beau garçon de vingt-huit ans bien découplé, qui avait servi longtemps dans les Suisses de la garde et était revenu dans ses montagnes, depuis quelques années, donner des citoyens à la patrie et lui former des défenseurs. Il était tout fier de me parler de Paris devant ses compatriotes ébahis; il énumérait les divers postes où il avait été de garde, et me disait combien il était vexé, lorsqu'il *veillait aux barrières du Louvre*, d'être obligé, par sa consigne, d'en interdire l'entrée « à de « beaux messieurs, si bien habillés, tout au moins des comtes ou des « barons, et cela parce qu'ils portaient un petit paquet sous le bras. » Il ne pouvait pas s'expliquer la Révolution de 1830, dont quelques-uns de ses compatriotes lui avaient parlé comme témoins oculaires; toutes ses notions militaires et politiques en avaient été complétement brouillées.

Ici on vous donne, pour toute couverture, une sorte de lit de plume, qui vous met dans la fâcheuse alternative d'étouffer de chaud si vous le gardez, ou de grelotter si vous le repoussez. En outre, on vous met, entre le drap et le matelas, une ou deux peaux de mouton, la laine en dessus, qui vous échauffent au point de vous en donner une sorte de fièvre. Ajoutez à cela des couchettes qui sont si courtes, que, pour peu que vous soyez long, vos pieds dépassent et prennent le frais toute la nuit. Au demeurant, eût dit Marot, ce sont les meilleurs lits du monde. La chère est à l'avenant; on ne voit, je crois, de viande fraîche dans les auberges que lorsque quelque vache ou bouvillon éprouve un accident grave qui met dans la nécessité de le tuer pour l'empêcher de crever; même dans ce cas, on en sale la chair pour la conserver. Du lard séché à la fumée et frit dans la poêle, des choux et des œufs, composaient invariablement notre ordinaire tant que nous avons été dans cette partie du pays. Ces derniers étaient, à la vérité, apprêtés d'une manière toute nouvelle pour nous et que nous trouvions délicieuse; je ne doute pas que si le *tatsch* des Grisons était connu à Paris, il ne figurât avec honneur sur la carte des restaurateurs. Je n'ai pas vu une seule pomme de terre depuis que j'ai mis le pied dans ce canton; j'en soupirais, car j'ai pour elles une sympathie tout irlandaise.

Le lendemain je me remis en marche, avec un nouveau guide que M. le landamman se chargea de me fournir, en prélevant, je le soupçonne, un droit de commission qui dut écorner d'autant la rétribution de ce pauvre homme. Nous grimpâmes assez péniblement pendant environ une heure, après quoi nous nous trouvâmes dans une vallée supérieure, dépouillée de végétation, où nous cheminâmes de plain-pied encore une heure à peu près, avant que de commencer à regrimper pour atteindre le haut du passage. A tous les *cols* que j'ai franchis jusqu'ici, j'ai remarqué ces vallées superposées en étages, et qui sont comme les paliers d'un immense escalier, placés là probablement pour toute autre chose que pour la commodité du voyageur. A cette élévation, on ne rencontre plus d'habitations ni de traces de la présence de l'homme; on voit qu'il ne fait que passer au travers de ces solitudes. Le sentier que nous suivions était à peine frayé, et un pont de bois, tombant de vétusté, nous servit à franchir un torrent qui n'était pas guéable. Ce pas n'était point sans danger, non que l'on courût le risque de se noyer, à proprement parler, dans ces eaux peu profondes, mais l'impétuosité du courant vous renverserait infailliblement, vous broierait contre ces quartiers de granit amoncelés, et c'en serait fait de vous, à moins qu'on ne parvînt à vous repêcher avant la suffocation, le corps meurtri et les membres fracturés. Nous n'apercevions point de vaches, quoique ce fût la saison de l'*Alpage*; mais mon guide me montra, sur le flanc d'une montagne voisine, une immense pelouse, sur laquelle se détachaient une multitude de points blancs, que je pris d'abord pour autant de petites plaques de neige. C'étaient des moutons qui, chaque été, viennent, par milliers, de la Lombardie, passer trois mois sur ces pâturages excellents, mais trop escarpés pour le gros bétail, et qui, à la fin de l'automne, reportent, aux consommateurs de Milan leurs succulentes côtelettes et leurs gigots chargés de graisse; l'ours prélève quelquefois sa dîme sur le troupeau, et il arrive souvent aussi que quelques-uns de ces moutons s'égarent et passent l'hiver dans la montagne; ils reviennent à l'état sauvage, et, s'ils échappent à la dent des ours, ils finissent par être tués à coups de fusil par les chasseurs de chamois. On remarque que la chair de ces fugitifs est beaucoup plus délicate que celle des moutons ordinaires.

Je fis route, pendant la dernière partie de la montée, avec un veau qu'on menait aux bains du Bernhardin, non pas pour sa santé, à ce que je présume; sortant pour la première fois de l'étable maternelle, il trouvait fort dur de gravir cette pente escarpée, et s'arrêtait tous les vingt pas; son maître pensa que le besoin pouvait être pour quelque chose dans cette répugnance à avancer : il donna une petite pièce de monnaie à un enfant qui lui amena une chèvre, et tous les deux se mirent aussitôt en devoir de faire déjeuner le jeune voyageur. C'était une scène à peindre : la chèvre, peu accoutumée à un nourrisson de cette taille, qui, au lieu de pendre à sa mamelle, la tenait elle-même suspendue à deux pieds de terre, la tête en bas, avait l'air, dans cette posture ridicule, de faire ses réflexions, en allaitant cet enfant d'une autre mère. Coxe, qui a parcouru la Suisse, ayant toujours une citation classique à la bouche, n'eût pas manqué ici de faire allusion à cet arbre greffé, si étonné de porter des fruits qui ne sont pas les siens. « *Miratur... non sua poma.* »

Avant que d'atteindre le point le plus élevé du col, nous eûmes à marcher pendant une grande heure dans une neige ramollie où nous enfoncions jusqu'à la cheville. Un soleil ardent, reflété par le champ de neige que j'avais cru pouvoir franchir en dix minutes, m'aveuglait et me rendait la tête brûlante, tandis que mes pieds étaient glacés; c'était mon début dans ce genre d'épreuve; il me fallait m'arrêter fréquemment pour reprendre haleine, et, en promenant mon regard sur le ciel dont l'azur paraissait d'un noir foncé, puis sur cette nappe éblouissante, j'éprouvais une sensation de vertige fort désagréable. Un temps chaud et pesant, joint à l'ascension assez pénible que j'avais faite, avait presque épuisé mes forces, et ce fut avec un vif sentiment de bien-être physique et moral qu'en mettant le pied sur la terre ferme je reconnus l'influence salutaire de l'air plus frais et plus vital qui me venait du versant opposé. L'effet en fut instantané : mes forces revinrent, mes esprits se remontèrent, je me sentis tout autre. Je fis halte un instant pour jeter les yeux autour de moi ; ce passage, élevé de six mille pieds, n'avait rien qui le distinguât de ceux que j'avais franchis. Des rochers en pleine décomposition, s'écroulant en énormes fragments, ou s'accumulant en débris qui forment à leur base comme de longues traînées en talus, des eaux s'infiltrant entre leurs crevasses en filets plus ou moins considérables qui hâtent leur destruction, de la neige en grandes plaques disséminées çà et là, ou entassée dans quelques ravins inaccessibles aux feux du soleil, des pelouses d'un gazon flétri, dont la croûte, déchirée en maints endroits, laisse apercevoir un sol noir et spongieux, un horizon de montagnes dentelées, du sommet desquelles descendent quelques glaciers peu considérables : tels étaient les objets qui s'offraient à ma vue. Je ne dois pas oublier cependant les quinze rampes de la route du Saint-Bernhardin, qui s'élevaient en zigzag, formant des angles très-peu ouverts. De la hauteur où j'étais, il me semblait voir un ruban jeté sur le flanc de la montagne et se repliant sur lui-même. Ce qu'il y avait de plus intéressant dans le voisinage, ce que j'avais espéré voir, et ce que je ne voyais pas, c'était la source du Rhin, sortant de son berceau de glace, hérissé de rochers gigantesques et entouré d'incommensurables plaines de neige... à ce qu'on m'a dit. Cependant il est un objet qui absorba notre attention pour un moment, et donna lieu à diverses conjectures : nous vîmes distinctement, sur une cime voisine, un point noir, mobile, qui se détachait sur le ciel ; il disparut avant que j'eusse eu le temps de braquer ma longue-vue sur lui. Était-ce un ours, un chamois, un chasseur? Nous ne pûmes fixer nos doutes à cet égard, mais, à coup sûr, c'était un être vivant, et, dans cette profonde solitude, une pareille apparition est un événement.

J'arrivai en deux heures à la porte de l'auberge de Hinterrhein, hameau d'une vingtaine de maisons, situé à quatre mille cinq cents pieds au-dessus du niveau de la mer. Il n'y avait personne ; j'envoyai mon guide aux enquêtes, et il revint au bout d'un quart d'heure, m'amenant la maîtresse de la maison, petite femme à laquelle le chapeau d'homme dont elle était coiffée donnait un air de coquetterie piquante qui ne rappelait en rien ces terribles *virago* de l'antique Rhétie, jetant à la tête des soldats romains leurs enfants à la mamelle, plutôt que de consentir à élever une race d'esclaves pour le service de leurs vainqueurs ; mon hôtesse avait bien cependant conservé, comme on va le voir, un reste de la férocité de ses ancêtres. Après m'avoir fait entrer, elle me dit, de l'air le plus prévenant et le plus dégagé, qu'il lui était impossible de me préparer à manger; qu'elle n'en avait pas le temps, et qu'il fallait qu'elle retournât sur-le-champ à ses foins qui pressaient. J'étais fatigué et affamé, et l'on peut juger de mon effroi quand je me vis menacé de devoir différer mon déjeuner jusqu'à cinq heures du soir. J'obtins cependant de cette inexorable fille de Rhétus qu'elle mît au moins à ma disposition du beurre, des œufs et du lait, me chargeant de combiner moi-même ces éléments nécessaires de tout repas de ce pays-ci. Elle fit, de fort bonne grâce, ce que je lui demandais, m'alluma du feu et s'en alla, me laissant maître de la maison. Je ne savais ce dont je devais le plus m'étonner, de la légèreté de cet accueil sans façon, ou de l'extrême confiance que cette femme témoignait à un étranger auquel il eût été facile d'en abuser. Il me fut aisé au moins de conclure qu'à Hinterrhein les foins rapportent aux aubergistes plus que les voyageurs.

Le soir cependant, il en arriva trois avec lesquels je soupai. Leur compagnie me fut doublement agréable; depuis cinq jours que je parcourais les Grisons, je n'avais pas rencontré un confrère ni une figure à qui parler. Ces trois messieurs étaient Allemands; ils venaient de faire le voyage de Sicile, dont ils se louaient beaucoup, et étaient fort intéressants à entendre. Comme moi, ils se proposaient de visiter la source du Rhin. Nous prîmes langue pour arranger cette excursion; mais nous apprîmes, à notre grand déplaisir, par notre hôte et par un chasseur du village, que l'énorme quantité de neige tombée l'hiver et le printemps précédent n'était point encore fondue, mais bien amollie au point qu'on y enfonçait jusqu'à la ceinture, non sans danger des avalanches. Ce fut avec un véritable regret que je me vis contraint de renoncer à l'un des principaux buts qu'avait ma tournée dans les Grisons. Il fallut me contenter de ce que je pus entrevoir de la vallée du Paradis, qui, autant qu'il est possible d'en juger d'un point un peu élevé qui me permettait d'y plonger, me paraît l'emporter de beaucoup, par son caractère de grandeur sauvage, sur la vallée où descend le glacier du Rhône.

Que ces gens positifs, aux yeux desquels le mérite de l'exactitude passe avant tous les autres, se hâtent de bannir de leur mémoire le vers de Boileau qui commence sa belle description du Rhin :

Au pied du mont Adule, entre mille roseaux.

Ce vers pèche gravement contre la vérité, et l'on chercherait inutilement un seul roseau aux trois sources du Rhin et à celle du Rhône réunies. Boileau, ne pouvant faire une peinture exacte d'un lieu qu'il n'avait jamais vu, s'est contenté d'en faire une poétique, en attendant mieux. Les voyages en Suisse n'étaient pas encore à la mode de son temps, et il s'en est tenu aux traditions classiques. Représenter un dieu de fleuve sans les roseaux obligés lui eût paru une faute grave contre le costume; c'eût été donner trop beau jeu à Perrault et aux Aristarques de Trévoux. Il est probable d'ailleurs qu'une description faite d'après nature eût trouvé très-peu de créance parmi les beaux esprits de l'époque; le vrai ne leur aurait pas paru vraisemblable.

A peine à deux lieues de son berceau, le Rhin a déjà toutes les allures des grands personnages : il fait du fracas, prend vingt fois plus de place qu'il ne lui en faut, et se montre tellement capricieux, qu'on a dû construire une digue et un éperon en gros quartiers de rochers pour le contraindre à passer sous le pont bâti récemment pour lui; il le laissait sans façon de côté. Ce pont dessert la nouvelle route du Saint-Bernhardin, qui, après s'être élevée par une pente artistement ménagée jusqu'au sommet du col, va, en longeant le val Misocco, aboutir à Bellinzona[1]. Elle est éminemment pittoresque, à ce que m'ont dit mes voyageurs allemands, et très-fréquentée par les étrangers qui se rendent dans la haute Italie ou en reviennent. Le canton des Grisons, qui l'a fait construire à ses frais, aidé par le roi de Sardaigne, pour les États duquel elle ouvrait un débouché important, a eu à vaincre d'incroyables obstacles, suscités par le gouvernement autrichien et par celui du Tessin, qui avait été gagné. Les autres cantons de la Suisse, dans un esprit peu fédéral et dans des vues d'intérêts locaux, lui ont refusé leur appui, et il a fallu que ce petit État triomphât, par ses seuls moyens et par une grande force de volonté, des difficultés sans cesse renaissantes qu'on lui opposait. Une telle persévérance et une telle unanimité dans une république fédérale me semblent un fait à noter.

Quand on a manqué les glaciers du Rhin, cette vallée d'Hinterrhein, aride et désolée, n'a rien qui puisse retenir le voyageur; je songeai en conséquence à rentrer dans le monde civilisé, c'est-à-dire à m'acheminer vers Coire, chef-lieu du canton. Je ne sais pas marcher sur les

[1] La pente est de cinq à sept cents pieds sur une longueur de cent pieds.

routes *carrossables*[1], je m'y ennuie, et partant je m'y fatigue ; d'ailleurs, on y perd son temps. Le petit chariot à foin de mon hôte, transformé en char-à-banc au moyen d'un siége qu'on y adapta, me transporta en une heure et demie, non sans me cahoter misérablement, au village de Splugen, situé au point où la route de ce nom se réunit à celle du Saint-Bernhardin. Pendant ce trajet, la contrée n'avait pas changé sensiblement d'aspect ; elle était toujours âpre, déserte, dépouillée de végétation, et l'on ne sait ce qui a pu lui faire donner son nom de Rhein-Wald (forêt du Rhin). Je m'arrêtai pour changer de cheval et de voiture à l'auberge de Splugen, immense bâtiment qui sert à la fois d'asile aux voyageurs et aux voituriers, et d'entrepôt pour les marchandises dont le transport occupe et fait vivre toute la population de la vallée dans le temps du traînage. Cette route forme maintenant la principale communication entre l'Allemagne et l'Italie ; elle a été construite aux frais du canton des Grisons jusqu'à la frontière ; au delà le gouvernement autrichien s'en est chargé. Le passage des voyageurs et des marchandises est considérable, malgré l'élévation du péage. En hiver, tout paysan qui possède un cheval, un mulet ou une vache, est voiturier ; c'est une grande ressource pour ces pauvres montagnards, dont le pays ne produit que du foin qui s'y consomme et des sapins dont on exporte les planches en Italie. On ne parle que l'allemand dans cette haute vallée, et ses habitants descendent de ces colonies de Souabes que l'empereur Frédéric Ier transporta ici pour défendre le passage important du Splugen. Ce passage était déjà connu au temps des Romains, qui y avaient ouvert une route militaire après la conquête de la Rhétie faite par Drusus et Tibère. On montre encore aux curieux la trace des roues des chars antiques creusée dans le roc vif.

A peu de distance de Splugen, on pénètre dans l'effrayant et pittoresque défilé des Roffles, qui surpasse tout ce que j'ai vu jusqu'à présent en Suisse, tant par la coupe hardie des rochers et leur élévation perpendiculaire, que par les accidents singuliers qu'ils présentent dans leur entassement. Cette nature imposante est ornée par une végétation d'un caractère analogue. Des sapins vigoureux croissent en bouquets sur les pentes les moins rapides, couronnent les sommités de l'étroit défilé, ou s'élèvent isolément au milieu des blocs de granit richement tapissés de mousse. Ce n'est pas sans une certaine émotion qu'on s'en-

---

[1] Du mot italien *carrozzabile*, qui nous manque.

fonce dans ces ruines croulantes des Alpes, surtout quand on côtoie ces effrayants abîmes, entraîné au grand trot par un cheval ombrageux; mais l'impression profonde produite par ce site extraordinaire finit par vous arracher au sentiment d'un danger plus apparent que réel, car la *Via Mala*, jadis si redoutée, est devenue, grâce à l'habileté des ingénieurs, *buona, anche buonissima*. Ce que j'ai surtout remarqué ici de particulièrement frappant, c'est le Rhin, torrent déjà large et impétueux, forcé d'engouffrer ses eaux dans une crevasse, ou, pour parler plus exactement, dans une fissure qui divise ces prodigieux rochers, et qui en certains endroits ne semble pas avoir plus de deux pieds de large; qu'on en suppose trois ou quatre en raison de l'illusion résultant de la distance, et qu'on juge d'après cela de la profondeur de ce lit si resserré, où le fleuve poursuit son cours en silence et comme comprimé par une force qui dompte ses fureurs. Des troncs de sapins brisés, des blocs de granit, ont roulé des hauteurs et sont restés suspendus dans ce sombre et étroit abîme. De nouveaux débris, successivement accumulés, formeront à la longue comme une voûte naturelle sous laquelle le Rhin achèvera de disparaître, et nos arrière-neveux viendront admirer ici un phénomène bien autrement remarquable que la perte du Rhône. Dans maintes parties de la route, la paroi surplombe, ou les touffes d'une végétation vigoureuse vous dérobent la vue du gouffre, et vous vous croiriez bien loin du Rhin si, de temps à autre, un filet d'eau d'un beau vert, que vous apercevez glissant au travers du feuillage et se perdant sous la ténébreuse cavité du roc, ne vous rappelait qu'il coule à vos pieds. Vous le franchissez sur deux ponts audacieusement jetés d'une des parois à l'autre; l'un d'eux est élevé de cent cinquante mètres au-dessus du fleuve. On dirait que les ingénieurs les ont posés là tout exprès pour les peintres. Au sortir de la Via Mala et après avoir dépassé deux rochers à pic d'une hauteur prodigieuse, qui s'élèvent comme les bastions des Titans pour en défendre l'entrée, je me trouvai dans la spacieuse et riche vallée de Domlesch, tout inondée des feux d'un magnifique soleil couchant. Ce contraste imprévu me frappa : il me semblait sortir du ténébreux royaume des ombres et reprendre possession de la terre des vivants. Ici le Rhin se dédommage de la gêne qu'il vient d'éprouver; il s'étend sans obstacles, et, bien que le volume de ses eaux ne soit pas encore très-considérable, son lit, marqué par des grèves blanchissantes, occupe un espace de près d'une demi-lieue de largeur, qui est recouvert en entier à l'époque de la fonte des neiges.

Je voulais aller coucher à Coire, et je ne m'arrêtai à Tusis que le temps nécessaire pour me procurer un cheval et une voiture; j'eus tort : la vallée de Domlesch aurait pu m'offrir de quoi employer agréablement une journée. C'est ici l'occasion de m'accuser d'une faiblesse commune à presque tous les voyageurs; cette faiblesse, c'est la manie d'avancer, d'être toujours pressé; il semble qu'une voix impérieuse crie incessamment à leurs oreilles la fameuse apostrophe de Bossuet : « Marche! marche! » ou bien qu'en se mettant en voyage ils participent quelque peu à la malédiction attachée au Juif-Errant, qui ne peut jamais s'arrêter. J'ai eu, plus d'une fois, lieu de me repentir de n'avoir pas combattu les accès de cette fièvre locomotive. En s'y laissant aller, on s'imagine gagner du temps, et l'on perd bien certainement des jouissances.

J'ai observé, dans la vallée de Schams, qui sépare la gorge des Roffles de celle de la Via Mala, un singulier phénomène que je n'ai pu m'expliquer, et sur lequel mon conducteur ne m'a rien dit de satisfaisant. On voit, au milieu des forêts de sapins qui revêtent les revers de la vallée, de longues zones rougeâtres, composées d'arbres dans la force de l'âge et qui ont séché sur pied simultanément. La couche végétale dans laquelle ils ont pris racine a-t-elle glissé sur sa base tout d'un coup? Manquait-elle de l'épaisseur nécessaire pour les nourrir passé un certain âge? ou bien serait-ce aux ravages de quelques insectes qu'il faut attribuer cette mortalité? c'est ce qu'il m'est impossible de déterminer. Quoi qu'il en soit, ces pauvres sapins morts qui sont là debout, par milliers, au milieu de leurs verdoyants et vivaces confrères, produisent un effet frappant et mélancolique.

On peut voir ici, d'un coup d'œil, jusqu'à six châteaux ruinés; dans aucune partie de la Suisse, on ne rencontre un aussi grand nombre de ces antiques manoirs dont les tours, à demi écroulées, semblent, du sommet des hauteurs qu'elles couronnent, s'élever encore, dans une attitude menaçante, au-dessus de l'humble chaumière cachée au fond de la vallée. Dans le canton des Grisons, on en compte, je crois, cent vingt-deux.

Sans être de ces gens qui cherchent à louer le temps présent aux dépens du temps passé, il est cependant permis de ne pas aimer un ordre de choses qui, tout poétique qu'il nous apparaît à distance, n'en était pas moins oppressif par sa nature, et contraire à toutes les lois divines et humaines. Il nous suffit, je crois, d'examiner ce qui se passe journellement sous nos yeux, pour nous faire une idée de ce qui avait lieu dans ces temps où les hommes, pris en masse, ne valaient certainement pas mieux qu'ils ne valent aujourd'hui. En dépit de nos institutions protectrices et de cette puissance de l'opinion publique, jadis inconnue, ne voyons-nous pas se multiplier, sous toutes les formes, les abus d'autorité, et l'intérêt du plus grand nombre sacrifié sans cesse aux calculs d'un égoïsme qui, s'il ne marche plus brutalement armé de la force, n'en est pourtant ni moins envahissant, ni moins opiniâtre? Que devait-ce donc être à une époque où les puissants de la terre ne reconnaissaient d'autorité que celle contre laquelle ils ne se sentaient pas assez forts pour lutter, et où le seul frein qui eût pu contenir leurs excès était le christianisme, dont le véritable esprit était encore généralement si peu compris? D'ailleurs, cette multitude de châteaux crénelés, de petites villes ceintes de murs et de fossés, ne témoignent-ils pas assez de l'état de guerre permanent qui déchirait la société non encore assise sur ses bases? Tout atteste que le *droit du poing*, comme l'appellent énergiquement les historiens allemands, régnait alors sans partage. Les populations étaient divisées en deux classes, l'une qui vivait de ce droit, l'autre, bien plus nombreuse, qui travaillait à s'y soustraire, en repoussant la force par la force, et qui trouva enfin son salut dans l'esprit d'association. Je pense que, pour peu qu'on ait étudié le caractère de l'anarchie féodale au moyen âge, ailleurs que dans *Tristan le voyageur* et les ballades de nos poëtes, on ne trouvera point ces réflexions trop sévères. Voici deux faits avérés très-propres à les justifier, et qui offrent un intérêt historique tout local, puisqu'ils se rattachent à la délivrance de ces vallées; pour elles la liberté sortit de l'excès même de l'oppression.

Jean Chaldar, vassal du seigneur de Ferdun et de Bærenburg (le château de l'Ours, dont on voit les ruines dans la vallée de Schams), s'était plaint, à plusieurs reprises, de ce qu'on lâchait dans son enclos les chevaux des hommes d'armes : on n'avait eu nul égard à ses réclamations; il perd patience, et, retrouvant un jour les chevaux dans ses prés, il leur coupe les jarrets avec sa faux. Saisi aussitôt, il est jeté dans le cachot du donjon, dont il ne sort que lorsque ses parents et ses amis ont payé une forte rançon pour le racheter. Quelque temps après cet événement, le châtelain de Bærenburg se présente chez son vassal, curieux sans doute de voir s'il lui portait rancune. Il entre à l'instant où la famille allait commencer son repas, regarde d'un air hautain ces paysans qui se découvrent à son aspect, puis, s'approchant de la table, il crache dans leur soupe. Chaldar, à ce nouvel outrage, ne se possède plus; il s'élance sur son seigneur, le renverse sur la table, lui plonge la tête dans l'écuelle et l'égorge en lui criant : « Eh bien, mange-la donc cette soupe que tu viens d'assaisonner! » Il sort aussitôt, le couteau sanglant à la main, rassemble les habitants, les entraîne sur ses pas, et les châteaux de Ferdun et de Bærenburg, surpris par cette multitude exaspérée, sont réduits en cendre avant la fin du jour.

Dans une des vallées de la Haute-Engadine s'élevait le château de Gardovall, dont le seigneur était la terreur du pays. Violent, avide, débauché, il ne reconnaissait de lois que ses caprices. A une fête de village il est frappé de la beauté d'une jeune paysanne et ordonne à l'un de ses gens de la lui amener; celui-ci va trouver le père et lui délivre effrontément son message. Le vieillard dévore son outrage et répond tranquillement que le lendemain il conduira lui-même sa fille au château. Cependant il rassemble dans la nuit ses parents et ses amis, leur raconte la chose : « Sommes-nous des hommes, leur dit-il, ou ne sommes-nous que le bétail de ce seigneur? » Il les enflamme de son indignation, leur communique son audace et son espoir, et, sûr de leur concours, il ordonne à sa fille de se parer de ses plus beaux habits, puis se met en route avec elle, suivi des habitants de la vallée, marchant par petits groupes. Le baron de Gardovall s'avance à leur rencontre, franchit le pont-levis, s'approche de la jeune fille; alors le père tire un poignard caché sous ses vêtements, l'en frappe et le fait tomber sans vie à ses pieds. A ce signal sanglant, les conjurés se précipitent et se rendent maîtres du château, qu'ils livrent aux flammes. Ce coup désespéré affranchit pour toujours la vallée de la tyrannie qui pesait sur elle (1430).

Mes réflexions et ces deux anecdotes auront indisposé contre moi les trop poétiques partisans du bon vieux temps; je veux donc tenter avec eux

Quelque petit rapatriage,

en disant ici deux mots en faveur de ces pauvres droits féodaux qu'on a tant calomniés, faute de s'entendre. Il est facile de prouver, en effet, l'histoire à la main, qu'ils n'étaient pas, *en eux-mêmes*, aussi oppressifs qu'on s'est plu à les représenter, et que, dans la plupart des cas, ils découlaient d'un contrat mutuel librement consenti, mais pour l'exécution duquel l'une des parties ne trouvait, à dire vrai, de garantie que dans la bonne foi ou l'intérêt bien entendu de l'autre. Reportons-nous au temps de la conquête, qui a fondé, après tout, la plupart des droits existants. Supposons notre envahisseur sicambre ou franc installé dans la jouissance des terres que le chef dont il relève lui a concédées à titre d'usufruit, et dont plus tard nous le verrons fixer la propriété dans sa famille; une convention tacite s'établit entre lui et les paysans habitant sur ses domaines : il leur laisse la vie, leurs maisons, leurs champs, à la condition qu'ils partageront avec lui les produits du sol qu'ils cultivent, et il s'engage à les protéger contre les déprédations de ses voisins armés. A proprement parler, il n'est point encore question ici de droits féodaux; il n'existe pas, en effet, entre le seigneur et les paysans de pacte volontaire. Mais des colons étrangers, de nouveaux ménages, veulent fonder un établissement dans la partie de ses terres qu'il s'est réservée; il leur alloue, à cet effet, une certaine portion de prés, de terres arables; ils y bâtissent leur maison, leurs écuries, dont il leur permet de prendre les matériaux dans ses forêts; il leur fournit gratis la charrue, le chariot, une paire de bœufs attelés, les semences, enfin tout ce dont ils ont besoin pour défricher et mettre en rapport leur terrain. Il donne la première vache de l'étable, une truie avec sa portée, un coq et des poules, puis quelques objets de première nécessité, tels qu'une hache, une échelle; et le vassal, qu'il ne faut pas confondre avec le serf, s'engage, en retour, à faire des charrois et divers autres travaux pour le compte du seigneur, et à lui payer annuellement une certaine redevance en blé, chanvre, poules et œufs. Quand le chef de famille vient à mourir, *le meilleur habillement des coffres, la meilleure tête de bétail de la basse-cour et le meilleur ustensile du ménage sont* acquis au seigneur; le reste appartient, en toute propriété et à titre d'héritage, aux enfants du défunt. On voit, d'après ce qui précède, qu'il n'y a pas un bon bourgeois de la rue Saint-Denis, ennemi juré des droits féodaux, qui ne place tous les jours ses fonds à un taux plus usuraire. Mais de ces droits ont dû découler, à cette époque de désordres, une foule d'abus dont je suis loin de me constituer le défenseur : il est arrivé plus d'une fois que le châtelain, ayant du monde à dîner, a exigé vingt-quatre poulets, quand il ne lui en revenait qu'une douzaine, et le vassal a dû les donner, sous peine de se voir confisquer toute sa volaille; ainsi du reste. Il n'avait aucun recours contre l'arbitraire, et, dans toutes les contestations élevées entre lui et son seigneur, ce dernier était toujours juge et partie. Vainement objecterait-on que son intérêt l'empêchait de ruiner son vassal, celui-ci n'en était pas moins à la merci d'un maître qui, avide et dissipateur, n'avait pour bornes dans ses exactions que la crainte de pousser son vassal au désespoir et de se priver par là du fruit de ses sueurs. Quand un homme peut tout ce qu'il veut, il est rare qu'il ne veuille pas souvent tout ce qu'il peut, et j'ai peine à croire que la puissance du sabre ait jamais été assez paternelle pour mériter nos regrets. En admettant même que le plus grand nombre de ces pachas du moyen âge se soient montrés équitables, humains et bienfaisants, il n'en est pas moins vrai que l'exemple d'un baron de Gardovall, d'un châtelain de Bærenburg, suffirait pour faire ressortir le vice d'un ordre de choses qui faisait dépendre du hasard le sort de toute une population.

C'est à Reichenau que la vallée latérale que je parcours vient déboucher dans la principale vallée des Grisons, que j'ai quittée à Ilantz. Le Rhin postérieur, dont je viens de suivre le cours, se réunit ici à ses deux homonymes, qui se sont rencontrés plus haut; ses eaux sont sensiblement moins pures et semblent hésiter à se mêler à celles du Rhin antérieur. A leur confluent se voit un édifice pittoresquement situé, auquel s'attache un intérêt particulier. C'était jadis une maison d'éducation fort estimée dans le pays, et l'un des élèves, aujourd'hui magistrat, nous a conservé le récit suivant d'un épisode qui vint y rompre jadis la monotonie de la vie de collége : « Un soir, un jeune homme d'un extérieur distingué, portant un petit paquet au bout d'un bâton, arriva, seul et fatigué, dans la cour de la maison. Il demanda timidement, en allemand, mais avec un accent étranger, à être conduit vers M. de Jost, l'un des chefs de l'établissement. Peu de jours après, nous apprîmes que le monsieur étranger se nommait Chabot, et qu'il devait remplir les fonctions de maître de français et de mathématiques. Chacun de nous désirait vivement faire partie de la classe de M. Chabot, tant son air prévenant et la cordialité de ses manières nous avaient bien disposés en sa faveur[1]. » Le nouveau venu était le duc de Chartres, qui, forcé de quitter Bremgarten à l'approche de l'armée française, et ne sachant plus où se réfugier, apportait à M. de Jost une lettre du général de Montes-

[1] Voyez *Vanderung*, du lieutenant-colonel Tscharner, vol. II, page 241.

, par laquelle celui-ci le pressait de lui accorder un asile. Cette re-
[…]andation ne pouvait mieux s'adresser; deux autres personnes fu-
[…]nises dans le secret, qui fut fidèlement gardé, et le nouveau maître
[…]ença ses leçons, qu'il continua assidûment pendant les huit mois
[…]lura son séjour à Reichenau. Il mangeait avec ses collègues, et
[…] ou se promenait avec les élèves, dont aucun ne pénétra alors le
[…]re, qui ne fut dévoilé que lorsqu'il put l'être sans danger.

[…]cole de Reichenau a offert la contre-partie de celle de Corinthe :
[…]ofesseur est devenu roi. De ces deux conditions si diverses, la
[…]ère, qu'on voudrait croire imposée par l'impérieuse nécessité, n'a
[…] pas été la moins pénible.

[…] villages qui entourent Coire m'ont paru, ainsi que tout ce que
[…] depuis Hinterrhein, sans caractère prononcé. Ce n'est point l'ar-
[…]ture rustique de la Suisse, mais un genre bâtard participant de
[…]ci et de l'architecture *bourgeoise*, et qui a cessé d'être simple sans
[…] beau ni élégant. On ne voit partout que baraques lourdes, bar-
[…]lées d'ornements en grisaille, dans le style tourmenté de nos an-
[…]es boiseries, avec enroulements, coquilles, pilastres, volutes, bal-
[…] etc., etc. C'est du plus mauvais effet, et l'on dirait qu'en allant
[…]her cette mode en Italie les habitants en ont rapporté, en même
[…]s, quelque chose de la malpropreté et du défaut de soin qui carac-
[…]nt leurs voisins. Coire est une petite ville irrégulière, mais assez
[…]tenue, et qui offre les traces de son antique origine. Elle fut fon-
[…]t enceinte de murs par l'empereur Constance, qui lui donna le
[…] qu'elle porte encore aujourd'hui (*Curia, Chur*), et en fit le lieu de
[…]ence du préteur. Au cinquième siècle, elle était déjà devenue le
[…] d'un évêché. Durant le moyen âge, les évêques de Coire avaient
[…]s dans le pays une grande prépondérance, et on les voit fréquem-
[…] figurer dans les sanglants débats de cette époque. Les puissants
[…] de Saint-Gall, de Pfeffers et de Dissentis en agissaient habituelle-
[…] ainsi, et on les voyait chevauchant pêle-mêle avec les barons et
[…]evaliers, le pot en tête et la lance au poing; c'était conforme à l'es-
[…]lu temps. Dans l'un des fréquents démêlés qui eurent lieu entre
[…]abitants du pays et les Autrichiens, deux champions combattirent
[…]amp clos pour le triomphe de leur cause respective. Celui des Gri-
[…] fut désarçonné, et, en délaçant son casque pour le secourir, on re-
[…]ut, à sa tonsure, que c'était un moine. Ce n'est pas un des moin-

dres mérites de Charlemagne que d'avoir senti la gravité d'un pareil abus et d'avoir tâché d'y remédier; il tenta vainement d'interdire aux évêques et aux abbés l'usage des armes; ceux-ci, croyant voir dans cette interdiction une sorte d'outrage, réclamèrent avec force pour le maintien de leurs droits.

On trouve, en général, dans ce canton bien peu d'industrie; les objets de première nécessité, jusqu'aux écuelles de terre, viennent de l'étranger, et il s'importe annuellement pour sept cent mille francs de blé, tandis que, sur cet article, le pays serait en état de pourvoir à ses besoins, sans l'apathie et l'esprit de routine des habitants. Ils n'ont même pas de tanneries et vendent leurs peaux *crues* à leurs voisins, desquels ils les achètent préparées. Le canton renferme, dit-on, des sources salines et des richesses minérales de toutes sortes, non exploitées par l'effet de la même cause, et peut-être aussi par la faute des institutions, qui paralysent l'action du gouvernement et tendent à sacrifier l'intérêt public aux intérêts locaux. C'est ainsi que la route admirable que je viens de parcourir a rencontré des difficultés incalculables dans l'opiniâtre et aveugle résistance de quelques communes qu'elle devait traverser et de quelques autres qu'elle laissait de côté; les unes et les autres croyaient y voir leur ruine prochaine. Un grand nombre d'habitants des hautes vallées de l'Oberland et de l'Engadine émigrent en pays étranger, où ils prennent du service, ou exercent les professions de pâtissiers, de confiseurs, de limonadiers, etc.; tous reviennent *au pays* lorsqu'ils ont fait une petite fortune; et l'on m'a cité un de ces industriels qui, après s'être enrichi dans une grande ville d'Italie, a fait bâtir, sur le plateau élevé qu'occupait la chaumière paternelle, une maison en pierre, ou plutôt un palais qui lui a coûté cent vingt mille francs, somme énorme pour le pays; c'est, dit-on, un beau morceau d'architecture de confiseur. J'ai eu l'occasion de remarquer plus d'une fois cet amour des Suisses pour leur sol natal; ils s'en éloignent facilement, il est vrai, mais c'est toujours avec l'espoir d'y revenir finir leurs jours; il n'est pas rare de voir, dans les villages les plus reculés, quelque vieux militaire offrant sa croix de Saint-Louis et ses épaulettes de capitaine aux respects de ses concitoyens, au milieu desquels il s'est retiré après avoir échangé la vie agitée des camps ou l'insipide vie de garnison contre une existence plus simple et plus douce qui lui rappelle les temps de sa jeunesse.

Du haut d'une colline située à un quart de lieue de la ville, j'ai joui d'une des vues les plus remarquables qu'offre ce canton. Il était sept heures du soir; un des côtés de cette spacieuse et magnifique vallée, déjà plongé dans l'ombre, faisait ressortir les teintes à la fois brillantes et moelleuses dont les rayons du soleil couchant doraient le revers opposé. Les montagnes latérales s'échelonnaient par plans nombreux, dont les tons, adoucis par les brumes du soir, allaient se dégradant en nuances insensibles, depuis le vert sombre des sapins les plus rapprochés jusqu'à l'azur vaporeux des dernières cimes du Saint-Gothard, qui bornait l'horizon. Le Rhin étincelait par intervalles comme un fleuve de feu, au milieu des prairies et des groupes d'arbres, puis s'éteignait dans l'ombre, en rasant la base escarpée de la Galanda, l'une des plus belles montagnes du pays. Quelques châteaux ruinés couronnaient pittoresquement les collines qui formaient les plans intermédiaires, et la ville de Coire, se déployant à mes pieds, animait le paysage avec ses clochers et ses édifices blanchissants, du milieu desquels s'élevait, dans sa majesté, une forte et antique tour entièrement recouverte de lierre.

La nature du gouvernement des Grisons est essentiellement démocratique; l'unité cantonale se forme de l'agrégation de trois républiques distinctes, parfaitement indépendantes, et dans lesquelles les conseils et municipalités des communes sont investis du pouvoir suprême[1]. Les affaires d'intérêt général se traitent par un grand conseil composé des députés nommés par les bourgeois, sans distinctions ou privilèges aucuns. A en juger par l'état arriéré du pays, cet ordre de choses ne serait pas très-profitable en pratique, et les habitants payeraient cher l'honneur d'exercer, dans la réalité et par eux-mêmes, la souveraineté populaire, dont ils ont à faire acte plusieurs fois dans l'année. Leur méfiance ombrageuse, qui les porte à renouveler annuellement le *petit conseil*, auquel est confié le maniement des affaires publiques, sous le contrôle du grand conseil, les empêche de maintenir plus d'un an en fonctions les membres chargés des diverses branches de l'administration. On s'embarrasse peu que ces places soient bien ou mal remplies, pourvu que ceux qui les occupent n'aient pas le temps, en se mettant parfaitement au courant de leur besogne, de se rendre nécessaires et d'acquérir une popularité qui porterait ombrage à l'esprit inquiet

---

[1] La ligue grise, la ligue de la maison de Dieu, et la ligue des dix droitures.

d'indépendance dont sont animés ces républicains. C'est par suite d'un tel système que M. le marquis de Salis m'a dit avoir été, dans le cours de quatre années consécutives, appelé à remplir successivement les fonctions de président du tribunal suprême, de commandant de la force armée, de chef du comité d'instruction publique, et de président de la cour criminelle, genres divers d'attributions exigeant des talents et des qualités qui semblent devoir s'exclure. Il faudrait être Aristippe pour se tirer avec honneur d'une semblable épreuve [1].

Il n'est pas un canton en Suisse dont la population offre moins d'homogénéité que celui-ci : d'une vallée à l'autre, de ce village au village voisin, vous êtes frappé des différences essentielles qui distinguent les habitants; la langue allemande et le *roman*, le culte catholique et le culte réformé, alternent pour ainsi dire de deux lieues en deux lieues [2]. Les tribus pastorales qui habitent l'Oberland (Sumvix, Lugnetz) n'ont rien de commun avec cette population de voituriers turbulents, avides, qui fourmillent sur les routes du Bernhardin et du Splugen. D'un autre côté, les montagnards de l'Engadine, qui, poussés par leur penchant belliqueux et leur humeur aventureuse, émigrent en foule pour tenter la fortune, ont aussi leur physionomie à part. On conçoit que cette agglomération de peuplades si diverses ne saurait avoir de nationalité, et c'est pour cela que le système fédératif leur convient si bien; il est le résultat nécessaire de leurs précédents et de leur manière d'être. Tous les extrêmes, en politique, en religion, etc., se trouvent ici réunis dans un rayon de quelques lieues. Chaque individu offre même dans sa personne comme le résumé de ce mode d'existence complexe, placé sous l'empire des circonstances qui varient d'un moment à l'autre; il se transforme avec la même facilité que le Protée de la fable. Cet homme est choisi pour représenter son village dans le grand conseil du canton; il part pour Coire et profite de son char-à-banc pour y transporter sans frais un ou deux tonneaux de vin vieux de la Valteline, qu'il y vendra avec avantage; pendant les six semaines que durera la session, il se fera le Maître-Jacques de la chose publique, et n'oubliera pas les intérêts de sa localité. Revenu chez lui, il déposera la toge de père de la patrie pour revêtir la casaque du voiturier; il passera

---

[1] Omnis Aristippum decuit color et status et res.

[2] Les vallées de Peschiavo et de Bergell offrent l'exemple, unique dans son genre, d'une population italienne professant le culte réformé.

sa vie sur la route, employé au transport des marchandises, ou buvant et politiquant dans les cabarets avec ses bruyants confrères. Le dimanche venu, il endossera l'uniforme d'officier de la milice pour exercer ses hommes, et, après les avoir mis en nage, il leur servira officieusement le soir, dans son auberge, les rafraîchissements qu'il leur aura rendus nécessaires. Il n'est pas possible que le caractère du peuple, non plus que celui des individus, ne se ressente pas de cette manière de vivre et qu'il ne devienne pas souple, remuant, apte à tout, fertile en expédients. Le cardinal d'Ossat affirmait qu'il s'était formé à la politique dans les débats du conseil de fabrique de sa paroisse; il est plus d'un magistrat de ce pays qui pourrait dire l'équivalent, et, à en juger d'après les votes remarquables émis en Diète par le canton dans ces trois années difficiles, on peut croire que c'est là une bonne école.

Voici un fait avéré qui peut faire honte aux nations les plus avancées dans les voies de la civilisation. Ce petit pays est le premier où la vaccine ait été pratiquée par ordre du gouvernement, comme mesure sanitaire et de police (l'arrêt du grand conseil est de 1801). L'usage en est devenu général, grâce au soin qu'on a apporté à la stricte exécution de la loi. Ce fait est digne d'éloges de la part d'un gouvernement comme celui-ci, qui n'avait pas à sa disposition les moyens coercitifs mis en œuvre par Pierre le Grand, lorsqu'il lui prit fantaisie de couper les barbes de ses sujets pour préluder à leur civilisation.

Il est une institution particulière à ce canton et qui mérite d'être mentionnée; on la désigne sous le nom du jour où elle est en vigueur. Un certain dimanche de l'année, qu'on appelle pour cela le dimanche aux Griefs, tout citoyen a le droit de remettre au président de sa corporation l'énoncé de ses plaintes ou de ses vœux sur des objets d'intérêt public ou privé; celui-ci le transmet, sans nommer l'individu dont il le tient, à l'autorité supérieure, qui est tenue d'en délibérer. On est redevable à cet usage ancien, toujours en vigueur, du redressement de beaucoup d'abus, et il est, dit-on, sans exemple que des observations ou des plaintes fondées aient été écartées. La fameuse Bouche de fer de Venise avait bien quelque chose d'analogue; mais elle n'était pas précisément établie dans le même but.

Je viens d'assister aux manœuvres de l'élite des milices du pays, qu'on exerce chaque jour, pendant plusieurs heures, afin de les préparer à figurer avec honneur au camp fédéral. Ces jeunes gens, tous beaux hommes et d'une tournure assez militaire, n'ont pu, malgré le zèle de leurs instructeurs et leur bonne volonté, acquérir encore une grande précision dans leurs mouvements, depuis trois semaines environ qu'ils sont réunis sous les drapeaux. Je crains fort, en outre, que ce qu'ils ont appris dans ce court espace de temps, ils ne tardent guère à l'oublier lorsque, rentrés dans leurs foyers, ils ne feront plus l'exercice que le dimanche, et cela languissamment, sans être soutenus par une utile émulation. On se demande ce que pourraient ces soldats improvisés contre des troupes de ligne, rompues à toutes les manœuvres, assujetties à une stricte discipline, et tirant quatre coups par minute. Quelqu'un l'a dit avec vérité, la guerre de partisans est la seule que puissent faire avec avantage ces montagnards; la nature de leur pays, leurs habitudes, leur caractère, tout les y servirait merveilleusement. Ils sont courageux, actifs, infatigables; ils atteignent, pour la plupart, à une distance de deux cents pas, un but de la largeur de la main; et, s'ils agissaient de concert, animés de l'amour de leur indépendance et combattant en tirailleurs dans le labyrinthe de leurs montagnes et de leurs défilés, ils renouvelleraient les prodiges de la Suisse antique.

L'histoire de ce pays-ci prouve qu'en fait d'héroïsme les Grisons ne sont pas restés en arrière des habitants des petits cantons. A l'époque de leur première tentative d'affranchissement, ils attaquèrent la Malserhaïde, poste important défendu par les Autrichiens, fort supérieurs en nombre. A l'instant où, après des efforts inouïs, ils étaient sur le point de franchir les palissades, Fontana, leur chef, tombe frappé d'un coup mortel : il se relève aussitôt, soutenant d'une main ses entrailles qui s'échappent et combattant en héros de l'autre, tandis qu'il anime ses compatriotes par ces généreuses paroles : « Courage, confédérés ! ne songez pas à moi ; ce n'est qu'un homme de moins. Mais souvenez-vous qu'aujourd'hui c'est la liberté de la patrie que vous défendez ; si vous lâchez pied, vos femmes et vos enfants sont à jamais esclaves. » A ces mots, il meurt, laissant à ses soldats sa mort à venger et son exemple à suivre. La Malserhaïde fut emportée ; cinq mille Autrichiens y périrent, et les Grisons ne perdirent que deux cents hommes dans cette affaire mémorable.

Au milieu du quinzième siècle, dans un temps où la Suisse était déjà livrée à toutes les fureurs des discordes intestines, et où les exemples de l'ancienne foi helvétique étaient aussi peu appréciés que peu imités, on voit les habitants des ligues grises déployer un beau caractère. Ils jouissent de leur liberté nouvellement acquise sans en abuser, et ils ne s'occupent pas, ainsi que leurs voisins, à conquérir ou à acheter des sujets, pour faire peser sur eux le joug dont eux-mêmes ont su nouvellement s'affranchir. En défendant leurs droits par l'épée, les Grisons n'oublient pas qu'ils ont juré de respecter ceux d'autrui. Des communes transigent avec leurs seigneurs, dont elles obtiennent, à prix d'argent, leur affranchissement partiel ou définitif. Les liens du système féodal se brisent ou se relâchent; l'édifice du moyen âge s'écroule de toutes parts, et la liberté s'élève sur ses ruines[1]. Cette époque est le beau moment de l'histoire du pays, qui, plus tard, fut déchiré par les guerres de religion; elles y furent plus acharnées et plus longues que partout ailleurs. Dans le reste de la Suisse, la lutte était de cantons à cantons : ici elle s'établissait de village à village. Les excès commis de part et d'autre furent horribles; la cour d'Espagne attisait le feu, et les factions, qui, dans les républiques, ne s'endorment jamais, faisaient armes de tout; on se battait pour ou contre l'adoption d'un almanach. A la tête des deux factions étaient deux familles rivales, puissantes tour à tour, et animées l'une contre l'autre de ces haines invétérées qu'une génération transmet en héritage à celle qui la suit; c'étaient les Planta et les Salis, représentant, les premiers, le parti autrichien; les seconds, le parti français. Elles ensanglantèrent à tour de rôle le sol de leur patrie par leurs interminables débats. Plus tard, les intrigues succédèrent aux voies de fait, et le fragment suivant, extrait de la relation d'un témoin oculaire, donnera une idée de la manière dont les choses se passaient, il y a deux siècles, au fond de ces vallées reculées : « Les principaux du pays prennent argent de divers princes, et chacun porte le parti de celui de qui il est gratifié. De là naissent des divisions dans le pays. L'envie y règne plus qu'en aucun lieu du monde, et il est à remarquer qu'il ne s'y rencontre pas deux personnes entre lesquelles on puisse dire, avec vérité, qu'il y ait sincère amitié. Celui qui voit son compa-

---

[1] On voit un baron de Vatz jouer dans le pays le rôle attribué en France à Louis le Gros. On a conservé une des lettres d'affranchissement qu'il délivra en grand nombre; en voici le texte : « Je déclare que mes leudes (*leut*) de Betford m'ont rendu de bons et loyaux services, et prêté fidèle assistance. Je les reconnais, en conséquence, comme hommes libres et non plus comme serfs de corps, et déclare vouloir, dans leurs guerres, leur venir loyalement en aide, et, si je suis attaqué, eux s'engagent à en agir de même à mon égard. »

gnon enrichi de l'argent de France fait naître occasion de trouble pour se faire rechercher de l'Autriche. De là se font plusieurs bonnes maisons. Cependant le public demeure en une extrême pauvreté; le trésor de la république étant si petit, qu'à peine y a-t-il de quoi pour envoyer des messagers à pied par les communes, lesquelles se laissent aisément conduire, sans autre mouvement que celui qui leur est donné par la fantaisie de ceux qui sont les plus puissants... Bien que l'argent domine ici puissamment, encore se rencontre-t-il de grandes difficultés en la distribution d'icelui : donner à quelques-uns seulement, c'est mécontenter les autres et les jeter dans le parti contraire; donner à tous, c'est n'obliger personne; ne donner rien, c'est désobliger tout le monde[1]. » Le cardinal Bentivoglio confirme ce témoignage dans ses lettres : « *Da tutte le parti ricevon danari; a tutti si vendono; vi son le pensioni pubbliche, vi son le particolari ed un medesimo cantone, anzi un uomo medesimo ha danari dall' una e d'all' altra corona.* »

Il est juste d'observer que cette vénalité n'existe plus depuis longtemps et ne saurait exister de nos jours; mais les habitudes d'intrigue sont toujours les mêmes, et l'on pourrait ajouter que le caractère remuant des habitants se complaît dans cette lutte des partis qui, par un heureux changement survenu dans les mœurs, ne fait plus aujourd'hui couler le sang[2]. Je crois avoir dit qu'ici toutes les charges publiques sont électives : depuis la plus haute dignité du pays jusqu'aux plus humbles fonctions municipales, tout est conféré par les suffrages des citoyens, et il se passe souvent de singulières choses dans ces élections si multipliées, où l'on s'accorde à dire toutefois que les voix ne s'achètent pas à prix d'argent; les autres moyens de séduction ne sont, en revanche, point négligés. Parfois il arrive que le personnage influent d'une commune, forcé, par une nécessité impérieuse, de consentir à la

[1] Mémoires du duc de Rohan, envoyé dans le pays à l'occasion de la guerre de la Valteline.

[2] Pompée de Planta, accusé de trahir les intérêts du pays et de la communion réformée en faveur des catholiques, est condamné à mort par le tribunal de Tusis; il était absent, et Georges Jenatz, son ennemi personnel, s'offre pour exécuter la sentence. Il se rend au château du condamné, enfonce la porte, et, saisissant le malheureux Planta, il le terrasse et lui fend la tête d'un coup de hache. Sa fille Lucrèce, témoin de ce meurtre, jura d'en tirer vengeance. Plusieurs années après, apprenant que le bourreau de son père était au bal, dans une auberge de Coire, elle le fait demander, et, au moment où il paraît dans la rue, elle le renverse sans vie à ses pieds d'un coup de cette même hache teinte encore du sang de son père.

A.Hadamard del. Imp. Godard Paris

Vengeance de Lucrèce de Planta

mésalliance de sa fille, fait élever son gendre à la dignité de *landamman*, dans le but de le *décrasser* et de rendre l'union moins disproportionnée. Ailleurs on demandait pourquoi tel individu, peu considéré dans le village, avait obtenu pourtant que la majorité de ses concitoyens, dont il était bien connu, le portât à ces hautes fonctions : « Que voulez-vous? répondait-on, dans la charge qu'il occupait auparavant il trouvait moyen de... vous entendez? mais là où il est à présent il n'y a rien à prendre. » Dans ces occasions, les injures, les diffamations, ne sont point épargnées aux pauvres candidats; avant l'élection, c'est de bonne guerre : il faut l'empêcher à tout prix; après, c'est encore très-permis pour se consoler de sa défaite. « Il faut bien, disait naïvement le *landamman* de Vatz, pour ce petit brin de considération qu'on acquiert, passer, les yeux fermés, par-dessus tous ces outrages et toutes ces moqueries. » Cette réponse est devenue proverbiale dans le pays, où se passe en petit ce que nous voyons chez nous. Le mot connu d'arlequin est d'un grand sens [1], il faut convenir toutefois que, malgré ces abus de détail, l'ensemble de la machine fonctionne d'une manière satisfaisante.

Je demandai à l'un de mes voisins de la table d'hôte quel pouvait être un grave personnage en noir que j'avais vu, sur la grande place, avec un chapeau à trois cornes posé sur une ample perruque bien poudrée, à laquelle pendait une bourse. On me répondit que c'était *Sa Sagesse* M. le bailli de la ville; là-dessus quelqu'un me conseilla d'aller voir la salle des séances et surtout la charpente ingénieuse qui soutient le toit, et au sujet de laquelle il règne parmi le peuple une tradition curieuse.

Toute cette charpente compliquée ne tient ensemble, dit-on, qu'au moyen d'une seule cheville cachée à tous les regards et qui n'est connue que du seul landamman en charge. Dans le cas où il y aurait émeute au sein de l'assemblée, ou tentative de révolution, ce magistrat peut, en un clin d'œil, dit-on, faire tomber le toit sur les factieux et les prendre tous comme dans une souricière. Autre propos de table d'hôte : un de ces messieurs, en parlant des difficultés que la construction de la route nouvelle avait éprouvées de la part des gens du pays, nous dit que les voituriers, ne voulant pas transiger sur leurs droits, qui ne dépassent pas, pour chacun d'entre eux, les limites de sa commune, chargeaient et déchargeaient jusqu'à vingt fois les marchandises pour leur

---

[1] Tutto il mondo e fatto come la nostra famiglia.

faire parcourir un trajet de quelques lieues. On a vu souvent deux ou trois voituriers, égaux en droits, se disputer un seul colis, qui finissait pourtant par être chargé sur le traîneau d'un seul des trois compétiteurs; alors les deux autres partaient à vide et l'escortaient pour être en mesure de réclamer leur part du prix de transport.

Un voyageur du nord de l'Allemagne nous raconta, encore tout scandalisé, qu'il avait été témoin d'une rixe entre les voituriers de Tusis et ceux de la vallée de Schams. On avait joué du bâton, et il avait entendu les combattants s'écrier : « Que M. le landamman s'en aille à tous les diables!... nous nous moquons (le terme était plus énergique) de l'arrêté sur le transit, et de tout ce que fait le grand conseil... C'est nous qui sommes les maîtres ici, et le gouvernement n'a rien à y voir! »

La population de cette petite ville, dans laquelle le commerce de transit répand beaucoup d'aisance, est gaie et aime le plaisir; tout est pour elle occasion de fête et de réunion. Les banquets reviennent fréquemment, et le ton cérémonieux qui y règne au début est loin de faire présumer la gaieté bruyante qui en signale la fin. On commence à porter la santé des innombrables titulaires des charges publiques; la réserve et la contrainte en diminuent d'autant, et ces libations, multipliées à l'infini sur les plus légers prétextes, achèvent de bannir toute gêne; l'égalité la plus parfaite règne alors parmi les convives, et la fusion des partis s'opère momentanément sous l'influence des vins de la Valteline. Le fougueux novateur, le rétrograde partisan des priviléges, le juste-milieu conciliant (il y a de tout cela ici), se rapprochent et trinquent cordialement ensemble. L'hiver ramène les parties de traîneaux, qui sont le divertissement populaire par excellence; on s'y prépare longtemps d'avance, et Reichenau est le but de ces courses, toujours terminées par un festin et par un bal. Le soir du mardi gras, les jeunes gens de l'un et de l'autre sexe parcourent les maisons de leurs connaissances; ils ont le droit de passer l'inspection des pots de la cuisine et du garde-manger, confisquant ce qu'ils y trouvent, sans doute dans le but d'assurer l'observance du jeûne du lendemain. Les mères de famille ont toujours soin qu'il se rencontre quelque chose à prendre, et le produit des confiscations est consommé à la suite d'un petit bal; cet usage, fort ancien, est toujours observé. Lorsque les plaisirs de l'hiver sont à leur fin, les dames s'interrogent pour savoir quelle maladie elles ont et décider à quelles eaux on ira l'été prochain; c'est une grande affaire en Suisse, comme on sait, et il n'y a que l'embarras du choix. Au printemps, le départ du bétail pour la montagne est l'occasion de réunions nouvelles et de nouveaux festins; vient l'époque des vendanges; on festine derechef; la *société du pressoir*, qui s'assemble pour déguster le vin nouveau sur place, est la seule dont la réunion ne se termine pas par des danses, et l'on comprend pourquoi; bref, ce petit peuple est d'une grande sociabilité et porte gaiement et légèrement la vie. Il est un jeu national dont j'ai regretté de ne pouvoir être témoin : il consiste en une gageure faite entre deux hommes, dont l'un doit ramasser par terre un certain nombre d'œufs, placés à une toise de distance l'un de l'autre, les jeter, un à un, dans une corbeille, et avoir terminé sa tâche avant que son adversaire, qui a couru à toutes jambes boire un verre de vin au village de Haldenstein, situé à une demi lieue, soit revenu au point d'où il est parti. Il y a toujours une foule considérable de spectateurs, formant haie des deux côtés de la route, et il n'est pas besoin de gendarmes pour y faire la police : il suffit pour cela d'un enfant armé d'un sac de farine dont il jette des poignées au nez des récalcitrants. Les arrêts de cette justice sommaire sont toujours sanctionnés par les éclats de rire de l'assistance.

Dans les vallées les plus reculées de ce canton, il s'est conservé quelques autres usages curieux qui remontent à une haute antiquité; de ce nombre est la pratique connue sous le nom de *Pain de la réconciliation*. Lorsque deux hommes se sont juré une haine à mort, si leurs parents et leurs amis parviennent, par persuasion ou même en employant la ruse, à leur faire rompre le pain ensemble, on les voit renoncer à leurs projets de vengeance et redevenir amis. Un baron de Rhesuns, condamné à mort par les paysans, dont il avait trahi la cause, demanda et obtint, avant que d'aller au supplice, la faveur de manger avec ses juges. Son fidèle serviteur tira habilement parti de cette circonstance pour lui sauver la vie. Walter Scott, dans un de ses romans, fait mention d'un usage tout à fait semblable qui existait encore à l'époque des croisades parmi les montagnards du pays de Galles. Il me semble, en outre, que l'on retrouve quelque chose de pareil dans les mœurs des Orientaux. Cela se rattache évidemment à cet inviolable respect qu'on avait dans les temps antiques pour les saints droits de l'hospitalité.

On trouve, dans la haute Engadine, une autre coutume touchante et éminemment poétique : quand un homme a été emprisonné sur d'injustes soupçons et que son innocence est reconnue, ses concitoyens viennent en grande pompe le rendre à la liberté, et, au moment où il franchit le seuil de la prison, une jeune fille lui présente une rose.

J'ai observé que toutes les boutiques de Coire sont garnies d'auvents en fer battu, qui se ferment intérieurement, et sont assez solides pour résister quelques moments aux efforts d'un premier choc. Cette précaution, que la nécessité a rendue générale, a été motivée probablement par les ravages de la guerre, auxquels ce malheureux pays s'est vu en proie à la fin du dernier siècle et au commencement de celui-ci. La ville fut à cette époque successivement prise, reprise, perdue et reperdue par les Français et par les Autrichiens, et les habitants ruinés par le pillage et par d'exorbitantes réquisitions.

Les fontaines publiques méritent généralement en Suisse d'attirer l'attention des voyageurs : elles ont toujours quelque chose d'historique ou de caractéristique que n'offrent point ces éternelles imitations des formes grecques qui se voient ailleurs. J'en ai remarqué une ici qui date du seizième siècle, et autour du bassin de laquelle sont sculptés les douze signes du zodiaque ; je m'imagine que les servantes et ménagères qui sont venues les premières chercher de l'eau ou laver leur salade à cette fontaine ont dû être fort surprises de cet étalage d'érudition, qu'elles auront pris pour autant de figures cabalistiques ; la superstition était alors fort répandue dans le pays, à en juger par ce qui en reste encore. On n'y brûle plus, il est vrai, de sorcières, mais il se trouve toujours des sorciers qui conjurent l'effet des *sorts* jetés sur les bestiaux, et délivrent les possédés auxquels d'autres sorciers ont mis le diable au corps. L'un d'eux avait, pour cela, une singulière recette qui aurait dû diminuer le nombre de ses pratiques. Il les conduisait dans quelque solitude effrayante, et là leur distribuait largement des soufflets et des coups de pied ; puis il s'écriait : « Tenez ! voilà le malin esprit qui sort ! le voyez-vous qui se sauve ? » Là-dessus il lâchait un coup de fusil au prétendu fugitif, et la cure était achevée. C'est, je crois, à ce même homme qu'un voyageur demanda un ouragan à acheter, car il prétendait, comme les magiciens de Laponie, avoir un grand empire sur les éléments. Il répondit que ce serait avec grand plaisir qu'il lui en vendrait un, mais que les paysans se fâchaient contre lui quand il en déchaînait et qu'ils lui pourraient faire un mauvais parti.

Ce n'est, à vrai dire, que dans les vallées les plus reculées du canton qu'on retrouve encore ces idées d'une autre époque; la masse des habitants est assez éclairée. L'enseignement primaire est généralement répandu, et l'école cantonale, établie à Coire, compte d'habiles professeurs ainsi qu'un grand nombre d'élèves. C'est réellement une éducation *universitaire* qu'ils y reçoivent, eu égard à la signification étymologique du mot. Par la nature des institutions, ils sont appelés à faire un jour un peu de tout, et il faut qu'ils travaillent à se rendre aptes aux diverses fonctions publiques qu'ils sont destinés à remplir. Ils seront, en outre, agriculteurs ou commerçants, et peut-être tous les deux à la fois; il leur faut donc acquérir quelques-unes des notions élémentaires de ces professions. Il en résulte qu'ayant peu de temps à passer à l'école, ils effleurent une foule de connaissances sans en approfondir aucune; aussi est-ce encore un sujet de doute, parmi les bonnes têtes du pays, que l'utilité pratique de cette école.

Le temps devenant incertain et le ciel se couvrant de nuages, je me suis vu contraint de renoncer, pour la seconde fois, à une course intéressante qui était un des buts de ma pointe dans les Grisons. J'aurais voulu gravir sur la *Scesa Plana*, l'une des montagnes les plus élevées de ce canton, et située si favorablement, que, de son sommet, l'œil plane sur l'ensemble de la contrée, ce qui permet de se faire une juste idée de sa configuration générale et de se reconnaître dans cet inextricable dédale de montagnes et de vallées qui justifie assez bien le nom Retia (rets) que Didier, roi des Lombards, avait donné à ce pays, en en altérant un peu l'orthographe. J'eusse été curieux de rapporter de là-haut quelques-unes de ces *médailles du déluge*[1], de ces pierres portant l'empreinte parfaitement conservée de poissons et de coquillages marins qu'on trouve à chaque pas sur ce plateau élevé de douze mille pieds au-dessus du niveau de la mer. Le botaniste et le minéralogiste peuvent aussi se flatter d'y faire une riche moisson. L'ascension de la *Scesa Plana* est pénible et assez effrayante, en certains endroits, mais sans être dangereuse pour les personnes accoutumées aux courses de montagnes.

La grande route que je pris en partant de Coire longe le Rhin, dont le cours, rapide et encore peu régulier, est celui d'un torrent dévasta-

---

[1] Expression de Fontenelle.

teur. Il faudrait des opérations d'endiguement faites sur une grande échelle et à grands frais pour arrêter ses ravages : on en serait indemnisé, il est vrai, par d'immenses terrains rendus à l'agriculture; mais de semblables travaux sont au-dessus des ressources d'un pays pauvre, divisé d'intérêts, et où le puissant levier de la centralisation est inconnu. De telles entreprises doivent être laissées à l'industrie particulière, à laquelle, dans tous les cas, il faudrait des capitaux, et justement on trouve, dans ce canton, peu d'industrie et encore moins d'argent.

A ma droite s'ouvrait une vallée latérale, le Prettigau, riche en excellents pâturages sur lesquels on nourrit la plus belle race de bétail du pays. Les habitants excellent aussi à engraisser les cochons, voire même les escargots, dont le débit leur est fort avantageux. J'ai examiné un de ces parcs à limaçons; ils consistent en une enceinte circulaire de quinze à vingt pieds de diamètre, entourée de branches auxquelles on a laissé leurs menus rameaux, et qui sont plantées en terre dans une position oblique, de telle sorte que leur extrémité supérieure surplombe, de deux ou trois pieds, en dedans de l'enceinte. Cette palissade, d'environ une toise d'élévation, est assez serrée pour que les limaçons ne puissent point passer au travers; il leur faut la franchir s'ils méditent des projets d'évasion ; mais, quand ils sont parvenus à grimper jusqu'au sommet de ces branches et à en descendre, un nouvel obstacle s'offre à eux : c'est un fossé extérieur, profond et large d'un pied. Chaque matin le *nourrisseur* vient donner à manger à ses prisonniers, faire sa ronde et rattraper les fugitifs, qui n'ont pu aller bien loin. L'automne venu, il les enterre tout vifs, pour achever de les engraisser, puis les expédie pour la Lombardie et le nord de l'Italie, où les amateurs s'en régalent à deux sous et demi la livre. Cette industrie n'est pas nouvelle, et aura sans doute été importée dans ce pays par les Romains. Varron nous apprend, en effet, que, de son temps, un parc à limaçons était encore d'un assez bon revenu.

La vallée du Prettigau se recommande au voyageur par quelque chose de mieux ; c'est bien à ses habitants qu'on peut faire l'application particulière de ce qu'Horace a dit en général des peuplades de la Rhétie : « De ces hommes qui se dévouaient à mourir libres[1]. » Les pâtres du Prettigau, s'unissant aux districts de Davoz, de Mayenfeld, etc., for-

---

[1] Devota morti liberæ pectora.

mèrent, en 1436, la ligue des *Dix Droitures*, la troisième et dernière de la confédération rhétique. Deux siècles environ après, les princes de la maison d'Autriche tentèrent la voie des armes pour incorporer cette vallée au Tyrol. Une première irruption, connue, je crois, sous le nom de *guerre aux poules*, par suite de la menace fanfaronne qu'avaient faite les assaillants de n'en pas laisser une en vie dans le pays, fut repoussée victorieusement par les paysans. Plus tard le général Baldiron, à la tête de huit mille Autrichiens, parvient à soumettre l'Engadine, et occupe, avec des forces imposantes, le Prettigau ; il en désarme les habitants, les rassemble, leur fait mettre à tous un genou en terre et prêter serment de fidélité à l'archiduc, puis il déchire et foule aux pieds, en leur présence, leur traité d'alliance avec les autres ligues, et s'établit à Mayenfeld, après avoir laissé de forts détachements dans les principales communes. La ligue Grise et celle de la Maison de Dieu se voient forcées d'abandonner celle des Dix Droitures, ainsi que l'Engadine, aux prétentions de l'Autriche. Bientôt les excès de Baldiron et de ses soldats ne connurent plus de bornes : le pays fut rançonné à merci ; les tombeaux furent violés, soixante-dix temples fermés ; on brûla toutes les Bibles, et l'on travailla à convertir les habitants en masse, par les mesures les plus violentes. Poussés au désespoir, ceux-ci se concertent secrètement, mûrissent et arrêtent leur plan d'attaque, et, profitant de l'absence de Baldiron, parti pour Coire, ils se lèvent en masse le 24 avril 1622, n'ayant pour toutes armes que des massues coupées dans leurs forêts. Ils surprennent et assomment les postes autrichiens disséminés dans la vallée, réduisent à l'inaction la garnison de Castels, forte de six cents hommes, et se portent sous les murs de Mayenfeld. Le général autrichien fait de vains efforts pour comprimer ce mouvement redoutable, que Venise et les cantons protestants appuient, en secret, par des secours d'argent et d'hommes. Le baron Rodolphe de Salis est élu commandant en chef ; la résistance s'étend, s'organise sur un plan régulier. Trois cents hommes, tant Autrichiens que Tyroliens, tombent, près de Mayenfeld, sous les massues vengeresses, et les Prettigauviens portent le siége devant Coire même, qu'occupait une forte division d'Espagnols. A la suite de plusieurs engagements partiels, dans lesquels les héroïques montagnards obtiennent constamment l'avantage, la garnison de Mayenfeld, forte de huit cents hommes, capitule et évacue le pays ; celle qui occupait le château fortifié de Tiefcasten, et qui était d'un nombre à peu près égal, ne tarde pas à avoir le même sort. Enfin les paysans victorieux cernent la ville de Coire et forcent Baldiron et le général espagnol Delmonte à sortir du pays avec les deux mille cinq cents hommes qu'ils commandent; il leur faut, de plus, s'engager par serment à ne plus porter les armes contre les Grisons, ni contre ceux des cantons suisses qui les avaient assistés dans l'œuvre de leur délivrance. Ces glorieux résultats furent obtenus par un millier de paysans du Prettigau, aidés de cent cinquante auxiliaires des vallées voisines et de trois cents volontaires envoyés par les cantons protestants. Ce ne fut que plus tard que la ligue des Dix Droitures acheva de s'affranchir complétement, en rachetant, pour soixante-quinze mille florins, tous les droits que la maison d'Autriche avait conservés sur son territoire. Ce dernier trait n'est pas, à coup sûr, le moins remarquable de ce récit.

SAINT-GALL

Bains de Pfeffers. — Monticule de Sargans. — Urphèdes. —Victoire de Frastenz.—Vallée du Rheinthal. — Constance. — Jean Huss. — Guerre de la Plappart.— Combat de Dornach. — La Thurgovie. — Abbaye de Saint-Gall.

Je n'ai pas voulu passer si près des bains de Pfeffers sans me détourner un peu de ma route pour visiter ce gouffre, où l'on voit arriver chaque année des milliers de malades de tous les pays, qui semblent, en vérité, venir ici bien plutôt pour se familiariser avec l'idée du tombeau que pour se raccrocher à l'existence. Montaigne dit, en parlant de l'action des eaux minérales, que la distraction et l'amusement sont la « meilleure pièce de leur effet. » Il faut qu'il n'en soit pas ainsi à Pfeffers, car il est notoire que beaucoup de gens le quittent guéris ou soulagés, et il ne paraît pas, à la première inspection du lieu, que le plaisir soit pour rien dans un pareil résultat. Je ne suis resté ici que deux heures, et j'avais hâte de sortir de ce ténébreux sanctuaire d'Hygie, qui a l'air de conduire tout droit au noir séjour des ombres. Il n'y a que l'emplacement occupé par la maison de plain-pied; au delà du fougueux et bruyant torrent de la Tamina, qui en baigne les murs, s'élève à pic une paroi de rocher de deux cents pieds de hauteur qui, en quelques endroits, surplombe et s'appuie sur la paroi opposée. Une pente gazonneuse, roide comme un toit, vous offre le seul moyen que vous ayez de parvenir au fond de cet abîme, au moyen des nombreux lacets d'un sentier étroit. Tout se perfectionne : jadis on y descendait les malades dans un panier à l'aide d'une corde et d'une poulie! Les bains ne sont point affermés; l'abbé de Pfeffers les fait valoir pour son compte, et ce sont des religieux qui tiennent la maison, ce qui paraît assez étrange au premier abord. Je ne m'y suis pas assez arrêté pour pouvoir décider si les plaintes que j'ai entendu articuler sont fondées ou non.

Tout récemment on a construit, le long du cours de la Tamina, un chemin praticable pour de petites voitures à voie étroite, qui transportent les curieux et les baigneurs depuis Ragatz. Arrivée aux bains, la route cesse, et, si l'on veut pénétrer dans le gouffre ténébreux où jaillit la source, il faut s'aventurer sur une galerie en bois fixée aux parois du rocher au-dessus des eaux mugissantes de la Tamina. Ce trajet, qui ne présente pas de danger réel, n'est pas sans émotions; il vaut la peine d'être tenté, car rien n'est plus imposant, plus grandiose, que cette gigantesque fissure de rochers, qui s'élèvent verticalement à trois cents pieds au-dessus de votre tête, et vous dérobent la vue du ciel. On dirait le vestibule de l'enfer de Virgile.

C'est dans le voisinage de Sargans que se trouve le monticule qui, au dire des ingénieurs et des voyageurs versés dans cette matière, empêche seul le Rhin de prendre son cours par le lac de Wallenstadt, où la pente du terrain semble devoir l'attirer, au lieu de tourner à droite pour aller se jeter dans celui de Constance. Lors des grandes inondations de 1816, le fleuve débordé arriva jusqu'à un quart de lieue de Sargans, et l'on craignit sérieusement qu'il ne reprît son cours primitif. Je ne suis pas à même de décider à quel point ces craintes étaient fondées, mais j'ai remarqué que cette portion de la vallée est exposée, par l'exhaussement progressif du lit du Rhin, à des inondations presque continuelles; ce n'est qu'un immense marais, obstrué de roseaux et de plantes aquatiques, et les parties habituellement au-dessus du niveau des eaux n'offrent que des pâturages maigres ou de mauvaise qualité. Sargans n'est plus aujourd'hui qu'un bourg, dont l'aspect pauvre et délabré est tout à fait en harmonie avec la stérilité de ses environs. Jadis l'illustre et puissante famille des comtes de Sargans donnait à cette petite ville une importance dont elle est déchue depuis longtemps. Ce petit pays était, avant la Révolution, sujet du canton de Glarus; une tour, débris vénérable de l'antique manoir seigneurial, reste seule comme monument d'une grandeur qui n'est plus.

J'étais descendu pour demander le compte, qui me fut remis par la maîtresse de la maison, petite vieille dont l'aspect et le costume fortement caractérisés me frappèrent; il me sembla voir s'animer un de ces anciens tableaux d'intérieur de l'école flamande. Cette bonne femme sortant de sa cuisine d'un air leste, avec son petit bonnet bien blanc, plissé avec soin et collant sur le front, son corset baleiné, son ample jupon, sa croix d'or d'un travail antique et son livre de prières garni de fermoirs en argent, eût pu poser pour le pendant du portrait d'Érasme. Sa physionomie distinguée, ses traits fins, ses yeux perçants et spirituels, n'auraient pas été indignes de l'habile pinceau de Holbein; c'est dans des occasions pareilles qu'un voyageur regrette de ne pas savoir manier le crayon.

On trouve, dans les documents relatifs à l'histoire de ce pays aux quatorzième et quinzième siècles, des pièces d'un genre singulier, qui, il me semble, ne se rencontrent pas ailleurs; elles portent le nom d'*Urphèdes*, dont je ne suis pas en état d'indiquer l'étymologie. Ce sont des déclarations, faites en présence du seigneur haut-justicier ou de son délégué, par des vassaux délinquants et condamnés, déclarations par lesquelles ils se reconnaissent justement punis et s'engagent à ne pas tirer vengeance de l'arrêt qui les frappe. En voici des échantillons trouvés dans les archives de la seigneurie de Hohensax; ils m'ont paru assez curieux pour mériter d'être traduits : « Je déclare que j'ai forfait mon corps et mon bien comme traître envers mon seigneur; que je ne dois plus désormais être regardé comme un homme d'honneur, *ni avoir le droit de porter aucune arme*, excepté un couteau cassé; que je ne dois plus m'asseoir (prendre place) en aucun lieu public; que, si je viens à rencontrer mon seigneur ou quelqu'un de sa famille, je dois m'écarter de lui et m'éloigner de devant ses yeux; que je dois, en outre, lui payer la somme de deux cents florins. » Cette formule était prononcée à haute voix par le coupable, qui levait la main. Un nommé Golte de Wildhus dut en prononcer une pour avoir dit publiquement, dans une auberge, que le tribunal du seigneur de Hohensax avait rendu contre lui un arrêt de coquins, et qu'il se moquait de l'arrêt et des juges; un autre fit sa déclaration en ces termes : « Je reconnais m'être, à mon grand regret, oublié au point d'avoir enlevé nuitamment, à mon très-honoré seigneur, sa femme, et de lui avoir emporté son bien, que j'ai fait passer outre-Rhin, » etc., etc.

Voyez ces paysans qui cheminent, un parapluie sous le bras, et portent au chef-lieu du canton le sac contenant les objets manufacturés par eux et leur famille pendant la semaine; ils n'ont assurément rien de suisse, ni dans leur costume, ni dans leur physionomie, non plus que dans leur structure grêle; ce sont pourtant les descendants des fiers vainqueurs d'Amstoss; qui les eût reconnus? Et ces femmes, occupées à broder et à faire de la dentelle, sont les petites-filles de ces héroïnes de l'Appenzel qui, dans cette journée glorieuse, se revêtirent du sarrau de leurs frères et de leurs maris, pour venir leur aider à vaincre ou mourir à leurs côtés. C'est, assure-t-on, en mémoire de cette circonstance que les femmes de Gaiss ont le privilége de se présenter avant les hommes à la communion.

Dans chaque habitation on peut voir suspendus, au-dessus du métier à tisser, la hallebarde teinte du sang autrichien, et le terrible *morgenstern*. Qu'il y a loin entre les deux époques que ces objets si divers rapprochent! L'héroïsme et les habitudes mercantiles n'ont guère l'air, en effet, de pouvoir subsister ensemble, et il est permis de douter que, si les jours du danger revenaient, le *morgenstern* pût protéger le métier à tisser, comme jadis il protégea les foyers du pâtre. Où sont désormais les bras qui brandissaient ces armes libératrices? où sont les cœurs dont ils recevaient la noble impulsion? Ce n'est point dans les manufactures qu'on pourrait les retrouver. S'il en existe encore, c'est aux lieux qui furent le berceau de l'indépendance helvétique qu'il faut aller les chercher; c'est au fond de ces vallées reculées et arriérées de plusieurs siècles, où les mœurs antiques se sont conservées pures, et où n'ont point encore pénétré, avec les maximes relâchées de notre civilisation, les calculs desséchants de la cupidité et de l'égoïsme. L'Unterwald et Morgarten ont prouvé de nos jours que l'ancienne race des *géants* de la Suisse n'était pas encore éteinte. Le temps a marché; les conditions d'existence de ce pays ont changé complétement; à la période guerroyante a succédé la période industrielle; pour les Suisses d'aujourd'hui, il n'est plus question de se défendre, mais de vivre, et il serait injuste, après tout, de leur faire un sujet de blâme du changement opéré dans leurs mœurs et dans leurs habitudes par l'irrésistible force des choses.

Il en est des victoires comme de toutes choses ici-bas : elles ont, elles aussi, leur destinée qui leur fonde une célébrité durable ou les condamne à rester ignorées. Par quelle raison celle de Frastenz, si glorieuse et si décisive pour les Suisses, est-elle dans ce dernier cas? Ce fut elle pourtant qui prépara la chute de cette redoutable ligue de Souabe, de cette association guerrière de l'*Écu de Saint-George*, dans laquelle était entrée toute la noblesse du midi de l'Allemagne, qui, à l'aide de l'Autriche, se flattait de réduire enfin ce ramas de paysans révoltés. A Frastenz, près d'ici, leur armée comptait quinze mille combattants et était pourvue d'une artillerie formidable pour l'époque; les confédérés, dont le nombre ne se montait pas au tiers, se jetèrent tous à terre, au moment de la première décharge, puis se ruèrent avec fureur sur les pièces, qu'ils prirent et tournèrent contre leurs ennemis; cet expédient leur avait plusieurs fois réussi vers la fin de leurs guerres. En cette occasion ils perdirent peu de monde, et il resta sur le champ de bataille trois mille hommes d'armes, barons ou chevaliers. Les Suisses se portèrent aussitôt sur le village de Bender, qu'ils réduisirent en cendre, pour se venger de l'affront que leurs ennemis trop confiants leur avaient fait, en baptisant, quelques jours avant, un veau, auquel ils avaient donné le nom de Ruedi, l'un des principaux chefs des confédérés.

Aux environs d'Altstetten, la vallée du Rheinthal s'élargit considérablement, et la contrée devient plus riche et plus pittoresque. Les marais et leur triste verdure ont disparu, mais il est cependant aisé de reconnaître que cette immense plaine, sur laquelle on dirait que le niveau a passé, a dû être, à une époque très-reculée, une petite mer méditerranée, auprès de laquelle le lac de Constance ne serait qu'une flaque, reste de ce prodigieux amas d'eau. Le fait paraît très-probable, et je laisse aux géologues le soin de l'expliquer. Il est à observer toutefois que, le Rhin s'étant évidemment forcé le passage au travers des rochers qui forment le saut de *Schaffhouse*, l'abaissement du niveau de cet immense lac doit se rattacher à cette circonstance. C'est surtout en Suisse qu'on a de fréquentes occasions de reconnaître les traces des bouleversements qui ont accompagné le dernier cataclysme. On voit partout des indices frappants du retrait successif des eaux; je les ai suivis tout le long du Rhin, dont le cours actuel n'est plus qu'un mince filet d'eau, comparé à ce qu'était le fleuve avant les divers abaissements de son niveau.

Le lac de Constance est tout ce qu'on peut voir de plus remarquable… dans le genre plat; il est long, il est large, et, avec tout cela, il n'est point grand. Ses rives sont si peu élevées, que, vues d'Arbon et de

Rorschach, elles ne vous apparaissent, à l'horizon, que comme une bande étroite, comme une ligne presque imperceptible qui sépare l'azur du lac de l'azur plus foncé du ciel. Cette vaste nappe d'eau est sillonnée journellement et dans tous les sens par quinze bateaux à vapeur, qui lui donnent du mouvement et de la vie. La rive suisse, quoique peu intéressante, offre pourtant plus de variété que l'autre. Depuis Rheineck jusqu'à Constance, la contrée est riante, sans doute, mais à la manière de ces gens qui rient toujours, et qu'on voudrait voir pleurer quelquefois, ne fût-ce que pour changer. Le sol est ici d'une fertilité extrême et parfaitement cultivé; on admire, au-dessus des plus belles moissons, des forêts d'arbres fruitiers, dont la plupart ne dépareraient point, par leur port élégant et leurs masses pittoresques, les *devants* d'un tableau de Claude Lorrain. J'ai demandé à quoi on employait cette prodigieuse quantité de fruits, et l'hôte m'a apporté, en réponse, un grand verre d'un cidre pâle, aigrelet, qui ne valait guère mieux que de la piquette. Les gens du pays s'en abreuvent, et vendent leurs vins, qui sont assez bons et en grande abondance. Ils font, en outre, sécher, comme provisions d'hiver, les pommes et les poires coupées par quartiers. On cite tel poirier dont la bonté et l'abondance de ses fruits ont fait monter la valeur jusqu'à quatre mille francs et le revenu à deux cents.

La ville de Constance n'est plus ce qu'elle était au temps du concile: l'herbe croît dans ses rues désertes, et l'on vend aujourd'hui une maison au prix qu'on aurait exigé alors pour le loyer d'une chambre pendant une semaine. On m'en a cité une, entre autres exemples, qui a été adjugée pour cinquante francs! Il est vrai qu'elle n'avait qu'une fenêtre de face. L'affluence des émigrés français, à la fin du siècle dernier, avait remonté les affaires des habitants; ces quatre ou cinq mille hôtes, quelque peu de dépenses qu'ils pussent faire individuellement, avaient, en jetant une certaine masse de numéraire dans la circulation, mis les bourgeois à même de faire rajeunir ou rebâtir leurs maisons; aussi la ville changea-t-elle d'aspect dans l'espace de deux ou trois années. La prolongation du chemin de fer badois jusqu'à Constance sera un coup de fortune pour cette ville, jusqu'ici peu vivante, et lui donnera une importance commerciale dont elle était déshéritée.

Il me semble avoir déjà fait mention quelque part de l'humeur querelleuse des Suisses de l'ancien temps; en voici un exemple singulier. A une fête d'arquebuse, qui avait attiré à Constance un grand concours de gens des divers cantons, il arriva qu'un seigneur de la ville, jouant aux cartes avec un Lucernois, refusa de recevoir en payement un *plappart* de Berne (petite pièce valant deux sous), qu'il appela, d'un ton de mépris, une monnaie de vache, en faisant allusion à son empreinte. La susceptibilité nationale des Suisses prit cela pour un outrage; ils sortirent furieux de la ville, et ne tardèrent pas à revenir au nombre de quatre mille ravager la Thurgovie et les terres appartenant aux habitants de Constance, qui furent forcés d'acheter la paix à haut prix. Cette guerre ridicule est connue sous le nom de *guerre du Plappart*. Il est vrai de dire aussi que le parti souabe et autrichien ne ménageait pas les Suisses; les outrages et les railleries ne leur étaient point épargnés, faute de mieux; et l'on raconte que, dans un combat livré ici près, un pauvre soldat souabe, que deux Suisses allaient tuer, se jeta à genoux et leur demanda merci en leur disant : « Chers et compatissants vachers ! ayez pitié de moi et laissez-moi la vie ! » Les Suisses n'en devinrent que plus furieux ; cependant il fut sauvé et leur assura qu'il n'avait eu nulle intention de les offenser, mais qu'il ne les avait jamais entendu appeler autrement.

On traverse, en entrant à Constance, une plaine fertile et cultivée jusqu'au pied des murailles; c'est celle qu'après la victoire remportée à Amstoss les Appenzellois firent moissonner par deux cents femmes pour narguer leurs ennemis bloqués dans la ville, et qui eurent la mortification de se voir ôter le morceau de la bouche par ces mêmes femmes qui précédemment avaient aidé à les battre. C'était un singulier temps! Les parties belligérantes négociaient par l'intermédiaire d'une vieille femme et d'une petite fille. L'empereur Maximilien, renfermé dans Constance, avait donné ordre de faire quelque prisonnier de marque, dans le but d'activer les négociations par son entremise; mais, dit un contemporain, il était plus aisé de tuer les Suisses que de les prendre; cependant le blocus traînait en longueur, le découragement était dans la ville, et l'empereur, indigné de l'irrésolution de ses grands vassaux et alliés, qu'il avait réunis en conseil, jeta son gant de dépit en disant : « Je vois qu'il ne fait pas bon vouloir combattre des Suisses par des Suisses ! » Peu de temps après, il reçut la nouvelle de la défaite décisive de Dornach et de la mort du prince de Furstenberg, qui y commandait en chef, et pour le malheur duquel *il avait plu des Suisses*[1].

---

[1] Expression dont il se servit pendant la bataille.

L'empereur, atterré par ce dernier coup, quitta Constance; la ligue souabe fut dissoute; et, à dater de cette époque (1499), les Suisses n'eurent plus à craindre d'autres ennemis qu'eux-mêmes.

La partie du lac qui s'étend depuis Constance jusqu'à Stein et porte le nom de *petit lac* est, à mon avis, bien supérieure à l'autre. Ses rives, plus rapprochées, sont aussi plus pittoresques et se distinguent par leur caractère gracieux; elles offrent un de ces sites devant lesquels on ne se récrie pas, mais qu'on revoit avec plaisir et qui laissent dans l'âme des impressions douces et calmes. La largeur du lac est coupée par l'île de la Reichenau, qui est sans arbres et peu remarquable en elle-même, mais à laquelle se rattache un souvenir historique bien propre à faire réfléchir sur la vanité des grandeurs de ce monde : c'est là qu'un empereur d'Allemagne, Charles le Gros, est mort dans le dénûment, peu de temps après avoir été déposé; il recevait de la charité de l'abbé du couvent ce qui était nécessaire à sa subsistance. Dans le trésor de l'abbaye on voit une des molaires de l'illustre mendiant, enchâssée en or, et qui passait pour guérir les maux de dents, aussi infailliblement que l'orteil du roi Pyrrhus guérissait, au dire du bon Plutarque, les douleurs de rate.

J'ai dit librement ce que je pensais du grand lac; mais c'est avec moins de confiance que j'ai hasardé mon opinion sur le petit. Je crains d'avoir été influencé à mon insu, en en parlant, par le souvenir de la cordiale hospitalité que j'ai reçue sur ses bords, où j'ai goûté, pendant quelques jours, les douceurs d'une vie de château à laquelle l'esprit aimable, le caractère affectueux, les soins prévenants de la châtelaine d'Arenenberg prêtent encore un nouveau charme. C'est ici que je me suis vu à même de juger combien on est heureux, dans les grands changements de position, de posséder cette noble et précieuse faculté, cette force morale qui, n'ayant pas besoin d'aller chercher de consolations dans Sénèque, sait nous placer, pour ainsi dire, comme spectateurs désintéressés, en dehors des événements au milieu desquels nous avons vécu et par lesquels nous avons souffert; qui nous empêche d'empoisonner, par le souvenir de ce que nous avons perdu, la jouissance des biens qui nous restent, et nous élève au-dessus de l'opinion du monde oublieux ou prévenu, que nous excusons, loin de nous irriter contre lui; il y a une grande dignité dans le malheur supporté de la sorte.

Après un intervalle de près de quarante ans, j'ai revu le château d'Arenenberg, devenu désormais un lieu historique. L'habitation a été restaurée fidèlement et telle qu'elle était du temps de la reine Hortense. J'ai revu, avec un intérêt plein d'émotion, le modeste appartement du prince Louis, situé dans une dépendance, et je l'ai retrouvé comme je l'avais quitté.

J'ai peu de choses à dire sur la Thurgovie; je me retrouve avec des compatriotes, et mes notes en souffrent. D'ailleurs, qui est-ce qui connaît ou se soucie de connaître la Thurgovie, pays fertile, coupé de collines et de vallons, mais n'offrant rien à la curiosité des étrangers? Qui est-ce qui s'est arrêté à Frauenfeld, sa capitale, hormis ces voyageurs qui sont dans les cotons et les toileries? Canton nouveau, passé de l'état misérable de bailliage administré, ou plutôt exploité à tour de rôle par les anciens cantons, à une existence indépendante, la Thurgovie est régie aujourd'hui par une constitution qui répartit également les droits politiques entre tous les citoyens. Je ne dois pas omettre de signaler un fait curieux que la législation de ce canton offre aux méditations du publiciste : c'est le seul pays de l'Europe dans lequel le mariage est prohibé par la loi, lorsque les futurs conjoints ne justifient pas de la possession d'un capital représenté par des valeurs mobilières ou immobilières s'élevant à huit cents francs environ. Cette loi est toute nouvelle. Il faut aller en Turquie pour trouver une disposition semblable, qu'on aurait bonne envie d'imiter, à ce que je présume, dans le reste de la Suisse, et voici pourquoi : les enfants nés de parents indigents, mais ayant le droit de bourgeoisie, tombent à la charge de la commune lorsque le fonds communal abandonné aux pauvres à tour de rôle ne peut plus suffire à leur entretien. Les bourgeois non pauvres ont donc partout intérêt à diminuer le plus possible le nombre de ces familles sans ressources propres. Ce sont eux qui nomment le grand conseil, et c'est le grand conseil qui fait les lois. Je ne sais quel auteur a dit qu'en tous pays les lois étaient des armes fabriquées par ceux qui possèdent pour se défendre contre ceux qui ne possèdent pas. Cette définition est juste, et n'a, il me semble, rien de choquant : elle est dans la nature des choses. C'est la propriété qui est le fondement de l'ordre social, et elle a dû être entourée de garanties. Nul n'a droit de se plaindre tant qu'il n'y a pas privilége, c'est-à-dire monopole de la propriété pour les uns, et, dès lors, exclusion pour les autres.

Le chef-lieu du canton de Saint-Gall offre à l'observateur deux parties bien distinctes, représentant deux époques qui ne le sont pas moins.

Les bicoques étroites, irrégulières, qui s'entassent, toutes noircies par le temps, dans l'enceinte resserrée des anciens murs, vous reportent au temps de la petite ville municipale, ayant sans cesse à lutter contre des voisins envahisseurs. Les habitations nouvelles qui forment le faubourg marquent l'époque industrielle : élégantes, propres, *confortables*, elles font un contraste frappant avec leurs voisines. Ces charmantes demeures, entourées pour la plupart de jardins, respirent un sentiment de bien-être qui ne fait pas pencher la balance en faveur du bon vieux temps. On voit que les négociants et les fabricants de Saint-Gall ne se bornent pas à savoir faire travailler avantageusement leurs capitaux, mais qu'ils possèdent, ce qui vaut mieux, l'art d'en jouir et de s'en faire honneur. C'est un effet étrange que celui que produit, au premier coup d'œil, cette contrée, qui est, à la lettre, tapissée de percale et de mousseline qu'on étend sur le gazon pour les faire blanchir. Aussi loin que la vue peut atteindre, tout paraît blanc, et l'on dirait qu'il a neigé, par exception, dans le vallon spacieux au milieu duquel la ville est située. Une dame de ma connaissance, arrivant à Saint-Gall à la nuit tombante, fut dupe d'une illusion analogue, et demanda quel était donc ce lac qu'elle apercevait à une certaine distance.

L'histoire de la célèbre abbaye, qui est, au fait, celle de ce canton d'institution récente et de celui d'Appenzel, soumis jadis à la crosse abbatiale, offre des particularités intéressantes et curieuses. On sait que cette abbaye a été la plus puissante qui ait existé. Ses abbés marchaient les égaux des grands vassaux de l'Empire, et l'un d'eux disait, avec raison : « Je suis moine dans mon couvent, je suis prince à la cour impériale. » Leurs prétentions à une indépendance absolue et leur influence dans le pays portèrent sans doute ombrage aux empereurs, puisque, au milieu du quinzième siècle, on voit ceux-ci appuyer les tentatives de la ville de Saint-Gall, déjà alliée aux Suisses, pour se soustraire à la domination des abbés. Au moyen de cette assistance puissante, les bourgeois réussirent à s'affranchir et à se maintenir libres dans l'étroite limite de leur banlieue. La politique des abbés variait suivant les circonstances, et un vieil auteur a dit d'eux qu'ils portaient tantôt la culotte suisse, tantôt le haut-de-chausses autrichien. Leur position était difficile : il régnait jadis, entre les membres de la noblesse et les couvents déjà riches et puissants, un esprit de jalousie d'une part et de méfiance de l'autre, qui n'attendait que des occasions pour éclater en hostilités ouvertes. Aussi voit-on les abbés, convaincus de l'insuffisance des armes spirituelles, en cas de lutte, chercher à se procurer, au prix de grands sacrifices, la protection du plus puissant des comtes ou des barons du voisinage, et imiter en cela la conduite des villes nouvellement affranchies. Quelquefois ces fiers et belliqueux prélats dirigèrent en personne les expéditions militaires, qui avaient pour but de venger une insulte ou d'étendre leur territoire. L'un d'eux ne craignit même pas de lever sa bannière contre celle de l'Empire. L'histoire vaut la peine d'être racontée, surtout pour sa conclusion. Cet abbé, dont j'ai oublié le nom, s'étant mis en révolte ouverte contre l'Empereur, celui-ci donna ordre à son *avoué* ou délégué, le duc de Zœhring, de le réduire à l'obéissance par la voie des armes. L'abbé prit ses mesures pour résister, convoqua et mit sur pied la petite noblesse des environs qui relevait de lui, arma ses arrière-vassaux et jusqu'à des serfs pour faire nombre. A la première rencontre, le duc de Zœhring culbuta cette petite armée et fit une grande quantité de prisonniers. Les chevaliers et hommes d'armes furent renvoyés moyennant rançon; mais les pauvres serfs, les vilains, au nombre de deux cents, durent subir une odieuse mutilation, pour les punir d'avoir usurpé le privilége des hommes libres en osant porter les armes, barbarie qui porte bien le cachet du douzième siècle.

De même que dans les armoiries de Berne, l'ours figurait dans l'écusson des abbés de Saint-Gall, et c'est à la légende suivante qu'il a dû cet honneur. Le saint fondateur de l'abbaye, qui, comme on sait, était Irlandais, errant dans cette contrée, alors sauvage, pour y chercher un lieu où il pût se livrer en paix à son goût pour la vie contemplative, fit une chute au milieu d'une forêt, embarrassé dans les broussailles. Il regarda cette circonstance comme une indication venue d'en haut, et résolut de construire sa cellule sur le lieu même; en conséquence il s'y arrêta avec son disciple Hiltibald, et tous deux y prirent leur frugal repas, après quoi ils se mirent en prières. Dans ce moment, un ours sortit du fourré et se mit à lécher discrètement les miettes de pain qu'ils avaient laissées tomber; saint Gall, sans se déranger, ordonna au redoutable animal d'aller chercher du bois pour alimenter le feu, ce qu'il fit aussitôt. Lorsque la puissante abbaye eut remplacé l'humble cellule, on songea à perpétuer le souvenir du miracle, et l'ours figura sur l'écusson des abbés de Saint-Gall, portant sa bûche sur son épaule.

Cette abbaye est la seule qui ait été sécularisée en Suisse, lors de la première Révolution; il fallut, pour donner lieu à cette exception, un concours de circonstances défavorables, parmi lesquelles on signale, en première ligne, le manque de prudence de l'abbé d'alors, Pancrace Forster. La bibliothèque, l'une des plus riches connues en anciens manuscrits, est devenue propriété cantonale. Elle offrirait à la jeunesse du pays des ressources d'instruction précieuses; mais l'esprit de commerce et d'industrie est exclusif, et cette petite ville, avec tout ce qu'il faut pour être un des foyers de civilisation intellectuelle de la Suisse, s'en tiendra à la renommée de ses mousselines, selon toute apparence.

N'en déplaise aux esprits positifs et aux protestants fanatiques, je ne saurais m'empêcher d'accorder un regret à la destruction de cette antique abbaye de bénédictins, congrégation érudite et lettrée, la seule en Suisse qui possédât une riche bibliothèque et eût une école célèbre à une époque où l'ignorance était générale. On ne pourrait non plus, sans injustice, oublier que, parmi ses abbés, dont beaucoup n'ont pas su échapper aux erreurs et aux abus particuliers à leur temps, il s'en est trouvé plusieurs qui se sont montrés, comme l'abbé Salomon, sages législateurs, administrateurs économes et éclairés, et politiques habiles.

APPENZELL

Gaiss. — Champ de bataille d'Amstoss. — Trogen. — Herisau. — Teufen. — Le Sentis.
— Lictensteig. - Le Toggenbourg. — Wallenstadt. — Victoire de Nœfels. — Linthal.
— Burglen. — Passage du Saint-Gothard.

De Saint-Gall à Gaiss la route, s'élevant brusquement, quitte la spacieuse et riante vallée où est située la ville, pour s'enfoncer dans une contrée sauvage, déserte et d'un caractère tout alpestre. Ce ne sont que forêts de sapins, plantés sur le penchant des précipices que longe la route; après avoir monté pendant une heure, l'horizon s'étend, et à quelques pas plus loin la vue plonge tout à coup sur l'ensemble du canton d'Appenzell, dont la masse imposante et si pittoresque du Sentis occupe tout l'arrière-plan; cet aspect, au coucher du soleil, est d'un caractère original et grandiose tout à la fois : je ne lui connais rien d'analogue dans le reste de la Suisse.

On traverse le magnifique village de Teufen, dont les maisons en bois, d'une élégance et d'une somptuosité rustiques, indiquent l'aisance et le bon goût des habitants, fabricants pour la plupart. Des jardins, parfaitement soignés et remplis de fleurs, règnent le long de ces charmantes et confortables habitations, et j'ai remarqué plusieurs serres, qu'on m'a dit contenir des plantes rares.

Aussi loin que l'œil peut s'étendre, on ne voit que forêts de sapins sur les pentes des montagnes et pâturages verdoyants dans les fonds; une partie de la richesse du canton consiste dans son bétail, mais les habitants du pays ne s'adonnent pas exclusivement à ce genre d'industrie : ils y joignent diverses branches de fabrication, le tissage des étoffes de coton, les broderies, et, dans quelques villages, la filature du lin à la quenouille, qui a été portée à un tel degré de perfection, que d'une livre de lin une bonne fileuse tire un fil de deux cent mille aunes. Les hommes que je rencontrais portaient sur la tête de petites calottes de cuir fort propres, et entourées d'une bordure de fleurs brodée ou frappée en rouge. Leurs larges bretelles, en cuir piqué, étaient ornées de ciselures de cuivre, parmi lesquelles figurait un petit bœuf plaqué sur la bande transversale. Il n'eût tenu qu'à moi, grâce à cette circonstance, d'importer ici, en imagination, les rites de l'antique Égypte, et de voir, dans ces pâtres, autant de desservants du bœuf Apis. Ces gens me saluaient avec un air de cordialité et de bonne humeur qui me plaisait. Les Appenzellois sont renommés, dans toute la Suisse, pour la gaieté de leur caractère, l'originalité de leur tour d'esprit et l'à-propos mordant de leur reparties. On affirme que maintes fois des gens des autres cantons, ou des beaux esprits allemands, ayant cherché à les mystifier, n'ont pas eu les rieurs de leur côté. La population de ces montagnes se distingue en outre par d'étonnantes dispositions musicales; il existe dans chaque village une société de chant, où l'on entend exécuter par un grand nombre de voix des morceaux à plusieurs parties avec un ensemble admirable. On a observé que les chanteurs excellent surtout dans les mouvements vifs.

On arrive à Gaiss après avoir roulé pendant deux heures dans une bonne diligence, sur une route bien tracée et non moins bien entretenue. Le village, moins coquet que celui de Teufen, est beau et bâti avec une certaine recherche, les maisons s'alignent sur une grande place carrée, aux deux bouts de laquelle figurent les deux hôtels rivaux du Bœuf et de la Couronne. Un des côtés de cette place est occupé par l'église et la maison du pasteur. Du côté opposé et derrière les maisons règne une longue allée de marronniers, qui donne le seul ombrage que l'on trouve ici.

Gaiss est un *kurort,* un de ces lieux de cure que l'on compte par centaines en Suisse; les deux hôtels susnommés y regorgent de *curistes* pendant les mois de juillet et d'août. Mais quel genre de cure y fait-on?

qui est-ce qui fait accourir ici, du nord et du midi de l'Allemagne, de toute notre Alsace et des divers cantons de la Suisse, cette foule de malades qui, pour la plupart, s'en retournent guéris ou du moins soulagés? Ils y viennent prendre le petit-lait de chèvres et respirer l'air pur et tonique des montagnes; on les voit s'inonder progressivement des flots de ce breuvage insipide, dont ils absorbent jusqu'à six grands verres par jour. Cela fait, ils se promènent ou vont s'asseoir en plein air, font leurs trois repas, entre lesquels ils se repromènent, se rassoient pour respirer, à pleins poumons, cet air léger et vivifiant; de plaisirs, de bals, de concerts, il n'en est pas question: on n'est pas ici pour s'amuser. J'ai mené cette vie-là pendant plusieurs automnes, et m'en suis très-bien trouvé. Les deux sommités du voisinage, le Kamor et le Gœbris, sont le but de fréquentes promenades; la dernière, comme la moins élevée, la plus accessible, est la plus visitée; j'y allais passer mes soirées. Pour peu que le temps soit beau, on y jouit d'une vue étendue sur une partie des cantons limitrophes, sur le lac de Constance, le Rheinthal (vallée du Rhin) et le Tyrol autrichien. La contrée autour de Gaiss est d'un aspect monotone: ce ne sont que petites collines bien vertes, que surmonte invariablement une maison ombragée de deux ou trois beaux frênes. C'est là qu'habite le paysan-fabricant, fauchant et tissant tour à tour.

La première fois que je vins à Gaiss, je m'y arrêtai pour dîner; tandis qu'on mettait mon couvert, je remarquai deux cuillers en vermeil, d'une forme antique et singulière, et dont les manches étaient curieusement ciselés. Je m'enquis de mon hôte d'où elles lui venaient. Elles s'étaient, me dit-il, transmises dans la famille, de père en fils, depuis fort longtemps; voilà tout ce qu'il en savait. Selon toute apparence, elles avaient jadis fait partie de l'argenterie de campagne d'un de ces fiers barons d'Autriche ou de Souabe, qui ne se doutait assurément guère, en quittant son manoir crénelé, qu'il venait se faire tuer et dépouiller à Amstoss par des *vachers* suisses, et qu'un jour un *tourist* se servirait d'une fricassée d'auberge avec ses cuillers, tout en philosophant sur les vicissitudes humaines.

Dès que j'eus dîné, je me rendis sur le champ de bataille d'Amstoss, à une petite demi-lieue d'ici. On vit, dans cette journée, un noble comte de Werdenberg, poussé au désespoir par la tyrannie de l'Empereur, déposer son casque empanaché et son écusson armorié, pour faire cause commune avec les pâtres de l'Appenzell, à la tête desquels il combattit pieds nus, couvert comme eux d'un sarrau de toile, les animant de son exemple, et concourant, par son courage expérimenté, à leur assurer la victoire. L'histoire rapporte qu'un seul homme, Uli Rotach d'Appenzell, s'adossant à une grange, fit face à douze Autrichiens, en tua cinq et ne succomba que lorsque la grange, embrasée par l'un des survivants, ne put plus protéger son courage. Ce furent les eaux ensanglantées d'un ruisseau qui apprirent aux gens du Rheinthal cette victoire si chèrement disputée. Le combat dura six heures, et les Autrichiens étaient quatre contre un.

Ce serait se faire une très-fausse idée de ces combats d'autrefois que de les comparer à ceux qui se livrent de nos jours. On se battait alors, sans en savoir bien long, contre des gens qui n'en savaient guère plus; l'art des manœuvres n'existait point encore, ou du moins était dans l'enfance, et les efforts de la valeur n'avaient point à craindre de venir se briser contre une habile combinaison stratégique, ou de se voir paralysés par elle. Il s'agissait surtout de frapper fort et juste, et il faut convenir qu'en ceci les Suisses possédaient sur leurs ennemis bardés de fer un avantage réel. Nés au milieu de leurs montagnes, dont l'air salubre et fortifiant semble doubler l'énergie vitale, leurs mœurs, leur genre de vie, la crainte de retomber sous la domination d'un maître irrité, tout contribuait à accroître leur intrépidité naturelle, et puis, ce qui est beaucoup, les premiers succès avaient été pour eux, et ils avaient gagné par là, en force morale, tout ce que leurs adversaires avaient perdu. Aussi voyons-nous la terreur panique occasionnée par l'arrivée imprévue d'un renfort, souvent même par une méprise, jouer un grand rôle dans ces déroutes de chevaliers et d'hommes d'armes, qui n'étaient pourtant pas des poltrons. En outre, la manière de combattre de ces héroïques paysans, leurs armes insolites, leurs cris sauvages, déconcertaient les routiniers les plus intrépides. Pour achever enfin le tableau de la supériorité des Suisses, observons qu'ils combattaient sur leur terrain, enflammés d'un enthousiasme que leurs ennemis ne pouvaient connaître.

A quelques lieues d'ici se trouve le beau village de Trogen, l'un des chefs-lieux de la partie protestante du pays, c'est-à-dire des *Rhodes extérieurs*. C'est là que se tiennent, tous les deux ans, les comices de ce petit peuple, qui offrent, dit-on, un spectacle d'un haut intérêt. Malheureusement pour les étrangers, l'époque de la convocation de la *landsge-*

meinde ne cadre pas avec la saison des voyages : elle est fixée au premier dimanche de mai, et c'est encore l'hiver pour cette région élevée. M. Zellweger, l'un des citoyens les plus justement considérés de Trogen, m'a fourni sur cette assemblée quelques détails que j'offrirai au lecteur, faute de ne pouvoir en parler comme témoin oculaire. Tout bourgeois ayant atteint l'âge de seize ans a droit de venir, en personne, faire ici acte de souveraineté, soit en nommant les nouveaux magistrats, en concourant à la formation des lois, soit en statuant sur des objets d'intérêt public, en contrôlant les dépenses faites et votant les dépenses à faire. On voit ces paysans arriver des hameaux voisins l'épée au côté, et chantant en chœur des chansons patriotiques; ils se réunissent sur la grande place de Trogen au nombre de plusieurs milliers. Alors la séance s'ouvre par une prière; les magistrats nommés l'année précédente viennent, la tête découverte, résigner leurs fonctions entre les mains du peuple, et font procéder à de nouveaux choix. C'est en levant la main que les citoyens donnent leurs suffrages; s'il y a doute, on fait voter individuellement et tous passent, à tour de rôle, devant les scrutateurs, qui recueillent les votes. Un grand ordre, une grande décence, règnent habituellement dans cette assemblée, et, au moment où le peuple reçoit le serment de ses nouveaux magistrats, il se fait tout à coup dans cette foule nombreuse un silence dont l'effet est solennel et imposant. Cependant cette démocratie a quelquefois aussi ses caprices et ses passions. En 1729, des désordres graves éclatèrent, à Trogen, au sein de la landsgemeinde, et firent ressortir le beau caractère de deux magistrats, de Laurent Zellweger et de son fils; leur conduite, en cette circonstance, rappela celle de ces grands citoyens dont l'ingratitude du peuple d'Athènes mit si souvent le patriotisme à l'épreuve.

Il y a plus de civilisation, de lumière et d'aisance dans la partie protestante du canton d'Appenzell que dans la partie catholique. La population aussi y est plus considérable des deux tiers, et bien plutôt industrielle qu'agricole ou pastorale. Les deux chefs-lieux, Trogen et Herisau, sont des villes, si on les compare au bourg d'Appenzell. Des citoyens généreux que le commerce a enrichis ont fait un noble usage de leur fortune en y fondant des établissements de bienfaisance et d'utilité publique, tels que des maisons d'orphelins, des écoles pour les enfants pauvres. A Trogen il existe une bibliothèque, et M. Zellweger, dont j'ai parlé, possède une collection très-curieuse de pièces et documents relatifs à l'histoire de son pays.

On sait que l'Appenzell faisait jadis partie des immenses domaines de l'abbaye de Saint-Gall, qui l'administrait par des baillis dont l'autorité n'avait rien de bien paternel. L'un d'eux était surtout connu par sa dureté : lorsqu'il n'était pas content du meilleur habillement des coffres, qui lui était acquis à titre de droit de succession, il faisait ouvrir le cercueil, pour dépouiller le défunt de celui dans lequel ses enfants l'avaient enseveli. Un autre lâchait deux énormes dogues aux trousses des paysans qui cherchaient à se soustraire à certain péage vexatoire : les habitants de l'Appenzell supportaient impatiemment ces actes tyranniques et se préparaient, par des résistances partielles, à secouer le joug définitivement. Placés sous l'interdit pour désobéissance envers leur seigneur, ces bonnes gens vinrent une première fois à résipiscence, ne voulant pas, disaient-ils, rester sous la *chose*, c'est ainsi qu'ils désignaient la sentence portée contre eux. Plus tard, il est vrai, ils bravèrent cette arme spirituelle; et, peu scrupuleux en matière de liberté de conscience, ils forcèrent leurs curés à leur dire la messe, en dépit d'un nouvel interdit. Peu à peu les résistances devinrent plus vives de leur part, et les prétentions plus exigeantes de la part des abbés. L'un de ceux-ci, Cuno de Stauffen, dit à l'archiduc d'Autriche Frédéric : « Les *Rhodes* d'Appenzell menacent, si l'on n'y prend garde, de devenir une seconde Suisse. » Ils vérifièrent cette prédiction peu de temps après à Amstoss. Une fois affranchis, ils firent trembler, à leur tour, la noblesse du voisinage et attaquèrent avec succès maints châteaux. La chronique raconte qu'ayant, entre autres, pris d'assaut un fort où certain chevalier, connu par ses déprédations, faisait sa résidence, ces paysans, dans leur simplicité, négligèrent de prendre l'argent monnayé et en lingots qu'ils y trouvèrent, préférant emporter des caisses de poivre et d'épices dont ils faisaient bien plus grand cas. La manie des conquêtes s'empara également d'eux, et ils voulurent aussi avoir des sujets; il fallut que leurs confédérés de la Suisse s'opposassent à ces projets d'envahissement, en les menaçant de renoncer à leur alliance.

Le beau village de Teufen, que j'ai traversé en venant à Gaiss, me fournit une anecdote qui offre un exemple de la simplicité des mœurs du pays et de cet extérieur de bonhomie sous lequel ces paysans-magistrats cachent l'adresse et la fermeté dont ils ont besoin quelquefois dans l'exercice de leurs fonctions. Le landamman de Teufen était occupé à couvrir le toit de sa maison, lorsqu'il vit arriver, au nombre de cinq ou six cents, les habitants d'une paroisse voisine, au sujet d'une réclamation qu'ils avaient à faire valoir contre sa commune. Leur but était de l'intimider; il ne s'y méprit pas, affecta de continuer tranquillement son ouvrage, et, lorsqu'on lui cria, du milieu de cette foule tumultueuse, qu'on avait à lui parler, il répondit froidement : « Eh bien, envoyez-moi quelqu'un ici pour exposer votre affaire. » Une députation grimpa en effet sur le toit, au risque de se rompre le col, et le magistrat, lui ayant donné audience, dit : « C'est bien, nommez des commissaires, et nous allons en conférer ensemble à l'hôtel de ville. » Il ne voulait que gagner du temps, et, lorsqu'il vit les habitants de sa commune réunis en assez grand nombre pour paralyser les mauvais desseins des réclamants, il se rendit en costume à l'hôtel de ville, écouta les commissaires et leur répondit avec dignité : « C'est à la justice à prononcer sur cette affaire; mais vous, comment avez-vous osé, au mépris de vos devoirs et de vos serments, venir ainsi, au nombre de plusieurs centaines, présenter une réclamation dont les juges n'ont encore pu connaître? Avez-vous espéré les intimider et leur arracher par la violence une décision qui vous fût favorable? Je vous somme de vous disperser sur-le-champ et de retourner paisiblement chez vous attendre leur arrêt. » La cohue des pétitionnaires collectifs et ses meneurs ne se le firent pas répéter.

En approchant d'Appenzell, le pays prend un peu plus de caractère : il est plus boisé, les montagnes s'élèvent, et la masse imposante du Sentis rappelle le voisinage des Alpes; les habitations n'ont plus le même aspect; on s'aperçoit tout de suite qu'on a quitté un pays manufacturier pour une contrée de pasteurs; les maisons en bois du bourg d'Appenzell, sombres et enfumées, portent le cachet suisse, tandis que celles que vous avez vues à Saint-Gall et à Trogen se retrouvent partout; vous reconnaissez que l'aisance et les raffinements de la vie civilisée n'ont point encore pénétré ici, et ce que le judicieux et spirituel Bodmer disait des Appenzellois, vers la fin du siècle dernier, leur est encore applicable : « Dès que ce petit peuple a tenté de faire un pas en avant vers les recherches de la civilisation, il se hâte d'en faire deux en arrière, dans la crainte de nuire à sa liberté. » Nulle part, en Suisse, on ne trouve au même degré qu'ici l'esprit républicain dans l'acception favorable du mot; l'égalité y existe dans les mœurs non moins que devant la loi, et les plus riches habitants de Trogen et de Herisau mangent encore aujourd'hui avec leurs domestiques. Les rapports sociaux et les rapports de famille sont établis sur un pied vraiment patriarcal; les citoyens, vivant plus rapprochés, se connaissent; aussi il est rare que la considération publique ne s'attache pas à ceux qui la méritent. Il est à observer que le bon esprit des Appenzellois et la rectitude de leur jugement ont su les préserver des égarements de cet esprit de vertige qui a soufflé sur la Suisse pendant ces dernières années. S'ils ont échappé aux dangers des innovations violentes et non mûries par la réflexion, ce n'était pas assurément faute d'avoir chez eux des gens qui prêchassent la réforme radicale, et autour d'eux d'autres gens qui s'efforçassent de la réaliser. Le journal le plus ultra-démagogique, le plus incendiaire de toute la Suisse, qui se publie dans ce canton, poussait chaque jour les populations à la révolte et à la guerre civile, assuré de l'impunité par ce même ordre légal qu'il travaillait à renverser.

Appenzell est le chef-lieu des *Rhodes intérieurs*, de la partie catholique du pays, qui ne compte guère que treize mille cinq cents habitants, tandis que l'autre en a près de trente-six mille; les deux communions vivent en bonne intelligence, quoique formant, depuis le milieu du seizième siècle, deux petits États indépendants, qui pourtant ne constituent qu'un seul canton n'ayant qu'une voix en diète; la différence des cultes, non moins que celle des intérêts, avait rendu nécessaire cette séparation, qui se fit à l'amiable. L'introduction de la réforme n'a point ici fait couler le sang, comme dans d'autres parties de la Suisse. Dans toutes les communes où il y avait dissidence, on a voté pour la conservation de l'ancien culte ou pour l'adoption du nouveau, et partout la minorité a accepté la religion de la majorité. Qu'on ait employé ce bizarre expédient au seizième siècle pour sortir d'embarras, passe encore! mais voir, au dix-neuvième, un député, néophyte ardent de l'abbé Châtel, venir proposer sérieusement à la tribune une pareille mesure pour le petit nombre de nos communes de France où il compte des coreligionnaires, c'est là, en vérité, ce dont on a peine à revenir.

J'ai eu l'honneur d'être hébergé par M. le landamman d'Appenzell. Ce magistrat jouit toujours, en vertu de sa charge, du droit d'auberge, et sait très bien dans l'occasion poser les limites qui séparent l'exercice de sa profession personnelle de l'accomplissement de ses fonctions publiques. J'ai entendu dire que celui-ci ou l'un de ses prédécesseurs avait coutume de descendre avec empressement dès qu'il entendait un cheval ou une voiture s'arrêter à sa porte; il ouvrait officieusement la portière ou tenait l'étrier à l'arrivant, le conduisait dans la salle et là lui disait : « Si vous voulez seulement loger ici, monsieur, vous n'avez qu'à commander, je suis à vos ordres; mais, si vous avez à parler à M. le landamman, posez votre chapeau et votre fouet sur cette table, et dites-moi votre affaire. » J'en avais bien une, moi, sur laquelle je voulais consulter mon hôte, mais il n'eut pas besoin pour celle-là de revêtir sa mine officielle. J'avais bonne envie de monter au sommet du Sentis, la plus haute montagne du canton, d'où l'on jouit, dit Ébel, d'une vue magnifique; mais il m'en dissuada : la course était pénible et périlleuse. Un colonel suisse avait vu tuer par la foudre, l'année précédente, son guide qui marchait à ses côtés, et lui-même, gravement atteint, avait eu peine à sauver sa vie : il lui avait fallu se traîner péniblement au travers des neiges et le long d'effrayants précipices pour regagner un chalet où il pût trouver des secours. Je n'étais pas seul, et j'abandonnai mon projet, qu'on me présenta comme inexécutable.

J'ai eu un motif de plus d'apprécier la justesse du mot de Bodmer, au sujet des raffinements de la civilisation qui ont tant de peine à s'introduire dans ce canton. L'aventure que je vais conter fera dresser les cheveux sur la tête de quiconque est doué le moins du monde du sentiment du *comfort* et de l'existence *fashionable*. J'avais demandé du thé pour mon déjeuner; impatienté de ne voir rien arriver, ni bouilloire, ni théière, j'entrai dans la cuisine, où je trouvai la bonne dame de l'auberge qui, à l'aide d'une cuiller de bois, remuait dans un poêlon quelque chose sur le feu : c'était mon thé ! Une trentaine de feuilles valsaient en rond dans l'eau tiède, et se parfumaient de l'arome qui s'échappait de la fumée du bois de sapin. Cette méthode me parut si neuve, que je laissai faire, curieux de savoir ce qui sortirait de là. Un instant après la dame, d'un air satisfait, m'apporta ce breuvage dans une cafetière, et avec du lait chaud ! Toutefois je me résigne, j'avale... J'en frémis encore d'horreur, *horresco referens* : c'était du thé de Suisse, autrement nommé vulnéraire !

En voyant cette contrée solitaire et sauvage et cette modeste bourgade, on a peine à se figurer qu'ils aient pu être témoins de ces révolutions et de ces revers de fortune qui marquent chacune des pages de l'histoire des républiques anciennes. Et cependant, sur ce coin de terre, de même qu'à Rome, les factions ont lutté, triomphé et succombé tour à tour; elles ont joué leurs sanglantes tragédies, qui ne différaient de celles de la capitale du monde que par l'exiguïté du théâtre et l'obscure condition des acteurs principaux. A Rome on se disputait à qui commanderait à un peuple auquel obéissaient les rois; ici il n'était question que d'obtenir l'autorité suprême parmi quelques tribus de pasteurs; mais dans les deux cas il s'agit d'être le premier, le but est le même, les moyens se ressemblent, et, quelque différente que soit l'importance des résultats, les haines n'en sont pas moins implacables, les brigues moins actives, le succès moins insolent, et la réaction moins cruelle. Ici Pompée sera un aubergiste, et César un marchand de bétail; quant au peuple, il se montrera tel que l'esprit de parti l'a fait partout et dans tous les temps : instrument aveugle entre les mains de quelques fourbes ou de quelques rêveurs passionnés, il renversera et foulera aux pieds l'idole encensée par lui la veille, et insultera, dans sa légèreté stupide, à la chute de l'homme qu'il aura élevé aux *triples honneurs*.

Un aubergiste, nommé Suter, homme de bien et de capacité, remplissait depuis longtemps les fonctions de landamman à Appenzell, où l'affabilité de ses manières, son esprit vif et enjoué, l'avaient rendu très-populaire. Cependant la faction opposée à celle qu'il représentait réussit, en tirant parti habilement de quelques-unes de ses fautes et en ourdissant de longue main de ténébreuses intrigues, à le faire traduire en jugement pour je ne sais quelle cause, et bannir à perpétuité du pays. Suter partit pour l'exil et se retira à Constance. Mais la rage de ses ennemis n'était point assouvie; ils ne l'avaient fait bannir que parce qu'ils ne se croyaient pas encore assez en crédit pour obtenir contre lui une sentence plus rigoureuse. Devenus plus forts, ils résolurent de compléter leur vengeance. A cet effet, ils font dire à sa fille, restée à Appenzell, que, si son père veut revenir, on fermera les yeux sur son retour, et que même le jugement qui l'a condamné pourra être annulé. Dupe de cette noire perfidie, celle-ci se hâte d'écrire à son père pour lui transmettre cette nouvelle et l'engager à venir, à jour fixe, à un village qu'elle lui désigne, et où il doit trouver un sauf-conduit. L'infortuné vieillard s'y rend sans défiance, et ne connaît le piège qu'on lui tend que lorsqu'il ne lui est plus possible de s'y soustraire. Des gens apostés le saisissent, le garrottent sur un traîneau, et, sans égard pour son âge, l'amènent par une nuit glaciale de janvier à Appenzell, où tout est préparé d'avance pour qu'il ne puisse pas échapper. Il comparaît devant un tribunal où ses ennemis dominent; on l'y accuse d'avoir conspiré contre l'indépendance du pays; vainement on le presse par des questions insidieuses, il ne se coupe point dans ses réponses; on cherche à obtenir de lui des aveux : fort de son innocence, il s'y refuse, et la torture ne peut lui arracher que des cris de douleur. Enfin, malgré l'opposition d'un grand nombre des juges, la sentence est prononcée; le président brise sur sa tête dévouée la fatale baguette, et on le traîne au supplice, qu'il subit avec une fermeté dont il ne s'était pas départi. Je n'ajouterai qu'une seule observation pour faire ressortir l'atrocité de ce fait : il n'est pas du quinzième siècle; il s'est passé au commencement du siècle dernier.

Il n'y a pas plus de soixante ans qu'on a représenté ici, sur la place publique, un *mystère* intitulé les *Amères souffrances et la Passion de Notre-Seigneur Jésus-Christ;* il fut applaudi avec fureur par toutes les populations des villages voisins. Dans la commune catholique de Burnegg, une représentation semblable avait eu lieu, peu de temps auparavant, avec le même succès; il parut sur la scène soixante-six personnages, parmi lesquels figuraient deux diables. Qui sait? peut-être un jour l'Appenzell aura-t-il son Racine, peut-être même son Hugo! il y a commencement à tout; voilà déjà qu'il a eu son Jodelle.

Le chemin par lequel je suis sorti du canton ressemble fort à celui que j'ai suivi en y entrant. Je franchissais, au petit pas, les innombrables collines dont sa surface est bosselée, et qui toutes se ressemblent: c'est toujours une verdoyante pelouse au midi, sur le revers opposé un bouquet de sapins, et, au sommet, une petite maison de paysan. Ces collines ont l'air d'avoir été jetées au hasard et ne se rattachent à aucun système, à aucune chaîne régulière; toutes sont de la même forme et de la même hauteur; cette monotonie du paysage fatigue autant que la lenteur avec laquelle on chemine. Je remarquai, sur la route, de beaux villages dont l'air d'aisance constrastait avec l'aspect d'Appenzell; peut-être appartiennent-ils aux Rhodes extérieurs. Nous nous arrêtâmes pour dîner à Lichtensteig, petite ville du canton de Saint-Gall, qui est à la fois agricole et manufacturière et compte six cents habitants; elle possède une société de lecture dont font partie toutes les sommités sociales de l'endroit ainsi que les bourgeois un peu aisés. La composition variée du catalogue ferait honte à la plupart de nos villes de province. J'ai déjà eu plus d'une fois l'occasion de me convaincre que le goût de la lecture, suite nécessaire d'un certain degré de culture intellectuelle, est fort répandu dans ce pays-ci et ne se borne pas à cette classe chez laquelle la richesse crée des loisirs. Lichtensteig est le chef-lieu de l'ancien comté du Toggenbourg, dont la possession, longtemps disputée entre les cantons, fit couler tant de sang. Plus tard, les prétentions tyranniques de l'abbé de Saint-Gall Léodegar sur ce pays et les mesures violentes dont il les appuya suscitèrent de nouveau, parmi les confédérés, qui prirent fait et cause suivant leurs intérêts, des différends qui dégénérèrent bientôt en guerre de religion. Cette guerre, après avoir désolé la Suisse pendant plusieurs années, se termina par la bataille de Vilmergen, sanglante revanche que les protestants prirent sur les catholiques.

La montée du Hummelwald, que je gravis à pied, me rappelle un trait honorable pour le canton de Schwytz. L'abbé de Saint-Gall ayant ordonné aux habitants du Toggenbourg de construire cette route à leurs frais, ceux-ci représentèrent qu'ils n'y étaient nullement tenus, et furent frappés en conséquence d'une forte amende. Ils eurent alors recours à leurs voisins, et le canton de Schwytz n'hésita pas à prendre le parti de ces paysans opprimés, bien qu'ils ne fussent pas catholiques : « Quand même les gens du Toggenbourg seraient des Turcs ou des païens, dit un orateur à la *landsgemeinde*, ils n'en sont pas moins nos alliés et nos frères, et nous leur devons aide et assistance. » Je dois ajouter cependant que la conduite postérieure de ce même canton, dans le cours de cette guerre, ne fut pas conforme à ces généreuses paroles.

La partie du Toggenbourg que j'ai traversée en me rendant à Utznach n'a rien d'intéressant : c'est, jusqu'au sommet de la colline du Hummelwald, une vallée plate, monotone et marécageuse, sur laquelle s'élèvent des habitations assez pauvres ; le bas Toggenbourg est bien plus riche et plus pittoresque. En descendant à Utznach, la vue, qui s'étend sur une portion du lac de Zurich et sur les montagnes qui l'encadrent, est assez remarquable ; mais, une fois au bas, on est attristé par la vue des marais dont on longe les bords jusqu'à Wesen. Cette misérable petite ville a été, presque simultanément, victime des ravages de la guerre, des inondations et de la fièvre causée par les exhalaisons délétères qui empoisonnaient l'air avant que le cours de la Linth eût été détourné et rectifié par les utiles travaux de M. Escher de Zurich [1]. L'habile ingénieur conçut et exécuta le projet de conduire cette rivière, dont les inondations annuelles désolaient la contrée, dans le lac de Wallenstadt, où elle dépose les pierres et le gravier qu'elle charrie, et d'où elle sort ensuite pour se jeter dans le lac de Zurich. De la sorte, on est parvenu à assainir et à rendre à l'agriculture des marais immenses que le défaut de bras et de capitaux a jusqu'ici empêché de mettre en rapport en totalité. Sur ce terrain nouvellement conquis, on a établi une école d'agriculture pour quarante enfants pauvres; elle est dirigée par un élève d'Hofwyl et placée sous la surveillance des autorités de Glarus. On en a déjà obtenu d'utiles résultats.

Le lac de Wallenstadt est très-beau, aussi beau, dans son genre, que celui de Lucerne (j'entends de Brunnen à Fluelen). D'un côté, des rochers imposants, profondément crevassés, d'une élévation prodigieuse, qui surplombent parfois sur leur base, et entre lesquels descendent des *alpes* ombragées de sapins; de l'autre, des croupes de montagnes verdoyantes, cultivées et couvertes d'habitations isolées et de hameaux; les deux rives se font mutuellement valoir par la diversité de leurs caractères. On dit ce lac dangereux; c'est une vieille erreur accréditée, je pense, par la difficulté de prendre terre en certains endroits, si l'on s'y trouvait surpris par l'ouragan. Les vents y soufflent avec une régularité que les bateliers connaissent; j'ai fait deux fois le trajet dans le même jour, et l'on m'a assuré que les accidents sont aussi rares sur ce lac mal famé que sur les autres. La navigation y est fort active, et c'est par ici que se fait le transit des marchandises qui vont d'Italie à Zurich, à Bâle et Francfort, par le grand-duché de Bade. Voici un fragment de Benvenuto Cellini, l'écrivain-ciseleur, qui me paraît mériter les honneurs de la citation : « Ce lac est fort dangereux en raison de l'escarpement de ses rives, et la frayeur me prit dès que je vis ces bateaux étroits, mal construits et qui n'étaient même pas goudronnés. Je ne serais certainement pas entré dans celui qui nous était destiné, si je n'avais vu quatre gentilshommes suisses s'embarquer, eux et leurs chevaux, dans un bateau semblable; mes jeunes compagnons de voyage se refusèrent obstinément à me suivre. Eh! poltrons que vous êtes, leur criai-je, ne voyez-vous donc pas avec quelle tranquillité ces gen-

---

[1] Il reçut à cette occasion le nom d'Escher de la Linth, sous lequel on le désigne communément aujourd'hui.

tilshommes nous ont précédés? Si le lac était plein de vin, peut-être ne demanderaient-ils pas mieux que de s'y noyer; mais, comme il s'agirait ici d'avaler de l'eau plus que de raison, je ne pense pas qu'ils s'en souciassent beaucoup. » On voit, par ce passage, que, dès le seizième siècle, les Suisses et le lac de Wallenstadt étaient déjà en possession, les uns de leur bonne, l'autre de sa mauvaise réputation.

La petite ville de Wallenstadt, où j'ai dîné, doit beaucoup aussi aux utiles travaux de M. Escher de la Linth. Les fièvres et les inondations la désolaient jadis, et un incendie, qui la détruisit presque entièrement en 1799, combla, pour les malheureux habitants, la mesure des calamités. La régularité de la ville, rebâtie à neuf, y a gagné; mais les ressources qu'offre le transit ne font disparaître que bien lentement les traces de pareils ravages. Les deux bourgades situées aux deux extrémités du lac sont ce que j'ai encore vu de plus misérable en Suisse. L'extérieur pauvre et délabré des habitations, l'air maladif des gens que l'on rencontre, le monotone aspect de ces vastes champs de roseaux, tout contribue à en rendre l'aspect mélancolique. Les amateurs des souvenirs de l'antiquité romaine pourront aller aux villages de Terzen, de Quarten et de Quinten demander des nouvelles des troisième, quatrième et cinquième détachements de la légion jadis cantonnée dans le pays.

Je revins à Wesen dans l'intention de visiter le champ de bataille de Nœfels, deux fois illustré à quatre siècles d'intervalle. En passant un pont jeté sur le canal de Mollis, par lequel la Linth a été dirigée vers le lac de Wallenstadt, je fus frappé de la rapidité du courant. Elle offre une garantie rassurante contre le renouvellement des inondations, et prouve que l'ingénieur avait bien pris ses niveaux.

La victoire de Nœfels est certainement l'une des plus remarquables que les Suisses aient remportées sur les oppresseurs de leur liberté, et j'ajouterai l'une des moins connues; on pourra s'en assurer en lisant les détails suivants, extraits des écrivains contemporains. Les Glaronnois, commandés par de Buhlen, trop faibles pour conserver leurs lignes devant la masse imposante des forces autrichiennes, avaient à la hâte pris position sur les collines de Ruti; de Buhlen y plante la bannière de Glarus, et s'y voit bientôt rejoint par des pelotons de trente à cinquante hommes, qui, se forçant un passsage au travers des ennemis, viennent se rallier autour de lui. Les Autrichiens attaquent avec fureur ce mamelon; ils en sont repoussés par les Glaronnois, qui les poursuivent dans la plaine, mais sont forcés de se replier sur leurs positions. Pendant cinq heures, onze attaques infructueuses ont lieu de la part des Autrichiens, vingt fois plus nombreux que ces intrépides montagnards, qu'ils ne peuvent parvenir à rompre. Cependant ceux-ci, épuisés par une lutte si prolongée et si inégale, vont céder à une dernière charge, lorsqu'une bannière amie paraît tout à coup sur la pente d'une alpe rapprochée. Ce sont des hommes de Schwytz, au nombre de cinquante, que les Autrichiens prennent pour l'avant-garde d'un corps nombreux de confédérés. Cette vue ranime le courage chancelant des Glaronnois, trompés sans doute aussi sur la faiblesse du renfort qui leur arrive; ils tentent un nouvel effort que le succès couronne, reprennent l'offensive, culbutent l'ennemi et le poursuivent, la hallebarde dans les reins, jusqu'aux portes de Wesen. Puis ils reviennent se jeter à genoux sur le champ de bataille, selon leur coutume : « Chacun d'eux, rapporte le chroniqueur Tschudi, récita cinq *Pater* et cinq *Ave*, glorifiant et remerciant Dieu, la sainte Vierge, ainsi que saint Fridolin et saint Hilaire, leurs bons patrons, de ce qu'en cette journée ils avaient sauvé leurs maisons, leurs biens et la liberté de leur patrie. » Les vainqueurs eurent cinquante-cinq morts et cent blessés; il resta sur le champ de bataille deux mille cinq cents Autrichiens, parmi lesquels se trouvaient deux cents comtes, barons et chevaliers, portant le casque couronné. Les bannières d'Autriche, de Toggenbourg, de Montfort, de Stuttgart, de la ville impériale de Schaffhouse, tombèrent au pouvoir des Suisses. Vingt mois plus tard, lorsque la paix générale eut été conclue, les familles des nobles qui avaient péri dans la bataille demandèrent l'autorisation de bâtir un couvent sur l'emplacement des grandes fosses où tous les morts avaient été jetés pêle-mêle. Le peuple de Glarus s'y refusa, mais y fit construire une modeste chapelle « pour la consolation des vivants et le repos de l'âme des trépassés, » ainsi qu'il est dit dans l'acte de fondation. L'anniversaire de cette glorieuse journée est célébré, tous les ans, par une procession, après laquelle il est fait lecture publiquement d'un récit de la bataille, qui remonte à une époque fort ancienne, quoique postérieure, qui est accompagné des noms de ceux qui sont morts pour la patrie.

C'est sur ces mêmes collines de Ruti qu'en 1799 une petite division de l'armée française, commandée par Molitor, réussit, au moyen de manœuvres savantes et en tirant habilement parti de ses positions, à acculer les Russes, dix fois plus nombreux, dans la vallée de Glarus, et força enfin Souvarow et son armée à évacuer ce canton par un des passages de montagnes les plus difficiles qu'il y ait en Suisse (le passage du Krauchthal, qui aboutit à Sargans). Il fut franchi la nuit, à la lueur des torches; c'est un des beaux triomphes de la science stratégique.

Dès qu'on a mis le pied dans le canton de Glarus, on se retrouve au milieu des hautes Alpes; leur caractère imposant et grandiose est empreint sur ces montagnes aux formes hardies et aux proportions colossales, et, lorsqu'on vient de l'Appenzell, le contraste est frappant. Le fond de la vallée, riant, fertile, bien cultivé, est ombragé de noyers et d'arbres à fruits. Les habitants sont, pour la plupart, fabricants, mais s'occupent, outre cela, d'agriculture et de l'éducation des bestiaux. Le joli bourg de Glarus, propre et bien bâti, s'étend dans un vallon resserré que dominent les rochers menaçants du Glœrnisch et du Schilt. Tout auprès s'ouvre le Klœnthal, l'un des sites les plus romantiques et les plus délicieux de la Suisse, à ce que disent les connaisseurs; le temps ne m'a pas permis de le visiter. Il vaudrait la peine de s'arrêter un jour ou deux ici, pour parcourir en détail les environs, qui offrent des points de vue variés et magnifiques. La cathédrale, ancienne et d'architecture gothique, mérite également d'être vue. Il existe à Glarus un grand mouvement commercial et manufacturier, mais le produit particulier au pays est une espèce de fromage nommé *schabzieger*, que l'on prépare avec le mélilot ou trèfle musqué. Ce fromage, d'une forte odeur aromatique, s'exporte en Italie et dans les cantons voisins; il est verdâtre et comme persillé; les gourmets en font grand cas. Les Glâronnois sortent volontiers de chez eux pour aller tenter au dehors la fortune, qui, le plus souvent, leur est favorable par suite de leur aptitude pour le commerce et de leur esprit d'ordre et d'économie; on en voit dans presque toutes les grandes villes commerciales; mais, de même que les autres Suisses, ils reviennent dans leur pays jouir du fruit de leurs travaux.

Cette bourgade alpestre a été, au quinzième siècle, le théâtre d'un événement rare dans ces contrées, et que l'on supposerait plutôt devoir appartenir à l'Allemagne ou à la France, à l'un de ces pays enfin où régnaient les habitudes chevaleresques. Un pâtre des environs, poussé, dit la chronique, par une haine personnelle, accusa publiquement son beau-frère d'avoir commis un de ces crimes qu'on punissait alors par le supplice du feu. L'inculpé demanda et obtint, des magistrats et du peuple, qu'il lui fût permis de tenter, pour se purger de l'accusation, l'épreuve du combat judiciaire. Le jugement de Dieu étant accordé, les deux beaux-frères descendirent en champ clos, ayant chacun, pour toute arme, une épée à deux mains. Une foule immense s'était réunie, attirée par ce spectacle extraordinaire; avant que le combat commençât, cette foule se jeta spontanément à genoux pour demander à Dieu qu'il fît triompher l'innocent : ses vœux furent exaucés. Les deux champions s'attaquèrent avec fureur, et, dès les premiers coups, le calomniateur, blessé mortellement, tomba; il n'eut que le temps de confesser son crime.

Je poussai le même jour jusqu'à Linthal, village qui est tout au fond de la principale vallée du canton. L'amphithéâtre formé par les parois à pic du Dœdi et que dominent plusieurs cimes couvertes de neiges éternelles est tout ce qu'on peut voir de plus imposant et de plus majestueux. On se croirait enfermé dans cette vallée, en apparence sans issue, et, en contemplant les revers escarpés des Alpes Clarides, je me demandais comment nous en sortirions le lendemain. Le soleil, couché depuis longtemps pour nous, dorait les sommités de ces magnifiques montagnes; le calme et le silence du soir ajoutaient je ne sais quoi de solennel à ce spectacle, auquel nous ne pûmes nous arracher tant qu'une faible lueur éclaira encore les neiges du Piz-Roseïn, de cette même sommité dont, quelques jours auparavant, nous avions vu le revers dans le canton des Grisons.

L'auberge était pleine; cependant nous eûmes à souper. Quand l'heure de se coucher fut venue, l'aubergiste, n'ayant plus de lits disponibles, nous mena dans une maison voisine, de fort bonne apparence, comme toutes celles de la vallée; elle appartenait à son frère. On nous y donna une chambre très-propre avec de bons lits, des rideaux aux fenêtres, etc.; mais, en y montant, je sentis une odeur singulière que je crus reconnaître : la chambre, les meubles, tout en était imprégné, je dirai mieux, empesté. Je ne tardai pas à me convaincre que j'étais dans une fabrique de ce fromage aromatisé dont il a déjà été question. L'odeur en était si forte et si pénétrante, que je ne pus dormir tranquillement de toute la nuit. Cet incident me fait revenir à la mémoire un mot plaisant que je tiens d'un spirituel Appenzellois. Il voyageait avec un de ses amis dans ce canton, à l'époque de la fabrication de ce fromage; quand ils furent retirés le soir dans leur chambre à coucher, l'un d'eux ouvre la

fenêtre, et, son ami lui demandant : Que fait le temps? il répondit :
« Le temps? eh! mais, il sent le *schabzieger*[1]. »

Les environs de Linthal offrent deux ou trois belles cascades, et le Pantenbrucke, pont jeté sur un gouffre de deux cents pieds au fond duquel bouillonne la Linth, mérite aussi d'être vu; mais notre journée était longue et pénible : je sacrifiai donc ces merveilles, et pris un sentier assez roide, qui, montant en zig zag au travers d'une superbe forêt de sapins, me mena, en trois heures, à la vallée supérieure d'Urnerboden, vallée d'un aspect assez riant, tapissée de pelouses verdoyantes et parsemée de chalets habités. Les vaches y étaient déjà; et l'on peut dire que dans ces régions élevées et solitaires leur présence n'est jamais de trop; elles font compagnie au voyageur, et le gastronome a également à s'en louer. De là, nous avions encore à monter un étage pour parvenir au sommet du col; l'ascension était pénible : de longues bandes de neige à demi-fondue, entrecoupées d'oasis de boue, rendaient notre marche encore plus difficile. L'aspect général de la contrée était triste et désolé. Des parois de rochers dépouillés, au-dessus desquels s'élançaient les cimes colossales du Dœdi et du Scherhorn; des Alpes nouvellement dégarnies de neige et qui n'avaient pas encore eu le temps de reverdir; sur le revers opposé, le fond de la vallée de la Schœchen également sauvage et aride; par-dessus tout cela un ciel gris et sans transparence, voilà le tableau que m'a présenté ce col, le troisième que j'ai franchi jusqu'ici. Parvenus à la Balmwand (la paroi de la *Beaume*), nous commençâmes à descendre rapidement par un chemin pierreux, et, en deux heures, nous nous trouvâmes installés, tant bien que mal, dans la seule auberge du village d'Unterschœchen. Cet hôtel, peu fréquenté, comme on pense, ne peut héberger des hôtes nombreux; aussi mon guide, ayant aperçu de loin une bande de voyageurs qui venaient d'Altorf, s'était hâté de prendre les devants pour faire les logements; sans cette précaution j'aurais sans doute couché sur le foin de la grange. Je fus m'asseoir, en attendant notre souper frugal, en face d'une gorge resserrée entre des parois de rochers d'une prodigieuse élévation, et qui aboutissait à une magnifique cime que je crois, à l'inspection de la carte, être la Windgelle. Je vis s'éteindre, sur ses neiges éblouissantes, les derniers reflets des rayons du soleil. Quand je rentrai, la chambre qui devait nous

---

[1] On prononce *chabzigre*.

APPENZELL.

servir de salle à manger était occupée par une douzaine de paysans finissant leur repas. Avant que de quitter la table, ils firent tous, à haute voix, leur prière du soir en commun. Cet acte de piété fait si simplement par ces hommes, qu'on pourrait appeler primitifs, avait quelque chose de singulièrement solennel et touchant. Nos jeunes étudiants allemands, qui avaient d'abord été tentés d'en rire, prêtèrent bientôt à cette scène, nouvelle pour eux, une attention profonde. Ces voix mâles et graves qui s'élevaient animées d'un même sentiment, ces figures fortement caractérisées apparaissant au travers d'une demi-obscurité, le moment de silence recueilli qui suivit la prière, nous frappèrent tous également. L'instinct religieux est au fond du cœur de la plupart des hommes, et la moindre circonstance suffit souvent pour l'y réveiller.

Le lendemain j'étais déjà de bonne heure au beau village de Burglen, lieu de naissance de Guillaume Tell. Il s'y noya, dit-on, en voulant retirer des eaux fougueuses du torrent un enfant qui y était tombé. De la porte de l'église, située sur une éminence, on a une admirable vue sur le bassin d'Altorf, si riche et si pittoresque, ainsi que sur la ville, qui d'ici fait bon effet. Il vaut la peine, quand on est à Altorf de bonne heure, de consacrer une soirée à cette course, qui n'est ni longue ni fatigante.

Il fait bon revoir deux fois les mêmes lieux en Suisse, surtout quand on ne les a vus une première fois qu'au travers de la pluie. La vallée de la Reuss, depuis Altorf jusqu'à Amsteg, est un des sites les plus remarquables que j'aie encore rencontrés dans mon voyage. Montagnes imposantes, formes variées et pittoresques, végétation magnifique, caractère sévère et gracieux tour à tour, ce site réunit tout ce que l'amateur éclairé de la nature peut désirer. J'ai parcouru rapidement cette belle route en voiture et suis venu coucher à Andermatt. Il avait plu les jours précédents; les eaux de la Reuss étaient jaunes, mais abondantes, et la chute du Pont-du-Diable y gagnait; son fracas était assourdissant, et ses gerbes d'écume, en se brisant contre les culées du nouveau pont, faisaient un bel effet.

Je quittai Andermatt pour franchir la dernière cime du Saint-Gothard; elle n'offre qu'une immense et profonde solitude, qui ne tarde pas à fatiguer par son aride monotonie. Chemin faisant, je rencontrai un voyageur à cheval qui m'adressa quelques mots français prononcés à la française; il y avait plusieurs jours que je n'en avais entendu de pareils, et je ne saurais dire combien les accents de la langue maternelle m'ont fait de plaisir recueillis au milieu de ce désert, où un compatriote vous semble presque une connaissance, et où une simple connaissance serait presque un ami. Mon interlocuteur était décoré d'un double ruban, et son langage ainsi que ses manières annonçaient un homme bien élevé. Après avoir échangé quelques paroles nous nous séparâmes; il prenait justement la direction opposée à celle que je suivais, et je le vis s'éloigner à regret; j'aurais voulu l'accompagner ou l'emmener avec moi, tant j'avais faim de la conversation d'un Français. La patrie n'est pas un mot vide de sens.

Je ne puis souffrir les gens qui se disent cosmopolites; ces citoyens du monde, comme les appellent les Anglais, seraient, j'en suis sûr, de fort mauvais citoyens partout. Je n'ignore pas qu'il existe un axiome connu, et malheureusement à l'usage de trop de gens : *Ubi bene, ubi patria;* mais cette définition de la patrie est, selon moi, d'un homme indigne d'en avoir une, et j'ajouterai qu'il n'y a qu'un égoïste insensible aux plus pures et aux plus nobles affections du cœur qui ait pu l'inventer. La patrie est ce pays dont on a bégayé le langage sur le sein maternel, ce pays où se sont écoulés les jours tant regrettables de notre enfance, où nous avons goûté les joies sans mélange et ressenti les peines passagères de cet âge heureux; ce pays où notre âme s'est ouverte à toutes les émotions douces et enivrée des riantes illusions de la jeunesse; c'est là qu'est la patrie pour nous autres modernes, bien entendu, car les anciens avaient à cet égard d'autres idées; leur caractère, leurs mœurs, la nature de leurs institutions, établissaient entre eux et le pays qui les avait vus naître des rapports bien plus intimes, des rapports de tous les jours qui ne sauraient exister désormais. La patrie s'emparait du citoyen dès le berceau, et ne s'en dessaisissait qu'à la tombe; elle s'incorporait, pour ainsi dire, à toute son existence. Il y avait dans les hommes de ce temps-là un profond sentiment d'abnégation et un enthousiasme de dévouement à la chose publique, dont les exemples ne se renouvellent, de loin en loin parmi nous, que pour être offerts comme d'honorables exceptions à l'admiration et à la reconnaissance des contemporains. *Tout pour la patrie :* telle était la devise des anciens; *tout pour soi :* telle pourrait bien être la nôtre.

Le plus haut point du passage du Saint-Gothard est marqué par une auberge qui a remplacé l'ancien couvent des capucins où M. de Saussure a souvent reçu l'hospitalité lorsqu'il explorait ces montagnes. Les bons pères l'aimaient beaucoup; mais on les entendait dire de lui, avec un air de commisération : « C'est bien dommage que ce pauvre monsieur ait cette manie de ramasser toutes sortes de pierres qui ne sont bonnes à rien, d'en remplir ses poches et d'en charger des mulets. » On montre, ici près, l'endroit où cinq ou six cents Autrichiens et Suisses, combattant dans les mêmes rangs pour la première fois, soutinrent, en 1799, une espèce de siége, retranchés derrière des ballots de soie et de marchandises. Les Français les débusquèrent bientôt de ce fort d'un nouveau genre, dont ils confisquèrent, je suppose, les matériaux à leur profit.

Le revers méridional du Saint-Gothard présente un aspect horriblement sauvage, mais qui ne manque point de grandeur : autour de vous s'élèvent de toutes parts des squelettes de montagnes escarpées et des rochers gigantesques qui tombent en ruine. De nombreux torrents qu'alimente la fonte des neiges entassées dans les crevasses les plus profondes bondissent en écumant au travers des rocs amoncelés, et le bruit sourd de leur chute, qui se mêle aux tintements de la clochette des mulets, est le seul que l'on entende au milieu de ces immenses solitudes dont l'effet est profondément mélancolique. Vous n'apercevez de verdure nulle part; l'horizon, les premiers plans, tout est grisâtre et terne; les sommités de ces monts sont arrondies, et vous n'avez point ici, pour rompre la monotonie de leurs formes, de ces pics élancés dont les lignes hardies se dessinent si purement sur le ciel. Ce n'est qu'au bout d'une heure de descente qu'on commence à trouver quelques traces de végétation qui marquent le passage de la nature morte à la nature animée; enfin on arrive à la région des forêts, d'où l'on aperçoit, comme au fond d'un abîme, le village d'Airolo.

TESSIN

Airolo. — Gorge de Dazio-Grande. — Val Levantine. — Faïdo. — Giornico. — Bellinzona. — Lugano. — Le lac. — Bernardo Luvini.

Il n'y a rien de plus frappant que le contraste brusquement tranché que l'on remarque d'un versant à l'autre du Saint-Gothard : je venais de quitter des Allemands à Andermatt, et, à Airolo, je trouvai des Italiens. On passe sans intermédiaire de la Suisse à l'Italie ; car, bien que le canton du Tessin fasse aujourd'hui partie de la confédération helvétique, il n'en est pas moins tout italien par son climat, ainsi que par les mœurs, le langage, la physionomie et le caractère national de ses habitants. J'avais laissé, de l'autre côté de la montagne, le temps gris et les brouillards, et, arrivé dans le val Levantine, je saluai le beau ciel du midi ; enfin, en franchissant le Saint-Gothard, j'ai éprouvé le même effet de transplantation subite qu'en traversant la Manche ; tout avait changé d'aspect. Un cocher, avec lequel j'avais fait marché pour me mener à Lugano, commença par me vendre à un sien confrère, sans s'inquiéter si cet arrangement, qui leur convenait à tous les deux, me conviendrait également ; et, lorsque je m'en plaignis, mon homme mit dans la discussion toute la loquacité et toute la finasserie italiennes ; j'eus le dessous. Un petit char, traîné par une mauvaise rosse décharnée et écorchée à faire pitié, et dont les harnais étaient tenus ensemble avec des bouts de ficelle, me transporta assez rapidement jusqu'à la magnifique gorge de Dazio Grande, au travers de laquelle les eaux impétueuses du Tessin se sont frayé un passage. Ici je mis pied à terre pour admirer à loisir ce défilé, l'un des plus imposants et des plus pittoresques qu'offre la Suisse. D'un côté, les rochers sont entièrement nus et à pic; de l'autre, ils sont plus remués, plus crevassés et couverts de mousses diaprées, de plantes grimpantes; des sapins vigoureux croissent çà et là dans leurs fissures, ou forment d'élégants bouquets là où un peu de terre végétale s'est amassée. Le Tessin, dont les eaux bondissaient dans le lit étroit et tortueux qu'elles se sont creusé, ajoutait beaucoup à l'effet général du site par le retentissement de sa chute et les accidents variés qui l'accompagnaient. Un rayon de soleil éclairait en cet instant une des parois et les masses de verdure dont elle était revêtue; il se jouait sur les gerbes écumeuses du torrent et glissait le long du roc poli par son passage. C'était un paysage de Salvator Rosa auquel il ne manquait rien qu'une ou deux figures de bandits, et, en regardant celle de mon conducteur, je pensais qu'il aurait pu très-bien poser pour compléter le tableau.

Le val Levantine, conquis par les Suisses dans le cours de leur première guerre contre les ducs de Milan, guerre qui eut lieu à l'occasion de la possession contestée d'un bois de châtaigniers, fut repris plus tard par ceux-ci, puis enfin cédé au canton d'Uri, en 1466, par le duc Galéas Sforce, moyennant une redevance annuelle de trois faucons dressés et d'une arbalète, exigée probablement pour attacher à cette cession forcée un vain droit de suzeraineté[1]. Les habitants de la vallée supportèrent impatiemment ce changement de domination, et protestèrent, par de fréquents soulèvements, contre le droit de leurs nouveaux maîtres; il est vrai de dire qu'ils n'avaient pas gagné au change. A une époque plus

[1] Je joindrai ici, pour les curieux, un extrait d'un naïf chroniqueur relatif à l'une des guerres que les cantons soutinrent, en commun, contre les ducs de Milan :
« ..... Si qua nos dicts gens de guerre, ensemble ceux de Solloure, Berne et autres gambadirent par de là le Valis et monts-biancs, et comportait icelle bande seix, voire octe mille, porchassant et depiescant, de çà de là, les domizels et gens d'armes du douc, si que vaux et chastel furent priùs et saugnés. Ce oyant et vedant le canteleux sire, et que temps prou ne avoit de encheviller novelles praticques et deslealtés, fut contrainct bramer misericorde, mesmement bailler une charrée de florins biancs et testons, et de se desporter des terres et droictures qu'il avait méchamment invadies. »
(*Chronique du chapitre de Neufchâtel.*)

récente, le village de Faïdo, que j'ai traversé, fut le théâtre d'une scène tragique qui dut faire une profonde impression dans le pays. Il s'était révolté de nouveau au milieu du dix-huitième siècle; le canton d'Uri fit descendre du Saint-Gothard des forces considérables, et les sujets italiens des républicains suisses furent battus à la première rencontre. On les rassembla, au nombre de trois mille, dans la plaine de Faïdo, entourés d'hommes armés. Le commandant de l'expédition, assisté d'un commissaire, leur fit prêter un serment, en vertu duquel ils renonçaient aux droits et franchises qui leur avaient été conservés; puis cette foule tremblante reçut ordre de se jeter à genoux, tandis que le bourreau d'Uri faisait tomber successivement les têtes des trois principaux instigateurs de la rébellion, Urs, Furno et Sartori.

Quand on a dépassé Faïdo, la vallée, sans devenir plus large, paraît de plus en plus fertile; les revers des montagnes sont couverts de forêts de châtaigniers dont les habitants récoltent les fruits, qui sont pour eux une ressource pendant l'hiver. Il les écrasent avec du pain et assaisonnent de vin blanc ce mélange, qui, dit-on, n'est pas mauvais. Ils s'embarrassent au reste assez peu de soigner ces arbres ou de les multiplier, et paraissent, en général, mous et insouciants. Ils sont connus par leur saleté : « Un cochon de la Suisse allemande, a dit plaisamment M. de Bonstetten, ne voudrait pas entrer dans la maison d'un paysan du Tessin. » Dès la première couchée je m'aperçus, en effet, que les auberges n'étaient plus tenues avec le même soin et la même propreté. On m'introduisit dans de grandes chambres, non tapissées, fermant mal, et sur la porte de chacune desquelles se lisait le nom de quelque grande capitale. On voulut me faire coucher à Londres, mais je trouvai qu'il y manquait des vitres; on me proposa ensuite Vienne, qui me parut fort sale et fort délabrée; enfin, après avoir promené mon indécision dans la plupart des principales villes d'Europe, je me décidai pour Zurich. Je n'y pus fermer l'œil, tant en raison de la dureté de mon grabat que des agressions des insectes sanguinaires qui y avaient élu domicile.

Il s'est passé, dans les plaines qui entourent Giornico, un fait militaire assez curieux pour être rapporté. Dans une de ces guerres si fréquentes entre les Suisses et leurs astucieux voisins les ducs de Milan, six cents confédérés franchirent le Saint-Gothard pour attaquer à l'improviste l'armée ennemie, cantonnée dans les environs de Giornico. On était au cœur de l'hiver; les Suisses, qui n'étaient qu'un contre dix, s'avisent d'un ingénieux stratagème : ils profitent de l'obscurité de la nuit pour barrer le Tessin et inonder devant eux les prairies, qui, le matin, se trouvent couvertes d'une épaisse couche de glace; alors ils s'attachent des crampons aux pieds, et, s'élançant sur le champ de bataille glissant, ils culbutent sans peine les Milanais, leur tuent quinze cents hommes, et rougissent la neige du sang de leurs ennemis jusque par delà Bellinzona. Épouvanté de cet étrange et audacieux fait d'armes, le duc acheta la paix et abandonna irrévocablement le val Levantine aux cantons, à condition que chaque année ils offriraient au maître-autel de la cathédrale du Dôme un cierge de cire blanche pesant trois livres; c'était encore là une espèce d'hommage indirect.

Il est facile de reconnaître dans ce pays les traces encore subsistantes d'une antique civilisation, traces que l'on chercherait vainement de l'autre côté du Saint-Gothard; l'on s'aperçoit que le sentiment du beau a pénétré jusque dans ces vallées qui font pressentir l'Italie, cette vieille patrie des arts. Les plus modestes habitations ont ici quelque chose d'élégant, de pittoresque dans leurs arcades symétriques et leurs toits aplatis, et les églises de village, les moindres chapelles, offrent la preuve d'un goût traditionnel dont on ne peut méconnaître l'influence; cette race d'hommes est belle, et appartient évidemment à ces races privilégiées du Midi pour lesquelles la nature a tant fait, et qui font si peu pour elles-mêmes. Aussi ce pays est-il pauvre, si l'on en excepte quelques districts, tels que ceux de Bellinzona, de Lugano et de Locarno. Les habitants émigrent en foule tous les ans pour aller chercher à l'étranger des moyens d'existence, et dans la plupart des villages il ne reste pendant la belle saison que les femmes âgées, les enfants et les vieillards. On a remarqué que ceux des Tessinois qui ont fait fortune au dehors ne reviennent pas, comme les autres Suisses, en jouir dans leur patrie. Une des principales sources de revenu de cette vallée consiste dans ses forêts mal exploitées comme en Suisse, et dont les bois s'exportent par le lac Majeur. Ces forêts renferment encore en assez grand nombre des ours, qui font des ravages dans les vignes et dont, pour cette raison, la tête est mise à prix. Il croît spontanément dans les lieux les mieux exposés des lauriers, dont les habitants recueillent les baies pour en extraire une assez bonne eau-de-vie. Les cantinières de nos armées auraient bien dû jadis venir s'approvisionner ici pour *verser la goutte* à nos braves soldats et *faire rafraîchir la victoire*, selon l'expression heureuse d'un homme que la nature a fait poëte, et qui s'est fait chansonnier[1].

Bellinzona est une assez jolie petite ville, située au point où se rétrécit subitement le spacieux bassin que forme la jonction de trois vallées. Sa position est riante, ses alentours sont riches et pittoresques. Le climat est presque celui de l'Italie; le mûrier s'y cultive déjà avec succès; les figuiers rapportent deux récoltes par an, et les citronniers, les orangers, plantés en espalier, y amènent leurs fruits à maturité. De superbes forêts de châtaigniers ombragent la base des montagnes, et la plaine, couverte de moissons et d'arbres fruitiers, est parsemée d'habitations et de villages. Une forte digue construite par les Français, temporairement maîtres du pays, protége Bellinzona contre les inondations du Tessin.

Sur un rocher qui domine la ville on voit le château de Castel-Grande, fondé, dit-on, par César, agrandi par les ducs de Milan, et servant plus tard de résidence aux baillis d'Uri, en même temps que de citadelle pour contenir les habitants des bailliages. Les deux autres châteaux, qui portaient le nom de Schwytz et d'Unterwald, s'élèvent non loin de là. Ces forts, dans lesquels les cantons souverains entretenaient tour à tour une garnison nombreuse, disent assez quelle était la nature de l'autorité qu'ils exerçaient sur le pays. Elle n'avait rien de tutélaire; elle était dégradante et corruptrice, et bien du temps se passera avant que les traces de ce long asservissement aient complétement disparu du caractère et des mœurs de ce peuple-ci. Les rapports des Suisses envers lui étaient ceux des Turcs envers les Grecs, car il ne faut pas perdre de vue que, naguère encore, dans la patrie de Guillaume Tell, se vérifiait ce qu'a dit Montesquieu au sujet de Rome et de Sparte : « Ceux qui étaient libres étaient extrêmement libres; ceux qui étaient esclaves étaient extrêmement esclaves. » Parmi les proconsuls que les cantons envoyaient pour administrer le pays, il s'est trouvé plus d'un Verrès, et l'éloquence d'un Cicéron a seule manqué pour flétrir les détestables abus qui étaient passés en habitude. Comme les amendes se percevaient au profit des baillis, qui les infligeaient eux-mêmes, on en a vu quelques-uns offrir à leurs administrés les occasions de commettre certains délits taxés chèrement, et faire venir à cet effet, de Milan, des

[1] Béranger.

provocatrices, auxquelles ils accordaient une prime. Ce fait est consigné dans un document officiel que j'ai vu; c'est un exposé des nombreux griefs élevés contre la conduite arbitraire des baillis. La justice se vendait et ne se rendait pas. « Quelques juges, dit M. de Bonstetten, prenaient de l'argent de l'une et de l'autre partie; d'autres, plus délicats, vendaient de bonne foi. » Il était revêtu de la charge de syndicateur ou juge en seconde et dernière instance dans les bailliages sujets des douze cantons, et il raconte qu'un jour il vit entrer chez lui une dame et ses deux filles, qui se mirent à genoux pour lui exposer leur affaire; il les fit lever, à leur grande surprise, et plus tard les retrouva chez le délégué d'un des cantons démocratiques dans la même attitude; le républicain les écoutait tranquillement. Il cite un procès dont le fond était de six francs et qui, par l'industrie productive des juges, avocats et procureurs, s'élevait pour les frais à l'énorme somme de vingt mille francs, et il n'était pas encore fini lorsqu'il quitta le syndicat. Il est juste de dire qu'au milieu de ces infamies et de ces exactions les deux cantons de Berne et de Zurich se firent toujours remarquer par la vertu et la probité de leurs baillis. La dureté des petits cantons, au contraire, était connue, et le comte de Firmian, gouverneur de Milan, dit un jour au landamman d'Uri, en parlant des trois bailliages : « Vous mériteriez que l'empereur s'emparât, par charité, de ce malheureux pays. »

Dans ce canton né d'hier tout était à créer, jusqu'à l'esprit public, cette condition première, indispensable, de toute amélioration et de tout progrès. Le gouvernement a déjà ouvert des routes, tant pour procurer au pays les avantages du transit que pour faciliter l'écoulement de ses produits, qui sont importants et pourraient le devenir bien davantage sous l'influence d'une administration éclairée qui ne serait pas préoccupée avant tout du soin de se maintenir. L'esprit de faction règne ici plus qu'en aucune autre contrée de la Suisse. Les partis désignés, comme jadis en Italie, par le nom de leurs chefs, s'y livrent une guerre continuelle et acharnée; cet état de lutte ne date pas de 1830, il a existé de tout temps, et ce n'est pas seulement à coups de plume que les opinions se combattent. La *coltellata*[1], procédé tout national de ce côté-ci des Alpes, y vient parfois au secours des arguments, et les journaux ont retenti, il y a quelques années, des tentatives d'empoisonnement faites

---

[1] Le coup de couteau.

sur la personne d'un magistrat, chef de la faction alors au pouvoir. Cet événement fut considéré dans le pays beaucoup moins comme un attentat odieux que comme une affaire mal conduite qui affermissait plus que jamais le crédit du parti qu'elle avait pour but de renverser. L'élément démocratique qui domine dans la constitution donne lieu, à l'occasion des élections, aux intrigues les plus actives et les plus déhontées. La classe inférieure est ici encore trop ignorante et trop démoralisée pour savoir être libre; les voix se marchandent, pour ainsi dire, publiquement, et ceux qui achètent le pouvoir ne sont souvent guère plus dignes ni plus en état de l'exercer que ceux qui le leur vendent. La liberté d'écrire est ici plus illimitée que dans aucun autre canton; on peut en user et en abuser sans danger : la majeure partie des habitants ne sait pas lire.

Une source de corruption pour les habitants est la contrebande, qui s'y pratique en grand, souvent même à main armée; les profits considérables que produit cette coupable industrie font passer par-dessus les dangers auxquels elle expose; d'ailleurs, le caractère aventureux et entreprenant des gens du pays, leur répugnance pour les travaux paisibles et la vie régulière, les y portent naturellement. Comme si ce n'était point assez de toutes ces causes de démoralisation, le gouvernement a introduit ici la loterie, qui y est en grande faveur. Ajoutez à cela les rivalités locales, qui viennent encore compliquer les difficultés que rencontre l'établissement d'un système de gouvernement stable. Les trois villes de Lugano, de Bellinzona et de Locarno sont tour à tour chef-lieu du canton pendant six ans, et les rivalités de partis exploitent avec avantage ces déplacements d'une administration nomade.

On parlait devant un Tessinois des deux factions Maggi et Quadri, ainsi que des chances qu'elles pouvaient avoir, l'une d'arriver aux affaires, l'autre de s'y conserver. Le Tessinois, choqué de voir la diversité des opinions politiques régnant entre ses compatriotes restreinte de la sorte par une distinction qui les rangeait sous deux drapeaux seulement, se hâta de dire : « Pardon, messieurs! mais vous oubliez le parti Lotti. » C'était le sien. Il ne faut pas omettre de dire pourtant, à la louange de ce canton, que les changements apportés à sa constitution depuis 1830 ont été faits d'après les voies légales, et qu'aucune violence ne les a ni provoqués ni accompagnés.

Lorsque M. de Bonstetten était à Lugano, chargé d'une mission, il tenta de faire usage de son influence pour propager la culture des pommes de terre, contre lesquelles il existait, parmi les habitants, un préjugé général. Ils les regardaient comme faites uniquement *per le creature* (pour les cochons). Le magistrat philanthrope s'efforça de les désabuser et leur dit, entres autres, que le roi de ces riches Anglais qu'ils voyaient traversant leur pays et y répandant de l'argent mangeait tous les jours à son dîner un plat de pommes de terre. Non content de cela, il leur lut en chaire une instruction sur la manière de les cultiver et d'en faire usage. Il m'a assuré que ses efforts avaient été couronnés d'un plein succès, et qu'un habitant du pays, qui l'avait revu maintes années après, l'avait remercié de l'effet de sa *predica*. Je crains que mon vieil ami n'ait eu affaire à un flatteur, car j'ai remarqué bien peu de champs consacrés à la culture du *bienfaisant tubercule*. Dans ces contrées-ci, le maïs le remplace avec avantage, et la polenta est le mets national. M. de Bonstetten parle d'un autre plat, vrai régal de Sarmates, qui était fort en faveur de son temps; c'était un mélange de sang et de lait. Les bouchers, pour satisfaire leurs pratiques, saignaient à blanc, à diverses reprises, les animaux destinés au couteau, et ces pauvres victimes de la barbare sensualité de l'homme poussaient dans leur agonie des beuglements lamentables. Il fit cesser cet usage inhumain.

Une fois arrivé à Lugano, on peut se dire en Italie; c'est là que ce pays enchanteur vous apparaît dans toute sa pompe, orné de ses festons de pampres, de ses riantes habitations et de son brillant soleil. La situation de la ville est on ne peut plus heureuse : bâtie en amphithéâtre sur le bord du lac, elle contribue à animer et embellir le délicieux paysage qui l'entoure. Plusieurs plans de collines ombragées d'amandiers, d'oliviers et de châtaigniers, et couvertes de hameaux, de *villas* élégantes, s'élèvent en gradins les unes derrière les autres, et leurs gracieuses ondulations se déroulent jusqu'aux cimes neigeuses qui bornent le canton des Grisons. Je regrette seulement que le lac de Lugano, trop profondément encaissé, ne laisse pas assez de développement à la vue. Les montagnes qui le dominent sont lourdes et monotones dans leurs formes; le mont San Salvador ressemble à un pain de sucre, auquel on ne pardonne le mauvais effet qu'il produit dans le tableau qu'en faveur de l'admirable perspective dont on jouit de son sommet sur la chaîne des hautes Alpes et les immenses plaines de la Lombardie. C'est une course de trois heures.

Je ne me lassais pas de laisser errer mes regards sur les riants coteaux qui couronnent la ville, sur cette verdure si fraîche, si variée, sur ces vignobles si élégamment plantés. Ici la vigne s'entrelace au tronc d'un jeune érable, confond ses larges pampres avec le feuillage délicat de l'arbre qui lui sert d'appui, et marie ses gracieuses guirlandes à celles des ceps voisins. Souvent une tige de haricot géant serpente encore autour de ce thyrse naturel, d'où elle laisse retomber en bouquets ses festons d'un rouge de sang. Il y a loin de là à nos ceps rabougris se guindant sur un roide échalas qu'ils embrassent de leurs rameaux tortus. Au-dessous de ces vignes à l'aspect pittoresque s'étendent des champs couverts de riches moissons ou de verdoyantes prairies. Qu'on se figure les charmes de cette contrée ravissante rehaussés encore par l'éclat du ciel du Midi, si chaud, si lumineux, de ce ciel dont l'azur harmonise tout l'ensemble :

> And bluest skies that harmonize the whole.
> BYRON.

Mais, le dirai-je? cette terre de promission est désenchantée à mes yeux par les hommes qui l'habitent; il est difficile de rien voir, en effet, de plus repoussant que l'aspect du paysan de ce canton; j'en ai été vivement frappé. Ses traits, fortement prononcés, sont réguliers sans être agréables; on voit que sa physionomie ignoble et fausse serait féroce dans l'occasion; ses vêtements délabrés, qui portent les traces de la négligence et de la malpropreté plutôt que de la misère, augmentent la répugnance que sa vue inspire. Je fais peut-être tort à ces pauvres gens du Tessin, mais, en vérité, leur mine a cela de commun avec celle de Socrate, qu'elle ne prévient pas en leur faveur, et il me semble, au premier coup d'œil, qu'on ne pourrait nulle part improviser une bande de brigands plus facilement qu'ici. Au reste, les habitants de la vallée de Verzasca ne le cèdent, dit-on, en rien sous ce rapport aux gorges les plus tristement célèbres de l'Apennin et de la Calabre.

J'ai été très-surpris de l'usage des voiles, qui est général à Lugano. Toutes les femmes en portent, depuis madame la *landamman* jusqu'à l'*épouse* du cordonnier, depuis la jeune fille de quinze ans jusqu'à sa respectable grand'mère. Je m'imaginai, tout d'abord, voir autant d'héroïnes de romans qui, à l'aide de ce mystérieux tissu, cherchaient à se dérober aux regards indiscrets; mais quelques minois décrépits que j'eus le malheur d'apercevoir détruisirent bientôt mon illusion, et, en examinant avec plus d'attention toutes ces figures voilées, je pus m'assurer qu'elles n'avaient, pour la plupart, rien de commun avec la princesse *Luisante* d'Hamilton, et que la raison d'État n'entrait pour rien dans le choix de cet ajustement.

On voit déjà ici des *palazzi*, de ces palais que dans notre langue prosaïque nous nommerions tout bonnement des hôtels, si le style de leurs ornements et la grandeur de leurs proportions ne leur donnaient quelque chose de monumental qui force au respect. Je m'étais arrêté à examiner la façade d'un de ces édifices, lorsqu'un domestique, qui vit à mon air que j'étais étranger, s'empressa de me dire qu'il y avait dans les salons quelques *capi d'opera* de Vinci et de Luvini, qu'il s'offrit de me faire voir. Je n'étais pas encore fait aux mœurs d'Italie, et, dans ma simplicité, je refusai par discrétion, et par la crainte de me rencontrer nez à nez avec *il signor padrone*. Je ne savais pas que la *buona-mano* donne au voyageur l'entrée libre partout et lui confère le droit d'*intrusion* chez les particuliers.

Cette ville-ci, par la régularité de ses rues, le nombre de ses édifices et sa population, plus forte des deux tiers que celles de Locarno et de Bellinzona, méritait certainement de l'emporter sur ces deux capitales en second; elle les surpasse également en richesses, en industrie, en civilisation; en outre, elle appartient au district le plus peuplé et le plus productif du canton. Tous ces avantages, en créant parmi les habitants plus de loisirs et plus de lumières, doivent assurer à Lugano, par la force des choses, une prééminence de fait que ses deux rivales ne peuvent lui arracher.

J'ai pris ma part d'un genre de divertissement, *passa-tempo*, qui est bien du pays, et qui consiste à se rendre en bateau aux *cantine* (caves) *di caprino* pour y passer la soirée à boire. Creusées dans la base d'une montagne escarpée, ces caves, qui appartiennent à de riches habitants de Lugano, ont la propriété de conserver le vin si frais, qu'on le croirait frappé de glace. Au-dessus de la plupart d'entre elles sont construites de petites salles méritant bien, à coup sûr, le nom de *vide-bouteilles*, puisqu'une fois arrivé là on y boit, pour y boire encore et n'y finir de boire que lorsque la nuit amène l'heure du départ. Il ne peut, en effet, être question de promenade ou de danse dans pareil lieu, où il n'y a de plain-pied qu'un espace de quelques toises en largeur, et où l'on ne trouve, en fait d'emplacements plus vastes, que des celliers bien garnis. On revient à la nuit tombante en détonnant des barcarolles auxquelles les ronflements des dormeurs servent de basse continue. Ce passe-temps ne caractérise-t-il pas bien un peuple ami du *dolce far niente* et des plaisirs faciles que l'équitable nature place à la portée de ces êtres sensuels que le défaut de culture empêche de s'en faire de plus nobles? Le Turc, majestueusement stupide, qui promène en fumant sa pipe son regard impassible sur l'admirable tableau du Bosphore, a du moins une attitude et une tête pittoresques, mais on ne peut en dire autant des gobelotteurs des *cantine di caprino*.

On voit ici, dans l'église des franciscains, le chef-d'œuvre de Bernardo Luvini, qui fut élève de Léonard de Vinci et sut se montrer digne d'un tel maître. C'est une grande fresque représentant la Passion, dont les traits épisodiques, d'après une habitude de l'époque, figurent sur les arrière-plans. Cette admirable composition étant du petit nombre de celles qui frappent à la fois les connaisseurs et les profanes, je me permettrai, pour cette raison, d'en dire ici quelques mots. Il n'est rien de plus poétique et de mieux senti que la manière dont le peintre a envisagé et traité ce sujet, déjà rebattu de son temps. Sans parler de l'habileté dont il a fait preuve en groupant sans confusion ses nombreux personnages et en variant leurs poses, leurs costumes et leurs airs de tête, je signalerai le rare bonheur, l'art exquis avec lequel il a saisi et indiqué toutes les nuances, tous les divers degrés d'expressions, depuis l'indifférence brutale du soldat romain en faction au pied de la croix jusqu'au touchant désespoir de la Mère du Sauveur; depuis la froide férocité des bourreaux jusqu'à la joie hypocrite de ce pharisien, venu là tout exprès pour jouir de son triomphe. Quant à la tête du Christ, elle est d'un caractère sublime, et produirait encore bien plus d'effet si l'artiste n'avait pas eu la bizarre idée d'en faire le centre d'un second tableau dont l'action se passe dans le ciel. L'unité d'intérêt et de composition a été par lui sacrifiée en pure perte.

J'eus, pendant ma traversée sur le lac de Lugano, une espèce de tempête qui n'avait rien de bien alarmant, grâce à la précaution que prirent mes prudents bateliers de baisser aussitôt leur voile; il ventait très-frais, et le bateau se balançait sur les vagues immenses qui, en retardant ma marche, me laissaient tout le loisir d'admirer les rives du lac éclairées par le soleil du soir de la manière la plus piquante. La ville de

Lugano, la jolie église qui la domine, faisaient le meilleur effet, et les cimes neigeuses des Grisons terminaient admirablement le tableau. Après avoir doublé le riant promontoire de Mélida, je débarquai à Capo di Lago, et, à une lieue plus loin, deux lourds piliers en pierre m'apprirent que j'étais sur le territoire de la Lombardie. Un peu au delà était le poste; je ne sais, mais les moustaches autrichiennes et les durs accents d'une langue étrangère m'ont semblé faire là, toute prévention à part, un singulier effet, et la présence de ces soldats allemands, qui ont dressé leurs tentes sous ce beau ciel d'Italie, m'est apparue sous un point de vue qui n'avait rien de poétique : c'est qu'en effet elle n'est pas dans l'ordre naturel des choses, dont, à dire vrai, la politique des cabinets ne s'est jamais occupée que pour y faire violence.

On est visité rigoureusement à la frontière, et les douaniers se montrent surtout sévères à l'égard des livres. Si vous en avez qui soient portés sur leur Index, ils ne les confisquent pas, mais les retiennent pour les diriger sur tel point de la frontière que vous désignez, et où vous pouvez les reprendre en sortant des États autrichiens. On sait que lady Morgan, après avoir calomnié la France dans un gros livre aujourd'hui oublié, s'est mise plus tard à médire de l'Italie, qu'elle a bien aussi un peu calomniée. Son ouvrage, comme bien on pense, y a été sévèrement défendu; mais l'appât du gain rend ingénieux, et l'éditeur parisien adressa à ses confrères d'Italie d'énormes ballots du livre prohibé, après avoir pris toutefois la précaution de substituer à la feuille du titre celle des *Sermons de Blair*. La fraude se découvrit, et aussitôt l'ordre fut donné à tous les bureaux de douanes de confisquer, sans exception, les exemplaires des *Sermons de Blair* qui se présenteraient. Il advint qu'en vertu de cette mesure rigoureuse les bonnes dames anglaises, qui charmaient par une pieuse lecture les ennuis de la route, se virent impitoyablement enlever leur nourriture spirituelle malgré tout ce qu'elles purent dire en faveur du pauvre Blair, qui payait pour les coupables. Presque partout on trouve moyen d'éluder en partie, aux frontières, les dispositions qui excluent les livres et les journaux.

COME

Le lac. — *La Pliniana*. — Pline le Jeune.

Il faisait presque nuit quand j'atteignis le sommet de la hauteur d'où l'on découvre la ville et le lac de Côme, circonstance heureuse qui épargne au lecteur l'ennui d'une description au grand complet que j'aurais été, en conscience, tenu de lui faire. Je ne puis cependant me dispenser de consacrer quelques lignes à ce fameux site, surnommé le *paradis des Milanais*. Je n'ai visité qu'une petite partie du lac, celle qui s'étend de la ville jusqu'à Palenza, et, en le jugeant d'après cet échantillon, il me paraît inférieur en beautés naturelles à ceux de Suisse; mais les élégantes *villas* italiennes et le caractère pittoresque des villages font excuser, je dois le dire, la monotonie de ses rives. Ici, de même qu'à Lugano, la vue est trop resserrée, et les montagnes qui dominent le lac descendent, par une pente trop brusque, dans ses ondes. Elles sont richement garnies de végétation, et offrent d'assez belles lignes, mais on n'a pas d'espace au fond de cette longue gaîne, et il semble qu'on y étouffe. Je me suis rendu, en bateau, à la *Pliniana*, qui n'est qu'un cabaret où l'on vient danser et boire, et où l'étranger peut prendre une idée générale du bassin du lac de Come ainsi que de celui de Luzzeno et d'Argegna, qui me paraît bien plus beau. On croit, à tort, cette *villa* bâtie sur l'emplacement de la maison de Pline le Jeune, qui possédait, effectivement, sur le lac Larin, une habitation qu'il nous décrit longuement, avec la complaisante exactitude d'un propriétaire. Ce qui me prouve qu'il y a évidemment erreur dans les récits des cicerone et des faiseurs d'itinéraires, c'est que Pline parle, dans une autre lettre, d'une fontaine qu'on voit à la *Pliniana* et que le flux et le reflux périodiques de ses eaux rendent fort remarquable. Il n'eût certes pas manqué de la mentionner sur son *état des lieux* si elle eût jailli dans sa propre cour.

C'était un beau parleur que ce Pline, ne laissant jamais échapper l'occasion de prononcer un discours, et qui a pris soin de nous conserver, dans ses Lettres, tous ceux qu'il a débités ou dû débiter. Il était, comme on sait, citoyen de Côme, où il fonda, à ses frais, une école; bienfait dont il trouva la récompense dans l'approbation de soi-même d'abord, puis, je crois aussi, dans la facilité que cela lui donna de placer, tous les ans, deux ou trois petits discours. A cela près qu'il était fort riche, il me paraît avoir été le vrai type de l'homme de lettres, se croyant créé et mis au monde uniquement pour faire des livres et juger ceux d'autrui. Le besoin d'occuper l'*univers* de sa personne, pendant sa vie et après sa mort, perce dans tout ce qu'il a écrit; c'était chez lui une véritable manie qu'il voulait voir partager à ses amis : *effinge aliquid et excude quod sit perpetuo tuum*, écrit-il à l'un d'eux. Dans sa lettre vingt-troisième, il supplie Tacite « de ne pas l'oublier dans ses registres, » comme dit plaisamment Montaigne. Quoique ses Lettres, trop léchées, et écrites sans abandon, aient été visiblement adressées au public, elles sont spirituelles, instructives et élégantes, et j'en préfère de beaucoup la lecture à celle des ouvrages de son rhéteur d'oncle, Pline l'Ancien, qui, par sa crédulité de bonne femme et la pompe fastidieuse de son style hérissé d'antithèses, me rebute au dernier point.

En revenant de la *Pliniana*, je m'attendais à un beau soleil couchant, mais le lac de Côme, dans cette partie-ci du moins, n'est pas de nature à produire ce genre d'effets de lumière que j'avais admirés ailleurs : sa position et la configuration de ses montagnes trop escarpées s'y opposent. Bien que pendant ma traversée le ciel fût de la plus grande pureté, le soleil se cacha pour nous bien longtemps avant qu'il fût couché, et nous ne vîmes rien de remarquable, hormis un bout de la chaîne des hautes Alpes dont s'élançaient majestueusement quelques cimes couvertes de neige qui pouvaient bien être le mont Rose et le mont Cervin.

Côme est une jolie petite ville tout italienne, dans laquelle on arrive en traversant un faubourg de *palazzi*, appartenant à de riches propriétaires de Milan et des environs, qui n'y viennent guère que pendant quelques mois de la belle saison. Il n'y a rien de plus triste, à mon avis, que ces somptueuses demeures en l'absence de leurs maîtres; toutes les jalousies en étaient soigneusement fermées; un morne silence régnait sous ces portiques déserts et dans ces vastes cours, où l'herbe croît de toutes parts, comme si la nature s'efforçait de couvrir de quelque apparence de vie ces édifices de luxe qui surchargent le sol de leur poids inutile. En parcourant la ville, j'ai remarqué plusieurs beaux bâtiments d'un bon style d'architecture; la cathédrale est digne d'attention; j'y entrai et j'assistai à la messe militaire, pendant laquelle la musique des régiments autrichiens en garnison à Côme jouèrent des morceaux d'un bon choix et d'une exécution parfaite.

En me promenant par les rues, j'ai été frappé d'une peinture allégorique dont le sens ne me paraît pas clair, et qui rentre dans le genre de ces allusions moitié bouffonnes, moitié philosophiques, qui jadis étaient si en vogue en Suisse. Deux figures de la mort, aussi décharnées, aussi hideuses que le comporte *il costume*, s'occupent à secouer un large crible, au travers duquel tombent des ossements humains qui s'amoncellent pêle-mêle au-dessous, tandis qu'on voit entassés, sur le crible, des sceptres, des couronnes, des mitres, des tiares, enfin tous les insignes de la puissance temporelle et spirituelle; je laisse à de plus habiles l'explication de cette fresque.

MILAN

Cathédrale. — Arc de triomphe. — Cirque. — Bibliothèque Ambrosienne. — Académie de Breera. — Le Corso. — Théâtre de la Scala. — Théâtre de Girolamo.

La route de Côme à Milan paraîtra parfaitement belle à ces gens qui voyagent... pour arriver; elle est plate et sans intérêt. Des champs de maïs, dont les tiges ont de huit à dix pieds de haut, s'étendent, à perte de vue des deux côtés du chemin, et des avenues de mûriers, plus productives que pittoresques, s'alignent au loin dans la plaine. Ces arbres précieux sont revêtus de justaucorps de paille, pour les préserver des rigueurs de l'hiver, assez âpre dans ce pays, et, de plus, poudrés à blanc par la poussière qui s'élève, en épais nuages, de cette route très-fréquentée. On m'a montré une belle auberge, bâtie par un homme qui a fait le voyage de Londres pour déposer dans un scandaleux procès où une tête couronnée était en cause, et qui a gagné à cela de quoi devenir maître aubergiste, de garçon qu'il était auparavant.

Rien sur cette route ne pourrait empêcher le voyageur de succomber au poids de l'étouffante chaleur du climat et de faire la sieste sur l'épaule du voisin, si l'impatiente curiosité qu'inspire l'approche d'une grande ville ne le tenait éveillé. On entre à Milan par un faubourg assez laid; mais cet abord, tout défavorable qu'il est, ne choque pas autant l'étranger que quelques-uns de ceux de Paris, dont l'aspect de délabrement et de sale misère a quelque chose de si pénible. Les rues sont larges et bien aérées; des dalles en pierre y forment deux sentiers parallèles sur lesquels les voitures roulent sans bruit et sans cahots. Cet usage, que j'avais déjà observé à Lugano et à Côme, est très-commode pour les gens voiturés, mais n'est pas sans inconvénients pour les piétons. Malheur à vous si vous marchez étourdiment sans avoir l'œil à la fois devant et derrière vous, car vous êtes alors continuellement en proie à des terreurs paniques, en sentant, à l'improviste, la tête des chevaux sur vos épaules, ou en vous rencontrant nez à nez avec eux; Janus avec ses deux paires d'yeux n'y suffirait pas. Je m'étonnais de ce que, dans les rues les plus populeuses, il n'arrivait pas des accidents fréquents; la raison en est que les cochers sont très-attentifs, et conduisent, au petit trot, des chevaux fort tranquilles. Nos lestes équipages de maîtres et les tilburys de nos élégants de Paris écraseraient, en une semaine, la moitié de la population ambulante de Milan.

A peine arrivé, je me suis procuré le *Guide des étrangers*, que l'auteur, par un patriotisme fort louable sans doute, a grossi de la description détaillée de toutes les chapelles et de tous les palais que renferme sa ville natale. Tout y est déduit par ordre, depuis le *Dôme* jusqu'au moindre corps de garde, depuis l'académie de *Breera* jusqu'au bureau des hypothèques. En le parcourant, j'ai reconnu que, pour un voyageur scrupuleux, il y avait ici à *voir* tout au moins pour une quinzaine de jours. Renonçant donc à remplir ma tâche à la rigueur, et n'ayant que peu de temps devant moi, je me suis mis la bride sur le cou et j'ai commencé à errer dans la ville en me confiant à la Providence, qui m'a bien conduit, car je me suis trouvé tout d'abord devant le *Dôme*. Cet édifice, justement célèbre, est à mettre sous verre, comme disait Charles-Quint; cependant il n'a pas produit sur moi l'effet de l'imposante cathédrale de Strasbourg. Le style bâtard du Dôme, qui n'est ni grec ni gothique; ses innombrables aiguilles de marbre blanc travaillées avec un art infini et surmontées de statues; cette prodigieuse multitude de détails conçus et exécutés avec le goût le plus exquis, ne sauraient, à mon sens, rivaliser avec l'audacieuse et sublime élégance du *Munster*, qui frappera davantage les amateurs du beau, du grandiose, tandis que le *Dôme* aura surtout pour partisans ceux qui préfèrent le joli. Ce monument n'est pas encore achevé; on y travaille continuellement; les flèches qui couronnent les combles ne sont pas au complet, et il n'y a encore que deux mille et tant de statues posées, sur les trois mille cinq cents qu'il doit y avoir un jour. Les portes, le chœur, sont enrichis de bas-reliefs précieux, ouvrage du ciseau des plus célèbres artistes de l'Italie. Je me suis arrêté devant une statue en marbre représentant saint Barthélemy, qui fut écorché vif; le martyr est debout, drapé à l'antique avec sa peau qui retombe en plis nombreux, et étalant, à l'admiration des anatomistes, ses muscles et ses veines à nu. C'est bien, après le fameux tableau du *Juge prévaricateur*, le chef-d'œuvre le plus révoltant qu'il soit possible de voir.

On m'a montré également la chapelle souterraine qui renferme le corps de saint Charles Borromée. L'or, l'argent, les pierreries, y brillent de toutes parts, et cette excessive magnificence forme un contraste des plus frappants avec la devise du saint : *humilitas*, dont il ne s'écarta jamais tant qu'il vécut. Les principaux traits de sa vie sont ciselés sur des tables d'argent disposées autour de la chapelle. Je ne puis dire si la beauté du travail surpasse la valeur de la matière, car les deux abbés *cicerone* se hâtent de vous débiter leurs explications, afin de pouvoir plus tôt les recommencer pour ceux qui vous suivent.

En parcourant cet immense et curieux vaisseau, j'étais assailli, à chaque pas, par des gens qui m'offraient leurs services, l'un pour m'accompagner sur le dôme, l'autre pour m'introduire dans la sacristie, un troisième pour me donner l'explication des tableaux; en un mot, les marchands pullulaient dans le temple et en profanaient l'auguste majesté. C'est un vrai fléau pour un voyageur que ces montreurs de profession; leur fastidieux bavardage désenchante tout à mes yeux, et je ne puis ni admirer ni réfléchir à mon aise quand je vois, planté à mes côtés, un homme qui épie, d'un œil impatient, le moment où il pourra m'arracher à mes impressions pour continuer sa ronde accoutumée et me débiter, d'une voix monotone, ce qu'il a dans son sac au sujet de l'*article* suivant.

Après avoir parcouru quelques-unes des rues des beaux quartiers, où j'ai remarqué plusieurs jolies églises d'une architecture peut-être un peu trop mondaine, n'en déplaise au Palladio, au Bramante et au Pellegrini, ainsi que nombre de *palazzi* d'un style noble, quoique un peu lourd, j'ai voulu voir ce palais *Broletto*, que bâtit et habita, au quinzième siècle, le célèbre chef de *condottieri*, *il conte di Carmagnola*;

immortalisé par Manzoni dans une de ses plus belles tragédies :

> . . . . . Questo fra i primi
> Guerrier' d'Italia il primo.

J'eus beaucoup de peine à me le faire indiquer et à le trouver, car les connaissances historiques ne courent pas les rues à Milan.

Je revins à l'excellent hôtel Reichmann, qui fut jadis un palazzo, prendre place à une table d'hôte dressée dans une superbe salle de gala, autour de laquelle régnait une galerie que supportaient de belles colonnes de marbre ou de stuc. Mes commensaux étaient presque tous Allemands; j'exprimai devant eux le regret de ne pas m'être muni de lettres de recommandation qui m'eussent mis à même de voir quel était le genre de la société de Milan et de recueillir quelques observations sur la situation du pays. Un jeune homme, placé vis-à-vis de moi, m'adressa la parole : « Je puis, monsieur, me dit-il, diminuer vos regrets, en vous mettant au fait de la manière dont les choses se passent communément ici à l'égard des étrangers. Vous tirez de votre sac de voyage le pantalon de casimir noir et les bas de soie à jour, et vous vous rendez, votre lettre en poche, à l'hôtel du comte ou du marquis ***; des laquais en livrée vous annoncent, les maîtres de la maison vous accueillent à merveille. La conversation s'engage sur ces lieux communs à l'usage des gens qui se voient pour la première fois, puis elle devient plus animée, plus intéressante. Le comte vous paraît un homme instruit, la comtesse est aimable, et vous bénissez le ciel et votre ami de vous avoir procuré d'aussi agréables relations. Ne voulant pas trop prolonger une première visite, vous prenez congé; le maître de la maison vous reconduit poliment, vous demande votre adresse et vous quitte en vous disant : « Quand vous reverrez M. ***, notre ami commun, vous voudrez « bien lui offrir mes affectueux compliments, et lui dire combien je lui « sais gré de m'avoir procuré l'avantage de faire votre connaissance. » Là-dessus vous vous confondez en salutations, et vous rentrez chez vous, un peu surpris pourtant de cette commission anticipée. Le lendemain, tandis que vous êtes sorti, un laquais apporte pour vous la carte de visite du comte ou du marquis, et tout est fini par là. » Je dois ajouter que l'auteur de ce tableau sans doute peu flatté de l'hospitalité milanaise était un baron autrichien[1]. Cependant j'ai appris depuis qu'il

---

[1] Toute cette partie de l'ouvrage a été écrite avant 1834. (*Note de l'éditeur.*)

était très-difficile à un étranger d'être admis ici dans la société sur un pied qui lui permît de la juger un peu à fond; et c'est une chose toute naturelle. Il règne en Lombardie, et à Milan plus qu'ailleurs, un esprit de méfiance qu'expliquent assez les relations hostiles établies entre le gouvernement et les habitants. Les notabilités littéraires, si abordables en France et en Allemagne, vivent ici dans la retraite et se bornent à un très-petit nombre d'intimes; on dit qu'il est presque impossible de pénétrer jusqu'à Manzoni; je ne l'ai pas tenté.

Je suis allé visiter l'arc de triomphe, commencé par l'empereur Napoléon et destiné à servir d'entrée à la ville, là où aboutit la fameuse route du Simplon. Les travaux, suspendus déjà en 1809, ont été continués par ordre du gouvernement autrichien, et ce monument, remarquable sous plus d'un rapport, est bien près d'être achevé. On a eu le bon esprit de ne rien changer, dit-on, au plan primitif, et les bas-reliefs ont été exécutés tels qu'ils avaient été conçus, ce qui conservera à l'arc de triomphe tout son intérêt historique. Construit en marbre blanc, dans des proportions à la fois grandes et élégantes, il est embelli par les ouvrages sortis des ateliers des plus habiles sculpteurs italiens; les bas-reliefs ainsi que les ornements sont en marbre de Carrare et admirables par leur fini et leur richesse. J'ai été frappé de la beauté des chevaux, de dimensions colossales, et du char qui doit, assure-t-on, rester vide. Il me semble qu'il serait plus habile et de meilleur goût, en pareil cas, de ne pas faire les choses à demi. Et d'ailleurs qu'y gagne-t-on? L'imagination placera toujours, sur ce char vide, la grande figure du triomphateur. Sa présence pourra réveiller des pensées d'opposition, mais n'évoquera pas, à coup sûr, des souvenirs de liberté. Et puis ne suffirait-il pas d'un dernier bas-relief pour résumer la morale sévère qui ressort de cette série de triomphes et de cette carrière de gloire? Les deux invasions de la capitale de la France offrent un terrible enseignement aux nations qui seraient tentées de s'effacer elles-mêmes jusqu'à se personnifier dans un homme, et de se faire les complices de ce grand attentat contre le genre humain qu'on appelle la conquête.

Tout près de là est le cirque, ou l'amphithéâtre, construit à l'époque du royaume d'Italie pour servir aux courses de chars, aux jeux gymnastiques et aux naumachies. Quoique fort vaste, il est loin de produire l'effet imposant de celui de Nîmes; c'est que *les monsieurs Romains*[1]

---

[1] Expression originale et juste dont se servent, en parlant des maîtres du monde,

savaient imprimer à leurs monuments un caractère de grandeur, de majesté, et je dirais presque de *pérennité*, qui nous frappe, abstraction faite du prestige attaché à leur nom. Ici on a célébré deux fois les *grands jeux Olympiques*, renouvelés des Grecs; c'était à l'occasion du mariage du vice-roi avec la princesse royale de Bavière. Quarante mille spectateurs faisaient alors retentir l'air de leurs acclamations bruyantes : « Le prince estoit là présent en son eschaffaut... Des dames, à pleins eschaffauts, y estoient aussi, tant gorgiases (parées), que c'estoit une droicte féerie [1]. » Toutes ces pompes avaient disparu, et la vaste enceinte du cirque était déserte et silencieuse. Quelques oies, paissant le gazon, avaient remplacé les barques légères qui figuraient dans les évolutions naumachiques, et un vieux mulet estropié parcourait, à pas lents, cette arène sur laquelle les coursiers d'Élide faisaient voler des nuages de poussière et disputaient des couronnes d'or. Tandis que je réfléchissais sur ces contrastes mélancoliques, deux élégantes de Paris, après avoir admiré les colonnes de granit rose qui soutiennent le péristyle et jeté un coup d'œil vaguement curieux sur ce monument abandonné, si propre à réveiller tout un monde de souvenirs, sortirent en disant d'un ton d'insouciance : « Passons maintenant à autre chose ! »

A quelques centaines de pas du cirque se trouve un château fort que Galéas II fit bâtir en 1358, pour contenir les Milanais, et qui, détruit après sa mort par le peuple révolté, fut relevé par Galéas III, puis démoli de nouveau par les habitants de la ville; François Sforce le fit plus tard reconstruire sur un plan plus étendu. Mais le sort en voulait à ce pauvre château, car, en 1801, les fortifications en furent rasées, et il ne reste aujourd'hui que la caserne et deux tours massives, dont les pierres, d'énormes dimensions, sont taillées en pointes de diamant et qui, par leur air de vétusté, semblent dater du temps de Bellovèze, fondateur de Milan. Rien n'est triste comme cette masure isolée et perdue, au milieu d'une place immense, aussi étendue que notre Champ de Mars et non moins déserte que lui.

J'étais fort étonné de voir, dans les rues, les soldats de S. M. l'empereur d'Autriche fendre du bois, porter des pierres, et occupés enfin

les paysans des environs de Saint-Honoré, en Nivernais, lieu jadis célèbre par son établissement thermal auquel aboutissaient sept voies romaines.

[1] Extrait de la relation d'un tournoi donné, en 1507, par Galéas, duc de Milan.

à des fonctions serviles. Je le fus bien davantage lorsque, dans un recoin écarté, l'un d'eux m'accosta d'un air humble et me demanda l'aumône : il se hâta de serrer le *bajocco* que je lui donnai, en jetant d'un côté et d'autre un regard inquiet. Je le questionnai en allemand, et cet homme m'apprit que lui et ses camarades étaient si peu payés et si mal nourris, qu'ils se voyaient dans la nécessité de se livrer, pour quelques sous, à de menus travaux, et que, lorsque cette ressource leur manquait, il leur fallait, pour y suppléer, avoir recours à la charité des passants, ce qui leur était sévèrement défendu, sous peine de cinquante coups de bâton. Cette correction disciplinaire est probablement la seule chose que de pareils soldats aient en commun avec les soldats romains.

J'ai dit que le soldat que je questionnai était Allemand; on n'en voit pas d'autres ici et c'est là tout le secret de la durée de la domination autrichienne en Italie. C'est à la facilité qu'a le cabinet de Vienne de contenir ces populations frémissantes à l'aide de soldats, parlant une autre langue, étrangers à leurs mœurs, à leurs griefs et sans sympathie quelconque pour elles, qu'il doit d'avoir résisté à cette unanimité de haines dont il est objet. Cette haine contre l'Autriche est le seul trait vraiment national qu'offre le caractère italien, en ce sens qu'elle est générale, mais l'explosion en est retardée indéfiniment peut-être par l'effroi presque égal qu'inspirent les baïonnettes autrichiennes et la lente agonie des cachots du Spielberg. Il serait injuste de tirer de ce fait seul une conclusion défavorable pour ce malheureux peuple conquis, car la force matérielle et numérique ne peut rien aujourd'hui contre la force organisée; de nombreux exemples le prouvent jusqu'à l'évidence. Pour que l'affranchissement de l'Italie s'opérât violemment, il faudrait une simultanéité d'efforts, un ensemble dans le plan, une persistance dans l'exécution qu'on ne peut raisonnablement attendre des populations morcelées de ce malheureux pays. « Ce qui nous manque surtout, me disait un Milanais, c'est un centre, ce sont les moyens de créer une nationalité italienne. Nous avons bien des Romains, des Napolitains, des Siennois, des Florentins, etc., mais nous n'avons point d'Italiens. Notre pays est en proie à cet esprit rétréci de localité que vous désignez en français par le mot d'esprit de petite ville, et il n'y a, pour ainsi dire, rien de commun entre nous autres Milanais et les habitants de Venise et de Vérone; à proprement parler, nous n'avons point de patrie. L'empereur Napoléon eût pu nous aider à nous en faire une, c'eût été un immense bienfait. Mais ce n'était pas son affaire, il n'aimait pas à ressusciter les nations; notre exemple et celui de la Pologne en font foi. Il a donc mieux aimé nous dépecer, pour faire un royaume d'Italie, un royaume d'Étrurie, un royaume de Naples, vains fantômes d'États qui sont tombés dès que la force qui les avait appelés à une existence factice n'a plus été là pour les soutenir. On eût pu nous sauver alors; au lieu de cela on a appliqué, à nos dépens, un axiome célèbre : on nous a divisés et vous en voyez les suites, ajouta-t-il, en me montrant la sentinelle allemande qui se promenait devant l'hôtel de la police. Les *provinces* françaises sont redevenues *provinces* autrichiennes; je dois avouer qu'elles ont perdu au change et que, de ces deux dominations étrangères, la vôtre était la moins incompatible avec nos mœurs et notre caractère. Le prince Eugène, bien qu'il représentât un gouvernement qui nous avait été imposé, s'est fait aimer chez nous; ses intentions étaient bonnes, et il s'efforçait d'administrer dans l'intérêt du pays. Il a encouragé les lettres et les arts, et fondé, à l'instar de l'Institut, l'Académie de la Brera, qui a été conservée. Nous lui devons divers établissements d'utilité publique et, ce qui est compté pour quelque chose, plusieurs des embellissements dont jouit notre ville, qui alors était bien différente de ce que vous la voyez aujourd'hui; capitale brillante, elle était le séjour d'une cour gaie et polie qui nous coûtait un peu cher, il est vrai, mais nous donnait au moins pour notre argent, du plaisir et des jouissances d'amour-propre. Sous le régime actuel, au contraire, l'argent que paye le pays en sort pour n'y plus rentrer; tous les postes lucratifs et de confiance sont remplis par des étrangers qui dépensent peu et emportent leurs économies. Nous le leur pardonnerions encore si l'air de supériorité insultante qu'ils affectent, si la surveillance ombrageuse dont ils nous entourent, n'étaient pas toujours là comme pour nous empêcher d'oublier que les relations qui existent entre eux et nous sont celles des vainqueurs à l'égard des vaincus. Enfin, pour me servir d'une expression énergique de notre *Machiavel* : *Ad ognuno puzza questo barbaro dominio.* »

Je suis allé, pour l'acquit de ma conscience, voir la fameuse bibliothèque Ambrosienne, qui passe pour la plus riche en manuscrits après celle du Vatican. Elle renferme un grand nombre de ces curieux palimpsestes, ou manuscrits deux fois grattés, dans lesquels on découvre, sous le latin des rituels et antiphonaires du douzième siècle, de précieux fragments des anciens auteurs encore lisibles. C'est ainsi que M. Angelo Maï est parvenu à retrouver des morceaux étendus de plusieurs harangues de Cicéron, que l'on croyait perdues. Il a découvert également ici des fragments d'un texte de l'*Iliade*, présumé du quatrième siècle, qui s'étaient conservés derrière une suite de vignettes et de dessins dont le manuscrit était orné. Quelque ignorant amateur d'images les avait proprement détachés pour s'en former une collection. Un savant modeste et laborieux, attaché au service de cette bibliothèque, M. Mazzuchelli, a déterré aussi, lui, d'un amas de manuscrits jetés au rebut, plusieurs lettres inédites du Tasse qu'il a publiées, ainsi qu'un poëme latin *de Bello libyco*, écrit à une époque où la corruption du langage était devenue générale, et qu'il regarde pour cette raison, m'a-t-il dit, « comme un des derniers chants échappés à la muse latine expirante. »

On m'a rapporté une plaisante bévue du fameux astronome Lalande, auquel nous devons un assez bon ouvrage sur l'Italie. Il y dit que, bien que les palmiers soient assez communs dans ce pays-ci, ils n'y portent pas de fruits, et que si, de loin en loin, la chose a lieu, les fruits ne viennent pas à maturité. « Cependant, ajoute-t-il, par un heureux hasard, je me suis trouvé à Milan au moment où le palmier, qui se voit dans la cour de la bibliothèque Ambrosienne, était chargé de fruits parfaitement mûrs. » Vous noterez que ce palmier est en bronze.

Voulant faire la séance complète, je me suis rendu de la bibliothèque à l'Académie de la Brera. Je me dispenserai de parler des chefs-d'œuvre que j'y ai vus; ce que je pourrais en dire serait loin de satisfaire les vrais connaisseurs, et n'aurait pas d'intérêt pour le vulgaire des amateurs, dont je fais moi-même partie. Mais je veux mentionner un curieux in-folio qui a servi de registre ou de journal au célèbre Léonard de Vinci, et dans lequel se trouvent confondus pêle-mêle, des croquis, des vers, des morceaux de musique, des considérations sur les arts, la littérature, la politique, en un mot, toutes les inspirations diverses de ce génie si fécond et si universel. Cette étonnante variété de talents m'a fait faire des réflexions qui ne sont pas à l'avantage de nos temps modernes. La nature se serait-elle donc épuisée? Ne pourrait-elle donc plus produire de ces êtres si puissants par l'intelligence, l'imagination et la volonté, de ces êtres dont les vastes facultés suffisaient pour tout embrasser, et auxquels jadis elle se plaisait à prodiguer, par torrents, ce feu créateur dont elle ne distribue plus que des étincelles à quelques individus privilégiés? De nos jours, à un petit nombre d'exceptions près, le peintre n'est qu'un peintre, l'homme de lettres n'a approfondi que la littérature, le musicien n'est supérieur que dans son art. Léonard de Vinci était littérateur, et l'un des compositeurs les plus distingués de son temps. Michel-Ange s'est rendu célèbre comme peintre, comme sculpteur, comme architecte et comme ingénieur militaire; les fortifications de je ne sais plus quelle place sont de lui; il faisait, en outre, de bons vers et s'y connaissait. Salvator Rosa était peintre, graveur, orateur et musicien. Benvenuto Cellini, le meilleur ciseleur du seizième siècle, se délassait de ses travaux d'artiste en rédigeant des Mémoires qui sont restés classiques. Rubens enfin, peintre-diplomate, traitait d'une négociation délicate et importante en faisant le portrait du roi d'Angleterre. Et si l'on voulait fouiller plus avant dans l'antiquité, combien ne trouverait-on pas de ces exemples! On les chercherait vainement de nos jours; nous sommes tous spéciaux et nous restons, malgré cela, chacun dans son genre, au-dessous *di quei grandi*. Il faut que la nature des institutions, ou la phase de civilisation à laquelle nous sommes arrivés, soit pour quelque chose dans cette différence; chaque époque a son caractère à elle, et il est possible que la nôtre, marquée par de si grands progrès dans la carrière des sciences et des idées positives, ne soit pas également propre à développer les heureux dons du génie. Serait-ce plutôt qu'il n'y aurait plus, même dans l'âme de l'artiste, rien d'intime, rien de consciencieux, et que, lui aussi, aurait cessé d'avoir foi en son art? Quoi qu'il en soit, toujours est-il constant que nous voyons pâlir le feu sacré dans toutes les contrées de l'Europe. Peut-être, ce travail de transition achevé, la nouvelle ère sociale une fois arrivée, se rallumera-t-il pour briller d'un nouvel éclat; je le souhaite pour nos neveux, car la civilisation matérielle ne suffit pas, et l'homme ne vit pas seulement de pain.

Je suis allé en pèlerinage saluer les vénérables restes de la *Cène* de Léonard de Vinci; on peut dire que ce n'est plus que l'ombre d'un tableau. Le temps et l'humidité dégradent de jour en jour davantage cet admirable chef-d'œuvre d'un des plus grands génies de l'Italie, et, avant qu'il soit peu, il ne leur restera plus rien à détruire. Les Milanais et les *touristes* attribuent la destruction de cette fresque célèbre au vandalisme des chefs de l'armée d'Italie, qui avaient souffert qu'on fît de la salle où elles se trouvent un magasin à fourrages. On peut en attribuer, il me semble, une partie à l'incurie des religieux, car on voit encore une porte qu'ils ont fait percer dans la partie inférieure du tableau pour la commodité du service de leur réfectoire.

J'ai payé mon tribut à la mode en allant, avant l'heure du spectacle, faire quelques tours au *Corso* ou cours par excellence. On y voit réunis, chaque soir, les brillants équipages et le beau monde de Milan; c'est un Longchamps quotidien. Un grand nombre de voitures découvertes se suivent au petit pas en formant une double file le long de deux allées latérales, sur lesquelles circulent les nombreux promeneurs à pied. C'est là qu'on passe en revue toute la population fashionable de la ville, car sitôt après le dîner, pour peu que le temps le permette, chacun se fait comme un devoir de paraître au *Corso* pour y saluer ses connaissances, y former ses projets pour la soirée, et surtout respirer le frais pendant une heure, ce qui est un besoin impérieux sous un ciel étouffant. Il est à remarquer que ce climat, assez âpre en hiver, est en été tout à fait méridional. L'usage exige qu'on se promène au *Corso* et non ailleurs: aussi les boulevards bien plantés qui font le tour de la ville, les belles avenues ombragées qui aboutissent aux portes, offrent l'aspect de la solitude la plus profonde.

Le théâtre de la Scala allait s'ouvrir, et, en ma qualité de ci-devant habitué de celui des Bouffes, je ne pouvais manquer l'occasion d'entendre un opéra italien, exécuté en Italie avec le soin qui signale une première représentation. Avant que de parler du spectacle, je dirai un mot de la salle, où je suis arrivé une grande heure trop tôt, ce qui, vu l'affluence des spectateurs, ne m'a pas sauvé du désagrément d'entendre tout l'opéra debout. Cette salle est immense, et m'a paru très-peu ornée, au travers du demi-jour qui y régnait. Il en est toujours ainsi, sauf dans les grandes occasions, où on l'éclaire *a giorno* au moyen de six mille bougies placées dans des candélabres. Ces sept ou huit rangs de petites loges carrées m'ont fait penser à ce qu'en a dit Duclos, qui les compare aux boulins ou trous d'un grand colombier. L'obscurité de la salle, cette absence d'ornements lui donnent un aspect lugubre, mais sont, en revanche, singulièrement favorables aux effets de la scène et des décorations, sur lesquelles tout le foyer de clarté se trouve ainsi concentré. Le théâtre n'est pas ici, comme chez nous, une sorte de parade où les dames se montrent sous les armes; on n'y vient pas pour voir et pour être vu, chacun prétend être dans sa loge comme chez soi et s'y amuser à huis clos.

On donnait un opéra nouveau d'un compositeur de l'école de Rossini. C'était la *manière* du maître, moins son génie d'invention et ses chants si heureusement trouvés; en revanche l'élève, qui appartenait bien évidemment au servile troupeau des imitateurs, n'avait point épargné les crescendo et tout le luxe assourdissant des instruments de cuivre; les détonations périodiques de la grosse caisse, l'aigre retentissement des cymbales marquaient impitoyablement le temps fort de chaque mesure, et tout ce fracas semblait n'avoir d'autre but que de dissimuler la pauvreté des idées du compositeur. La pièce était médiocrement montée, et la nouvelle troupe des plus faibles; deux ou trois morceaux seulement eurent les honneurs d'une attention un peu soutenue de la part des spectateurs, qui, au reste, n'écoutent guère mieux, dit-on, les chefs-d'œuvre de la scène lyrique. Je m'étonne peu maintenant de ce que les compositeurs de ce pays, ayant affaire à un pareil public, lui donnent le plus souvent, non des œuvres d'art, mais des produits de fabrique, et conservent, pour les deux ou trois morceaux de la prima donna et du ténor, le peu d'idées musicales dont ils peuvent disposer. Rossini, avec son génie fécond et facile et son succès de vogue, a achevé de les mener à mal. L'orchestre de la Scala est bon, mais nous avons mieux que cela à Paris, sans même recourir, pour la comparaison, à l'admirable orchestre du Conservatoire.

Les ballets ont de la réputation à Milan, et celui que j'ai vu ici m'a dédommagé, quant à la nouveauté du spectacle du moins, de l'ennui que m'avait causé l'opéra. J'ai été frappé surtout de l'art avec lequel les groupes sont dessinés et distribués. Les tableaux (je ne sais si c'est là le terme technique) sont gracieux, variés et naturels. Pris individuellement, les danseurs sont loin de valoir les nôtres; quant à leur pantomime, elle est chargée à un point ridicule. Les contorsions, les grands bras n'y sont point épargnés, et de violents coups de pied font fréquemment sortir des planches des nuages de poussière qui voilent les traits grimaçants de l'odieux tyran et de sa victime éplorée. Mais peu importe, on ne se montre pas difficile dans ce pays-ci en fait de naturel. Les spectateurs offraient pour moi un spectacle non moins amusant que celui de la scène; ils étaient dans l'enchantement. Leurs physionomies mobiles peignaient naïvement les impressions diverses que produisait sur eux ce genre de divertissement, qu'ils aiment avec passion. L'œil fixe, la bouche béante, le corps en avant, ils suivaient avec l'attention la plus vive tous les mouvements des personnages; pirouettes et jeu muet, rien n'était perdu pour eux; les conversations des loges et du parterre étaient suspendues; de moments en moments un *ch' è bello!* spontanément échappé, venait interrompre le silence profond qui régnait dans la salle, et servait d'avant-coureur à une explosion générale d'applaudissements, expression bruyante d'un enthousiasme incapable de se contenir davantage.

Du théâtre de la Scala à celui de Girolamo la transition est moins brusque qu'on ne pense : c'est là que j'ai vu représenter, par des marionnettes inimitables, des marionnettes dignes du dix-neuvième siècle, la comédie du *Médecin malgré lui*, suivie d'un ballet avec pas de deux, tableaux d'ensemble et grands sentiments. La salle, proportionnée au personnel des acteurs, est fort jolie, et les décorations sont très-soignées, ainsi que les costumes. Un orchestre assez complet nous régala d'une des ouvertures de Rossini déplorablement écorchée, et la pièce commença. Les gestes des personnages, toujours justes, exprimaient avec l'énergie la plus comique les divers sentiments dont ils étaient animés. Martine injuriait son pendard de mari et en recevait des coups de bâton avec tout le naturel désirable, et le jeu muet du fagotier, troublé dans son tête-à-tête avec la bouteille *sa mie*, était des meilleurs. Cependant tout cela n'égalait pas encore les ballets ornés d'évolutions militaires et de changements à vue; celui de *Pygmalion et Galatée* m'a surtout ravi. Dès que la statue, s'animant au souffle du génie, fut descendue de son piédestal, le sculpteur, subitement dépouillé de sa blouse d'atelier, a paru richement vêtu, tout éblouissant de paillettes, et s'est mis aussitôt à danser avec l'œuvre de ses mains, dont les jambes ne conservaient plus rien de leur roideur primitive. Le petit Cupidon s'escrimait de son côté en ronds-de-jambe et en flic-flac, après avoir battu un dernier entrechat, il s'élança, de la manière la plus risiblement gracieuse, entre Pygmalion et Galatée, y resta suspendu en agitant ses ailerons de poulet, et concourant pour sa part à l'effet général du tableau de bonheur.

Notre Polichinelle, tournant sans cesse dans le cercle fastidieux des mêmes plaisanteries, n'est qu'un rabâcheur comparé à son confrère d'Italie, qui a vingt fois plus d'esprit, d'à-propos et d'imagination. J'en citerai pour preuve une bouffonnerie audacieuse, à la suite de laquelle on aurait bien pu lui aplatir, à coups de bâton, la double bosse qui le caractérise. Ce facétieux personnage entre en scène tout triste; il a fait de mauvaises affaires, il a pris des *bons colombiens;* bref, le voilà ruiné et ne sachant plus où donner de la tête. Pendant qu'il se lamente arrive un sergent recruteur, qui cherche à tirer parti de sa mauvaise fortune pour le lancer dans la carrière des armes, dont il lui énumère les avantages. Polichinelle secoue la tête d'un air peu convaincu. « C'est bel et bon, dit-il, mais si je perds un bras à la guerre, que m'en reviendra-t-il? — Vous êtes aussitôt nommé sous-officier. — Et si je perds aussi l'autre? — Alors vous passez capitaine, c'est de droit. » Polichinelle est ébranlé; il poursuit ses questions, auxquelles son interlocuteur répond dans le même sens. Enfin, après la perte de la seconde jambe, il a la certitude d'être général; Polichinelle est à moitié séduit. « Un moment! s'écrie-t-il, si le guignon voulait qu'un maudit boulet m'emportât la tête? — Oh! pour le coup, répond le sergent, vous seriez fait sur l'heure gouverneur de Milan; cela ne pourrait vous manquer. »

Le jour de mon départ, je suis monté, à cinq heures du matin, sur le Dôme, du haut duquel j'ai joui d'une de ces vues dont le souvenir ne saurait s'effacer de la mémoire. La pluie de la journée précédente avait donné à l'air une transparence extrême, qui me permettait de ne rien perdre des nombreux détails de cet admirable coup d'œil. Une majestueuse ligne de sommités neigeuses couronnait un horizon immense et régnait depuis les plus hautes cimes du Tyrol jusque par delà le mont Rose, se détachant par son éblouissante blancheur sur un ciel d'une pureté et d'une nuance toutes méridionales. L'œil errait sans obstacles sur ces plaines si riches et si verdoyantes de la Lombardie, qui se perdaient au loin dans les vapeurs du matin; les alentours de la ville, ombragés d'arbres, de bosquets, semblaient un vaste jardin anglais d'où s'élevaient des fabriques élégantes. A mes pieds se déployait Milan, décoré de ses palais et de ses églises pittoresques, et donnant l'intérêt de la vie et du mouvement à ce magnifique tableau, que le soleil levant inondait de lumière. Le Dôme lui-même, qui formait le premier plan, était d'un admirable effet; la vue, plongeant sur son ensemble, s'égarait dans le dédale des rampes, des galeries de marbre, au milieu de cette forêt d'aiguilles blanchissantes et de ce peuple de statues qui semblait s'animer. Les habitants commençaient à circuler dans les rues; les premiers bruits du jour montaient jusqu'à moi, accompagnés du tintement mélodieux des cloches; la fraîcheur matinale de l'air, tempérée déjà par les rayons du soleil, était délicieuse, et je la respirais avec volupté en enivrant mes regards de ce ravissant panorama. Mais le temps pressait, et il fallut quitter toute cette poésie pour la prose de la grande route et du *vetturino*.

GÊNES

La *Strada-Novissima*. — Palais Doria. — Baie. — Églises. — Promenades. — Etablissement public des sourds-muets.

On ne vient, dit-on, à Gênes, que pour y admirer sa rue de palais et sa superbe baie; il y a cependant, à mon avis, quelque chose de non moins curieux : c'est l'aspect d'une ville grande, riche et populeuse, dans laquelle il ne se trouve qu'*une seule rue* où l'on puisse aller en voiture, *carrozzabile*. Toutes les autres sont des ruelles étroites, bordées de maisons d'une élévation considérable et obstruées de passants, de portefaix, de mulets chargés, qui font retentir les dalles du bruit de leurs fers recourbés. Dans ces couloirs tortueux et resserrés, dont le peloton d'Ariane pourrait difficilement vous tirer, l'air circule à peine et le soleil ne luit jamais. L'odorat y est, en outre, plus fâcheusement affecté que dans aucune autre ville ; les boutiques de fromages, de poissons salés, de cuirs, les fabriques de savons et de chandelles y répandent une odeur plus fétide que partout ailleurs, et cet air empesté ne peut se renouveler que lorsqu'il règne, pendant plusieurs jours, des vents violents. Il faut, en effet, avoir passé plusieurs jours ici pour être à même de se faire une idée de tout ce qu'un nez bien organisé peut avoir à souffrir. Aussi est-ce une marque d'égard de la part des aubergistes que de loger un étranger à l'étage le plus élevé, d'où il a, sinon toujours la vue, du moins de l'air à respirer, un morceau de ciel raisonnable pour se récréer les yeux, et, de plus, l'avantage d'échapper au bruit assourdissant et aux exhalaisons nauséabondes de la rue. Ma chambre donnait sur la mer ; je dominais le port ainsi qu'une partie de la baie, et j'ai passé de bons moments à ma fenêtre, pendant les heures de la journée où la chaleur m'empêchait de sortir. Pour nous autres habitants des régions tempérées, l'incommodité causée par cette élévation de température inaccoutumée équivaut presque à un état de maladie ; le physique et le moral en sont également affectés. On ne peut ni agir ni penser, et ce n'est que lorsque le soir arrive qu'on commence à revivre.

La fameuse rue de palais, dont on fait tant de bruit, atteste la magnificence des familles patriciennes qui l'ont fait élever. Elle traverse une bonne partie de la ville, mais n'est pas droite et varie dans sa largeur, qui n'est nullement en proportion avec la grandeur et l'élévation des édifices bâtis l'un après l'autre, sans alignement et au gré des caprices des architectes. Il n'y a nullement moyen de jouir de l'ensemble de ces beaux palais, ni même de l'effet de chacun d'eux pris séparément. L'espace vous manque ; il faut vous reculer jusqu'au pied du mur opposé et renverser la tête en arrière, pour ne voir qu'incomplétement celui que vous avez en face. Beaucoup d'entre eux m'ont semblé n'avoir guère de remarquable que leur masse, ou, si l'on veut, leur lourde majesté. Ils sont, à quelques exceptions près, d'une architecture peu élégante, prétentieuse et surchargée d'ornements qui me paraissent, à moi profane, être de mauvais goût, en ce qu'ils offrent à l'œil des lignes tourmentées, des courbes rentrantes et sortantes, des enroulements surmontés de corniches massives, le tout reposant souvent sur des colonnes écrasées. Point d'unité, point de grandeur en général dans les plans. Quelques-uns de ces palais sont, en outre, barbouillés à l'extérieur en vert et en rouge, ou décorés (le mot est impropre) de fresques qui, dans l'origine, pouvaient avoir leur mérite, mais qui, dégradées par le temps, ne présentent plus aujourd'hui qu'un mélange *papillotant* de couleurs, d'où sortent çà et là un bras, une jambe, un torse, une tête barbue qui ne se rattachent à rien. D'autres bâtisseurs, afin d'économiser sur la main-d'œuvre, ont imaginé d'orner quelques façades avec des colonnades, des pilastres, des frises, des balcons... en peinture :

Ce ne sont que festons, ce ne sont qu'astragales.

badigeonnés sur des murs qu'on aimerait mieux voir tout blancs. Cette association de la peinture et de l'architecture est une invention barbare, faite seulement pour flatter l'ostentation parcimonieuse de gens qui n'avaient pas l'idée du beau, et de laquelle il ne peut résulter la moindre illusion pour un œil exercé, toutes les règles de la perspective se trouvant violées de la manière la plus choquante à chaque mouvement que fait le spectateur. Quant aux portiques et péristyles réels qui forment l'entrée de quelques-uns des palais, j'en ai remarqué de fort élégants; mais ils manquent en général d'air et de lumière. MM. les architectes vont se récrier en lisant ce paragraphe; je les prie de se rappeler que je donne mon avis, *non comme bon, mais comme mien*. J'ajouterai, pour tranquilliser la conscience de mes autres lecteurs, que j'ai eu l'avantage de me trouver d'accord en ceci avec des gens qui, pour n'être pas du métier, n'en possédaient pas moins un sentiment juste, exercé par une longue habitude de voir et de juger sans préventions.

J'ai voulu voir l'intérieur d'un de ces palais, appartenant à la famille Serra. Je me suis hâté de franchir le péristyle et la partie inférieure de l'escalier; on sait à quel usage les gens du peuple ont consacré de temps immémorial, en Italie, les abords de ces somptueuses demeures. C'est pour eux comme un droit acquis; à tel point que l'un d'eux, surpris en flagrant délit par un étranger qui le réprimanda, s'écria, d'un air à la fois surpris et fâché : « *Eh! non è questo un palazzo*[1]? » Arrivé dans les appartements d'honneur, qui sont au troisième étage, je fus frappé de la richesse et de l'élégante simplicité *dell' ornato* : seize colonnes cannelées, d'ordre corinthien, entièrement dorées, supportent une corniche du plus beau travail et du meilleur style; tout le salon n'est qu'or et marbres précieux. Les portes, la cheminée, le plafond, enfin tous les ornements se distinguent par la pureté du dessin et par le fini exquis de l'exécution; je n'avais jamais rien vu de si riche à la fois et de si beau. Des peintures précieuses, et en petit nombre, complètent ce magnifique ensemble. Le *cicerone* m'a dit que le salon, la salle à manger et une autre petite pièce contiguë avaient coûté un million.

En passant et repassant dans cette rue Balbi, dans cette *strada Nuova, nuovissima*, je m'étonnais de voir toutes les fenêtres du rez-de-chaussée

---

[1] Eh! n'est-ce donc pas ici un palais?

garnies d'énormes barreaux de fer ainsi que celles d'une prison. En cherchant à découvrir le motif d'une précaution aussi générale, il me vint dans l'idée que ces grilles pouvaient bien être une barrière que les grands avaient voulu opposer aux premiers excès de la fureur du peuple, dans les émeutes auxquelles ces gouvernements aristocratiques devaient fréquemment se trouver exposés. De pareilles grilles, dont les barreaux ont pourtant de quinze à dix-huit lignes, ne tiendraient pas dix minutes contre les efforts de cette formidable populace de Londres, *mob*, qui se fait un jeu de démolir les maisons de fond en comble. Mais, le peuple, dans les pays chauds, n'est pas doué de cette énergie opiniâtre qui ne connaît point d'obstacles, et l'on conçoit que la mollesse énervante du ciel d'Italie a pu contribuer ici à l'efficacité d'une mesure de précaution de ce genre.

Il est un palais pour lequel je n'ai que des éloges : c'est le palais Doria ; celui-là, du moins, on le voit à son aise. Situé sur le bord de la mer, il est comme isolé ; ses belles lignes d'architecture, ses colonnes, l'ensemble de ses proportions, tout en est satisfaisant pour l'œil, et l'on peut dire qu'il concourt à embellir cette admirable baie. N'en ayant point vu l'intérieur, j'ignore s'il correspond au reste. Ces magnifiques demeures ne me paraissent pas habitées, et cette circonstance, qui n'est, je pense, que temporaire, leur donne un aspect mélancolique. Je voudrais les voir en hiver, animés par la présence des maîtres ; il leur faut ce bruit, ce mouvement d'équipages, de gens et de chevaux, qui sont l'accessoire obligé des palais. En errant au milieu de la solitude et du silence qui règnent dans l'enceinte déserte de l'habitation des Doria, je me reportais, en imagination, au milieu du dernier siècle, à ce moment où un digne rejeton de cette famille illustrée, après avoir, à la tête du peuple, chassé les Autrichiens de sa ville natale, rentrait dans ses foyers aux acclamations de ses concitoyens.

La décoration intérieure du palais des doges, remarquable par l'effet de sa façade en stuc, imitant le marbre de Carrare, est d'une grande richesse. La salle du conseil, où avait lieu la cérémonie de l'installation du doge, offre une profusion de dorures, de rosaces, de moulures, qui fatigue et ne répond pas à la destination de cette pièce, dont les dimensions sont grandioses, sans l'être autant cependant que celles de la fameuse salle de l'hôtel de ville d'Amsterdam, qui est ce que j'ai vu de plus imposant en ce genre. Les curieux admirent beaucoup ici trente-huit colonnes d'un marbre précieux (brocatelle) qui soutiennent la voûte. Tout autour de cette vaste salle sont rangées les statues de plusieurs doges, ainsi que de quelques-uns des principaux citoyens de la république. Autrefois ces statues étaient en marbre, mais la populace, dans l'élan de son zèle démocratique, les jeta par la fenêtre lors de la révolution. En examinant de plus près celles qui les ont remplacées, je découvris qu'elles étaient bien réellement drapées, avec beaucoup d'art et d'élégance, en véritable percale. J'eus l'indiscrète curiosité de soulever la tunique d'un Doria, placé près de la porte... l'infortuné n'avait que la tête, les pieds et les mains en plâtre ; tout le reste de sa personne n'était qu'une déception, et les longs plis de la toge de ce père de la patrie cachaient un corps économique en paille, ficelée et modelée avec une savante intelligence.

Les rues offrent ici des enseignes peintes comme à Paris, mais les sujets y sont moins variés et ne prêtent pas à la plaisanterie ainsi que chez nous. Ce sont, le plus souvent, de petits amours ou génies ailés, aux joues bouffies et rubicondes, aux jambes engorgées, qui vous présentent, avec toutes les grâces d'une pose que l'artiste s'est efforcé de rendre *albanesque*[1], des guirlandes de vermicelle, des perruques, du sucre d'orge ou une paire de bottes. Comme je retournais chez moi le soir, j'avisai, ayant soif, une boutique fort propre, bien éclairée, et dans l'intérieur de laquelle étaient rangés, sur un buffet, des vases de porcelaine de formes diverses. Un garçon, en tablier blanc, était sur la porte ; je me crus devant un café, j'entrai et demandai de la limonade. Le garçon m'apporta aussitôt une serviette, mit devant moi un pot à l'eau, et revint un instant après, armé d'un plat à barbe et d'une savonnette ; je fus si confus de cette ridicule méprise que je me laissai faire, plutôt que de l'avouer.

Je ne puis m'accoutumer au genre de coiffure des femmes de ces contrées ; leur *mezzaro* ne sied pas également à toutes. Ces voiles, qui ne sont pas toujours blancs, jetés, avec un air de négligence, sur des têtes grisonnantes, se drapant sur des épaules *d'inégale structure*, et modestement retenus par une paire de bras secs et basanés, me causent toujours une surprise désagréable. Il me semble voir la Doloride de *Don Quichotte* et ses suivantes, ou bien encore des vestales de théâtre réformées.

[1] On sait que l'Albane excellait surtout à peindre les enfants.

Mon auberge est évidemment un ancien *palazzo*; cela se reconnaît à la grandeur des pièces, aux peintures des plafonds et aux dorures ternies que l'on voit sur les portes. Je mange seul dans une vaste salle, dont le balcon donne sur la mer; on m'apporte huit ou dix plats, parmi lesquels figure toujours la *fegata*, le foie de veau, qui, semblable à celui de Prométhée, *immortale jecur*, semble, dans ce pays, renaître à chaque repas sous la dent du voyageur rebuté. Je n'ai jamais trouvé ce pauvre vautour aussi à plaindre. On mange aussi à Gênes, comme une chose recherchée, de petites huîtres avortons, dont le goût âcre et saumâtre révolterait des palais habitués aux huîtres de Cancale. Dans chaque rue on trouve des magasins de ces pâtes en grand renom auprès des gastronomes; des gazes jaunes les préservent des atteintes des mouches et leur conservent leur couleur dorée. On vous sert au café, pour le déjeuner, un fagot de bûchettes blanches, grosses comme le petit doigt et longues de deux pieds; ce sont autant de pains (*grissini*). En les supposant mis les uns au bout des autres, un homme de bon appétit peut manger, avec son café, un demi-quart de lieue de ce pain très-léger et très-délicat.

Les glaces, les sorbets et cette nombreuse variété de breuvages rafraîchissants, dans la préparation desquels les Italiens excellent, sont ici à très-bon marché, et l'on peut faire, pour quelques francs, un cours complet de dégustation dans le premier café de Gênes. Il faut attribuer cela au peu de cherté des fruits et des denrées coloniales, bien plus qu'au désintéressement de ce peuple, qui n'a rien perdu de sa vieille réputation de cupidité; j'en ai entendu citer l'exemple suivant : Un étranger, qui cherchait la demeure d'un médecin, s'adresse à un commissionnaire (*facchino*) qu'il voit assis sur le seuil d'une porte; celui-ci se lève et commence par dire, en tendant la main, qu'il n'a que ce qu'il gagne pour se nourrir lui et sa famille. L'étranger lui donne une petite pièce de monnaie; l'homme alors se retourne, en indiquant du doigt la porte devant laquelle il était assis.

A la manière seule dont la ville est bâtie, on voit que son origine, son accroissement et sa splendeur sont la création du commerce maritime, et un œil observateur peut suivre sur les lieux la marche progressive de sa prospérité mercantile et de son importance politique qui en a été la conséquence. Les quartiers que j'appellerai primitifs, ceux qui touchent à la mer, sont sales, obscurs, n'offrant à l'œil que des baraques entassées sur d'autres baraques. C'est là que se trouvent les magasins, les entrepôts; c'est là que se font les affaires; c'est, en un mot, la ville marchande qui a remplacé les chétives cabanes de ces pêcheurs, premiers fondateurs de Gênes. On n'a point encore songé à l'embellir, mais bien à la protéger, en la ceignant d'une bonne muraille qui, gardée par des *condottieri*, servait à mettre à l'abri d'un coup de main ces précieux ballots, l'espoir et la richesse de la patrie. Si l'on s'éloigne du port, on observe que les maisons sont mieux bâties, plus spacieuses, plus commodes; on remarque même quelques palais s'élevant de loin en loin; les marchands, devenus des négociants en grand, commencent à vouloir jouir et briller. Enfin on arrive à la rue des palais, à la *Strada Nuova, Nuovissima*, c'est le quartier des familles patriciennes; rien n'y rappelle le comptoir, si ce n'est pourtant cette ostentation qui ne s'allie pas toujours au vrai sentiment du beau. Ici les Brignole, les Serra, les Pallavicini, les Durazzo, les Doria, etc., ont lutté de magnificence et employé leurs immenses richesses à capter la faveur populaire, dont ils se faisaient tour à tour un appui, quand ils étaient au pouvoir, et une arme pour en renverser leurs compétiteurs plus heureux ou plus habiles. Un fait digne de remarque, c'est que Gênes s'enrichit principalement par la traite des nègres, dont le monopole lui fut vendu pour deux mille cinq cents ducats, par un seigneur flamand, auquel Charles-Quint l'avait accordé. Peut-être est-ce en punition de ce crime de lèse-humanité que cette république a été l'une des moins libres qu'on connaisse, et qu'elle a perdu son indépendance à l'époque où tant d'autres États ont recouvré la leur. On chercherait vainement aujourd'hui, sur les édifices publics, ce mot de *libertas*, que Duclos assure y avoir vu jusque sur la porte de la prison : « Le peuple, ajoute-t-il, lit avec plaisir cette inscription; c'est à peu près tout ce qu'il connaît de la liberté, quoiqu'il l'ait rendue seul à ses maîtres. »

Gênes la Superbe, qui jadis disputait à Venise l'empire des mers, survit à sa grandeur éclipsée; elle a cessé, depuis une quarantaine d'années, d'avoir une existence politique. Déchue du rang qu'elle occupait parmi les puissances maritimes, elle a été successivement port d'entrepôt pour le commerce anglais, puis chef-lieu d'un département français, et est devenue enfin ville de province piémontaise. Elle a perdu à ce dernier changement, et c'est aux efforts de la politique de l'Angleterre qu'elle attribue, avec raison, son incorporation au royaume de

Sardaigne¹. En cette occasion, le principe de la légitimité et des restaurations a été vainement invoqué par les faibles; le congrès de Vienne est resté sourd à toutes les réclamations; Gênes et Venise ont été sacrifiées à la politique des intérêts. Lorsque l'influence anglaise fit décider par le congrès que la première de ces républiques serait cédée au roi de Sardaigne, celui-ci ne répondit pas comme fit Louis XI, auquel les Génois offraient de se donner, et qui dit : « Eh bien ! moi, je les donne au diable ! » Victor-Emmanuel accepta et fit bien; j'entends dans son intérêt, car les Génois lui en savent peu de gré. Les patriciens ne peuvent oublier qu'ils ont été souverains et qu'ils sont sujets, et les rois de Sardaigne ne parviendront pas de longtemps à leur faire prendre leur parti sur ce changement de position. Ils n'ont rien négligé pour cela, dit-on; mais leurs avances, leurs rubans et leurs clefs de chambellan ne pourront faire qu'à grand'peine des courtisans satisfaits de tous ces nobles rejetons des familles historiques de Gênes. Quoi qu'il en soit, ils ont pris leurs sûretés, et les forts menaçants qui dominent la ville, éloignent toute chance de succès en faveur d'un mouvement populaire, quelque unanime qu'il fût. Dans un cas pareil, le voisinage des garnisons autrichiennes serait peut-être la meilleure garantie de la fidélité de la garnison piémontaise².

Pendant le blocus de Gênes, les habitants ont été témoins d'un fait d'armes qui les a vivement frappés, et dont ils parlent encore avec admiration. Les troupes françaises renfermées dans la ville, et commandées par Masséna, tenaient obstinément, dans l'espoir d'être secourues. Mais les vivres étaient épuisés, et les soldats, exténués par la faim, avaient l'air d'autant de spectres. Cependant trois cents hommes de la division Miollis font une sortie, attaquent, près de Fascie, un détachement de six cents Autrichiens, les désarment, mangent, sous leurs yeux, leur dîner, et les ramènent prisonniers à Gênes. C'était, m'a dit un témoin oculaire, un spectacle des plus singuliers que celui qu'offraient ces vainqueurs, hâves et affaiblis au point de pouvoir à peine se

---

¹ La rivalité commerciale qui animait le cabinet anglais à la perte de ce petit État maritime date déjà de loin. En 1747, le ministère donna cent cinquante mille livres sterling à l'impératrice Marie-Thérèse et autant au roi de Sardaigne, pour faire tout le mal possible à la république de Gênes, que la France s'épuisait à soutenir.

¹ Le lecteur est prié de ne pas oublier la date de 1834, mentionnée plus haut.

(*Note de l'éditeur.*)

traîner, et conduisant en triomphe, aux acclamations du peuple, ces six cents Autrichiens brillants de santé, qui paraissaient encore tout étonnés de s'être laissé prendre par de faméliques adversaires qu'ils auraient pu renverser d'un coup de poing, si l'énergie morale n'avait pas suppléé, dans ceux-ci, à la faiblesse d'un corps épuisé.

J'ai profité d'une belle matinée pour me faire mener, en canot, à une lieue en mer, afin de jouir, tout à mon aise, de la vue de cette baie de Gênes, que beaucoup de voyageurs préfèrent même à la baie tant vantée de Naples. Celle-ci s'arrondit en immense demi-cercle, depuis le promontoire de Porto-Fino jusqu'à celui de Savona, et si elle n'a pas le Vésuve, ce désavantage est presque compensé par l'élévation des rives et la variété pittoresque de leurs formes. Il n'est rien de plus imposant que le coup d'œil que présente la ville, se déployant en magnifique amphithéâtre sur les flancs des montagnes qui la dominent, et qui, vues de la mer, paraissent moins nues qu'elles ne le sont réellement. Toutes les hauteurs sont couronnées de palais et de jolies habitations qui rompent l'uniformité de leurs lignes. La saleté et l'irrégularité des quartiers bas disparaissent et se fondent dans l'ensemble, aussi grand et aussi poétique de loin que de près il l'est peu. Sur ces édifices, pittoresquement groupés, que le soleil inonde de clartés, et qu'harmonise le reflet d'un ciel chaud et lumineux, se détache une forêt de mâts dont les pavillons et les flammes se jouent au gré de la brise ; à ma gauche s'élance le phare, isolé sur un rocher qui avance dans la mer ; à sa forme hardie et svelte, on dirait que Vernet en a donné le dessin et choisi l'emplacement. La mer est légèrement houleuse, et une multitude innombrable de petites embarcations sillonnent en tous sens le port, où règne un silence extraordinaire. Des vaisseaux à trois mâts arrivent avec toutes leurs voiles dehors, et se balançant majestueusement sous la vague qui blanchit devant leur quille rapide. Ceux des États-Unis se font reconnaître entre tous à l'élégance de leur coupe, à la vitesse de leur marche, plus encore qu'à leur pavillon étoilé. Dès qu'ils ont dépassé le môle, ils carguent les voiles, leur course se ralentit ; ils s'arrêtent, et des canots viennent les remorquer jusqu'à la place qui leur est assignée. Un autre bâtiment, frété pour les Grandes-Indes, sort traîné à la remorque ; il avance avec une pénible lenteur ; on dirait un colosse privé de vie ; mais, dès qu'il a dépassé la jetée, la brise se fait sentir ; alors cette masse pesante semble s'animer, les voiles se déroulent, s'enflent successivement, les banderolles se jouent sur le pur azur du ciel; le vaisseau *abat*, prend le vent, il vole, et cette sublime création du génie de l'homme apparaît dans toute sa majesté. Si l'on tourne le dos à la ville, l'œil embrasse un horizon sans bornes; la mer s'y confond avec les vapeurs du lointain, au milieu desquelles brillent de nombreux points blancs; ce sont des bateaux pêcheurs, des *pinques*, avec leurs gracieuses voiles croisées, qui ressemblent aux ailes de l'oiseau de mer; ce sont des bâtiments partis dans la nuit, ou qui arriveront dans la journée. Après être resté trois heures en mer, je revins ravi de cette promenade, qui, à elle seule, m'eût payé mon voyage à Gênes.

Le *port-franc* est enceint de toutes parts par de hautes murailles; on n'y pénètre, de la ville, que par une seule entrée, et il est sévèrement défendu d'en faire sortir quelque marchandise que ce soit sans une permission spéciale. Cela semble singulier; au premier abord, le mot de port franc paraît impliquer l'idée d'une liberté illimitée; mais il n'en est rien; voici l'explication que donnait l'ex-ministre Corvetto de cette contradiction apparente : « La franchise du port de Gênes ne portant que sur l'entrée et la sortie *par mer*, et non sur l'importation intérieure et la consommation locale, il était naturel de recevoir toutes les marchandises dans un même lieu, dès leur arrivée dans le port, afin de s'assurer de leur destination ultérieure. Si l'on avait permis à chaque négociant de les emmagasiner où bon lui semblait, il aurait fallu, dès lors, exercer, sur ces marchandises ainsi dispersées, une surveillance bien plus gênante que ne l'est la nécessité de les déposer dans des magasins *ad hoc*. D'après ce principe, il était nécessaire d'empêcher le débarquement dans tout le reste du port, et c'est pour cela qu'on l'a entouré de murailles. »

La construction des églises ainsi que leur décoration intérieure me plaisent peu. Elles peuvent être bien comme fabriques, comme morceaux d'architecture; mais elles me paraissent manquer du caractère approprié à leur destination. Ces gens-ci étalent dans leurs églises cette recherche d'ornements qu'ils ont bannie de leurs théâtres; tout y est papillotant de marbres et de dorures. J'ai particulièrement été choqué de voir les arcades et ogives de la nef d'une des principales paroisses habillées, ainsi que les colonnes sur lesquelles elles reposent, de fourreaux étroits, en soie cramoisie, garnis de franges et de galons d'or. On n'avait pas ajouté le moindre pli, la plus petite draperie pour corriger l'effet ridicule de cette décoration, qui donnait à ces colonnes l'aspect d'autant de jambes énormes et mal faites revêtues de pantalons collants.

On est étonné de la foule d'individus vêtus en ecclésiastiques qui fourmillent ici dans les rues; des adolescents qui, tout au plus peuvent être déjà au séminaire, des enfants de huit à dix ans paraissent en public avec l'habit noir, le petit collet et le grand chapeau d'abbé. La gravité de ce costume forme, avec l'expression habituelle de leur âge, un contraste qui a quelque chose de ridicule et d'étrange. La peine que se donnent ces petits bons hommes pour mettre leur figure à l'unisson de leur habit est visible, et ils n'y réussissent pas toujours; parfois l'espièglerie du gamin perce dessous la soutane de l'abbé.

Pour nous Français, accoutumés au maintien grave et digne de notre clergé, le prêtre italien se présente sous un aspect qui nous prédispose peu en sa faveur. Le clergé, dans ce pays-ci et dans toute l'Italie en général, a une allure leste, dégagée, un certain air mondain qui nous choque comme n'allant pas avec son habit. Nous aurions tort de le juger d'après cela, car, sous cet extérieur qui nous frappe défavorablement, il y a bien souvent d'excellents prêtres qui ne le cèdent point aux meilleurs d'entre les nôtres. Pour être juste envers eux, il est nécessaire de tenir compte du caractère et des habitudes nationales qui se prêtent à ce laisser-aller, dirai-je à ce *sans-gêne*, qui nous semblent si déplacés sous le costume ecclésiastique. Les religieux des divers ordres mendiants affluent dans les rues de Gênes; on les voit se mêlant aux gens du peuple, causant et riant familièrement avec eux, s'asseyant dans les boutiques et s'enquérant auprès du boutiquier de l'état des affaires. J'ai remarqué parmi eux un certain nombre de belles têtes à caractère, au maintien recueilli, avec des barbes pittoresques, offrant ces types qu'on retrouve sous le pinceau de Léonard de Vinci.

Il n'existe ici d'autre promenade où l'on jouisse d'un peu d'ombrage que celle de l'*Acqua Sola*; elle est assez fréquentée; mais le bon ton, qui est aussi peu rationnel ici que partout ailleurs, réunit, chaque soir, le beau monde dans la rue des Palais; et c'est sur un espace étroit, entre deux rangs d'édifices élevés qu'échauffent pendant le jour les rayons d'un soleil brûlant, qu'on voit affluer les promeneurs de toutes les classes, qui s'en vont se coudoyant, se marchant sur les talons, avalant la poussière qu'ils soulèvent, et s'imaginant respirer le frais. Si, ne partageant pas cette illusion, vous sortez de la ville pour prendre l'air, vous n'êtes guère plus avancé; de petits chemins pierreux, poudreux, montueux, vous mènent, entre deux murs, vous ne savez où; après avoir bien tournoyé, vous arrivez à quelque étroit vallon aride, dont le fond est occupé par un lit de torrent, sur les versants duquel vous apercevez, d'ordinaire, un couvent et quelques maisons de campagne. Rien ne ressemble moins à l'idée que nous nous faisons des habitations de ce genre que celles que l'on trouve le plus habituellement autour de Gênes. On voit à peine dans les jardins un bouquet d'arbres ou une belle allée couverte; le seul ombrage qu'on y découvre consiste en un berceau de vignes où l'on peut faire une promenade de cinquante pas, puis retourner au point dont on est parti pour recommencer. Il paraît que cette nudité, si désagréable à l'œil et si peu confortable, tient à l'excellente nature du terrain, dont on ne voudrait pas sacrifier un pied carré à des plantations d'agrément. Tout est utilisé; de tristes, mais productifs oliviers, des vignes et même des pièces de blé, entourent et pressent la maison, qui renferme, en revanche, une profusion de marbres, sculptures, dorures, etc., etc. En passant près d'un de ces édifices, décoré extérieurement avec une recherche qui me frappa, je demandai à qui il appartenait: « C'est le palais du docteur M***, » répondit-on. Le palais d'un médecin! singulière alliance de mots pour une oreille française! Jadis ces messieurs se permettaient la petite maison; mais on ne leur eût jamais passé le palais; les mœurs s'y fussent opposées.

J'ai un voisin qui joue du violon pendant quatre ou cinq heures par jour; je l'entends étudier, redire vingt fois de suite les mêmes passages, s'interrompre, reprendre, s'exercer enfin avec une patience digne d'un meilleur résultat. C'est une passion malheureuse, sinon pour lui, du moins pour moi, car l'excessive chaleur m'empêche de me soustraire, par la fuite, à cette raclerie désespérée. J'ai eu la curiosité de savoir quelle figure avait ce bourreau de mon tympan, et j'ai reconnu, à ma grande surprise, que c'était un homme à cheveux blancs, écolier au moins sexagénaire, qui se livrait, avec cette ardeur toute juvénile, à une étude d'autant plus ingrate qu'elle est plus tardive. Ah! que Byron a bien raison! L'âge ne se mesure pas sur le temps qu'on a vécu, mais sur ce qu'on a éprouvé et sur la manière dont on a vécu. Tant que l'on conserve la vivacité des goûts, source de l'enthousiasme, une imagination fraîche et mobile, prompte à remplacer les illusions qui échappent par des illusions nouvelles; tant qu'on n'a pas perdu enfin cette chaleur vitale du cœur, et, si j'ose dire, cette élasticité de l'âme, dont rien ne peut tenir lieu, on est encore jeune en dépit des années.

On voit peu d'équipages à Gênes, et j'en ai donné la raison au commencement de ce chapitre. En revanche, on rencontre presque à chaque pas, dans ces ruelles étroites et tortueuses, des chaises à porteurs (*portantine*), dans lesquelles les dames, les personnes âgées ou infirmes, font leurs visites et vont à leurs affaires. On raconte, à ce sujet, un assez bon trait du roi de Naples, qui vient, comme on sait, d'épouser une princesse de Carignan. La noce a eu lieu ici, et toute la cour de Turin s'y était transportée en masse pour faire les choses avec la pompe et le cérémonial usités. Le royal époux, auxquels tous ces apprêts et toute cette gêne étaient à charge, a jugé à propos, à la conclusion, de sabrer l'étiquette en vrai colonel de dragons (il en portait l'uniforme). Au moment où les dames d'honneur se préparaient à conduire en cortége la jeune reine dans la chambre nuptiale, son mari l'a prise sans façons sous le bras, et, en dépit des observations de ces graves matrones, l'a fait entrer dans une *portantine*, et l'a emmenée, lui marchant à la portière, à l'hôtel qu'il avait occupé jusqu'alors. Le lendemain il l'a ramenée bourgeoisement de la même manière prendre part au déjeuner de famille. Les vieilles notabilités de la cour de Turin en frémissaient encore l'an passé.

Eh quoi! va-t-on me dire, pas un mot sur les Génois, sur leurs mœurs et les usages de leur société! Non; j'ai passé peu de temps ici, je n'y ai vu personne, et n'ai point voulu des renseignements pris auprès des aubergistes et valets de place; je ne me suis pas plus soucié de compiler mes devanciers, qui eux-mêmes ont peut-être compilé les leurs, de sorte que j'avoue naïvement que je n'ai rien à dire sur ce chapitre-là. Je n'aurais pas d'ailleurs la folle prétention de pouvoir approfondir en quelques jours un sujet qui demanderait plusieurs mois d'observations suivies. Il faudrait, pour se mettre en état d'écrire quelque chose de neuf, ou du moins de juste, fréquenter assidûment la société à l'époque où elle se trouve réunie, et, en outre, la fréquenter assez longtemps pour n'y être plus, en quelque sorte, étranger, et pouvoir étudier son monde en déshabillé. Un voyageur, plus que tout autre, est excusable de *penser dans la rue et d'écrire sur la borne.* Ne pouvant planter le piquet partout, il doit se contenter d'esquisser en courant quelques traits fugitifs, trop heureux s'il parvient à saisir et à reproduire la physionomie générale d'un pays et des populations qui l'habitent.

―――――

TURIN

La Bocchetta. — Champ de bataille de Marengo. — Alexandrie. — Asti. — Alfieri. — Palais Carignan. — Théâtre. — Silvio Pellico. — Galerie de tableaux flamands. — Musée Égyptien. — Caractère des habitants. — Enseignement public. — Revenu de l'État. — Considérations politiques.

Un heureux hasard me fit trouver bonne société dans la diligence qui parcourt, avec une majestueuse lenteur, la route de Gênes à Turin. L'un de mes compagnons de voyage était un professeur de langue hébraïque, inventeur d'une nouvelle méthode pour lire l'hébreu sans le secours des points-voyelles; méthode à l'égard de laquelle je me déclarai tout d'abord incompétent. Son système l'avait conduit à quelques opinions au moins hasardées, pour ne pas dire plus.

Le voisin de l'hébraïsant était un avocat, M. Gagliuffi, homme singulièrement spirituel, doué d'une instruction variée et approfondie, de plus, grand latiniste. Ses traits mobiles, ses gestes pétulants et sa conversation pleine de feu et de saillies contrastaient plaisamment avec le flegme du professeur. L'un et l'autre s'exprimaient en français aussi facilement que moi, et leur entretien, agréable et instructif, ne contribua pas peu à me faire prendre gaiement mon parti sur la longueur d'une route insignifiante, parcourue pendant les fortes chaleurs. Notre latiniste commença par nous apprendre l'étymologie du nom de *Polcifera*, donné à la vallée qui aboutit auprès de Gênes, et sur le versant de laquelle serpente la route de la Bocchetta. Ce nom, suivant les antiquaires du pays, était évidemment une corruption de *Porcifera* (abondante en porcs), attendu que la vallée renfermait, au temps des Romains, de vastes forêts de chênes qui produisaient en abondance des glands, circonstance très-propre à favoriser la multiplication de ces utiles animaux. Sa dissertation finie, il nous demanda, d'un grand sérieux, s'il n'y avait pas dans Ménage une foule de rêveries étymologiques beaucoup moins plausibles; nous fûmes forcés d'en convenir.

Le passage de la Bocchetta était jadis un coupe-gorge où l'on devait s'estimer heureux de n'être que dévalisé. Un seul brigand eut une belle nuit l'audace d'arrêter une voiture, et dépouilla, le pistolet sur la gorge, deux voyageurs, le tout en présence de cinq postillons et d'un garde champêtre, qui restèrent simples spectateurs de l'opération, soit par lâcheté, soit qu'ils fussent secrètement intéressés dans l'entreprise. Ce fait, avec quelques autres du même genre, provoqua de la part des autorités françaises un arrêté portant que dorénavant les témoins, en pareil cas, seraient poursuivis comme complices. Cette sage disposition ne tarda pas à atteindre son but, et, grâce à l'activité des poursuites et à la juste sévérité des châtiments, ce passage si redouté est devenu tellement sûr, qu'on peut y voyager de nuit comme en plein jour. C'est bien certainement aux Français que l'Italie doit aujourd'hui la sécurité de ses routes; ce bienfait est du petit nombre de ceux qui ont marqué leur désastreux passage [1].

On n'est plus assailli sur cette route que par de nombreux mendiants, dont l'opiniâtreté, à laquelle il allait finir par céder, donna lieu à notre compagnon de voyage de déployer son talent d'avocat, en cherchant à nous prouver dans les formes que ces pauvres diables se rendaient coupables envers nous d'une sorte de guet-apens, d'assassinat moral, et devaient être punis en conséquence. « En effet, disait-il, eux et les brigands sont poussés par un même motif, celui de s'approprier le bien d'autrui; ils arrivent à ce résultat en employant des moyens qui, s'ils ne sont pas identiques, sont pourtant d'une nature analogue. *Quod est demonstrandum*, et voici comme je le prouve : Le voleur et le mendiant en veulent à votre argent; si vous refusez de le leur livrer, ils vous y forcent, le premier en vous mettant un pistolet sur la gorge, le second

---

[1] Voyez, pour justifier l'épithète, la Correspondance de Paul-Louis Courier.

en vous poursuivant sans relâche par ses importunités auxquelles vous ne pouvez vous soustraire qu'à ce prix; dans les deux cas il y a contrainte, coërcition, attentat contre la liberté individuelle et le droit de propriété. » Ce singulier paradoxe était appuyé de gestes et d'un jeu de physionomie qui le rendaient on ne peut plus comique.

Ces messieurs me firent remarquer une immense plaine, au milieu de laquelle on apercevait un méchant village, ce village était Marengo. C'est là que se sont jouées, au jeu sanglant des batailles, les destinées de l'Europe, et qu'une éclatante victoire fut remportée au nom de la liberté, qui n'y a pas gagné beaucoup, comme la suite l'a prouvé. Nos soldats ne se doutaient guère alors que leurs armes triomphantes préparaient à leur patrie des fers qui, pour avoir été cachés sous des lauriers, n'en ont pas été moins lourds. Ils s'en seraient doutés, après tout, qu'il n'en eût pas été autrement. A cette époque il y avait dans nos armées beaucoup moins d'idées de liberté et de patriotisme qu'on ne s'est plu à le dire, et si l'événement ne l'avait pas suffisamment prouvé, je renverrais à l'auteur que je viens de citer.

Nous arrivâmes le soir à Alexandrie-de-la-Paille, où nous devions coucher. C'est une grande et vilaine ville, jadis couverte en paille ou bâtie en torchis, ainsi que son nom semble l'indiquer. Elle n'a rien de remarquable, si ce n'est sa position stratégique, qui l'avait fait choisir par le plus grand capitaine des temps modernes pour y réaliser un projet gigantesque, lequel se liait à ses plans de domination universelle... Napoléon voulait en faire une place forte qui, assure-t-on, eût été imprenable au moyen d'un système nouveau de fortifications, différant essentiellement de celui des Vauban et des Cohorn. La ville eût été mise en état de contenir une garnison de soixante mille hommes avec un matériel proportionné et des vivres pour deux ans. Cette armée aurait été en communication avec la France et le royaume d'Italie, au moyen de la superbe route de la Corniche, commencée dans ce but. C'était, dit-on, une savante et profonde conception militaire, dont la réalisation eût mis l'Autriche dans l'impossibilité de surprendre nos frontières et de défendre efficacement les siennes. On n'a point oublié à Alexandrie l'héroïque défense du général Gardanne, assiégé dans la citadelle par toutes les forces dont disposait Souvarow. Il ne capitula qu'à la dernière extrémité, et sortit avec les honneurs militaires, alors qu'il ne lui restait plus que sept pièces en état de service.

J'étais sur la grande place avec mes compagnons de voyage et deux ou trois de leurs connaissances; nous causions je ne sais trop sur quoi, lorsqu'un homme s'approcha de nous et nous demanda l'aumône. Aussitôt tous mes interlocuteurs se turent à la fois; après un silence de quelques secondes, notre avocat se tourna vers le mendiant et lui dit d'un ton de colère : « Laissez-nous en repos! allez-vous en espionner ailleurs. » Cet homme n'avait peut-être pas les mauvaises intentions qu'on lui supposait, mais je cite ce fait pour faire connaître l'esprit de méfiance qui règne dans le pays entre les populations et le gouvernement.

Dans une petite ville de la route que nous venons de parcourir, j'ai remarqué une fontaine dont l'idée m'a semblé ingénieuse et originale; au lieu de ces urnes banales et de ces éternels cygnes, jetant l'eau par une canule qui leur sort du bec, on voit au-dessus du bassin un jeune faune en marbre blanc d'une bonne exécution, qui s'amuse à faire jaillir d'une outre qu'il presse entre ses bras l'eau qui l'inonde en lui retombant sur la tête. Cet à-propos est de meilleur goût que celui de la célèbre figurine de Bruxelles et de ces petits amours dont est décorée la jolie fontaine de Clermont, lesquels concourent d'une façon plus naturelle encore à la destination de ce monument.

Asti, la ville aux cent tours, dont il ne reste plus que trente debout, est devenue célèbre en ce qu'elle est le lieu natal d'Alfieri, le premier des tragiques italiens, du moins de ceux qui ont reproduit à dessein dans leurs ouvrages les formes et l'esprit de l'antiquité. Il y a loin des froides tragédies de Maffei et des drames du sensible et élégant Métastase, *il poeta Cesareo*, à ces conceptions éminemment dramatiques de l'auteur de *Philippe II*, dont le style concis et nerveux respire cette noble simplicité antique qui forme l'un des traits distinctifs de son génie. Alfieri semblait avoir pris pour règle ce précepte de Boileau :

Vingt fois sur le métier remettez votre ouvrage.

Doué d'une activité prodigieuse qu'égalait son opiniâtre persévérance, il faisait, refaisait, corrigeait, recorrigeait encore, et, en définitive, n'était que rarement satisfait de son œuvre. A moins que d'avoir lu ses mémoires, on ne saurait se figurer toute la peine et tout le temps qu'il a employés en essais avant que de parvenir à trouver le secret du vers tragique, dont l'italien avant lui n'offrait aucun modèle. Aussi a-t-il réussi, et il est permis de croire qu'il ne sera jamais surpassé par la rapidité de son dialogue pressant, énergique, et qui, pareil aux vers du satirique latin, renferme souvent *moins de mots que de sens*. Il travaillait *con impeto*, avec une fougue qu'il portait dans tout et qui formait le fond de son caractère, et l'on ne s'étonne plus de ce qu'il ait fait passer dans ses tragédies, écrites de verve, une partie de cette chaleur d'une âme impétueuse et profondément sensible. La nature l'avait en outre doué de telle sorte qu'il pouvait concevoir de lui-même tout ce qui était élevé et généreux, sans être obligé de le peindre d'imitation; c'était dans son génie libre et fier, c'était dans son enthousiasme qu'il trouvait la source de ses inspirations poétiques. En un mot, Alfieri me semble être le caractère d'écrivain le plus vraiment antique qui nous ait été révélé depuis le grand Corneille.

J'emprunte à sa biographie, écrite par lui-même, deux traits originaux qui donneront une idée de l'espèce d'emportement avec lequel il composait. Un de ses amis lui mande de Paris qu'il vient d'assister à une représentation du *Brutus* de Voltaire, dont il a été assez content; Alfieri s'écrie, indigné : « Quel Brutus ce doit être que celui d'un Voltaire! eh bien! je le ferai, moi, le Brutus; je les ferai tous les deux, et l'on verra si de pareils sujets ne me convenaient pas mieux qu'à un bel esprit français qui, né plébéien, a signé pendant soixante ans tous ses écrits par cette formule : *Voltaire, gentilhomme ordinaire du roi.* »

On voit ailleurs qu'enchanté des *Lettres* de Pline le Jeune, il entreprit la lecture de son *Panégyrique de Trajan*. Le ton louangeur des premières pages le choque; il jette le livre, s'élance de son lit à demi nu, saisit une plume en s'écriant : « Mon ami Pline! si tu avais été réellement, comme tu t'en vantes, l'émule et l'admirateur de Tacite, voici comment il t'aurait fallu parler à Trajan! » Et lui aussitôt d'écrire comme un forcené quatre grandes pages de ce panégyrique à sa manière, s'y remettant d'une ardeur nouvelle jusqu'à ce qu'il l'eût achevé. Si nous en croyons Horace, c'est la bonne manière d'écrire. « Pour émouvoir, soyez ému. » Alfieri affirme quelque part qu'il n'a jamais rien écrit de sang-froid. Ses accès de génie le prenaient comme une fièvre, et il avait souvent des intermittences pendant lesquelles il se livrait à une vie fort dissipée, ou restait plongé dans une noire mélancolie.

Ce qu'il y a de curieux, c'est que cet écrivain célèbre, après avoir fait de très-médiocres études et passé dans l'oisiveté une jeunesse orageuse, était encore, peu de temps avant l'époque où il lui prit fantaisie d'écrire, d'une ignorance telle, qu'en lisant Montaigne, le seul livre qu'il avoue avoir ouvert de dix-huit à vingt-quatre ans, il se trouvait hors d'état de comprendre non-seulement les citations latines, mais aussi les passages italiens. Un abbé français avec lequel il était lié n'avait obtenu la permission de lui lire pendant dix minutes des vers de Racine qu'à cette condition qu'il lui lirait ensuite pendant une heure les *Mille et une Nuits*, et Alfieri pensait qu'il perdait au marché. Obsédé d'une vague inquiétude, il ne pouvait rester longtemps dans le même lieu[1], et cherchait, par tous les moyens qu'offre à un jeune homme riche et indépendant le frivole tourbillon du monde, à user cette surabondance d'activité morale dont il était dévoré. Ses continuels voyages, son goût extravagant pour les chevaux (il en eut jusqu'à seize à la fois) ne pouvaient amortir cette fougue de jeunesse. Il lui fallait un sentiment plus fort pour remplir son âme; il trouva ce qu'il cherchait dans l'amour de la gloire, dans ses travaux littéraires et dans son mariage avec la duchesse d'Albani, veuve du dernier des Stuarts, ou plus exactement le dernier prétendant.

Il est bien peu d'auteurs qui aient envisagé la noble profession des lettres d'un point de vue aussi élevé, et aient fait aux muses de plus grands sacrifices. Celui-ci quitta sa famille, sa patrie, abandonna une fortune considérable et une perspective brillante pour se vouer tout entier à leur culte. Il voulait penser et écrire en liberté, ce qui ne lui eût pas été possible en restant en Piémont. Les cours lui étaient odieuses, et pourtant son nom l'eût appelé à y occuper une position élevée, pour peu qu'il eût consenti à s'y prêter. « Né d'une famille noble, dit-il au début de sa biographie, je mentionne cette circonstance parce qu'elle m'a servi, dans la suite, à pouvoir dédaigner la noblesse en elle-même et en dévoiler les ridicules, les abus et les vices, sans encourir le reproche d'être mû par une basse jalousie. Elle m'a été, en outre, fort utile, par son heureuse influence, pour m'aider à éviter tout ce qui eût pu le moins du monde avilir la dignité de l'art que je professe. » Il a su l'honorer par l'indépendance élevée de son caractère, qui, à l'époque où il a vécu, formait une exception rare parmi ses compatriotes. Bien

---

[1] Il avait cela de commun avec tous les grands génies, à commencer depuis Homère. Le Dante, l'Arioste, le Tasse, Pétrarque, Cervantes, Rousseau, Byron, sont les exemples les plus marquants qui viennent à l'appui de cette observation.

que républicain par principes et par sentiment, il eut horreur des excès de notre révolution, qui profana le nom sacré de la liberté. L'âme pure et tout antique de l'auteur de *Virginie* abhorrait ce qu'il appelait cette tyrannie militaire et *avocatesque*, et il comparait, dans son indignation, nos redoutables armées, mises en mouvement par le méprisable pouvoir du Directoire, à un tigre (il eût dit plus justement un lion) conduit par un lapin[1].

En voilà bien long sur Alfieri, et je me hâte de consigner ici, pour trouver grâce aux yeux de ces voyageurs bons vivants, qui préfèrent un verre de vin généreux aux plus belles tirades tragiques, qu'Asti est, en outre, renommé pour ses vignobles, les meilleurs du Piémont. En ce pays, on voit figurer, en grosses lettres, sur la porte des cabarets d'Asti, *il vino d'Asti*, affiches sans doute aussi *créditables* que celles qui, sur l'entrée de nos guinguettes, promettent du vrai cognac aux gourmets des Porcherons et de la Râpée.

Je ne comprends pas pourquoi Alfieri a nommé Turin une ville microscopique, passe encore pour l'épithète d'amphibie qu'il lui donne; sa physionomie n'est, en effet, ni française ni italienne. Cette ville est grande, bien percée, régulièrement bâtie; la rue du Pô, avec ses arcades, est d'un bel effet. Les quartiers neufs, sans être d'un style d'architecture irréprochable, plaisent cependant par la symétrie et la grandeur des édifices; mais le nombre des habitants paraît hors de proportion avec la largeur des rues et l'étendue des places, ce qui leur donne un aspect peu vivant. En outre, le nombre des équipages n'est pas considérable, du moins dans cette saison, de sorte qu'on remarque ici moins de mouvement, moins de bruit qu'on n'est habitué à en trouver dans une capitale. Les édifices publics m'ont peu frappé; le palais Carignan, l'un des principaux, n'a rien qui le recommande à l'attention, si ce n'est sa masse. Il est bâti en briques de même que toute la ville, et ici, pas plus qu'ailleurs, on n'a pas pris soin de les dissimuler sous une couche

---

[1] Tout nous révèle que notre révolution, que nous avons importée dans ce pays-ci, y a été beaucoup moins populaire qu'on s'est efforcé de le faire croire dans le temps, et qu'on l'a répété depuis. Je vais citer, pour le prouver, une autorité qui n'est pas suspecte. « J'ai été conduit à conclure ce traité (de Campo-Formio) par diverses raisons puissantes... et enfin par la nullité des Italiens; je n'en ai, en tout, avec moi, que quinze cents qui sont le ramassis des polissons des grandes villes. » (Correspondance du général Bonaparte avec le Directoire. Voyez *Histoire de Venise*, par le comte Daru, Pièces justificatives.)

de chaux ou de plâtre; de plus, on a laissé subsister les trous servant à établir l'échafaudage, et ces circonstances donnent à ce palais l'aspect d'une grande et sale masure non encore achevée. J'ai vu, assez près de là, une église dont la façade est décorée de colonnes également en briques qui ont été laissées *au naturel*. Les prétentions en architecture vont mal avec la mesquinerie qu'indique le choix de semblables matériaux.

Turin est cité, m'a-t-on dit ici, pour trois choses qu'on ne rencontre pas ailleurs, savoir : une résidence royale sans escalier d'honneur, une fort belle façade à laquelle manque un édifice, et une horloge sans rouages. Cette dernière rareté n'est autre chose qu'un de ces automates, nommés conscrits, qui est chargé de frapper les heures sur une cloche dès qu'elles sonnent à la cathédrale. Quant au palais du roi, il ne diffère en rien de l'hôtel d'un simple particulier, du moins à l'extérieur. J'ai été témoin d'une scène qui peut donner une idée de cette cour. Le roi Charles-Albert revenait d'une revue, accompagné d'officiers généraux et de grands dignitaires, tous à cheval ainsi que lui. Dès que le cortége fut arrivé à deux cents pas du palais, ces messieurs mirent pied à terre et coururent à toutes jambes derrière le roi, qui était resté à cheval, afin de se trouver rangés en haie lorsqu'il en descendrait au bas de l'escalier. Tous ces personnages en habits brodés, courant de la sorte sur cette place, avec leurs épées qui leur battaient dans les jambes et leurs ordres qui s'entre-choquaient sur leur poitrine, présentaient un spectacle ridicule et inconvenant qui déplut au plus haut point au marquis de***, avec lequel je me trouvais. En sa qualité de noble portugais, accoutumé à regarder son roi comme le premier des gentilshommes du royaume, il ne pouvait pas revenir de ce qu'il appelait ce servilisme de courtisan, et m'assurait que les choses ne se passaient pas ainsi dans son pays.

Les promenades m'ont paru belles et bien plantées; le soir elles sont couvertes de monde. On vient respirer avant l'heure du spectacle, car l'extrême chaleur du jour ne permet guère en été de sortir pour son plaisir. La saison de l'opéra venait de se terminer; mais je m'en consolai par l'idée qu'il était ordinairement médiocre à Turin et que la comédie italienne y passait pour bonne. La représentation du jour avait un intérêt particulier pour moi, Français : on jouait *Édouard en Écosse*, traduit par l'acteur même qui s'était chargé du rôle du prince. Il était déjà connu par plusieurs pièces de théâtre qui avaient obtenu du succès, et ceci me paraissait d'un bon augure pour le jeu de cet acteur-auteur. Je ne tardai pas à être désabusé d'une manière fâcheuse par l'étrange système de déclamation et le jeu non moins étrange de ces acteurs italiens, qui m'ont paru, dans cette pièce du moins, ou bassement naturels, ou ridiculement ampoulés, ou d'une bouffonnerie chargée au delà de toute mesure. Je me demandais si ce n'était pas le préjugé ou la force de l'habitude qui me faisaient trouver détestable ce jeu dont le public paraissait content; mais j'avais beau me tenir en garde contre ma partialité nationale et mes souvenirs, je ne pouvais rien trouver à applaudir dans ces pasquinades triviales, dans cette dignité empressée et cette sensibilité toute d'affectation. Je me disais qu'Alfieri avait bien raison lorsqu'il écrivait en tête des réflexions dont il a accompagné son premier recueil de tragédies : « *Per far nascer teatro in Italia, vorrebbero esser, primo autori tragici e comici, poi attori, poi spettatori*[1]. » Il me semble, d'après ce que j'ai vu ici, que, aux auteurs près, il en est encore de même.

J'ai examiné les étalages des libraires pour reconnaître quelle est, en Italie, la tendance littéraire du moment, et pouvoir juger du degré de sévérité de la censure sarde. J'ai remarqué beaucoup de traductions d'ouvrages scientifiques et quelques publications originales du même genre, ainsi que des traités de législation et de philosophie. Quelques-uns des ouvrages de Byron, tels que le *Giaour*, *Child-Harold*, le *Corsaire*, étaient également en vente; je n'ai pu m'assurer s'ils avaient subi des retranchements. Quant à Walter Scott, il est traduit en entier. De toutes les publications récentes, celle qui a le plus attiré l'attention et fait le plus de bruit, tant dans le pays qu'à l'étranger, est, sans contredit, l'admirable livre de Silvio Pellico intitulé *Mes prisons*; cet ouvrage, dont il a paru déjà quatre traductions en France[2], est trop connu pour que j'aie besoin d'en parler. Mais on est moins au fait de l'impression qu'il a produite sur les lieux mêmes; j'en dirai un mot.

Encore plein des émotions profondes que cette lecture si attachante

---

[1] « Pour créer le théâtre en Italie, il faudrait créer, premièrement, des auteurs tragiques et comiques, puis des acteurs, et enfin des spectateurs. »

[2] J'en connais une cinquième en portefeuille et qui probablement y restera, faute d'être arrivée assez tôt. Elle est pourtant faite avec confiance, et l'on peut ajouter *con amore*.

m'avait causées, j'en parlais à un Piémontais, homme éclairé, et qui, bien que placé dans une haute position sociale, appartenait au parti des libéraux progressifs. « Je n'ai pas lu encore ce livre, me dit-il, mais on m'a assuré que l'auteur était vendu aux jésuites. » Je tâchai de démontrer à mon interlocuteur que Pellico n'était pas homme à se vendre à qui que ce fût, le renvoyant, pour les preuves, à l'ouvrage même. Des royalistes-ultra, avec lesquels je me trouvai quelques jours après, me parlèrent de l'auteur dans un tout autre sens : « C'est un jacobin déguisé, me dirent-ils, il n'en est que plus dangereux, et l'on ne conçoit pas que le gouvernement ait permis l'impression d'un pareil livre. » Quant à moi, je partage l'étonnement de ces bonnes gens, et je pense que le comité de censure a manqué de prévision en cette circonstance. Préoccupé uniquement de l'avantage que, sous le point de vue religieux, on pouvait attendre d'une publication pareille et des bons effets que devait produire l'exemple d'une résignation si parfaitement chrétienne; rassuré, en outre, par l'idée que ce livre d'un condamné politique ne renfermait pas une phrase qui eût trait à la politique et s'adressât aux partis, le gouvernement n'a pas vu que, en en autorisant l'impression, il portait au système autrichien une atteinte dont lui-même ressentirait le contre-coup. Ce n'est pas impunément que, dans une monarchie absolue, alliée et voisine de l'Autriche, on peut laisser révéler l'arbitraire révoltant des jugements par commission et les odieuses barbaries du *carcere duro*. Et, qu'on ne s'y trompe pas! le *Mie Prigioni*, ce livre tout empreint d'impartialité et de grandeur d'âme, condamne d'autant plus sévèrement qu'il s'abstient d'accuser.

Ces jugements, contradictoirement injurieux pour l'auteur, me semblent également dénués de fondement et sont le résultat du mécompte que la lecture de l'ouvrage a causé aux hommes passionnés des deux opinions contraires. Les uns se flattaient d'y trouver des déclamations contre la tyrannie, des tirades ronflantes en faveur de l'affranchissement; les autres espéraient y voir une rétractation politique et une sorte d'apologie du pouvoir absolu. Il leur semblait impossible qu'un homme vraiment religieux ne fût pas un des leurs. Pellico n'a pu les désabuser, tant pis pour eux! C'est un capucin, disent les premiers; ce jugement fait honneur aux capucins! En France, au reste, on a été plus équitable envers lui, et, parmi les organes des diverses opinions, aucun n'a révoqué en doute sa sincérité. On s'est rappelé ce mot d'un auteur judicieux, qui peut s'appliquer aux Italiens : « Il y a, dans un libéral espagnol, de quoi faire deux de nos dévots français. »

J'aurais voulu voir cet homme si fortement trempé, qui a pu résister à tant de souffrances, au milieu desquelles son âme s'est épurée en même temps que son talent a grandi. Je n'avais, pour me présenter à lui, d'autres titres que mon admiration pour son génie et la haute estime que m'inspirait son caractère; mais ce qu'on m'avait dit de ses manières simples et bienveillantes me rassurait sur ma démarche peut-être indiscrète : à mon grand regret, je ne le trouvai pas. Un de mes amis, le comte d'A***, qui a eu l'occasion de le voir plusieurs fois dans l'intimité, m'a donné sur lui les détails suivants : il est petit, grêle, et porte sur ses traits amaigris les traces de ses longues et atroces souffrances. Ses yeux pleins de vie sont d'une beauté et d'une expression remarquables. Son front très-élevé annonce une de ces têtes fortement organisées que Gall aimait tant à rencontrer. Il parle peu, et semble, quand il y a du monde, craindre de se mettre en avant; cependant il prend volontiers part à la conversation en petit comité, et le fait en homme supérieur et avec un grand charme. J'ai appris d'une autre personne qu'il était du commerce le plus facile et le plus attachant. Rendu enfin à une famille qu'il chérit et dont il est adoré, Pellico, à l'exemple de Manzoni, avec lequel il a plus d'un rapport, se tient renfermé dans le cercle de ses affections intimes et s'occupe exclusivement de travaux littéraires et philosophiques. Cet isolement volontaire dans lequel vivent des hommes d'une moralité si haute et d'une si grande portée intellectuelle me paraît être un des indices qui prouvent le mieux combien l'Italie est éloignée de son état normal.

Ce que Turin offre de plus intéressant, outre la très-belle galerie de tableaux flamands que possède le roi, c'est le musée égyptien, acheté sous le dernier règne pour la somme de trois cent mille francs. Notre savant et tant regrettable compatriote M. Champollion, que j'eus le plaisir d'y rencontrer lors de mon premier séjour ici, et qui voulut bien m'y servir de cicerone, m'assura alors que c'était la collection de ce genre la plus complète et la plus variée qui existât : entouré de tous ces trésors, qu'il étudiait du matin au soir, il y trouvait de nombreuses preuves à l'appui de son ingénieux système, à l'aide duquel il est parvenu à déchiffrer un grand nombre de ces caractères hiéroglyphiques qui ont fait pâlir les érudits depuis si longtemps. Il me montrait, avec un naïf enthousiasme, des chapelets entiers de ces scarabées-dieux, sur le ventre desquels étaient gravés des signes qu'il m'expliquait. Il copiait des bœufs Apis qui offraient des particularités inconnues, et me présentait le tableau de la béatitude d'un savant venu de deux cents lieues pour trouver la confirmation de ses importantes découvertes.

Les momies abondent dans cette collection : il y en a de tous les rangs, de toutes les tailles ; on peut dire aussi de tous les âges, tant elles sont bien conservées. On voit, au-dessus d'un socle, la tête de l'une d'elles posée avec coquetterie sur un coussinet en satin blanc, et recouverte d'une cloche de verre. On reconnaît très-bien la forme du nez; les oreilles, les cils, les moustaches, sont encore intactes, et les lèvres entr'ouvertes laissent apercevoir une rangée complète de dents du plus bel émail. La peau, adhérente aux os de la face, ressemble à du parchemin couleur de chocolat. A tout prendre ce devait être, il y a quelques milliers d'années, un fort joli homme.

A l'époque de l'expédition d'Égypte une momie était regardée comme une rareté; maintenant elles sont devenues communes : on a découvert les magasins, et la valeur que les Européens ont attachée à cet *article* en a fait sur les lieux l'objet d'un commerce régulier. Le prix courant d'une momie bien conservée et achetée sur place est d'une quinzaine de francs, et les paysans égyptiens en portent au marché du Caire et de Rosette comme ils y portent leur blé et leurs légumes. J'ai entendu conter qu'un vaisseau marchand ayant péri corps et biens dans la Baltique, il y a quelques années, une douzaine de momies qu'il avait à bord bien empaquetées dans leurs caisses échouèrent sur le rivage et furent trouvées par les paysans des environs, venus là pour s'approprier quelques débris du naufrage. Ces bonnes gens furent fort surpris et fort effrayés à l'ouverture des caisses d'y découvrir des cadavres, et s'empressèrent d'aller rapporter le fait à leur curé ou à leur pasteur, en lui demandant ce qu'ils avaient à faire. Celui-ci répondit qu'il fallait rendre à ces corps les derniers devoirs, et se transporta aussitôt sur les lieux pour les enterrer avec tous les rites d'usage. Quelle bizarre destinée que celle de ces vieux Pharaons exhumés par la cupidité de la poussière où ils dormaient depuis trois ou quatre mille ans, pour venir, du fond de l'Égypte, recevoir, dans un village de l'Allemagne, une seconde sépulture des mains d'un prêtre chrétien !

Turin n'est point une ville brillante ni animée, même en hiver. Bien qu'il s'y trouve des fortunes considérables, peu de maisons y font des frais dans le but de réunir la société; aussi les fêtes et les soirées que donnent les ministres étrangers sont-elles à peu près les seules. Tout le beau monde y vient, puis chacun rentre se claquemurer dans son intérieur ou dans sa coterie. Est-ce au défaut de sociabilité ou à des calculs d'économie qu'on doit attribuer cette singularité, frappante dans une capitale, ou bien serait-ce aux habitudes retirées et presque bourgeoises de la cour? C'est ce qu'on n'a pu me dire. Toujours est-il qu'il n'y a rien ici qui puisse attirer ni retenir un étranger. Les Piémontais sont en général spirituels et ont déjà quelque chose de la vivacité méridionale, ce qui ne les empêche pas d'être froids et difficiles à pénétrer. Les hommes de la haute classe, destinés, pour la plupart, à vivre *noblement*, reçoivent une éducation assez superficielle, mais ils parlent de tout avec une sorte de facilité qui donne le change sur le peu de fonds qu'ils ont; il y a, bien entendu, des exceptions, et j'en ai rencontré plusieurs[1]. Quant aux gens du peuple, ils tiennent à la fois de nos Français du Midi et de leurs voisins d'Italie. Leur patois baroque et dur ne serait, je crois, intelligible ni pour les uns ni pour les autres; mais, comme disait ce vieux soldat : « Ces gens-là s'entendent dans leur baragouin, suffit! » Les femmes ont l'organe criard et une loquacité fatigante, accompagnée d'une vivacité de gestes qui ne l'est pas moins. Elles se vêtent avec une recherche qui n'exclut pas la malpropreté, et portent coquettement des bonnets sales, chargés de *gazillons* et de rubans fanés.

En entrant dans un café, je fus tout surpris d'y trouver des paysannes revenant du marché, avec leurs paniers vides à leurs côtés et prenant leur tasse de chocolat. Quand j'eus payé la mienne, je reconnus que c'était, tout bien compté, le déjeuner le plus économique qu'elles pussent faire. Le lendemain, je voulus voir un café plus *fashionable*, et j'allai, dans la rue du Pô, à celui qui est le rendez-vous des élégants. Il y en avait plusieurs lorsque j'y entrai, et je les voyais, après avoir payé, recevoir du premier garçon de petits papiers portant des numéros. Je demandai ce que cela signifiait; l'on me montra, exposées sur une table, deux bécasses et une de ces truffes de Piémont si estimées, et dont la forme, la couleur et le goût diffèrent essentiellement des nôtres (c'est

---

[1] L'enseignement public a été récemment reconstitué d'après des vues toutes politiques, dit-on, et peu conformes à l'esprit du temps, en ce qu'il peut avoir de bon.

l'ail de l'aristocratie). Ces objets étaient en loterie, et l'heureux gagnant avait, pour vingt sous, ces deux morceaux dignes des dieux. Les habitants de Turin, assure-t-on, ne fuient pas ce genre d'apothéose.

Nombre de gens parlent de l'ancien régime sans l'avoir vu ; s'ils veulent s'en former une idée, ils n'ont qu'à venir observer ce qui se passe dans ce pays, où les choses ont été remises précisément sur le pied où elles étaient l'année d'avant la Révolution. On raconte, à ce sujet, que Victor-Emmanuel, reprenant possession de ses États en 1814, se trouva, au début, fort empêché, ne sachant trop ce qu'il lui fallait rétablir de l'ancien ordre de choses et conserver de l'ordre nouveau. Il consulta un vieux courtisan en qui il avait confiance, et celui-ci lui conseilla, pour sortir d'embarras, de prendre tout bonnement l'almanach de la cour publié dans l'année de l'invasion française, et de *renouer la chaîne des temps* en le faisant réimprimer tel qu'il était avec le millésime de 1814. Le conseil parut bon et fut suivi. Charges de cour, priviléges, abus, tout fut restauré avec *Palmaverde*[1], hormis les impôts, qui restèrent ce qu'ils étaient sous la ruineuse domination de l'empire français. On rejoignit, tant bien que mal, les débris du vieil édifice, et l'Autriche fournit les étais.

Les grades de l'armée, les postes importants de l'administration et de la magistrature, sont, ainsi que les plus éminentes dignités ecclésiastiques, le partage presque exclusif de la noblesse. Cependant, au maintien seul des prêtres qu'on rencontre dans les rues, on reconnaît que le clergé tient, concurremment avec elle, le haut du pavé et jouit d'une grande influence politique. Le trône s'appuie sur l'autel, et l'on peut dire, eu égard à l'esprit des populations en général religieuses, que cet appui n'est pas aussi illusoire ici qu'il l'a été ailleurs. Il règne, dans la classe nombreuse des non-privilégiés, un vague mécontentement, cela est hors de doute ; mais ce mécontentement ne va pas jusqu'à la révolte, et l'on a vu, en effet, que les masses ne se sont nullement associées aux tentatives de révolution militaire qui ont eu lieu dans le pays. Un exemple récent a prouvé, en outre, que les effets de la propagande française ne trouveraient pas plus d'appui de leur part. Presque tous les habitants du Piémont sont propriétaires, et, par conséquent, attachés à l'ordre matériel. Ils n'ont point oublié l'invasion ; ils savent apprécier

---

[1] Nom de cet almanach.

à sa valeur la liberté apportée au bout des baïonnettes étrangères, et n'ignorent pas que les constitutions transplantées prennent rarement racine. Je me suis entretenu ici avec plusieurs libéraux éclairés et en position de pouvoir me fournir des données exactes sur l'opinion de la généralité de leurs compatriotes; tous m'ont assuré qu'ils n'attendaient rien de bon d'une intervention française ou d'un bouleversement, mais qu'ils espéraient beaucoup du temps et de la force des choses. Ces libéraux, que j'appelle progressifs pour les distinguer de ceux qui ne sont que révolutionnaires, sont nombreux en Piémont et comptent des partisans dans les rangs de la noblesse. La seule chose qu'ils regrettent du système français est l'égalité devant la loi; j'ajouterai pourtant encore le Code Napoléon, immense bienfait qui a été partout apprécié.

Il faut convenir, pour être impartial, que les abus ne sont pas dans ce pays aussi nombreux et aussi criants qu'on pourrait se le figurer, d'après la latitude illimitée d'arbitraire laissée au gouvernement. Soit modération naturelle de la part des princes, soit qu'ils aient craint de déchaîner l'opinion en faisant tout ce qu'ils *pouvaient*, toujours est-il vrai que leur domination a été loin d'être aussi oppressive, aussi tracassière qu'elle aurait pu l'être, et que l'est, par exemple, la domination autrichienne en Italie. On jouit à Turin d'une liberté de fait dont la Lombardie et Milan n'offrent pas même l'ombre. Beaucoup de prérogatives monstrueuses, dont le roi est investi, restent sans emploi, comme une arme que l'on craint de tirer hors du fourreau. S'il a le droit exorbitant de casser un arrêt en matière civile, de mettre un débiteur noble à l'abri des poursuites de ses créanciers, il n'en use presque jamais. La législation absurde et inique concernant les juifs reste sans application, la loi qui dépouille les fils cadets au profit de leur aîné n'a d'effet qu'autant que le père est mort sans avoir testé; je me contente ici d'indiquer les cas les plus marquants.

Le dernier roi n'aimait point l'armée, et il avait de bonnes raisons pour cela. Charles-Albert s'en occupe, au contraire, beaucoup, et passe fréquemment des revues. J'ai assisté à l'une d'elles, qui m'a paru remarquable par l'ensemble et la précision des manœuvres. Les soldats sont parfaitement tenus et ont bien l'air et la tournure militaires; on peut en dire autant des officiers. D'après ce qu'on a vu plus haut, on conçoit que l'esprit de ceux-ci est tout en faveur du gouvernement. Les simples soldats, tirés presque tous de la classe des paysans, n'ont pas d'opinions bien arrêtées, et, dans tous les cas, ne sont point hostiles au pouvoir; mais c'est dans le corps des sous-officiers qu'existent en permanence et que se développent des mécontentements qui ont fait explosion plus d'une fois. Ces hommes appartiennent, pour la plupart, à des familles bourgeoises; ils ont reçu une certaine éducation, et voient, avec un dépit jaloux, que tout espoir d'obtenir même l'épaulette de sous-lieutenant leur est désormais interdit; ils savent qu'il n'en a pas toujours été ainsi, et voudraient voir renaître un ordre de choses où la carrière, libre pour tous, offrait en perspective à l'ardeur du soldat les grades, la considération et la fortune. Cette circonstance explique comment, en 1820, la défection de l'armée, dans laquelle se trouvaient, avec une foule d'officiers parvenus, une foule de sous-officiers qui voulaient parvenir, a été si prompte et si générale. On voit en même temps pourquoi, lors de la dernière conspiration, il y a eu si peu d'officiers, supérieurs ou autres, qui aient été compromis.

Un des Amédées a dit : « La maison de Savoie mangera l'Italie comme on mange un artichaut, feuille par feuille. » Les conjurés de 1820 ne voulaient autre chose que la faire manger, en un morceau, au roi Victor-Emmanuel; mais celui-ci, pour suivre jusqu'au bout la comparaison, trouva le morceau trop dur à digérer et le refusa. Le but de la révolution était de refouler les Autrichiens au delà des Alpes, et de fonder enfin l'unité nationale en réunissant, sous le sceptre constitutionnel d'un prince indigène, toute la haute Italie. Cette pensée était grande et patriotique; mais, en supposant qu'elle fût réalisable, elle n'avait pas été suffisamment mûrie, et les populations n'avaient pas encore eu le temps de s'y associer. La révolution de Naples, qui éclata à l'improviste, força les conjurés à en précipiter l'exécution avant qu'ils eussent réuni tous leurs moyens de succès. Ils n'aboutirent qu'à faire une simple insurrection militaire, qui, isolée au milieu des masses, ne put se soutenir devant les forces supérieures dont disposait l'Autriche. On sait qu'un grand nombre de jeunes gens des premières familles du pays étaient à la tête de la conspiration; les motifs de la plupart d'entre eux étaient purs et désintéressés, et je leur ai entendu rendre cette justice par des hommes d'honneur qui avaient combattu dans les rangs opposés.

Voici un fait curieux et peu connu que je tiens d'un magistrat placé, dans la hiérarchie judiciaire, sur la ligne de nos conseillers à la Cour de cassation : des cinq pays, différant entre eux de mœurs, d'intérêts et de langage, qui forment, par agrégation, les États du roi de Sardaigne, il n'en est que deux dans lesquels le revenu produise un excédant sur les dépenses : ce sont Gênes et le Piémont. La Savoie, le comté de Nice, la Sardaigne, offrent, au contraire, un déficit qu'il faut que le gouvernement comble avec la plus-value que présentent les deux autres pays. Il envoie annuellement quatre cent mille francs à Nice, six cent mille à Chambéry, et près d'un million en Sardaigne. Ces possessions à titre onéreux seraient-elles susceptibles de devenir productives à l'aide d'un meilleur système d'administration? C'est ce que j'ignore au sujet des deux premières; quant à la Sardaigne, j'ai des données que j'ai lieu de croire exactes; elles m'ont été fournies par un grand propriétaire de l'île et par un magistrat qui y a résidé longtemps avec un caractère officiel. Le commerce d'exportation y manque des encouragements nécessaires; l'agriculture y est totalement négligée, et la propriété territoriale surchargée de dîmes ruineuses. Le sol, d'une fertilité extrême, et qui produirait immensément en blé, en huiles et en vins égaux à ceux d'Espagne, reste, en grande partie, inculte, faute de bras et de capitaux. La journée de travail se paye jusqu'à trois francs, et les produits sont sans valeur. Toutes les terres sont entre les mains d'une centaine de familles, et le cultivateur du sol n'en est nulle part le propriétaire. Le droit de parcours et de vaine pâture, et quelques autres vieux abus, profondément enracinés, empêchent le possesseur de jouir de sa chose librement et comme il l'entend. La Sardaigne présente le spectacle curieux d'un pays arriéré de cinq ou six siècles du reste de l'Europe. C'est un échantillon du moyen âge qui s'est conservé intact, tandis que tout se modifiait [1].

Une des principales branches de revenus est la pêche du thon, qui appartient exclusivement à quatre ou cinq grandes familles. On en prend de quatre à six mille par an dans une seule *madrague*, et quelquefois jusqu'à mille et douze cents dans la même journée, lorsque, toutefois, les requins ne font pas manquer la pêche en se mettant de la partie. Leur présence porte l'épouvante parmi les thons, réunis en bandes nombreuses, et les éloigne de leurs anses favorites pour le reste

[1] L'auteur a cru devoir conserver les pages qui précèdent comme offrant un tableau fidèle de ce qu'était le Piémont il y a trente ans; elles servent à expliquer, en partie, ce qui s'est passé hier, ce qui se passe aujourd'hui et se passera peut-être demain.

de la saison. Ces poissons se vendent, l'un dans l'autre, de vingt à trente francs, et les dépenses d'une grande madrague, telles que l'entretien des filets et des bateaux, le salaire des pêcheurs, s'élèvent annuellement à quarante mille francs environ.

LE LAC MAJEUR — LE SIMPLON

Statue colossale de saint Charles Borromée. — L'Isola Bella. — Fariolo. — Domo. — Pont de Crevola. — Gorge de Gondo. — Galeries creusées dans le roc. — Village de Simplon.

Je traversai à la hâte les plaines brûlantes et monotones du Piémont et de la Lombardie; j'étais impatient de regagner les montagnes pour y respirer à l'aise. Les courses pédestres dans les Alpes sont ma spécialité à moi; je me trouve à l'étroit dans les villes; la vie d'auberge m'y est à charge; j'y deviens observateur en désespoir de cause, et faute de pouvoir *flâner* au grand air et en belle vue. Dans mon trajet de Turin à Milan, où il me fallait revenir pour prendre la route du Simplon, de même que pendant celui de Milan à Gênes, la chaleur et la poussière m'avaient comme stupéfié, et je ne commençai à sortir de ma torpeur qu'en arrivant en vue des îles Borromées.

Le lac Majeur me plaît infiniment plus que ceux de Lugano et de Côme, qui l'un et l'autre sont trop encaissés, comme je l'ai observé. Les rives de celui-ci, au contraire, gracieusement ondulées, s'élèvent en gradins jusqu'aux hautes montagnes qui dominent le lac au nord, et sont ombragées de massifs d'arbres, peuplées de hameaux et d'habitations qui en rendent l'aspect aussi riant que varié et pittoresque. J'ai remarqué surtout le joli château d'Angera, qui, doré par les derniers rayons du soleil, couronnait une éminence dont les revers boisés offraient de ces belles teintes chaudes particulières aux contrées du Midi. On peut dire de la vue du lac Majeur que c'est un paysage de Suisse sous un ciel d'Italie.

Les amateurs de *curiosités* me sauraient mauvais gré de passer Arona sans les entretenir de la fameuse statue colossale de saint Charles Borromée, dont je n'ai pas cru devoir tenter l'escalade, aimant mieux m'en rapporter à ce que le *montreur* m'en a dit. D'après son récit, un homme de grande taille peut s'asseoir dans le nez du saint aussi à l'aise que dans une bergère, et, debout sur la mâchoire inférieure du colosse, il peut à peine, en étendant le bras, toucher le sommet de sa tête, dans l'intérieur de laquelle dix personnes tiennent commodément, et où l'on parvient au moyen d'une échelle pratiquée dans l'un des plis du rochet. Deux Anglais, m'a-t-on raconté, ont conçu l'ingénieuse idée de faire un déjeuner froid dans le bréviaire de saint Charles; mais le soleil, qui était très-ardent, donnant d'aplomb sur le cuivre battu dont la statue est faite, faillit cuire, comme dans une tourtière, nos deux Bretons, qui furent forcés de quitter à la hâte leur déjeuner réchauffé, et de redescendre tout honteux du mauvais succès de cette plaisanterie gastronomique.

Le comte Borromée devrait bien faire réparer ou démolir entièrement les constructions qui avoisinent la statue de son grand-oncle. Elles étaient, selon toute apparence, consacrées à quelque pieux usage, et accompagnaient dignement ce monument élevé à la mémoire d'un des plus aimables saints de la légende moderne; maintenant ces fabriques abandonnées accusent, par leur air de délabrement, la négligence des riches héritiers de ce prélat vénérable. Voici ce que nous en dit un de ses contemporains, qui assurément ne peut être accusé d'excès de crédulité. « Le cardinal Borromée, qui mourut dernièrement à Milan, au milieu des excès, à quoy le conviait et sa noblesse et sa richesse, et l'air d'Italie et sa jeunesse, se maintient en une forme de vie si austère, que la mesme robe qui lui servoit en esté, lui servoit en hyver; n'avoit, pour son coucher, que la paille; et les heures qui luy restoient des occupations de sa charge, il les passoit estudiant continuellement, planté sur ses genouils, ayant un peu d'eau et de pain à costé de son livre, qui estoit toute la provision de ses repas et tout le temps qu'il y employoit. » (*Essais* de Montaigne.)

Quelle délicieuse habitation que cette *Isola Bella!* C'est un séjour enchanté; c'est le palais d'Armide! Cela a déjà été dit vingt fois, je le sais, et j'en suis fâché, car c'est la seule expression qui rende bien ma pensée. Ce majestueux bassin du lac, ces rives si variées et si riches, l'ensemble de ce paysage si poétique, cette île avec ses terrasses plantées de cédrats, d'orangers et de citronniers en pleine terre; cette haute futaie de lauriers se mirant dans les eaux limpides qui baignent leurs racines; cette profusion de fleurs qui embaument l'air, de fruits d'or qui pendent aux arbres; enfin le climat si doux et l'admirable ciel d'Italie, tout agit à la fois sur les sens et l'imagination, et pour nous, pauvres habitants des régions plus ou moins tempérées, c'est une vraie féerie.

Chaque chose a son point de vue; l'*Isola Bella*, si on la regarde de la rive, n'offre plus qu'un pâté de maçonnerie pyramidal, où l'œil découvre encore plus de pierres de taille que de verdure, et qui nuit au paysage, bien plutôt qu'il ne l'embellit. L'Isola Madre est, par elle-même, d'un effet beaucoup plus pittoresque. L'intérieur du palais du comte Borromée, fort orné de dorures et meublé à l'antique, est inhabité, et le noble propriétaire y vient chaque année passer seulement quelques semaines. Pour nous donner une idée de sa fortune, le concierge nous dit que, lorsqu'il se rendait à Rome à petites journées, il couchait chaque soir dans un de ses châteaux.

A Fariolo on quitte les bords du lac pour s'enfoncer dans les montagnes; notre cocher nous fit remarquer en passant la carrière d'où l'on a extrait l'immense quantité de marbre blanc veiné dont est construit le dôme de Milan; elle produit l'effet d'une grande écorchure, faite de haut en bas sur le flanc verdoyant de la montagne, et l'on s'étonne de ce qu'il en ait pu sortir une telle masse de matériaux. Après avoir suivi, pendant deux ou trois heures, les sinuosités de la fraîche et riante vallée d'Ossola, nous arrivâmes, au coucher du soleil, à Domo, jolie petite ville qui avait pris un air de fête et s'était mise en frais pour recevoir un cardinal du pays. Des arcs de triomphe en feuillage, avec devises et vers, avaient été élevés en son honneur; toute la population, endimanchée et répandue en groupes nombreux sur la route, attendait son arrivée. J'ai joui de ces préparatifs beaucoup mieux sans doute que l'*eminenza* à l'intention de laquelle ils avaient été faits. Nous nous arrêtâmes à Domo d'Ossola pour y passer la nuit, et nous y fûmes encore traités à l'italienne, bien qu'en Piémont : vermicelle cuit à l'eau ou infecté de fromage, *ad libitum*, foie de veau en friture, vitres de papier, lits durs avec force punaises, rien n'y manquait.

C'est à peu de distance d'ici que commencent les ouvrages d'art de la route de Simplon, et j'ai admiré à Crevola un pont d'une seule arche, hardiment jeté sur un gouffre au fond duquel bouillonne un torrent qu'on ne peut apercevoir. Au reste, je dois dire que ces prodiges de l'industrie humaine, quelque étonnants qu'ils soient, m'ont relativement moins frappé que les travaux du même genre que j'avais vus en parcourant la vallée de la Reuss. Ils avaient le grand désavantage de venir après ceux-ci, et les premières impressions demeurent toujours les plus fortes. La galerie de l'Urner-Loch, près d'Andermatt, est en petit ce que sont celles du Simplon, et l'on se dit que lorsqu'un ingénieur est venu à bout de percer dans le roc vif une voûte de deux cents pieds de long sur douze de large, un autre ingénieur peut, en employant le double de poudre et d'ouvriers, obtenir un résultat deux fois plus grand. Ce qu'il y a surtout de surprenant ici, à mon avis, c'est la rapidité avec laquelle les travaux ont été conduits; la route du Simplon, commencée en 1802, a été complétement terminée en 1806. Ce sont des ingénieurs français qui l'ont tracée et construite jusqu'aux confins du Valais, qui formait alors, comme on sait, un de nos départements. A partir de là, des ingénieurs italiens ont été chargés de la continuer jusqu'au lac Majeur, et ceux-ci ont dû rencontrer bien plus de difficultés en raison de la nature des rochers et de leur escarpement. Cette entreprise gigantesque a coûté en tout dix-huit millions; si le calcul est exact, ce serait peu. Ce qu'on lit et ce qui se voit encore des fameuses voies romaines n'approche certainement pas de ceci.

Le poëte anglais Wordsworth, l'un des chefs de cette école des *lakistes* que Byron avait en aversion, remarqua, il y a quelques années, non loin de Crevola, une des colonnes de marbre destinées à décorer l'arc de triomphe de Milan; le conquérant était tombé avant qu'elle eût eu le temps d'arriver, et elle gisait là oubliée sur le bord de cette route ouverte par l'homme dont la puissante volonté l'avait tirée de la carrière. Il y avait dans l'histoire de ce bloc de marbre quelque chose de profondément mélancolique, et, de plus, une pensée d'une haute philosophie. Le génie du poëte s'en empara, et il a dû à cette inspiration l'un de ses plus beaux sonnets. Plus tard, un Génevois de ma connaissance rencontra cette même colonne se rendant à sa destination, au moyen d'une machine ingénieuse qui permettait à quelques hommes de faire mouvoir une masse aussi énorme sans se donner beaucoup de peine. Elle voyageait à bien petites journées, ne parcourant que cinquante toises environ en vingt-quatre heures, et l'appareil qui la mettait en mouvement supportait une tente, sous laquelle vivaient les ouvriers voiturés avec elle.

C'est aussi à partir de Crevola que l'on trouve, de distance en distance, de vastes édifices, destinés jadis à loger les soldats qui parcouraient par étapes cette route militaire; ils paraissent encore neufs et tombent pourtant en ruines. Ce contraste, joint à l'idée de leur inutilité actuelle, attriste l'œil du voyageur, qu'il fait réfléchir, et il répète ce que le poëte de l'homme rappelle des édifices croulants :

> Jamais d'aucun mortel le pied qu'un souffle efface
> N'imprima sur le sol une plus forte trace.

On suit, tantôt dans le fond de la vallée, tantôt à mi-côte, le cours impétueux de la Veniola; on franchit plusieurs torrents, sur des ponts aussi hardis que légers, et l'on arrive à la gorge du Gondo, qui est bien ce que j'ai vu de plus pittoresquement beau dans mon voyage, en ce sens que nulle part le peintre ne saurait trouver de si riches sujets d'études. Ce ne sont point, comme dans les autres défilés que j'ai décrits, des rochers nus, arides, d'un ton froid, tombant en débris ou arrondis par l'action des eaux et la rigueur des hivers, ce sont de belles masses hardies, anguleuses, revêtues de mousses et sur lesquelles pendent en festons ou s'élèvent en bouquets des *fouillis* d'une fraîche et vigoureuse végétation. Cette gorge, qui se distingue par son caractère de grandeur sauvage, n'a rien d'affreux ni d'attristant comme celle du Pont-du-Diable. Dans un de ses recoins les plus frappants, une jeune et fraîche Anglaise, debout dans une calèche, esquissait à la hâte ce qu'elle avait sous les yeux; elle ne gâtait rien à l'effet du site.

Dans cette partie de la route se trouvent les galeries creusées dans le roc; elles sont au nombre de dix; celle de Frissinone, ainsi appelée du nom d'un torrent qui y forme une belle chute, a près de sept cents pieds de longueur, et est percée dans un rocher de granit; l'élévation de la voûte est de trente pieds sur une largeur de trente-six. En franchissant ces sombres galeries, les voituriers sont dans l'usage de mettre leurs chevaux au trot, afin, disent-ils, d'éviter la chute des pierres que l'infiltration des eaux détache fréquemment de la voûte; il me semble que c'est là un assez mauvais calcul. Ils traversent, il est vrai, le passage dangereux en bien moins de temps; mais, en rendant le bruit et l'ébranlement plus forts, ils multiplient les chances d'accidents. C'est au sortir d'une de ces galeries que mon ami, le comte Godefroy de Mullinen, vit son respectable père, balayé par une avalanche, disparaître sous la neige. Par bonheur il ne se trouvait que sur le bord de ce courant irrésistible, et le choc qui le renversa ne fut pas assez fort pour l'entraîner dans le torrent; il se dégagea lui-même de la neige accumulée sur lui et en fut quitte pour la peur, ainsi que son fils, qui, au premier moment, l'avait cru perdu sans ressource, et avait eu toute l'horreur de cette désespérante certitude.

Nous nous arrêtâmes pour la dînée au village de Simplon, situé à peu de distance du point le plus élevé du passage, auquel on donne six mille pieds au-dessus du niveau de la mer. On retrouve ici, avec la race tudesque, les habitudes d'ordre et de propreté que le voisinage de la race italienne ne rend que plus précieuses, et nous y fîmes un dîner fort bon, eu égard à la localité. Les environs du village sont sauvages et déserts; les sommités qui le dominent paraissent entièrement dépouillées; on a déjà dépassé les limites de la végétation. Des glaciers nombreux et de vastes espaces de neige qui ne fondent plus sont les seuls objets qui attirent l'attention du voyageur. Un peu au delà on remarque, d'un côté de la route, l'ancien hospice, et, de l'autre, les travaux commencés du nouvel établissement, qui en est resté au rez-de-chaussée, et qui, une fois terminé, se fût trouvé digne de cette superbe route, à en juger par ce qu'on en voit ainsi que par les fonds considérables assignés dans le temps à cette utile et grande entreprise. De distance en distance on rencontre des maisons de refuge où logent les gens chargés de l'entretien de la route, et qui, en cas de *tourmentes*, recueillent les voyageurs. De longues perches sont plantées à vingt pas l'une de l'autre pour guider ceux-ci et les empêcher de se perdre pendant l'hiver au milieu de ces immenses solitudes couvertes d'une neige épaisse qui ne leur permettrait plus de s'orienter. L'usage de ces perches remonte à une époque fort reculée, et Ammien-Marcellin en parle comme étant déjà employées de temps immémorial.

Pendant la dernière heure de montée, j'avais reçu une pluie fine accompagnée de ces maudites nuées traînantes qui, dans les pays de montagnes, font le désespoir des voyageurs. Parvenu sur le point culminant du passage, à peine eus-je jeté un coup d'œil sur le versant opposé et commencé à jouir du magnifique tableau qui s'offrait à mes regards du côté du Valais, que ces nuées, qui avaient semblé me poursuivre, m'atteignirent, s'abaissèrent en épais replis autour de moi et coupèrent court à mon admiration. Je ne pus qu'entrevoir rapidement le haut Valais et les cimes hardies des Alpes de l'Oberland, dont les neiges éblouissantes m'apparurent un instant au travers des vapeurs. Au-dessous de moi brillait, à une immense profondeur, la petite ville de Brigg, éclairée par un rayon de soleil qui perçait la nue. Il m'est encore arrivé ici d'être dupe d'une de ces illusions d'optique si fréquentes dans les montagnes; si je n'avais pas craint le retour de la pluie, j'aurais devancé la voiture pour descendre à pied jusqu'à Brigg, trajet que j'évaluais à une lieue et pour lequel il nous a fallu près de trois heures ! La route se plie et se replie sur elle-même comme un serpent blessé; elle fait d'immenses détours, et la pente, ménagée avec art, n'est jamais de plus de deux pouces par toise; aussi n'a-t-on pas besoin d'enrayer, on descend au trot.

J'avais lu et entendu dire que cette route se dégradait de jour en jour et que, par des raisons politiques, le roi de Sardaigne avait intérêt à ce qu'elle devînt impraticable; il n'en est rien : elle m'a paru parfaitement belle et j'ai reconnu qu'on se hâtait de réparer les dégâts causés par la chute des avalanches et les éboulements de rochers. J'ai seulement observé que les bornes en granit régnant le long du précipice étaient toutes brisées uniformément à leur sommet, et le voiturier m'apprit que les paysans les avaient dégradées de la sorte afin d'en arracher les *tenons* de fer dans lesquels s'engageaient les pièces de bois qui formaient le garde-fou. « Du temps de *l'autre*[1], ajouta-t-il, ils n'auraient pas osé faire le moindre dégât; ils savaient bien qu'il leur en coûterait bon et qu'on avait l'œil à tout; c'est qu'on était sévère en diable alors ! mais à présent on n'y regarde plus de si près. » Je jetai machinalement les yeux sur la profondeur du précipice, contre lequel l'instinct et l'humeur paisible de nos chevaux étaient notre seule sauvegarde, et je ne pus m'empêcher de penser que les gouvernements paternels avaient bien aussi leurs inconvénients.

[1] L'Empereur.

VALAIS

Brigg. — Aspect général du Valais. — Sierre. — Vallées des Anniviers et de Visp. — Bains de Louesche. — La Gemmi. — Auberge de Schwarrenbach. — Le poëte Werner. — SION. — Les crétins. — Caractère des deux populations bien distinctes du haut et du bas Valais. — Gouvernement. — La Mazza. — Matthieu Schinner. — Les Diablerets. — Le Sanetch. — Commune d'Iserabloz. — Cascade de Pisse-Vache. — Abbaye de Saint-Maurice. — Légion Thébaine.

Arrivé à Brigg, je reconnus pourquoi cette petite ville m'avait paru si resplendissante du haut du Simplon : les maisons y sont couvertes d'une ardoise micacée qui brille comme de l'argent, et le toit de plusieurs églises se compose, en outre, de plaques polies d'une pierre ollaire qui est d'un vert jaunâtre. Parmi tous les édifices se distingue surtout l'établissement des Jésuites, fréquenté principalement par la jeunesse du pays. Les Pères, espérant avoir une partie de la vogue de leurs confrères de Fribourg et recevoir leur trop-plein, ont fait, depuis 1830, agrandir considérablement leur collége, qui peut contenir cinq cents pensionnaires. Leur espoir ne s'est pas complétement réalisé : ils sont trop éloignés de la frontière de France.

C'est dans cet humble couvent de Brigg qu'a vécu ignoré, pendant trois années de retraite et de silence, un des hommes qui ont fait le plus d'honneur à notre patrie. Je veux parler du P. de Ravignan, de ce saint religieux, de ce prêtre éloquent et dévoué, puissant par ses œuvres non moins que par sa parole, qui nous a montré à quelle hauteur peut s'élever au dix-neuvième siècle la mission de l'apostolat, et ce que peut accomplir un homme de foi et d'un grand cœur à une époque d'indifférence et d'égoïsme[1].

La ville de Brigg offre aux amateurs d'énigmes historiques un mystère à dévoiler, mystère moins important que celui du Masque de fer, mais qui n'en est pas moins resté inexpliqué. Il y a quelques siècles que la famille d'un paysan, nommé Stockalper, parut tout à coup jouir d'une aisance inaccoutumée. Cette aisance, au bout de très-peu de temps, devint de la richesse et enfin de l'opulence, sans que dans le pays on pût se rendre compte, d'une manière satisfaisante, de ce subit et prodigieux changement de fortune; les uns l'attribuant à la découverte d'un inépuisable trésor, les autres à quelque héritage, à quelque heureuse spéculation, quelques-uns enfin à un pacte criminel avec le malin esprit. Quelque diverses que fussent les conjectures sur la source de cette richesse, les concitoyens de la famille Stockalper se réunirent tous pourtant en un seul et même sentiment, celui d'une haine envieuse contre les nouveaux enrichis. Cette disposition malveillante trouva bientôt une occasion de se satisfaire. En butte à je ne sais quelle accusation, le chef de la famille fut condamné par le peuple à payer à titre d'amende une somme équivalente à la moitié de sa fortune; mais personne n'en connaissait le montant : il fallut donc s'en rapporter à lui. On le contraignit de déposer sur le maître-autel de l'église ses titres de propriété, ses contrats, obligations, ainsi que tout son argent comptant, ses joyaux, et il dut alors jurer solennellement que tout ce qu'il possédait était là sur l'autel. L'histoire ajoute que dans sa détresse il s'était adressé à un ami en qui il avait grande confiance, et qu'il en avait reçu le conseil de cacher *sous* l'autel ses titres les plus importants. Ce fut à l'aide de ce subterfuge, ajoute-t-on, qu'il échappa à une ruine imminente. Quoi qu'il en soit, cette famille a conservé sa haute position dans le pays; l'aîné est baron (je ne sais si c'est de la façon de l'empereur Napoléon ou de celle de l'Autriche), et je l'ai vu député en Diète il y a quelques années.

L'aspect général du Valais est triste et assez uniforme; l'exposition, qui en est excellente, en ferait une véritable terre promise si le Rhône

---

[1] Le R. P. Goulevoy a publié une vie de son illustre et saint confrère, qui est un vrai chef-d'œuvre, et qui se lit avec autant d'intérêt que le roman le plus attachant.

et ses débordements ne contre-balançaient cet avantage. Il faudrait, pour contenir les ravages de ce fleuve destructeur, des travaux considérables qui dépassent de beaucoup les moyens d'un peuple pauvre, et entraîneraient, une fois faits, des réparations coûteuses. Il est de mode, en Suisse et surtout dans les cantons de Vaud et de Genève, de déclamer contre la paresse et le défaut d'industrie des habitants du Valais; il y a là, si je ne m'abuse, préjugé de protestantisme, et l'on s'en prend à la religion catholique de ce qui est exclusivement le résultat nécessaire des circonstances locales. On compte aussi pour rien les suites ruineuses de la guerre qui a désolé ce malheureux pays, et l'effet énervant d'un climat humide et malsain, qui en rend les habitants maladifs et ôte au principe vital une partie de son énergie[1]. Il serait plus juste de dire que la religion dominante d'un pays n'influe, en général, que très-secondairement sur sa prospérité, et les exemples abondent pour prouver cette assertion : dans l'Oberland, entièrement protestant, la mendicité est générale; le canton de Schwytz, dont toute la population est catholique, offre dans une moitié de son territoire l'image de l'aisance, et dans l'autre celle de la misère; la rive droite et la rive gauche du Rhin sont, malgré la différence des religions, également riches, également bien cultivées; la Touraine, la Beauce, la Normandie, sont catholiques, tout ainsi que la Champagne pouilleuse, les bruyères de la Bretagne et les landes de Bordeaux. Est-ce que l'on compte moins de fêtes *chômées* dans la Limagne que dans le Valais? Non; mais dans la première de ces contrées il y a vingt pieds d'épaisseur d'une terre végétale qui produit tous les ans sans avoir besoin d'engrais, et des débouchés suffisants donnent à cette abondance de produits une grande valeur. La nature du sol et les circonstances favorables ou défavorables dans lesquelles les pays se trouvent placés expliquent toutes ces différences, et la religion n'y est pour rien. En admettant même la justesse de la supposition contraire, qu'en résulterait-il pour le protestantisme, si ce n'est cette conséquence : qu'il attacherait davantage l'homme à la terre?

Une grande portion de cette longue et étroite vallée est envahie par des grèves stériles ou par des marécages; de fougueux torrents débouchent des seize vallées latérales qui viennent aboutir au Rhône (on en compte treize au sud et trois seulement au nord); leurs lits, presque à

---

[1] Ceci s'applique surtout au bas Valais.

sec à la fin de l'été, inondent, à l'époque de la fonte des neiges, ou après de grandes pluies, des terrains immenses qu'ils couvrent au loin de gravier et de blocs roulés. Au nord, le revers des montagnes ne présente presque partout que le roc vif, dont une végétation rare et chétive fait encore ressortir la nudité. Cette chaîne de rochers arides, exposés aux feux du midi, échauffe, ainsi qu'un fourneau à réverbère, la contrée le long de laquelle elle règne, et y crée une température qui est, en été, celle du Sénégal. Aussi y voit-on mûrir les figues, les amandes, réussir le safran, le tabac, et, en général, toutes les productions des climats chauds[1]. On récolte à Sierre un vin qui, pour la force et le feu, se rapproche des vins d'Espagne. Ce qui manque surtout ici, c'est la terre végétale, et le peu qui en reste encore sur le flanc de ces roches escarpées est entraîné, chaque printemps, par l'action des eaux, ou recouvert des débris stérilisants qu'elles charrient avec elles. Partout où la pente, moins rapide, ou bien quelque saillie du roc a permis au terrain de séjourner et de s'accumuler, le Valaisan grimpe, défriche, sème, et, vers la fin de l'été, vous voyez, sur des points que vous jugeriez inaccessibles, jaunir de petites pièces de blé, qui, de loin, ressemblent à des coupons de nankin. Ailleurs, pour arroser un pré de quelques arpents suspendu sur le penchant de la montagne, le paysan va prendre, à une grande distance, souvent à plus d'une lieue, les eaux d'une source élevée qu'il conduit, en dépit des obstacles, au moyen de troncs de sapins creusés, jusqu'à son héritage, ou, pour mieux dire, sa conquête. J'ai vu beaucoup de ces aqueducs rustiques, qui étonnent par leur hardiesse. Ils sont jetés sur des précipices, ou rampent le long d'une paroi verticale à laquelle ils sont fixés par des crampons de fer.

J'ai observé également un procédé aussi simple qu'ingénieux qu'emploient les habitants pour se procurer des fonds de terre là où manque tout à fait la couche végétale. Ils forment, le long du Rhône, des encaissements en pierres sèches, hauts de dix-huit pouces à deux pieds, et de l'étendue qu'ils veulent donner à leur champ; dans la partie supérieure, ils pratiquent une ouverture par laquelle arrivent les eaux limoneuses du fleuve, qui, retenues dans cette enceinte, y déposent les parties terreuses et les *détritus* qu'elles y ont apportés. En répétant l'opération cinq ou six fois, on obtient une pièce d'excellente terre.

[1] A l'ombre, pendant la canicule, le thermomètre de Réaumur s'élève à 24°.

Cette méthode, connue dans la Tarentaise sous le nom de *colmate*[1], y est pratiquée en grand, et, depuis le pied du mont Cenis jusque près de Chambéry, on voit que le niveau de la vallée a été artificiellement exhaussé de plusieurs pieds par les dépôts de l'Isère. Dans ces dernières années, les travaux de ce genre se sont beaucoup multipliés dans le Valais, où ils contribueront à la fois à assainir et à enrichir le pays.

La petite ville de Sierre, où je couchai, est agréablement située dans la partie la plus fertile et la plus riante du canton. Ses vignobles sont renommés, et il s'exporte annuellement d'ici une quantité assez considérable de vins muscats ; ils ne sont pas liquoreux et chauds comme ceux de Lunel et de Frontignan, mais ils m'ont paru plus parfumés de beaucoup ; j'en fis déboucher une bouteille dont la chambre fut tout embaumée. Si les habitants employaient les procédés de fabrication en usage dans le Midi, ils obtiendraient certainement des qualités, sinon supérieures, du moins égales aux nôtres. Mon hôte m'assura que son père, vigneron habile et dégustateur exercé, comptait dans le pays vingt-huit sortes de vins bien distinctes, mais que, pour lui, il n'en connaissait guère qu'une quinzaine environ, dont son palais dégénéré pût apprécier les différences et déterminer les crus. Si le bonhomme n'est pas devenu aussi fin gourmet que son père, il m'a paru que ce n'était pas, du moins, faute de s'entretenir dans une constante pratique. D'après ce qu'il m'a dit et ce que j'ai vu, la culture de la vigne est assez arriérée, ce qui, du reste, s'expliquerait par le peu d'avantage qu'on trouve à perfectionner cette branche d'exploitation dans une contrée comme celle-ci, qui n'offre point de débouchés pour ce genre de produits, le canton de Vaud, la Savoie, le Piémont et la Lombardie récoltant plus de vins qu'ils n'en peuvent consommer.

C'est vis-à-vis de Sierre que débouche la vallée des Anniviers (Einfischerthal), l'une des plus considérables et des plus intéressantes de ce canton. La peuplade qui l'habite se compose, si l'on en croit l'assertion de quelques érudits, des descendants de ces terribles Huns, de cet « essaim sorti de la ruche du Nord[2], » qui, après avoir désolé par le fer et le feu les Gaules et l'Italie, et planté leurs tentes sur le sol envahi, se virent, à leur tour, refoulés par de nouveaux envahisseurs. On retrouve, dit-on, parmi leurs descendants, quelque chose des habitudes et des

---

[1] Du mot *colmare*, combler.
[2] Belle expression de sir William Temple.

qualités propres aux anciens peuples du Nord. Ils ont conservé leur goût pour la vie nomade, et, à certaines époques de l'année, ils désertent en masse leurs villages pour aller se fixer temporairement dans les régions plus élevées; leur curé émigre avec eux et s'associe à leur existence errante. La plus grande simplicité de mœurs règne encore parmi eux, et il n'était pas rare, il y a un quart de siècle, de trouver dans les habitations d'épais madriers, ou plutôt des troncs équarris, dans lesquels étaient creusées plusieurs écuelles inamovibles qui servaient aux repas de la famille. Ce système d'auges perfectionné peut faire honneur à l'esprit d'économie de ces bonnes gens, qui devaient casser peu de vaisselle; mais je doute qu'il fût compatible avec le sentiment d'une propreté bien recherchée. Ils exercent religieusement les devoirs de l'hospitalité, et, lorsqu'un ami leur arrive, ils réunissent leurs parents et leurs voisins pour fêter sa venue. On ne voit point chez eux de cabarets. Dès qu'un jeune homme est marié, il commence aussitôt à amasser, petit à petit, la provision de vin, de blé, de fromage, qui doit servir à régaler sa famille et ses amis le jour de ses funérailles; occasion dans laquelle se déploie tout le luxe grossier connu dans ces vallées. En Écosse, et surtout en Irlande, on remarque ce même usage des repas funéraires, que n'accompagne pas malheureusement cette même prévoyance. On ne trouve parmi les habitants ni richesse ni pauvreté; les propriétaires les plus aisés n'entretiennent pas au delà de douze vaches, et ceux qui le sont le moins en ont une ou deux. Si un jeune homme, maître de son bien, fait preuve d'inconduite et menace de dissiper son patrimoine, les notables assemblés lui nomment un tuteur sans l'avis duquel il ne peut disposer de rien; et, dans le cas où cette précaution resterait sans effet, on le contraint à quitter la vallée et à s'engager au service d'une puissance étrangère, dans l'espoir qu'il ne reviendra pas au pays, ou y reviendra corrigé. Il vaudrait la peine de s'arrêter quelques jours dans ces environs-ci pour visiter cette vallée ainsi que celle de Visp, qui aboutit au mont Rosa et au mont Cervin. L'une et l'autre, m'a-t-on assuré, sont fort pittoresques.

Je n'en avais pas le temps: un itinéraire, quelque mûri, quelque bien combiné qu'il soit, ne peut tout embrasser, et l'on est bien forcé de faire des sacrifices. Je voulais aller aux bains de Louesche et à la Gemmi, et je me mis en route le lendemain, accompagné d'un jeune homme avec lequel il y avait peu de choses à apprendre; mais au moins il le sentait et se taisait. Aussitôt que je me fus assez élevé pour dominer la contrée, je me retournai afin d'en prendre un aperçu un peu général. Le fond de la vallée du Rhône offre un aspect assez riant et varié, malgré les grèves blanchissantes qui, apparaissant au travers des bouquets d'aunes, marquent le cours capricieux du fleuve. De loin en loin on voit s'élever brusquement, du milieu de la vallée, des monticules, coniques pour la plupart, isolés et ne semblant se rattacher à aucun système de *soulèvement* régulier. Il est difficile à l'observateur qui n'est pas géologue de s'expliquer leur nature et leur présence en pareil lieu. Sont-ce des fragments énormes, des portions de montagnes qu'une violente commotion aurait détachés des Alpes et semés çà et là? Faut-il supposer plutôt que, cette vallée ayant été labourée profondément par la puissante vague du déluge (la grande *débâcle* de M. de Saussure), son niveau se sera abaissé de toute la hauteur de ces singuliers monticules, restés là comme des *témoins*, comme ces buttes de terre que les terrassiers laissent debout derrière eux pour indiquer l'épaisseur de la couche enlevée? Je soumets la question à de plus habiles, en signalant le fait aux curieux.

Le revers exposé au nord est fort escarpé, mais revêtu pourtant de magnifiques forêts de sapins, qui règnent jusqu'aux deux tiers de la hauteur des montagnes, dont le sommet offre, comme à l'ordinaire, des pâturages alpestres. Ces forêts présentent l'aspect d'un sombre et immense rideau, interrompu par les trouées qu'y forment les vallées latérales de Tourtemagne et des Anniviers; les torrents qui en débouchent ont accumulé à leur issue les débris qu'ils charrient, et élevé, avec les siècles, des talus qui viennent, par une pente douce, mourir au niveau du Rhône. Vus d'un point élevé, ces atterrissements, qui s'arrondissent en demi-cercle et sont couverts maintenant de végétation, produisent l'effet d'un immense éventail de verdure, dont le centre part de l'ouverture de la vallée, et dont la circonférence aboutit au fleuve, auquel le torrent, dont ils sont l'ouvrage, arrive en ligne droite, poussant devant lui les blocs de rochers roulés, et déposant sur ses bords les débris d'un moindre volume ainsi que les terres végétales qu'il entraîne.

Le chemin des bains n'a rien de fort remarquable, si ce n'est que, près de Varen, il est suspendu le long d'un rocher absolument vertical, au-dessus d'un effrayant précipice, au fond duquel mugit l'impétueuse Dala. On passe sur des troncs d'arbres qu'on a besoin de croire solidement fixés dans le roc, et l'on a sur sa tête, pendant une dizaine de pas, un toit en planches placé là pour garantir les voyageurs, non pas de la pluie, mais bien d'une grêle de pierres et de la chute des taureaux, qui tombent parfois de là-haut. On raconte, en effet, que deux de ces animaux se battant sur le bord du précipice, l'un d'eux y roula; heureusement il ne passait personne.

Après trois heures de marche, j'arrivai au chétif hameau des bains, situé, ou, pour mieux dire, enseveli au fond d'un cul-de-sac que domine la paroi à pic de la Gemmi, qui s'élève ainsi qu'un mur immense. Ici le soleil disparaît à quatre heures au mois d'août, et cette nuit anticipée ajoute encore à l'horreur de ce lieu. A l'exception du gouffre de Pfeffers, je ne connais pas de séjour plus affreusement triste que celui-ci, et il faut toute la célébrité des eaux de Louesche pour attirer la foule des baigneurs qui y affluent chaque année, car tout y est à l'avenant du site : on est mal logé, mal nourri; on n'a pour se promener qu'une triste terrasse, longue d'une centaine de pieds, et des sentiers difficiles, très-fatigants en raison des descentes et montées continuelles. Pour ceci il n'y a pas d'amélioration possible; la nature des localités s'y oppose. Mais, quant au reste, je m'étonne de ce qu'on n'ait pas entrepris quelques travaux qui auraient tourné au profit des entrepreneurs, en attirant un bien plus grand nombre de malades. Il faut l'être beaucoup, en effet, pour se soumettre, pendant des semaines, aux nombreuses privations et aux inconvénients de toutes sortes qu'on trouve dans ces bains, qui sont les plus connus et les plus efficaces de la Suisse, en même temps qu'ils en sont les plus mal tenus. C'est jusqu'à présent la plus forte preuve que j'aie eue du peu d'industrie des Valaisans. Il y aurait pourtant injustice à ne pas reconnaître que les bains de Louesche ont reçu des améliorations depuis le douzième siècle; à cette époque, les ours et les loups mangeaient, de temps à autre, les baigneurs, et il fallut élever une palissade pour les empêcher de venir troubler ainsi la cure. Les avalanches balayaient aussi parfois une auberge ou deux, avec tous les hôtes qu'elles contenaient; le cardinal Schinner fit construire, afin de prévenir de pareils accidents, un rempart de rochers haut de vingt pieds et épais de douze.

Je suis surpris de voir que les Français, qui abondent habituellement à Louesche, n'aient pas trouvé moyen d'y organiser quelques passe-temps; il n'existe point, à la vérité, de local commun où se puissent réunir les baigneurs, réduits alors à former entre eux de petites coalitions partielles contre l'ennemi commun, je veux dire l'ennui, qu'ils tâchent de mettre en fuite à l'aide d'une partie de boston ou de whist. Jadis, m'a assuré un voyageur, il n'en était pas ainsi : on s'amusait à Louesche, et l'on n'y guérissait pas moins bien. On y voyait, comme à toutes les eaux, des malades gais, ne demandant pas mieux que de s'y amuser, des amateurs bien portants qui venaient les aider, des poëtes de société dont on riait ou qui faisaient rire ; on se réunissait pour faire des parties de montagnes ; on se donnait des goûters dans le bain ; on y jouait avec des cartes d'étain aux jeux de commerce, le soir on dansait ;

Cet heureux temps a fui comme un rêve enchanteur.

Ce qui doit contribuer à l'ennui des eaux de Louesche, c'est la nécessité de passer dans le bain une grande partie de la journée, savoir : trois ou quatre heures le matin, autant le soir. On se baigne en commun, et il est difficile qu'en sortant de l'eau on n'ait pas assez les uns des autres et qu'on n'éprouve pas le besoin de se retirer un peu dans son intérieur, quelque triste, quelque peu confortable qu'il soit. Les toilettes de bain, celles du dîner, prennent encore un temps assez long ; on s'habille et se déshabille, de compte fait, dix fois, depuis le moment où l'on sort de son lit jusqu'à celui où l'on y rentre.

Il m'eût fallu, pour pénétrer dans la salle de bain, où je ne connaissais personne à visiter, me revêtir de la chemise de laine des baigneurs et me plonger dans la piscine ; j'avoue que mon zèle de voyageur-observateur n'a pu aller jusque-là. Ce bain à la spartiate ne me tentait pas du tout, et j'ai été retenu par la répugnance que j'éprouvais à m'immerger dans ce bouillon de chair humaine et à me trouver confondu, dans un même bassin, avec les divers échantillons des affections cutanées qui ne sont jolis à voir que dans le grand ouvrage du docteur Alibert. On vient cependant ici pour d'autres maladies, telles que les douleurs rhumatismales et les maux d'estomac. Un Français, M. le baron de M..., m'a raconté fort plaisamment comme quoi, étant à Louesche pour la première fois, et en ignorant les us et coutumes, il avait commis une grande inconvenance en entrant dans le bain tout debout, au lieu d'y descendre accroupi, comme c'est l'usage. Le murmure improbateur qui se fit entendre l'embarrassa ; il voulut se retirer ; mais, dans son trouble, il se jeta, se trompant de porte, dans un cabinet qui n'était pas le sien, et dont la locataire poussa des cris perçants ; cette nouvelle bévue le déconcerta à tel point, qu'il ne sut plus où se fourrer et aurait voulu être à dix pieds sous l'eau. Malgré un aussi malencontreux début, son caractère ouvert, son esprit gai et sa politesse bienveillante ne tardèrent pas à le réconcilier avec ces tritons si pudibonds et ces néréides si promptes à s'effaroucher. C'est à son imagination inventive que les baigneurs doivent le bienfait du *boa*, de ce long tuyau en toile à l'aide duquel on distribue l'eau chaude, à volonté, dans toutes les parties du *carré*.

J'ai été frappé du costume d'une Valaisanne que j'ai vue ici ; c'était une grande dame du pays, à en juger par la manière dont elle était entourée et traitée. La mode du jour avait envahi toute sa personne, jusqu'à la tête exclusivement ; elle portait une robe de gros de Naples à longue taille, une large ceinture émaillée, un sautoir fort élégant, des souliers de prunelle bien faits, et, par-dessus le tout, le petit chapeau valaisan, plaqué horizontalement sur sa tête comme une assiette, et autour de la circonférence duquel pendait une large dentelle noire, qu'une connaisseuse évalua à vingt-cinq louis. Cette coiffure nationale contrastait singulièrement avec le reste de sa mise et les grands chapeaux de paille d'Italie des autres dames.

Lorsqu'on vous dit qu'un chemin, praticable pour les chevaux, franchit cette prodigieuse paroi perpendiculaire de la Gemmi, rompue par des crevasses qui forment comme d'immenses cannelures perpendiculaires, vous êtes d'abord tenté de croire qu'on se moque de vous ; mais, à force de regarder avec un bon lorgnon, vous finissez par distinguer quelques lignes obliques, à peine perceptibles, et traçant, sur le flanc rembruni du rocher, des zigzags blanchâtres. Vous les perdez de vue parfois, pour les voir reparaître un peu plus haut. Bientôt vous découvrez certains points noirs qui se meuvent d'une manière presque insensible sur ce plan vertical, et ressemblent à des mouches posées sur un mur. Peu à peu ces points gagnent du terrain, ils grossissent, deviennent, par degrés, plus distincts, et vous apparaissent enfin ce qu'ils sont en effet, c'est-à-dire des chevaux avec leurs charges, précédés ou suivis de voyageurs. En maints endroits, la trace du chemin qu'ils suivent vous échappe, et ils vous semblent suspendus sur l'abîme par une force magique. Depuis l'instant où vous les avez aperçus jusqu'à celui où ils arriveront aux bains, il s'écoulera près de deux heures, et ce n'est que par ce long intervalle, ainsi que par l'extrême réduction de leurs proportions, qu'il vous est possible d'apprécier la hauteur de ce rempart gigantesque qui sépare le Valais du canton de Berne. La hardiesse de ce passage m'a infiniment plus frappé que les ouvrages de la route du Simplon et de celle du Saint-Gothard. De temps immémorial il existait ici un sentier; mais il a été élargi et rendu praticable pour les bêtes de somme par des ouvriers tyroliens, qui n'apportèrent que leurs ciseaux et quelques quintaux de poudre, ce qui ne les aurait pas menés loin sans ce génie entreprenant et patient de l'homme, dont les obstacles ne font que développer davantage l'irrésistible puissance.

Le lendemain de mon arrivée, je pris un guide afin d'aller voir de plus près cet étonnant chemin, effrayant seulement pour les personnes qui, ayant le pied peu sûr, seraient, en outre, sujettes aux vertiges. On côtoie toujours le précipice, mais il est impossible d'y rouler, à moins qu'on ne s'aventure étourdiment sur le bord, où l'on pourrait faire un faux pas ou bien être saisi par un étourdissement qui vous coûterait la vie. Je ne pouvais assez admirer l'art ingénieux avec lequel les Tyroliens ont su tirer parti de la moindre saillie du rocher pour y asseoir leurs rampes, dont les nombreuses sinuosités sont tracées avec une sagacité qui n'est égalée que par la persévérance qu'a exigée l'exécution de ce long et pénible travail. Dans quelques parties, le chemin a été taillé en corniche dans le roc, qui, formant un demi-arceau de voûte au-dessus de la tête du voyageur, surplombe de beaucoup sur l'abîme ouvert *sous* ses pieds. La largeur de la voie est presque toujours suffisante pour que deux chevaux chargés, venant à se rencontrer, puissent passer sans danger. Sur l'un des points les plus effrayants, mon guide me raconta qu'il y avait bien, bien longtemps, un seigneur, vrai gibier de potence et de mélodrame, passant par ici, et désirant se défaire de sa châtelaine, la poussa dans le précipice, et que, la pauvre créature s'étant accrochée, en tombant, à des broussailles qui la tenaient suspendue sur l'abîme, le *barbare baron* eut la froide atrocité de tirer son épée et de couper les broussailles pour en finir.

Ce guide valaisan paraissait un excellent petit homme. Pauvre comme Job, mais plus gai que lui, il riait, racontait, puis chantait à gorge déployée et avec une grande justesse des airs suisses et des tyroliennes qui faisaient très-bon effet, répétés par les échos de ces lieux sauvages. Dans quelques-unes de ses chansons revenait un nom qui me prouvait que les événements et le personnage qui ont remué l'Europe pendant les quinze premières années de ce siècle n'étaient pas demeurés étrangers aux paisibles habitants de ces vallées, qui en avaient fait le sujet de leurs chants populaires. La gloire est pourtant quelque chose, et philosophes et poëtes auront beau dire, ils n'en dégoûteront que les gens incapables d'y aspirer comme de la comprendre. Ils y songent eux-mêmes tout en déclamant contre elle.

Dès qu'on a atteint le sommet de la Gemmi, on jouit d'une magnifique vue sur la seconde chaîne des Alpes, celle qui sépare le Valais du Piémont, et de laquelle s'élèvent le mont Rose, le mont Cervin, la Cimadi Jazi et le monte Moro, montagnes de dix à treize mille pieds d'élévation, en tout temps couvertes de neige; leurs formes sont hardies et pittoresques. Du côté opposé, la vue s'étend sur une vaste solitude, où sont confusément entassés des rochers qui tombent en débris, et dont les teintes sombres rembrunissent encore les eaux noirâtres et troubles du petit lac de Dauben, qu'alimente la fonte des neiges, et qui n'a aucun écoulement apparent, mais se décharge, à ce qu'on suppose, par une communication souterraine aboutissant dans la vallée d'Adelboden. Au delà de ce désert nu, sauvage et sans grandeur, on voit s'abaisser d'étage en étage la vallée plus riante de la Kander, dominée par la cime majestueuse des Altels, que revêt une neige d'une éblouissante pureté, et d'où descendent de très-beaux glaciers.

Je m'arrêtai pour dîner à la petite auberge de Schwarrenbach, qui s'élève seule au milieu de cette nature désolée. C'est un mélancolique séjour, et le poëte allemand Werner l'a fort convenablement choisi pour en faire le lieu de la scène de son épouvantable drame intitulé le *Vingt-quatre février*. C'est, autant que je me rappelle, la première des productions de cette littérature cadavéreuse et convulsive qui, importée en France, y a passablement prospéré, grâce au vertige dont le soleil de juillet a frappé les cervelles de nos écrivains. Ce cynisme de mœurs, cet étalage d'atrocités révoltantes, qu'on a besoin de trouver invraisemblables, ont beau se revêtir du prestige du talent; ils ont beau être, pour quelques-uns, le résultat d'un système, tandis que, pour plusieurs, ils sont celui d'une spéculation, ils n'en font pas moins le procès et aux auteurs qui les exploitent et au public qui y applaudit. Qu'on ne s'y trompe pas! il y a quelque chose de moralement mauvais au fond de ce

A.Hadamard del. Imp.Godard,Paris.

Le Cochon cavalier.

besoin effréné, insatiable d'émotions violentes, et je ne crois pas que la *mission du poëte* soit de lui fournir un nouvel aliment. On sait que Werner est mort fou, circonstance qui explique le dévergondage de son génie, et pourrait servir d'enseignement aux écrivains qui affectent de marcher sur ses traces et de le dépasser. J'y vois comme un jugement de Dieu. Au reste, Werner était loin, lui aussi, d'être un homme ordinaire; son drame de *Luther* en fait foi.

En descendant la Gemmi pour retourner aux bains, je m'amusai beaucoup d'un épisode qui eût fourni un excellent sujet au crayon spirituel de Charlet. Je trouvai, en route, un paysan et sa femme qui se rendaient à Louesche, pour s'y défaire d'un cochon gras qu'ils avaient juché à califourchon sur un mulet, afin qu'il arrivât plus frais pour la vente. Le cochon, qui goûtait peu cette façon d'aller, le témoignait par ses grognements, gigotait et se démenait de manière à donner à ses conducteurs de sérieuses inquiétudes dans cette descente difficile, où le mulet, assez peu solide sur ses pieds, pouvait perdre l'équilibre, par suite des contorsions de son cavalier, et rouler dans l'abîme au grand détriment de tous. Les pauvres gens étaient fort en peine; après s'être consultés un instant, ils s'avisèrent d'un double expédient qui leur réussit : la femme se remit en marche en tirant, du côté opposé au précipice, le cochon qu'elle maintenait en équilibre, tandis que le mari, empoignant la queue du mulet, s'y cramponna en le retenant de toutes ses forces, pour prévenir les faux pas. Ces quatre figures de bêtes et de gens étaient, par leurs diverses expressions, d'un comique achevé. L'impatiente pétulance du cochon, l'impassibilité résignée du mulet, l'air d'anxiété de la femme et du mari, auquel se mêlait, pour celui-ci, l'effet grotesque de ses efforts; tout cela formait un tableau des plus plaisants, qui contrastait d'une manière originale avec l'imposante grandeur du lieu de la scène.

J'allai me promener le soir sur le chemin d'Albinen, village situé sur la croupe d'une des montagnes qui dominent la vallée des bains. J'arrivai au pied de la première des sept ou huit échelles par lesquelles on atteint le sommet d'une paroi complétement verticale; je voulus tenter l'escalade; d'abord elle me réussit assez bien; mais, parvenu au troisième étage, où je voyais, au niveau de mon œil, la cime des sapins les plus élevés, je ne me sentis pas assez sûr de ma tête ni de mes jambes et redescendis modestement. Les paysannes d'Albinen viennent tous les jours par là vendre à Louesche leurs œufs et leur lait, portant souvent leur fardeau sur la tête; le dimanche soir, leurs pères et leurs maris remontent par cette même voie aérienne, ayant bien dîné aux bains et bu autre chose que de l'eau minérale, et l'on ne parle pas d'accidents.

Je revins à Sierre prendre la grande route; mon hôte, causeur infatigable, m'apprit que ce beau village était le berceau d'une des plus anciennes et des plus notables familles du Valais, je veux dire des Courten, qui, de père en fils, ont, depuis l'époque des capitulations, toujours commandé un des régiments suisses au service de France. Cette famille si nombreuse rappelait les clans écossais, et, lors de la Révolution, le colonel du régiment comptait sous ses ordres vingt-huit ou trente officiers portant son nom, qui figure également avec honneur dans l'histoire du pays. C'est près de Sierre que les habitants du haut Valais ont remporté, en 1318, une victoire sanglante sur les Bernois, qui, sous la conduite des barons de Wissembourg et de Frutigen, étaient venus leur chercher quelque mauvaise querelle. Le lieu où se donna la bataille reçut et a conservé le nom significatif de *Pré-aux-Soupirs*.

La ville de Sion est la plus pittoresquement située de toutes celles du Valais. Elle s'élève sur une éminence, au pied de laquelle coule le Rhône, et fait un très-bon effet de loin; le paysage qui l'entoure est plus riche, plus gracieux qu'on ne pourrait l'attendre de l'aspect général de la vallée, et les ruines du château de Tourbillon, ancienne résidence des évêques, ainsi que l'enceinte de Valeria, flanquée de tours, lui donnent un certain caractère de moyen âge qui fait bien partout. Lorsqu'on arrive, on éprouve du mécompte : les rues sont étroites, irrégulières; les maisons sont bâties sans goût, et l'on n'en est pas dédommagé par cet air de propreté et de bien-être qu'offre la population dans les autres parties de la Suisse. On voit déjà ici un grand nombre de crétins; ce canton est celui de tous où il s'en trouve le plus, et leur nombre augmente à mesure qu'on avance dans le bas Valais. Les goîtres sont aussi fort communs; ceux même des habitants qui n'en sont point affligés ont un teint jaune, blafard, des chairs bouffies, en un mot, un air de mauvaise santé qui fait peine à voir. Les médecins et les naturalistes se sont longtemps appliqués à rechercher les causes qui produisaient le crétinisme, cette infirmité d'autant plus déplorable qu'elle est plus dégradante. Il résulte, de ce que j'ai lu et entendu dire sur ce sujet, que les uns l'attribuent à la qualité malfaisante des eaux provenant de la fonte des neiges, à la saleté des habitants, et au peu de soin avec lequel ils élèvent leurs enfants; d'autres croient en voir l'origine dans les miasmes malsains qui s'exhalent d'un sol marécageux, ainsi que dans la stagnation de l'air échauffé par un soleil brûlant et qu'aucune brise rafraîchissante ne vient renouveler. Quelques-uns enfin trouvent, dans toutes ces circonstances réunies, et dans un vice de constitution héréditaire parmi les habitants, la source de ce singulier état qui ravale l'homme au-dessous de la bête, chez laquelle l'impulsion de l'instinct remplace du moins toujours le flambeau de l'intelligence. On ne semble même pas bien d'accord sur la question de savoir si ces infortunés naissent crétins, ou s'ils apportent seulement le germe de leur infirmité qui se développerait par la suite. Cependant un vieil auteur du pays, Simmler, dans sa *Valesia*, écrite en 1574, rapporte que la première parole d'encouragement que, de son temps, on adressait à une accouchée était celle-ci : « Dieu soit béni ! l'enfant ne sera pas crétin ! » Il existerait donc certains indices auxquels la chose pourrait se reconnaître. On a observé que ces malheureux étaient plus nombreux dans ceux des villages où l'ivrognerie était le vice dominant, et qu'on n'en rencontrait presque point dans les hautes vallées du canton, comme en général dans tous les lieux situés à plus de six cents toises au-dessus du niveau de la mer. On croit avoir remarqué que les étrangers, les Savoyards, par exemple, qui se marient dans le bas Valais, ont, dans leurs familles, plus de crétins que les Valaisans de race pure. En somme, on aperçoit cependant, depuis quarante ans environ, une diminution sensible dans le nombre de ces êtres incomplets, tous plus ou moins à plaindre. On a détruit les bouquets de bois qui interceptaient la circulation de l'air, aux abords des villages; on a opéré des desséchements, et substitué, autant qu'on l'a pu, pour les usages domestiques, l'eau prise à des sources élevées, à l'eau des torrents et des marais; les habitations sont devenues plus saines, mieux aérées; les enfants ont été tenus plus proprement, et ont reçu une nourriture plus salubre, répartie avec plus de régularité; tous ceux qui appartenaient à des parents un peu aisés ont été envoyés dans les vallées supérieures, ou dans les *mayens*[1] de la montagne, pour y passer, pendant leurs premières années, la saison des chaleurs; telles sont, dit-on, les améliorations dont le concours a amené cet heureux résultat qu'on ne saurait

---

[1] Terme synonyme de chalet.

contester. Un habile médecin affirme, en outre, que l'usage du café, devenu plus général, a dû y contribuer pour beaucoup.

C'est une grande erreur que de croire que les habitants du pays regardent comme une bénédiction d'en haut la présence d'un crétin dans leur famille. Il s'imaginent voir en lui, a-t-on dit, une sorte de victime expiatoire chargée des péchés de toute une maison; il n'en est rien, et les parents sont, au contraire, fort attristés de cette prétendue faveur du ciel. Mais ce n'en est pas moins, à leurs yeux, un devoir sacré que de rendre, par leurs soins affectueux, l'existence de ces pauvres créatures aussi tolérable que possible.

M. de Saussure rapporte que, se trouvant dans une auberge du bas Valais, et demandant à la jeune et agréable fille de la maison s'il n'y avait pas de crétins dans sa famille, elle lui répondit naïvement : « Eh! mon Dieu, monsieur, je ne suis pas trop éveillée! » Il me semble qu'on pourrait en dire autant de beaucoup de ses compatriotes. Le même voyageur rencontra ailleurs une femme dont le goitre, bien plissé et bien étalé autour de son cou, ainsi qu'une fraise à la Henri IV, ne faisait pas, dit-il, mauvais effet; je n'ai pas eu le bonheur de rencontrer d'exceptions de ce genre-là, mais j'ai observé que tous ceux des habitants qui étaient goitreux à l'excès portaient sur leur figure cette physionomie hébétée qui accompagne le crétinisme.

Au reste, ce canton renferme deux populations bien distinctes : celle du haut Valais, qui finit à peu près à la hauteur de Sierre, est d'une origine tudesque et bien plus homogène que l'autre; elle en diffère essentiellement aussi par ses mœurs et ses habitudes. Ayant moins de contact avec les étrangers, étant moins accessible à cette demi-civilisation de grandes routes, elle a conservé son caractère primitif, et l'empreinte de la médaille n'a point encore été usée par le frottement. Ces peuplades alpestres ont dû à leur énergie à demi sauvage une supériorité marquée sur leurs voisines du bas Valais, auxquelles elles ont aidé à secouer le joug de la Savoie; et ce sont elles qui ont pris le plus de part aux luttes glorieuses qui ont assuré l'indépendance du pays. Commandés par Pierre de Raron, ces montagnards intrépides battirent près de Visp, en 1388, le comte de Savoie, venu, pour les réduire, à la tête de huit mille hommes; quinze cents Savoyards périrent au passage du Rhône. En 1475, la victoire de la Plata acheva de consolider l'œuvre de leur affranchissement. Aidés de leurs nouveaux alliés de Berne et de

Soleure, les Valaisans défirent et taillèrent en pièces une armée de douze mille hommes composée de Savoyards et de Vaudois; trois cents chevaliers y furent tués. La maison de Savoie, à dater de cette époque, ne renouvela plus ses tentatives inutiles. Il est à remarquer que quelques-unes des familles historiques du haut Valais, entre autres celles des seigneurs de Thurn et de Gestelenburg, sont, d'après Jean de Muller, d'origine française.

La nature du gouvernement du Valais est démocratique, et les treize dixains ou petites républiques fédératives dont l'agrégation forme le canton concourent, en nommant chacun un nombre égal de députés, à la direction des affaires publiques. L'évêque de Sion n'a conservé, de son ancienne suprématie, qui n'a jamais tourné au détriment des libertés du peuple, que le droit de nommer quatre membres du conseil. La somme totale des revenus du canton se monte à cent cinquante mille francs environ, résultant du produit du monopole établi sur le sel et le tabac, ainsi que des péages, des droits de patente, d'entrée et de transit. Il n'existe point d'impôt foncier. Les dépenses s'élèvent à peu près à cent vingt mille francs pour les frais d'administration. Le premier magistrat du pays reçoit cent dix louis, et les autres sont rétribués dans cette même proportion. C'est assurément là un gouvernement à bon marché : il n'y a pas de maison de gros banquier à Paris dont l'entretien ne coûte davantage.

La langue française et la langue allemande se disputent depuis longtemps le droit de dominer officiellement dans cette partie du pays. Tant que des évêques sortis de familles savoyardes occupèrent le siége épiscopal de Sion, et y exercèrent, comme baillis de l'Empire, une grande influence, le français y fut exclusivement en usage; mais, à dater de Jost de Sillinen, premier évêque d'origine valaisanne, l'allemand domina jusqu'à l'époque de l'incorporation du Valais à l'empire, dont il fit partie sous le nom du département du Simplon. Aujourd'hui l'allemand, réintégré dans ses droits, est redevenu la langue la plus généralement usitée et celle qui sert pour les actes publics; elle n'est pourtant pas comprise au delà de Sion, et cette singularité est une preuve de plus de l'ancienne prééminence de la population de race allemande sur la race bourguignonne qui habite le bas Valais.

Plusieurs voyageurs ont parlé de cet antique et bizarre usage de la *Mazza*, qui, entre les mains des meneurs d'un peuple mobile et irritable, devint fréquemment jadis un moyen de proscription, auquel les personnages les plus puissants du pays ne pouvaient pas toujours échapper. On apportait, en grande pompe, devant la maison du citoyen dont on désirait se défaire par l'exil, un pieu dont l'extrémité figurait une tête grossièrement sculptée. Un orateur faisait alors subir à ce personnage allégorique, destiné à représenter le peuple opprimé, un interrogatoire en forme : « Mazza, pourquoi es-tu triste? pourquoi viens-tu ici? » La *Mazza* ne disait mot; l'orateur poursuivait : « C'est la peur qui t'empêche de parler; allons, courage! nous sommes prêts à te venir en aide. Réponds ; de quoi as-tu à te plaindre? Est-ce de Châtillon, de Supersax, de Raron? » Et la *Mazza* s'obstinait à garder le silence, jusqu'à ce que le nom en butte à la haine populaire eût été prononcé; aussitôt un compère lui faisait incliner la tête, en signe d'assentiment, et chaque mécontent venait y enfoncer un clou; l'arrêt de proscription était porté et exécuté sur-le-champ. Le seigneur de Raron, qui entreprit de résister, vit ses terres ravagées, son château brûlé, et fut obligé de se soustraire par la fuite aux dangers qui menaçaient sa tête. Ce singulier genre d'ostracisme, dont il était si facile d'abuser pour soulever les passions populaires, fut aboli, en 1557, à la sollicitation des dixains, par Jean Jordan, évêque de Sion.

Cette petite ville a donné naissance à un personnage historique qui, par ses talents et son caractère ambitieux, a été appelé à exercer, sur quelques-uns des événements de son époque, une influence qui aurait pu être plus heureuse. Ce fut Matthieu Schinner, qui, né de parents pauvres, réduit à vivre d'aumônes pendant la durée de ses études, devint successivement précepteur de Georges de Supersax, puis curé de village, doyen de Valeria, enfin évêque de Sion, cardinal-légat du pape, et, plus tard, conseiller intime des empereurs Maximilien et Charles-Quint, par lesquels il fut employé avec succès dans diverses ambassades importantes. C'est à ses intrigues que doit être attribuée la déconfiture de ses compatriotes à Marignan, où il combattit du moins avec bravoure. Il paraît que, gagné par l'Empereur, ou mû par une haine personnelle contre François Ier, il réussit à brouiller les cartes au moment où la partie allait finir. Déjà la paix était signée; les Suisses retournaient chez eux. Par de faux avis, il réussit à les ramener en présence des Français et à mettre aux mains les deux armées; on sait ce qu'il advint. Les Suisses furent taillés en pièces, malgré des prodiges de valeur. On sait aussi que le vieux général Trivulce, parcourant ce champ de carnage sur lequel ils étaient tombés, tous frappés par devant, s'écria que c'était là un combat de géants! Voici un récit curieux d'un témoin oculaire, Claude Rollin, capitaine neufchâtelois, dont l'*enseigne* périt presque en entier dans cette mémorable journée. Terrassé lui-même d'un coup de hache d'armes, il se rendit prisonnier à Bayard, qui vint à passer près de là; le bon chevalier le reçut à rançon, et s'en fut devisant avec lui sur divers sujets, « déplorant la grande animosité des alliances d'Allemagne (des ligues suisses) à l'encontre du roy et des siens, parquoy estoit advenue icelle bataille, si furieuse que la semblable ne se vid oncques... de vérité, bien savoit-on que certain cardinal avoit practiqué, par malin vouloir, icelle noise et mieux feroit avoir cure de son moustier que ordonner gens de guerre... et sembloit le susdict brave chevalier avoir en singulière estime messieurs des ligues, voulant dire : Avec semblables gens ne fault estre en guerre. Tout esmerveillé estoit-il de la grande stature et corpulence de ceux-là trespassez, mille et mille, en la bataille; aussi de la belle ordonnance du restant, faisant charge à tout coup, et délaissant le champ de la bataille en portant à doz et bras, les canons; toutes lesquelles choses le dict capitaine Rollin, homme de bien, a raconté à M. le bailli de Lucerne, et, semblablement, a un chacun [1]. Par ainsi, ajoute le chroniqueur, à la grande vergougne d'un cardinal de la très-saincte Église catholique, d'un roy très-chrestien, et d'aucuns des signes, se disant estre les défenseurs du Saint-Siége, les champs de Marignan ont esté maculés de tant de sang que dire assez ne se peut. Bien quarante mille d'une face, assavoir François en majeure part, aussi Veniziens et lansquenets; de l'autre face seulement quatorze mille ou quinze mille gens de pied, reliquat de l'armée des ligues suisses, aucunes grandes bandes d'icelles estant ja desparties; tous lesquels vaillans fols se sont là bravement eschinés, deux jours durant, avec rage et fureur, comme vrais diables, contre Dieu, sens et raison, tout juste cinq jours après avoir juré, des deux parts, tant bonne et saincte paix. »

J'ai un faible pour les chroniqueurs, et le lecteur ne s'en est peut-être que trop aperçu; je trouve chacune de leurs pages empreinte d'une originalité naïve qui devient de plus en plus rare, et dont la Fontaine a

---

[1] Extrait de la chronique du chapitre de Neufchâtel.

offert le dernier modèle. On voit qu'ils n'écrivaient pas pour le public; ces hommes simples n'avaient d'autre but que d'épancher leurs sentiments intimes, de fixer leurs impressions, de transmettre le récit des événements auxquels ils avaient assisté, ou qu'ils tenaient de témoins oculaires, et ne se souciaient nullement de faire du style; jamais ils ne sacrifiaient à cette pruderie des convenances littéraires et autres, aux exigences de laquelle les auteurs de profession ne peuvent parvenir à se soustraire. Aussi rien ne sent le métier dans leur manière d'écrire; leur allure est libre, et chacun d'eux conserve son individualité propre; il n'existait pas alors, pour tout, des phrases toutes faites, à l'usage de tout le monde; chacun avait, en quelque sorte, à se créer ses formes de langage et à trouver ses expressions; c'est ce qui fait qu'elles étaient si souvent neuves, spontanées et pittoresques, et puis, à cette époque, ceux qui tenaient la plume, pour *coucher par escrit les faits et gestes* des contemporains, étaient, le plus souvent, ceux-là même qui avaient manié l'épée, dirigé les conseils des rois et conduit les négociations. Pour beaucoup la chronique tenait lieu de mémoires, à cela près que ces mémoires étaient écrits en robe de chambre, tandis qu'avant de s'asseoir pour rédiger les leurs les hommes marquants de nos jours posent, comme Buffon, devant le miroir pour mettre la dernière main à leur toilette et se faire beaux. Cette prolixité même, que l'on reproche à ces écrivains sans art, n'est pas dénuée d'intérêt pour le lecteur attentif; il y pénètre la pensée secrète, les préoccupations de l'auteur; il y retrouve la trace des idées et des passions dominantes de l'époque, et, ce qui est plus précieux, il y sent constamment la présence de l'homme dans sa naïveté primitive, de l'homme tel que la nature l'a fait et tel qu'il était avant que d'avoir passé par le moule uniforme de notre société moderne [1].

La ville de Sion a été fréquemment visitée par de cruelles calamités: deux fois dans le cours du dernier siècle, les inondations ont failli la détruire; en 1788, un affreux incendie consuma, en peu d'heures, cent vingt-six maisons, et, pour comble de maux, la guerre, qui ravagea le pays dix années après, eut pour théâtre la ville et ses environs; elle fut prise d'assaut et occupée successivement par les Français et les Autrichiens. Son adjonction à l'empire, qui eut lieu quelques années après,

---

[1] Voir Froissart, Philippe de Commines, Joinville, etc.

ne contribua pas à réparer tous ces désastres, qui forment une contradiction mélancolique avec la devise de la ville, devise choisie dans des temps plus heureux :

Dominus dilexit Sion super tabernacula Jacob :
Le Seigneur a aimé Sion plus que les tentes de Jacob.

Sion est un ancien établissement des Romains; ils y avaient un camp fortifié qui leur servait à tenir en bride cette partie du pays. On a trouvé plusieurs inscriptions romaines, mais cela à une époque où l'on n'en faisait pas encore grand cas, puisque l'une d'elles a disparu sous le ciseau pour faire place à l'écusson d'un des évêques, qui voulut *utiliser* une aussi belle plaque de marbre, tandis qu'une autre fut encastrée dans le mur d'un édifice public, avec tant de négligence, qu'on mit en dedans le côté écrit, de sorte que, pour tourner le feuillet, il faudrait démolir le mur. Ce n'est pas, au reste, la seule bévue de ce genre sur laquelle on puisse s'égayer en Suisse : à Olten, en Argovie, on en remarque une semblable.

Mon hôte vient de me conter qu'il y avait ici une vieille dame qui possédait et exploitait, depuis une quarantaine d'années, le secret d'un bouillon admirable pour guérir les maladies de poitrine. Soit que le hasard l'ait heureusement servie, soit que son remède ait en effet quelque vertu, il paraît constant qu'elle a guéri beaucoup de personnes. Sa réputation, qui s'est étendue de plus en plus, attire à Sion, chaque année, quatre-vingts ou cent bouillonnistes (tel est le nom qu'on leur donne) qui viennent *faire la cure*, en prenant tous les jours, pendant six semaines, une tasse de ce bouillon, dont la composition est restée un mystère. La dame demande six francs par semaine, à la charge que le malade fournira un coq, dont la chair est le seul ingrédient connu qu'elle emploie. Ses patients sont, en outre, soumis à un régime sévère, et en réchappent le plus souvent, m'a-t-on assuré, quand toutefois ils ne sont pas parvenus au troisième degré de phthisie. Cette vénérable prêtresse d'Esculape vit, du reste, dans le meilleur accord possible avec les médecins du lieu, et ce n'est pas là le moins merveilleux de l'histoire.

Je ne veux pas quitter Sion sans indiquer aux voyageurs à pied non sujets aux vertiges un passage de montagne des plus curieux, qui d'ici les conduira, en une journée, à Bez ; c'est celui des Diablerets. Après avoir longé, pendant deux heures, un des plus effrayants précipices que j'aie vus en Suisse, le sentier passe au travers des débris énormes que l'éboulement d'une des cimes des Diablerets a amoncelés dans une étroite vallée. Rien ne m'a paru plus frappant que l'image de ce chaos, auquel le laps d'un siècle et quart, qui s'est écoulé depuis l'événement, n'a presque apporté aucun changement sensible. Quelques arbres ont poussé, il est vrai, au milieu de ces ruines ; mais le petit lac, formé par l'accumulation des débris, est toujours trouble et fangeux ; les troncs brisés des vieux sapins, gisant çà et là, blanchissent sur ses bords, et la longue traînée que la chute de ces masses prodigieuses a tracée du haut en bas de la montagne est encore nue, aride, comme au premier jour. Depuis les Diablerets jusqu'au village de Grion, le chemin offre peu d'intérêt ; mais, de ce dernier point, on a une vue magnifique sur la partie inférieure de la vallée du Rhône. Pour cette course, on ne peut se dispenser de prendre un guide.

Il est un autre passage que j'ai également franchi et qui conduit de Sion à Gsteig, dans le canton de Berne, par le Sanetsch. Celui-ci est intéressant, surtout pour le botaniste, en ce qu'il lui présente, dans une course de cinq heures, les degrés successifs de l'échelle de la végétation, depuis le cactus-opuntia ou figuier de Barbarie, qui croît dans les crevasses brûlantes des rochers de Sion, jusqu'aux saxifrages de la Laponie et du Spitzberg, qu'il peut recueillir avant que d'atteindre le point le plus élevé du passage, auquel toute végétation cesse. C'est une singulière contrée que celle qui réunit, dans un si étroit rayon, les productions et les climats de la zone torride et du pôle ! Après m'être élevé jusqu'à la ruine du château de Seya, je remarquai sur le bord du chemin une petite chapelle qui porte le nom de Champdolin, autant que je puis me le rappeler, et au sujet de laquelle mon guide me raconta une particularité curieuse. Dans les cas douteux d'infanticide, on dépose le corps de l'enfant sur l'autel pendant que le prêtre dit la messe, à laquelle la mère doit assister ; si elle est réellement coupable, le peuple est persuadé qu'à un certain moment de la cérémonie le sang jaillira de la bouche de l'innocente victime, et ce témoignage accusateur est regardé comme irrécusable. Mon Valaisan ne parlant qu'un très-mauvais allemand, il ne m'a pas été possible de m'assurer s'il m'entretenait d'un usage tombé en désuétude ou encore en vigueur.

Je vais maintenant reprendre le cours de mon itinéraire, auquel je rattache, comme on aura pu s'en apercevoir, les observations faites pendant plusieurs voyages successifs; je suis venu, par exemple, à Sion à trois reprises, et il n'est guère de villes ou de vallées en Suisse par lesquelles je n'aie passé deux et trois fois.

Plus on avance dans le bas Valais, plus le pays devient marécageux et stérile; on n'y voit presque partout que des roseaux et des aunes. Les villages m'ont paru misérables, malpropres comme la population qui les habite, et dont tous les individus semblent tenir plus ou moins du crétin et du goitreux. Les enfants surtout m'ont frappé par leur teint blafard, leurs traits bouffis et leur air maladif. Ces pauvres gens, afin de mettre leur petite provision de blé à l'abri de l'humidité de ce sol spongieux, élèvent les baraques en bois qui leur servent de grenier sur quatre piliers de deux à trois pieds de haut. Mais un fléau non moins redoutable pour eux que l'humidité les a mis dans la nécessité de renchérir sur cette première précaution. Il a fallu se garantir de la voracité des souris, et ils en sont venus à bout en surmontant leurs pilotis de larges pierres plates, qui débordent tout autour comme le chapeau d'un champignon. La gent *trotte-menu*, une fois arrivée à ce couronnement, s'y trouve arrêtée; c'est son *nec plus ultra*.

Il existe sur la rive gauche du Rhône, entre Sion et Martigny, une commune d'Iserabloz, habitée par une population laborieuse, aisée et d'une telle innocence de mœurs, que la probité des paysans, aidée d'une simple *taille* en bois[1], leur tient lieu d'actes et de contrats dans leurs transactions particulières. Il n'y a pas encore bien longtemps que, dans un procès, chose rare parmi eux, une des parties produisit, comme pièce de conviction, une porte d'étable sur laquelle étaient tracées, avec de la craie, des croix et autres figures arbitraires; cette porte parut au tribunal une preuve suffisante et détermina son arrêt.

Plusieurs voyageurs, M. Simond entre autres, ont parlé avec détail de l'épouvantable désastre qui, en 1818, a désolé Martigny et ses environs. L'éboulement d'un glacier ayant obstrué le val de Bagne dans toute sa largeur et barré le cours de la Dranse, il se forma un vaste lac. Cette digue de glace devint bientôt insuffisante pour soutenir le poids,

---

[1] Petite bûchette en partie double sur laquelle les boulangers marquent le pain qu'ils ont fourni.

toujours croissant, des eaux accumulées, qui se précipitèrent sur cette malheureuse vallée, poussant, ainsi que l'a écrit un témoin oculaire, « le ravage et le chaos devant elle. » Rochers, débris de maisons, arbres déracinés, bestiaux morts, formaient, en avant de cette foudroyante colonne d'eau, comme une masse compacte, de laquelle s'échappait une poussière épaisse. Cette vague immense et dévastatrice déboucha, avec une impétuosité qui s'accélérait de seconde en seconde, sur la ville de Martigny, où elle causa d'affreux dégâts; j'ai remarqué en 1833, sur quelques maisons, un enduit d'un limon grisâtre qui, les couvrant à la hauteur de huit à dix pieds, signale encore le passage du fléau. En outre, les magnifiques noyers dont la ville est entourée attestent, par leurs cicatrices, la violence du choc des rochers que cette avalanche d'eau roulait avec elle. Le dommage a été évalué à un million et demi de francs, et les souscriptions ouvertes, tant en Suisse qu'en Angleterre, ont produit à peu près un million, dont une partie a été judicieusement employée à des travaux ayant pour but de prévenir le retour d'un pareil désastre : on a percé dans le roc un lit à la Dranse, dont l'écoulement est désormais assuré, quoi qu'il arrive. Dans le cours du dernier siècle, une inondation eut lieu, produite aussi par la même cause; mais ses effets furent bien plus terribles encore : il ne resta à Martigny que trois maisons debout.

Ses environs rappellent plusieurs souvenirs historiques qui leur donnent de l'intérêt. La ville elle-même est d'une date très-ancienne. Les Romains y avaient un établissement militaire connu sous le nom d'*Octodurus;* et c'est non loin d'ici que, menacés par un soulèvement général du pays, ils se retranchèrent contre une nuée d'indigènes, qu'à l'aide de leur discipline et de cette supériorité qui est assurée à la force organisée, ils finirent par tailler en pièces. Plus tard, les Sarrasins, dispersés par Charles Martel, refluèrent dans ces vallées, les mirent à feu et à sang, et se fortifièrent sur les hauteurs pour exploiter la route et lever des tributs. C'était alors qu'on pouvait voir en présence dans le bas Valais, selon l'expression de Byron, « le turban de l'infidèle et le panache du chevalier chrétien (*The paynim turban and the christian crest*). » La reine Berthe en délivra le pays, et c'est là probablement une partie du bien qu'elle faisait quand elle ne filait pas. Une vieille inscription en vers latins, qui se trouve dans l'église du petit village de Saint-Pierre, près de Martigny, a conservé jusqu'à nous le souvenir de leurs ravages [1]. Ce sont les débris de ces hordes qui ont peuplé, dit-on, les vallées alors désertes de Bagne, de Visp et d'Herens.

On sait que l'empereur d'Allemagne Henri IV, excommunié par le pape Grégoire VII, fut sommé de venir lui rendre compte de sa conduite et obtenir son absolution; les circonstances étaient pressantes : Henri se trouvait sans appui et le délai expirait; il lui fallait se rendre auprès du pape ou perdre l'empire; il se soumit. Au milieu d'un hiver rigoureux (1077), il partit, accompagné de l'impératrice, et franchit le Saint-Bernard avec toute sa suite. Le froid était cuisant; on tua quelques bœufs, dont on s'était servi pour frayer en montant un passage au travers des neiges, et de leurs cuirs encore chauds on fit des espèces de traîneaux dans lesquels on empaqueta l'impératrice et ses dames d'honneur, que l'on fit glisser sur ces pentes rapides. J'aime mieux le dernier passage qui a illustré le Saint-Bernard. Alors, avec non moins d'efforts et de succès, on fit passer les canons qui devaient vaincre dans les plaines de Lombardie. Mille francs furent promis aux montagnards pour le transport de chaque pièce de 24. Ils se partagèrent la besogne; des troncs de sapins furent creusés de manière à recevoir les pièces, un nombre d'hommes suffisant s'attela à ces traîneaux improvisés, et l'artillerie arriva en bon état à la cité d'Aoste. Au reste, les pauvres Valaisans durent se contenter de ce qu'on leur avait payé d'avance, ce qui ne s'élevait pas au tiers de la somme promise; on leur donna sans doute pour le reste un bon à valoir sur les lauriers de Marengo. Il n'y a pas longtemps qu'on voyait encore entassés sur la place de Martigny ces troncs devenus historiques.

A une demi-lieue d'ici, et à vingt pas de la route, tombe la fameuse cascade de Pisse-Vache, qui n'est pas au-dessous de sa réputation. On l'aperçoit assez longtemps avant que d'y arriver. Craignant, en conséquence, que mon œil ne s'y accoutumât, et qu'une fois devant elle je ne perdisse le charme puissant de la première impression, j'enfonçai bien mon chapeau, et, fichant mes regards en terre, je marchai à grands pas, agité d'une impatiente curiosité que j'eus le bon esprit de contenir. Cette cascade est vraiment admirable de grandeur et d'élégance. Vue du pied du rocher du haut duquel elle se précipite, la colonne d'eau, qui

---

[1] Ismaelita cohors, Rhodani cum sparsa per agros
Igne, fame et ferro sæviret, tempore longo
Venit in hanc vallem Penninam....

se courbe gracieusement en arc, a l'air de tomber du sein des nuages. Ces eaux écumeuses, déjà battues par un premier saut, se subdivisent à leur point de départ en une multitude de fusées (rien n'en saurait donner une idée plus exacte), que l'œil suit dans leur chute au travers d'une gaze de vapeurs tourbillonnantes qui en rendent l'aspect tout à fait fantastique et aérien. Au moment où je passai, un soleil brillant éclairait le paysage et faisait scintiller de ses feux cette nappe d'une blancheur éblouissante, dont la partie inférieure était enrichie des couleurs d'un iris ovale ou circulaire, s'effaçant et reparaissant au gré de la brise qui règne constamment aux abords de la cascade, dont l'élévation totale est de trois cents pieds environ.

Comme je descendais pour rejoindre la voiture, tout plein encore de ce que je venais de voir, et me retournant presque à chaque pas pour jeter un dernier regard sur cet admirable tableau, une voix suppliante m'arracha à mes impressions; je levai les yeux, et vis une pauvre femme portant dans ses bras le crétin le plus difforme que j'eusse encore aperçu. Cet aspect dégoûtant de ce que la nature humaine peut offrir de plus hideux me désenchanta tout à coup : j'oubliai et la cascade et le prestige de féerie dont elle était environnée, et, après avoir donné quelques *batz* à cette malheureuse mère, je me hâtai de m'éloigner. Mais ce fut en vain : le souvenir du crétin me poursuivait; je voyais toujours sa tête énorme, couverte d'une forêt de cheveux gras et plats, sa barbe épaisse et hérissée, ses traits qui offraient tous les caractères de la virilité, tandis que ses membres grêles, son corps rachitique, étaient ceux d'un enfant; son regard vague, éteint, et l'expression hébétée de sa physionomie plus dépourvue d'intelligence que celle de la brute la plus stupide. Partout ailleurs une pareille rencontre m'eût bien moins désagréablement frappé; mais il y avait ici un contraste profondément mélancolique : cette nature fraîche, brillante, revêtue de toute sa pompe, semblait insulter à son roi dégradé, et rendre plus attristant encore le spectacle de son abjection.

L'abbaye de Saint-Maurice, ainsi appelée du nom du chef de la légion Thébaine martyrisée dans les environs, est la plus ancienne de toutes celles fondées de ce côté-ci des Alpes; elle date, si je ne me trompe, du cinquième siècle. Avant la Révolution, elle était riche, puissante, et ses abbés exerçaient le droit de souveraineté sur la vallée de Bagne, que lui avait abandonnée le comte de Savoie, Amédée III, en retour d'une certaine table d'argent, ornée de pierres précieuses, qu'il leur avait empruntée pour la mettre en gage et trouver l'argent nécessaire à son voyage de la terre sainte. Cette table était un cadeau de Charlemagne, venu ici (et où n'est-il pas allé?) au-devant du pape Étienne. Parmi les raretés que l'on montre aux étrangers, j'ai remarqué l'écuelle de bois enchâssée en argent qui servait aux repas de Sigismond, roi des Lombards, lors de la pénitence publique qu'il subit à Saint-Maurice, en expiation du meurtre de son propre fils. Il fut un des principaux bienfaiteurs de l'abbaye, qu'il dota si richement, que, de son temps, elle contenait cinq cents religieux. On me pardonnera de citer un passage de notre excellent Philippe de Commines, qui vient ici tout à point : « ... Et estoit ce duc Jean Galeas un grand et mauvais tyran, mais honorable. Toutefois son corps est aux Chartreux, à Pavie, plus haut que le grand autel, et me l'ont monstré les Chartreux, au moins ses os, lesquels sentoient comme nature ordonne; et un, natif de Bourges, me l'appela *sainct*, et je lui demandai à l'oreille pourquoi il l'appelloit sainct, et qu'il pouvoit voir, peinctes à l'entour de lui, les armes de plusieurs cités qu'il avoit usurpées, où il n'avoit nul droit. Il me répondit tout bas : « Dans ce pays-ci nous appellons saincts tous ceux qui nous font du bien : « c'est lui qui fit bastir cette belle église. »

Ces puissants de la terre, sur la tête desquels le nimbe des saints remplaçait la couronne, me semblent un peu suspects, de même que ces canonisations locales, dont beaucoup sont apocryphes et dues le plus souvent à la reconnaissance de quelque abbaye puissante et riche, comme on le voit par l'exemple du duc de Milan. Je suis bien plus sûr de celle d'un de ces pauvres et courageux confesseurs de la foi qui, forts de leur zèle et de l'appel du Dieu qui les envoie, s'en allaient, une croix de bois à la main, prêcher l'Évangile là où il n'y avait rien à gagner autre chose que le martyre.

Celui de la légion Thébaine, ou plutôt Thébéenne, a été, au milieu du dernier siècle, l'objet d'une polémique historique et religieuse assez vive; le protestant Burnet nie l'événement, mais il est réfuté d'une manière victorieuse par le savant Georges Hickes et le bénédictin Joseph de l'Isle. Quant à la raison qu'allègue Voltaire pour démontrer l'impossibilité du fait, c'est une pauvre raison : s'il était venu sur les lieux, il aurait vu qu'il y avait place ici pour une légion, et pour beaucoup plus; car ce n'est que dans la ville même de Saint-Maurice que la vallée se rétrécit subitement, de manière à pouvoir se fermer avec une porte. A l'endroit où est le pont, de construction romaine, dit-on, il n'y a de place absolument que pour le Rhône et les deux routes[1].

Je ne veux pas quitter cette abbaye sans signaler aux curieux quelques autres reliques historiques qui sont conservées dans le trésor, savoir : la lance et l'anneau de saint Maurice, signes d'investiture des rois de Bourgogne, habituellement couronnés ici; puis la crosse pontificale du duc Amédée de Savoie, fondateur de Ripaille, lequel sortit de sa retraite pour être pape, sous le nom de Félix V. En résignant la papauté, il fit don à l'église de Saint-Maurice de cet insigne d'un pouvoir qu'il n'avait pas ambitionné. La crosse est en argent massif et d'un travail curieux. C'est de ce prince que Voltaire a dit :

Il prit, quitta, reprit le cilice et la haire.

On voit dans l'église de l'abbaye, au-dessous de l'orgue, un tableau d'un effet fort original : il représente le martyre de la légion Thébéenne. Tous ces soldats sont alignés, à genoux, les mains jointes, et prêts à recevoir le coup de la mort. Si l'on regarde le tableau du milieu de la nef, tout est dans l'ordre; mais, si l'on appuie à gauche, voilà les nombreux personnages qui se penchent en avant de plus en plus, de manière à faire croire qu'ils vont tomber la face contre terre. Quand l'observateur passe à droite, c'est l'inverse : ils vont tous se renverser sur le dos. Cela vient de ce que le tableau a été peint sur un plan qui est, non point vertical, mais bombé, et présentant une saillie semi-cylindrique. Probablement la peinture aura été faite après coup pour utiliser cette partie de la boiserie; on n'y peut pas supposer d'intention.

[1] Celle du Châblais, qui passe sur les rochers de Meillerie, et celle du canton de Vaud.

VAUD

Route de Saint-Maurice à Bex. — Le lac Leman vu de Villeneuve. — Château de Chillon. — Tour de Saint-Triphon. — Château de Chatelard. — Vevay. — Fête des vignerons. — Lausanne. — Gibbon. — Lavater. — Cathédrale. — Évêques. — Baillis. — Château de Wufflens. — Signal de Bougi. — Église d'Eaubonne. — Duquesne.

A une demi-lieue de Saint-Maurice, dans le lit même du Rhône, on a découvert, en 1831 ou 1832, une source d'eau chaude qui, à en croire les gens du pays, pourrait susciter aux bains de Louesche une concurrence fâcheuse; ses propriétés sont les mêmes, et sa température est encore plus élevée. La découverte de cette source est due à une circonstance singulière. Un paysan du village de Lavey, voulant retirer des hameçons qu'il avait mis dans le Rhône la veille, allait sautant de pierre en pierre (les eaux étaient alors fort basses); il trébucha et se trouva, à sa grande surprise, dans l'eau chaude jusqu'à mi-jambe. L'aventure s'ébruita, et, comme ce qui se découvre dans le cours des fleuves appartient, en Suisse, aux gouvernements, comme droit régalien, celui du canton de Vaud intervint, fit analyser l'eau thermale et exécuter les travaux nécessaires pour protéger et isoler la source. On construisit, en outre, un hangar avec quelques baignoires qui furent constamment occupées, l'été suivant, par les malades des environs. Plus tard ils y arrivèrent en foule, attirés par la renommée qu'ont déjà donnée à ses eaux plusieurs guérisons frappantes. On a bâti sur les lieux un vaste établissement, et les bains de Lavey sont aujourd'hui très-fréquentés par les habitants de la Suisse française.

De Saint-Maurice à Bex, la vallée change de caractère : elle devient riante, riche, bien cultivée, et s'élargit à mesure qu'on avance. Les montagnes latérales sont aussi plus pittoresques, plus imposantes; l'horizon s'agrandit, quand on a dépassé Bex; enfin, arrivé à Villeneuve, le voyageur découvre déjà une partie de ce lac Leman qui, par son étendue et plus encore par l'aspect de ses rives, l'emporte, à mon avis, sur tous ceux de la Suisse; mais c'est du château de Chillon qu'on en jouit le mieux. De là il vous apparait dans toute sa magnificence; il est grand dans son ensemble, ravissant dans ses détails; les contrastes qu'il réunit font ressortir ses beautés si variées, et lui donnent un caractère éminemment poétique. D'un côté, les collines riantes et peuplées du pays de Vaud se déroulent le long du Jorat; de l'autre, s'élèvent majestueusement les montagnes escarpées de la Savoie, et la dent du Midi, dont la cime hardie et anguleuse est toujours couverte de neige. L'immense nappe bleue du lac, diaprée en tous sens par de riches reflets rosés, violets et vert-de-mer, va se perdre dans un lointain vaporeux, tandis que la chaîne du Jura déploie, à l'horizon, une longue bande d'un azur plus foncé. Partout des groupes d'arbres magnifiques, différant entre eux de formes et de teintes, ornent ces rivages si gracieusement découpés, et projettent leurs rameaux touffus sur ces eaux calmes et limpides. L'imagination s'arrête satisfaite devant ce tableau enchanteur, et ne peut rien rêver au delà. J. J. Rousseau, l'amant passionné de la nature, a dû quelques-unes de ses belles pages à cette contrée inspiratrice, et je le conçois. L'homme qui peut rester froid à la vue de Clarens, de Vevay et des rochers de Meillerie, doit briser ses pinceaux, s'il est artiste, ou, s'il est écrivain, rallumer la lampe de l'abbé Trublet.

Le château de Chillon, avec ses tourelles et ses toits en pointe, fait admirablement bien au milieu de ce paysage, et je ne m'étonne pas de ce qu'un des plus grands poëtes de l'époque ait si bien tiré parti, dans un de ses poëmes [1], et du lieu et de l'épisode intéressant qui s'y rattache; il y avait bien là de quoi émouvoir une âme d'artiste comme la sienne. La visite qu'il fit à ce lieu historique m'a été racon-

---

[1] Le *Prisonnier de Chillon,* par Byron.

tée par un batelier de Genève, qui l'y a accompagné. Après que le gardien eut débité à Byron l'histoire de Bonnivard détenu, pendant sept ans, dans le cachot souterrain du château, lui eût montré le bout de chaîne scellé dans un des piliers, ainsi que le sentier que les pas du prisonnier avaient creusé dans le roc à la longue, le poëte resta deux ou trois heures dans cet obscur caveau, absorbé dans la méditation de son œuvre, et écrivant rapidement sur ses genoux. Ce ne fut qu'à grand'-peine que les importunités du batelier purent l'en arracher. Comme c'était cet homme qui, dans ces fréquentes excursions nautiques, tenait ordinairement la bourse, Byron lui enjoignit de donner un napoléon au concierge, et de lui dire que c'était un lord et pair d'Angleterre qui lui faisait ce cadeau. Le payeur eut beau observer que c'était beaucoup trop, qu'une pièce de cinq francs serait déjà plus que suffisante, le lord et pair d'Angleterre n'en voulut pas démordre, et insista surtout pour que la seconde partie de la commission fût faite. Avant que de quitter le caveau il traça, sur l'un des piliers, son nom, à l'aide d'un couteau; on l'y voit encore. Il y avait dans cet homme de génie, un singulier mélange de vanité puérile et de haute dignité. Au reste, sa générosité calculée ne lui a guère profité : le vieux gardien est mort, et la tradition du lord anglais est passée à ses successeurs singulièrement défigurée, car le gendarme vaudois, qui m'en a parlé le premier, confondait le poëte et Bonnivard, le lord anglais et le prisonnier génevois, de la façon la plus burlesque.

L'extérieur du château de Chillon est bien conservé; quant à l'intérieur, il est assez délabré, mais cependant les principales pièces existent encore telles qu'elles étaient. Mon gendarme-cicerone ne pouvait comprendre l'insistance que je mettais à pénétrer dans l'une d'elles, que je supposais devoir être mieux conservée que les autres, et dont malheureusement il avait égaré la clef. « Mais, me disait-il, qu'est-ce monsieur verra-t-il? de vieux affaires et rien autre. » Ce mot de *vieux affaires* piquait d'autant plus ma curiosité; je le pressais d'aller à la recherche de sa clef, et lui toujours de répéter : « De vieux affaires, quoi ! rien que ça. » Je lui demandai aussi pourquoi on avait coupé, par le pied, un lierre séculaire qui tapissait pittoresquement, de ses festons de verdure, une belle paroi de rocher toute proche du château. « Ah ! dame, répondit-il, c'est que la vermine s'y était mise, et que nous ne pouvions pas conserver une poule. » Décidément les utilitaires ne sont pas poétiques.

Ce château fut, à l'époque de la révolution de 98, pris par les Vaudois, soulevés contre leurs seigneurs et maîtres, les patriciens de Berne. Cet exploit ne dut pas leur coûter grand'peine, si l'on en juge par ce que le voyageur Bordier a dit de cette petite forteresse :

> Gouvernement commode et beau
> Auquel suffit, pour toute garde,
> Un ours, avec sa mine hagarde,
> Peint sur la porte du château.

Le *chastel de Chilliong* a été bâti, au treizième siècle, par Pierre, comte de Savoie, que son habileté, son courage et son administration équitable et éclairée firent surnommer, par ses contemporains, le *petit Charlemagne*. Il l'assigna pour demeure à son frère Aymon, qui fonda Villeneuve, et y institua un hôtel-Dieu richement doté « pour la sustentation des pauvres et pèlerins » qui affluaient alors sur cette route du Saint-Bernard, la plus fréquentée de toutes celles conduisant en Italie. Chaque semaine s'arrêtaient, à la *nouvelle ville*, de nombreuses caravanes de Bourguignons, de Flamands et même d'Anglais; ces voyageurs portaient pour la plupart le costume de pèlerin, regardé comme une sauvegarde contre les exactions des hommes d'armes et *routiers* qui infestaient ces montagnes. Ils ne dépouillaient pas toujours les gens, mais se contentaient de les escorter pour veiller à leur sûreté, moyennant une rétribution proportionnée à leur qualité; c'étaient surtout les marchands auxquels ils faisaient payer cher cette protection forcée. Le *droit d'escorte* était la source de fréquents démêlés entre ces hommes avides, chacun d'eux ne voulant pas souffrir que les voisins l'exerçassent au delà de certaines limites, et se faisant peu de scrupule d'empiéter sur eux dans l'occasion.

J'avais hâte de parler du lac, et je m'aperçois que j'ai oublié un joli village, délicieusement situé, dont les amateurs de courses alpestres peuvent faire, pendant quelques jours, le point central de leurs excursions. Ce village est Bex, où l'on trouve une des meilleures auberges de la Suisse (l'*Union*), et un établissement thermal qui attire, chaque été, un assez grand nombre de Vaudois et de Génevois. On est tout étonné de voir, après que le bateau à vapeur a mouillé à Villeneuve, une longue voiture pareille à nos citadines, et qui porte le nom un peu prétentieux de la *Dame du Lac*, se remplir au grand complet de beaux messieurs et d'élégantes qui se rendent à Bex, soit pour prendre les eaux, soit pour faire une *cure* de raisins d'Aigle, petite ville justement renommée pour ses vignobles. Il y a autour de Bex de frais ombrages, d'admirables points de vue, des salines curieuses et même, pour messieurs les savants, des antiquités romaines. La plus remarquable est la tour de Saint-Triphon, dont les ruines vénérables s'élèvent sur une colline qui n'est autre chose qu'un bloc de marbre noir de prodigieuses dimensions. On a découvert, sur ce point élevé, une inscription en l'honneur de Caïus Caligula, ainsi qu'une pierre milliaire, la dix-septième depuis Martigny, qui portait alors le nom de *Forum Claudii Vallensium*. La course de Bex à Grion, village dont j'ai parlé à l'occasion du curieux passage des Diablerets, est pittoresque et intéressante; les habitants de cette haute vallée ont chacun jusqu'à huit et dix habitations qu'ils occupent successivement pendant la saison de l'*alpage;* c'est l'idéal de la vie nomade. La plupart des femmes portent des culottes.

En s'éloignant du château de Chillon, le voyageur a en perspective un autre vieux manoir qui s'élève d'une manière romantique, à mi-côte au-dessus de Vevay; c'est le Chatelard, jadis la résidence de l'ancienne famille de Gingins et le siége d'une baronnie considérable. Cette simple tour carrée, imposante par sa masse et son élévation, a été bâtie sur l'emplacement d'une forteresse féodale bien plus considérable, à en juger par le passage suivant, tiré d'une vieille chronique : « Lorsque le duc de Savoie, Charles III, s'en vinst en un banquest chez le sire de Gingins (en 1352); lors, à sa rencontre, issirent trois cents compagnons bien embastonnés (armés) et tous en belle ordonnance. » Cette habitation est aujourd'hui déserte et paraît fort délabrée; mais la famille subsiste toujours. Le descendant actuel est l'homme de la Suisse le plus versé dans l'histoire de son pays, et j'ai rarement rencontré un savant aussi agréable.

Vevay est une jolie petite ville, placée le plus favorablement possible pour jouir à la fois de la vue du lac, se développant en entier aux yeux du spectateur, et de celle de l'entrée de la vallée du Rhône, qui, de ce point-ci, me semble avoir plus d'un rapport avec l'ouverture de celle de la Reuss, prise du lac des Quatre-Cantons. Ici, de même qu'à Altorf, vous avez de ces plans de montagnes qui se dégradent les uns derrière les autres, et vont, en se rapprochant de plus en plus, aboutir à un fond de perspective surmonté de cimes neigeuses. En face de vous s'élève la Dent du Midi, et les Dents de Morcles et de Jaman bornent à votre gauche le paysage, qui, du côté opposé, déploie à vos regards les rives abruptes de la Savoie, dont les hautes montagnes et les arêtes de rochers, d'une forme sévère et imposante, contrastent heureusement avec les gracieux coteaux du canton de Vaud, ombragés de groupes d'arbres élégants qui rompent la monotonie des vignobles. Ces coteaux sont peuplés d'un nombre infini de villages et d'habitations ; les premiers, fort laids de près, font, à distance, un excellent effet.

J'ai admiré le soin extrême, je dirai minutieux, avec lequel sont cultivées les vignes, qui ont ici une très-grande valeur ; dans les meilleures expositions, le prix de l'arpent s'élève jusqu'à douze mille francs. Les terres sont soutenues par de nombreuses terrasses, qui, de loin, ont l'air des marches d'un immense escalier ; on les fume abondamment, et il ne paraît pas que cette méthode, en augmentant la quantité, nuise beaucoup à la qualité. Dans les côtes les plus escarpées, afin d'éviter la perte de temps et les frais de transport, on foule le raisin sur place, et des tuyaux conduisent le vin nouveau dans des cuves placées au bas du vignoble. Ce vin est fort estimé ; il s'en exporte, dans le reste de la Suisse, surtout dans le canton de Berne, une quantité considérable, malgré les droits élevés qui le frappent à la frontière. Avant la Révolution, les sujets vaudois ne pouvaient vendre leurs vins qu'à leurs seigneurs, les bourgeois de Berne, et ce monopole tarissait, entre leurs mains, une des sources les plus productives de leurs revenus. Depuis qu'ils en sont délivrés, la culture de la vigne a pris un essor prodigieux.

Je suis arrivé à Vevay quinze jours, malheureusement, après la fameuse fête des vignerons, qui se célèbre, tous les quinze ou vingt ans, avec le produit des intérêts accumulés d'une fondation *ad hoc*, remontant à une date fort ancienne. D'après ce que j'ai entendu dire aux Suisses et aux Français venus à Vevay cette année pour être témoins de cette fête locale plus que nationale, il paraît que ce n'est autre chose qu'une sorte de ballet mythologique, exécuté en plein air par un personnel de huit cents acteurs. Cette foule de dieux, de déesses, de moissonneurs, de vignerons, etc., vêtus de costumes soignés, forme, avec la foule des spectateurs réunis autour de l'immense place de la ville, un fort beau coup d'œil. L'affluence était prodigieuse, et bien des curieux ont dû passer la nuit dans leurs voitures.

J'ai fait ici une école contre laquelle je veux prémunir ceux qui me liront : tout enchanté que j'étais du lac, je me gardai bien de m'enfermer dans une voiture, et je partis gaillardement à pied pour Lausanne, me promettant de cette course monts et merveilles. D'abord je trouvai des vignes à droite et à gauche de la route, elles étaient closes de murs : c'était près de la ville, et la chose me parut toute naturelle; je ne voyais rien et je cheminais toujours plein d'espoir; mais les murs succédaient aux murs, les vignes s'étendaient sans fin, et je continuais à ne voir absolument rien qu'une longue route poudreuse qui n'était pas droite, et dans laquelle un soleil d'août concentrait à plomb ses rayons; de prairies, d'ombrages et de vues, point de nouvelles; les premières usurperaient la place des vignes, les arbres nuiraient aux vignes, l'absence des murs exposerait les vignes. Ah! que je pestais de bon cœur contre la prospérité du pays! Nul moyen de trouver une voiture dans les sales et laids villages que la route traverse, et d'ailleurs, sur la foi de mon Ébel, j'espérais toujours arriver; je crois que je mis près de quatre heures à faire ces quatre lieues; c'était à en bouillir d'impatience et de chaud. Des vignerons charitables m'offrirent obligeamment de leurs délicieux raisins; que Dieu les leur rende au centuple !

En arrivant à Lausanne, je crus tomber au milieu d'une colonie étrangère : conversations anglaises dans les rues, tournures anglaises sur les promenades, livres anglais chez les libraires, tout ce que je voyais enfin, tout ce que j'entendais, m'eût fait accroire que j'étais transporté au delà du détroit, si un ciel du plus bel azur, un soleil brillant, une perspective admirable, n'eussent rendu une pareille illusion impossible. Les étrangers affluent ici, c'est une ville de bonne chère et de plaisirs, où l'on vit à meilleur marché qu'à Genève. Les habitants y sont plus sociables, et font preuve d'une hospitalité très-propre à attirer et à retenir chez eux les voyageurs qui veulent y planter le piquet pour quelques mois. Genève ne leur offre pas les mêmes facilités, surtout en ce qui touche les relations sociales; on ne s'y trouve bien que lorsqu'on est connu, et les Génevois se montrent très-froids pour ce qu'ils appellent les « oiseaux de passage. » Quant à l'intérêt pittoresque, je ne balance pas à donner hautement la préférence à Lausanne, bien qu'on n'y voie pas le mont Blanc. La promenade de Montbenon est tout ce que je connais de plus admirable en Suisse comme point de vue. Une heure avant le coucher du soleil, elle offre réunis tous les genres de beautés.

On sait que c'est à Lausanne que le célèbre Gibbon a composé son his-

toire de la *Décadence*. Lavater s'y trouvait à la même époque, et un voyageur anglais, lord H***, qui les y a vus ensemble, m'a raconté une scène plaisante dont il a été témoin. Pour en sentir tout le piquant, il est nécessaire de savoir que ces deux hommes différaient autant l'un de l'autre au moral qu'ils se ressemblaient peu physiquement. Lavater avait une de ces physionomies mobiles et expressives, des yeux pleins de feu, une parole rapide, animée, et accompagnée de gestes qui la rendaient singulièrement entraînante. C'était enfin un homme tout en dehors, et son caractère véhément et passionné semblait se faire jour au travers de toute sa personne. Tandis que Gibbon, au contraire, impassible, froid, réfléchi, avait, dans son maintien et ses manières quelque chose de la roideur de son esprit systématique. Il ne s'échauffait point, n'était jamais ému, et conservait par là un grand avantage sur son bouillant antagoniste, dans les fréquentes discussions auxquelles donnait lieu la divergence de leurs opinions politiques et religieuses; il le déconcertait par son flegme, ou le mettait hors de lui par ses sarcasmes. Un soir, la conversation s'engagea entre eux sur les mesures coërcitives que l'empereur d'Autriche, Joseph II, venait de prendre pour opérer la sécularisation des couvents de ses États : il les avait fait fermer sans plus de façons. Lavater, quoique protestant, blâmait hautement ces actes, et, se laissant aller par degrés à toute la chaleur de son indignation généreuse : « Oui ! s'écria-t-il, ces injustes mesures, cette violation de la propriété, ces atteintes portées brutalement à la liberté de conscience, sont faites pour révolter toute âme honnête et indépendante. Et il s'élèvera, n'en doutez pas, il s'élèvera contre elles des voix courageuses. Un homme se présentera quelque jour qui osera dire à l'empereur : « Sire,
« vous dépouillez vos sujets, dont vous avez juré d'être le père et le pro« tecteur; vous portez le trouble dans leurs consciences alarmées; vous
« régnez en tyran! » et l'empereur courroucé le fera mettre à mort. Mais, après celui-ci, il en viendra un second qui lui adressera les mêmes reproches, et ajoutera : « Croyez-vous, sire, justifier votre iniquité et
« faire taire la voix des opprimés en dressant des échafauds? Le sang
« innocent crie contre vous et vous condamne. » Joseph ordonnera que l'on traîne encore celui-ci au supplice. Enfin il en paraîtra un troisième, et c'est alors que l'empereur ouvrira les yeux; alors il commencera à comprendre qu'il pourrait bien y avoir, au fond de l'âme d'un homme de bien, une force capable de résister à toute la puissance des rois de la

terre. » Gibbon, qui jusque-là avait écouté en silence, répond, avec une imperturbable gravité, en frappant sur sa tabatière : « Mon cher monsieur, j'aimerais mieux être le troisième. »

J'ai été à même de vérifier, ici, la justesse d'une observation que j'avais déjà faite antérieurement sur le peu d'union qui règne entre les différents cantons de la confédération helvétique. Je veux bien croire que, politique à part, les rivalités cantonales se taisent quand l'intérêt général est en jeu, et que ces Vaudois, ces Valaisans, ces Bernois, etc., redeviennent Suisses, alors que les circonstances l'exigent; mais ils ne devraient pas, pour cela, se croire dispensés de pratiquer les préceptes de la charité chrétienne dans la manière dont ils se traitent réciproquement. Questionnez le premier habitant venu de n'importe quel canton, vous êtes assuré d'avance d'entendre sortir de sa bouche l'éloge de son propre canton, suivi de la critique de tous les autres. Les protestants se déchaînent contre les catholiques, et *vice versa*; les cantons agricoles envient les cantons manufacturiers, et la Suisse commerciale méprise la Suisse pastorale. Il y a, au fond de tous ces jugements, une grande ignorance et une intolérance, soit politique soit religieuse, qui est encore plus grande. C'est la fable des animaux comparaissant tour à tour devant le trône de Jupiter, qui les renvoie,

. . . . . s'étant censurés tous;
Du reste, contents d'eux. . . . . .

La cathédrale de Lausanne vaut la peine d'être vue; elle renferme le tombeau en marbre d'Othon de Granson, qui succomba dans un jugement de Dieu, ayant pour adversaire Gérard d'Estavayer, par lequel il s'était vu accusé d'avoir empoisonné le *Comte rouge*, Amédée VII de Savoie. On y voit le chevalier armé de toutes pièces, mais ayant les mains coupées; c'était en effet ainsi que, d'après l'usage du temps, on représentait ceux qui avaient péri en combat singulier. On lit, non loin de là, une épitaphe en mauvais vers latins, mentionnant la fin non moins tragique d'un évêque de Lausanne nommé David, qui, chevauchant tout armé, rencontra je ne sais quel seigneur, son ennemi mortel; ils se ruèrent aussitôt l'un sur l'autre avec une telle fureur, qu'ils tombèrent du même choc. L'évêque fut relevé sans vie. Les fidèles sont exhortés par le poëte à prier « pour que le Tartare ne dévore pas son âme; » puis suivent quelques vers, dans lesquels il déplore l'attentat commis contre l'ordre sacré de l'Église.

Ces évêques ont joué un rôle important dans ce pays à l'époque où il était sous la domination des rois de la petite Bourgogne et des comtes de Savoie ; on voit dans de nombreux documents que, du dixième au treizième siècle, leur élection était dévolue au clergé et aux fidèles, tant ici qu'à Sion et à Genève. Il paraît que dans tout ce pays-ci c'était une pratique générale ; le serment auquel l'évêque de Lausanne se trouvait tenu, il ne le prêtait qu'en sa qualité de vassal pour la seigneurie temporelle, qu'il cumulait avec sa dignité de prince de l'Église, et il en était ainsi alors pour un grand nombre d'évêques.

Il existe une pièce assez curieuse d'un des anciens prélats, d'après laquelle on voit qu'ils exerçaient une sorte de haute police sur le pays, et que, chargés d'y maintenir la paix, ils s'acquittaient de ce devoir sans acception de personnes. C'est une excommunication lancée, au dixième siècle, contre les barons et autres nobles, coupables du crime de *pervasion*, c'est-à-dire de pillages commis à main armée sur les routes. Elle est en latin ; en voici la traduction : « Que vos yeux, qui ont convoité, deviennent ténébreux ! que vos mains, qui ont dérobé, se sèchent ! que tous vos membres, qui ont coopéré au mal, perdent leur force ! que, travaillant sans cesse, vous ne trouviez aucun repos, mais que vous soyez privés du fruit de votre travail ! que la crainte et l'épouvante vous saisissent devant la face de l'ennemi, soit qu'il vous poursuive ou ne vous poursuive pas ! que votre portion soit avec Judas, qui a trahi le Seigneur, dans une terre de mort et de ténèbres, jusqu'à ce que vos cœurs se convertissent et que vous fassiez entière satisfaction ! Que ces malédictions s'attachent à vous, pour votre châtiment, aussi longtemps que vous persévérerez dans le péché de *pervasion*. Amen ! amen ! amen [1] !

Cette excommunication n'eut pas grand résultat, car, un siècle et demi plus tard, le pape Innocent II insista, auprès d'un évêque de Lausanne, pour qu'il s'opposât à ce que les châteaux les plus mal famés fussent reconstruits. Le péché de *pervasion* n'en continua pas moins pour cela à être, pendant longtemps, le péché mignon de beaucoup de barons et de chevaliers, témoin les sévères reproches qu'Érasme leur adressait encore au seizième siècle.

[1] Extrait de Bridel.

Sur ce point, comme sur beaucoup d'autres, ces zélés prélats, malgré toutes les peines qu'ils se donnaient, n'avançaient guère dans leur œuvre de réformation à l'égard de Lausanne. L'un d'eux déclare avec regret « qu'il n'a pu réussir à guérir Babylone, ni à rendre la santé à l'*hémoroïsse*, dans laquelle il n'y a rien de sain, depuis la plante des pieds jusqu'au sommet de la tête, et qui se plaint grièvement de douleurs au ventre et au côté, sans espoir d'amendement; » ne pouvant ramener la paix dans cette *maison de fâcherie*, le bon évêque déclare qu'il va résigner ses fonctions. Saint Bernard, venu à Lausanne peu de temps avant cette époque, n'en avait pas beaucoup meilleure opinion. Il se rattache à sa visite ici une particularité singulière. « Le saint homme alloit, dit un de ses biographes, chevauchant sur un âne, de Genève à Lausanne; il mit tout un jour à faire cette course sur le bord du lac Leman, et ne vit point ce lac, ou n'y fit pas attention. Sur le soir, ses compagnons de voyage lui en parlèrent, et lui leur demanda où donc étoit ce beau lac; dont furent tous grandement esmerveillés. » On a rajeuni cette anecdote depuis : c'est un Anglais qu'on suppose avoir pris à Genève un char de côté et fait tout le tour du lac (commençant par la rive suisse) en lui tournant le dos. Revenu au point de départ, il se plaignit d'avoir été trompé par son cocher, qui ne lui avait pas fait voir le lac, ainsi qu'ils en étaient convenus.

L'histoire de ce pays à l'époque où il était sous la domination de la maison de Savoie est instructive et curieuse. Dans cette première période, on voit une sorte de système représentatif en vigueur dans la *patrie de Vaud*; ce sont des états généraux composés des trois ordres, la noblesse, le clergé et les députés des bonnes villes (Moudon, Morge, Nyon et Yverdon). Ces représentants du pays délibéraient en commun dans des *journées* qui *devaient* se tenir tous les ans à Moudon. La charte octroyée par les comtes de Savoie à cette ville, en 1384, et étendue plus tard à toute la patrie de Vaud généralement, énonçait et reconnaissait : 1° le droit de député aux assemblées; 2° celui de ne payer aucune imposition nouvelle non consentie par elles; 3° la déclaration portant que les bourgeois ne devaient la chevauchée (service militaire) que huit jours à leurs dépens, et cela seulement dans les évêchés de Lausanne, de Genève et de Sion; 4° que nul ne pouvait être distrait de ses juges ordinaires; 5° que nul ne pouvait être saisi dans l'enceinte de la ville, à moins que ce ne fût un brigand et un traître reconnu comme tel¹ ; 6° que chaque ville jouissait du droit de s'administrer elle-même ; 7° enfin que le prince était tenu, à son avénement, de jurer l'observation desdites franchises, de même que ses officiers lors de leur installation. Les sujets, de leur côté, juraient « sur les saints Évangiles de Dieu, levant et dressant leurs doigts indices vers le ciel, et criant à voix haute et redoublée : Vive Savoie ! d'être bons, loyaux et fidèles sujets, et de garder, en tout, les droits et l'honneur du prince. »

Voilà, certes, qui est au mieux... sur le papier ; mais, dans la pratique, les choses se passaient autrement. Un comte de Savoie, pour compléter la dot de sa fille, pour payer l'acquisition de la terre de Bourbon, ou tenter une expédition militaire, sommait ses bonnes villes de lui fournir de l'argent ou des hommes, qu'elles ne lui devaient pas dans le cas en question ; celles-ci réclamaient au nom de leurs priviléges et franchises et repoussaient ces exigences mal fondées. Le seigneur insistait ; il avait la force en main, les villes le savaient et offraient de transiger ; alors le seigneur, pour n'avoir pas à en venir à des extrémités dont les suites eussent pu être dangereuses, consentait à rabattre quelque chose de ses prétentions et à se contenter d'une partie de ce qui ne lui était pas dû, donnant, en retour, une charte par laquelle il déclarait que c'était « de bon gré, par grâce spéciale et sans y être tenus, que ses bons et fidèles sujets lui avaient accordé, etc., etc., la chose ne devant porter ni pour le présent, ni pour l'avenir, aucune lésion ni préjudice à leurs franchises et libertés. Les exemples de ce genre fourmillent dans l'intéressant recueil des *actes et documents* relatifs au pays de Vaud qu'a publiés un auteur judicieux et infatigable ².

¹ Toutes les dispositions pénales de cette époque portaient un caractère exclusivement fiscal. « Celui qui, se querellant avec un autre, tire son couteau ou son épée, ou darde sa lance hors de sa maison de la longueur d'une coudée, il payera au seigneur 60 sols et 30 *à celui contre lequel il les a tirés*... Qui donnera un soufflet payera au seigneur 5 sols. Si quelqu'un nomme une autre personne *avoutrô* (je ne sais ce que ce mot signifie), punais ou ladre, et qu'il ne soit pas tel, il payera au seigneur 10 sols, et 5 à celui qu'il a blâmé... Si quelque individu... dit une parole deshonnête à un homme ou à une femme de bien et que ceux-ci lui baillent un soufflet, ils ne payeront aucune amende... Le seigneur, toutefois qu'il verra que le pain n'est pas suffisant (de bon poids), il le pourra prendre et montrer aux bourgeois ; et s'ils disent que le pain n'est pas suffisant, le seigneur le pourra prendre et donner aux pauvres. » J'ai cité cette dernière disposition comme faisant exception à cette règle presque générale, alors que tous les délits et toutes les infractions tournaient, en définitive, au profit du seigneur. Ici, comme partout, nos amendes sont un reste de cet ancien système.

² M. le baron Grenu de Genève.

Pourquoi donc, dans ce bon vieux temps trop prôné, tant de garanties concédées, violées, puis confirmées et presque toujours illusoires ? Pourquoi tant de villes fortifiées, de manoirs crénelés, si ce n'est parce qu'à cette époque d'anarchie la force était tout et le droit n'était rien ? La société offrait l'image d'un vaste champ de bataille sur lequel campaient les parties belligérantes, constamment en présence. Malheur aux faibles hors d'état de payer la protection des puissants, ou qui n'avaient pas su s'associer pour organiser en commun la résistance ! Presque partout alors eût trouvé son application le mot profond du fabuliste : « Notre ennemi, c'est notre maître. »

Les continuelles tentatives des ducs de Savoie contre Genève, alors alliée des Bernois, donnèrent à ceux-ci de fréquents sujets de plainte. En 1536, l'occasion leur parut favorable pour exploiter ses griefs à leur profit, et, sous prétexte de venger leurs *combourgeois* opprimés, ils envahirent le pays de Vaud, qu'ils gardèrent. Leur déclaration de guerre envoyée au duc est curieuse; après avoir parlé de leurs efforts pour obtenir le redressement de certains griefs et torts faits à leurs alliés de Genève, « le tout, disent-ils, n'a voulu profiter; ains, au lieu de cela, avez-vous plus oppressé nosdits combourgeois de Genève qu'auparavant, dont sommes étés occasionnés de premièrement dire à vos ambassadeurs de vous mander, si ne vouliez laisser lesdits de Genève en repos, leur lâcher les vivres, faire vider les brigands de Pigney, que serions occasionnés vous quitter vos alliances... Tout n'a rien voulu profiter; ains de plus fort avez assiégé la cité de Genève tout entour, que personne n'en peut sortir ni entrer, et par famine, froid et force d'armes, les enfermez, en telle sorte et attente, que n'est plus en leur possible de le souffrir, et nous, pour le devoir qu'avons à eux, en vigueur de la combourgeoisie, contraints de les secourir; à ces causes, puisque droits et tous autres raisonnables offres envers vous n'ont point profité, nous quittons, par ces présentes, toutes alliances, vieilles et nouvelles, particulières et communes, trouvées et non trouvées; vous envoyons les lettres d'icelles par présent notre héraut de guerre, vous défiant par ycelles et déclarant la guerre contre vous et les vôtres, vous avertissant que, à *l'ayde de Dieu*, invadirons vous, vos gens, pays et châteaux, et emploierons tous nos efforts pour vous dommager et agrédir en corps et biens, et, par autant, notre honneur avoir bien pourvu. »

Le pays et les villes se soumirent sans résistance, sous la réserve qu'elles continueraient à jouir de leurs libertés, priviléges et franchises, tant ecclésiastiques que temporelles. Les Bernois, après avoir juré de les maintenir et de laisser les habitants de la comté de Vaud « en tel mode de vivre qu'ils souloient être, » abolirent violemment le catholicisme, dans l'année même de la prise de possession, et convertirent le pays en masse au protestantisme, par les mêmes arguments. Des peines rigoureuses furent prononcées contre les récalcitrants, et l'on confondit dans une même disposition pénale les gens qui assistaient clandestinement à la messe avec ceux qui allaient « se conseiller vers les devins et savans aux arts du diable. » La sévérité puritaine, qui est le propre de toutes les sectes naissantes, acheva de faire durement sentir aux populations de la patrie de Vaud le changement de domination. Des ordonnances rigoureuses furent portées contre le luxe des habillements *tailladés*, contre les danses, les jeux de cartes; les chansons, même innocentes, furent interdites, en raison des persécutions qu'éprouvaient les chrétiens d'Orient de la part des Turcs. Les assemblées des états du pays, d'abord *permises* par les nouveaux maîtres de la *seigneurie* de Berne, furent, plus tard, entièrement prohibées, et, au commencement du dix-huitième siècle, le grand conseil déclara ne vouloir reconnaître des franchises et libertés des bonnes villes que celles qui avaient été spécialement et nominativement confirmées par lui; or un grand nombre n'étaient pas dans ce cas. Des baillis nommés par le grand conseil, et choisis exclusivement parmi les bourgeois de Berne, administraient ce pays sujet, réunissant en leur personne les divers genres d'attributions les plus incompatibles. Ces places étaient richement rétribuées, et le bailliage de Romain-Mortier rapportait annuellement au titulaire, à ce que m'a assuré un patricien bernois, plus de quarante mille francs. S'il faut en croire les Vaudois, sans doute aigris par une longue dépendance, ces proconsuls *au petit pied* n'avaient pas besoin de rester longtemps en fonctions pour rétablir leurs affaires, et la sangsue, une fois rassasiée, cédait la place à une autre. Cependant, pour être impartial, il faut reconnaître que l'autorité était, en général, exercée d'une manière assez paternelle et assez équitable; mais le bourgeois souverain ne pouvait jamais se défaire entièrement de ses airs de hauteur ni du sentiment de sa supériorité sur le sujet vaudois, et l'on rapporte qu'un habitant notable de ce pays-ci, faisant ferrer à Berne son cheval que le maréchal encloua, en adressa de vifs reproches à l'artisan maladroit, et le menaça même de le poursuivre en dommages-intérêts; sur quoi celui-ci dit, sans s'émouvoir, à ceux qui l'entouraient : « Ah bah! qu'est-ce que ça me fait? ce n'est qu'un *sujet*. »

On ne doit pas s'étonner si les Vaudois saisirent avidement l'occasion de se soustraire à un pareil ordre de choses et de reconquérir leur indépendance. Notre première révolution leur en facilita les moyens; ils se soulevèrent à la voix d'un de leurs concitoyens, homme ardent qui possédait l'art d'émouvoir les masses, et était doué surtout d'une volonté énergique et d'une infatigable persévérance[1]. Le général Menard reçut du Directoire l'ordre d'appuyer le mouvement, et le premier drapeau tricolore fut arboré à Montreux. On s'abuserait, au reste, étrangement si l'on se figurait que la révolution qui s'opéra dans ce pays ressemblât à la nôtre. Aucun excès n'en marqua le cours; les habitants ne demandaient qu'une chose : c'était d'être mis sur le pied d'égalité à l'égard de la population du canton de Berne; cette égalité qu'on ne voulut pas leur accorder, ils l'ont prise, et, sans ce refus impolitique, ils n'auraient jamais songé à la séparation. Dans le moment de la crise, ils se sont comportés généralement avec une modération digne d'éloges qui rappelle le caractère de l'ancienne révolution suisse. Les personnes et les propriétés ont été respectées; on s'est contenté d'expulser les baillis, et le nouveau canton a acheté son entière libération en se reconnaissant débiteur de Berne pour une somme de deux millions, dont une portion fut assignée au rachat des dîmes et droits féodaux, de ceux de lods et ventes, etc.

Il est à remarquer que la noblesse du pays, qui fut contraire au changement de domination de 1536, le fut également à la séparation de 98, et se montra hostile au nouvel ordre de choses. Pour me servir d'une expression consacrée, elle émigra en masse à l'intérieur, et, avant comme après l'acte de médiation qui sanctionna l'existence du canton de Vaud, elle affecta de se tenir éloignée des affaires. Plus tard, elle essaya, mais en vain, d'y rentrer; elle se trouva comme étrangère au pays, qui avait appris à se passer d'elle, et se vit constamment repoussée par les électeurs. Il y a, dans ce fait, une leçon dont l'aristocratie ber-

[1] M. de la Harpe, général au service de Russie et ancien gouverneur de l'empereur Alexandre. C'est à lui que le canton de Vaud a dû de voir, en 1814, l'influence toute-puissante de l'autocrate paralyser les tentatives de restauration du canton de Berne.

noise aurait dû faire son profit, lors de la dernière révolution. En politique, les boudeurs ont toujours tort, et c'est ce dont on commence à s'apercevoir, à Berne ainsi qu'ailleurs.

Ce canton, grâce à son émancipation, s'est élevé rapidement au plus haut degré de prospérité. Ses revenus publics atteignent la somme de douze cent mille francs, et sa population, de cent cinquante mille âmes [1], se distingue par son active industrie et ses habitudes d'ordre. Le contingent du canton est un des plus beaux et des plus militaires de la Suisse; ses routes rivalisent avec celles de Berne, et ses établissements d'utilité publique sont dans un état satisfaisant. La prison de Lausanne, bâtie et organisée sur un plan nouveau, mérite d'être vue, ainsi que l'hôpital. Si les intérêts matériels sont bien compris dans ce pays, on regrette d'avoir à ajouter qu'il n'en est pas ainsi des intérêts moraux, de la liberté de conscience, par exemple. Il y a quelques années que le gouvernement a proposé et que le grand conseil a voté une loi contre les *momiers* (méthodistes) qui est un monument d'intolérance religieuse digne du seizième siècle.

Quoique Lausanne compte plusieurs personnages distingués par leurs connaissances, on y trouve généralement moins de culture qu'à Genève, et la société s'y fait plutôt remarquer par son urbanité et son penchant pour le plaisir que par des goûts studieux. Les concerts, les bals, les comédies d'amateurs, se succèdent pendant l'hiver, et les premiers doivent y être bons, à en juger par mesdames B... et G..., dont le talent de chant serait partout hors de ligne, bien que chacune d'elles ait un genre tout différent. C'est à Lausanne qu'a vécu et qu'est morte madame de Montolieu, auteur de plusieurs jolis romans, et peut-être est-ce le caractère de son talent qui a contribué à répandre ici ce goût presque exclusif pour les productions de ce genre. Un homme qui a tenté de monter à Lausanne un grand établissement, et auquel je demandai si, dans la classe moyenne, il y avait quelque velléité d'instruction, me répondit que si la classe supérieure ne lisait guère, l'autre ne lisait pas du tout. « A Genève, ajouta-t-il, dès qu'un enfant du peuple a économisé quinze sous, il achète un volume de stéréotypes; ici, il court faire l'acquisition d'une pipe afin d'avoir l'air d'un homme; c'est pour lui comme la robe virile. »

---

[1] Deux mille deux cent quatorze par mille carré.

Je ne veux pas négliger de mentionner un phénomène littéraire qui m'a beaucoup frappé il y a quelques années. Une jeune personne d'une famille honorable, mais peu aisée, de la petite ville d'Aigle, a trouvé moyen, tout en se livrant aux occupations du ménage, auxquelles la lecture de quelques volumes de poésies faisait de temps à autre diversion, de développer en elle un talent poétique extrêmement remarquable. Il n'a manqué à cette muse vaudoise que des encouragements et un plus vaste théâtre pour égaler nos femmes-poètes les plus célèbres. J'ai vu trois pièces de vers manuscrites de mademoiselle R***[1], l'une sur Byron, qu'elle avait composée en étendant sa lessive, et qui se distinguait à la fois par l'élévation des pensées, la richesse des images et la beauté d'un grand nombre de vers. Une autre avait pour sujet la *Confirmation*, cérémonie qui est pour les protestants ce que la première communion est pour nous; celle-ci était ravissante de poésie et de fraîcheur de jeunesse; on y reconnaissait l'impression profonde du sentiment religieux sur une âme encore toute pure et toute naïve. Le troisième morceau n'avait pas si bien réussi; c'est qu'il était de commande. L'auteur ayant fait de jolis vers sur madame de Staël, madame de Montolieu avait aussi voulu en avoir pour elle, et la pauvre jeune fille n'avait osé refuser; mais, une fois à l'œuvre, elle avait trouvé que c'était

> Matière infertile et petite;

alors elle s'était jetée sur Castor et Pollux, et, bref, avait fait du galimathias double. Je regrette de n'avoir plus, pour prouver la justesse de mes éloges, la copie que j'avais prise de quelques-uns des passages les plus saillants de ses poésies. Je ne me rappelle que ce seul vers, relatif à l'auteur de *Manfred*, de *Harold*, etc. :

> Et des fruits du génie il compose un poison.

Certes, pour un enfant de seize ans, cela n'est pas mal; et, si ce n'est qu'une réminiscence, elle est du moins heureusement appliquée.

Le français est la langue généralement en usage dans le canton, c'est-à-dire dans les villes, car les paysans parlent un patois presque inintelligible pour nous. La plupart des mots sont dérivés du latin, quelques-

---

[1] Maintenant madame Olivier. Elle a épousé un professeur de littérature de Neufchâtel.

uns du grec et du celtique, à ce que prétendent les érudits. J'en ai retrouvé beaucoup qui appartiennent, sauf quelques altérations, au patois bourguignon tel qu'il a été *fixé* dans les *Noëls* de Lammonoye. Au reste, ils se modifient suivant les parties du canton[1]. La parabole de l'*Enfant prodigue* a été traduite en patois des Ormonts sur la demande de l'académie celtique, laquelle a reconnu que c'était du français altéré; la construction et le glossaire sont les mêmes. Quelques mots cependant ont été détournés de leur sens primitif, comme par exemple le mot *caresse*, qui veut dire, dans le langage des montagnards, bien recevoir. Ce patois offre une particularité remarquable dans la composition des noms des jours de la semaine, où se reproduit fidèlement l'ordre de l'étymologie latine, interverti chez les autres nations. Les gens de campagne disent ici : dé-lou (*dies lunæ*), dé-mar (*dies martis*), dé-djou (*deveindro*). En tout leur idiome est doux à l'oreille, énergique, riche, expressif et très-favorable à la poésie, à ce que disent les connaisseurs. Il existe un conte du *Craizu*, en patois de Lavau, imprimé à Lausanne. Le *th* sifflant des Anglais et les sons gutturaux propres à la langue allemande se retrouvent aussi dans quelques parties du canton.

Cette population alpestre des Ormonts se distingue par des usages qui lui sont propres; elle a conservé, quoique protestante, les rites funéraires du catholicisme. Le cercueil arrive au cimetière sur un traîneau auquel est attelée une cavale qui ne doit point encore avoir porté. Les femmes de la paroisse, vêtues de noir, se réunissent sur le bord de la fosse; celles qui ont des enfants à la mamelle les y allaitent, et il s'y prononce toujours une oraison funèbre dont est chargée une des parentes ou amies du défunt. Après l'enterrement tous les assistants se réunissent dans sa maison pour prendre part au chatamô ou chatamolt, nom que l'on donne au repas des funérailles. M. le pasteur Bridel, étymologiste intrépide, croit en trouver la racine dans deux verbes hébreux, dont l'un signifie *boire* et l'autre *mourir;* il en fait, en conséquence, le *vin de la mort;* cela est sans difficulté.

Tous les printemps, le vacher de la commune est nommé pour la

---

[1] Je vais en donner quelques échantillons pour les amateurs : *Eguc, igue, évoue, ivoué* (eau); *fu, fui, fou, foua, foué, foui* (feu). Le pronom de la première et de la seconde personne du singulier se supprime devant les verbes. Plusieurs noms de lieu fournissent la preuve du séjour des Sarrasins dans le pays; par exemple : la *Sarraz,* Mauremont, Maurofopte, le Mur-aux-Sarrasins, etc.

saison à la pluralité des suffrages; à un certain jour de la grande foire, le scrutin est ouvert, et chaque électeur motive son vote. Beaucoup de candidats sont écartés comme étant *trop rudes aux bêtes*. La tradition d'un âge d'or qui, depuis longtemps, aurait disparu pour les pâtres des Alpes, règne généralement dans ces montagnes, et l'on y parle encore de certaines fées à la peau noire, à l'immense chevelure, aux pieds sans talons, bonnes personnes au demeurant, qui rendaient aux bergers toutes sortes de services. Cela rappelle les esprits familiers si souvent mentionnés dans les légendes écossaises.

Finissons l'article de Lausanne par une anecdote assez gaie, dont on m'a garanti l'authenticité. J'ai dit que c'était dans cet Éden à juste prix qu'affluaient nos voisins d'outre-mer, qui ne manquent pas d'y apporter leurs singularités au grand contentement des rieurs. Il n'y a pas longtemps qu'à un bal brillant qui se donnait dans l'une des meilleures maisons de la ville, un Anglais, d'un certain âge, attirait tous les yeux par l'infatigable ardeur avec laquelle il dansait : valses, contredanses, galops, tout lui était bon, il n'en manquait pas. La maîtresse de la maison, faisant sa ronde, s'approche de lui vers la fin du bal, et lui dit qu'elle voit avec plaisir qu'il a l'air de s'amuser à sa petite fête : « Oh! moi, *po-int* du tout, madame, répond l'Anglais, je ne m'amuse pas. — Comment donc? reprend la dame. Eh! mais c'est une mauvaise plaisanterie; vous ne quittez pas la place, et nos plus intrépides danseuses sont forcées de vous céder la partie. — Oh! oui; mais, madame, je ne danse pas pour m'amuser, *moâ*, il est pour transpirer. Le docteur me l'a ordonné pour le rhoumatism. » Et là-dessus voilà mon original qui repart pour continuer sa cure.

De Lausanne à Genève, il faudrait répéter, pour ainsi dire, à chaque point où l'on s'arrête, l'exclamation que Voltaire proposait d'écrire au bas de chacune des pages de Racine, afin d'avoir plus tôt fait; ainsi donc à Morges, *admirable!* à Rolle, à Nyon, *idem!* Cependant, cette méthode étant par trop sommaire pour un voyageur descriptif, je vais reprendre chacune de ces petites villes sous œuvre, pour en dire ce que je supposerai de nature à intéresser mes lecteurs. Je ne puis trop les engager, s'ils passent par ici, et pour peu qu'ils soient amateurs des monuments du moyen âge, d'aller visiter, à trois quarts de lieue de Morges, le magnifique manoir féodal de Wufflens, qui surpasse tout ce que j'ai vu en Suisse dans ce genre, et est fait pour donner une haute idée de la puissance de ces fiers barons, de ces grands vassaux des rois de Bourgogne et des ducs de Savoie qui pouvaient presque marcher les égaux de leurs suzerains. Toute la poésie du moyen âge semble respirer dans les fortes tours de cet édifice imposant par sa masse et la simplicité de sa construction; le vieux château, aujourd'hui abandonné, bien qu'il soit resté presque intact, consiste en une tour carrée, d'une grande élégance, malgré ses gigantesques proportions, et flanquée, à ses angles, de quatre tours absolument pareilles, mais de dimensions moindres. Placées partout ailleurs, ces tourelles à créneaux saillants feraient, isolément, un effet fort respectable. Elles sont, ainsi que la tour centrale, plus larges à leur sommet qu'à leur base, et c'est cette circonstance qui leur donne tant de légèreté. L'escalier principal, encore entier, m'a conduit presque au sommet de l'édifice, à une élévation que j'estime être celle de sept ou huit étages; j'en avais encore deux à peu près au-dessus de ma tête, jusqu'au dernier couronnement, auquel on ne peut plus parvenir. De cette hauteur qui donne le vertige, la vue plongeait, ainsi que dans un précipice, dans l'intérieur de la grande tour, dont plusieurs des planchers manquaient, et au dehors elle planait sur l'ensemble du lac, sur les Hautes-Alpes, le mont Blanc, immense et sublime tableau tout resplendissant de clarté.

Je suis resté près de deux heures à Wufflens; j'ai parcouru ces salles désertes, exploré ses sombres et étroits passages pratiqués dans l'épaisseur des murs; j'ai erré avec ravissement au milieu de ces majestueux débris d'une autre époque, qui offrent tant d'aliments à la rêverie, à la méditation, et aussi au goût pour les beautés de la nature; je ne pouvais m'en arracher. Ma course en ce lieu est une de celles qui m'ont laissé les souvenirs les plus vifs et les plus agréables. Ici les contrastes ne manquent pas non plus; le caractère sévère et grandiose de l'antique manoir gagne au voisinage du modeste *chalet*, et l'image de la vie rude, agitée, dont le mouvement et le fracas animaient jadis cette enceinte devenue solitaire, fait mieux sentir encore le charme de l'existence douce et paisible que l'on mène aujourd'hui au pied de ses tours; on s'en éloigne à regret, et l'on aimerait à y revenir.

J'aurais voulu avoir à raconter, au sujet de ce château, quelque bonne tradition, quelque histoire, bien tragique, bien empreinte du cachet de l'époque; je n'ai malheureusement rien trouvé : car les *on dit* calomnieux qui ont couru, il y a quelque cinq cents ans, sur le compte d'un *sire* de Senarclan, fondateur présumé du château, ne méritent guère de créance; et ce n'est que faute de mieux que je me décide à les rapporter. Il n'avait fait construire d'abord, dit-on, que la tour du milieu, à l'époque où il s'était mis en ménage. La châtelaine devint grosse, et le noble chevalier désirait ardemment qu'elle lui donnât un héritier de nom et d'armes; mais voilà que la dame, au lieu d'un gros garçon, mit au monde une petite fille. Le *sire* de Senarclan n'entendait pas raillerie; il se fâcha, et jugea à propos de faire un exemple sur cette fille venue si mal à point. En conséquence, il éleva une des tours angulaires du château pour l'y enfermer sa vie durant. La malheureuse mère ne réussit pas mieux la seconde fois : nouvelle fille, nouvelle tour, et ainsi de suite jusqu'à la quatrième. Enfin la chance tourna, l'héritier si ardemment souhaité arriva, et le père enchanté ouvrit la porte aux pauvres recluses. Il paraît, au reste, que cet exemple de sévérité n'a pas été perdu, car la famille, l'une des plus anciennes du pays, s'est perpétuée jusqu'à nos jours.

Non loin de Rolle, il est un point qui mérite également d'être visité : c'est le signal de Bougi, d'où l'on a une vue générale sur le canton de Vaud et le bassin du lac. Le célèbre voyageur Tavernier, qui avait parcouru assez de pays pour se connaître en beaux sites, affirmait que ce point de vue était, après celui de Constantinople, ce qu'il avait trouvé de plus remarquable. Il avait fait l'acquisition de la seigneurie d'Eaubonne, près d'ici, et y passa ses dernières années. Quand Louis XIV lui demanda pourquoi il n'avait pas acheté plutôt une terre en France, il répondit : « Eh ! mais, sire, c'est que j'étais bien aise d'avoir quelque chose qui ne fût qu'à moi. » La franchise de cette réponse ne dut pas avoir de succès en cour.

Dans la petite église d'Eaubonne reposent les restes du fils de notre célèbre Duquesne, et c'est la conformité des noms qui aura induit en erreur un écrivain protestant, lorsqu'il a avancé que « la Hollande avait élevé un mausolée à Ruyter, et que la France avait refusé un peu de terre à son vainqueur. » Duquesne fut, en raison de ses services, excepté nominativement de la révocation de l'édit de Nantes, et mourut à Paris comblé d'honneurs. Louis XIV lui avait donné la magnifique terre de Bouchet, érigée pour lui en marquisat, sous le nom de Terre-Duquesne. Il avait su, en cette occasion, faire taire ses répugnances personnelles contre les protestants et sa rancune contre l'illustre amiral, qui ne craignit pas de résister à l'esprit de prosélytisme du *grand roi*, dont la mémoire, attaquable sur d'autres points, reste du moins à l'abri de tout reproche en ce qui concerne notre gloire nationale.

Le joli château de Nyon, que nous apercevons de loin flanqué de ses élégantes tourelles, et couronnant d'une manière si romantique la petite ville qu'il a depuis longtemps cessé de menacer, a été habité pendant quelques années par le plus spirituel des Bernois, par l'ami de Jean Muller, M. de Bonstetten, nommé bailli de ce district au temps de la domination bernoise. Tout admirable que soit la vue du château, toute pittoresque qu'en soit la situation, il ne se plaisait guère dans cette résidence, et se plaignait amèrement, dans ses lettres à son ami Matthison, de ce qu'à Nyon il y avait sept confiseurs et pas un libraire! Les antiquités de l'ancienne *colonia equestris*, les inscriptions romaines, les médailles, etc., ne le consolaient que peu de cette absence de livres et de l'isolement auquel il était condamné. Toutes les fois qu'il ne parlait pas à ses administrés de confitures, il pouvait s'écrier, comme Ovide chez les Sarmates :

Barbarus hic ego sum, etc. [1].

J'ignore s'il y serait beaucoup mieux compris aujourd'hui.

J'ai parlé ailleurs de la faveur populaire dont jouit en Suisse le tir à la carabine; le goût pour les exercices de ce genre n'est point une mode nouvelle, et on en retrouve des traces dans les vieux documents relatifs à l'histoire du pays. En 1528, les bourgeois de Nyon représentèrent, dans une pétition adressée au duc de Savoie, que, « désirant grandement apprendre et se exercer à certains jeux de traicts, honnestes et profitables, comme sont l'arc, l'arbalète et *coulouvrine*, pour avoir déduits et passe-temps louables et fructueux, et fuir et déchasser oysiveté et paresse, marâtre de vertus et bonnes mœurs et mère de tous vices, afin aussi qu'en temps et lieu ils soient plus prompts et expérimentés pour faire service à son excellence et au pays, » ils sollicitaient humblement « le privilége concédé aux bourgeois d'Yverdun, en vertu duquel le *roi du papegai* (perroquet), c'est-à-dire celui qui, ayant abattu l'oiseau, devenoit président de la société, étoit déclaré libre et quitte de tous péages,

---

[1] Je suis pour ces gens un barbare; ils ne sauraient m'entendre.

ventes, contributions, gabelles, et de toutes charges dans tous les domaines de Savoie, durant l'année de son règne tant seulement. » Les tireurs de Nyon terminaient leur supplique par ce passage : « L'argent des amendes encourues pour violations aux règlemens et statuts de la société, devant être mis dans certaine boîte pour être employé au service divin, auquel son excellence ne sera pas oublié. » Ces sociétés existaient également dans la Suisse allemande, et l'on a conservé à Lucerne des statuts qui remontent à 1427, dans lesquels il est dit que tout bourgeois voulant faire partie de celle de la ville doit lui apporter en don un bocal d'argent du poids de huit onces ou bien une somme de six florins, une nappe, une douzaine de serviettes, autant d'assiettes et quatre mesures de bon vin. Certaines incongruités étaient sévèrement défendues, sous peine au délinquant d'avoir à livrer son soulier pour servir de but, à moins qu'il n'aimât mieux le racheter en payant une mesure de vin.

GENÈVE

Ville. — Embellissements.— Gouvernement. — Esprit public. — Mœurs. — Langage.— Sociétés du dimanche. — Lac. — Pierre à Niton. — Prison pénitentiaire. — Ferney. — Voltaire. — Rousseau. — Théâtre. — Concerts. — Musée Rath. — Le peintre Hornung. — Ses œuvres. — Bateau à vapeur. — Chasse de la Grèbe. — Mme de Staël. — Lord Byron. — Anecdote. — Armoiries et devise de la ville. — Calvin. — Son portrait. — Théodore de Bèze. — Momiers.

Quand on vous parle de la laideur de Genève, on vous fait de l'histoire ancienne. Depuis quelques années, en effet, les abords de la ville, du côté du lac et de la route de France, se sont singulièrement embellis; ces horribles et sales bicoques qui déshonoraient la rive du Rhône, et dont les immondices souillaient la limpidité de ses eaux d'un si beau bleu, ont disparu pour faire place à un large quai [1] que borde un rang de belles maisons, interrompues d'espace en espace par des rues spacieuses. Un pont en fil de fer réunit les deux rives, et aboutit d'un côté à l'immense hôtel des Bergues. Ces dômes formés par la saillie des toits, qui posaient sur des piliers grêles et d'une élévation prodigieuse, ont disparu des rues, auxquelles ils ôtaient l'air et la lumière. Tout est devenu plus propre, plus confortable, plus symétrique dans le bas de la ville, qui en était la partie honteuse, et rappelait cette queue de poisson dont Horace fait le hideux appendice d'un beau buste de femme; car on

[1] Le premier projet de ce quai date de 1584.

ne niera pas que les quartiers hauts ne soient beaux. L'entrée de Genève par la porte de Savoie est celle d'une grande ville, et ces vastes hôtels qui règnent le long des terrasses feraient partout un effet imposant. En revanche, il faut l'avouer, l'intérieur de la *cité* n'a pas gagné, et ne le pouvait pas. C'est là que, selon l'expression d'un spirituel Génevois, les maisons étroites, resserrées, ont dû pousser en hauteur faute d'espace. Ces ruelles sombres et tortueuses, ces misérables échoppes, ces boîtes dans lesquelles se claquemure avec ses aiguilles, son fil et ses lacets, une pauvre mercière qui ne peut plus se retourner dès qu'il entre un chaland dans sa boutique; cet étalage d'objets déjà vendus plusieurs fois et qui sont encore à revendre, cette population babillarde, fourmillante, peu soignée dans son extérieur, peu prévenante d'aspect et qui laisse percer, au travers des trous du manteau, je ne sais quelle avidité de lucre; tout cela, j'en conviens, est de nature à affecter désagréablement l'étranger; mais, dans toutes les villes populeuses, il trouvera quelque chose d'analogue, et n'y rencontrera pas des compensations du genre de celles qu'offre Genève, qui, en définitive, est un des foyers de la civilisation européenne, dont sont loin d'approcher celles de nos grandes villes de France que je connais. Ce n'est, en effet, qu'à Paris, à Édimbourg et à Londres qu'on pourrait trouver une réunion telle que celle que présentait naguère le salon de M. de Sismondi; réunion composée des hommes les plus distingués dans tous les genres, et dont plusieurs jouissaient d'une célébrité européenne. Là se donnaient rendez-vous MM. de Candolle, Dumont, Rossi, de Châteauvieux, de la Riva, Simond, Bonstetten, Maurice, Diodati, Prevost et les Pictet, dans la famille desquels l'esprit et les connaissances semblent être héréditaires[1].

Ce qu'il y a de remarquable à Genève, c'est que les idées civilisatrices y ont pénétré dans la masse de la population; il y règne un véritable esprit public qui se porte vers tout ce qui est louable et utile; ici le gou-

---

[1] La mort a éclairci les rangs : parmi les victimes d'élite qu'elle a récemment frappées est un des hommes que j'ai le plus aimés, je veux dire M. Simond, dont les hautes facultés et les talents éminents semblaient s'éclipser devant ses qualités si attachantes; âme noble, chaleureuse, vraie surtout, qui unissait à l'énergie la plus mâle cette affectueuse sensibilité, apanage ordinaire des femmes. La perte de M. Simond, déplorée à Genève, qu'il avait adoptée pour patrie, m'a fait amèrement sentir toute la justesse de ces vers du poëte :

Fleuves, rochers, déserts, solitude si chère,
Un seul être vous manque, et tout est dépeuplé!

-vernement, le plus vraiment libéral que je connaisse en Europe, a compris toute l'étendue de sa mission, et s'est efforcé de l'accomplir en travaillant à éclairer, à améliorer ce petit peuple, à lui procurer tout le bien-être possible, et à lui assurer toute la liberté compatible avec le maintien de l'ordre. On peut dire ici du gouvernement qu'il est bien réellement l'expression de la volonté générale, et qu'il tend sans relâche à réaliser les vœux et à satisfaire les besoins de la société. Aussi tous les citoyens le secondent activement dans cette tâche. On voit que la patrie est autre chose qu'un vain mot dans cet État de quatre lieues de tour et de cinquante mille habitants. Et c'est un chef-d'œuvre d'habileté et une preuve frappante de bon esprit que d'avoir su en faire une avec si peu d'étoffe. Un de nos honorables députés, M. Mauguin, a beaucoup choqué les Génevois en cherchant à leur prouver que leurs intérêts devaient leur faire désirer leur réunion à la France, et que la marche des événements tendait à amener prochainement pour eux la réalisation de cet âge d'or; comme ils en avaient déjà goûté, ses arguments ne les ont pas convaincus. Si Genève redevenait chef-lieu d'un département français, cet esprit public dont j'ai parlé disparaîtrait, et avec lui on perdrait ses heureux résultats. On les retrouve à chaque pas ici. De nombreux établissements, concourant au bien général, sont fondés et soutenus par des cotisations volontaires, des legs et des dons patriotiques; des monuments publics s'élèvent, grâce à la générosité des particuliers; une charité éclairée et active vient au secours des malheureux, répand dans les classes inférieures les bienfaits d'une éducation appropriée à leurs besoins, encourage l'industrie et l'amour du travail. Chacun s'efforce de se rendre utile d'une manière quelconque à la communauté, et l'on a vu jusqu'à de pauvres ouvriers envoyer ou rapporter des pays lointains des objets curieux, des animaux rares, pour en faire hommage au muséum d'histoire naturelle. Enfin les Génevois semblent tendre, par de constants efforts, vers ce but de perfection indéfinie qui n'est qu'un rêve peut-être, mais du moins un rêve heureux par ses résultats, et de nature à rehausser la dignité de l'homme. Ils aiment le mouvement, non pour le plaisir de se remuer, disent-ils, mais pour avancer. Grâce à cette louable émulation, les institutions utiles se multiplient et s'améliorent, les abus disparaissent, et la prospérité publique s'accroît. Une circonstance récente a prouvé les progrès rassurants que l'esprit d'ordre et de conservation a faits depuis quelques années à Genève, où il existe, comme partout, de ces éléments de trouble qui ne peuvent être efficacement comprimés qu'à l'aide de la raison publique.

La forme du gouvernement est toute démocratique, bien que l'exercice du pouvoir soit le plus souvent confié à des citoyens dont les noms plus que les opinions appartiennent à l'ancienne aristocratie. Ils ne l'exercent que sous le contrôle de leurs concitoyens, dont le suffrage le leur a délégué pour un temps assez limité. Le grand conseil, qui, en outre de ses attributions législatives, nomme les syndics et les membres du petit conseil, chargés du pouvoir exécutif, est le produit de l'élection directe, à laquelle prend part tout Génevois payant, si je ne me trompe, une douzaine de francs d'imposition. Le règlement rédigé par M. Dumont pour les délibérations de cette assemblée des représentants du pays est un chef-d'œuvre de bon sens, d'habileté et de prévision, et c'est à lui que j'ai entendu attribuer une partie des heureux résultats qu'a produits ici le système représentatif appliqué dans toute sa sincérité. Les formes nombreuses auxquelles est assujettie toute proposition; les débats successifs par lesquels elle passe; le mode qui règle la mise aux voix, tout contribue à prémunir l'assemblée contre les votes d'entraînement et de surprise, et à assurer à chacun des membres, avec l'entière indépendance de son suffrage, la faculté de ne se prononcer qu'en parfaite connaissance de cause. Ce règlement, m'a dit dans le temps M. Dumont, ne saurait vous convenir; la vivacité française ne pourrait s'y plier, et, dans une machine aussi vaste et aussi compliquée que la vôtre, il entraînerait une trop grande perte de temps.

En effet, ce peuple-ci n'a de français que son langage, qui encore ne l'est pas toujours[1]; il est méditatif, spirituel, mais dépourvu d'imagination et de sensibilité. La preuve en est que Genève n'a fourni au monde littéraire qu'un seul poëte, ou, pour parler plus correctement, un homme susceptible de le devenir, dans toute l'étendue de l'expression : on voit que c'est de J. J. Rousseau que je veux parler; car celui-là est poëte, a dit Horace, qui, semblable à un magicien, me serre le cœur par ses fictions, m'irrite, m'apaise et m'agite de vaines terreurs. Les Génevois que j'ai connus ici ou rencontrés ailleurs m'ont paru généralement des hommes plus ou moins distingués par leur esprit naturel et leur instruction. Leur entretien est substantiel et souvent agréable; ils s'ex-

[1] En voici un exemple officiel. On dit et l'on écrit ici : Le magistrat, le contingent, etc., etc., *de la* république et *canton* de Genève.

priment correctement et avec choix, mais ont parfois le défaut de s'écouter, de trop phraser leur conversation. Ils causent, pour ainsi dire, avec points et virgules, ce qui est fatigant dans le discours familier. Quant aux Génevoises, sauf les exceptions, elles se ressemblent presque toutes, sont toujours bien et jamais mieux. J'ai entendu assurer qu'elles étaient instruites; je n'en sais rien, car il n'est pas de chose plus difficile que d'avoir une conversation suivie avec une femme dans ce pays-ci. M. de Bonstetten attribuait cela à la crainte de se faire remarquer, de se compromettre, et les dames de Genève lui faisaient, disait-il, l'effet de jeunes pensionnaires qui, vêtues d'une robe bien blanche et tenant à la main une tasse de chocolat toute pleine, s'écrieraient dès qu'elles verraient un homme s'approcher d'elles : « Ah! monsieur, prenez garde, vous allez gâter ma belle robe! » Cette image est assez juste. Pour moi, j'attribuerais cette uniformité apparente à l'ancien et singulier usage des *sociétés du dimanche*, qui partage en autant de coteries toutes les jeunes filles et les femmes appartenant aux classes aisées et élevées de la population, lesquelles se trouvent, par là, condamnées à passer leur vie entière *parquées*, au nombre de quinze ou vingt, en raison des rapports d'âge et de position. Voici ce que m'en disait un Génevois, homme d'esprit : « Cet usage a un fort mauvais effet sur l'esprit de nos dames, circonscrites dans un cercle trop étroit; elles ne commencent à se développer moralement que vers quarante ans, sont aimables à soixante, et meurent de vieillesse au moment où elles vont devenir charmantes. » Une femme d'un esprit naïf et original me disait, en me parlant de ces liaisons de coteries : « Nous avons ici trois sortes d'amies : les premières, que nous aimons bien; les secondes, dont nous ne nous soucions guère, et les troisièmes, que nous ne pouvons pas souffrir. Cependant nos Génevoises, quoique peu agréables en général, sont des femmes de mérite; ce qui leur nuit, c'est qu'elles en ont trop. La passion des devoirs et de l'*utile* ne rend pas amusant, et finirait presque par vous dégoûter de la *braverie*.

Ces Suisses de nouvelle fabrique sont évidemment l'objet de la jalousie des autres cantons, qui affectent de les trouver trop mondains et trop civilisés, et les regardent, avec Jean de Muller, comme « tombés des nues dans la Confédération. » En cela ils ont tort; plus avancés qu'eux en politique, en administration, en civilisation enfin, les Génevois n'ont usé de cette supériorité que dans l'intérêt de la commune patrie; il y a peu de cantons qui, dans les moments de crise que la Suisse a eu à passer, se soient montrés animés d'un esprit plus fédéral, plus conciliant, et aient donné des preuves d'un patriotisme plus éclairé[1]. Les Génevois ne sont plus ce peuple brouillon, remuant, dont les démêlés ridicules excitaient jadis la malicieuse gaieté de Voltaire. La lutte des *Raufes* (hommes de la faction populaire) et des *Goujons* (partisans de l'aristocratie) ne figure plus aujourd'hui que pour mémoire dans l'histoire de la république, qui n'en est plus au temps où les bourgeois, soulevés contre les magistrats qu'ils soupçonnaient de porter atteinte à leurs droits, dirigeaient contre la force armée, à défaut de canons, les pompes à incendie, faisant jaillir sur leurs adversaires des torrents d'eau bouillante.

Il y a pourtant encore à Genève des gens qui crient à l'aristocratie. C'est qu'ils confondent, à dessein peut-être, les mœurs et les habitudes aristocratiques de la société avec l'ancien esprit aristocratique qui dirigeait jadis le gouvernement. L'étranger, en effet, est tout surpris de trouver dans cet État républicain, à côté de l'égalité politique, qui n'est point une chimère, ces préjugés nobiliaires, cette manie de distinctions, qui semblent le propre d'une monarchie. Les deux faits se concilient fort bien dans la pratique, parce que, d'une part, le pouvoir ne s'exerce point au profit d'une caste, mais selon les intérêts et les idées de tous, et que, de l'autre, l'aristocratie n'étant point fermée, chacun peut arriver, par son industrie ou ses talents, soit à en faire partie, soit à y élever ses enfants. Tout ce que l'opinion exige pour cette sorte d'adoption, ce sont des services rendus à l'État; puis des manières de bonne compagnie et des habitudes honorables. La richesse ne suffit pas pour ouvrir à un *homme nouveau* les maisons du bourg de Four, qui est le faubourg Saint-Germain de Genève; mais son fils, se vouant à la carrière des charges publiques, débutera dans les humbles fonctions d'auditeur (commissaire de police), où il aura pour collègues les jeunes gens des premières familles de la ville. S'il se fait connaître par sa capacité et estimer par son caractère, le suffrage de ses concitoyens en fera un député, et rien n'empêchera qu'il ne devienne un jour premier syndic et ne prenne rang parmi les personnages les plus influents et les plus considérés de la république. La naissance seule ne mène jamais là. Il est

---

[1] Il est juste d'ajouter que le canton de Vaud et celui des Grisons ont leur part dans cet éloge.

à remarquer que l'une des professions les plus honorées à Genève est celle de l'enseignement public : un professeur peut y arriver à tout. Les fonctions de tout genre y sont très-peu rétribuées, et beaucoup même s'exercent gratuitement. Je crois que le premier syndic, qui est en même temps président du grand conseil, ne reçoit guère au delà de cent louis.

De la promenade Saint-Antoine, située dans les quartiers hauts, l'on jouit d'un admirable coup d'œil sur le lac et ses rives si riantes, si diversement pittoresques. Je voudrais seulement que la ville ne fît point partie du paysage; elle le gâte. Il ne faudrait ici que des toits et des fabriques à l'italienne, et en petit nombre encore; de loin en loin, un joli hameau et quelques cabanes de pêcheurs épars sur le rivage. On n'aime point à voir, au milieu de ces grandes et belles scènes de la nature, des ruelles sombres et enfumées, des baraques à sept étages, et une population nombreuse entassée sur un étroit espace. D'ailleurs, les mœurs, les habitudes, les occupations des gens des villes, forment avec de pareils sites un contraste peu poétique. Leur souvenir vous poursuit jusque dans les vagues régions de l'imagination et de la rêverie pour vous ravaler du monde idéal au monde matériel, en vous présentant tout ce que la civilisation a de plus prosaïque. On est tenté de s'écrier avec Byron :

There is too much of man here[1]!...

Les sciences et l'industrie ont leur prix sans doute, mais elles peuvent quelquefois paraître déplacées, et, à coup sûr, l'éloquent et ingénieux auteur des *Études de la nature* eût été lui-même fort en peine pour découvrir des *harmonies* entre la pile galvanique d'un savant professeur et le mont Blanc s'embrasant aux derniers rayons du soleil, entre le magasin de colifichets et d'horlogerie de M. Baute et le romantique bassin du lac.

Il faut avouer que les Romains se connaissaient bien mal en fait de pittoresque! Pline le Naturaliste, Pomponius Mela et Ammien Marcellin traitent le lac fort cavalièrement, et le désignent par le mot de *marais*. Lucain, peu chiche d'épithètes ordinairement, n'en trouve pas d'autre à lui donner que celle de *profond*, et Ausone l'appelle *père du Rhône*. Ni les uns ni les autres ne se sont occupés d'un phénomène tout particu-

[1] Il y a ici trop de l'homme.

lier qu'il présente assez fréquemment : ce sont des crues subites, nommées *seiches*, qui le font monter de plusieurs pieds en quelques heures, et ne peuvent s'expliquer que par les effets de l'électricité, attendu que c'est souvent par un temps calme qu'elles ont lieu, et que la fonte des neiges ne pourrait jamais produire un effet aussi grand, quoiqu'elle élève notablement, en été, le niveau du lac. On a calculé que, dans les trois mois de juin, juillet et août, il s'en écoule huit fois autant d'eau que dans les trois mois de l'hiver.

Ce gros bloc de granit que l'on voit, depuis la promenade, s'élever au-dessus des eaux, porte le nom de *Pierre à Niton*. Les étymologistes en concluent qu'il était jadis consacré à Neptune. Au reste, on a déterré ici plusieurs antiquités assez curieuses, telles que des statues très-frustes, et des inscriptions romaines à demi effacées, de l'interprétation desquelles il résulte, dit-on, que Genève était anciennement sous l'invocation d'Apollon. MM. les antiquaires se trompent sans doute; ils auront mal lu : qu'ils mettent leurs lunettes, et ils reconnaîtront qu'ils ont pris le fils de Maïa pour le fils de Latone. C'est à lui que les Génevois des temps passés adressaient cette prière courte, mais énergique : « Dieu, protecteur des comptoirs! nous ne te demandons pas des richesses; dis-nous seulement où il y en a. » Au fait, si l'habileté des Génevois à tirer parti de tout ne date pas de l'époque des Romains, elle n'en est pas moins fort ancienne. Nous voyons que le nettoyage des rues, par exemple, est affermé depuis 1400; les adjudicataires furent tenus d'enlever les immondices deux fois par semaine, « de façon qu'on y gagna deux choses, dit un vieux document : il n'y eut plus autant de puanteur dans la ville, et on tira, en outre, un bon fermage de toutes ces ordures. » Puisque j'en suis sur ce chapitre, il est juste de citer l'apologie que me faisait de ses compatriotes M. Adolphe B***, l'un de mes amis. « On nous dit parcimonieux; nous ne sommes que prévoyants, et cela par nécessité : pour la plupart nous spéculons sur les fonds étrangers, et l'incertitude de ce genre d'affaires nous met dans la nécessité d'avoir en réserve une portion de nos revenus, pour faire face aux pertes éventuelles. » La première révolution de France a coûté aux capitalistes génevois quinze millions de rente! La catastrophe de Juillet leur a fait essuyer également des pertes considérables. Lors de cette première débâcle financière, les patriciens de Genève en étaient réduits à un tel point de gêne, que, dans les *soirées*, m'a dit M. Dumont, il n'y avait d'autres rafraîchissements que l'eau sucrée; chacun apportait son sucre, et la dame de la maison fournissait l'eau et une mouillette de pain. Mais le persévérant Génevois, semblable au nautonier d'Horace, radoube sa barque fracassée, et se lance de nouveau sur la mer orageuse des spéculations, afin de s'indemniser de ses *sinistres;* il y réussit presque toujours. Les soirées de Genève ne ressemblent plus à ce qu'elles étaient à la fin du dernier siècle; il faut avoir assisté aux fêtes que donne, à sa magnifique *villa* de Pregny, M. S***, et à celles qui ont lieu à la ville, chez M. F***, pour se faire une idée du luxe et de l'élégance de bon goût que déploient les riches Génevois dans ces grandes occasions. Ce sont des *routs* où toute la bonne compagnie de Genève se réunit, et où l'on voit assister, par députations, toute la haute aristocratie de l'Europe.

J'ai visité la prison pénitentiaire, élevée depuis une dizaine d'années sur le modèle de celles des États-Unis d'Amérique. On sait que ce système nouveau repose sur le principe que la peine doit tourner à l'amélioration du coupable, et tendre à faire de lui, autant que possible, un membre utile de la société qui a dû, dans l'intérêt de tous, le priver de sa liberté. C'est là une idée éminemment morale et philanthropique qui rappelle ces belles paroles de l'Évangile : « Je n'achèverai pas de rompre le roseau à demi brisé, ni d'éteindre la lampe qui fume encore. » Mais il ne paraît pas qu'ici du moins elle ait été complétement réalisée. A Genève, les opinions, parmi les hommes compétents, sont fort partagées au sujet des résultats qu'on a obtenus de ce premier essai tenté en Europe. Peut-être n'y a-t-on pas atteint précisément le degré de sévérité nécessaire pour que la peine punisse suffisamment et inspire une terreur salutaire. On assure, en effet, que le pénitencier renferme, pour récidive, plusieurs condamnés qui y ont déjà fait antérieurement un séjour plus ou moins long. Ils passent la nuit, un à un, dans des cellules solitaires; c'est déjà là un grand point pour les soustraire à cet enseignement mutuel de vice et de crime qui, dans nos prisons, achève de pervertir les malheureux qu'on y entasse; mais ils travaillent en commun le jour, et, quoique le silence leur soit rigoureusement imposé, il suffit peut-être de la facilité qu'ils ont de se voir et d'être ensemble pour entraver l'œuvre de régénération morale qui est le but de l'institution. Je ne saurais trop recommander à ceux qui s'intéressent aux questions d'utilité sociale de lire l'excellent ouvrage publié tout récemment par deux jeunes gens consciencieux et éclairés qui sont allés étudier sur les lieux l'esprit et les effets du système pénitentiaire. Chargés officiellement de cette mission, MM. de Tocqueville et de Beaumont ont pu obtenir, de la part du gouvernement américain, tous les renseignements et toutes les facilités désirables. Ils ont pénétré partout, causé tête à tête avec les prisonniers, questionné les directeurs des divers établissements, examiné et comparé les divers systèmes, et consigné dans leur travail leurs observations, les faits nombreux et intéressants qu'ils ont recueillis, ainsi que les conséquences qu'ils en tirent; c'est un sujet traité à fond. Les deux conclusions principales de ces messieurs me semblent pouvoir se résumer ainsi : premièrement la réclusion solitaire avec l'obligation du travail, et la lecture de la Bible pour tout délassement, est à la fois, pour les condamnés, le châtiment le plus efficace et le moyen de réforme le plus sûr. Secondement, le système appliqué de la sorte, s'il ne réforme pas radicalement le coupable, s'il n'en fait pas un être moral, lui donne du moins, le plus souvent, des habitudes d'ordre et de travail qui le transforment en citoyen paisible et utile à la société.

J'ai fait ici la connaissance d'un Anglais, homme plein d'esprit, d'instruction, mais fort caustique. Il avait passé deux étés à parcourir la Suisse dans tous les sens, et portait sur le caractère de ses habitants un jugement sévère, dont il n'exceptait que les petits cantons, selon lui moins gangrénés que les autres. Je soupçonne que la vivacité de ses préventions pouvait bien venir un peu de ce qu'il avait eu la mauvaise fortune de trouver souvent « *the accommodations very bad, and the charges very immoderate.* » Il se déchaînait surtout contre les Génevois, me citant, à l'appui de ses griefs, les pensions de quinze, vingt et trente louis par mois qu'avaient dû payer quelques-uns de ses compatriotes; il terminait sa diatribe par cette hyperbole comique de Chamfort : « Si je voyais un Génevois se jeter par la fenêtre, je courrais bien vite m'y jeter après lui, persuadé qu'il y aurait quelque chose à y gagner. » Cet homme m'amusait; il ne ménageait pas Genève sur l'article du bel esprit, et trouvait fort ridicule la prétention qu'ont les habitants de se croire exclusivement de l'académie du *beau parlage.* » Enfin, jugez-en vous-même, monsieur, ajoutait-il avec une chaleur comique, avant de venir ici, j'avais déjà passé une année à Paris, pour acquérir l'habitude de parler votre langue, que j'entends à peu près comme l'anglais (et il la parlait facilement); eh bien, cela n'empêcha pas mes hôtes génevois de vouloir recommencer mon éducation sur nouveaux frais. S'il m'arrivait, par exemple, de dire que tel objet me coûtait quatre-vingt-dix francs. — Pardon! c'est *nonante* qu'il faut dire, observaient-ils aussitôt. N'est-ce pas comme cinquante, soixante? — Bon! je profiterai de votre avis. — Ah! prononcez *avisse*, de grâce! la dernière syllabe du mot s'écrit comme une vis, et doit donc se prononcer de même. — C'est sans réplique. Je suis convaincu, je n'en dirai pas davantage. — Permettez! cette dernière locution n'est pas correcte, je n'en dirai pas *de plus* : voilà comme il faut parler. — Allons, décidément, vous me faites faire là un cours français de Genève. — Comment, un *cours*! dites donc un *course*, car... — Oh! pour le coup, m'écriai-je en prenant mon chapeau, voici qui est par trop allobroge[1]! J'ajouterai à ces exemples une phrase éminemment genevoise que j'ai entendue, dans les quartiers bas, dans la rue *darnier le Rhône* (derrière). Elle contient trois ou quatre locutions nationales, et c'est une vraie bonne fortune pour un étranger. Comme je passais, une commère s'est écriée en voyant un enfant : — Eh! *adieu*, petit! pourquoi que tu n'es *rien* venu *ces jours*? — Comment *va-t-y*? c'est tout *drolle* de te revoir. Le *Glossaire genevois* de M. Gaudy, ouvrage spirituel et instructif, contient une foule de locutions non moins comiques.

Je suis allé à Ferney, et n'en ai pas rapporté le plus petit morceau des rideaux du patriarche, que le zèle des pèlerins a mis en lambeaux. C'est que j'ai peu de foi aux reliques du saint du lieu; je l'avoue, je n'aime point Voltaire, tout grand écrivain qu'il est. Son caractère me désenchante; il eut de l'encens et des sifflets pour tous et un chacun de ses contemporains, faisant tour à tour fumer l'un, et retentir les autres au gré de ses caprices, de son intérêt et de ses passions haineuses. Ce fut un homme sans dignité, sans conscience, dénué de sensibilité réelle comme de véritable élan poétique, toutes choses dont le talent le plus flexible et l'esprit le plus fin ne sauraient tenir lieu. Boswell raconte, dans sa *Vie* de Johnson, peu connue en France, que dans sa visite au seigneur de Ferney il débuta assez maladroitement par lui parler de certaines observations du célèbre docteur sur la tendance du *Dictionnaire philosophique*, et sur quelques-unes des erreurs d'ignorance et de mauvaise foi qui y fourmillent. Voltaire, impatienté, l'interrompit en lâchant contre l'autocrate du Parnasse anglais l'apostrophe peu respec-

---

[1] On sait que les Genevois aborigènes descendent de ce peuple.

tueuse de *superstitious dog!* Sentant sa bévue, Boswell se hâta d'ajouter : « Le docteur affirme que le roi de Prusse vous doit le peu de talent poétique qu'il possède, et qu'il fait, au reste, des vers comme votre valet de chambre. — *An honest fellow*[1]! » s'écria Voltaire d'un air épanoui. Il est probable qu'il eût gardé pour lui cette exclamation bénévole s'il eût su que Johnson, en correspondance avec Fréron, lui écrivait en parlant de lui : *Vir est acerrimi ingenii et paucarum litterarum*[2].

J'ai trouvé, sur le livre de Ferney, le quatrain suivant, qui me paraît renfermer une idée juste, j'entends sous le rapport littéraire :

> Notre grand chansonnier, que nul autre n'égale,
> Béranger, dont le nom est partout répandu,
> Nous est éclos d'un œuf pondu
> Par Voltaire, et couvé par l'aigle impériale.

Voltaire a dit : « Mon lac est le plus beau. » En cela il a eu raison, mais il a pris sous son bonnet ce qui vient après :

> C'est sur ses bords heureux
> Qu'habite des humains la déesse éternelle,
> La liberté !

De son temps, il n'y en avait point du tout dans le pays de Vaud, ni en Savoie, et on en voyait peu à Genève, comme dans toutes les aristocraties. L'auteur de *Zaïre* ne pouvait pas même y faire représenter ses pièces sur un théâtre d'amateurs, et il fallait que tout le personnel et le matériel de la troupe qu'il avait organisée se transportât chez lui. En fin de compte, l'événement lui a donné raison : « Genève a eu la comédie malgré Calvin, » et *Bertrand* Dalembert, s'il revenait au monde, pourrait s'égayer avec le vieux *Raton* de Ferney aux dépens du pauvre *citoyen de Genève* et de l'inefficacité de sa fameuse *Lettre sur les spectacles*.

Sous le rapport des mœurs publiques, j'ignore ce que les Génevois peuvent avoir perdu à l'établissement d'un théâtre; mais, sous celui du goût littéraire, ils me semblent y avoir gagné peu de chose. La troupe est médiocre, le choix des pièces mauvais, quand il n'est pas révoltant; c'est comme dans nos provinces. Aujourd'hui le théâtre, tel que nous

---

[1] Voilà un honnête garçon !
[2] C'est un homme de l'esprit le plus pénétrant, mais peu instruit.

l'ont fait les maîtres de la scène, n'est pas, à coup sûr, un moyen de civilisation, ni une école de mœurs.

Les concerts à Genève valent mieux que la comédie; c'est la Société de musique qui en fait les frais. Le local, bâti par elle, est beau; l'orchestre, nombreux et renforcé pour les *solo* d'instrumentistes habiles, est bien conduit et exécute avec ensemble les ouvertures et les symphonies. Un élève du Conservatoire, M. Domange, chanteur plein de goût et musicien consommé, dirige la partie vocale, et est secondé par quelques amateurs d'un beau talent. Eh bien, en dépit de tout cela, on sent qu'on n'est pas au milieu d'une population musicale : les exécutants, comme le public, laissent toujours quelque chose à désirer; l'élan y manque, et il en est ainsi aux exercices de la Société du *chant national*, malgré les résultats satisfaisants obtenus dans l'année qui s'est écoulée depuis sa fondation. Ces chants, bien choisis et exécutés par un grand nombre d'amateurs des deux sexes avec assez de précision, me laissaient froid; ce n'étaient plus là ces voix mâles, vibrantes, au timbre mordant, que j'avais entendues à Zurich; ce n'était plus cet ensemble parfait, cette unanimité du sentiment musical. Cela ne valait pas mieux que ce qu'on ferait en France, partout ailleurs qu'à Paris. On sent qu'ici, comme chez nous, la musique est affaire de mode et non pas d'instinct national comme chez la race allemande.

Un des monuments publics de Genève devant lesquels je m'arrête avec le plus de plaisir est le musée Rath, bâti avec des fonds légués par un Génevois qui est mort général au service de Russie. Les élégantes proportions de cet édifice, la pureté du style et le fini de l'exécution, compensent ce qui lui manque sous le rapport de la masse. J'en aime aussi l'intérieur, que j'ai visité à l'occasion d'une exposition récente. Ce musée possède quelques bons tableaux des anciens maîtres, tels que deux paysages de Salvator Rosa, et un portrait de Cervantès admirable, par Velasquez. MM. Tronchin, Favre, de Sellon, etc., y envoient à tour de rôle les plus beaux morceaux de leurs riches collections. Parmi les artistes vivants, j'en ai remarqué trois ou quatre dont le talent sort de la ligne commune. En tête je nommerai M. Hornung, peintre d'histoire. On voit ici un tableau de lui représentant la mort de Calvin; le sujet est bien étudié et compris avec esprit; l'expression des physionomies de ces nombreux personnages groupés autour du lit du réformateur, ou, pour mieux dire, du législateur mourant, cette expression, dis-je, est variée, naturelle, et l'intérêt que chacun d'eux prend à l'action est bien gradué. La tête de Calvin, faite d'après un portrait fidèle, a déjà quelque chose de ce calme solennel que la mort imprime sur le front de l'être qu'elle va frapper. Ce tableau, auquel on pourrait peut-être reprocher quelques défauts de composition, présente, pour les Génevois, un intérêt d'actualité que l'on comprendra, quand on saura que le peintre a fait poser, pour ses figures, les personnages les plus marquants parmi ses contemporains; toutes les têtes sont autant de portraits : par exemple, ce syndic à la barbe majestueuse est M. Dumont, l'ami et l'interprète du célèbre Bentham.

J'ai vu, dans l'atelier de M. Hornung, un petit tableau de chevalet de devant lequel je ne pouvais m'arracher. Il représente une femme âgée, une paysanne, assise sur le mur d'un cimetière et le regard attaché sur une fosse nouvellement faite. A ses côtés est une petite fille de cinq ou six ans, qui n'a pas l'air de se douter pourquoi son aïeule l'a amenée là. Il règne sur les traits de cette femme un calme qui fait frémir; ses yeux sont fixes, arides et comme brûlés par les larmes qu'elle a versées, et dont la source paraît tarie; on ne saurait se méprendre au caractère de cette impassibilité tout extérieure; la résignation n'y est pour rien; c'est cet abattement qui succède aux premiers paroxysmes du désespoir; c'est la morne stupeur où vous jette une douleur poignante, sans mesure, à laquelle tout soulagement est refusé, jusqu'à celui des larmes. Cette femme, qui laisse tomber machinalement son bras sur le cou de l'enfant qu'elle ne voit pas, absorbée qu'elle est dans la contemplation d'une perte accablante, irréparable, cette femme ne peut être qu'une mère : *noluit consolari!* Voilà pour la pensée; quant à l'exécution, à la partie du métier, elle ne laisse rien à désirer; les chairs, les extrémités, la couleur, tout est consciencieusement étudié, et dénote l'œuvre d'une science profonde et d'une patiente intelligence. Pour le fini des détails, la délicatesse de la touche, ce tableau ne le cède en rien aux meilleures productions de l'école de Lyon. Le peintre a soigneusement écarté tout ce qui eût pu distraire l'œil et l'attention; on ne voit, avec les deux figures, qu'un coin d'un ciel d'automne, une petite partie du cimetière, et les contre-forts mousseux et dégradés d'une église de campagne. Enfin, cette composition simple, naïve, profondément sentie et pathétique au plus haut degré, est du petit nombre de celles qui vous vont à l'âme et vous saisissent presque à l'égal d'une réalité déchirante. Mais le chef-d'œuvre du peintre est encore, à mon sens, le portrait qu'il a fait de M. Simond, dont il était l'ami; fasciné par la toute-puissante magie de l'art, l'observateur, devant cette toile, croit à l'évocation de ceux qui ne sont plus; c'est une résurrection.

J'ajouterai que M. Hornung est plus qu'un grand artiste : c'est un homme excellent. Comme je le sais par expérience, il me permettra de le lui apprendre.

Les scènes d'intérieur de M. Gros-Claude sont l'ouvrage d'un pinceau spirituel et exercé; il y a du Téniers dans sa manière. Je dirai, pour employer une expression connue, qu'il prend souvent la *nature sur le fait*, et j'ajouterai qu'il ne la fait jamais *poser*.

On voit tout de suite, aux paysages de M. Diday, qu'il aime *son* lac et l'a étudié sous tous ses aspects, à toutes les heures du jour. Ses eaux ont de la fraîcheur, de la transparence et du mouvement, ses ciels lumineux ont de la profondeur, et ses arbres ne sont pas trop verts. Ce peintre ne prodigue pas les effets de lumière, et en fait un usage judicieux. Ses tableaux, qui se distinguent par un sentiment vrai, annoncent qu'il s'est heureusement inspiré de la poésie de cette magnifique nature qu'il avait sous les yeux constamment; ce n'est point, en effet, dans l'atelier qu'on apprend à faire de la peinture comme celle-là.

M. Guigon a exposé, pour son coup d'essai, ou à peu près, une vue du lac prise de Villeneuve, au coucher du soleil. Ce tableau a de l'effet, trop peut-être; il fait mal aux yeux. Si ce jeune artiste n'abuse pas de la facilité qu'il a de faire *chaud*, s'il a la patience de peindre beaucoup d'études sur place, il s'élèvera très-haut sans nul doute; il peut dire hardiment : « Et moi aussi, je suis peintre ! »

Encore un mot pendant que j'en suis sur ce chapitre; j'ai eu la bonne fortune de tomber sur une petite brochure de vingt pages, ayant pour titre : *Menus propos d'un peintre génevois*, et pour sujet un dîner d'artistes où sont amenées naturellement des considérations générales sur les arts. Ce peintre-là est écrivain; je n'ai rien lu de mieux pensé ni de mieux dit sur cette matière; c'est plein de sens, pétillant d'esprit, écrit avec une verve entraînante, et empreint d'un cachet éminemment original[1].

Mais le beau bateau à vapeur le *Léman*, qui se balance avec grâce sur

---

[1] J'ai appris que ce peintre génevois n'est autre que le spirituel et si regrettable M. Töpffer, aujourd'hui populaire en France.

son ancre, vomit déjà ses noirs tourbillons de fumée; il va partir, et je suis à mon poste, car, pour bien connaître le lac, il faut l'avoir parcouru dans toute son étendue, depuis Genève jusqu'à Villeneuve. Déjà le second coup de cloche s'est fait entendre; la foule des curieux obstrue le quai; les voyageurs, qu'on reconnaît aisément à leur air affairé, ont peine à s'ouvrir un chemin pour surveiller l'embarquement de leurs bagages; ils stimulent la marche du portefaix insouciant. Les adieux, les recommandations, les commissions verbales, se croisent, se confondent; le pont est couvert de monde; on voit encore circuler librement, de la rive au bateau et *vice versa*, les parents et les amis des partants, auxquels se mêlent les oisifs. Le troisième et dernier coup de cloche a retenti, et les hommes de l'équipage travaillent à lever l'ancre; alors la confusion et le mouvement redoublent; il est curieux de voir l'anxiété des gens qui craignent de ne pouvoir partir, et l'inquiétude de ceux qui tremblent d'être emmenés malgré eux. Tous se précipitent, en sens contraire, sur les planches qui servent de passage, les uns pour atteindre le bateau, les autres pour s'en échapper. Mais c'en est fait! le patron a donné le signal, la vapeur captive se met à l'œuvre en sifflant, les roues battent l'eau d'un mouvement qui s'accélère à chaque seconde, et le *Léman* commence à se mouvoir avec une majestueuse lenteur. Voilà qu'à l'instant même des retardataires arrivent tout essoufflés; ils font des signes, appellent, conjurent le patron d'attendre; l'un s'écrie que sa femme est à bord; l'autre demande qu'on lui rende au moins sa malle; mais la vapeur est inexorable. Les malheureux se jettent dans un batelet, pour tenter les chances de l'abordage : vain espoir! il est trop tard; la puissante machine les gagne de vitesse, le bateau vole et les laisse en proie aux risées des spectateurs sans pitié.

Nous voici sortis du port; le temps est magnifique; le soleil brille du plus pur éclat, au milieu d'un ciel dont aucun nuage ne ternit l'azur. Assis sur le cabestan, je rêve et j'observe. Déjà la ville fuit à nos yeux; une légère vapeur plane sur le paysage, mais n'empêche pas de distinguer les objets; le mont Blanc, qui s'élève dans sa gloire, est éblouissant de lumière; les arêtes déchirées et pittoresques des Bornans, l'élégante pyramide du Môle, la cime arrondie du Buet, revêtue d'une calotte de neige, forment la cour du monarque des Alpes. Les rives du lac semblent passer rapidement devant nous; mais, bien que nous marchions à raison de trois lieues à l'heure, nous avons tout le temps d'en admirer les beautés à notre aise. La somptueuse *villa Bartoloni* et son promontoire ombragé de sapins, les coteaux de Prégny, que couronne l'élégante habitation de M. S..., ceux de Cologny, qu'habita Byron, toutes ces campagnes, si différentes d'aspect, entourées de pelouses ou ombragées de massifs, viennent tour à tour défiler sous nos yeux pour se perdre bientôt dans le lointain; la chaîne uniforme et aride du Jura leur sert de fond et fait ressortir la fraîcheur de la végétation qui les encadre. Cette partie du lac est éminemment riante et gracieuse, quoique la rive savoyarde n'égale pas l'autre en variété ni en intérêt; elle est beaucoup moins vivante et offre des lignes moins ondulées. En passant devant Nyon, où des batelets nous attendent, la machine s'arrête, et le mouvement du bateau, devenu plus lent, facilite l'opération du transbordement, tant pour les voyageurs qui nous quittent que pour ceux qui nous arrivent. Le *Léman* reprend son essor, gagne un peu au large, et le timonnier met le cap sur la petite ville de Rolle, où nous devons également toucher. Sur le lac, uni comme une glace, on suit, à perte de vue, les deux sillons divergents que le rapide mouvement de nos roues a creusés dans les eaux; ils forment un angle immense, très-peu ouvert, dont la pointe aboutit à l'*avant* du bateau, et rident la surface azurée de cet immense bassin. Je remarque une certaine agitation à l'autre extrémité du pont; le patron a pris sa carabine, et tous les yeux se fixent vers le point qu'il ajuste. On distingue sur le lac un oiseau gris-blanc de la grosseur d'un canard, c'est une grèbe; le coup part, la balle fait jaillir l'eau à quelques pouces de sa tête, et l'oiseau plonge pour reparaître hors de portée. Cette chasse, amusante mais pénible, avait jadis beaucoup d'attrait pour les jeunes gens de Genève, et le plumage de la grèbe était estimé des dames à l'égal des plus belles fourrures.

Dès qu'on a atteint Lausanne, la vue du lac change entièrement de caractère; elle devient de plus en plus imposante et grandiose à mesure qu'on approche davantage de Vevay. Les sévères beautés que déploie la rive de Savoie, à partir de Thonon, sont tempérées par l'aspect riant et gracieux des coteaux du canton de Vaud. Lorsque le soleil du soir, glissant obliquement sur Lausanne et sur les hauteurs du Jorat, vient à éclairer en plein les cimes ardues de ces majestueuses montagnes qui dominent Evian et Saint-Gingoulph, lorsqu'il marque leurs vives arêtes de ses lisérés d'or et inonde de ses teintes chaudes et moelleuses les rives de Chillon et de Villeneuve, oh! alors, c'est le moment pour le poëte et pour le peintre de venir s'inspirer de ce tableau, dont l'ineffable magie échappe à toute description.

Je couchai à Villeneuve pour profiter le lendemain du retour du bateau et revenir à Genève. Ce ne fut pas le plus beau de mon excursion : le temps avait changé dans la nuit; un vent violent s'était élevé, et il nous était contraire. Le ciel, couvert de nuages plombés, répandait un triste reflet sur la contrée, noircissait les eaux du lac, soulevées en vagues assez fortes; en un mot, tout ce prestige dont j'avais été fasciné la veille avait disparu. La société peu agréable que nous avions recrutée n'était pas de nature à me dédommager de ce contre-temps. Un gros monsieur, qui avait entendu parler du *Prisonnier de Chillon*, et n'en conservait qu'une idée un peu confuse, s'étonnait de ce que *Bolivar* avait pu réussir à s'évader de là[1]. Une Anglaise, moins excusable, qui n'ignorait pourtant pas que le nom du célèbre poëte se rattachait, d'une façon quelconque, à ce château, demandait si c'était la *lord Byron's place*; et une dame de Paris s'écriait que ce paysage était vraiment délicieux et avait l'air d'être brodé en chenille! Le lac étant très-houleux, tout le monde en ressentait des effets plus ou moins graves; le pont, encombré de figures souffrantes plus piteuses les unes que les autres, ressemblait à un hôpital, et il fallait avoir le cœur armé du *robur et æs triplex* pour ne pas succomber à la contagion du mauvais exemple. Il y avait, entre autres, un certain personnage qui nous divertissait beaucoup par les précautions qu'il prenait pour y échapper. Son air d'anxiété était à peindre; il se hâtait de changer de place dès qu'il voyait ses voisins céder à la fatale influence du roulis, et, aussitôt qu'il apercevait sur les nouveaux visages qui l'entouraient les symptômes avant-coureurs de la catastrophe, il s'éloignait précipitamment, son flacon de sels sous le nez. Ce manége, qu'il répéta à plusieurs reprises, ne le sauva pourtant pas. Le mal ayant bientôt gagné de proche en proche, le pauvre homme ne sut plus où se réfugier, et fut enfin contraint de payer, comme les autres, son tribut longtemps différé; la chose eut lieu au grand contentement de tous.

J'avais assez du lac et du bateau, et je me suis fait débarquer à Coppet, voulant avoir vu au moins le séjour qu'a habité une femme justement célèbre, qui a offert à notre siècle un phénomène littéraire

[1] Je crois avoir dit que c'est la captivité de Bonnivard qui a fourni à Byron le sujet de son poëme.

d'autant plus remarquable, qu'il avait été jusque-là sans exemple. On devine déjà que je veux parler de l'auteur de *Corinne*. Unissant à l'étendue des conceptions et à l'originalité des idées ce rare bonheur d'expression qui n'est le partage que des grands écrivains, madame de Staël, sans rien perdre de la grâce et de la sensibilité qui caractérisent son sexe, s'est montrée forte de tous les avantages du nôtre. Politique, morale, critique littéraire, beaux-arts, sa pensée puissante a tout embrassé. Son style, passionné dans *Delphine*, brûlant dans *Corinne* d'un généreux enthousiasme, est toujours plein de choses, prend toutes les formes et s'adapte à tous les sujets. Il est ingénieux, pittoresque et coloré dans son livre *De l'Allemagne*, mâle et concis dans ses *Considérations*. Madame de Staël joint à ce coup d'œil perçant et profond qui saisit une grande idée dans son ensemble, et en fait le tour pour ainsi dire, cette persévérance et cette sagacité non moins rares à l'aide desquelles l'esprit en démêle tous les détails et en déduit toutes les conséquences. Poëte et philosophe, elle nous charme tour à tour par les prestiges de sa brillante imagination et nous étonne par la vigueur de sa dialectique pressante. Beaucoup d'autres personnes de son sexe ont eu du talent; elle seule me paraît avoir eu du génie. Elle est un des phares qui ont illuminé notre dix-neuvième siècle dans ses mauvais jours.

Ce n'est pas sans raison que l'on a reproché aux Génevois de trop aimer à parler d'eux, de leurs parents, amis et concitoyens. Le *moi*, et tout ce qui s'y rattache, occupe un peu trop de place dans ce qu'ils disent comme dans ce qu'ils écrivent, et deux choses excellentes en elles-mêmes, savoir l'esprit de famille et le patriotisme, deviennent quelquefois fastidieuses par l'abus qu'ils en font. La famille de M. Necker était surtout connue pour avoir singulièrement perfectionné cette méthode d'encensement mutuel, et ses membres, quelque respectables qu'ils fussent d'ailleurs par leurs vertus ou leurs talents, ont souvent prêté à rire par là à des gens qui étaient loin de les valoir. Il est une foule de petits détails d'intérieur, dans ce culte d'admiration, qui ne sont point bons à être mis sous les yeux des indifférents, et produisent un effet tout autre que celui qu'on s'en était promis en les rendant publics. Cette réflexion m'est suggérée par l'anecdote suivante, échappée, je ne sais comment, à la plume amie de madame Necker-Saussure[1], dans la biographie de sa noble parente.

[1] C'est à madame Necker-Saussure que nous devons le traité de l'*Éducation progressive*.

Un jour, M. Necker faillit verser dangereusement par l'imprudence de son cocher. Madame de Staël apprend le péril auquel il vient d'échapper, et sa tendresse filiale s'en alarme; son imagination se monte par l'effet d'une de ces illusions que les âmes passionnées peuvent seules connaître; elle substitue à la possibilité d'un grand malheur l'affreuse réalité elle-même avec ses plus déchirantes circonstances. Dans cet instant d'exaltation, elle fait venir l'homme dont l'imprudence eût pu causer un tel malheur. « Richel, lui dit-elle d'une voix dans laquelle le ton de la menace se mêlait à l'accent d'une émotion profonde, savez-vous que j'ai de l'esprit? » Surpris et embarrassé d'une question aussi inattendue, le pauvre diable répond en balbutiant : « Certainement... madame la baronne... — Mais, reprend vivement madame de Staël, beaucoup d'esprit, Richel, prodigieusement d'esprit? — Madame sait bien... assurément... je ne suis pas pour démentir madame... — Eh bien, poursuit sa maîtresse avec une véhémence toujours croissante, apprenez que tout cet esprit eût été mis en usage pour vous perdre à jamais si vous aviez eu le malheur de verser mon père... sortez ! » Et Richel sortit, la tête basse, s'émerveillant peut-être, sous sa houppelande de cocher, de ce que tant d'esprit ne pût pas toujours sauver du danger de se montrer ridicule.

Un des habitués les plus spirituels de Coppet, feu M. Pictet-Diodati, dont madame de Staël disait que, si l'on secouait sa cravate, il en tomberait de bien jolies choses[1], m'a raconté un trait plaisant, relatif à Pestalozzi, qui était venu passer quelque temps chez cette femme célèbre. Elle avait alors, à son château, plusieurs hôtes également distingués, Benjamin Constant, Schlegel, et tous ces messieurs et elle-même avaient plusieurs fois cherché, mais en vain, d'entamer avec Pestalozzi une discussion à fond sur l'éducation, et à le forcer de leur exposer son système et de répondre à leurs objections; mais l'obstiné vieillard leur échappait toujours au moment où ils croyaient le tenir. Son cerveau semblait fermé aux idées d'autrui, et, soit que les siennes ne fussent point encore assez nettes,

---

ouvrage admirable que recommandent également le talent profond d'observation qui s'y révèle, la haute philosophie religieuse dont il est empreint, et l'esprit de véritable philanthropie qui respire en chacune de ses pages. Dans ce livre, justement couronné par l'Académie, le mérite du style n'est pas ce qu'il y a de moins remarquable; il est toujours clair, pur, élégant, souvent plein d'une douce chaleur, et semble exhaler je ne sais quel parfum de vertu et de parfaite bonté qui fait qu'on s'attache à l'auteur en lisant seulement son ouvrage.

[1] Il avait l'habitude de parler bas et dans sa cravate.

assez coordonnées, assez mûries pour être développées avec avantage, soit qu'il ne se sentît pas de force à les soutenir dans la discussion, il évitait toujours le combat. Une conspiration s'organisa dans le but de le contraindre enfin à l'accepter. Madame de Staël et tous ses hôtes s'étaient donné le mot : voilà qu'un beau soir, après le dîner, tandis que Pestalozzi rêvait, appuyé sur la cheminée, on resserra insensiblement le cercle autour de lui, et, aussitôt que la maîtresse de la maison vit que le champ clos était formé de façon qu'il lui fût impossible de s'enfuir, elle l'attaqua brusquement par une objection lâchée à brûle-pourpoint. Pestalozzi éperdu voit le piége, il balbutie, et jette un œil épouvanté sur cette enceinte de chaises, hérissée de bras et de jambes qu'il désespère de franchir; on le presse d'arguments croisés; son trouble augmente, l'hilarité causée par cette scène originale est à son comble; lui, cependant, avise une brèche dans ce rempart vivant : aussitôt il s'élance, escalade les genoux de madame R***, et s'enfuit au milieu des éclats de rire.

L'enceinte du château de Coppet est aujourd'hui déserte et silencieuse; la mort l'a dépeuplée. Je me suis promené dans le parc, où il y a de beaux arbres, mais dont l'aspect est également mélancolique. A tout prendre, ce doit être un triste séjour; une partie de la petite ville de Coppet masque la vue du lac, et l'on s'aperçoit que le château a été bâti à une époque où l'on tenait peu aux agréments de ce genre.

Dans une note d'un de ses poëmes relative à sa visite à Coppet, Byron parle de madame de Staël avec un ton de fatuité dédaigneuse que rien ne saurait justifier. Sous le rapport du génie, elle le valait bien, et valait infiniment mieux sous celui du caractère; elle a été aimée et regrettée de toutes les personnes qui l'ont connue, et il n'en a pas été ainsi de Byron, dont le cœur sec, l'esprit caustique et capricieux, et la morgue hautaine n'étaient pas faits pour attirer. Il est facile de voir, en effet, d'après ses Mémoires, qu'il n'a jamais aimé personne, et on le lui a bien rendu. Ceci soit dit sans porter atteinte à sa juste célébrité littéraire, car je ne l'en regarde pas moins comme formant, avec l'auteur des *Méditations* et l'auteur de *Faust*, le triumvirat poétique de notre époque.

Byron a habité, pendant six mois, la maison Diodati à Cologny : le propriétaire m'a raconté qu'il était absent de Genève pendant ce temps, et que, lorsqu'il y revint, après le départ de l'illustre poëte, il apprit de sa mère qu'elle avait brûlé une foule de papiers, à moitié écrits et tout raturés, dont le *milord anglais* avait laissé sa chambre jonchée... C'étaient les brouillons du troisième chant de *Childe Harold*, de *Manfred* et du *Prisonnier de Chillon!* Je laisse à penser si M. Diodati, amateur éclairé des beaux vers, et ami de M. de Lamartine, dut être inconsolable de cette perte. Le poëte menait là une véritable vie de garçon; il avait avec lui Shelley, auteur de quelques poëmes estimés, et Lewis, connu par son fameux roman du *Moine;* je ne compte pas un certain Polidori, sorte de médecin *factotum* qui faisait, par exemple, les honneurs de la maison quand le noble lord oubliait qu'il avait invité du monde à dîner. C'est ce qui lui arriva à l'égard du professeur Pictet et de M. de Bonstetten, peu habitués à se voir traités si cavalièrement. Le professeur Rossi y allait assez souvent, et, un soir que Byron le pressait beaucoup de rester à coucher et qu'il s'y refusait, il lui dit d'un ton de dépit, en lui montrant Genève : « Vous tenez donc bien à retourner ce soir dans cette *caverne* d'honnêtes gens! » Une autre fois, comme le poëte passait la soirée à Genève et racontait son voyage de Grèce à un groupe de notabilités réunies autour de lui, M. de Bonstetten, naturellement distrait, prenant le nom de Tripolizza pour celui de Tripoli, mit en avant une malencontreuse observation qui n'allait pas du tout à la chose. « Alors Byron, m'a dit M. Rossi, lança à l'interrupteur un regard qu'accompagnait un sourire de dédain si insultant, que j'en fus choqué, ainsi que ceux qui s'en aperçurent; il y avait en ce moment quelque chose d'amer et de diabolique dans l'expression de cet homme. Heureusement le pauvre vieux Bonstetten n'y fit pas attention. »

L'étranger est surpris de voir figurer dans les armoiries d'une ville regardée, à bon droit, comme le boulevard du protestantisme, la clef de saint Pierre, qui, d'après ce que j'ai lu quelque part, a été accordée aux habitants par le pape Martin V, en reconnaissance du bon accueil qu'ils lui firent à son retour du concile de Constance. Ils ont conservé cet emblème d'une autorité qu'ils ont méconnue, et la vanité du bourgeois, du *communier*, l'a emporté, en cette occasion, sur le fanatisme du sectaire; c'est qu'on n'avait pas alors la stupide manie de vouloir rompre la chaîne qui rattache les temps passés au temps présent. Une circonstance non moins singulière, c'est que la devise de la ville, *Post tenebras lux*, avait été adoptée par un des évêques longtemps avant qu'il fût question de la réforme.

Quand on parle de la ville de Calvin, c'est moins encore dans le sens religieux que dans le sens politique qu'il faut entendre cette expression. Ce fut Calvin, en effet, qui donna des lois à Genève, y organisa le pouvoir, et fit un petit État de ce qui n'était auparavant qu'une *commune*. Chez lui, le prédicant disparaît complétement dans le personnage politique, et il a dû à sa supériorité comme homme d'État plutôt qu'à sa prétendue mission comme homme de Dieu la haute et durable influence qu'il a exercée à Genève. Il a su imprimer son cachet à son œuvre, et les siècles n'en ont pas encore effacé complétement l'empreinte profonde. J'ai vu son portrait à la bibliothèque; c'est une belle figure, d'un caractère grave et sévère. Ce large front, ce regard perçant et calme, annoncent bien une tête pensante qui dirige une volonté forte. C'est à cette volonté réfléchie, inexorable, que fut sacrifié Servet; du moins je penche à le croire. Son exécution me semble avoir été de la part de Calvin une mesure politique, et non pas un acte de fanatisme ou de vengeance personnelle. Le réformateur s'embarrassa peu de se mettre par là en contradiction avec lui-même, mais voulut, à tout prix, conserver l'unité dans la secte naissante.

Ce qui frappe surtout, lorsqu'on étudie les origines de cette petite république, c'est l'habileté avec laquelle ses habitants, une fois devenus maîtres chez eux, ont su faire face de toutes parts aux nombreux ennemis de leur liberté[1]. Ils ne négligent aucuns moyens; on les voit conférant gratis le droit de bourgeoisie à tous ceux qu'ils espèrent pouvoir employer utilement pour le service de la chose publique. Ici, c'est une maison que le gouvernement, n'étant pas en fonds, donne à un sieur de Verey « pour avoir chassé les *barbares* de Versoix. » Là, ce sont dix écus offerts à un citoyen vainqueur « des brigands et *Mameluks* de Peney[2]; plus loin, des lettres de noblesse accordées à un négociateur qui a mené à bien quelque affaire importante, ailleurs, c'est une pièce

---

[1] Ils maintenaient hardiment leurs droits envers et contre tous, comme on le voit par ce fragment des registres du conseil, « ..... lequel donna avis des emportemens du sieur de Gastines, intendant de Bresse, contre ceux de Genève, disant qu'ils étoient de petits rois, et que quand on entroit en leur ville, il y avoit toujours quelque petit crapaud qui vous présentoit la poincte d'une hallebarde à la panse, demandant le péage, qu'autrement, il vous tueroit; qu'à passer cinq ou six pieds de terre à Genève, il y avoit plus de danger qu'à traverser tout le royaume de France, et que, pour la mort-Dieu, il nous rangeroit bien, et que nous consignerions nos marchandises sur les terres du roi, ou que nous créverions. »

[2] Château qui était le refuge des partisans armés de l'évêque.

de vaisselle envoyée avec le vin d'honneur à l'ambassadeur d'un prince étranger. Il ne faut pas s'étonner, d'après cela, de ce que les bourgeois, ayant vu de près Calvin, « qui, lorsqu'il vint chez eux n'avait pas de souliers, » aient reconnu tout de suite le parti qu'ils en pouvaient tirer dans l'intérêt de la *seigneurie*. Le réformateur se vit dès lors choyé, *cocolé*[1] par tous. Le conseil lui envoyait tantôt un habit neuf, tantôt un tonneau de vin vieux; une autre fois il lui interdisait d'exposer, en allant soigner les pestiférés, une vie si précieuse à la république. Qu'il me soit permis de citer, à cette occasion, un fait peu honorable pour les apôtres de cette religion *réformée*; je l'ai tiré d'un relevé des registres du conseil : « Les *spectables* ministres se présentent au conseil, avouent qu'il seroit de leur devoir d'aller consoler les pestiférés, mais qu'aucun d'eux n'a assez de courage pour le faire, priant le conseil de leur pardonner leur foiblesse, Dieu ne leur ayant pas donné la grâce de vaincre et d'affronter le péril avec l'intrépidité nécessaire. (Juin, 1543.) » Les hommes que Jésus-Christ *a envoyés* n'ont pas agi de la sorte. Il est juste d'ajouter que Théodore de Bèze se dévoua sans balancer à cette mission périlleuse. Il fut le seul, avec un autre ministre dont je regrette de ne pouvoir citer le nom. Après Calvin, de Bèze, « ce beau chandelier dans la maison de Dieu, » ainsi que l'appelaient ses coreligionnaires, était celui de tout le consistoire qui exerçait le plus d'influence, et il en était redevable à son caractère ainsi qu'à son désintéressement, qui n'a pas été contesté.

Il est à remarquer qu'après la mort de ces deux hommes supérieurs la *vénérable classe* essaya vainement de se saisir de leur héritage et de se substituer à eux dans la haute direction des affaires de la république; car les bourgeois, jaloux de leur indépendance, ne se sentirent pas d'humeur à souffrir ces prétentions; ils n'avaient pas entendu fonder une théocratie, et, en toute occasion, le gouvernement restreignit sévèrement, dans leurs attributions purement religieuses, ceux des ministres qui tentèrent de les outrepasser. « Ces esprits frétillants, » comme les qualifiait de Bèze, renouvelèrent leurs tentatives pendant assez longtemps encore, mais toujours sans succès, et il n'y a peut-être pas de pays où l'Église soit plus complétement séparée de l'État qu'elle ne l'a été et ne l'est encore à Genève.

---

[1] Locution toute génevoise.

Il ne paraît pas, au reste, que la réforme ait porté de grands fruits sous le rapport de l'amélioration des mœurs et de la diffusion des lumières. J'en vois la preuve dans les sévères remontrances adressées continuellement au magistrat par la *vénérable classe*, et dans les exemples sévères qu'on croit devoir faire fréquemment *in terrorem*. Le gouvernement accrédite, en s'y associant, les plus grossières superstitions, et exerce d'office, à la sollicitation des *spectables* ministres, des poursuites rigoureuses contre les sorciers et ceux qui vendent ou achètent des esprits familiers; on voit le conseil donner ordre de fondre un millier de balles de plomb, « vu que celles de fonte sont sans effet sur le corps de ceux qui sont *charmés*, dont il y a bon nombre dans les troupes de Savoie[1]. » Ce qui, à cette époque, paraît non moins digne d'attention, c'est l'insistance que met l'aristocratie, déjà puissante, à maintenir la distinction des rangs. Les ordonnances somptuaires se multiplient à cet effet, et, malgré les exhortations des ministres, restent le plus souvent sans résultat. Défense aux femmes de se faire appeler *madame* quand elles n'y ont pas droit; défense de porter le *poinctal*, coiffure doublée de velours qui était réservée aux dames nobles; d'avoir aux festins de noce au delà d'un certain nombre de tables, proportionné à la *qualité* des époux, qui sont divisés en trois catégories, etc., etc. D'après cela, on voit que l'esprit de caste, encore vivant à Genève, remonte à l'origine de la république; constamment attaqué par ceux qu'il frappait d'exclusion, il a essayé de se retrancher dans les lois, dont l'esprit des temps modernes a réussi à le débusquer; puis il s'est réfugié dans les habitudes de société, où tout porte à croire qu'il aura de la peine à se perpétuer en présence d'institutions essentiellement démocratiques. Si même il ne s'efface pas à la longue, qu'importe? Il ne saurait désormais inspirer aux Génevois de craintes fondées, et ne peut plus donner que des ridicules.

Ce chapitre, quoique bien long, ne serait pas complet si je ne disais un mot des *momiers*, ou méthodistes, et des progrès qu'ils ont faits à Genève. Lors de l'apparition de cette secte, importée en 1818 par quelques riches familles écossaises qui, dit-on, appuyaient de moyens purement humains l'œuvre de leur prosélytisme, le gouvernement n'intervint

---

[1] Le lecteur ne s'attend pas à ce que je reproduise ici la description de l'*escalade*, entreprise honteuse tentée en pleine paix, et qui eut l'issue qu'elle méritait. Le duc de Savoie la caractérisa en disant à d'Albigny : « Vous avez fait là une belle .....! »

que pour protéger les dissidents contre les violences populaires, et fit preuve en cela d'une sage tolérance, ou, si l'on veut, d'un grand respect pour la liberté de conscience. On crut que le meilleur moyen pour faire tomber ces nouveautés était de ne point s'en occuper officiellement et de s'abstenir de persécutions; mais ce calcul ne fut point justifié par l'événement. Les *momiers*, dont le faible troupeau se bornait, dans l'origine, à quelques familles de la classe inférieure et moyenne, ayant pour pasteur un homme d'un médiocre talent, se sont recrutés dans les rangs de la haute société; ils sont actuellement nombreux, considérés, et ont une belle et spacieuse chapelle dans les *quartiers hauts*. Quelques-uns des ministres et des prédicateurs les plus éloquents de Genève ont penché secrètement ou se sont ouvertement déclarés pour la nouvelle doctrine, qui, disent-ils, n'est, après tout, que celle de Calvin ramenée à sa pureté primitive. Bref, ils ont réformé la réforme et accusé leurs adversaires de socinianisme et de déisme, sanctionnant ainsi, par leur témoignage, les reproches adressés dans le temps à la vénérable compagnie par Dalembert. Ces néo-protestants se distinguent par une grande austérité de mœurs, non moins que par l'ardeur de leur prosélytisme, et prennent au sérieux le christianisme, entendu à leur manière.

En octobre 1846, une affaire m'appelait à Genève; chemin faisant, on me dit qu'on s'y battait depuis le matin; à Lausanne j'appris que tout était fini, et que la diligence allait reprendre son service interrompu depuis la veille; j'avais hâte d'arriver et j'y montai.

Jamais je n'oublierai notre entrée dans Genève : c'était une ville prise d'assaut, et les vainqueurs en gardaient les portes. L'émeute, dirigée par le *jeune lion de Saint-Gervais* (nom de guerre de M. James Fazy), après avoir contraint le gouvernement à capituler, s'était rendue maîtresse de la ville et occupait tous les postes. Il pouvait être onze heures environ; la nuit était de toute magnificence, et la lune, dans son plein, brillait au plus haut du ciel, dont les étoiles scintillantes se reflétaient dans les eaux du lac, uni comme une glace. Sur toute cette admirable nature régnait une profonde paix, un calme solennel, qui formait le plus frappant contraste avec les scènes de mort qui venaient de se passer et l'aspect sinistre que présentait la ville. Le pont des Bergues, brûlé en partie, était interdit aux voitures, et nous dûmes le passer à pied; de fréquentes patrouilles, composées en grande partie d'enfants armés jusqu'aux dents, sillonnaient les rues, et, lorsqu'elles rencontraient quelques groupes de trois ou quatre personnes arrêtées et causant à voix basse, elles leur adressaient l'injonction impérative : « Circulez! » Le long du quai et sur la place Bel-Air, les boulets avaient fait voler en éclats les devantures de plusieurs boutiques; sur quelques points, les barricades obstruaient le passage ; aux abords de l'hôtel de ville, où le comité directeur siégeait en permanence, des sentinelles, placées de dix pas en dix pas, criaient d'un ton menaçant : « Passez au large! »

Quelle différence entre cette Genève tombée aux mains de l'émeute encore frémissante et enivrée de son triomphe, et la cité paisible et prospère que j'avais quittée quatorze ans auparavant! Je retrouvai mes amis atterrés : ils n'étaient pas dans les rangs des vainqueurs. Toutefois je dois dire, à la louange de cette population, que, pendant mon séjour de quarante-huit heures, je n'entendis pas signaler un seul acte de pillage et de violences, une seule atteinte contre les personnes et les propriétés : cette révolution populaire, bien qu'accomplie par les armes, était restée jusque-là, et est restée plus tard pure de tout excès. C'est au caractère génevois, non moins qu'à l'habileté et à la modération de James Fazy, qu'il faut faire honneur d'un pareil résultat.

En repassant à Genève, après un nouvel intervalle de plusieurs années, j'ai trouvé un bien autre changement, en ce qui touche du moins l'aspect des lieux : une ville nouvelle, créée par le chemin de fer, s'est élevée auprès de la ville ancienne; le faubourg de Saint-Gervais, jadis si laid et si sale, rivalise fièrement aujourd'hui avec le bourg de Four et ses demeures aristocratiques, et l'emporte de beaucoup sur lui par l'élégance et la régularité des constructions. La nouvelle église catholique, parfaitement bien bâtie, fait très-bon effet comme monument, et il y a une rue du Mont-Blanc, s'ouvrant sur le lac, précisément en face du géant de l'ancien monde, qui n'a pas sa pareille par une belle soirée d'automne. Ce nouveau quartier, qui offre un échantillon de la civilisation matérielle élevée à sa plus haute puissance, a plus d'un rapport fâcheux avec Baden-Bade et Hombourg : une maison de jeu y a été ouverte, et il est à craindre que, dans cette Genève *régénérée*, la civilisation morale et intellectuelle ne soit pas à la même hauteur que l'autre; ceux des Génevois qui sont compétents sur ces deux points en ont la conscience : ils se sentent déchus.

SAVOIE

Bonneville. — Vallée de Maglan. — Saint-Martin. — Bains de Saint-Gervais. — Prieuré. — Lac de Chède. — Chamouny. — Le Montanvert. — Le mont Blanc. — Le Brevent. — Les Bossons. — La Tête-Noire. — Montreux. — La dent de Jaman.

La route de Genève à Bonneville offre peu d'intérêt; c'est dans cette dernière ville qu'on s'arrête pour dîner, et, bien qu'elle soit la capitale du Faucigny, l'étranger, une fois levé de table, n'a rien de mieux à y faire qu'à aller stimuler le zèle de son cocher. Pendant que ses chevaux achèvent leur avoine, il peut prendre les devants, et aller voir la colonne élevée au roi Charles-Félix, pour avoir *ordonné* l'endiguement de l'Arve, opération qu'il a laissée, presque en entier, à faire à ses successeurs. L'argent qu'a coûté ce monument eût été plus judicieusement employé à avancer les travaux dont on voit au moins des échantillons des deux côtés du pont, ainsi que sur la route de Saint-Martin à Sallenches. Casaubon raconte, au sujet des inondations de l'Arve, que ce torrent, grossi par la fonte des neiges en 1572, fit rebrousser chemin au Rhône, à la suite de quoi les moulins de Genève tournèrent quelques heures en sens contraire.

A la fin d'un assez mauvais dîner, on nous a servi ici un fromage, nommé *chantemerles*, très-réputé dans le pays, et qui est venu tout à point pour me donner l'occasion d'utiliser une anecdote plaisante que j'ai lue dans le *Glossaire* genevois. En 1462, le duc Louis de Savoie, pour se soustraire aux violences de Philippe, son fils, se retira au couvent des cordeliers de Rive, et la duchesse, sa femme, Anne de Chypre, de la famille des Lusignan, « étant bien aise, dit Spon, de mettre à couvert quelques finances, » fit acheter un grand nombre de *chantemerles*, dont elle ôta le dedans, pour y cacher des pièces d'or et les envoyer dans son pays. Cet or n'arriva point à Chypre, car le duc Philippe, ayant eu vent de cet envoi, courut à la poursuite des mulets, les atteignit près de Fribourg, et s'empara de tous ces *chantemerles* si richement farcis.

Les habitants de ce pays regardent comme une injure le nom de Savoyard, auquel ils ont substitué, au mépris des lois de l'étymologie, celui de *Savoisien*. Ils ont tort : leur premier, leur véritable nom, a été assez illustré pour qu'ils n'aient pas à en rougir. En effet, le nombre des hommes marquants auxquels la Savoie a donné naissance est considérable. Brogny, cardinal de Viviers et conseiller de Martin V; Fichet, docteur de Sorbonne, recteur de l'Université de Paris; Saint-Réal, Vaugelas, Berthollet, Bouvard, Berger, étaient Savoyards, et, naguère encore, on comptait dans le Chablais et le Faucigny vingt-sept officiers généraux sortis, pour la plupart, du régiment des Allobroges, et ayant fait leur carrière pendant les guerres de la Révolution et de l'Empire. A une époque reculée, le Faucigny appartenait à la France, et fut cédé aux comtes de Savoie en échange de ce que ceux-ci possédaient en Dauphiné. Ce fut, disent les historiens, le troc de Glaucus et de Diomède, ce que la Savoie acquit valant dix fois mieux que ce qu'elle céda. Les princes de cette maison se montrèrent presque toujours habiles à agrandir leurs possessions, et ce n'était pas sans raison que le cardinal d'Ossat les appelait les *louveteaux de Savoie*.

Un des points les plus curieux de cette route est le défilé à l'entrée duquel est bâtie la petite ville de Cluse. Ce défilé, ainsi que la délicieuse vallée de Maglan qui y fait suite, a été décrit par une plume avec laquelle il serait dangereux de vouloir entrer en concurrence[1]. Je n'en dirai rien, me bornant à mentionner certaines parois de rochers d'une élévation prodigieuse, offrant une multitude de couches très-minces, superposées horizontalement, et alignées avec une telle régularité, qu'elles ressemblent à la tranche d'un livre mal relié ou à de la pâtisserie feuilletée. A dix pas plus loin, la stratification de la même paroi

---

[1] Celle de M. Nodier.

est complétement bouleversée. Les couches tourmentées se replient parallèlement dans tous les sens sans se briser, à peu près comme les veines de l'acajou ronceux. Comment les géologues rendent-ils raison de cette différence? Par quelle singulière circonstance la force qui a agi si puissamment sur ces couches encore flexibles qu'elle a pétries pour ainsi dire, et repétries, a-t-elle été sans effet à quatre toises de là, où on les voit dans leur position primitive?

En passant devant le nant d'Arpenas, filet d'eau qui tombe de plusieurs centaines de pieds et fait l'effet d'un pot à l'eau versé d'un huitième étage, on trouve de petits artilleurs *savoisiens*, qui, pour vos dix sols, vous saluent d'une salve de leurs canons de poche, dont les détonations produisent un roulement imposant, grâce à plusieurs échos qui se répondent. J'étais entassé, moi sixième, dans une diligence au complet, remplie de Parisiens plus familiarisés avec la nature de l'Opéra qu'avec celle des Alpes; le temps me paraissait long. Arrivés au village de Saint-Martin, nous vîmes, sur une terrasse et à la fenêtre du grenier de l'auberge, des chamois et un bouquetin qui nous regardaient d'un œil fixe et effaré; ils ne s'enfuirent pourtant pas à notre approche, étant empaillés. L'aubergiste nous invita poliment à venir les examiner de plus près; mais nous préférâmes l'hôtel de Sallenches, mieux placé, nous avait-on dit, pour jouir de la vue du mont Blanc. Souvent, dans notre impatience, nous avions mis la tête à la portière: c'était à qui le découvrirait le premier. En franchissant le pont, un même cri sort à la fois de toutes les bouches, comme le mot *Terre!* quand on a été longtemps prisonnier entre le ciel et l'eau : « Voilà le mont Blanc! pour le coup, c'est lui! » Aussitôt nous nous précipitons tous pêle-mêle hors de la voiture, pour nous livrer à notre aise à l'enthousiasme, vrai ou simulé, que cette vue nous inspire. « Le roi des montagnes élevait dans les nuages son front resplendissant d'un diadème de neiges éternelles. Les glaciers lui servaient de ceinture; assis sur son trône de rochers, il tenait suspendue l'avalanche foudroyante et étendait son sceptre de glace sur les cimes respectueuses des monts d'alentour[1]. » Je lui ai fait grâce volontiers du manteau de vapeurs dont l'a revêtu le génie du poëte; l'incognito poussé trop loin ne lui va pas. Quelques nuages légers flottaient seulement sur ses flancs et se teignaient des plus riches couleurs.

---

[1] Extrait de Byron, ou à peu près.

Ce spectacle était d'une inexprimable magnificence, et je n'ai pu m'en arracher que lorsque les derniers rayons du soleil eurent cessé de dorer cette cime majestueuse, dont les nuances pourprées, s'éteignant graduellement, finirent par disparaître tout à fait pour faire place au blanc le plus mat.

Si les voyageurs en ont le temps, ils feront bien de visiter les bains de Saint-Gervais, qui sont sur la route de Chamouny. L'établissement thermal est situé au fond d'une gorge romantique et sauvage, dont les constructions occupent toute la largeur; un torrent rapide, alimenté par la fonte des neiges d'un des revers du mont Blanc, forme, derrière la maison, une fort belle cascade, et entretient, dans cet étroit vallon, une fraîcheur délicieuse. Pour passer les jours brûlants de la canicule, Saint-Gervais est certainement à préférer à tout autre séjour, quand on veut faire une halte au milieu de ces contrées alpestres. Les environs offrent un grand nombre d'excursions intéressantes et de points de vue magnifiques[1]. On trouve, en outre, aux bains une partie de la belle société de Genève, et l'on y passe son temps assez gaiement. Mais il serait à désirer, dans l'intérêt du propriétaire comme dans celui de ses hôtes, qu'il eût été chercher ses idées et ses plans aux bains de Schinznach, à cet établissement modèle, au lieu de s'obstiner à les tirer de son propre fond et à faire de l'architecture qui rappelle les décorations d'opéra-comique. Au reste, ces eaux, sulfureuses et très-chaudes, ont de l'efficacité et sont d'année en année plus fréquentées. Les premiers médecins de Genève et de Lyon y envoient avec succès beaucoup de leurs malades.

Au-dessus du village de Chède, dont on aperçoit en passant la jolie cascade, on rencontre un tout petit bassin rempli d'une eau limpide qui dort entre des rives sinueuses, verdoyantes et ombragées de beaux arbres. C'est bien le plus joli lac en miniature qu'il soit possible de voir, et plus d'un propriétaire le payerait fort cher, s'il pouvait le transporter dans son parc. Il offre, en outre, une particularité frappante, c'est que l'imposante cime du mont Blanc s'y réfléchit tout entière, avec ses moindres détails de forme et de couleur. Ce contraste de la plus haute des montagnes de l'ancien monde, qui se reproduit dans le

---

[1] L'ascension du mont Joli et celle du Prarion sont en première ligne. On part également d'ici pour faire le tour du mont Blanc, course qui présente un extrême intérêt. Des femmes l'ont faite.

plus imperceptible de ses lacs, est d'un effet étrange. On dirait (qu'on me pardonne cette comparaison un peu recherchée), on dirait le *Jupiter Olympien* de Phidias se mirant dans un miroir de poche.

Les ondes cristallines et fraîches de ce petit lac sont exploitées par la jeunesse du village avec une industrie qui n'est pas tout à fait irréprochable : un enfant de dix à douze ans m'offrit sur une assiette un verre tout plein de cette eau appétissante. Je n'avais pas soif, et je remerciai ; mais le petit bonhomme était décidé à avoir mon argent de manière ou d'autre, et, en marchant sur mes talons pour me réitérer son offre, il eut soin de mettre à portée de mon bras son verre plein, que le mouvement du balancier ne tarda pas à renverser. Aussitôt ce fourbe en herbe me dit d'un air résolu : « Vous allez au moins me payer mon verre ! » Mais, comme j'avais la conscience que l'accident était calculé, je repoussai ses prétentions et lui fis une belle morale sur la scélératesse de cette combinaison machiavélique ; il la reçut de manière à me prouver qu'il n'en était pas à son premier verre cassé.

De Chède à Servoz on passe sur les débris d'un ancien éboulement. Le sol, formé de schistes et d'ardoises en décomposition, est encore si peu *tassé*, que le chemin descend d'année en année, et qu'il faut toujours le refaire plus haut qu'il n'était précédemment. Près du nant Noir, j'ai compté jusqu'à cinq anciennes voies, superposées les unes au-dessus des autres et successivement abandonnées. On crut avoir remarqué, lors de la chute d'une des aiguilles de Varens (1751), quelques phénomènes volcaniques ; mais cette opinion, qui s'est reproduite à l'occasion de tous les accidents de ce genre, a été reconnue inadmissible : l'erreur provenait, dans ce cas ainsi que dans les autres, des tourbillons de poussière qui s'élèvent, et que les observateurs superficiels prennent pour de la fumée, puis, en outre, des lueurs que jettent les pyrites enflammées, et qui jaillissent du choc de ces masses énormes, entraînées par un mouvement si rapide.

A peine arrivé à Chamouny, j'étais déjà en route pour le Montanvert, accompagné de mon guide, Michel Paccard, que je puis recommander aux voyageurs comme un honnête homme, adroit, intelligent et rempli d'attention pour les dames. Nous rencontrâmes, chemin faisant, des Anglaises qui retournaient au village, les unes portées sur des fauteuils par deux hommes, les autres s'appuyant ou plutôt se suspendant sur deux bâtons que les guides, marchant devant et derrière elles, maintenaient dans une position horizontale. Parvenu à la maisonnette, j'embrassai tout à coup d'un regard cette mer de glace tant célébrée; elle a produit sur moi une impression profonde, à laquelle les descriptions inexactes, incomplètes que j'avais lues (et peut-être mal lues), ne m'avaient nullement préparé. Mais il est nécessaire de la voir de près; il faut descendre au milieu de ses vagues immobiles, si l'on veut parvenir à s'en faire une idée juste. Vue de loin, sa surface vous paraît simplement fendillée et raboteuse. D'énormes blocs de granit sont entassés confusément sur les bords du glacier, qui les soulève et les repousse, comme les revers d'un immense sillon. Quelques-uns d'entre eux avancent avec lui, et pour ainsi dire suspendus sur ses sommités, qui se sont fondues peu à peu et amincies en cône, au-dessous du rocher qu'elles supportent, ainsi qu'un chapiteau. Des crevasses plus ou moins larges traversent en tous sens ce chaos de glace, où elles forment des gouffres de plus de mille pieds de profondeur, dont les parois, d'une extrême pureté, réfléchissent ces belles nuances d'azur et de vert de mer qu'on ne peut se lasser d'admirer. La mer de glace offre, dans toute sa longueur, une veine sombre qui la partage en deux moitiés; si on l'examine de près, on voit qu'elle a reçu cette teinte foncée des débris et *detritus* des rochers qui forment l'un des revers de la vallée; tandis que ceux de l'autre revers, moins friables, ne ternissent point la pureté de la glace qui s'accumule à leur base. Le Dru, l'Aiguille Verte, les aiguilles de Charmoz, les grandes et petites Jorasses, et plusieurs autres pics granitiques, s'élancent du milieu de ces éternels frimas et de ces neiges amoncelées, formant comme l'imposante colonnade de ce palais de l'hiver. Ils contribuent beaucoup à l'effet de la mer de glace et donnent ce caractère grandiose à la vue générale du Montanvert, tant par leurs gigantesques proportions que par la hardiesse de leurs formes.

J'ai pris, pour descendre, le sentier très-difficile de la *Félia*, qui n'est autre chose qu'un *couloir* d'avalanches, dangereux seulement au printemps; il aboutit à la source de l'Arveyron, qu'on signale comme curieuse. Malheureusement, la voûte de glace de dessous laquelle débouche le torrent s'était écroulée depuis peu de jours, et je n'en ai trouvé que des débris à demi fondus. Il y a des temps où, en s'évidant elle s'élève et s'élargit de manière à former un cintre imposant par ses dimensions. Mais le moment où elle mérite surtout d'être vue est celui où elle menace ruine. Je partage, au reste, tout à fait l'opinion de

M. de Chateaubriand, sur le peu d'effet et la saleté du glacier des Bois, qui, selon lui, a l'air d'une carrière de plâtre. « Les neiges, mêlées à la poussière du granit, m'ont paru, ajoute-t-il, semblables à de la cendre, et les couches de glace appuyées sur le roc ressemblent à un grossier verre à bouteille. »

J'en suis fâché pour les *causes finales*, que je ne puis m'empêcher d'aimer, parce que nous leur devons les pages consolantes d'un séduisant et quelquefois sublime rêveur, de Bernardin de Saint-Pierre; mais je ne saurais croire, en conscience, que la chaîne des Alpes, avec ses glaciers et ses neiges éternelles, ait été placée là tout exprès pour servir de réservoir au Rhin et au Rhône. La nature ou la Providence, si l'on admettait une semblable hypothèse, eût traité en marâtre les contrées où elle n'a pas placé de pareils réservoirs, dont, après tout, les fleuves peuvent se passer, puisqu'il en existe, en Europe et ailleurs, de considérables, dont l'existence est indépendante de ces causes. En rapportant ainsi tout à lui, l'homme s'imagine rehausser son importance, tandis qu'il ne fait, le plus souvent, que ravaler la dignité du Créateur à des détails mesquins par trop au-dessous d'elle.

Je suis revenu dîner à l'excellent hôtel de l'*Union*, où j'ai eu pour commensaux des élégants des deux sexes, qui s'étaient arrachés aux délices du boulevard de Gand et aux sorbets de Tortoni, pour venir errer au milieu des *cathédrales de la nature*, et se désaltérer aux canaux *calcaires* de l'invention de feu M. d'Arlincourt. J'avais à mes côtés un jeune Anglo-Indien, avec lequel j'étais venu de Sallenches, et qui, peu habitué aux courses de montagne, était tellement sujet aux vertiges et avait le pied si peu sûr, qu'en descendant de la cascade de Chède j'avais dû lui offrir mon bras. Je lui demandai comment il s'était tiré de la course de la mer de glace. « Oh! la mer de glace, me répondit-il, je l'ai vue avec un grand plaisir et sans me donner beaucoup de la peine. » Je pensai qu'il s'y était fait porter, mais il me détrompa, en me disant qu'il l'avait vue dans la maison voisine, sur un plan en relief parfaitement exact. Ceci n'est point un conte, foi de voyageur!

Après le dîner, je suis allé visiter aussi ce cabinet de curiosités, et j'ai eu grand plaisir à y voir deux chamois vivants qui avaient un petit, né en état de captivité. La femelle et son faon, extrêmement familiers, mangeaient dans la main; mais le mâle, qui avait été pris déjà grand, ne se laissait pas approcher. Dans le grenier qui leur servait de demeure, on avait fixé, à la hauteur de sept ou huit pieds, des planches superposées en étages, et cet animal s'y élançait d'un seul bond, passant de l'une à l'autre avec une agilité prodigieuse. Il retombait d'aplomb, les quatre pieds réunis, sur un étroit espace, et restait là, ferme comme un roc, en jetant sur nous un regard sauvage et méfiant. Le chamois est bien loin d'avoir les proportions élégantes et légères du chevreuil : son corps est plus ramassé, ses jambes sont plus grosses et relativement plus courtes; sa *physionomie* est moins fine et sa démarche moins gracieuse. Il tient davantage de la chèvre, mais n'a point cet air de nourrice qui la caractérise, et l'on reconnaît à l'instant en lui le farouche enfant des Alpes auquel la domesticité n'a pas imprimé son cachet dégradant.

C'est un spectacle d'une inconcevable magie que celui que présente la vallée de Chamouny par un beau clair de lune, et je ne puis mieux faire comprendre l'impression qu'il a produite sur moi qu'en renvoyant le lecteur à l'admirable description que la plume de M. de Chateaubriand a tracée d'une de ces belles nuits d'été des savanes de l'Amérique. Cette impression vague et profonde tient peut-être à ce qu'un pareil tableau réveille en nous l'idée de l'immensité, unie à celle d'un repos éternel. A mesure que l'obscurité augmente, le mont Blanc semble se rapprocher et grandir dans des proportions colossales. Au-dessus de sa base ténébreuse et des rochers dont ses flancs sont hérissés, s'élèvent les neiges pâlissantes de sa coupole, qui semble ne plus tenir à la terre. Lorsque la lune, sortant du sein des nuages, vient à répandre sa clarté blafarde sur cette masse imposante, mais un peu confuse, alors toutes les lignes deviennent plus précises, les formes s'accusent d'une manière plus nette, et les cimes pittoresques de ces nombreuses aiguilles, se dessinant hardiment sur le bleu foncé du ciel, projettent au loin leurs ombres fantastiques sur la vallée. Les pyramides d'albâtre du glacier des Bossons brillent au milieu de la sombre verdure des sapins qui les encadre, tandis que les arêtes sourcilleuses du Brevent contrastent, par leurs sombres teintes, avec la triple cime du mont Blanc, inondée d'une lumière argentée qui rend encore plus vif l'éclat scintillant des étoiles. Que l'on joigne à cela le calme mystérieux de la nuit, son silence solennel qui n'est troublé que par le bruit sourd et monotone de l'Arve, et l'on aura une faible idée de ce que ne peut rendre une plume aussi inhabile que la mienne.

Le soir, j'ai feuilleté le registre in-folio où les étrangers sont tenus d'inscrire leurs noms, et dans lequel on m'avait fait espérer que je trouverais de jolis dessins, des caricatures plaisantes et quelques bonnes pièces de vers. Je n'y ai vu qu'un croquis assez piquant de M. Daguerre, ainsi que deux ou trois petites scènes comiques reproduites avec esprit; l'une d'elles représentait un curieux désappointé, cherchant le mont Blanc dans les nuages, et renversant, à cet effet, la tête de telle sorte, que l'observateur placé derrière ce personnage apercevait son nez ressortant comme un bec dans la direction de son nadir. Dans un autre, c'était un badaud de Londres, un *cockney*, tout béant d'admiration en présence du colosse des Alpes et s'écriant : « *All white in august*[1] ! » On reconnaissait que beaucoup de feuilles avaient été arrachées du livre; il est à croire, en effet, que, lorsqu'il s'y trouve de ces *pochades*, faites de main de maître, elles n'y restent pas longtemps, et que des amateurs peu scrupuleux ne tardent guère à s'en emparer, en vertu du principe que ce qui n'appartient à personne appartient à tout le monde. L'inspection de ce livre m'a convaincu que nous étions, par goût, le peuple le moins voyageur de l'Europe. Il est vrai que, depuis ces trois dernières années, le beau monde a émigré en masse pour conspirer au milieu des Alpes, dans les établissements de bains, sur les grandes routes, etc.; mais, antérieurement à cette époque, on trouve un très-petit nombre de noms français dans cette foule de noms anglais, russes et allemands. Ce concours de voyageurs, qui se succèdent sans relâche pendant trois mois de l'année, occupe, à Chamouny, quarante guides et soixante-dix mulets, qui partent, à tour de rôle, en suivant l'ordre des numéros. Si l'étranger désigne un guide hors du tour, il ne peut l'avoir qu'en dédommageant celui qui se trouve supplanté. Paccard m'a assuré qu'avant cet arrangement, lui et dix ou douze des guides les plus connus, étant presque constamment employés, gagnaient par an, y compris le louage de leur mulet, environ douze cents francs chacun. Mais il faut que tout le monde vive; le monopole en conséquence a été aboli, et maintenant chaque homme inscrit au tableau ne gagne plus que douze ou quinze louis par saison.

On parle encore aujourd'hui ici du courage et de la force musculaire qu'ont déployés deux Écossaises, madame Campbell et sa fille, il y a une

---

[1] Quoi! tout blanc au mois d'août!

dizaine d'années. Elles ont, les premières de leur sexe, franchi le col du Géant, pour se rendre à Courmayeur, et suivi, dans toute sa longueur la mer de glace afin de visiter le *Jardin*, rocher couvert de végétation et de fleurs, qui forme comme une oasis au milieu de ces solitudes glacées; elles sont montées au sommet du Buet, qui est, après la cime du mont Blanc, le point le plus difficile à atteindre de toute cette chaîne. Ces différentes courses sont de dix ou douze heures, et une grande partie du chemin se fait sur la neige et la glace, au travers des crevasses et le long des précipices. Une femme du pays a eu la gloire, assure-t-on, de parvenir au sommet du mont Blanc; c'est Marie Coutet. Elle avait suivi son frère et quelques autres des guides qui faisaient l'ascension pour leur instruction ou leur plaisir, et ne comptait nullement aller jusqu'au bout; pourtant, moitié par bravade, moitié par curiosité, elle continua à marcher avec eux, jusqu'à ce que, près d'atteindre la dernière cime, les forces lui manquèrent; alors son frère et ses compagnons la chargèrent tour à tour sur leurs épaules, et la portèrent là où jamais femme n'avait encore mis le pied. Depuis lors on la désigne sous le nom de *Marie du Mont-Blanc*. Une de ses compatriotes, mademoiselle d'Angeville, a eu le même honneur plus tard.

Quoique depuis M. de Saussure cette ascension ait été fréquemment tentée avec succès, elle n'est cependant pas encore devenue une chose assez commune pour que le voyageur qui l'a effectuée puisse être regardé comme un *homme de tous les jours*[1]. De 1787 à 1827, dix-huit voyageurs, y compris M. de Saussure, ont atteint la cime du mont Blanc; neuf d'entre eux étaient Anglais, et dans les dix-huit on ne compte pas un seul Français. Une des dernières relations que j'aie lues, et je dois ajouter l'une des plus intéressantes, est celle de deux Anglais, le capitaine Markham Sherwill et le docteur Clarke, qui, partis de Chamouny le 25 août 1825, à sept heures du matin, atteignirent la cime du mont Blanc le lendemain, à trois heures après midi, et furent de retour au village le jour suivant, à deux heures. Après tout, dit le capitaine Sherwill en finissant, je ne conseillerai à personne de tenter une ascension qui ne peut amener aucun résultat assez important pour contre-balancer les dangers que court le voyageur et qu'il fait courir aux guides qui l'accompagnent. On est obligé d'en prendre six pour chaque personne,

---

[1] Traduction littérale d'une bonne expression anglaise ; *an every-day man*.

et on les paye à raison de douze francs par jour, ce qui, avec les vivres et autres objets de première nécessité qu'il faut emporter, rend encore cette expédition assez coûteuse. Paccard et un autre guide m'ont assuré qu'il était impossible de garantir la vie sauve à ceux qui l'entreprenaient, en raison des cas imprévus. L'un des plus dangereux, ce sont, disaient-ils, les *écrevasses* recouvertes de neige; M. de *Chaussure* y aurait été infailliblement englouti sans le sang-froid intrépide d'un de ses guides. On sait que trois de ceux qui accompagnèrent le docteur Hamel, en 1820, périrent entraînés par une avalanche. Cet essai malheureux ne découragea pourtant pas deux Anglais, MM. Clissold et Jackson, qui tentèrent l'ascension, le premier en 1822, et le second l'été d'après. Ils atteignirent le sommet sans accident. On raconte que, revenus à Genève, ces messieurs y furent, comme de raison, l'objet de la curiosité générale. Les savants s'empressèrent autour d'eux pour savoir quelles observations ils avaient recueillies. « Aucune. » Et les questionneurs de demeurer ébahis. « Eh quoi ! pas la moindre remarque météorologique ? Mais vous aviez tout au moins un baromètre ? — Non ; à quoi bon ? — Pourquoi donc alors avez-vous tenté cette ascension au péril de votre vie ? — Simplement pour voir quelque chose de nouveau et pouvoir dire que nous avons été là-haut. — Voilà qui est bien anglais ! pensèrent les Génevois en s'éloignant. — Ces pédants de Genève sont drôles avec leur baromètre ! » se dirent les chercheurs d'émotions.

Je n'ai point à raconter de prouesses de ce genre, m'étant borné à monter sur le Brevent. Cette course, l'une des plus intéressantes qu'offre la vallée, est sans aucun danger, et n'a de bien pénible que la portion du trajet qui commence au chalet Pliampraz et finit au sommet du passage nommé la *Cheminée*. Jusqu'au chalet, vous gravissez en zigzag, dans un couloir d'avalanches rapide, dépouillé et couvert de pierres roulantes, puis vous franchissez, par un sentier roide et raboteux, quelques étages de rochers presque verticaux, et vous vous trouvez sur un plateau assez vaste d'où vous jouissez déjà d'une vue étendue sur le mont Blanc et la vallée; beaucoup de curieux s'en contentent et ne vont pas plus haut. J'y rencontrai des dames françaises qui y étaient montées à dos de mulet; elles me souhaitèrent un bon voyage, souhait qui n'était pas superflu, en raison des difficultés que j'eus à surmonter dans cette dernière partie de ma course. La neige ramollie, d'abord peu épaisse, le devint bientôt à tel point, que nous y enfoncions parfois jusqu'à la ceinture; nous en avions presque toujours au-dessus du genou. Quand je posais le pied, elle semblait m'offrir une certaine résistance; mais, lorsque tout le poids du corps venait à porter sur ce fond peu solide, il cédait tout à coup, et je disparaissais jusqu'à mi-corps. Alors il fallait faire, pour se tirer de là, de nouveaux efforts à peu près aussi infructueux. Qu'on joigne à cet obstacle la roideur de la pente, qui était à peu près de quarante-cinq degrés, et l'on aura une idée des difficultés de notre ascension. Le guide n'avançait pas plus vite que moi; l'un et l'autre nous piétinions sur place; nous mîmes plus de deux heures à parcourir un trajet qu'on fait habituellement en trois quarts d'heure. Après avoir escaladé la *Cheminée*, qui n'est point aussi effrayante ni aussi pénible qu'on le dit, nous trouvâmes une neige ferme qui craquait sous nos pas, et en vingt minutes nous atteignîmes la cime du Brevent, observatoire de six mille cinq cents pieds d'élévation, qui domine toute la vallée de Chamouny et vous permet de contempler le mont Blanc face à face. Vous n'êtes qu'à la moitié de sa hauteur, il est vrai, mais la distance le rabaisse presque au niveau de votre œil. Le soleil était radieux; il n'y avait dans le ciel qu'un seul petit nuage léger qui reposait sur la dernière cime du mont Blanc, et en laissait par intervalles distinguer le contour. Il changeait à chaque instant d'aspect, tantôt formant comme une aigrette sur la tête chenue du monarque des Alpes, tantôt la coiffant ainsi qu'une calotte, ou la barrant d'une bande diaphane; mais il ne bougeait pas de là, et l'on eût dit qu'une attraction puissante l'y fixait, en dépit du vent qui en altérait les formes. Mon guide en était fort impatienté et aurait voulu que, pour l'honneur de son mont Blanc, ce nuage importun fût balayé dans l'espace. Quant à moi, j'y tenais peu; il faisait si bon là-haut! le soleil me pénétrait d'une douce chaleur, il n'y avait point de vent; l'air était léger et pur; mon regard plongeait dans la vallée, depuis le col de Balme jusqu'au Prarion; il planait sur toutes les sommités d'alentour et sur le mont Blanc, qui, vu d'ici, reprenait sur elles la supériorité qu'elles semblent lui contester lorsqu'on les compare avec lui depuis le village. De ses flancs descendaient, en flots immobiles, les glaciers des Bossons, des Bois, d'Argentière, se prolongeant entre des arêtes granitiques, pittoresquement dentelées, qui semblent comme les arcs-boutants de cette montagne colossale. Un ciel pur et lumineux ajoutait à l'effet de cette scène sublime; l'œil était ébloui de l'éclat des neiges, et l'âme, profondément émue d'un spectacle si nouveau, contemplé d'une telle hauteur, éprouvait une sorte de vertige qui n'était pas sans charme[1].

Je restai là deux heures, confortablement assis sur quelques touffes de gazon, et y prenant un léger repas, dans lequel nous bûmes à la glace. Mon guide ne me pressait point de descendre; il tenait à honneur de me faire voir, à découvert, cette dernière cime qu'il m'annonçait devoir nous apparaître à chaque instant; mais l'obstination du nuage susdit lassa enfin la sienne, et nous quittâmes, à mon grand regret, notre station aérienne pour redescendre sur la terre. Du Brevent on peut, sans repasser par Chamouny, atteindre le sommet du Buet, et aller coucher à Valorsine; mais c'est une course terrible qui demande une force herculéenne, et que jamais les guides ne vous proposent les premiers. Cependant M. Henri de Rougemont, de Neuchâtel, dont j'ai eu l'occasion de mettre à l'épreuve l'obligeance et le jarret infatigable, a effectué les deux ascensions dans la même journée. Il marcha presque constamment, sur ces pentes rapides, depuis sept heures du matin jusqu'à dix heures du soir.

Il est vrai qu'en descendant on va plus vite et avec moins de peine: on se laisse glisser sur la neige; mais la première épreuve que je fis de cette manière d'aller faillit ne me pas réussir. Que mon lecteur se rassure : je courais risque seulement de m'enfoncer une côte ou deux, ou bien de me fouler un membre; il n'y avait point ici de précipice qui ouvrît pour m'engloutir ses incommensurables profondeurs; mais deux petits rochers à fleur de terre m'attendaient au bas d'une glissade d'une soixantaine de pieds, sur laquelle je descendais bien plus vite que je n'aurais voulu. J'en fis, en passant, l'observation au guide, homme vigoureux et d'un grand sang-froid; il m'empoigna à temps, m'arrêta, mais, ébranlé lui-même par le contre-coup, il tomba par-dessus moi, fit deux ou trois tours sur lui-même, et réussit pourtant à se retenir. La leçon me profita; je ne tentai plus cette méthode expéditive que là où lui-même m'en donna l'exemple. C'est un plaisir que de descendre de la sorte; je m'asseyais sur la trace que mon homme avait faite, et me lais-

---

[1] Voici de beaux vers de Byron ; on croirait qu'il les a faits sur le Brevent :

> Soaring snow-clad, through thy native sky,
> In the wild pomp of mountain majesty,
> I gaze beneath thy cloudy canopy,
> In silent joy to think i gaze on thee.

sais aller; mais, dès que je m'apercevais que j'allais trop vite, je m'étendais aussitôt sur le dos, tout de mon long, et, multipliant ainsi les points de résistance, je ralentissais l'impulsion d'autant. Il me suffisait de me remettre sur mon séant pour l'accélérer de nouveau. Voici à quoi se sont bornées mes aventures... Mais je me trompe; il en est une qui glacera d'effroi les âmes sensibles et fera palpiter les amateurs d'émotions. Arrivés au couloir d'avalanches dans lequel serpente le sentier, mon guide, qui marchait à quelques pas en avant, se jeta brusquement de côté en levant les bras au ciel et en s'écriant d'une voix altérée : « Ah! mon Dieu! » Ses traits de vieux soldat portaient tous les signes de la plus vive terreur. « Rangez-vous! cria-t-il de nouveau, rangez-vous! c'est un rocher... » Je levai les yeux dans la direction des siens, et vis en effet une grosse masse qui arrivait sur nous en bondissant. Incertain sur ce que j'avais à faire, je regardai mon homme, dont les muscles faciaux, contractés par l'effroi, se relâchèrent soudain quand il reconnut sa méprise. « C'est un sac de fourrage! » me dit-il; et nous éclatâmes de rire l'un et l'autre. J'y eus moins de mérite que le guide, car, ne pouvant mesurer toute l'étendue d'un danger nouveau pour moi, et dont lui avait sur-le-champ compris toute la gravité, je n'avais eu ni le temps ni l'esprit d'avoir peur. Ce danger est terrible : souvent il suffit d'une pierre grosse comme les deux poings, qui descend de ces hautes sommités, pour tuer un homme. Dans sa prodigieuse vélocité, elle vous emporterait la tête ainsi qu'un boulet, et il est toujours difficile de l'éviter, en raison de ses ricochets, dont la direction change à chaque nouveau bond. Les gros rochers sont de beaucoup les plus dangereux, non-seulement à cause de leur volume, mais parce qu'ils entraînent une grêle de pierres à laquelle il devient presque impossible d'échapper.

C'est pourtant le chantre Bourrit, de Genève, qui, avec son style boursouflé et les transports de son admiration trop souvent niaise ou extravagante, a le plus puissamment contribué à mettre à la mode le mont Blanc et la vallée de Chamouny, découverte il y a moins d'une centaine d'années par deux voyageurs anglais, MM. Pococke et Windham, qui, les premiers, osèrent s'y aventurer armés jusqu'aux dents. Leur entrevue avec les *naturels du pays* rappelle, aux grains de verre près, la manière dont s'établirent les premiers rapports entre Cook et les insulaires de la mer du Sud. Ces visiteurs inspirèrent aux habitants, par leur appareil guerrier, la crainte et la méfiance qu'ils éprouvaient eux-mêmes;

le curé s'avança vers eux comme parlementaire, et les rassura, en leur offrant, en bon français, de venir déjeuner à la cure. Plus tard, le célèbre Saussure fit de cette vallée le théâtre de ses explorations géologiques; mais ses travaux et l'ouvrage qu'il publia n'intéressaient guère que les savants et ne furent connus que d'eux. Il fallait un descripteur, un homme à phrases, et la Providence, qui veillait sur ces montagnards, leur envoya Bourrit. Son nom est ici en vénération, et les aubergistes, dont il a été le bienfaiteur, se faisaient un honneur et un devoir de lui prouver leur reconnaissance, en l'hébergeant gratis pendant les séjours qu'il venait faire tous les ans dans cette vallée, dont il était le cicerone en chef. Lorsqu'il arrivait des voyageurs de grande distinction, ou des personnes qui lui étaient recommandées, il s'empressait de leur en faire les honneurs en personne, avec un air d'importance amusant; on eût dit que la vallée de Chamouny et le mont Blanc étaient sa propriété. Il accompagnait les nobles étrangers partout, et, ayant fait une étude approfondie de l'art de bien voir, il les dirigeait dans leurs plaisirs, avec une obligeance quelquefois tyrannique. En allant au Montanvert, par exemple, il imposait tout à coup silence à la bande qu'il guidait, de peur que le retentissement des voix ne fît rouler des pierres du haut de certaine pente excessivement rapide. Sur le point d'arriver en vue de la mer de glace, il vous prescrivait de marcher à reculons, pour vous réserver tout l'effet du premier coup d'œil. Après vous avoir fait admirer un point de vue sous ses différents aspects, « Faites comme moi! » s'écriait-il : et aussitôt le bonhomme faisait volte-face, puis, baissant la tête, il contemplait la nature entre ses deux jambes écartées qui, servaient de cadre au paysage. A tout cela il mettait une gravité extrême, et eût trouvé fort mauvais qu'on se fût permis d'en rire.

Le glacier des Bossons mérite qu'on lui consacre une course à part. Il faut le traverser, ce qui est facile, et examiner de près ses prismes de glace, les plus beaux et les plus purs que je connaisse en Suisse; l'extrémité inférieure du glacier en est hérissée. On ne pourrait sans danger y pénétrer, ces pyramides s'écroulant d'un instant à l'autre, soit en entier, soit en partie; mais, du haut de la moraine la plus récente, on jouit parfaitement du coup d'œil, et l'on se fait une juste idée de l'élévation de ces cônes de glace, que j'estime avoir quarante ou cinquante pieds de leur base à leur pointe. Quand le soleil donne dessus, ils sont brillants comme l'albâtre le plus pur. On distingue parfaitement ici trois moraines, c'est-à-dire trois de ces renflements du sol, soulevé ou accumulé par le glacier. La plus nouvelle de toutes est entièrement nue, et ne se compose que de gravier et de rochers confusément entassés; la seconde, plus anciennement abandonnée, est déjà tapissée de gazon et recouverte de quelques touffes de broussailles; la troisième enfin, qui date d'une époque beaucoup plus reculée, est occupée par un bois de sapins déjà grands, et dont plusieurs paraissent vieux. C'est à gauche du glacier que cette distinction est surtout sensible[1]; elle m'a prouvé que le glacier s'était successivement retiré à trois époques différentes.

Qui s'attendrait à trouver les Romains sur le chemin du mont Blanc? Ils y sont pourtant venus, à en croire d'ingénieux étymologistes, qui font dériver le nom de Chamouny de *campus munitus* (champ fortifié); j'aime mieux, quant à moi, l'explication du curé, qui le fait venir tout uniment de *champ-mouni* (le champ du meunier). Un autre savant en *us*, un docteur de Sorbonne, a également découvert l'étymologie du nom de Vetraz, village des environs: c'est évidemment, selon lui, la corruption de *vetera castra* (les vieux camps). Après tout, que ces bons Savoyards descendent des légionnaires romains ou des envahisseurs burgondes, peu importe; c'est une honnête race d'hommes. Ils sont laborieux, intelligents, moraux et plus éclairés que bien des bourgeois de Genève, qui les regardent en pitié du fond de leurs boutiques. Ils m'ont paru vraiment religieux et fort dévoués à leurs princes, et ce n'est point dans ces vallées que les gens qui rêvent un bouleversement doivent venir chercher des auxiliaires.

Je ne conseillerai le passage du col de Balme qu'aux voyageurs qui auront eu mauvais temps ici, ou n'auront pas bien joui du mont Blanc et de l'ensemble de la vallée: la vue de cette station les en dédommagera. S'il n'en est pas ainsi, on fera bien mieux de prendre le chemin de la Tête-Noire, infiniment plus pittoresque et moins pénible[2]. D'Argentière à Valorsine, le sentier n'a point d'intérêt; il traverse une solitude dépouillée, hérissée de rochers sans grandeur et sans caractère; mais, après avoir dépassé les Montets, la végétation reprend, et le chemin, qui suit quelque temps le torrent pour s'élever ensuite à mi-côte,

---

[1] Je veux dire sur le rebord opposé au village de Chamouny.
[2] Je les connais l'un et l'autre, étant venu trois fois à Chamouny.

vous offre une succession non interrompue de beautés sévères et d'émotions nouvelles, jusqu'au hameau de Trient. C'est surtout en descendant à Chamouny que j'ai trouvé ce passage admirable. Depuis les rochers de la Tête-Noire, cette gorge sauvage, revêtue de forêts de sapins déjà dans l'ombre, s'ouvrait pour laisser apparaître les aiguilles granitiques du mont Blanc, et une partie de sa cime, qu'illuminait le soleil à son déclin. C'est certainement un des tableaux les plus poétiques et les plus imposants que la nature des Alpes m'ait encore offerts.

Quand on a atteint le sommet de la Forclaz, la vue, jusqu'alors resserrée dans une vallée étroite, s'étend et plane sans obstacle sur un immense horizon, embrassant tout le Valais et la double chaîne des Alpes, qui se réunit à la Furca et dont les deux revers parallèles forment cette longue et étroite vallée du Rhône, dans laquelle, pour me servir d'une expression du capitaine Sherwill, le fleuve fait l'effet d'un fil d'argent serpentant sur un tapis vert. J'apercevais, sur ces hautes sommités et entre ces pics innombrables, une multitude ou plutôt une succession non interrompue de glaciers, qui m'a rendu croyable une assertion que j'ai lue quelque part : savoir, que l'on compte du mont Blanc aux frontières du Tyrol quatre cents glaciers occupant une superficie de cent vingt milles carrés! J'aime peu les vues à vol d'oiseau, sauf le cas où, comme celle-ci, elles vous mettent à même de vous graver dans la tête la configuration et l'aspect de tout un pays et de tout un système de montagnes.

Bourrit, en parlant du val d'Antremont, peu éloigné d'ici, assure que le terrain y est tellement léger, qu'on y laboure avec des chèvres, dressées à ce genre de travail. Cette assertion m'avait paru si étrange, que j'en parlai à Paccard, en lui exprimant mes doutes : « Je ne puis pas, monsieur, vous dire positivement ce qui en est, me répondit-il, n'étant jamais allé de ces côtés-là, mais je me souviens bien avoir entendu conter à mon grand-père qu'il y a par ici, dans les environs, des endroits où l'on met les cochons à la charrue. » Pour concilier ces deux graves autorités, je ne vois rien de mieux que d'atteler la chèvre de Bourrit et le cochon de Paccard à la même charrue et d'en faire hommage au comité central d'agriculture. Le val de Bagne offre une particularité remarquable et mieux constatée : c'est que la lettre *l* est bannie de son alphabet. Les habitants disent *o muhet* pour *le mulet*. Dans une autre localité, c'est le *d* dont l'usage est proscrit.

Revenus à Martigny, où l'on nous a servi pour dîner toute une couvée de poulets à la coque, nous avons pris une voiture pour refaire le chemin que nous connaissions déjà. Je me suis arrêté de nouveau une demi-heure à la cascade de Pisse-Vache, dont j'ai joui plus complétement que la première fois : l'affreux crétin n'y était plus. Tout bien considéré, ce qui manque à cette belle chute, c'est l'accessoire d'une fraîche végétation; rien ne va mieux à ces eaux écumeuses et scintillantes que le contraste de la verdure. Ici le rocher est entièrement nu, d'un ton de couleur froid et terne. Le nom de cette cascade a du moins le mérite, s'il n'est ni poétique ni de bon goût, de présenter une image assez fidèle; et c'est là tout ce que le naïf inventeur en voulait; il a bien rencontré, puisque ce nom a fait fortune.

Voulant passer le lendemain la dent de Jaman, d'où la vue s'étend sur tout le lac de Genève, je vins coucher ce soir-là à Montreux, grand et beau village magnifiquement situé à mi-côte, au-dessus du château de Chillon, et non loin de Clarens. C'est la Provence de cette partie de la Suisse; l'exposition en est si heureuse et le climat si doux, qu'on peut voir dans plusieurs jardins des figuiers, des lauriers et des grenadiers en pleine terre; il y existait même il y a peu de temps un olivier, qui, à la vérité, ne portait pas de fruits. Pendant un hiver que j'ai passé à Genève, où nous avons eu deux pieds de neige, on n'en a eu à Montreux que deux ou trois pouces, qui ont fondu dans les vingt-quatre heures. Aussi les médecins de cette ville et de Lausanne y envoient pour l'hiver ceux de leurs malades dont la poitrine est attaquée ou menacée. Le *creux du Valais* et le fond du lac, vus d'ici, font un admirable effet, qui se modifie à chaque heure de la journée; c'est à ne pas s'en lasser, et j'en ai vécu, pour ainsi dire, pendant huit jours passés à Montreux il y a quelques années. Le soir, j'allais voir M. le pasteur Bridel, homme d'esprit qui connaît à fond tout ce qui a rapport à la Suisse et à son histoire. Je lui dois beaucoup; outre ce que j'ai appris dans sa conversation, j'ai puisé dans son *Conservateur* plusieurs faits curieux.

Un de mes vieux amis m'a conté que, passant à Montreux en 1790, il fut vivement choqué de voir, sur la place du Marché, un pauvre diable enfermé dans une cage tournant sur un pivot, et en butte aux risées et aux ignobles projectiles des polissons du village. Cette punition dégradante était généralement employée en Suisse à cette époque, et ce pilori du bon vieux temps y portait le nom de *trulle*. J'en ai encore vu un, il y a peu d'années, à l'entrée du pont de Dietikon, près de Zurich, et j'ai lu qu'il en existait jadis un à Genève, sur la place du Molard, « pour enfermer les ivrognes. » On faisait alors bon marché de la dignité de l'homme, ce que nul ne songeait à trouver mauvais. Lorsqu'un individu, par exemple, condamné à une amende pour un délit correctionnel, ne pouvait ou ne voulait payer, il était « contrainct, disent les vieux documents, courir en chemise par la ville. » Cédant à mon penchant connu pour les vieilleries, je ne puis m'empêcher de citer encore un fragment curieux du *Coutumier*, manuscrit du pays de Vaud : « Si quelques hommes ou femmes à marier viennent à commettre crime, pour lesquels ils soient adjugés à mort, ycelle adjudication nonobstant, s'il vient une fille ou un garçon, qui n'aurait été marié, requérir à la justice le condamné pour l'avoir en mariage, il lui sera délivré, sans prendre mort, et abandonné en liberté et franchises, en restituant à la justice les coustes supportées, » etc.

Le chemin qui mène, par le *plan de Jaman*, dans le canton de Fribourg et le Simmenthal, est agréable et peu pénible, à l'exception d'un certain bois où le sentier, grossièrement pavé, forme des zigzags nombreux et rapides. La matinée était brumeuse; je marchais dans les nuages, jouissant peu, mais espérant beaucoup. Il était près de midi, et c'est l'heure à laquelle le temps se lève, ou s'établit au mauvais pour le reste du jour. Lorsque j'atteignis le sommet du passage, le soleil, vainqueur des brouillards, brillait du plus pur éclat; je me retourne enchanté, et, au lieu du lac, je vois une mer de vapeurs floconneuses, d'un blanc nacré, qui se confondaient d'un côté avec le ciel, et d'où s'élevaient de l'autre, ainsi que des récifs, les montagnes abruptes de la Savoie, dont la base plongeait dans les brouillards. Ce spectacle était d'un effet singulier et avait de la grandeur. J'attendis assez longtemps un changement de décoration, qui enfin arriva : peu à peu les nuages se dilatèrent, s'élevèrent, et mon œil put embrasser sans obstacle l'ensemble de ce vaste panorama, dont les détails disparaissent en raison de l'élévation et de la distance; c'est un peu une carte géographique. M. Raoul-Rochette a donné une excellente description de ce point de vue renommé; elle est écrite de main de maître, et, de plus, parfaitement exacte, mérite assez rare. Je ne la referai point, et me bornerai à citer l'exclamation d'un pâtre de Gessenay, venu pour voir le lac Léman : « Dieu me préserve, s'écria-t-il en l'apercevant tout à coup du *plan* de Jaman, Dieu me préserve d'aller dans un pays où le ciel vient de tomber! » C'est à peu près la même impression qu'éprouvait, à cette vue, une paysanne fribourgeoise, qui dit : « Il m'a semblé qu'il y avait deux ciels; l'un en haut et l'autre en bas. » Au-dessus de la dent de Jaman est le sommet de la chaux de Naye, d'où l'on voit le lac de Neufchâtel et la chaîne des Alpes depuis le Saint-Bernard jusqu'au Titlitz; « les trente-deux vents y tiennent foire, » disent les gens du pays.

Ce passage est exposé au printemps à de fréquentes avalanches, et a, sous ce rapport, une mauvaise réputation qui date de loin. M. Bridel, en m'en parlant, me cita l'autorité du géographe de Charles-Quint, Gérard Mercator, dans la *Cosmographie* duquel on voit : « Combien grand et espouvantable est le précipice du mont Mustruac (Montreux), duquel tombent et se perdent chaque année plusieurs bêtes de somme et des hommes mesmes! » Nous n'y eûmes d'autre aventure que la chute d'une petite pierre, qui passa près de nous en ronflant et faisant des ricochets perfides. Notre guide fribourgeois s'en montra bien plus effrayé que nous, en ce qu'il s'attendait à en voir descendre de plus grosses. D'abord il soupçonna que ce pouvait être une espièglerie de quelque pâtre; mais, n'apercevant personne sur ces hautes sommités, il trouva plus simple de s'en prendre à l'esprit malin.

BERNE

Gessenay. — Les fromages. — Zweysimmen. — Thoune. — L'Oberland. — Interlaken. — Lauterbrounen. — Le Staubbach. — Le Grindelwald. — La Jungfrau. — Le Reinchenbach. — Meyringhem. — Le Grimsel. — Brientz. — Le Giesbach. — Berne.

Je recommande aux paysagistes cette partie de la route qui s'étend de Montbovon à la Tine; elle s'élève à mi-côte dans un défilé couronné des plus magnifiques ombrages, et au fond duquel bouillonnent les eaux limpides de la Sarine. Éclairé par le soleil du matin, ce site est d'un effet ravissant; c'est un tableau tout composé, d'un caractère agreste, mystérieux, plein de fraîcheur et de repos. Je m'étonne de ce que cette route, qui mène de Vevay dans l'Oberland bernois, en passant par Bulle, ne soit pas plus fréquentée des voyageurs : elle est excellente et fort pittoresque. Quand on atteint Zweysimmen, on est sur le territoire de Berne, et l'on s'en aperçoit à l'air d'aisance qui se fait remarquer dans les habitations, construites en bois et avec recherche. Chaque maison, outre sa galerie, a encore un petit balcon orné de fleurs. Le pignon forme la façade, sur laquelle sont percées les fenêtres, que protége la saillie considérable du toit, qui s'arrondit quelquefois en cintre. J'en ai compté jusqu'à trente-six sur le pignon d'une maison. Lorsqu'il vient à passer un étranger ou que quelque événement éveille la curiosité publique, voilà une multitude de têtes qui sortent de toutes ces ouvertures; cela forme un coup d'œil singulier, et fait penser aux poulets qu'on met en mue. C'est surtout dans le Simmenthal que j'ai admiré le plus de ces palais rustiques ; on dirait autant de résidences royales du bon Alcinoüs. Chaque habitation de ce genre est entourée d'enclos cultivés avec soin, et dans lesquels la rose et le dahlia ne dédaignent pas d'orner les carrés de choux et de navets. On aime à voir les paysans s'occuper de la culture des fleurs ; cela prouve qu'ils ont du loisir, et que les soucis matériels de la vie ne les absorbent pas au point de les empêcher de songer à ses jouissances. Le goût des peintures à fresque a même pénétré jusqu'ici, et j'ai vu, sur la façade d'une des maisons de Zweysimmen, le *Combat de Goliath et de David*. L'artiste, afin de donner au géant une expression plus terrible, a imaginé de lui peindre sur son profil un œil de face, ce qui est d'un grand effet.

La fabrication des fromages est la principale industrie, ou, pour parler plus juste, la seule de cette contrée d'un caractère éminemment pastoral et alpestre. M. de Bonstetten croit voir l'étymologie de son nom, *Saanenland*, dans un vieux mot allemand, encore en usage dans le Nord, et qui signifie *crème*. Il a été jadis bailli dans ce district, et c'est par là qu'il a commencé sa carrière administrative : son début dans les fonctions publiques fut marqué par une circonstance plaisante. La veille ou l'avant-veille de son départ pour son bailliage, un vieux conseiller de sa connaissance le fit prier de ne pas manquer de passer chez lui. M. de Bonstetten, ne doutant point que ce patricien influent n'eût à lui faire quelque communication officielle, ou peut-être quelques instructions bienveillantes à lui fournir, se hâta de se rendre à son invitation. Lorsqu'ils furent seuls, le vieux conseiller lui dit gravement : « J'ai un conseil à vous donner : j'ai été, dans mon temps, bailli à Gessenay, et je vous dirai qu'il arrive assez souvent que les administrés qui vous doivent au nouvel an un grand fromage vous en apportent deux petits. Ne tolérez pas cet abus, car j'ai observé que les gros sont bien meilleurs et se gardent mieux. » Je ne sais si M. de Bonstetten répondit :

Cette leçon vaut bien un fromage, sans doute ;

mais je puis dire qu'il prenait grand plaisir à raconter l'anecdote avec quelques autres du même genre. Aussi n'était-il point aimé à Berne, qu'il n'aimait guère. Sans doute c'était par erreur que la nature avait fait naître dans le Nord cet *homme du Midi*.

Il y a soixante ans, on eût à peine trouvé une seule charrue dans ces vallées du Simmenthal et de Gessenay, riches l'une et l'autre en excellents pâturages. Les habitants y ont tous deux domiciles : l'un où ils résident pendant l'hiver, l'autre, plus élevé, dans lequel ils se transportent au commencement de la belle saison avec leur bétail. Il arrive parfois que, lorsque les vaches sont montées sur les *Alpes* les plus hautes, un abaissement subit de la température a lieu à la suite d'un violent orage : alors une neige abondante blanchit momentanément les montagnes. C'est un instant de crise pour le bétail et les pâtres. Les vaches, épouvantées, ne pouvant plus s'orienter pour redescendre, se serrent les unes contre les autres au point de s'étouffer, ou bien, en courant çà et là dans leur effroi, elles se précipitent du haut des rochers. On a vu, en ces occasions, des troupeaux de deux ou trois cents vaches, affamées par les neiges, revenir dans la vallée d'elles-mêmes et conduites par leur seul instinct. Les fourrages mis en réserve pour l'hiver se trouvant épuisés, on a été plus d'une fois dans la nécessité, dit-on, de les nourrir avec leur propre lait, ressource qui, je pense, ne pouvait pas longtemps suffire.

Toute cette portion du pays appartenait jadis à l'ancienne et puissante famille des comtes de Gruyères, qui, l'ayant engagée pour des sommes considérables à des créanciers qu'elle se trouva dans l'impossibilité de satisfaire, eut la douleur de voir le gage passer entre les mains des Bernois et des Fribourgeois, auxquels les créanciers l'abandonnèrent moyennant le remboursement immédiat des sommes qui leur étaient dues. Ces arrangements étaient alors assez communs, et souvent les bourgeois des villes, enrichis par leur esprit d'ordre et d'économie, ont su faire tourner habilement à leur profit les habitudes de faste et de prodigalité de leurs nobles voisins. Cette petite cour des comtes de Gruyères était brillante; c'était le rendez-vous de tous les chevaliers et barons du pays, et l'on nous a conservé le récit de ses fêtes. Le fou du comte Pierre, Girard Chalamala, y remplissait le rôle principal. Tantôt il égayait l'illustre assemblée par ses bouffonneries, tantôt il donnait à son maître, sous la forme d'une facétie, de salutaires leçons[1]; d'autres fois il racontait, de même que les bardes écossais, les faits relatifs à

---

[1] Comme lorsqu'il lui dit, par exemple, que « l'*ours* de Berne faisait cuire la *grue* dans un chaudron; » cette allusion prophétique sur les *armes* de Berne et celles du comte se vérifia.

l'histoire de la *comté de Gruyères*, et les exploits de ses intrépides défenseurs. Il disait comme quoi *ceux* de Berne et de Fribourg avaient été taillés en pièces, à Villars-sous-Mont, par les pâtres de ces vallées, que conduisaient Clarimboz et Ulrich Berner *au bras de fer;* comme quoi ces deux vaillants hommes d'armes s'étaient battus si longtemps et avec un tel acharnement, qu'il avait fallu employer l'eau chaude pour détacher leur main de la poignée de leur bonne épée, que le sang de l'ennemi y avait collée en se coagulant. Il ajoutait que, en cette occasion, les femmes de Gruyères, bien avisées, chàssèrent vers les Bernois, à l'entrée de la nuit, toutes leurs chèvres, après leur avoir attaché à chacune une torche de résine flamboyante entre les cornes, et décidèrent par ce stratagème la déroute des ennemis.

L'histoire de la comtesse Marguerite, telle que la chronique la raconte, est naïve et a bien la couleur du temps; elle ferait à merveille dans une ballade ou un fabliau, et je la recommande à mon spirituel et ingénieux ami M. Émile Deschamps. Cette intéressante châtelaine, mariée depuis plusieurs années, se désolait avec son noble époux, le comte de Gruyères, de n'avoir pas d'enfants. Prières, vœux, pèlerinages, rien n'y faisait. Un soir que, toute dolente, elle était entrée dans une petite chapelle pour y chercher de la résignation et de l'espoir, un pauvre homme, Jean le Boiteux, vient s'agenouiller non loin d'elle. Il l'entend soupirer, prier avec ferveur, et, trompé par l'obscurité du lieu, il ne doute pas que cette femme ne soit aussi, elle, une mendiante. Il tire alors de sa pannetière le pain et le fromage qu'il a reçus en aumône, et les partage charitablement avec elle en lui disant : « Que Dieu vous vienne en ayde ! » La comtesse, regardant ce cadeau et les paroles qui l'accompagnaient comme d'un heureux présage, accepte sans se faire connaître. Revenue au château, elle paraît toute radieuse au souper, et donne ordre de servir, devant le comte et ses hôtes, deux plats d'argent recouverts, dans lesquels elle avait fait mettre le pain et le fromage du mendiant; elle raconte alors son aventure, puis distribue à chacun des convives une portion de cette offrande, qui, dit-elle, doit lui porter bonheur. Le vieux chapelain, Joseph Ruffieux, dit, en mangeant la sienne, qu'il avait aussi le pressentiment que le souhait de Jean le Boiteux s'accomplirait. On but gaiement à la réalisation de cette prédiction; neuf mois après, la comtesse mit au monde un fils beau comme le jour.

Lorsque ce petit pays fut passé sous la domination bernoise, à son grand regret, il subit le sort qu'avait eu la *patrie de Vaud* : il fut administré par des baillis bernois, et tous les habitants eurent à devenir protestants par ordre du grand conseil. Le nouveau culte, imposé par la force, ne s'annonça pas sous des auspices propres à lui concilier les esprits parmi ces populations fières et indépendantes. Le protestantisme portait à cette époque un caractère d'exagération fanatique, bien éloigné de cet esprit de tolérance qu'il a affecté depuis partout où il n'a pas été le plus fort. Le rigorisme des autorités bernoises menaça de la corde, du fer et du feu, ces pauvres pâtres qui, jusqu'alors, s'étaient livrés sans contrainte à leurs innocents divertissements. La danse, et avec elle la gaieté, fut bannie de ces vallées; la représentation des *Mystères* tirés des Écritures y fut interdite sous des peines sévères; des gens se virent condamnés à l'amende pour avoir fait venir du Valais une bande de musiciens dans le but de fêter des amis; il fut défendu de rester au cabaret après le soleil couché et d'y dépenser plus de cinq sous, le tout parce que « des signes avaient paru dans le ciel, pronostiquant la fin du monde, » et qu'une montagne s'était écroulée dans un canton voisin. On supprima les fêtes de village, et des délits de diverse nature furent punis par des peines hors de proportion avec leur gravité, qu'exagérait un fanatisme rigide et sanguinaire. Ces malheureux montagnards étaient tellement exaspérés contre la doctrine nouvelle qui sanctionnait ces rigueurs, qu'un berger déclara publiquement qu'il donnerait sa meilleure vache pour que la messe fût rétablie. Ils conservaient, en outre, toujours une vive affection pour leurs anciens maîtres; et, lorsque le dernier comte de Gruyères mourut et que la famille se trouva éteinte, ils se montrèrent « désolés d'une désolation par trop grande[1] », dit naïvement un chroniqueur.

Il n'existe peut-être pas de pays où il se fasse une consommation de café relativement plus grande que dans ces vallées. On en importe annuellement pour une somme qui m'a paru incroyable, et il a été remarqué que l'usage de cette boisson, porté à l'excès, date de la prohibition de la vente des spiritueux prononcée en 1735. Dans les réunions de famille, dans les fêtes qui suivent la récolte des foins, le café se fait par chaudières, qu'on achève de remplir de crème, et dans lesquelles s'engloutissent plusieurs pains de sucre à la fois. On raconte qu'un amateur, invité à prendre le café chez un ami, passa chez lui, avala huit tasses de ce breuvage favori, et repartit en toute hâte, s'excusant

---

[1] *Desolati desolatione nimis magnâ.*

auprès de l'amphitryon de ce qu'il lui était impossible d'accepter son invitation pour ce jour-là. Souvent les repas de noces se prolongent pendant toute une semaine; la nappe est mise en permanence, et le chaudron de café rempli aussitôt que vidé. Aussi la prodigalité des habitants de ce pays est-elle passée en proverbe : « Si les gens du Gessenay et ceux de l'Ober-Hasli avaient été économes, les premiers attacheraient leurs vaches avec des chaînes d'or et les seconds avec des chaînes d'argent. » Leurs voisins de Frutigen ne leur ressemblaient pas sous ce rapport, et les paysans de cette vallée, dit une chronique, jurèrent de ne pas manger de viande pendant sept années, afin de pouvoir acheter, des barons de Thurn, leurs seigneurs, l'exemption de tout impôt.

Le Simmenthal renferme de belles choses, dont on profite en passant, mais qu'on n'y vient pas chercher, faute de les connaître. Les *Sept-Fontaines*, près d'Anderlenk, méritent d'être vues, et quelques voyageurs pénètrent de temps à autre jusqu'ici sur la foi de leur Ebel. J'ai visité ces vallées latérales, qui sont d'un caractère sauvage et tout à fait alpestre. Ce n'était pas sans étonnement que j'entendais parler français dans les villages les plus reculés. La raison en est qu'avant la dernière révolution, il n'y avait pas un seul de ces pâtres qui n'eût servi en France, de l'âge de vingt ans à vingt-cinq. Nulle part, en Suisse, le métier des armes n'était plus populaire; chacun, ici, tenait à honneur d'avoir fait son temps. Malgré cette circonstance, les habitants ont conservé toute la simplicité pastorale; la venue d'un étranger ne peut les faire déroger à leurs habitudes, et c'est le seul endroit de la Suisse où l'on m'ait fait dîner à onze heures. Mon repas, qui n'était pas très-bon, avait du moins le mérite d'être original : on me servit un *bouilli* flanqué de quatre poires cuites, et le beurre frais, accessoire obligé des pommes de terre en robe de chambre, arriva coquettement couronné de fleurs.

Lorsque le voyageur débouche du Simmenthal par le défilé si pittoresque qui tourne la base du Stockhorn, il est frappé, à la fois, de tout ce que le lac de Thoune et les environs offrent d'enchanteur. Il se trouve sur les confins de l'Oberland, de cet abrégé de la Suisse, qui renferme, dans un espace resserré, les beautés de différents genres qu'on va chercher dans les vingt-deux cantons. Ici la nature lui présente tous les caractères, s'embellit de tous les contrastes, depuis les sauvages horreurs du Grimsel jusqu'au bassin gracieux de la vallée d'Interlaken; depuis les affreux glaciers, descendant des flancs dépouillés du Schreckhorn, jusqu'à l'élégante cascade du Giesbach, qui se perd sous des touffes de verdure.

Thoune est une jolie petite ville, délicieusement située, et que rend très-vivante ce continuel concours de voyageurs qui se dirigent vers l'Oberland ou en reviennent. Si vous arrivez là en homme un peu novice sur le chapitre des excursions alpestres, le sommelier de l'hôtel du Freyhof, que son coup d'œil exercé trompe rarement, s'empare de vous : il vous accroche sur les épaules un petit sac de voyage nommé *torniste*, que rend imperméable la peau de chien marin dont il est recouvert; il vous passe en sautoir la bouteille clissée contenant le kirsch-wasser destiné à corriger la crudité de l'eau des montagnes; vous met à la main le long bâton ferré que surmonte une corne de chamois, et, vous armant voyageur, il crie, comme le héraut des anciens tournois : « Laissez aller ! » (non sans ajouter : *Largesses!*). Aussitôt voilà tous ces nouveaux *Saussure* qui, poussés par leur curiosité et leur humeur aventureuse, partent, dans toutes les directions, pour explorer des régions déjà rebattues, affrontant la cupidité écorchante des aubergistes, bravant les mauvais dîners, les lits durs, et s'exposant, en l'honneur de la nature, à gagner des courbatures glorieuses.

Les voyageurs ne doivent pas manquer de voir la somptueuse et élégante villa que M. de Rougemont a bâtie sur la Schadau, ainsi que le manoir féodal d'Oberhof, restauré avec tant d'intelligence et de goût par mon digne et si regrettable ami, le comte Frédéric de Pourtalès.

Lorsqu'on se rend en bateau de Thoune à Unterseen, on jouit d'une vue admirable par sa grandeur non moins que par la diversité des objets. Les montagnes qui encadrent le bassin du lac, du côté de Leisigen et de Neuhaus, se distinguent par l'escarpement de leurs flancs et l'aspérité de leurs contours. Elles sont sillonnées, de haut en bas, de nombreuses nervures, qui, revêtues de forêts dans leur partie inférieure, et adoucies, plus haut, par une couche de gazon d'un joli vert, y multiplient à l'infini les accidents d'ombre et de lumière. On ne peut pas dire de leurs sommets que ce soient des pelouses, mais ce ne sont pas non plus des rocs sourcilleux. Deux gradins de ces montagnes osseuses s'élèvent en étages, et forment comme le corps avancé des hautes Alpes, qu'on voit dominer majestueusement dans le fond du tableau. La Blumelis-Alp, la Jungfrau, les deux Eiger, le Schreckhorn, étonnent l'œil par la hardiesse de leurs lignes anguleuses, tranchant nettement sur le ciel, et l'éblouissent par l'éclatante pureté de leurs neiges, qui brillent jusque dans la région des nuages, tandis que la verdoyante pyramide du Niesen et la cime bizarrement dentelée du Stockhorn se réfléchissent dans les eaux transparentes du lac, dont les rives sont ombragées des plus beaux arbres et parsemées de villages et d'habitations isolées. Si vous vous retournez, c'est un autre aspect : la contrée change de caractère, tout y est gracieux et reposé. Thoune vous apparaît sortant du sein des eaux et de la verdure, et formant le centre d'un paysage aussi riant que varié, sur lequel la vue erre avec délices. A droite s'élève le château, dont les tourelles légères se dessinent sur le ciel, et, par delà, plusieurs plans de collines, pittoresques à la manière de celles de Claude Lorrain, vont, en s'abaissant par degrés, se confondre dans un lointain vaporeux.

Le château, qui fait le plus bel ornement de ce ravissant paysage, fut, au quatorzième siècle, le théâtre d'un fratricide. Hartmann, comte de Kybourg, qui y faisait sa résidence, y périt de la main de son frère Éberard, et son corps, tout sanglant, fut précipité du haut des tours. A cette vue, le peuple s'ameuta et cerna le château, qu'il menaça de réduire en cendres. Les parents et les amis du comte se réunirent pour tirer vengeance de sa mort. Mais « la fortune, toujours du parti des grands crimes, » favorisa le meurtrier : il mit dans ses intérêts la ville de Berne, dont il obtint la bourgeoisie, à la condition que, s'il mourait sans enfants, la seigneurie de Thoune serait dévolue à la république naissante. Moyennant cet arrangement, il put jouir en paix, sa vie durant, du fruit de son crime. Il n'eut pas d'héritiers, et les Bernois ne tardèrent pas à recueillir le prix du marché. On se montrait alors peu scrupuleux sur les moyens de s'arrondir, et tout prouve que la politique des intérêts n'est pas chose nouvelle.

Pendant la traversée, je m'amusai à faire causer mes bateliers. L'un d'eux, vieillard sensé, en me parlant de l'excellente route nouvellement ouverte dans le Simmenthal, me dit, entre autres choses : « Oh! si nos gracieux seigneurs du petit conseil avaient employé autrefois l'argent du canton à un pareil usage, ils auraient fait deux bonnes choses d'un coup : le pays en vaudrait mieux aujourd'hui, et puis nous n'aurions pas eu les Français sur les bras; car c'est tout cet argent amassé depuis tant d'années dans leurs grands coffres de Berne qui nous a attiré l'ennemi dans le pays. Il a pillé ce trésor qui ne nous servait à rien, et puis le paysan a été, par-dessus le marché, vexé, maltraité, ruiné. Voilà des économies qui nous ont fait là un beau profit ! » Ce qu'il y a de remarquable, c'est qu'en parlant de la sorte cet homme faisait de l'histoire. Il est bien avéré aujourd'hui que la connaissance qu'avait le Directoire de l'existence des trente millions enfouis dans les caves de l'hôtel de ville à Berne a été un des principaux motifs de l'envahissement de la Suisse. On savait, en outre, à Paris, que l'arsenal renfermait un matériel immense, dont on avait également besoin. Les millions et les fusils, transportés sur-le-champ à Paris, furent employés, à ce qu'affirment plusieurs écrivains dignes de foi, à l'expédition d'Égypte, et l'on voit encore aujourd'hui, sur les bords du Nil, des pièces de monnaie frappées à l'effigie de l'ours de Berne.

En prenant terre à Neuhaus, on s'aperçoit qu'on entre dans la Suisse à la mode, dans la belle nature du beau monde. Des chars nombreux sont là qui attendent les nouveaux débarqués; une foule de gens s'empressent autour d'eux : désirez-vous un guide? vous faut-il des chevaux pour faire la tournée de l'Oberland par les montagnes, ou bien un char pour pénétrer dans ses vallées? Mais vous voulez vous donner le temps de la réflexion, et, si vous êtes seul, vous montez dans l'*omnibus* qui part pour Interlaken. Il n'y a guère que les novices, en effet, qui s'arrêtent à Unterseen, village triste et noir dont l'auberge serait pourtant admirablement située, si ce n'était ce rang de baraques enfumées qui s'interpose entre elle et la Jungfrau. Mais nous avons soif de verdure et d'ombrages, nous autres amateurs, et les magnifiques noyers d'Interlaken, ses pelouses veloutées et ses pensions *comfortables* nous appellent. A peine avons-nous franchi le pont et tourné l'angle de la rue mal pavée d'Aarmuhle, que nous roulons rapidement et sans cahots dans cette belle, cette incomparable allée, que bordent des noyers séculaires, entre lesquels resplendissent, éblouissantes, les neiges de la Jungfrau, et dont les immenses coupoles nous enveloppent de fraîcheur et d'ombre; des chars s'y croisent en tous sens; des voyageurs arrivent, repartent; de nombreux promeneurs, des fashionables des deux sexes, en élégant négligé, *flânent* sur les côtés de la route, cherchant à distinguer, parmi les nouveaux venus, des figures de connaissance. Nous passons devant des maisons d'une propreté recherchée, à plusieurs étages, et dont chacune a sa galerie vitrée, ses fleurs, ses bancs placés près de la porte; ce sont les diverses pensions. Par les fenêtres entr'ouvertes des appartements, meublés avec une simplicité qui n'exclut point le bien-être, nous apercevons de ces figures et de ces toilettes qui nous rappellent la patrie. Les airs nouveaux de Rossini et d'Auber, qu'accompagnent les sons du piano, arrivent de toutes parts à notre oreille; nous entendons parler de tout ce qui fait le thème banal des conversations à Paris, à Londres et à Vienne; en un mot, nous retrouvons au milieu de ces montagnes et de cette nature agreste la civilisation raffinée de nos grandes villes, avec leurs idées, leurs travers et leurs mœurs; contraste piquant, et qui, pour l'observateur, n'est pas sans intérêt. L'*omnibus* s'est arrêté devant l'hôtel; une des maîtresses de la maison, mademoiselle *Marianne*, dont le costume bernois fait valoir la tournure leste et dégagée, vient nous recevoir d'un air de politesse et d'empressement qui n'a rien de commun avec l'accueil bourru qu'on vous faisait ici il y a une dizaine d'années, alors que ces montagnards n'avaient point encore appris à vivre. Parlant à quatre en styles différents, comme on l'a dit de César, elle répond en anglais aux interminables objections du *gentleman*, s'égaye ensuite, avec l'artiste parisien, sur la vétilleuse exigence de l'insulaire, riposte par une plaisanterie au compliment que l'étudiant prussien lui adresse en beau langage, puis gourmande, dans son rogue patois suisse, la lenteur des servantes. Enfin, cette active et obligeante fille ne vous quitte point qu'elle ne vous ait vu, non pas pendu, mais convenablement installé.

Les voyageurs qui auraient besoin d'un bon guide et seraient bien aises, en outre, de reposer leurs yeux sur la plus honnête face de Suisse qui fut oncques, peuvent demander Jean-Jacob-Michel, d'Unterseen. Il sait toutes ses montagnes de l'Oberland sur le bout du doigt, ne vous fait pas grâce du nom de la moindre corne (*Horn*), du plus petit ruisseau et du plus obscur glacier. Il entremêle ses explications topographiques de remarques historiques, politiques et morales, qui y jettent beaucoup d'agrément. De plus, il est d'une fidélité à toute épreuve, toujours de bonne humeur, et sait assez de français pour sa consommation et celle des étrangers. A tous ces titres il en joint un autre non moins puissant : il est pauvre et a une nombreuse famille.

Michel commença ses fonctions auprès de ma personne en me conduisant sur un tertre d'où l'on jouit d'une charmante vue sur les lacs de Brientz et de Thoune, ainsi que sur la délicieuse vallée d'Interlaken. « Point de glaciers pourtant ! » mais on en est dédommagé par un site riant et frais, par des eaux limpides et le majestueux Niesen, du sommet verdoyant duquel Jésus-Christ, disent les gens du pays, est monté au ciel. L'imagination la plus poétique ne saurait certes lui donner un plus beau marchepied. Sur ce tertre, le point le plus heureusement placé des environs d'Interlaken, M. Seiler, qui est le marquis de Carabas de la contrée, vient de faire bâtir une maison pour la louer aux étrangers. Non loin d'ici, au-dessous des ruines de l'antique manoir d'Unspunnen, est un petit pré, à mi-côte, d'où l'on domine tout ce bassin, le lac de Brientz et l'ouverture de la vallée d'Oberhasli. Madame la duchesse de R***, séduite par la position pittoresque de ce coin de terre, a voulu l'acheter. On lui a fait payer sa fantaisie champêtre quinze mille francs, autant qu'il m'en souvient, et elle s'est bornée jusqu'à présent à faire construire sur ce terrain un banc en signe de prise de possession. C'est acheter un peu cher le plaisir de s'asseoir chez soi en très-belle vue.

Interlaken est le point central où se réunissent les voyageurs qui veulent parcourir ou ont parcouru l'Oberland. C'est pour eux comme une étape forcée, un lieu de halte. Beaucoup d'étrangers se fixent, en outre, ici pour un mois et plus, séduits par ce site enchanteur ainsi que par la facilité que leur offrent, pour un établissement temporaire, de nombreuses pensions où l'on est bien et à bon marché. Il en coûte journellement cinq francs par personne ; pour ce prix modique on a deux repas, le thé le soir et une chambre commode. De plus, il est rare que parmi la société nombreuse et choisie qui se réunit en ce lieu de tous les points de l'Europe, il ne se rencontre pas quelques-unes de vos connaissances. Il est vrai que, si vous ne faites que passer, vous ne pouvez vous en assurer qu'en courant les pensions et les auberges pour consulter les registres, car il n'y a pas de lieu de réunion. Avant la Révolution de 1830, le salon de M. le bailli de Steiger servait de rendez-vous aux voyageurs sociables. Lui et madame de Steiger faisaient les honneurs d'Interlaken avec la plus obligeante politesse et le savoir-vivre le plus exquis. Il est à croire qu'ils ne seront pas remplacés de longtemps.

L'étranger ne se doute guère, en contemplant cette ravissante contrée, cette terre fertile, revêtue partout d'un luxe de végétation tel qu'on ne le voit nulle part, qu'elle peut à peine fournir aux besoins de la population toujours croissante qui l'habite. Ce n'est pourtant que la vérité, et l'on peut ajouter que si la misère augmente, à l'avenir, dans les mêmes proportions, il est probable que ce paradis terrestre finira, avant peu, par ne plus avoir que des mendiants pour habitants. La commune d'Aarmuhle, l'une des plus aisées de ce bailliage, comptait, il y a dix ans, cent vingt ménages, dont trente et un ne possédaient pas un seul pouce du sol, et cultivaient, pour vivre de pommes de terre, de petites portions des terrains communaux qui leur étaient allouées pour un temps[1]; sur les autres ménages, dix-sept n'entretenaient qu'une chèvre ou deux, et n'avaient qu'un *juchart* en terre arable ou en pré[2]. Vingt-huit ne pouvaient nourrir qu'une vache; seize en avaient deux, et un seul propriétaire, le plus riche de tous, en tenait neuf. Le dernier gouvernement a tenté en vain d'introduire dans ces vallées diverses branches d'industrie, afin d'y créer quelques ressources pour les habitants pauvres; mais il n'a pu y réussir, et ses efforts ont échoué contre l'indolence et les habitudes routinières de ces montagnards. M. de Steiger était pourtant parvenu à mettre un peu en faveur, dans son bailliage, la fabrication des blondes : grâce à ses soins persévérants et à l'habileté de quelques bonnes ouvrières qu'il avait fait venir, il comptait cinquante ou soixante femmes en état de gagner leur vie par ce genre de travail. Au reste, le goût de l'émigration, que l'exemple de quelques colons heureux a propagé dans la classe indigente, contribuera peut-être à retarder l'accroissement du mal. Il est à remarquer que tous ceux des habitants qui sont passés en Amérique, ayant une famille de plusieurs enfants et exerçant un métier quelconque, ont fait fortune, c'est-à-dire se sont trouvés, au bout de peu d'années, au-dessus du besoin et possédant quelque chose, tandis que ceux, au contraire, qui n'étaient que cultivateurs ont mené une vie misérable, trouvant à peine le moyen de gagner par leur travail le pain de la journée.

En quittant Interlaken pour me rendre à Lauterbrounen, je remarquai, sur un rocher, une inscription portant que ce lieu a été, au moyen âge, ensanglanté par un fratricide. L'intérêt arma deux frères l'un contre l'autre; l'un d'eux succomba dans cette lutte impie, et le meurtrier, chassé du pays, mourut sur une terre étrangère. C'est une idée que je n'approuve pas que celle d'aller exhumer de pareils faits pour les livrer à la curiosité des voyageurs. En général, je trouve que les Suisses spéculent trop sur les souvenirs et les beautés qu'offre leur pays, et ce

[1] Ce fait, qui m'a été attesté alors par un des hommes les mieux informés du pays, ne peut qu'avoir empiré depuis.
[2] La juchart a quarante mille pieds carrés.

concours de curieux qui affluent chez eux me semble avoir été, jusqu'ici, plus à l'avantage de leur bourse que de leur caractère national. La saison des voyages est, à vrai dire, un temps de récolte pour les habitants, qui n'en ont guère d'un autre genre, et il est, après tout, naturel qu'ils s'efforcent d'en tirer le plus de parti possible. « La saison est assez bonne ; les étrangers ont passablement *donné* cet année ; l'ouvrage ne va pas mal. » Voilà ce qu'on entend dire ici partout. La plus grande partie de l'argent que dépensent les étrangers reste, à la vérité, aux aubergistes, aux voituriers et aux guides ; mais il en arrive toujours quelque chose, par ricochet, entre les mains du pauvre. Le voyageur semble une proie qui entre dans le domaine public ; il voit déboucher, de tous les coins, grands et petits qui le guettent au passage et l'assaillent, armés d'une assiette pleine de poires vertes ou de méchantes prunes, ou bien encore de petits cristaux et d'autres spécimens curieux du règne minéral. Ailleurs, c'est l'irrésistible verre de lait frais ou l'appétissant bouquet de fraises. Dans des hameaux, j'ai vu des enfants qui, se trouvant pris au dépourvu et n'ayant rien à offrir, cueillaient à la hâte une fleur sur leur fenêtre et nous poursuivaient dans l'espoir de l'échanger avec avantage contre un *batz*. Singulier pays ! on ne peut y voyager sans avoir constamment une main dans sa poche et l'autre à son chapeau.

Le chemin qui s'élève, par une pente douce, en suivant le cours impétueux de la *Lutschine-Blanche* est excellent. Il a été réparé en entier dans l'année qui vient de s'écouler. Il fut emporté, en diverses parties, par les inondations qui ont désolé l'Oberland ; j'en vis les ravages encore tout récents, quelques semaines seulement après qu'ils avaient eu lieu, et ce n'est qu'en traversant ces blocs de rocher confusément accumulés, ces ponts à demi rompus, en voyant ces chemins minés, ces habitations renversées, ces vastes espaces couverts d'un gravier stérilisant, que je pus me faire une idée exacte de l'irrésistible violence de ces torrents des montagnes, alors qu'ils sont grossis par des pluies extraordinaires ou prolongées. C'est surtout sur cette route-ci que leurs effets destructeurs m'ont le plus vivement frappé.

Avant de pénétrer dans la vallée de Lauterbrounen, on passe au pied d'un rocher immense, appelé le *Hunnenflue* (rocher des Huns), nom qui lui vient, dit-on, de l'invasion de ces hordes barbares. Il est coupé absolument à pic et se compose d'une multitude de couches minces, superposées horizontalement avec une si parfaite régularité, que, de loin, on croit y voir un ouvrage élevé par la main des géants. Je ne prétends point contester à ce rocher son étymologie respectable : on retrouve, en effet, en Suisse, plusieurs traces du passage des Huns. Muller dit, à ce sujet, que, dans les traditions de sa patrie, tous les ravages sont attribués à Attila, toutes les vieilles tours à César, et toutes les institutions religieuses à Charlemagne.

Ce n'est que lorsqu'on est arrivé à la hauteur de l'auberge qu'on aperçoit la chute du *Staubbach* (ruisseau de poussière); j'y ai couru tout d'abord. C'est bien, en fait de cascade, tout ce que l'on peut rêver de plus gracieux à la fois et de moins imposant. Le Staubbach semble se dérouler lentement, ainsi qu'une écharpe de gaze, le long d'une paroi verticale de huit cents pieds d'élévation, et les amateurs du style romantique pourraient le comparer à l'ombre vaporeuse d'une naïade qui craint de tomber, ou bien à la ceinture flottante des vierges de Morven. Après avoir examiné cette chute d'un peu loin, je suis monté sur un petit tertre conique, formé en entier des graviers qu'elle a accumulés au pied du rocher. Au-dessus de ma tête et à une grande hauteur, je vois se balancer un léger nuage qui semble se perdre dans les airs, mais retombe en pluie fine pour inonder l'observateur. C'est un filet d'eau presque imperceptible détourné du jet principal. Celui-ci, parvenu à la moitié de sa chute, forme comme une colonne de poussière, dont les tourbillons diaphanes se jouent sur le flanc du rocher, qui, toujours ruisselant, étincelle, ainsi que de l'argent poli, aux rayons du soleil. Sur cette masse d'humides vapeurs, sans cesse refoulées, changeant sans cesse d'aspect, se déploie un iris mobile, dont la forme et les nuances varient, d'un instant à l'autre, au gré d'une brise capricieuse. Ces couleurs brillantes, fugitives, le mouvement de ces eaux, ou plutôt de ce fleuve de nuages, sont d'un effet qui ne saurait se décrire. La cascade du Staubbach ne peut être comparée à aucune autre; elle appartient au genre aérien, vaporeux (soit dit sans jeu de mots), et est éminemment originale et élégante. Le caractère imposant du paysage dont elle fait partie lui nuit, selon les uns; mais, en y réfléchissant, je me sens porté à croire, au contraire, qu'il contribue à la faire valoir. En effet, si la chute du Niagara se trouvait dans un pareil site, ce serait d'une grandeur et d'une majesté écrasantes, et l'on perdrait le charme résultant des contrastes. Je n'ai point encore vu de vallée du genre de celle-ci : elle est resserrée entre un double mur de rochers complétement à pic, dont la hauteur moyenne est de mille à douze cents pieds, et vient aboutir à un immense rempart de glaces amoncelées qui descendent des flancs de *Mœnch* et du *Gletscherhorn*. Bien au-dessus de ces terrasses gigantesques s'élève la cime de la Jungfrau, incomparablement plus pittoresque, plus hardie, que ne l'est celle du mont Blanc, et surtout plus heureusement encadrée, soit qu'on la contemple de Lauterbrounen ou qu'on la voie d'Interlaken. Ici les accessoires sont admirables, grandioses, et dignes en tout de l'objet principal du tableau, dont l'ensemble est sublime.

Ce petit village portait jadis le nom de *Sanctus Andreas ad fontes limpidos*, ce qui est la traduction latine de son nom actuel, lequel est on ne peut mieux trouvé. La vallée de Lauterbrounen compte, en effet, vingt ruisseaux limpides, tombant en cascades, et dont la réunion forme la Lutschine-Blanche; parmi toutes ces chutes, celle du *Schmadribach*, qui est tout au fond de cette *impasse*, a été fort vantée, et plusieurs voyageurs la préfèrent même à celle du Staubbach. Je voulais être à même d'en faire la comparaison; mais, quand on m'eut appris qu'il y avait pour quatre heures de marche de l'auberge à ces deux ou trois filets d'eau que, de loin, je voyais blanchir sur la masse rembrunie des rochers qui barraient la vallée, j'ajournai mon expédition. Avant que de retourner à l'hôtel, j'allai visiter une cascade singulière qui n'a pas de nom, et mériterait celui d'*Invisible*, que je propose aux touristes. On l'entend tonner, sans la voir, dans les entrailles d'un rocher d'une prodigieuse élévation, au travers duquel l'impétueux torrent s'est scié un passage à la longue. Ce n'est qu'à trente ou quarante pieds du sol qu'on le voit jaillir tout écumant du gouffre étroit et ténébreux qui le cachait aux regards. Les gens de la vallée assurent qu'en hiver ces cascades offrent un spectacle fort extraordinaire quand le froid les saisit, et transforme ces eaux écumeuses en brillantes stalactites de glace. On dirait alors autant de pilastres de cristal, élevés le long de cette immense paroi, et se colorant des plus riches reflets prismatiques. Assurément l'imagination d'un poëte aurait peine à rêver une plus splendide décoration pour le péristyle du palais de l'hiver! Lorsque ces colonnades de glace viennent à s'écrouler à l'époque de la fonte, leur chute est également d'un effet très-curieux. L'abondance des eaux courantes entretient dans cette vallée une fraîcheur remarquable; la végétation y est vigoureuse, et les prairies conser-

en terrasses, ces talus rapides, sont ombragés des plus magnifiques arbres. Mais la misère des habitants, leurs chétives demeures, leurs enfants déguenillés, qui vous demandent l'aumône, forment un affligeant contraste avec l'aspect de ces lieux, dont les stériles beautés ne peuvent écarter des populations qui y vivent les horreurs du besoin. La nature, ainsi que les hommes, tapisse quelquefois sur la rue : il ne faut pas regarder derrière.

Une mendiante adressa à mes sentiments charitables un de ces appels qui rencontrent difficilement un refus. C'était une jeune femme, pâle, défaite, portant dans ses bras un tout petit enfant, dont les traits amaigris annonçaient qu'il avait souffert de la misère de sa mère. Celle-ci tendit vers moi, d'un air timide, un des coins du tablier de son enfant qui, de sa petite main, jouait avec l'autre, et semblait s'associer, par là, à cet acte suppliant; puis elle posa le doigt sur sa bouche décolorée, comme pour me dire qu'il avait faim, et d'un second geste, non moins expressif, elle me fit comprendre que la maladie et la misère l'avaient mise elle-même hors d'état de pourvoir aux besoins de son nourrisson. Cette pantomime, éloquente et vraie comme la nature, m'émut cent fois plus que les démonstrations étudiées de nos mendiants civilisés. Des troncs suspendus dans le lieu le plus apparent des auberges sollicitent la charité de l'étranger; nulle part, en Suisse, ses aumônes ne sauraient être mieux placées.

Au reste, cet appauvrissement progressif des populations n'est point une chose nouvelle. La misère était déjà grande en Suisse dès le seizième siècle, et le goût des émigrations s'y propagea à tel point, qu'il fallut que le gouvernement de Berne intervînt pour l'arrêter par des mesures rigoureuses. Au dix-septième siècle, des lois calquées sur les lois anglaises furent portées pour subvenir aux besoins de la classe indigente. La mendicité fut prohibée, et une chasse générale aux mendiants eut lieu à la fois dans toute l'étendue de la Suisse. Il fut ordonné aux villes et aux communes d'entretenir leurs pauvres au moyen de dons volontaires d'abord, et, si ces offrandes se trouvaient insuffisantes, les bourgeois riches et aisés étaient tenus d'y suppléer, au prorata de leur fortune, ce qui équivalait, comme on voit, à la taxe des pauvres, à ce cancer qui ronge la société en Angleterre.

Il est hors de doute que le morcellement indéfini de la propriété est, avec l'accroissement de la population, la cause principale des progrès que fait ici la mendicité. Le bien d'un père de famille se partage également entre tous ses enfants, dont chacun met à garder sa portion ou sa parcelle une telle opiniâtreté, que les achats et transactions à l'amiable entre cohéritiers sont fort rares. On m'en a cité des exemples bizarres. Un chariot, appartenant à quatre frères qui refusaient de s'arranger, a dû être scié en quatre morceaux, pour que chacun d'eux emportât chez lui sa roue avec son quart du train. La récolte de tel arbre fruitier se divise quelquefois entre dix, vingt copartageants, et le propriétaire de la charmante habitation d'Iseltwald, sur le lac de Brientz, le comte de S***, m'a assuré qu'il avait eu, l'année dernière, vingt noix pour sa part dans la propriété indivise d'un magnifique noyer.

Un des vitraux de la petite église de Lauterbrounen mérite d'être vu : il est relatif à l'ancienne et puissante famille des comtes de Strattling, tige des rois de la Petite-Bourgogne. Ils avaient une petite partie de leurs propriétés sur les bords du lac de Thoune, où ils faisaient leur résidence. L'une des plus vieilles légendes du pays les fait descendre, en droite ligne, de Ptolémée le mathématicien, devenu chrétien pour avoir vu à la chasse, comme saint Hubert, une croix entre les bois d'un cerf. Il prit, après sa conversion, le nom de Théodoric, et vint combattre, en champ clos, un chevalier français, pour soutenir les droits du duc de Bourgogne, alors en guerre avec le roi de France; il fut vainqueur, et le duc l'en récompensa en lui donnant de vastes possessions dans ces contrées, où il fonda plusieurs couvents. A sa mort, dit le moine légendaire, ses iniquités et ses bonnes œuvres ayant été mises dans les deux plateaux d'une balance, le diable se cramponna méchamment à celui qui contenait les péchés, afin de le faire pencher en sa faveur, mais l'archange saint Michel, en considération des mérites du défunt, donna de son épée sur les griffes du diable, le força de lâcher prise, et par cette intervention armée sauva l'âme du pieux fondateur. La peinture sur verre dont il est question représente cet épisode de l'histoire de Strattling.

Il est entré à l'auberge, pendant le dîner, un voyageur polonais, accompagné d'un chien qui portait le bagage de son maître dans deux petits sacs de cuir fixés à une sellette que deux sangles maintenaient en place. Bien que cet animal fût de la plus haute taille, sa charge, qui n'excédait guère une quinzaine de livres, paraissait l'incommoder beaucoup. A la descente, elle se portait en avant, ce qui l'obligeait, pour n'être pas entraîné, à se laisser glisser sur ses pattes de derrière, qui en étaient toutes pelées. En outre, sa barbe grisonnante et son air triste et fatigué prouvaient assez que ce genre de fonctions ne convenait guère à sa nature de chien. Lui et son maître en étaient, si j'ai bonne mémoire, à leur quatre centième lieue. J'ai nommé le chien avant l'homme, par la raison qu'il avait ici le beau rôle, celui de victime résignée d'une bizarrerie cruelle.

On trouve en Suisse peu de sentiers aussi roides et aussi pénibles que celui qui mène de Lauterbrounen sur la Wengeralp; il est pourtant praticable pour les chevaux, et tous les jours de hardies voyageuses, assises sur une selle anglaise, gravissent les zigzags qui semblent se succéder sans fin sur cette pente rapide. Parvenu à une certaine hauteur, je m'assis à l'ombre de quelques arbres magnifiques, pour jeter un coup d'œil sur la vallée que je venais de quitter. De l'élévation où j'étais, elle faisait l'effet d'une tranchée profonde et étroite, ouverte au travers de ces prodigieuses masses de rochers. Les deux parois, de hauteur égale et de formation pareille, jadis contiguës, ont-elles été violemment écartées? ou bien la portion des couches calcaires qui les séparait a-t-elle été entraînée, ou s'est-elle enfoncée par l'effet de quelque grand bouleversement? C'est ce qu'il m'est impossible de dire. Quoi qu'il en soit, l'effet de cet abîme verdoyant, dont un beau soleil d'août éclaire le fond et celle des parois qui me fait face, est d'un effet frappant et singulier. Le Staubbach, qui se balance, chassé par un coup de vent, me remet en mémoire une image poétique de Byron, consignée dans les notes fugitives qu'il a prises lors de son voyage en Suisse. Il y compare ce jet de vapeurs flottantes à la queue du cheval pâle sur lequel chevauche l'ange de la mort [1].

La meilleure station, pour bien voir la Jungfrau, est la Wengeralp : là on est aux premières loges, et l'on croit pouvoir toucher de la main sa cime d'argent mat [2]; elle ne vous apparaît pas, il est vrai, avec ses proportions colossales, comme lorsque vous la contemplez de Lauterbrounen et surtout d'Interlaken; mais pourtant son aspect ne laisse pas que d'être imposant, surtout lorsque la réflexion rectifie, à l'aide de quelques points de comparaison, les illusions d'optique dont vous êtes dupe au premier coup d'œil. Son sommet se creuse en un immense amphithéâtre que hérissent des glaciers sillonnés de profondes crevasses,

---

[1] Voyez l'*Apocalypse*.
[2] Un de ses sommets porte, en effet, le nom de *Silberhorn*, corne d'argent.

et du milieu desquels s'élèvent des arêtes de rochers qui convergent vers la cime principale. Celle-ci, gracieusement arrondie, est revêtue d'une neige dont rien n'altère l'éclatante pureté, et sur la surface de laquelle le froid de la nuit a formé une légère croûte de glace qui resplendit, dès que le soleil approche du midi. La Jungfrau est certainement une des plus belles montagnes de la chaîne des Alpes, tant pour sa coupe éminemment pittoresque et les vastes développements de sa base que pour le caractère de grandeur de ses accessoires. Appuyée sur le Mœnch, et flanquée par les deux Eiger, elle s'élève, fière du nom qu'elle porte, et que pendant longtemps on n'a pu parvenir à lui faire perdre. Elle est protégée, sur le versant du Valais, par le glacier d'Aletsch, qui a plus de dix lieues de longueur et se relie à ceux de l'Aar. De ce côté-ci, son abord est défendu par des parois d'une hauteur prodigieuse, et tellement escarpées, que la neige ne s'y peut arrêter. C'est le long de ces parois immenses que gronde fréquemment la foudre des avalanches, dont les neiges s'accumulent en talus, ou tracent de longues traînées blanches dans l'affreuse et étroite vallée du Trummelthal. Le temps était magnifique. Il ne me fallait que trois heures pour descendre au Grindelwald ; rien ne me pressait, et je résolus, en conséquence, de rester là mollement étendu sur le gazon, pour attendre le bon plaisir de l'avalanche. Il en roulait assez souvent sur le revers opposé ; j'entendais le retentissement de leur chute comme le bruit d'un orage lointain, et c'était tout. De ces épaisses couches de neige et de glace qui surplombaient sur l'abîme se détachaient bien de temps à autre quelques écaillures, quelques parcelles : alors un craquement sec attirait mon attention, et, en cherchant bien, j'apercevais un léger nuage, puis un filet d'une blancheur éblouissante glissait sur la base grisâtre du rocher, pour former plus bas une jolie cascade. « *Eine Lawine!* » (une avalanche !) s'écriait Michel ; soit ! mais que cela était loin de répondre à mon attente ! J'étais tout mécontent du peu de grandeur de ce phénomène tant prôné, et, dans ma mauvaise humeur, je venais d'écrire, sur mes tablettes, que ce n'était autre chose que le Staubbach, plus le roulement du tonnerre..... Tout à coup une forte détonation se fait entendre ; du point le plus élevé de cette prodigieuse paroi verticale je vois se détacher et se précipiter, avec le fracas de la foudre, une énorme masse de neige qui, divisée par les saillies du roc, poursuit sa chute au milieu d'un nuage qui la voile sans la cacher. Il m'est impossible de rendre l'impression que produisent la grandeur et la nouveauté d'un pareil spectacle. Des tourbillons d'une neige éblouissante se déroulent majestueusement sur le flanc rembruni du rocher, tandis que la masse de l'avalanche semble descendre plutôt que tomber, dans la vallée, avec une lenteur qui n'est qu'apparente et donne l'idée de l'élévation de sa chute, ainsi que de la distance à laquelle est placé l'observateur. Des détonations, comparables aux décharges d'une nombreuse artillerie, se succèdent, et leurs roulements prolongés par les échos ont remplacé le silence solennel qui règne dans ces vastes solitudes. Assise sur son trône inébranlable, la Jungfrau élève dans l'azur son front virginal, et ajoute par le calme imposant dont elle offre la frappante image à l'effet de la scène pleine de mouvement, de fracas, d'intérêt, qui se passe à ses pieds. Mais ce fracas, ce mouvement, ils ont cessé tout à coup, et cette grande, cette sévère nature des Alpes est rentrée dans son silence et dans son repos.

L'ascension de la Jungfrau, plusieurs fois tentée en vain, a été heureusement effectuée, en 1812, par deux frères, MM. Mayer, d'Arau. La réussite de cette expédition leur a été vivement contestée dans le temps, et leur relation a trouvé plus d'un incrédule. En 1830 ou 1831, ils ont renouvelé l'entreprise et ont pris leurs mesures, cette fois, pour arriver sur la cime de la Jungfrau, au su et vu de tous les habitants d'Interlaken. Un de nos compatriotes, M. le marquis de L***, les a suivis, à l'aide d'une lunette, pendant la dernière partie de leur ascension. Ces messieurs, accompagnés de plusieurs guides, avaient dû faire un immense détour, et passer par les glaciers de l'Aar. Ceux qui se sentiront l'intrépidité et la force nécessaires pour tenter l'aventure trouveront, dans la salle à manger de l'auberge d'Interlaken, la *carte routière* publiée par ces hardis explorateurs, que les obstacles et les dangers de toutes sortes n'ont pu décourager.

Parvenu sur le point culminant de la petite Scheideck, je n'ai pu qu'entrevoir l'aspect général de la vallée du Grindelwald, dont les glaciers et les aiguilles colossales ont successivement disparu sous un brouillard épais. Mais j'avais de quoi prendre mon parti sur ce contre-temps : la magnifique avalanche dont je venais d'être témoin m'avait si profondément, si vivement frappé, que j'éprouvais le besoin de me recueillir pour savourer à mon aise les souvenirs qu'elle m'avait laissés. Les gourmands assurent que, lorsqu'on dîne trop vite, on n'a pas le temps de sentir ce que l'on mange; il en est, je crois, de même, pour les jouissances d'une tout autre nature; il ne faut pas les accumuler trop précipitamment si l'on veut les goûter en vrai gourmet.

L'honnête Michel, remarquant que je ne disais plus mot, crut que je m'ennuyais de ne rien voir à dix pas devant moi. Il m'avait surpris écoutant avec intérêt les chants nationaux de ces vallées, et le bonhomme, pour m'amuser, s'égosillait à chanter faux, très-faux, avec une voix et une méthode qui eussent pu faire croire qu'il était élève de ces bestiaux confiés jadis à sa garde. Mais il paraissait tellement convaincu qu'il chantait bien, et si heureux de me faire plaisir, qu'il y eût eu de l'ingratitude à le détromper, en lui imposant silence. Si la nature n'en avait pas fait un chanteur, en revanche il excellait à pousser le cri des pâtres suisses, cri perçant et sauvage, participant à la fois d'un hurlement qui n'a pas l'air de sortir d'un gosier humain, et des éclats d'un rire aigu et forcé. Des bergers lui répondaient par le même cri d'une distance de plus d'une demi-lieue, et cette espèce de lutte me donna l'occasion de remarquer un singulier genre d'écho, dont j'avais été déjà frappé au milieu des rochers de la Gemmi : le cri n'était point reproduit dans son entier et dans ses modulations diverses, mais un de ses sons les plus aigus se prolongeait, se répétait en s'adoucissant par degrés; on eût dit les vibrations harmonieuses d'un diapason immense.

Les auteurs ont écrit de fort belles choses sur le cor des Alpes; Byron lui-même en parle en termes très-honorables. Quant à moi, dussé-je passer pour le moins romantique des voyageurs, je me vois forcé d'avouer que mes oreilles ont été cruellement offensées de ses sons rauques et discordants. Peut-être cette sorte d'instrument demande-t-elle à être entendue d'une demi-lieue; il serait possible alors que je l'écoutasse avec plaisir, pour peu que l'imagination me paralysât le tympan. Mais, de près, il me serait impossible de me livrer aux *vagues rêveries* d'usage, en prêtant l'oreille à des intonations aussi scandaleusement fausses. Deux cors des Alpes m'ont régalé, je ne sais plus où, d'une espèce de tyrolienne en parties; je ne saurais encore m'empêcher de rire et de frissonner en y songeant; c'était une vraie musique de bêtes à cornes. Quant aux tintements de la clochette des troupeaux, c'est tout une autre chose. Je trouve que rien ne convient mieux à cette nature alpestre et à ces contrées solitaires, ce son mélodieux ayant quelque chose de mélancolique et de doux qui est tout à fait en harmonie avec les émotions qu'inspire l'aspect des montagnes.

A quelque vingt pas nous vîmes apparaître, au travers du brouillard, des corps opaques, dont nous ne pouvions discerner les formes, et qui, en approchant, devinrent graduellement plus distincts : c'était une caravane de voyageurs à cheval. L'effet des vapeurs condensées grandissait leurs proportions de telle sorte, qu'à la distance de quinze pas on eût dit une caravane de géants. Ils étaient au nombre de sept, dont trois dames. L'un de ces messieurs, en passant près de moi, me dit : « Voilà un fameux brouillard, monsieur ! nous n'avons rien de mieux que cela à Paris. » Je leur souhaitai une belle Jungfrau et un rayon de soleil pour la descente de Lauterbrounen ; des rires d'incrédulité accueillirent mon souhait goguenard, et nous nous séparâmes fort gaiement.

Le lendemain le ciel était clair, et je pus voir à mon aise cette belle vallée du Grindelwald, qui n'a rien de commun avec celles que j'ai visitées jusqu'ici. Ce qui la distingue de la vallée de Chamouny, avec laquelle on la compare quelquefois, ce sont les formes plus hardies, les revers plus escarpés de ses montagnes, dont les beautés sévères tranchent si fortement avec le riant caractère de la contrée environnante. La neige, ne pouvant se fixer sur les pans de ces gigantesques rochers taillés à pic, s'amoncelle dans les gorges qui les séparent, ou argente partiellement les parties les moins abruptes de leurs cimes. Il résulte de là qu'on ne voit point ici, comme à Chamouny, de ces immenses plaines de neige non interrompues, du milieu desquelles s'élèvent, semblables à des flèches gothiques, de nombreuses et élégantes aiguilles. Mais, en revanche, le Grindelwald présente plus de variété et réunit plus de contrastes. Moins nue et moins triste que sa rivale, où l'on ne voit que des sapins et des aunes, cette vallée-ci déploie tout le luxe de la végétation la plus fraîche, jusqu'au pied même de ces pics menaçants, dépouillés, que blanchissent d'éternels frimas. Il y a quelque chose d'imposant et de calme dans l'ensemble du mont Blanc, mais l'austère grandeur que la nature déploie ici, à côté de ses tableaux les plus gracieux, me semble encore mériter la préférence. Les montagnes latérales qui forment la vallée descendent, en pente douce, jusqu'au lit de la Lutschine-Noire, et s'arrondissent en coteaux ombragés d'arbres et parsemés de maisons, entre lesquelles se déroulent de vertes pelouses. Le hameau du Grindelwald vous apparaît, à moitié caché par des massifs pittoresques ; de ce côté tout est frais, riant et animé. Si vous vous retournez, la scène change ; vous vous trouvez transporté, sans transition, au milieu de l'affreux séjour de l'hiver. C'est là qu'il règne sans partage, sur une nature muette et glacée, et qu'il vous présente la mort, dans son imposante immobilité, auprès de ce que le printemps et la vie ont de plus enchanteur. Les deux Wetterhorn, le Mettenberg, le Schreckhorn, l'Eiger, s'élancent audacieusement du sein de la verdure; entre ces monts gigantesques règnent des gorges étroites et profondes, où les neiges, entassées par les avalanches, ont formé ces vastes glaciers qui descendent dans la vallée qu'ils menacent d'envahir.

Le glacier supérieur l'emporte de beaucoup sur l'autre, qui est sale et ne présente point de grands effets. Il n'offre pas, il est vrai, de ces pyramides, d'une blancheur si éclatante et d'une coupe si hardie, qui distinguent les Bossons, mais il est remarquable par les ondulations de sa surface, sillonnée de crevasses magnifiques et coupée de vallées dans les détours desquelles je me suis engagé, précédé par le sapeur du glacier, vieux pâtre qui, la hache à la main, me frayait un chemin sur ce terrain glissant. A chaque coup qu'il donnait, des milliers de diamants roulaient à mes pieds. Parvenus à une ouverture qui pénétrait profondément dans l'épaisseur de la glace, mon homme me fait signe de me baisser; je le suis en rampant, je me relève, et me voilà muet d'admiration devant le plus étonnant spectacle qui ait jamais frappé mes yeux. Une grotte spacieuse s'ouvrait autour de moi; fantastiquement taillée dans un rocher de saphir, elle offrait les nuances les plus riches et les plus diverses, depuis le bleu lapis jusqu'à l'azur le plus clair; çà et là se fondaient quelques teintes d'un beau vert émeraude, pâlissant par degrés jusqu'à la blancheur du plus pur cristal. La voûte de glace, plus ou moins transparente selon son épaisseur, admettait tout juste assez de clarté pour qu'on pût jouir complétement de ce coup d'œil magique, dont ce demi-jour mystérieux augmentait singulièrement l'effet. On eût dit le péristyle du palais des fées, ou bien la grotte de cristal des néréides.

J'ai examiné avec attention les *moraines* de date récente, de même que celles d'une formation plus ancienne, et me suis assuré que le fait de l'accroissement progressif des glaciers, en général, est tout au moins très-problématique. L'esprit de système s'était hâté de s'en emparer pour en tirer une preuve en faveur de l'hypothèse (d'ailleurs fort plausible) du refroidissement graduel de notre globe. En admettant que, sur certains points et à une époque donnée, ce fait de l'avancement des glaciers ait été suffisamment constaté, je pense qu'on s'est trop hâté de le généraliser et qu'on n'a pas eu égard à telles circonstances, qui réduisaient de beaucoup l'importance qu'on lui a donnée. Je pencherais à croire que l'assertion contraire est plus près de la vérité. En effet, j'ai remarqué ici, comme aux Bossons, une moraine qui doit remonter à une époque très-reculée, puisqu'elle est entièrement recouverte de végétation et ombragée de gros arbres. Quoi qu'il en soit, il me paraît impossible d'assigner des règles fixes à ce phénomène de l'accroissement et de la diminution des glaciers, et les voyageurs qui ont répété, d'après le témoignage de quelques guides, qu'ils avançaient périodiquement pendant sept années, puis reculaient, pendant le même espace de temps, pour avancer de nouveau, ont contribué à accréditer une erreur populaire. Les glaciers subissent l'influence des variations de température qui ont lieu pendant les différentes saisons; si, par exemple, un hiver dans lequel il sera tombé fort peu de neige est suivi d'un été très-sec et très-chaud, qui fondra rapidement celle de l'avant-dernier hiver, les glaciers ne peuvent manquer alors d'*avoir le nez en l'air*[1], c'est-à-dire de se retirer. Que si, en revanche, l'hiver et l'été ont été froids et pluvieux, le contraire arrivera nécessairement, et ils auront le *nez en terre*. Dans le cas enfin où chaque saison sera ce qu'elle doit être, l'équilibre entre l'accumulation des neiges dans les hautes régions des Alpes et leur fonte dans les régions basses étant maintenus, les glaciers resteront stationnaires. L'assertion des guides me paraît donc inadmissible. On ne saurait trop se méfier de l'absolu en toutes choses; rien n'est si près de l'absurde.

On voit encore sur le registre de l'hôtel la signature de l'infortuné M. Mouron, pasteur d'Yverdun, qui, en 1821, a péri d'une manière si affreuse dans le glacier supérieur du Grindelwald. Voici sur ce triste événement quelques détails que je crois de nature à intéresser le lecteur.

Les glaciers de cette partie des Alpes sont dangereux et peu fréquentés. M. Mouron, accompagné d'un bon guide, entreprit d'y faire une excursion et de pénétrer aussi avant qu'il lui serait possible. Arrivé sur le bord d'un *puits* d'un de ces abîmes ouverts dans l'épaisseur du glacier, et dans lesquels se perdent les ruisseaux qui les ont creusés, le voyageur s'arrêta pour les examiner à loisir. Son guide le quitta un

---

[1] Expression des gens du pays.

A.Hadamard del. Imp.Godard,Paris.

Le courageux Burgener se fit descendre
dans l'abime.

instant, afin d'aller chercher une grosse pierre qu'il voulait faire rouler dans le gouffre, pour mettre M. Mouron à même d'en apprécier la profondeur; mais, lorsqu'il revint, il ne le trouva plus. Il l'appela à plusieurs reprises, visita avec soin les environs, et, justement effrayé de ne point le découvrir, il courut en toute hâte au village raconter ce qui venait d'arriver et chercher du secours. Aussitôt un grand nombre d'habitants se rendent sur les lieux, munis d'échelles, de perches, etc. Un aubergiste du Grindelwald, Christian Burgener, homme intrépide, se fit descendre dans l'abîme, suspendu à une corde; mais à peine fut-il parvenu à quelques toises au-dessous de l'ouverture, qu'étourdi par le filet d'eau glacée qui lui tombait en douche sur la tête, il fut forcé de se faire remonter. Il fallut, en conséquence, travailler à détourner le cours de ce ruisseau, et, le mauvais temps survenant, on se vit contraint de suspendre les recherches, qu'on ne pût reprendre que plusieurs jours après. Cependant les parents et les amis de M. Mouron s'étaient rendus sur le théâtre de ce déplorable événement, où la curiosité avait aussi réuni toute la population de la vallée. De graves soupçons pesaient sur le guide, qui attendait avec anxiété le résultat des recherches. Le courageux Burgener descendit de nouveau, et s'écria qu'il apercevait, sur une saillie de la glace, le bâton du malheureux voyageur; bientôt après il découvrit son cadavre, qu'on se mit en devoir de hisser dehors au moyen d'une corde qu'il lui attacha au pied. Les parents et les amis éplorés entouraient l'ouverture du gouffre; le pauvre guide, pâle et tremblant comme un homme qui attend sa justification du hasard, respirait à peine. En effet, la bourse et la montre de M. Mouron pouvaient être tombées dans la rapidité de la chute, et leur absence eût renforcé les soupçons. Déjà le corps commençait à paraître d'une manière indistincte; quelqu'un s'écria qu'il était dépouillé!... Un mouvement d'horreur se répandit parmi les assistants, le guide s'évanouit, atterré par cette charge accablante. On s'empressa de le faire revenir; il ne manquait aucun des effets précieux, et les vêtements, déchirés en lambeaux, avaient seuls causé l'erreur. L'inspection du corps, fracturé en maints endroits, donna du moins, à la famille et aux amis, la douloureuse consolation d'apprendre que la mort avait dû suivre immédiatement la chute, et que les angoisses du désespoir n'avaient pas rendu plus affreux les derniers moments de l'infortuné voyageur.

Il faut pourtant que ces glaciers n'aient pas toujours été aussi impraticables, ou bien que les anciens habitants du pays aient été doués d'une disposition plus aventureuse que les habitants actuels. On assure en effet que, dans l'avant-dernier siècle, trois Bernois protestants, retenus prisonniers en Valais, s'évadèrent et prirent pour revenir dans leur canton ce périlleux chemin. Ces intrépides fugitifs arrivèrent sans accident au Grindelwald, au travers de mille obstacles et de mille dangers, après avoir passé une nuit sur le glacier. Assez peu de temps avant ou après cet événement, deux ouvriers valaisans qui travaillaient à Lauterbrounen eurent l'idée d'aller entendre la messe chez eux un dimanche, et franchirent heureusement les affreux glaciers qui terminent cette étroite vallée. Le lendemain ils revinrent par le même chemin.

J'ai eu au Grindelwald, pendant mon souper, un concert vocal qui m'a dédommagé des beuglements du cor des Alpes. Quatre jeunes filles, dont la plus âgée pouvait avoir dix-sept ou dix-huit ans, sont venues, sous les fenêtres de la salle à manger, nous chanter leurs jolis airs nationaux, soit à deux, soit à trois parties, quelquefois même à quatre. C'était charmant d'ensemble, de justesse et de couleur locale. Désirant écrire quelques-unes de ces chansons, je fis monter les virtuoses, mais leur chant, délicieux en plein air, n'était plus le même dans une chambre. Je priai la *prima donna* de me *dire* son air sans accompagnement; elle n'était pas exercée aux *solos*, et, en conséquence, chantait faux et sans mesure, de sorte qu'il me fut assez difficile d'attraper à la volée quelques-uns de ses plus jolis chants.

Cette vallée est singulièrement fertile, sans en être plus riche, toutes les propriétés étant hypothéquées aux Bernois pour une dette de sept cent mille francs, contractée depuis des siècles, et dont les habitants, appauvris par les intérêts élevés qu'ils ont eu à payer depuis longtemps, ne seront, sans doute, jamais en état de s'acquitter. Une de leurs principales sources de produit a perdu, en outre, beaucoup de son importance, et une personne, bien informée de tout ce qui a rapport à l'Oberland, m'a assuré que le Grindelwald ne nourrissait pas aujourd'hui la moitié du bétail qu'il entretenait il y a cinquante ans. Le climat, assez doux, eu égard à la situation de cette vallée, y seconde la bonté du sol. On cueille des fraises jusque sur le bord des glaciers, et j'ai remarqué de superbes récoltes d'orge, non encore mûre, il est vrai, au commencement de septembre, mais dont les épis donnaient en moyenne de vingt-quatre à trente grains. De longues plates-bandes de pois, épais et chargés de gousses, offraient encore des fleurs à la même époque, et l'on venait d'arracher le chanvre et le lin, qui m'ont paru fort beaux. Un grand nombre de cerisiers, plantés autour des habitations, produisent en abondance de ces petites cerises noires, juteuses et parfumées, dont on distille de bon kirsch-wasser. Il faut cependant que ces produits aient peu de valeur, ou que la propriété soit prodigieusement divisée, car les habitants ont l'air misérable, et le sont en effet. Leurs maisons ne présentent point cet aspect d'aisance et de bien-être qui ailleurs m'a frappé, et les enfants, qui y fourmillent, ont le teint hâve et maladif, indice trop sûr de la pauvreté de leurs parents. Ce spectacle attriste au milieu de toute cette abondance apparente.

Il y a ici quelques chasseurs de chamois, avec lesquels j'ai pris plaisir à causer. Cette vie errante, aventureuse, paraît avoir un grand charme pour eux ; peut-être est-ce en raison, comme je l'ai dit plus haut, des dangers qu'ils y courent et des émotions continuelles et variées dont cette chasse est pour eux la source. Ils m'ont fait connaître plusieurs des ruses qu'ils emploient pour mettre en défaut la vigilance et la finesse des sens de ces animaux. Quelquefois le chasseur fiche dans la glace son bâton surmonté de son bonnet, afin de distraire l'attention des chamois, dont il cherche à tourner la position en faisant de longs circuits, où chaque pas exposerait la vie de tout homme qui ne serait pas habitué à ces courses périlleuses. D'autres fois il se place à quatre pattes au milieu d'un troupeau de chèvres après s'être attaché sur le dos un petit sac rempli de sel. Il avance de la sorte inaperçu, et entouré des chèvres qui lèchent ce sel, dont elles sont très-friandes ; lorsqu'il se croit à portée, c'est-à-dire lorsqu'il peut distinguer la cambrure des cornes de sa victime, il s'accroupit, saisit sa carabine, qu'il traînait derrière lui, tire, et manque rarement son coup. S'il n'a fait que blesser l'animal, il lui faut lutter corps à corps avec lui pour s'en rendre maître, et, sur ces pentes rapides, sur ces glaciers crevassés, la prodigieuse force musculaire du chamois lui fait souvent courir de grands dangers. Souvent il arrive que le chasseur et sa proie roulent ensemble au fond d'un précipice, où l'un et l'autre servent de pâture au redoutable læmmergeyer. Il y a plusieurs années qu'un de ces chasseurs tomba dans une profonde crevasse, avec le quartier de rocher sur lequel il était, et qui, ébranlé par l'explosion de la carabine, se détacha tout à coup. Le malheureux se cassa un bras dans sa chute ; mais son sang-froid ne l'abandonna pas ; ayant rencontré, par un hasard heureux, un de ces ruisseaux qui forment l'écoulement des glaciers, il en suivit le cours en se traînant péniblement sur le ventre, et, après deux heures d'efforts, il réussit, nouvel Aristodème, à sortir de ce gouffre ténébreux qui devait être son tombeau. Ce qui est non moins surprenant, c'est que, dès qu'il fut guéri, il reprit son occupation favorite, comme s'il ne lui fût rien arrivé. Lorsque le chasseur a tué un chamois, il boit son sang encore chaud, autant pour soutenir ses forces que pour se prémunir contre le vertige, le sang de cet animal étant regardé comme un excellent spécifique en pareil cas; puis il lui ôte les entrailles, et le charge sur ses épaules, où il le maintient en passant sa tête entre les quatre jambes fortement liées ensemble. C'est alors que, embarrassé de ce fardeau gênant, il lui faut redoubler d'audace et d'adresse pour descendre le long de ces corniches effrayantes et au travers des gouffres que les glaciers ouvrent sous ses pas. On m'a répété ici que la valeur d'un chamois n'excédait guère vingt-cinq francs, et qu'un chasseur, à la fois adroit et heureux, ne peut pas espérer en tuer plus de douze ou quinze dans son année. M. le professeur Wyss, de Berne, qui a fait un travail intéressant sur l'Oberland qu'il connaît à fond, assure que les habitants de cette vallée, très-superstitieux de leur naturel, ont foi aux jours néfastes ainsi qu'au fatalisme. Une pareille remarque rendrait raison de l'audace de ces chasseurs. L'un d'eux disait froidement: « Mon grand-père s'est tué à la chasse; mon père s'y est cassé la cuisse; il y a à parier qu'il m'en arrivera autant, mais que voulez-vous? c'est mon plaisir, et puis mon heure n'arrivera jamais que quand il plaira à Dieu. »

J'avais entendu, dans la nuit, comme un violent coup de tonnerre, et m'étais étonné qu'il n'y en eût eu qu'un seul. Le lendemain j'eus l'explication de cette singularité en passant la grande Scheideck. Au-dessus du glacier supérieur, au pied du Wetterhorn, nous vîmes un talus de neige d'une blancheur éclatante, s'arrondissant en immense éventail; c'était l'avalanche que j'avais entendue gronder. Elle avait dû être magnifique, à en juger par l'énorme masse de neige qui s'était accumulée à la base du rocher. Un peu plus loin, il en tomba une qui différait entièrement de celle que j'avais vue la veille; une détonation, puis un léger nuage, planant au-dessus d'un des ravins du Wetterhorn, m'annoncèrent sa chute. Après quelques secondes, je vis paraître un torrent de neige, qui, débouchant de l'étroit ravin, se déploya avec majesté sur le flanc de la montagne. C'était comme une large cascade, dont l'éblouissante blancheur tranchait sur cette paroi de rochers d'un gris terne; ce qui m'a encore frappé ici, c'est la lenteur apparente de la chute; je courus sur une éminence pour observer l'effet de ce phénomène dans une gorge étroite et profonde, et, à l'aide d'une bonne lunette anglaise, je reconnus, à ma grande surprise, que ce que j'avais pris pour de la neige réduite en poussière n'était autre chose que des fragments de glace, de forme cubique pour la plupart, et d'un volume assez considérable. Il y en avait au pied du rocher une longue traînée qui se distinguait, par son extrême pureté, des avalanches d'une date antérieure.

Au sommet de ces deux cols de la grande et de la petite Scheideck, on trouve des chalets pourvus de tout ce qui est nécessaire pour sustenter et rafraîchir les voyageurs. On nous a servi ici de cette crème *riche* et savoureuse des Alpes, véritable ambroisie de cet Olympe, et dont on pourrait dire :

La vache Io donna le lait.

Si l'on est surpris par la tourmente, on peut, à la rigueur, passer la nuit dans ces chalets, où l'on trouve un lit ou deux; on est exposé, à la vérité, à voir toute blanche, le lendemain matin, la grossière couverture de laine qu'on a sur le corps, une neige d'une extrême ténuité s'introduisant, chassée par le vent, au travers des troncs de sapins dont sont construites ces frêles habitations.

C'est à partir de ce chalet que commence la *route* qu'on vient d'ouvrir pour monter à la cime du Faulhorn, point intéressant nouvellement découvert, et qui commence à jouir d'une vogue méritée. On l'a déjà qualifié de *Rigi de l'Oberland;* c'est dire que de cette cime isolée qui s'élève à huit mille quatre cents pieds on domine toute cette partie de la Suisse. La vue plonge d'un côté jusqu'au lac de Zoug, par delà le Jura et jusqu'aux montagnes de la forêt Noire; tandis que, de l'autre, elle suit dans toute sa longueur la chaîne des hautes Alpes, à commencer par le mont Blanc, pour finir aux plus hautes sommités du Tyrol. Il faut, pour bien jouir de cet immense panorama, un temps parfaitement beau; il était incertain, et je dus passer outre.

J'ai été plus heureux à un second voyage : j'arrivai à la chute du jour à l'hôtel, aussi bon qu'on peut le désirer à une pareille élévation. La soirée avait été pluvieuse, et les sommités étaient voilées. Mais, le lendemain matin, elles apparurent resplendissantes. La vue est incomparable; l'observateur qui se trouve au cœur de l'Oberland le voit se dérouler tout entier en panorama autour de lui et sous ses pieds. Il lui semble qu'en étendant la main il peut, en quelque sorte, toucher toutes ces cimes neigeuses de la Jungfrau, du Mœnch, des deux Eiger, du Wetterhorn, du Finsterarhorn; le lac de Brentz est là au-dessous de lui, faisant l'effet d'une grande cuvette d'eau limpide dans laquelle il semble qu'on puisse lancer une pierre. Je ne saurais trop recommander cette ascension, l'une des plus intéressantes et des moins pénibles de la grande Suisse. Aucune ne m'a plus pleinement satisfait.

Les sapins que l'on rencontre après avoir franchi le haut de ce col se distinguent par un singulier genre de décoration : ce sont de longues mousses parasites qui pendent à leurs branches inférieures, comme autant de barbes blanchâtres. Les pauvres arbres en sont tout défigurés, et cet accessoire ajoute encore à leur aspect mélancolique. Le chemin, boueux, inégal, rendu plus difficile par les racines noueuses de ces sapins séculaires, est dénué d'intérêt jusqu'au moment où l'on aperçoit, au fond d'un vallon retiré, la jolie maison des bains de Rosenlauei. Il faut se hâter d'y commander son déjeuner, et monter, pendant qu'on le prépare, au glacier, qui, pour la pureté et la transparence, l'emporte sur la plupart de ceux que j'ai vus. L'été dernier, on pénétrait dans une spacieuse caverne de glace, offrant les plus magnifiques reflets. Aucun corps étranger, aucune particule terreuse, n'en altérait la blancheur ou la limpidité cristalline, circonstance qui provient de l'extrême dureté des rochers de marbre gris entre lesquels descend ce beau glacier. En revenant à l'auberge, dont l'aspect riant et propre et les persiennes peintes en vert semblent vous saluer de loin, vous trouvez sur la table les côtelettes fumantes, la pomme de terre farineuse, *the laughing potatoe*, l'assiette de beurre frais ornée de fleurs, et puis des fraises, des framboises parfumées. Vous pouvez même terminer gaiement la séance en sablant au pied du Wetterhorn le champagne frappé de glace. Mais le soleil baisse, il faut gagner Meyringen; retournez-vous souvent pour regarder en arrière, et, lorsque vous serez arrivé au dernier escarpement, faites une pause. Devant, derrière vous, sont deux des plus admirables points de vue que présente l'Oberland. A vos pieds s'étend cette fraîche et riante vallée d'Oberhasli, avec ses cascades écumeuses et ses rochers disposés en terrasses, que tapissent de belles pelouses veloutées ou que de majestueuses forêts couronnent. De la profonde et ténébreuse crevasse du Kirchet vous voyez s'échapper les eaux captives de l'Aar, dont le cours sinueux se détache comme un ruban d'argent sur le fond de la vallée, dominées par les grandes lignes et les croupes verdoyantes du Brunig. De l'autre côté, c'est la cime imposante du Wetterhorn, de ce pic gigantesque aux formes si hardies, qui se dessine sur le pur azur du ciel et y colore ses neiges éblouissantes des feux du soleil couchant. Il occupe, à lui seul, tout le fond d'une gorge étroite et sauvage dont les revers escarpés sont couverts de sombres sapins. Cette masse lumineuse, qui, ainsi qu'un phare immense, s'élève du sein des ombres du soir, cette apparition fantastique et grandiose, produit sur le voyageur étonné un effet qui ne saurait se décrire ; toute la poésie des Alpes est là ; on la sent, mais on ne peut la rendre.

La cascade de Reichenbach, sur laquelle j'ai voulu prendre un à-compte en descendant, m'a paru d'une beauté remarquable. La colonne d'eau, non moins considérable que celle de Pisse-Vache, ne s'arrondit pas, comme celle-ci, en courbe gracieuse, mais se verse perpendiculairement du haut d'une paroi semi-circulaire, sur laquelle se déploient ses gerbes écumantes. Il ne manque, pour compléter l'effet de cette chute célèbre, que le contraste de la verdure. Si la crête de ces rochers sauvages était ombragée de quelques beaux groupes d'arbres aux branches pendantes et touffues, au lieu d'être hérissée de maigres broussailles, le Reichenbach ne laisserait rien à désirer à l'amateur du goût le plus difficile. La cascade inférieure possède cet avantage ; aussi, bien qu'elle soit moins élevée, je n'hésite pas à lui donner la préférence. Elle se précipite, toute bouillonnante, entre des masses de rochers pittoresquement brisés, que revêt une riche végétation, et ses eaux, reçues dans un premier bassin, s'en élancent de nouveau, pour retomber une dernière fois en large nappe d'écume. Entre ces deux chutes principales j'en ai encore examiné plusieurs autres, dont l'une, encadrée par l'arche d'un vieux pont sur lequel se balancent quelques touffes d'arbrisseaux, est d'un effet piquant. L'action continue de ces eaux jaillissantes a poli le marbre noir veiné qui leur sert de lit, comme pourrait le faire la main du marbrier. La nuit approchait, et je me hâtai de gagner l'excellente auberge du Sauvage.

Je ne puis voir sans un sentiment de reconnaissance les Anglais voyageant en Suisse. — Mais, dira-t-on, ils sont insociables, égoïstes. — D'accord. — Ils couvrent souvent une complète nullité sous les dehors de la gravité la plus digne. — J'en conviens. — Ils affectent, en outre, une certaine morgue de bon ton qui ne sied pas à l'homme réellement bien élevé. — C'est encore vrai. Mais oubliez-vous donc que c'est à la vétilleuse exigence du voyageur anglais que nous devons les bonnes auberges? Ils font pour nous les logements. Si, dans ces vallées reculées, nous trouvons de bons lits, une table bien servie; si les sommeliers sont empressés, attentifs, rendons-en grâce à la susceptibilité de l'insulaire sur l'article des *comforts*. Il ne fait pas grâce à l'aubergiste de la moindre négligence, et peut lui garder une implacable rancune au sujet d'un œuf suspect, ou d'un *compte* dans lequel ses prévisions se trouveront dépassées d'un franc. Chaque Anglais inscrit consciencieusement, sur le livre des voyageurs, le blâme ou l'éloge qu'a mérité son dernier gîte; et les aubergistes, avec lesquels ils arrêtent ordinairement leurs prix d'avance, sont placés sous l'influence d'une salutaire terreur, qui les maintient dans la bonne voie, c'est-à-dire dans celle des *accommodations very good;* quant aux *charges very moderate*, les résultats obtenus jusqu'ici ne sont pas aussi satisfaisants, et l'on voyage plus chèrement dans ce pays qu'en aucun autre, ce qui provient de ce qu'on n'y voyage que pendant trois ou quatre mois de l'année.

Les paysannes de l'Oberhasli, que j'avais entendu beaucoup vanter, n'ont pas répondu à mon attente; mais peut-être leur costume est-il pour quelque chose dans l'impression peu agréable qu'elles m'ont laissée. Des deux côtés d'un corset noir, bordé en velours, partent des manches courtes et tellement larges, que l'une d'elles suffirait presque à faire une chemise à tout homme d'une corpulence ordinaire. Pardessus ces manches si démesurément bouffantes s'élève une tête affublée, bien plutôt que coiffée, d'un mouchoir le plus souvent rouge, et noué sur la nuque avec une négligence qui pourrait être plus élégante. Ce mouchoir descend jusque sur les sourcils, cache entièrement le front ainsi que les cheveux, et, par sa couleur éclatante, fait paraître pâle ou terreuse la figure de ces paysannes, qui ont l'air d'être en négligé. En outre, elles portent un second mouchoir plié en carré long et tiré à quatre épingles sur la poitrine, en manière de bavette. Par derrière, le buste n'offre à l'œil que cette énorme paire de manches, séparées par la bande étroite qui forme le dos du corsage. En regardant d'un peu plus près, on voit que ces manches, très-fines et d'une grande blancheur, tiennent à une chemise faite d'une toile grossière. Le jupon, qui est court et ample, s'attache presque au-dessous des bras, et contribue à ôter à la taille toute forme humaine. On assure que les habitants de l'Oberhasli se distinguent du reste des Bernois par leur esprit naturel et leur caractère enjoué. M. le professeur Wyss leur reproche une extrême nonchalance et un penchant marqué pour leurs aises. Les filles, dit-il, s'en vont traire leurs vaches avec un parapluie et des gants. Je n'ai pu vérifier le fait, mais j'ai bien ri, la première fois que j'ai vu les pâtres se livrer à cette occupation, pour laquelle ils se servent d'un petit tabouret circulaire à un pied, semblable à celui des paveurs, mais fixé, au moyen d'une courroie, à la partie pour laquelle il est fait, de telle sorte qu'ils l'emportent avec eux, en passant d'une vache à l'autre, sans le déplacer. C'est souverainement ridicule : ce pied unique produit, d'un peu loin, l'effet d'une queue, sur laquelle ces gens semblent s'asseoir en équilibre comme des kanguroos, ce qui n'a rien de gracieux ni d'arcadien.

Je suis allé revoir le Reichenbach à neuf heures du matin. La cascade, son entourage, tout était brillant de soleil et de fraîcheur. Le soleil est à un beau paysage ce qu'est le sourire à une belle figure; il l'anime et lui donne la vie. Des groupes de voyageurs gravissaient l'éminence sur laquelle est située la maisonnette destinée à vous mettre à l'abri des tourbillons de poussière humide dont le Reichenbach inonde ses admirateurs. Des femmes élégantes s'y faisaient porter dans des fauteuils, et cette caravane ajoutait à l'intérêt du site, qui, embelli par le contraste des ombres et de la lumière se jouant sur les eaux écumeuses, était d'un charme inexprimable.

La succession non interrompue des points de vue, tour à tour riants, sévères ou sublimes, que présente l'Oberland, finit par épuiser l'admiration, et fait naître, à sa place, non pas la satiété, mais un sentiment de contentement calme, dont on jouit comme de l'air qu'on respire, sans presque s'en apercevoir. Les ébahissements continuels me sont suspects chez les voyageurs, et il faut se tenir en garde contre ces gens tout bouffis de métaphores qui, puisant la couleur locale dans leur encrier, décrivent, puis décrivent encore, enfilant les périodes et entassant, pour faire de l'effet,

Ossa sur Pélion, Olympe sur Ossa.

Que n'imitent-ils donc la nature? Elle a aussi, elle, ses moments de repos, et parfois même sa monotonie, qui contribue à rendre plus vive l'impression de ses beautés.

Par un heureux hasard, j'arrivai à Meyringen la veille du jour où devait avoir lieu, sur le Brunig, la réunion annuelle des lutteurs du Hasli et de l'Unterwald. Cette lutte, suivie d'une fête champêtre, attire des deux cantons une foule de spectateurs, auxquels se joignent les étrangers qui se trouvent dans le voisinage, ou se rendent ici tout exprès d'Interlaken. Il y vient aussi des musiciens, des gens vendant des comestibles, de petits merciers avec leur étalage; c'est comme une foire. On gravit, pendant deux heures et demie, un sentier assez rapide, qui nous eût offert de belles échappées sur la vallée, sans les flocons de vapeurs qui s'y allongeaient en bandes parallèles et qui, au dire des paysans avec lesquels je cheminais, ne nous pronostiquaient rien de bon. Il y avait encore peu de monde sur l'*alpe* du Brunig lorsque nous y arrivâmes, et j'entrai dans le principal chalet pour y déjeuner et y passer mon temps, jusqu'au moment où les jeux s'ouvriraient.

L'abord n'en était rien moins que propre : on y pénétrait par une étable servant d'antichambre, dans laquelle étaient couchés cinq ou six veaux, qui ruminaient paisiblement et contemplaient, avec une impassibilité philosophique, les nombreux visiteurs passant et repassant au milieu d'eux. Parvenu dans la pièce principale, le premier objet qui attira mon attention fut un énorme chaudron, bouillant sur un grand feu, et contenant le lait du jour destiné à faire le fromage. Sur une tablette qui régnait le long d'un des pans de cette chambre étaient disposés de larges vases en bois, de forme plate et circulaire, remplis de lait doux, de crème épaisse ou liquide, ainsi que de petit-lait de différentes sortes. Au-dessus de ces vases on voyait rangés des fromages de première et seconde *formation*. Dès la porte je distinguai, au travers d'une atmosphère épaisse de fumée, une quinzaine de paysans et paysannes, groupés dans diverses attitudes. Cinq ou six d'entre eux étaient assis sur des escabeaux, autour d'un billot tenant lieu de table et supportant un large baquet plein de lait chaud, dans lequel nageaient des tranches de pain blanc. Chacun des convives puisait à cette vaste gamelle. Quand nous entrâmes, on nous céda, non la place d'honneur, ce qui eût dérangé tout le monde, mais celle qui était la plus voisine de la porte. Les pâtres du chalet, au nombre de trois, après nous avoir adressé un salut cordial et un *Willkommen* que leur physionomie ouverte ne démentait point, nous invitèrent à prendre part au festin, en nous offrant à chacun l'un de ces ustensiles en bois qui, par leur forme, tiennent à la fois de l'écuelle et de la cuiller. J'avais faim, et, ne voulant pas, en outre, choquer ces bonnes gens, sur lesquels j'avais jeté un coup d'œil dont le résultat était fait pour me rassurer, je me suis mis à pêcher, sans façons, de ces petites tranches de pain, que j'arrosai par de fréquentes libations d'un lait délicieux. Ce repas me sembla exquis, et pourtant ce n'était que de la soupe au lait! Si elle m'eût été servie dans une auberge, sur une belle nappe blanche, dans une soupière en faïence à forme grecque et avec une cuiller d'argent, j'y eusse fait peu d'honneur. Mais cet intérieur de chalet, l'hospitalité cordiale de ces montagnards, la figure honnête des convives, qui s'étaient assis à ce banquet champêtre sans même qu'on les y eût invités, tout cela lui prêtait un mérite *moral*, dont l'art des *Véry* n'eût pu approcher. Ces gens me regardaient faire en ouvrant de grands yeux, comme s'ils eussent été surpris de voir un *monsieur* manger comme eux et avec eux. Dès qu'il se présentait un nouvel arrivant, les regards bienveillants de nos hôtes se tournaient vers lui, pour l'inviter à prendre sa part de tous ces biens, et celui-ci acceptait avec cette simplicité qu'il eût mise lui-même à offrir s'il se fût trouvé chez lui; aucun ne se faisait prier. Les uns attaquaient les fromages, d'autres plongeaient leurs cuillers-écuelles dans ces vases de crème et de lait, capables d'inspirer à tout amateur ce tendre intérêt que notre ami Sancho portait aux grandes marmites des noces de Gamache. Un voyageur donna beaucoup à rire à l'assistance en puisant dans un baquet de petit-lait mis en réserve.... pour les habillés de soies[1], qui en avaient déjà tâté, à en juger par l'hilarité générale. En quittant mes hôtes, il me fut impossible de leur faire rien accepter, et le seul moyen que j'eus pour ne pas être trop en reste avec eux, ce fut de leur laisser la bouteille de vin vieux de Neufchâtel dont je m'étais pourvu.

Vers onze heures je me rendis sur l'emplacement où a lieu la lutte, et qui est très-convenablement choisi. C'est un petit bassin presque circulaire, que tapisse un gazon fin et serré, et dont les revers, formant un amphithéâtre naturel, peuvent donner place à une foule considérable de spectateurs. Ils étaient peu nombreux cette fois-ci : le temps incertain

---

[1] Les cochons.

avait retenu beaucoup de curieux, et plusieurs des athlètes les plus renommés des environs se trouvaient absents pour diverses causes. Les habitants de l'Unterwald occupaient l'un des côtés de l'amphithéâtre, et ceux de la vallée d'Oberhasli étaient rangés sur le revers opposé. La séance s'ouvrit par deux des plus jeunes lutteurs appartenant aux deux différents cantons. C'étaient des enfants d'environ quinze ans. Ils passèrent, par-dessus leurs pantalons, des caleçons d'une toile extrêmement forte, se tendirent la main en signe de bonne amitié, et, mettant chacun un genou en terre, ils se saisirent, à la hauteur des cuisses, par ces caleçons qui leur offraient une forte prise; alors, tête contre tête, épaule contre épaule, ils commencèrent à se pousser, à se tirailler dans tous les sens, cherchant mutuellement à se surprendre, à se faire perdre l'équilibre, à s'enlever de terre, pirouettant, se relevant avec une vigueur et une prestesse qui n'eussent pas été déplacées aux jeux Isthmiques. Pour être vainqueur dans cette sorte de lutte, il faut avoir renversé trois fois son homme sur le dos; en conséquence, lorsqu'un des lutteurs se voit sur le point d'être terrassé, il rassemble tout ce qu'il a de force et de souplesse afin de tomber sur le ventre ou sur le côté, et de rendre ainsi le coup nul. Les deux jeunes athlètes roulaient souvent l'un sur l'autre, dans les postures les plus grotesques, puis se relevaient sans lâcher prise. L'un d'eux, ayant réussi à enlever son adversaire, qu'il tenait la tête en bas, ne savait plus trop comment faire pour compléter cette demi-victoire; après un instant d'hésitation, il le soutint en équilibre d'une main, et, lui appliquant de l'autre un grand coup sur la nuque, il lui fit faire la culbute et l'étendit par terre. Aussitôt qu'il y avait un des lutteurs de vaincu, le parti vainqueur faisait retentir l'air de ses acclamations, et le canton qui avait eu le dessous envoyait un second champion, plus fort ou plus habile que le premier, pour venger l'honneur du pays. La lutte devint par là d'autant plus intéressante à mesure qu'elle se prolongea davantage. Pour remporter le grand prix, il fallait avoir triomphé successivement de trois adversaires en les terrassant chacun trois fois. Ce fut un jeune pâtre du Hasli, à peine âgé de vingt ans, qui eut cette gloire, et resta maître de l'arène, au grand dépit des Unterwaldois, qui lui avaient détaché, l'un après l'autre, leurs plus habiles lutteurs. Lorsque leur homme était défait, on les voyait se réunir en groupe, pour se concerter sur le choix de celui qui serait appelé à le remplacer, et il était curieux d'observer la physionomie de ces montagnards pendant cette délibération, dont le résultat importait si fort à l'orgueil national. Tandis qu'on se livrait à ces pourparlers assez prolongés, le vainqueur, épuisé, haletant, baigné de sueur, se reposait de sa victoire étendu sur le gazon, et se préparait à une dernière épreuve, de laquelle dépendait sa gloire ou sa honte. Son nouvel adversaire s'avançait frais et dispos, se revêtait du caleçon, puis la lutte recommençait avec des chances diverses; elle était d'un puissant intérêt. Le troisième Unterwaldois envoyé contre le Bernois jusqu'alors invaincu était un homme de trente ans, petit, grêle, mais dont les membres nerveux et la démarche agile décelaient une force musculaire peu commune à laquelle se joignaient une grande souplesse, et, disait-on, une habileté consommée dans ce genre d'exercice. Son antagoniste y opposait les avantages d'un corps trapu, difficile à ébranler, et une lenteur calculée, une puissance d'inertie d'où sortaient brusquement et à propos des efforts prodigieux, auxquels l'adroite agilité de l'Unterwaldois pouvait à peine résister. Enfin, après des succès longtemps balancés qui excitaient au plus haut degré l'intérêt de tous les spectateurs, ce dernier succomba; il toucha une troisième fois la terre de son dos. Alors les applaudissements, les bruyants hourras des gens du Hasli, proclamèrent sa défaite et le triomphe définitif de leur jeune champion.

Ce spectacle, qui attache et émeut vivement, me frappa surtout par ce qu'il offrait d'honorable pour le caractère de ces paysans suisses. Dans une pareille lutte, où l'amour-propre était si fortement en jeu, on n'apercevait rien qui indiquât cette animosité ou cet esprit qu'il serait si naturel d'y supposer. Ces hommes simples triomphaient sans arrogance, de même qu'ils se reconnaissaient vaincus sans honte, et il était aisé de voir que la poignée de main qu'ils se donnaient en commençant n'était pas purement une chose de forme; ils auraient pu se la donner, à la fin, tout aussi cordiale. On fit, selon l'usage, en faveur du vainqueur, une quête qui fut assez productive, et qu'il se hâta d'aller partager avec son antagoniste.

En sortant de la verdoyante et gracieuse vallée de Meyringen, et après avoir franchi cette colline rocheuse du Kirchet, au travers de laquelle l'Aar s'est forcé le passage, on trouve une petite vallée d'un aspect plus sévère; quoiqu'elle soit ornée de beaux arbres et offre un assez grand nombre d'habitations, elle tranche cependant d'une manière frappante avec le site calme et riant qu'on vient de quitter, et dispose l'âme ainsi que les yeux aux scènes qui vont suivre. Le sentier s'élève, à mi-côte, au-dessus du cours impétueux de l'Aar, dont le sourd mugissement interrompt seul le silence de ces lieux déserts. A chaque pas la vallée prend un caractère plus sombre, plus sauvage. Quelques bouquets de mélèzes et de sapins garnissent encore le revers des montagnes; mais la végétation, qui va en s'appauvrissant à mesure qu'on avance, finit bientôt par disparaître entièrement. D'immenses rochers élèvent jusqu'au ciel leurs cimes dépouillées; de leurs flancs déchirés par des crevasses se détachent d'énormes débris qui s'amoncellent à leur pied et encombrent le fond de la vallée. De profonds ravins, qu'ont creusés les torrents et les avalanches, sillonnent ces gigantesques masses, dont ils rompent l'uniformité. Le sentier, devenu plus pénible, passe sur des blocs de granit d'une centaine de pieds de long, qui, polis par le frottement, offrent une surface glissante comme la glace. Quelques pins rabougris, courbés par l'instinct ou par la violence des ouragans, rampent çà et là sur ce sol bouleversé, qu'ils parent de leur triste verdure. Après m'être arrêté un instant à l'hospice, j'atteignis enfin le sommet du Grimsel. Mais comment essayer de rendre le sublime caractère de grandeur et de désolation qu'offrent ces affreuses et incommensurables solitudes? J'ai sous les yeux le chaos dans toute son horreur et dans toute son âpre nudité. Ce ne sont plus des rochers, ce sont des monts tout entiers qui, dans leur menaçante décrépitude, semblent prêts à s'affaisser sous leur propre poids, et à combler de leurs débris confusément entassés les gorges arides qui les séparent. Ici tout porte les traces de quelqu'une de ces terribles révolutions de notre globe; tout y rappelle cette grande et belle image d'un de nos poëtes :

Sur les mondes détruits le temps dort immobile.

En vain l'âme oppressée cherche, au milieu de cette scène de destruction, quelque émotion douce et consolante; en vain on voudrait échapper, à l'aide de l'imagination, aux impressions pénibles dont on se sent affecté; le souvenir même des riantes contrées que l'on vient de parcourir n'apparaît plus que comme un rêve. Autour de vous règnent au loin le silence, l'immobilité et la mort. Les hautes Alpes, revêtues de leurs éternels frimas, semblent élever, entre vous et le monde animé, une infranchissable barrière. De tous côtés vous voyez se découper sur le bleu foncé du ciel une multitude de pics menaçants, et, bien au-dessus de cet horizon bizarrement dentelé et tacheté de plaques de neige, le trône de l'hiver, le colossal Finsterarhorn, élance encore sa cime audacieuse [1].

Je poursuivis ma route vers le glacier du Rhône. La vallée dans laquelle il se prolonge, et que domine la cime échancrée de la Furca, est d'un aspect âpre et désert; mais du moins la vue peut s'y étendre, et l'on s'imagine y respirer plus à l'aise. Elle n'est pas non plus complétement dépouillée de végétation; quelques sapins isolés y élèvent leurs tiges pyramidales, dont la sombre verdure récrée l'œil, faute de mieux, et de nombreuses touffes de rhododendron, ou rose des Alpes, tapissent les bords du sentier. Je cheminais, précédé du guide, cherchant des yeux ce fameux passage de la Mayenwand, dont on m'avait plus d'une fois dépeint le danger, et je n'apercevais rien qui me parût de nature à mériter à cette descente sa mauvaise réputation. Le sentier coupait obliquement le revers d'une montagne fort escarpée, il est vrai, mais tapissée d'un gazon fin et serré, sur lequel je ne découvrais pas un seul rocher à pic, ni rien de ce qui épouvante l'imagination, dans l'idée qu'on se fait communément d'un précipice. Ceci pourtant en était bien un, et des plus dangereux. Ayant jeté un regard sur cette pente si roide, fuyant sous mes pieds, et sur laquelle un faux pas, un éblouissement, vous coûterait la vie, je me sentis troublé un instant; je n'y étais nullement préparé. Heureusement que, fermant la marche, je n'avais plus à craindre que pour moi seul; je m'arrêtai quelques secondes en détournant les yeux, pour me remettre; puis, franchissant d'un pas ferme et rapide le court trajet qui me restait à parcourir, je me trouvai bientôt hors du danger. A mon retour, ce fut avec plus de répugnance que je repassai par ce mauvais pas. J'avais la conscience du péril, et m'étais convaincu que, si le pied venait à vous manquer, rien ne pouvait vous sauver. Vous rouleriez infailliblement jusqu'au Rhône sur ce tapis velouté, et sans autre mal que d'arriver là-bas, à quelques milliers de pieds, suffoqué par la vélocité toujours croissante de cette *dégringolade*. Un voyageur digne de foi m'a dit avoir rencontré une chèvre sur cet étroit sentier de la Mayenwand. Aussi altière et non moins entêtée que celles de la fable, elle s'obstina à ne pas rebrousser chemin, et, comme un engagement

---

[1] C'est la plus élevée des Alpes, après celle du mont Blanc; elle a treize mille quatre cent cinquante pieds de haut.

corps à corps eût été fort dangereux en pareille circonstance, le bipède, doué de raison, jugea à propos de filer doux devant le récalcitrant quadrupède. S'effaçant donc modestement, il céda à la chèvre les honneurs du pas.

Le glacier du Rhône ne gagne point à être vu de près : formé d'une glace plus compacte, plus homogène que ceux du Grindelwald et de Chamouny, descendant en outre sur une pente moins escarpée et moins inégale, il n'offre pas les mouvements ondulés, les magnifiques pyramides et les crevasses profondes de ceux-ci, mais il l'emporte sur eux, tant par son éclatante blancheur que par son étendue; il se déroule des flancs du Galenstok jusque dans la vallée de Gherenthal, et n'est que le prolongement d'une mer de glace qui règne depuis le Sustenhorn jusqu'ici, et dont les bras, s'étendant sur les hautes vallées de Gadmen et de Triften, couvrent un espace d'au moins vingt-cinq lieues de tour. Le Rhône, nommé par les Valaisans Rotten (du latin *Rhodanus*), ressemble, au sortir de son berceau, à tous ces torrents obscurs que j'ai vus ailleurs, et n'a pas même les honneurs d'une voûte de glace. Je n'ai été aucunement tenté de boire de ses eaux limoneuses, mais je me suis désaltéré à deux petites fontaines limpides que les habitants du pays regardent comme les véritables sources du fleuve, ce qui sort du glacier n'étant, disent-ils, qu'un ruisseau de circonstance qui tarit en hiver, tandis que ces deux sources sont, en tout temps, également abondantes. Les anciens, peu forts en géographie, croyaient, avec leurs poëtes, que le Rhône sortait des « portes de la nuit éternelle. » J'ai remarqué encore ici une fort ancienne moraine, couverte d'herbe et distante de huit cents pas du glacier; fait qui vient à l'appui de ce que j'ai dit plus haut au sujet du mouvement rétrograde de ces amas de glaces.

Le guide me proposa de pousser mon excursion jusqu'à Obergestein, qui, d'après lui, doit être le premier endroit du monde pour les pieds d'ours à la Sainte-Menehould et les potages à la marmotte. Un homme de bouche n'eût pas négligé une pareille occasion d'étendre le cercle de ses connaissances; quant à moi, il ne me vint pas à l'idée d'en profiter; si j'avais eu du temps de reste, j'aurais mieux aimé l'employer à visiter, dans le voisinage, ce plateau sur lequel s'élèvent deux croix en pierre, avec ces inscriptions si peu fastueuses : « Ici Berthold, duc de Zœhring, *avoué* de l'archiduc d'Autriche, a perdu la bataille en 1211. » Et plus loin : « Ici les gens de Berne ont perdu la bataille en 1419. » Dans cette dernière affaire, ce fut un berger valaisan qui, revêtu d'une peau d'ours en guise de cuirasse, battit, à la tête de ses valeureux compatriotes, les Bernois et leurs alliés. Comme Épaminondas, il tomba glorieusement sur le lieu de son triomphe.

Cette partie du haut Valais, qui a conservé une grande simplicité de mœurs, est de deux siècles en arrière sur l'autre; on n'y voit point de cabarets. A l'époque où le pays était département français, l'administration voulut établir des auberges, sous prétexte d'utilité publique; mais les habitants d'une commune considérable s'y opposèrent, et dirent aux autorités : « A quoi bon ces maisons? nos pères nous ont enseigné à exercer les devoirs de l'hospitalité, et ce n'est pas à vous à chercher à nous faire oublier ce vertueux usage. »

En suivant le chemin qui mène par la Furca au Saint-Gothard, on remarque quelquefois sur la neige des plaques rougeâtres plus ou moins larges; je ne sais comment les savants expliquent ce phénomène, dont les gens du pays rendent compte, en disant que ce sont les âmes des muletiers infidèles qui, ayant bu le vin qu'ils étaient chargés de transporter, sont condamnés, après leur mort, à faire leur temps de purgatoire sous la neige qu'ils ont rougie des suites de leur crime. Une tradition du pays porte que le Juif errant, ce patron de la gent voyageuse, passant une première fois au Grimsel, y trouva des vignes productives; lors de son second passage, la contrée ne produisait plus que du blé et du foin; enfin, la dernière fois qu'il y vint, il y vit les choses dans l'état où elles sont aujourd'hui.

Un épais brouillard, survenu pendant la nuit que je passai à l'hospice du Grimsel, où l'on est très-bien, eu égard aux localités, m'empêcha d'aller voir les glaciers de l'Aar, qu'on m'avait signalés comme étant au nombre des plus remarquables de la Suisse. Je repris, en conséquence, pour retourner à Meyringen, le chemin par lequel j'étais venu, et refis tristement ce trajet, battu par la pluie et par un vent si violent, qu'en passant les ponts sans parapets, ainsi que certaines portions du sentier taillées en corniche, il fallut nous tenir fortement les uns aux autres et ramper presque à quatre pattes, pour éviter d'être renversés dans le torrent. En quittant l'hospice, nous fûmes suivis, pendant longtemps, par un nombreux troupeau de chèvres, qui, faisant tinter leurs clochettes, s'arrêtaient dès que nous nous arrêtions, et se remettaient à nous suivre quand nous recommencions à marcher, nous contemplant avec leur physionomie fantasque, et de cet air curieux de gens qui n'ont rien vu. Peut-être, comme la chatte de Montagne, faisaient-elles leurs observations sur moi, tandis qu'elles me fournissaient la matière de cette note. Ces chèvres sont fort jolies, sveltes et d'une belle couleur fauve, coupée de raies noires; quelques-unes sont marquées de taches blanches et si régulières, qu'on les croirait peintes. Le guide m'en désigna plusieurs provenant du croisement des chèvres et des chamois. Cette race de métis, qui est fort estimée, se reconnaît aisément à la légèreté de ses formes, ainsi qu'à sa couleur.

Près du chalet de la Handeck, l'Aar forme une chute d'une grande beauté et d'un caractère tout particulier. Ses eaux, divisées par un bloc de granit à leur point de départ, tombent en deux magnifiques jets dans un gouffre étroit et profond, couronné de grands sapins, tandis qu'un second torrent vient s'élancer, à angle droit, dans le même abîme. Rien n'égale l'effet de cette triple cascade; le point où les trois gerbes se réunissent, pour achever de tomber ensemble, offre des accidents de formes, d'ombre et de lumière dont il est difficile de se faire une idée. Le furieux choc de ces eaux rivales, qui se précipitent en sens opposés, le fracas de leur chute retentissante, la blancheur de leur écume, refoulée contre les sombres parois du rocher, le nuage de vapeur qui, tourbillonnant au-dessus de ce Charybde, voile la mélancolique verdure des sapins et des mélèzes, tout cela est aussi peu aisé à imaginer qu'à décrire. J'ai entendu nombre de voyageurs mettre la chute de la Handeck au-dessus de toutes celles de la Suisse.

A mesure qu'on s'éloigne du Grimsel on se sent renaître : la nature reprend graduellement de la fraîcheur et de la vie, et c'est avec un charme indéfinissable que, du haut de la colline du Kirchet, éboulement ancien, on plane tout à coup sur l'ensemble de cette riante vallée de Meyringen, qu'on voit fuir devant soi entre deux lignes de montagnes dont l'aspect est aussi varié que pittoresque. De ces terrasses de rochers, que revêtent des pelouses d'un vert tendre, s'élancent de nombreux ruisseaux qui, descendus des sommités supérieures, sont tous prédestinés aux honneurs de la cascade. De Meyringen à Brientz j'en ai compté jusqu'à dix. Le fond de cette vallée est arrosé par l'Aar, qui, retenue dans un lit assez profond, ne désole pas, ainsi que le Rhône et le Rhin, la contrée qu'elle traverse. Je n'y ai point aperçu, en effet, de ces eaux stagnantes que les roseaux et les joncs recouvrent de leur stérile verdure, ni de ces arides plages dont les graviers blanchissants fatiguent et attristent la vue. Ici tout paraît frais et fertile. Il n'est point indifférent de descendre ou de remonter cette belle vallée : en venant de Brientz on la voit bien plus à son avantage, surtout si elle est éclairée par le soleil du matin.

Il y a, dans le village de Brientz, un paysan doué d'un talent et d'un goût remarquables pour la sculpture en bois. Le duc de Saxe-Gotha, lui trouvant des dispositions naturelles, lui fit cadeau, il y a plusieurs années, de la collection des vases, ornements et arabesques de Raphaël. Cette libéralité n'aurait pu être mieux placée. Inspiré par de pareils modèles, l'ouvrier est devenu artiste; ses corbeilles à fruits, ses boîtes à ouvrage, ses vases, ses candélabres, ont eu la vogue, et il expédie de nombreux envois en Allemagne, en Angleterre et jusqu'en Russie. Tous ces objets sont d'une grande élégance et travaillés avec une délicatesse extrême; le *divin Alcimédon*, célébré par Virgile, ne faisait pas mieux. Ce genre d'industrie s'est propagé dans tout l'Oberland, mais le bon faiseur reste toujours Fischer de Brientz. Pour les figures d'hommes et d'animaux, il n'y réussit pas, faute d'études spéciales, et, sous ce rapport, il ne peut être mis en parallèle avec l'habile sculpteur Abhard de Sarnen, qui n'était aussi, lui, qu'un paysan.

Les chanteuses de Brientz ont un peu perdu de leur réputation; le personnel de la troupe s'est renouvelé depuis quelques années, et n'a pas gagné au change; mais je les ai entendues, dans le bon temps, lors de mon premier voyage dans l'Oberland [1]. En faisant une promenade sur ce délicieux lac, je les avais prises dans le bateau; elles étaient au nombre de cinq, et, pendant plus d'une heure, elles m'ont chanté, en parties, leurs charmants airs populaires, que nous confondons tous, mal à propos, sous le nom de *Ranz des vaches*. Les voix de ces jeunes filles, entendues séparément, eussent été criardes, surtout dans une chambre, mais elles chantaient avec un tel ensemble, une si parfaite justesse, leurs airs avaient tant de caractère, ils étaient si bien appropriés au local du concert et empruntaient tant de charme de ces eaux limpides, de ce ravissant paysage et du bruit cadencé des rames, que j'en étais ému jusqu'aux larmes. Une des chanteuses avait une voix claire, argentine et tellement élevée, qu'au lieu d'accompagner le chant à la

---

[1] J'y suis venu trois fois.

tierce au-dessous, elle prenait la sixte supérieure avec une étonnante sûreté d'intonation. Ces sons d'harmonica, planant ou voltigeant ainsi au-dessus de la mélodie, produisaient l'effet le plus piquant et le plus agréable.

Il existe deux sortes de musique fort différentes : l'une, simple et sans art, telle que la nature l'enseigne à tout être bien organisé; l'autre, artificielle, pour ainsi dire, dont le but est de peindre avec des sons, et de remuer profondément toute âme susceptible d'émotions, en renforçant le langage de la passion de son accent pénétrant et énergique. Ces deux genres, totalement distincts, ont chacun leur mérite à part; et les filles de Brientz, qui ne seraient pas supportables à entendre dans des morceaux d'opéra, excellent dans l'exécution de leurs airs nationaux, qui vous vont à l'âme par un autre chemin. Cette bouquetière d'Athènes qui, par l'art ingénieux et le goût exquis avec lequel elle composait et nuançait ses bouquets, excitait l'admiration de Zeuxis lui-même, eût été incapable de faire un tableau; il en est de même de ces filles : leurs chants ne peignent rien, mais ils flattent l'oreille, et concordent admirablement avec les émotions douces que fait naître l'aspect de ces beaux lieux; ils sont en place.

Le souper fini, quatre nouveaux venus, parmi lesquels se trouvaient deux compatriotes, voulurent aussi entendre les virtuoses de Brientz, et, après leur avoir fait épuiser leur répertoire, ils eurent l'heureuse idée de mettre à profit cette réunion de jeunes filles pour improviser un bal champêtre dans la salle de l'auberge. L'orchestre fut bientôt trouvé : il consistait en un fifre ou octavin, jouant en *ré*, et accompagné d'un violon qui, pour plus de variété, raclait en *ut*. En un instant, voilà les chanteuses transformées en danseuses, et nous tous valsant, pirouettant à l'envi, avec des partenaires dont quelques-unes ne le cédaient point en légèreté à nos élégantes de la Chaussée-d'Antin; je conviendrai pourtant que plusieurs ébranlaient, sous le poids de leurs grâces rustiques, le plancher retentissant; il est juste de dire aussi que nous n'étions pas des valseurs de première volée. Un Anglais, encore vert, qui faisait partie de notre bande joyeuse, mais qui, sur l'article important de la mesure, n'était pas imperturbable, essaya vainement de valser comme nous. Il s'associa, n'en pouvant venir à bout, deux des plus vigoureuses terpsichores de l'assemblée, lesquelles, le saisissant par un pan de son habit, parvinrent à lui imprimer un mouvement de rotation qui n'était pas in-

A. Hadamard del. — Imp. Godard, Paris.

Un bal a Brientz.

compatible avec le rhythme de la musique. Mais malheur à ceux qui approchaient trop de l'orbite de cette planète tourbillonnante! ils étaient violemment repoussés par l'effet de la force centrifuge. Grâce aux soins des ordonnateurs du bal, l'hôte faisait verser, à la ronde, les flots d'un petit vin blanc acidulé qui, corrigé avec force sucre, ressemblait à de la limonade chaude. Les verres circulaient, les galettes disparaissaient, et la chanson en parties remplissait les intervalles de repos. Notre hôtesse ayant prudemment réglé le nombre des danseuses sur celui des *cavaliers*, il y avait eu beaucoup d'exclusions, et nombre de curieuses passaient la tête par l'ouverture de la porte, ou collaient leurs visages sur les vitres, jetant un coup d'œil d'envie sur ces plaisirs qu'elles n'étaient pas appelées à partager. Ces messieurs faisaient, avec une gaieté toute française, les honneurs de cette petite fête, dont nos jeunes Bernoises jouissaient avec une simplicité décente qui était complétement exempte de gaucherie. Une partie de la population de Brientz se pressait à l'extérieur devant les fenêtres : c'étaient les pères, les frères, les cousins de nos danseuses, qui leur passaient clandestinement des galettes et des verres de vin chaud aux dépens de messieurs les amphitryons. Nous nous séparâmes à deux heures, fort contents les uns des autres.

Le Giesbach tombe.... — Oh! pour le coup, monsieur le voyageur, assez de cascades comme cela, s'il vous plaît! — De grâce, ami lecteur, ne vous impatientez pas;

Il ne m'en reste plus que quatre ou cinq petites.

Mais je suis généreux; passez-moi encore cette dernière, et je vous tiens quitte des autres; aussi bien, je commence moi-même à en avoir assez. Je reprends donc ma période. Le Giesbach tombe d'une élévation considérable, par une déchirure de rochers que masque presque entièrement le luxe d'une végétation vigoureuse; ses gerbes élégantes se précipitent encadrées d'une épaisse forêt de hêtres et de sapins, qui revêtent richement le revers escarpé de la montagne. Elles forment plusieurs chutes successives, se perdent derrière le feuillage, puis reparaissent sous un nouvel aspect. Le contraste de ces nappes écumeuses avec la teinte sombre des sapins et la verdure plus tendre des hêtres; la diversité de formes que présentent ces différents groupes d'arbres; le mouvement de ces eaux jaillissantes, sur lesquelles se jouent les rayons du soleil cou-

chant; le miroir du lac, qui reflète le tableau de ses rives si romantic
voilà ce qui concourt à faire du Giesbach la cascade la plus graci[euse]
la plus pittoresque qui soit dans toute la Suisse. J'ai lu quelque [part]
qu'un enthousiaste d'outre-Rhin a comparé la chute du Reichenb[ach à]
un dithyrambe, celle du Staubbach à un conte de fées, le Giesb[ach à]
une épopée, le Schmadribach à un drame, et enfin la cascade de la [Han-]
deck à un hymne sublime. Voilà qui est certes bien allemand. Je n[e sais]
quel poëte latin a donné à ces torrents le nom de « cousins germ[ains]
des nuages, — *cognati nubibus amnes.* »

Le lac de Brientz offre un aspect tout différent de celui de Thoun, [ce]
qui tient à l'élévation de ses rives, beaucoup plus escarpées. La vu[e n'y]
est point bornée, comme sur celui-ci, par une chaîne de sommités [monta-]
geuses; elle y est plus resserrée, et n'a, pour s'étendre, que l'ouve[rture]
de la vallée d'Oberhasli et le bassin d'Interlaken. Cet horizon circor[scrit]
contribue à donner au lac de Brientz ce caractère mélancolique et [soli-]
taire qui plaît, parce qu'il n'a rien de trop sauvage et que la natu[re]
s'y montre nulle part morte ni dépouillée. Elle y est, selon l'ex[pres-]
sion du descripteur par excellence,

> Wild but not rud; awful yet not austere.
> BYRON.

On se sent au milieu des hautes Alpes, mais des hautes Alpes access[ibles]
à l'homme; ce site, à la fois calme et sévère, repose et élève la pe[nsée]
sans l'oppresser. Ce qui manque à cette partie du pays, ce sont les [jolies]
habitations blanches, qui rendent si riants les environs de Zuric[h, et]
donnent tant de vie et d'intérêt au paysage, lorsque, éclairées pa[r les]
rayons du soleil, elles brillent au loin au travers des arbres, ou [réflé-]
chissent dans le cristal des eaux leurs images vacillantes. Les ma[isons]
de bois du canton de Berne, avec leurs galeries, leurs toits avancés [et le]
cintre de leur façade, sont peut-être plus pittoresques en déta[il et]
font mieux sur un premier plan; mais il faut être dessus, comme [on dit]
vulgairement, pour les apercevoir. D'un joli ton de couleur quand [elles]
sont neuves, elles prennent, en vieillissant, une teinte sombre et [enfu-]
mée peu favorable à l'effet général. Lorsque j'ai traversé les lacs d[e l'O-]
berland, j'ai passé devant plusieurs hameaux assez considérable[s que]
j'apercevais à peine, et, sans le secours de mes lunettes, ces beaux

m'auraient paru presque déserts. L'imagination est comme le sage, qui entend à demi-mot : montrez-lui, dans le lointain, quelques habitations éparses, elle verra aussitôt les villageois se livrant autour de leurs demeures à leurs travaux rustiques; elle suivra les troupeaux errant sur ces pâturages, entendra le tintement de leurs clochettes harmonieuses, et s'arrêtera à contempler leurs jeux; en un mot, elle animera, peuplera le paysage en y rêvant de tout ce que l'œil n'y peut voir, et jouira des illusions qu'elle se sera créées. Quelques points, blanchissant sous les vapeurs de l'horizon, auront suffi pour enfanter ces prestiges.

Quand on veut faire connaître un pays aussi riche que l'Oberland en points de vues pittoresques, toutes les ressources du style descriptif ne tardent pas à être épuisées. Les combinaisons du langage sont, en effet, bien circonscrites auprès de l'infinie variété que la nature étale ici. Après m'être efforcé de donner une idée de ce que j'ai vu et de faire partager au lecteur mes impressions diverses, je jette un regard découragé sur un travail qui est loin de me satisfaire. Les tableaux que j'avais à retracer étaient tous différents, et mes descriptions se ressemblent toutes plus ou moins : ce sont toujours des rochers couronnés de verdure, des cimes menaçantes, des eaux écumeuses, de riants coteaux, etc.; c'est bien aussi cela dans la nature, mais il s'y joint une foule de détails, de nuances, d'effets fugitifs, qui, pour ne pouvoir se rendre, n'en sont pas moins réels. Ce sont eux qui modifient ces tableaux à l'infini et y jettent ce charme de variété que je ne retrouve plus dans mes pages monotones. Il faudrait, pour bien sentir la Suisse et la peindre avec succès, y arriver avec une âme toute neuve et un talent tout fait, ce qui va rarement ensemble.

La tour qu'on voit s'élever à l'extrémité inférieure du lac de Brientz est le dernier débris du château de Rinkenberg, jadis habité par une famille puissante qui a offert à l'admiration de l'époque chevaleresque plusieurs preux dont les noms se sont conservés. Ce fut un membre de cette famille qui ramassa le gant d'un comte, lequel s'était porté accusateur de la ville de Berne devant l'empereur d'Allemagne, et offrit de prouver, dans un combat à outrance, avec l'aide de Dieu et de saint Béat, que ce chevalier déloyal en avait menti par sa gorge.

Je me suis contenté de me faire montrer de loin, en traversant le lac de Thoune, la caverne qui porte le nom du saint confesseur, et fut, dit-on, sa résidence. Les gens du pays la regardent aujourd'hui comme le quartier général de ces esprits souterrains, moitié diables et moitié gnomes, qui jouent un grand rôle dans leurs traditions superstitieuses. Un voyageur rapporte qu'étant allé visiter cette caverne, accompagné de quelques paysans des environs, l'un d'eux lui assura qu'elle se prolongeait jusqu'au Tyrol; mais un second, remarquant sur la figure de l'étranger un sourire d'incrédulité, se hâta d'ajouter, en haussant les épaules : « Imbécile ! comment veux-tu que ça aille si loin? ce monsieur sait bien que le trou de saint Béat ne va pas plus loin qu'au pied du mont Pilate. » Ces bonnes gens étaient sans doute du village de Merligen, dont les habitants jouissent ici de cette réputation que les mauvais plaisants de la Grèce avaient faite jadis aux honnêtes Béotiens, dont la race, d'après un ingénieux écrivain, se serait aussi perpétuée à Paris.

On remarque dans les vallées de l'Oberland, ainsi que dans toutes celles des Alpes, cette croyance relative aux esprits follets et gnomes, qui tantôt jouent de mauvais tours aux montagnards, tantôt les aident obligeamment dans leurs travaux. Pour se les rendre favorables, il suffit de leur jeter, de la main gauche, la première cuillerée de lait sous la table, quand la famille prend son repas; c'est l'antique usage des libations. M. Wyss observe que les pâtres de ces montagnes ont fait preuve d'une imagination peu inventive dans leurs traditions et leurs légendes superstitieuses; le diable, qui y figure souvent, y joue toujours le rôle d'un sot. On retrouve ici, comme dans les cantons d'Unterwald, de Vaud et de Fribourg, cette tradition primitive d'un âge d'or auquel ont mis fin la perversité et l'impiété des hommes. Alors, disent les paysans, les vaches étaient si monstrueuses, qu'il fallait les traire dans de vastes étangs, sur lesquels on recueillait la crème au moyen de bateaux. Un jeune pâtre se noya en faisant cette opération, et son corps fut retrouvé plusieurs jours après au fond d'une baratte. La Blumlis-alp, aujourd'hui encombrée de glaciers, était couverte, à cette époque heureuse, des plus riches pâturages; les crimes d'un berger qui en était propriétaire en amenèrent la dévastation. Prodigue et dissolu, il fit un escalier de fromages pour sa vache favorite; fils dénaturé, il osa porter sur sa vieille mère une main impie. Le ciel l'en punit, et la montagne, qui faisait sa richesse et son orgueil, devint ce qu'elle est actuellement. Si toutes ces fictions sont peu poétiques, la morale du moins en est bonne.

C'est à Thoune que se forme, chaque année, au mois d'août, le camp où se rassemblent, pour s'exercer, une partie des sous-officiers et officiers d'artillerie de la confédération. C'est à cette école que s'est formé, sous la direction du général Dufour, alors colonel, un jeune officier qui a fait plus tard un chemin brillant, et invente aujourd'hui, aux Tuileries, des canons qui décident du sort des batailles.

Voici une curieuse anecdote qui lui est relative et que je tiens d'un témoin oculaire. Les officiers de l'école revenaient d'une reconnaissance lointaine; ils étaient fatigués. Le prince Louis-Napoléon voit passer un chariot qui s'en retournait à vide, après avoir déposé une charge d'engrais. Il le fait arrêter, retourne une des planches et s'assied dessus sans plus de façon. Il revenait ainsi triomphalement au grand trot, dépassant les groupes de ses camarades, qui tiraient péniblement la jambe. L'un d'eux l'interpelle et lui crie : « Mon prince! que dirait votre oncle, s'il vous voyait voituré dans un pareil équipage? — Eh mais, répond le prince Louis, il dirait : La roue tourne. » Le mot était à la fois spirituel et prophétique. Lorsque les manœuvres, qui durent environ six semaines, sont terminées, huit ou dix officiers partent en corps, pour faire, sous la direction d'un officier supérieur et aux frais de la caisse fédérale, des reconnaissances militaires sur divers points de la frontière suisse, afin d'y lever des plans, d'examiner les endroits faibles, et de rechercher, sur les lieux, les moyens propres à en assurer la défense. On voit par là que les Suisses persistent, en dépit de l'assertion de M. le général Sébastiani, à regarder leur pays comme susceptible de repousser par la force les tentatives *de la première des grandes puissances qui jugera à propos d'y transporter le théâtre de la guerre*, et qu'ils comptent, pour cela, sur d'autres moyens que ceux dont M. Raoul-Rochette leur a conseillé l'emploi[1]. N'est-ce là qu'une illusion que le gouvernement cherche à entretenir dans les populations, sans la partager? Je ne suis pas compétent pour prononcer sur une question de ce genre. Toujours est-il vrai qu'au mois d'août 1833 la Suisse a dû à son organisation militaire d'être préservée de l'anarchie, et, par suite, de la honte d'une occupation.

En arrivant à Thoune pour la seconde fois, j'y ai joui d'un coup d'œil fort extraordinaire, et, comme il est probable que le concours des circonstances qui l'a produit ne se renouvellera pas toutes les fois qu'il passera par ici un preneur de notes, je vais en dire quelque chose. Il

---

[1] L'arbalète, la hallebarde et le *morgenstern*.

était six heures du soir; un orage menaçant s'amassait sur les hautes Alpes; d'épaisses couches de nuages, d'une couleur sombre et uniforme, s'étendant depuis le Simmenthal jusque sur l'Oberland, formaient comme un crêpe immense qui voilait toute une moitié du ciel; au-dessous de leurs rebords cuivrés et tranchés horizontalement régnait une zone d'une teinte moins foncée, sur laquelle on voyait se dessiner, au travers de la pluie comme au travers d'une gaze, les cimes élégantes et hardies du Schreckhorn, des Eiger, de la Jungfrau, et la masse imposante de la Blumlis-alp. L'éclat éblouissant de leurs neiges avait disparu, pour faire place à un reflet azuré, bien différent de celui dont la clarté de la lune revêt les glaciers, et qui était d'un singulier effet. Cette fantasmagorie aérienne des Alpes contrastait, d'une manière frappante, avec les formes massives et les ombres sans transparence des montagnes qui dominent le lac, dont les eaux, d'un beau vert émeraude, se confondaient presque avec les prairies de ses rives. Rien, dans ce paysage, n'était au ton qui lui fût propre; tout y était à la fois factice et pourtant naturel; de ce mélange de vrai et de faux, il résultait une impression étrange et difficile à définir. Au couchant, l'horizon était clair sans être pur; le soleil, près de se coucher, colorait de pourpre et d'or des nuages pittoresquement groupés, et inondait d'une lumière rosée les collines vaporeuses qui se perdaient dans le lointain. Ses derniers rayons, glissant sur les montagnes des premiers plans, illuminaient leurs arêtes élevées, et effleuraient les massifs d'arbres qui ombrageaient leurs pieds. Il semblait que, de ces deux scènes si diverses, la première appartînt au monde idéal, et l'autre au monde réel. Les Alpes disparurent peu à peu derrière un *transparent* de pluie qui, s'épaississant par degrés, finit par envahir tout l'horizon.

Le point d'où l'on jouit le mieux et le plus complétement de l'ensemble du lac de Thoune est la *Chartreuse*, cette création d'un homme de goût et cette retraite d'un sage aimable[1]. Dans l'arrangement de cette délicieuse habitation, l'art ne se fait voir nulle part, et on lui en sait gré, tant la nature a bien fait les choses. Il y a surtout un petit coin de forêt *vierge*, avec une verdoyante clairière dont le gazon est balayé par des rameaux touffus, auquel je ne puis penser sans rêver. C'est d'un suave et d'un mystérieux qui repose l'âme. Je ne passe jamais par ici sans y aller rôder dans la soirée.

[1] M. l'avoyer Mullinen.

En quittant Thoune pour se rendre à Berne, on dit adieu aux montagnes, qu'on ne doit plus voir désormais que de loin. La majestueuse pyramide du Niesen et la cime cornue du Stockhorn sont les dernières que l'on salue. On rentre dans la plaine de la Suisse, si toutefois on peut donner ce nom à une contrée sur laquelle s'élèvent de nombreuses collines, séparées par des vallons spacieux et peu profonds, où l'on voit briller, par intervalle, les eaux de l'Aar, devenues limpides en passant par le lac. De quelque côté qu'on l'on promène sa vue, on découvre partout l'aspect de l'aisance, résultant de la fertilité du sol, de la culture la mieux entendue, et surtout de ces habitudes d'ordre qui caractérisent le paysan bernois. Une multitude d'habitations, bâties sur ces riants coteaux, apparaissent au milieu des arbres ou bordent la route, le long de laquelle règne une double haie soigneusement taillée, et s'alignent deux rangs de cerisiers dont la tige élancée et les branches intactes prouvent qu'ils ne sont point en butte à la destructive rapacité des passants. Ici la propriété est religieusement respectée, par la raison que chacun y possède et n'y possède pas d'hier seulement. Les maisons ont un air *cossu* et annoncent un bien-être qui satisfait l'âme en même temps qu'il plaît à l'œil; beaucoup d'entre elles, situées au-dessous du niveau de la route, ont un pont au moyen duquel les chariots montent tout chargés au grenier, pour y déposer le foin ou les gerbes. Des fontaines jaillissent de toutes parts, et l'on remarque jusque dans l'arrangement du fumier cette recherche de propropreté qui est un des traits distinctifs du caractère national.

On m'a conté, à ce sujet, que M. de Goumoens, se vantant un jour d'avoir un valet de ferme qui poussait l'habileté et le soin, dans ce genre de travail, au point que ses tas de fumier étaient agréables à voir et ne sentaient pas mauvais, le ministre d'Autriche, qui était présent, parut croire que c'était de sa part une hyperbole. Le propriétaire bernois offrit de l'en convaincre, et, à cet effet, l'invita à déjeuner à sa maison de campagne. C'était en été ; la table était dressée sous une feuillée ; le repas fut bon, très-gai, et, après le dessert, M. de Goumoens porta la santé de l'empereur d'Autriche ; au même instant le fond de ce berceau de feuillage ayant été enlevé, les convives étonnés aperçurent l'aigle à deux têtes, artistement relevée en bosse sur un des pans d'un énorme tas de fumier, auquel était presque adossée la table. La susceptibilité diplomatique paraissant sur le point de s'effaroucher à cette vue, l'amphitryon se hâta de conduire S. E. le ministre à quelques pas plus loin, et de lui montrer, sur la face opposée, les armes de Goumoens qui faisaient pendant.

Beaucoup de gros paysans bernois (*Hofbauern*) possèdent des propriétés de cent à trois cents jucharts [1], avec des charges considérables, qui les mettent à même de se livrer en grand à l'agriculture et à l'éducation du bétail. Presque tous ont reçu une instruction élémentaire, par suite de laquelle ils sont en état de remplir certaines fonctions dans l'ordre administratif. Ils jouissent d'une grande influence, et sont, à proprement parler, les seigneurs du pays, vivant dans l'abondance de toutes choses, pêchant dans *leurs* ruisseaux, chassant sur *leurs* terres, et pouvant, avec leur superflu, venir au secours des bourgeois indigents, en leur procurant du travail. Ce n'est pas qu'on ne puisse quelquefois leur reprocher une forte tendance vers un despotisme de village dont il leur est facile d'abuser, comme aussi des vues d'ambition qui les poussent à vouloir jouer un rôle sur un plus grand théâtre, en abandonnant le soin des affaires de leur localité pour traiter de celles du canton. Au degré le plus inférieur de la population des campagnes se trouvent les *Hausler*, ou *Tanner*, qui vivent, depuis des générations, sur un petit héritage grevé de dettes, et habitent une chétive maisonnette, avec un coin de jardin planté de quelques arbres à fruits. Ils sont grossiers, sans culture, sans prévoyance, se marient de bonne heure, et élèvent, ou, pour parler plus exactement, n'élèvent pas, une fourmilière d'enfants qui s'en vont mendiant, *pillotant* à droite et à gauche, et héritent des vices et de l'exemple de leurs pères et mères. Malheur à une commune, à un canton, lorsque cette classe de gens, mise en mouvement par quelques meneurs qui n'ont rien à perdre, arrive à y exercer quelque influence! Depuis la Révolution de 1830, les grands propriétaires bernois, en se retirant de la scène politique, lui ont laissé le champ libre, et c'est à cette circonstance qu'on doit attribuer l'esprit actuel du grand conseil, dans lequel l'ignorance et les passions de parti semblent s'être donné rendez-vous pour faire, aux dépens du pays, l'application de la politique des clubs. Entre les *Tanner* et les *Hofbauern* il existe une classe intermédiaire de paysans, possédant de dix à quarante jucharts; c'est, dit-on, la plus morale des deux.

[1] Le juchart a quarante mille pieds carrés.

A. Hadamard. del. Imp. Godard, Paris.

Costumes du Canton de Berne

Plus on approche de la capitale du canton, et plus le nombre des maisons de campagne va se multipliant. On est agréablement frappé du luxe de propreté et de la champêtre élégance qui décorent ces charmantes demeures, appartenant aux riches propriétaires de Berne. Ici, point de prétentions à l'architecture, mais de bonnes maisons *substantielles*, comme diraient les Anglais, spacieuses, aérées, ayant toutes de la vue, dont on jouit d'une galerie vitrée ; partout une abondance d'eaux jaillissantes dont nous n'avons nulle idée en France, de beaux et frais ombrages ; devant la porte et sous les fenêtres, des fleurs en profusion et des gazons verdoyants. Ces habitations sont si jolies et si diversement jolies, que si l'on en possédait une, on éprouverait bientôt le regret de ne pas les posséder toutes l'une après l'autre.

L'abord de Berne s'annonce comme celui d'une grande ville : une multitude de calèches, de chars à bancs, sillonnent en tous sens la route, qui est magnifique. Une fois au delà du pont de l'Aar, l'étranger, après avoir gravi une montée rapide qui traverse un faubourg d'assez pauvre apparence, se trouve dans une rue large, propre, bien pavée et presque tirée au cordeau, le long de laquelle s'élèvent de fort belles maisons à plusieurs étages, dont les rez-de-chaussée forment une suite non interrompue d'arcades écrasées, reposant sur des piliers massifs. Ces maisons, qui offrent plutôt l'aspect de la solidité que celui de l'élégance, donnent à Berne un certain air de grande ville que je n'ai encore remarqué nulle part dans la Suisse proprement dite. Les arcades, sous lesquelles les piétons affluent, font que les rues paraissent un peu désertes ; mais, les jours de marché, le mouvement est partout, et la ville alors présente un coup d'œil aussi intéressant qu'animé. La beauté et le nombre des chevaux de paysans attelés à de lourds chariots ou à de petits chars à ridelles, l'air de santé et d'aisance de leurs conducteurs, la fraîcheur des femmes de campagne, leurs singuliers costumes, tout frappe et intéresse l'observateur. Je demanderai seulement qu'il me soit permis, sur le dernier article, de n'être pas de l'avis de mes devanciers. La coiffure des Bernoises a été trop vantée, par exemple, et me semble bien plus étrange que gracieuse ou pittoresque. Tout autour de leur figure s'élèvent deux larges ailes d'une sorte de dentelle en crin noir, et plus ou moins voltigeantes ; quelques-unes, tissues d'une matière plus souple, pendent en longs plis sur les joues, comme les oreilles d'un chien courant. La face rebondie de ces Suissesses fait, au milieu d'un pareil entourage, un effet infiniment grotesque; en général, les costumes suisses, sauf quelques exceptions, ne m'ont pas séduit. Ils sont souvent bizarres et semblent avoir été inventés, dans plus d'un cas, en dépit du bon sens, en ce que les diverses parties de l'ajustement n'atteignent pas le but de leur institution. Les femmes portent, le plus souvent, des coiffures qui ne les coiffent pas du tout, ainsi que des jupons qui ne les vêtent qu'à peine, et à l'exiguïté desquels on pourrait ajouter le superflu des manches, pour rétablir l'équilibre au profit de la décence et du bon goût. Quant aux énormes tresses postiches des Fribourgeoises, elles ne peuvent faire illusion à personne, vu qu'on s'embarrasse assez peu de les assortir à la couleur des cheveux auxquels elles doivent servir de supplément. Aussi arrive-t-il que vous voyez une tête grisonnante derrière laquelle pend une épaisse chevelure de filasse d'un châtain clair.

Les voyageurs qui s'étonneraient de trouver, dans cette ville républicaine, une rue des *Gentilshommes*, devront se rappeler que Berne était, comme Venise et Gênes, une république tout aristocratique. Ce n'est pas, au reste, la seule disparate de ce genre qu'on rencontre en Suisse; le pays abonde encore en emblèmes de son ancienne dépendance, et nulle part je n'ai vu plus d'aigles à deux têtes et plus de couronnes. J'ai remarqué à Meyringen, entre autres, une enseigne conciliatrice, représentant l'ours de Berne debout, et versant complaisamment à boire à l'aigle d'Autriche, qui tient un verre entre ses serres. Ici l'on voit, sur une des nombreuses fontaines de la grande rue, un chevalier armé de toutes pièces, élevant la bannière de la ville, tandis qu'un ourson, l'épée au côté, lui sert d'écuyer et porte sa lance. L'ours a figuré de tous temps sur l'écusson de Berne; mais, à l'occasion du siége meurtrier que les habitants eurent à soutenir, en 1288, contre Rodolphe de Habsbourg, qu'ils repoussèrent, la couleur blanche de l'écusson fut remplacée par la couleur rouge, et l'ours national passa sur un champ d'or, pour rappeler à la fois et le sang versé et la victoire qui en avait été le prix. Berne est la ville aux ours; ce sont deux ours en granit, d'un assez bon travail, qui, du haut de la porte de Morat, saluent, avec un air agréable, le voyageur venant de Lausanne. C'est un ours qui monte la garde sur les fontaines publiques. L'heure vous est annoncée, à la grande horloge, par une procession d'ours qui défilent devant vous, dans des postures grotesques et avec des accoutrements qui ne le sont pas moins. L'un est à cheval, la lance au poing, un autre jouant du fifre, un troisième cuirassé et le casque en tête. Les ours que vous voyez dans les fossés de la ville y vivent de leurs rentes au moyen d'une très-ancienne fondation. Ce fut leur grand-père que le commissaire français Rapinat envoya à Paris, en guise de trophée, après avoir mis sur sa cage l'inscription suivante : *L'avoyer Steiger de Berne;* excellente plaisanterie, selon lui, contre cet héroïque vieillard, qui avait dédaigné une amnistie flétrissante.

Berne, république militaire ainsi que Rome, a, d'après l'observation de Muller, étendu sa domination à un degré respectable, en moins de temps que celle-ci. L'esprit belliqueux, inhérent à ses institutions, s'y est conservé jusqu'à nos jours, et cette ville a été qualifiée, jadis, de *Sparte de la Suisse*, de même que Zurich en fut surnommée l'*Athènes*. A la fin du moyen âge, l'infanterie bernoise passait pour la meilleure de l'Europe, et n'avait rien de commun avec ces bandes d'héroïques pâtres que l'on voit figurer dans les guerres de la Suisse. Elle était armée de toutes pièces, parfaitement exercée, et soumise à une discipline sévère. La manière dont le gouvernement pourvoyait à la défense des places menacées mérite d'être remarquée. Dans chaque famille où se trouvaient, soit un père et un fils, soit deux frères en état de porter les armes, le conseil ne désignait qu'un seul individu pour faire partie de la garnison, et s'assurait, par là, de la part de celui qui restait disponible, une coopération active et intéressée, dans le cas où la place, serrée de trop près, eût eu besoin de renforts. C'est ce qui arriva à Laupen; les bourgeois de Berne y firent des prodiges de valeur[1].

C'est un spectacle curieux que de voir, dans le moyen âge, les comtes et les barons faisant d'abord une guerre à outrance aux villes de plus en plus florissantes, contre lesquelles viennent se briser leurs efforts isolés ou réunis, puis se mettant plus tard à leur solde pour conduire leurs petites armées, et finir par solliciter, dans la suite, comme une faveur, le droit de bourgeoisie dans ces mêmes cités qu'ils attaquaient naguère avec la flamme et le fer; s'engageant désormais à être munis, pour la défense commune, d'une épée et d'une lance, et en outre d'un seau, afin de préserver de l'incendie ces maisons en bois, *larges de douze*

---

[1] Le grand aumônier, qui marchait en tête de l'armée bernoise, portant l'hostie, fut pris par quelques barons, puis renvoyé sans rançon.

pieds, pour lesquelles ils avaient abandonné leurs manoirs crénelés.

Ils y apportèrent, surtout à Berne, leurs mœurs aristocratiques et leur amour de domination. Dès l'origine de la république il semble, en effet, que les gouvernants aient pris pour principe de leur politique intérieure ce passage de Théophraste : « Éloignons-nous de cette multitude qui nous environne; tenons ensemble *un conseil particulier* où le peuple ne soit point admis, et tâchons de lui fermer le chemin à la magistrature. » On ne doit pas s'étonner si les familles nobles entre les mains desquelles le pouvoir se trouva originairement concentré eurent à soutenir une lutte sans cesse renaissante contre la classe plus nombreuse des bourgeois, dont la haine jalouse et active parvint à diverses reprises à détruire une suprématie qui leur était odieuse. Cette classe, en possession à son tour de l'autorité suprême, l'exerça avec cette même arrogance tyrannique dont naguère elle faisait un crime à la faction opposée. Le *Schultheiss* Jean de Bubenberg fut banni de la ville avec ses partisans *pour cent et un jours*, parce qu'il était accusé « d'avoir gouverné en prince et non en bourgeois, n'expédiant aucune affaire sans avoir, au préalable, reçu un présent. » Les services signalés qu'il avait rendus à la patrie tant dans les conseils que sur les champs-de bataille furent mis en oubli par ce peuple ardent à venger son orgueil blessé et la violation de ses droits. Souvent des motifs en apparence futiles servirent de prétextes à des réactions violentes, et, au quinzième siècle, la guerre civile fut sur le point d'éclater à l'occasion des souliers à la poulaine et des queues traînantes, par lesquelles les femmes nobles prétendaient se distinguer [1]. Le parti des bourgeois, que dirigeait le boucher Kistler, devenu *Schultheiss*, l'emporta, et tous les nobles furent bannis de ville, mais obtinrent bientôt leur rappel. Éclairées par ces sévères leçons, les familles aristocratiques, après avoir graduellement ressaisi leur ancien crédit, sentirent la nécessité de couvrir leurs vues ambitieuses sous les dehors d'une adroite modération, et de partager de bonne grâce cette autorité que l'on travaillait sans cesse à leur arracher. Elles s'allièrent, en conséquence, par des mariages, avec les principales familles bourgeoises, qu'elles appelèrent à remplir, concurremment avec elles, tous les hauts emplois, et fondèrent, de la sorte, ce puissant patriciat de Berne qui est parvenu, à force d'habileté et de circonspection, à se maintenir aussi

---

[1] . . . . . « Feminas onustas longa vestis coronide, quæ nobilitatem generis longitudine metiuntur. » (Érasme.)

longtemps en dépit des jalousies et des méfiances populaires. On voit, au dix-septième siècle, le *Schultheiss* et le petit conseil réprimander officiellement les baillis du pays de Vaud, au sujet des suscriptions trop pompeuses de leurs dépêches, « qui tendoient à faire croire à tort, est-il dit, que les membres du gouvernement usurpoient un degré d'autorité que ne comportoient point leurs charges. » Il était donc enjoint aux baillis de se borner, à l'avenir, pour leurs adresses, à l'ancienne formule que voici : « Aux augustes nobles, pieux, excellents, prévoyants, honorables et sages seigneurs du *conseil* de la ville de Berne, nos gracieux et amés seigneurs et supérieurs. » Dans un de ces documents, on voit les sujets du pays de Vaud remercier le conseil de sa *louable* ordonnance « sur le fait des procès et modération des salaires ; pour abréviations d'écritures ; pour retranchement des dilations (délais) qui se prenoient pour répliquer, dupliquer, tripliquer, quadrupliquer, quintupliquer, etc., jusqu'à infinité. » Il est de fait que ce gouvernement s'est distingué, de tous temps, par l'ordre admirable qui régnait dans les diverses parties de l'administration, par l'esprit d'économie qui réglait toutes les dépenses et la parfaite intégrité avec laquelle la fortune publique était administrée. Indépendamment de ces vertus, que j'appellerai domestiques, Berne fit preuve plus d'une fois d'une habileté consommée dans ses relations extérieures, qui se compliquaient des chances diverses de cette lutte établie au moyen âge entre l'Empire et les grands vassaux. Il ne faut pas croire qu'aussitôt après leur affranchissement les sept cantons primitifs aient formé une ligue permanente ni un État fédératif compacte. Pendant tout le quatorzième siècle et une partie du quinzième on vit les alliances se dissoudre, se renouer, changer d'un canton à un autre. Berne ainsi que Zurich fit souvent bande à part, conclut des traités pour son propre compte, et ce ne fut qu'en 1425 que la première de ces villes s'allia, *pour toujours et à jamais*, avec les cantons confédérés. On sait que les Bernois s'excusèrent de ne pas pouvoir envoyer d'auxiliaires à Sempach; cette palme a manqué à leur gloire, et les cantons qui vainquirent sans eux dans cette mémorable journée leur surent, non sans motifs, mauvais gré de ce calcul de politique expectante.

La cathédrale est un très-beau morceau d'architecture gothique, attribué, je crois, à Œnsinger, le même auquel nous devons le *Munster* de Strasbourg. Cette masse imposante, enrichie de détails d'un fini précieux, produit un bon effet, isolée qu'elle est sur une terrasse d'une grande élévation au bas de laquelle on voit écumer les eaux de l'Aar. En 1802, il s'était répandu parmi les habitants du canton une prophétie qui annonçait la fin du monde comme devant arriver, infailliblement et *sans remise*, le jour de Pâques, à midi. La chute du clocher de la cathédrale devait être à la fois le signal et le commencement du bouleversement général. Cette absurde prédiction s'accrédita si bien parmi les gens superstitieux des campagnes, qu'un grand nombre d'entre eux se hâtèrent de vendre tout ce qu'ils possédaient pour en dissiper joyeusement le produit, et que, de tous les coins du pays, on se rendit en foule à Berne, au jour préfix, pour avoir au moins le plaisir d'être spectateur du commencement de la fin du monde. Les paysans bernois sont connus, au reste, pour leur penchant aux idées superstitieuses et mystiques.

Ici les bâtiments publics sont beaux, vastes, et d'un style approprié à leur destination. J'ai remarqué les greniers de la ville, ainsi que l'hôpital des pauvres, bâti d'après les dessins d'un architecte français, et sur l'entrée duquel on lit cette inscription touchante : *Christo in pauperibus*. Il existe un autre hôpital également digne d'attention, en ce qu'il est à l'épreuve de l'incendie ; tous les étages en sont voûtés. Il est facile de voir que depuis longtemps l'administration s'est occupée, avec une sollicitude paternelle, de tout ce qui a rapport à l'utilité et à l'agrément du public. Autour de la ville règnent des promenades plantées de beaux arbres et admirablement situées pour la vue. On y retrouve cette propreté et ce soin judicieux qui sont particuliers au canton de Berne. De jolies maisons de campagne, entourées de frais bosquets, s'élèvent de tous côtés ; mais je regrette d'avoir à ajouter qu'un écriteau inhospitalier en interdit l'entrée et menace d'une amende le promeneur qui oserait passer outre. On s'aperçoit qu'on n'est plus à Lucerne, où l'étranger peut librement parcourir les charmantes propriétés qui environnent la ville. Là, l'écriteau l'invite à entrer et à s'abstenir de rien gâter.

En m'arrêtant devant les magasins de vues de Suisse, je me demandais pourquoi tous ces paysages coloriés me paraissaient si faux et si peu satisfaisants. Ces gravures enluminées, avec leurs glaciers d'un blanc mat, leurs lumières jaune d'or, leurs ombres sans transparence et leur végétation d'un vert cru, me font, pour la plupart, à certaine distance, l'effet d'une omelette à l'oseille mal battue. D'où vient cela ? Serait-ce de la médiocrité des artistes qui fabriquent uniquement pour la vente? Mais quelques-uns d'entre eux travaillent pourtant en conscience et jouissent d'une estime méritée [1]. Ne serait-ce pas plutôt de ce que cette nature alpestre sort du domaine de leur art? Ce qui rendrait cette supposition assez probable, c'est que nous ne voyons pas qu'aucun des grands paysagistes anciens ou modernes soit jamais venu chercher des inspirations au milieu des Alpes. Il leur arrivera d'y prendre des études détachées, des *devants*, mais rarement ils reproduiront un site en entier. Je joins ici quelques réflexions judicieuses que m'a communiquées, dans le temps, un homme qui peignait et surtout voyait bien. Elles contribueront à rendre raison de la singularité que je signale. « Si, en représentant un des points de vue les plus justement vantés qu'offre le voisinage des Alpes, l'artiste veut donner à chaque objet ses formes et proportions linéaires dans toute leur exactitude, les dimensions gigantesques des montagnes remplissent tout le tableau; alors les devants et leurs détails se réduisent à rien, ou paraissent d'une petitesse disproportionnée. En outre, tandis que les objets placés au niveau de l'œil apparaissent au travers de cette gaze vaporeuse qui voile ordinairement les couches inférieures de l'atmosphère et donne de la distance aux *fonds* de nos tableaux, les sommets des montagnes, vus dans une région d'une transparence parfaite, se dessinent d'une manière si distincte et si tranchée sur le ciel, que l'œil les juge bien plus rapprochés qu'ils ne le sont réellement. La couleur éclatante des neiges qui recouvrent ces cimes élevées est, de plus, si différente des *tons neutres* et radoucis que le peintre voit, d'ordinaire, à son horizon éloigné, que là encore la perspective est en défaut, et d'une manière d'autant plus choquante que souvent cette neige est comme sillonnée de lignes noires et tranchées (formées par des roches nues), qui rappellent trop fortement à l'œil les plans intermédiaires d'un tableau. »

L'Académie de Berne n'a jamais jeté un bien vif éclat; et je ne connais guère, parmi les professeurs qu'elle a eus, que le grand Haller dont la réputation ait franchi les limites de sa patrie. J'avoue, à ma honte, que c'est sur parole que je lui donne ici de la *grandeur*, n'ayant rien lu de lui qu'une Dissertation en allemand sur l'Histoire romaine, contenant de nombreuses allusions relatives à la république de Berne et à sa politique. Ce qui m'en est resté, c'est que, par une innovation

---

[1] Je citerai MM. Wetzel, Lory, Birmann fils et deux ou trois autres dont les noms m'échappent.

bizarre, Haller donne aux consuls le titre de *bourguemattres*, et transforme le sénat romain en *grand conseil*. C'est de lui que l'on raconte l'anecdote suivante. Le *patriarche de Ferney* faisait un jour son éloge devant quelqu'un qui lui dit que c'était d'autant plus beau de sa part, que Haller ne le jugeait pas si favorablement. Voltaire répondit aussitôt : « Après tout, il est possible que nous nous trompions l'un et l'autre ! » Il existe pourtant ici quelques fondations particulières pour l'avancement des sciences et des lettres, mais elles demeurent sans grands résultats. L'une d'elles, qui date de l'époque de la réforme, porte le nom de fondation du *Chaudron à la bouillie*; elle était destinée à l'entretien de trente pauvres étudiants, qui recevaient des secours en nature, savoir : une écuelle de bouillie par jour, avec deux livres de pain, et, par an, deux paires de souliers et un habillement complet. Si le haut enseignement est arriéré dans ce pays-ci, il n'en est pas de même de l'enseignement primaire, car le canton comptait, sous le dernier gouvernement, 650 écoles rurales dans un état florissant.

Il est aisé de s'expliquer pourquoi les études scientifiques et littéraires ont été si fort négligées à Berne. Les fils de famille entraient jadis de fort bonne heure au service étranger, et les enfants des bourgeois *habiles aux emplois* se hâtaient de terminer un cours d'études imparfaites, pour commencer leur noviciat. Ceux d'entre eux qui voulaient approfondir quelque branche spéciale, comme la médecine ou la jurisprudence, se rendaient à une université étrangère. Les jeunes patriciens, revenus dans leurs foyers avec des pensions ou des retraites, se mariaient et remplissaient, dans les conseils ou dans l'administration, les places laissées vides par la mort de leurs parents. Le service militaire et le monopole des emplois étaient, pour ces familles aristocratiques, en général fort nombreuses, une ressource assurée. Il y en avait, comme on sait, un certain nombre qui jouissaient exclusivement du droit d'avoir un régiment[1]; c'était pour elles une fortune. Le privilége des postes, et quelques autres du même genre, en enrichissaient également plusieurs. Maintenant ces diverses sources de revenu sont taries pour les patriciens bernois. Les voilà réduits à végéter sur leurs terres, qui sont peu considérables, ou bien à se vouer au commerce ou aux professions savantes. Quelques jeunes gens, appartenant à d'anciennes familles, ont déjà

---

[1] Elles portaient le nom de familles *régimentales*.

rompu la glace, et sont entrés dans le ministère du saint Évangile, qui leur offre une existence honorable. Enfin, notre Révolution de 1830 et celle de Suisse, qui en a été la conséquence, ont amené, pour le patriciat de Berne, un changement de position complet, tant pour le présent que dans l'avenir.

Même avant cette époque de crise, la société de Berne, polie et de bon ton, offrait néanmoins peu d'agrément et d'intérêt, à ce qu'on m'a assuré. Le caractère national est froid, empesé et un peu hautain; ajoutez à cela que les jeunes gens apportaient dans le monde ce vide, résultat ordinaire de la vie de garnison, tandis que les hommes âgés y laissaient percer les soucis et la préoccupation qui accompagnent toujours la gestion des affaires publiques. Ici les femmes sont mieux que les hommes; elles ont d'excellentes manières, souvent de l'enjouement, de l'amabilité et de la grâce. Elles aiment beaucoup de spectacle et peuvent s'en donner le plaisir sans être obligées de l'expier par le jeûne et par une réprimande, comme cela arriva à leurs grand'mères. Voltaire nous dit, en effet, dans une de ses lettres : « On a joué *Nanine* à Berne; mais, pour expier ce crime affreux, le gouvernement a indiqué un jour de jeûne.»

Il est un fait digne de remarque, c'est la facilité avec laquelle sont tombées, lors de la première Révolution, ces républiques aristocratiques, jusque-là si puissantes[1]. Leur organisation semble rendre impossible toute résistance efficace, et, au moment du péril, l'élan manque dans les populations, comme l'ensemble et l'énergie dans les conseils. C'est ce que nous voyons à Berne, en 1798. Sauf quelques faits d'armes glorieux, mais inutiles, ce ne sont qu'hésitations de la part du gouvernement, que demi-mesures prises par les chefs militaires qu'on laissait sans instructions, qu'indiscipline et méfiance parmi les soldats. Le brave d'Erlach, à la tête d'une armée de vingt mille hommes, reçoit les pleins pouvoirs illimités pour repousser l'invasion française; ils lui sont retirés au moment où il va en faire usage. Le comité de la guerre, *siégeant à Berne*, donne l'ordre d'attaquer, le révoque, puis le donne de nouveau, et cela dans l'espace de quatre jours ! Démoralisées par ces tergiversations continuelles, les troupes se croient trahies; le dénoûment approche; le grand conseil, éperdu, résigne ses pouvoirs, et le comité, renouvelé dans cet instant de crise, ne sait plus quelle mesure prendre. Le désordre et l'in-

---

[1] Venise, Gênes et Berne.

discipline sont au comble; les soldats chassent ou massacrent leurs officiers, et cependant beaucoup de ces corps de milice donnent des preuves d'un dévouement et d'une intrépidité rares. Sur plusieurs points, au *Grouholtz* et à *Niederwangen* surtout, ils opposent une résistance désespérée. On vit même des femmes et des enfants combattre dans les rangs, n'ayant pour armes que des faux; d'Erlach et l'avoyer de Steiger, qui ne l'a pas quitté pendant l'action, sont entraînés dans la déroute générale. Le premier est lâchement assassiné par un homme de l'Oberland, et ce n'est qu'avec peine que Steiger échappe au même sort. L'intrépide vieillard, refusant le bénéfice de la capitulation, s'exila volontairement de sa patrie asservie.

En 1830, même hésitation, même défaut d'ensemble, devant un danger d'une autre nature. En entendant gronder la tempête populaire, le gouvernement, qui comptait dans son sein des administrateurs habiles et probes, mais pas un homme d'État, abandonne le gouvernail, soit par l'effet d'un faux calcul, soit par le sentiment de son impuissance en présence d'événements aussi graves. Ce fut l'ascendant de M. l'avoyer Fischer qui rallia la majorité du petit conseil à cette résolution désespérée. La minorité, sur la proposition de M. le trésorier de Murath, aurait voulu qu'on fît face à l'orage et qu'on armât les régiments suisses nouvellement arrivés de France, afin de comprimer cette révolution venant d'en bas, ou du moins de négocier les armes à la main, pour tâcher d'obtenir des conditions meilleures. Nul doute que ce plan n'eût momentanément réussi, avec l'aide de la bourgeoisie de Berne, toute portée en faveur de l'ancien ordre de choses, dont elle profitait. Mais l'autorité, en pareil cas, ne se fût guère étendue au delà des limites de la ville, et, de plus, il est à croire que les exigences exorbitantes d'une part, de l'autre, la répugnance à faire des concessions, eussent rendu une transaction bien difficile. Un tiers parti, malheureusement peu nombreux, auquel appartenait le judicieux avoyer de Mullinen, eût désiré que le gouvernement prît l'initiative des réformes nombreuses et urgentes que réclamait l'opinion modérée, et se mît à la tête du mouvement, pour s'efforcer de le diriger, ou, tout au moins, de le ralentir. L'abdication une fois consommée, ce parti insista fortement, mais en vain, pour que l'aristocratie employât le crédit qui lui restait à faire arriver au grand conseil ses membres les plus influents, qui auraient pu y rallier une minorité assez imposante pour exercer un salutaire contrôle sur la marche du nouveau gouvernement et arracher le pays aux essais désastreux des radicaux du Porentrui, ou l'éclairer au moins sur leurs résultats.

M. Simond m'a conté dans le temps que le savant professeur Schnell, qui, suivant son expression pittoresquement exacte, « a tant d'esprit qu'il en crève, » lui montrant du haut de la terrasse un troupeau de bœufs gras, au poil luisant, qui paissaient en paix l'herbe d'un riche pâturage, ou ruminaient, plongés dans un demi-sommeil, lui dit : «Voici l'image du peuple bernois! » Peut-être aujourd'hui, si on lui rappelait cette comparaison, dirait-il que le troupeau, après avoir renversé toutes les barrières, s'est emporté et dispersé sans guide dans la campagne, répandant l'effroi parmi les populations paisibles, foulant et détruisant l'espoir des moissons, et, en fin de compte, ne s'en trouvant pas plus gras.

En relisant ces vingt dernières pages, je m'aperçois qu'elles sont bien graves; elles ont pris la couleur du sujet; c'est qu'à Berne il n'y a pas, surtout depuis trois ans, le plus petit mot pour rire; cette ville sérieuse se trouve aujourd'hui dans de sérieuses circonstances. J'en suis fâché pour elle et aussi pour le lecteur. Il peut, lui, tourner le feuillet; Berne, malheureusement, ne le peut pas; mais que ses habitants influents se disent bien que le temps seul et la patience ne suffisent point pour leur faire voir la fin de ce triste chapitre de leur histoire[1].

[1] Ceci a été écrit peu après la Révolution de 1830.

FRIBOURG

Morat. — Charles le Téméraire. — Second combat de Morat. — Le tilleul de Villars. — Château de G...g. — Fribourg, ses habitants et le duc d'Autriche. — Usages.

Pour aller à Morat, on traverse un pays montueux, coupé de frais vallons, de coteaux bien boisés et de vertes prairies. Partout l'aspect du bien-être et de la fertilité. La petite ville de Morat vous apparaît, telle qu'elle était au moyen âge, avec son mur d'enceinte, que couronne une galerie crénelée recouverte d'un toit. D'espace en espace s'élèvent des tours qui portent encore les traces des boulets de Charles le Téméraire.

Il n'y a plus grand'chose à dire sur la bataille de Morat, si ce n'est qu'il est bien établi aujourd'hui, sur des preuves irréfragables, que l'agression vint des Suisses. Les intrigues et l'or de Louis XI avaient réussi à les détacher de l'alliance du duc de Bourgogne, et, lorsque les différents cantons envoyèrent à Charles le Téméraire leurs déclarations de guerre, il en fut tout étonné. Il pâlit de surprise et de rage, dit un contemporain, quand il vit au bas du cartel le grand sceau de la république de Berne. Le duc ne songea plus, dès lors, qu'à tirer une éclatante vengeance de ses alliés infidèles. Battu une première fois à Granson, il réunit toutes ses ressources pour laver la honte de cet échec, et ordonna de lever, dans ses États, un homme sur six et un sou d'or sur six ; fit défense de conserver, dans chaque maison, plus d'un chaudron de cuivre; donna ordre de fondre les cloches et d'amener, à grands frais, de Lorraine, toute son artillerie. Il arriva sous les murs de Morat avec l'armée la plus formidable contre laquelle les Suisses eussent encore eu à se mesurer. Les Bourguignons étaient au nombre de soixante-dix mille, et les Suisses ne comptaient que trente mille combattants. Quelqu'un proposa aux confédérés d'attendre l'attaque des Bourguignons, retranchés derrière les chariots, à quoi un bourgeois de Zurich répondit : « Les Suisses ont toujours eu pour habitude d'attaquer les premiers! — Si Dieu est avec nous, s'écria Hallwyl, nous sommes en force contre qui que ce soit. » Les confédérés chargèrent, avec leur impétuosité accoutumée, sur la grosse artillerie, qui fut emportée avant d'avoir pu leur faire beaucoup de mal[1]. Alors ce fut une panique, une déroute générale; le duc de Bourgogne, piquant des deux, s'enfuit, pendant seize lieues, sans regarder derrière lui. Un témoin oculaire rapporte que les rangs entiers de Bourguignons qui se jetaient dans le lac de Morat pour s'échapper à la nage ressemblaient à des troupes de mouettes. « On auroit cru pouvoir marcher sur toutes ces têtes, tant pressées étoient-elles. » Les Suisses ne firent aucun quartier, ils avaient à venger le massacre de la garnison de Granson. En cette circonstance, le comte Jacques de Romont avait dit que « guerre sans merci étoit toujours la plus briève, » et les confédérés s'en souvinrent; le proverbe populaire « Cruel comme à Morat » le dit assez.

L'ossuaire n'existe plus. Sur le lieu où il fut, on a élevé un obélisque simple et de proportions élégantes, sur lequel se lit une inscription latine, destinée à rappeler aux Suisses le souvenir de cette victoire, *qui fut le prix de la concorde de leurs pères.* Je doute qu'aujourd'hui ils fussent en mesure d'en remporter une pareille.

Voici le récit d'un second combat de Morat, qui se livra au dix-septième siècle, et qui aura, j'espère, le mérite de la nouveauté. Une demoiselle Catherine de Watteville, personne d'une humeur peu endurante, se trouvait chez son cousin de Diesbach au moment où celui-ci recevait la duchesse de Créqui, revenant de son ambassade de Rome après l'affront public fait à son mari. Elle avait, dans sa suite, une dame de Sappale, qui s'avisa de plaisanter maladroitement Catherine de Watteville, laquelle lui jeta, pour réponse, un jeu de cartes au nez.

[1] A cette époque, l'artillerie était servie avec une telle lenteur, qu'on croyait avoir obtenu beaucoup quand chaque pièce avait tiré trente coups dans la journée.

Furieuse d'une telle insulte, la pétulante Française appela en duel la Bernoise, qui ne recula pas. Il fut impossible de leur faire abandonner leurs projets de vengeance, mais un témoin officieux trouva moyen d'extraire les balles des pistolets. Les deux amazones courent à cheval l'une sur l'autre, et font feu en même temps, à brûle-pourpoint; aussitôt boucles de cheveux et bouts de rubans volent en l'air; mais ce fut tout. Les combattantes acharnées sautent à terre, mettent l'épée à la main, et l'affaire eût eu des suites tragiques si les assistants ne les eussent séparées à temps[1]. L'histoire de mademoiselle de Watteville ne finit pas ici; elle eut encore d'autres aventures. Par exemple, elle tua de sa main un téméraire qui voulait l'insulter. Mariée à un *Perregaux* de Neufchâtel, elle fit preuve, plus tard, d'une héroïque fermeté de caractère. Elle appartenait au parti français, et se trouva compromise gravement dans certaines intrigues que la faction d'Autriche, en ce moment au pouvoir, tenait à pénétrer. La malheureuse se vit traînée en prison, mise à la question, et enfin condamnée à mort par le grand conseil de Berne. Ses parents et ses amis, qui étaient nombreux, vinrent processionnellement et tous vêtus de noir à l'hôtel de ville, pour solliciter sa grâce, et, après deux commutations de peine obtenues successivement, Catherine, bannie à perpétuité, partit le soir même à cheval pour Besançon, quoiqu'elle eût subi le matin la question connue sous le nom de *brodequins*, à la suite de laquelle elle avait eu les pieds entièrement disloqués.

Il est, près de Morat, une habitation d'un extérieur simple, entourée de verdure et de fleurs, et sur l'entrée de laquelle on pourrait écrire : *A l'hospitalité, bon logis*. Là on trouve, joint à une grande fortune, le talent plus rare d'en savoir jouir et surtout d'en faire jouir les autres. Ce riant séjour s'embellit encore du goût éclairé des arts et des raffinements d'une vie élégante, et l'on y respire un parfum de patrie qui a tout le charme de la nouveauté, quand on vient de humer l'air des Alpes. Unissant à la cordialité suisse l'amabilité française, vos hôtes, après vous avoir rendu l'existence douce par leurs soins et leurs prévenances empressées, semblent encore, lorsque vous les quittez, se croire

---

[1] Il paraît que les Bernoises étaient duellistes par nature, car on lit dans une ancienne chronique : « *Duellum fuit in Berno inter virum et mulierem, sed mulier prævaluit* » (1288) ; il y eut un duel à Berne entre un homme et une femme; ce fut celle-ci qui triompha.

vos obligés. Oh! qu'il fait bon *conspirer* dans le beau salon de G..., en passant du piano où madame de C... improvise et joue avec un si rare talent, où chante l'aimable madame B..., au sofa des bonnes causeries intimes, de là aux rayons de la petite bibliothèque des nouveautés, puis à la riche collection des vues et gravures anglaises! Ici, rien n'est donné au faste ni à l'ostentation, mais tout y est calculé pour l'agrément et le bien-être. Un bateau, armé de trois rameurs, est constamment à vos ordres, si vous voulez traverser le lac et monter au sommet du Vully, pour contempler de là Neufchâtel et voir comment, dans ces contrées privilégiées, une révolution et une lessive peuvent s'effectuer pacifiquement côte à côte[1]. Désirez-vous jouir de la vue générale des Alpes depuis Jolimont, examiner les ruines d'Avenches, l'ancienne *Aventicum*, cette capitale du pays : allez admirer le tilleul de Villars, cet étonnant phénomène végétal, cette forêt implantée sur un tronc unique, ou bien voir de près les sapins d'Avenches, qui s'élèvent comme des tours qu'on aperçoit de plusieurs lieues, et dont l'antiquité échappe aux traditions; en un clin d'œil voitures, chevaux de selle, sont là qui vous attendent.

G... n'est qu'à trois lieues de Fribourg, et j'ai profité du voisinage pour connaître cette ville, qui a conservé une physionomie bien suisse et quelque chose de l'antique simplicité de mœurs. Elle fut une des dernières qui tinrent pour la maison d'Autriche. Les Fribourgeois, restés fidèles aux archiducs, eurent des guerres acharnées à soutenir contre les Bernois, et ne furent que faiblement soutenus par les princes pour lesquels ils se battaient. Ils s'en séparèrent au quinzième siècle, en désespoir de cause, d'une façon singulière et pour ainsi dire à l'amiable. Thuring de Hallwyl, maréchal du duc Albert d'Autriche, vint, un beau jour, annoncer aux habitants de Fribourg l'arrivée de leur souverain pour le lendemain. On lui prépare une réception splendide; le maréchal emprunte toute la vaisselle d'argent de la ville, rassemble les principaux citoyens, et sort avec eux comme pour aller au-devant du duc. A quelque distance, le cortège rencontre un détachement de cavaliers autrichiens. Hallwyl dit alors aux notables fribourgeois : « Monseigneur le duc n'ira point chez vous... Par cet acte scellé que je vous remets de sa part il vous délie pleinement du serment de fidélité, mais il garde en payement votre argenterie. » Cela dit, il pique des deux, les

[1] Historique. C'est ce que nous avons vu lors de l'occupation du château par Bourquin.

laissant plus joyeux que surpris. Le duc Albert, surnommé le Prodigue, eût pu recevoir une qualification plus sévère.

Il existe dans le canton un singulier usage : lorsqu'il s'élève, en quelque lieu public, une rixe qui menace d'avoir des suites fâcheuses, il suffit, pour l'apaiser et séparer les combattants, que quelqu'un des spectateurs enfonce son couteau dans le plafond et s'écrie à haute voix, en tenant le manche à poignée : « Au nom de Dieu et de Leurs Excellences, je vous impose les *sûretés!* » Le patois du pays présente quelques particularités curieuses : outre un grand nombre de mots dérivés du latin, tels que *domna* (mère), de domina; *segna* (père), de senior; *moussar* (réfléchir), de mussare; *ouilar* (hurler), de ululare; on en trouve plusieurs qui viennent de l'anglais, ou plutôt du vieux gaulois, comme, par exemple, *bacon* (lard), bacou; *coraula* (chanson à danser), carol. A propos de danse, on sait qu'elle n'était permise, dans ce canton, que pendant cinq jours de l'année. Je l'ai traversé dans un de ces jours privilégiés, de ces jours de *bénichon*, et l'on peut dire, sans exagérer, qu'alors tout le pays dansait. Dans chaque village, et jusque dans le moindre hameau, on voyait, en plein air, devant la principale auberge, un plancher élevé *ad hoc*, orné de ramées, et sur lequel des groupes infatigables dansaient joyeusement; des tables étaient dressées alentour, bien garnies de buveurs; danseurs et danseuses, dans leurs atours les plus beaux, venaient s'y rafraîchir. C'étaient autant de tableaux de Teniers, à la trivialité près. Je pense que les Fribourgeois auront reconquis, en 1830, avec leurs autres libertés, la liberté de la danse, mais il est douteux qu'ils s'y livrent avec cette même passion frénétique, maintenant qu'ils le peuvent faire tous les dimanches.

La ville de Fribourg, longtemps délaissée malgré sa situation singulièrement pittoresque, est aujourd'hui l'une des plus visitées de la Suisse. Son pensionnat très-fréquenté, ses ponts suspendus et son orgue admirable, ont commencé à la faire connaître, et l'ont mise décidément à la mode. Enfin s'est ouvert le chemin de fer, qui a achevé de la populariser parmi ces milliers de touristes qui envahissent tous les ans la Suisse, entrant ou sortant par Genève et s'arrêtant à Fribourg comme à une étape obligée; il y a deux très-bons hôtels, dont l'un, l'hôtel de Fribourg, est pittoresquement situé à l'entrée du fameux pont suspendu.

L'orgue, que j'ai entendu très-souvent, me paraît supérieur à tous ceux que j'ai entendus par l'admirable qualité des jeux, par la manière parfaite dont ils sont équilibrés et par la puissance comme par la variété de ses effets de sonorité. Le registre des voix humaines est incomparable et au-dessus de ce que je connais en ce genre; il produit une illusion complète sur les auditeurs les moins prévenus et les plus primitifs. M. Vogt est un artiste habile, sérieux, et qui tire admirablement parti des ressources de son instrument. Il appartient par sa manière de toucher et par son style à cette savante école des organistes allemands et belges qui se jouent des difficultés de la pédale.

NEUFCHATEL

Motiers-Travers. — Le Creux-des-Vents. — Le prince Henri de Longueville à Colombier. — Neufchâtel : Calame, Léopold Robert, Agassiz. Établissements de charité publique. Transformation politique.

Je n'ai pas grand'chose à dire sur le canton de Neufchâtel, dont je n'ai pas visité les points les plus intéressants, je veux dire le Locle et la Chaux-de-Fond, centres industriels situés dans les vallées du Jura. Je ne connais qu'une seule de ces hautes vallées; je veux dire celle que longe la route de Neufchâtel à Pontarlier, et qui passe par les beaux villages de Fleurier, de Motiers-Travers, connu par le séjour qu'y fit Jean-Jacques Rousseau sous son travestissement d'Arménien. Cette vallée est jolie, riante, et la population en est industrieuse et riche. Fleurier est célèbre par son commerce d'horlogerie, qui s'y fait sur une grande échelle. Les habitations et les jardins dont elles sont entourées annoncent chez les fabricants plus que de l'aisance; elles sont jolies et arrangées avec goût.

Le long de cette verdoyante vallée coule une rivière dont les eaux cristallines fourmillent de truites, qui attireraient ici beaucoup de ces artistes pêcheurs à la ligne, si communs en Angleterre; mais la pêche y est défendue, et les gardes champêtres font si bien leur devoir, qu'il n'y a pas moyen de jeter ici l'hameçon, sans risque, pour le pêcheur, d'être *pris* lui-même et conduit devant le magistrat.

Au point où la vallée débouche sur Neufchâtel et son lac assez insignifiant, le voyageur remarque à sa droite une immense échancrure semi-circulaire nommée le Creux-des-Vents; là une partie de la montagne semble s'être éboulée, formant un vide qui de loin ressemble à un amphithéâtre destiné à des combats de géants. Aperçu à distance, le Creux-des-Vents est d'un aspect frappant; mais c'est bien autre chose si on le voit sur place et de haut en bas; couché sur le rebord de cet abîme, j'en ai sondé de l'œil la profondeur : elle est étourdissante et donne le vertige. Le fond de ce gouffre est garni d'une épaisse forêt, refuge habituel des ours, qui s'aventurent parfois jusqu'ici, et qu'il est très-difficile d'en débusquer. Il faut près d'une heure, m'a-t-on dit, pour parcourir ce demi-cercle dans son entier.

En descendant sur Neufchâtel, la contrée offre peu d'intérêt, à part la vue des hautes Alpes quand elles sont découvertes. Sur les bords du lac jusqu'au quart de la hauteur du Jura, ce ne sont que vignobles entourés de murs, surtout aux environs de la ville. Et puis, ajoutez que ces pentes sont sillonnées par trois chemins de fer qui se croisent, se recroisent et descendent, par des courbes nombreuses, jusqu'au niveau du lac. Cela est très-industriel, mais fort peu pittoresque. Cependant la grande route d'Yverdun présente quelques particularités remarquables. De ce nombre sont deux vénérables débris du moyen âge, je veux dire les manoirs féodaux de *Gorgier* et de *Vaumarcus*, qui sont encore intacts, et dont les seigneurs jouissaient, il n'y a pas plus de quatre ans, de tous les droits, redevances, priviléges attachés aux anciens fiefs, tels que dîmes, lods et vente, haute, basse et moyenne justice. Je ne sais rien de pittoresque à l'égal de ces châteaux, de celui de Gorgier surtout, dont les élégantes tourelles dominent un ravin plein d'ombre et de mystère. Les traditions de la bonne et vieille hospitalité suisse se sont conservées dans les tours crénelées de *Vaumarcus* ainsi que sous les frais et magnifiques ombrages de la Lance, qui fut une ancienne chartreuse. Dans cette belle propriété, qui appartient au comte Louis de Pourtalès, on voit une rivière sortir, tout écumante, d'un chaos de rochers couverts de mousse, pour s'aller jeter dans le lac à une centaine de toises de là.

J'ai été visiter les magnifiques allées de *Colombier*, plantées d'arbres séculaires, auxquels se rattache une anecdote touchante, que j'emprunte aux Mémoires du spirituel et judicieux chancelier de Mont-Mollin. On sait que ce pays a jadis appartenu à la maison de Longueville; un de ces princes, Henri, qui avait été enfermé à Vincennes par l'ordre de Mazarin, vint, après son élargissement, visiter sa principauté de Neufchâtel. Parmi les actes de bonté qui y signalèrent son passage, le trait suivant mérite surtout d'être cité : « La communauté de Colombier, ayant follement cautionné le trésorier Mouchet, se trouvait chargée d'une bien grosse dette envers la seigneurie... Le prince prenait grand plaisir à passer trois jours de la semaine à son château de Colombier, où il voulait que je le suivisse... Un jour que nous revenions de la promenade, nous trouvâmes à la porte de la prairie les principaux du village, qui se jetèrent aux pieds du prince, le suppliant de les soulager par un rabais, au regard du cautionnement ci-dessus. Le prince, les ayant d'abord fait relever, leur dit : « Volontiers, mes enfants, mais ne cautionnez « plus; » et, se tournant du côté de la prairie : « Il me vient une pensée, « ajouta-t-il en étendant sa main avec trois doigts écartés; que vous « plantiez ici trois grandes allées de beaux et bons arbres aboutissant « au lieu où je suis, avec petites allées aux côtés : cela fait, mon procu-« reur général, que voilà, vous donnera quittance de toute votre dette « sitôt qu'il pourra l'écrire à l'ombre desdits arbres. » Ces bonnes gens, qui ne demandaient qu'une diminution de la somme, ébahis et comme stupéfaits, ne savaient comment dire leur pensée; ce que voyant le prince, il ajouta incontinent : « Allez vite, mes enfants, préparer vos « outils pour les allées; j'y veux travailler avec vous. »

La ville de Neufchâtel, propre, bien bâtie, est peu vivante par elle-même et peu fréquentée des étrangers. Les troubles politiques en ont éloigné depuis longtemps les familles riches qui y possèdent des hôtels. Autrefois on y donnait, l'hiver, de jolis concerts, on y jouait la comédie; les arts y sont encore cultivés avec succès, notamment la peinture. Le premier paysagiste de notre époque, du moins en ce qui touche la nature alpestre, Calame, est de ce pays-ci. Il existe un excellent tableau de lui au Musée, c'est une vue du mont Rose au lever du soleil; je n'ai jamais rien vu de plus vrai, et en présence de cette œuvre de maître j'oublie complètement le cadre. J'ai à réparer un oubli commis au sujet de Calame dans mon chapitre sur Bâle. Je n'y ai pas parlé d'un tableau qui me paraît être le chef-d'œuvre de ce grand maître. C'est une *Vue du lac de Lucerne* sous un ciel orageux. Ce paysage admirable appartient à M. Vischer, qui se fait un plaisir de le montrer aux curieux.

J'ai vu à Neufchâtel un paysage du lac de Berne, près de Jolimont, par M. Meuron, qui est de la plus grande beauté; les eaux sont d'une transparence, le ciel est d'un lumineux qui m'ont ravi, d'autant plus que j'avais vu le site précisément dans les mêmes conditions. Ce tableau appartient au comte Frédéric de Pourtalès, ainsi qu'une excellente toile de Léopold Robert, représentant une jeune Grecque qui aiguise son yatagan. On sait que cet artiste éminent était du pays de Neufchâtel.

Le célèbre professeur Agassiz, aujourd'hui établi en Amérique, est encore une des gloires de ce petit pays, où il a occupé la chaire d'histoire naturelle. Tout jeune encore, et déjà profondément versé dans la science de l'ichthyologie, il a été l'objet de la plus honorable distinction de la part de notre célèbre Cuvier, qui lui a légué tous les matériaux réunis par lui pour l'*Histoire et l'anatomie comparée des poissons*.

Un des derniers travaux d'Agassiz en Europe a été ses études faites sur les glaciers de l'Aar, sur lesquels il a campé sous une tente pendant trois semaines; la relation de sa campagne au milieu de ces éternels frimats est des plus intéressantes.

De toutes les villes de la Suisse Neufchâtel est assurément celle qui se distingue le plus par ses établissements de charité publique. Sans parler ici des souscriptions volontaires pour le musée, les écoles et maints autres objets d'utilité générale, je me bornerai à mentionner les hôpitaux, généreusement fondés par trois Neufchâtelois, qui, après s'être enrichis dans le pays ou à l'étranger à force d'activité et d'intelligence pour les affaires, ont voulu faire participer leurs concitoyens aux avantages d'une fortune si bien acquise. L'hôpital Gury, fondé pour les bourgeois de la ville, l'hôpital Pourtalès, destiné à recevoir les malades étrangers à la ville et au canton, l'établissement d'aliénés, richement doté par M. de Meuron, resteront comme des monuments impérissables de ce que peuvent accomplir le génie du bien, l'amour de l'humanité, quand ils sont réunis à une opulence due à d'honorables travaux.

Je parlerai ici brièvement des événements qui ont changé du tout au tout, dans ces dernières années, la condition de ce petit pays, qui a passé depuis des siècles par des vicissitudes singulières. C'était encore, il n'y a pas longtemps, la *principauté-canton* de Neufchâtel, dénomination bizarre qui désignait assez bien la situation anomale du pays. Il en est sorti violemment par la force des choses, pour entrer dans des conditions d'existence moins complexes, plus régulières et plus pratiques.

On connaît la cause immédiate qui a amené cette transformation. Cédant à une pression extérieure, quelques hommes de cœur crurent devoir, dans un sentiment d'honneur exagéré, tenter un mouvement royaliste, sur le résultat duquel ils ne se faisaient aucune illusion. Avec une poignée de montagnards descendus de la vallée de la Fague, ils pénètrent par surprise dans le château et y arborent, aux cris de *Vive le roi!* le drapeau prussien. Accablés par le nombre, ils sont bientôt dispersés; deux de leurs chefs sont blessés et jetés en prison, les autres parviennent à s'échapper. Les contingents des deux cantons limitrophes de Berne et de Vaud se hâtent de venir au secours du vainqueur et occupent la ville. Alors la réaction commença; elle pesa lourdement sur le parti vaincu, qui fut rançonné sans pitié. La Suisse proclama l'annexion; le roi de Prusse intervint, un peu tard, pour faire respecter ses droits et protéger ses amis victimes de leur dévouement. On crut un moment à une guerre, mais on traita et l'on parvint à s'entendre, vaille que vaille; le roi demanda, comme compensation de l'abandon de ses droits sur la principauté de Neufchâtel, une somme sur laquelle la diète marchanda, et dont la Prusse lui fit dédaigneusement l'abandon. Je terminerai ce rapide exposé par l'énonciation d'un fait décisif, et pour moi de la dernière évidence, c'est que la grande majorité des habitants du pays étaient Suisses plutôt que Prussiens; ce n'est que dans la ville, à Vallengin et dans le val de Ruz, que le parti royaliste l'emportait par le nombre. Au reste, je n'ai vu nulle part en Suisse, si ce n'est à Bâle, l'esprit de parti porté aussi loin : ici il y avait plus que des divisions, il y avait acharnement de part et d'autre, et les traces en subsisteront longtemps encore.

SOLEURE

...le. — Arsenal. — Le Weissenstein. — Vue magnifique dont on jouit de cette auberge. — Ville de Brienne. — Ile Saint-Pierre. — J. J. Rousseau. — Nidau. — Anecdote. — Les gorges de Moutiers-Granval. — Passage de Pierre Pertuis. — Cascade.

Les prairies marécageuses que l'on traverse pour se rendre de Neufâtel à Soleure sont sous l'eau une partie de l'année. Un projet a été ...mé pour abaisser le niveau des lacs de Brienne, de Morat et de Neufâtel, et rendre à l'agriculture d'immenses étendues de terrain; mais ...is cantons différents, intéressés à cette entreprise, reculent devant ... dépenses qu'elle entraînerait, et surtout ne peuvent s'entendre sur la ...artition à en faire. Ces marais déparent le pays, qui n'est pas beau, ... les trois lacs, qui ne le sont guère plus.

Soleure est une jolie petite ville, agréablement située dans une con...e plus riante, plus fertile, au pied du Jura, et au milieu d'un frais ...lon qu'arrose le cours paisible de l'Aar. J'y arrivai un jour de marché, ... tandis que notre voiture traversait lentement la foule qui obstruait la ...nde rue, j'avais tout le temps de faire mes remarques. Les femmes ...ient des figures plus ou moins *hommasses*, que ne rehaussaient point ...r costume et leur coiffure peu gracieuse. Les hommes sont mieux, ...st-à-dire grands, découplés et forts. C'est, à tout prendre, une belle ...e, d'origine évidemment tudesque, et qui forme un contraste frappant ...c la population bourguignonne de Neufchâtel.

Je me suis peu arrêté ici; cependant je suis allé à l'arsenal, qui renferme de ces vieilleries historiques pour lesquelles j'ai un penchant décidé. Quand vous entrez dans la première pièce, il ne tient qu'à vous de vous croire transporté aux temps héroïques de la Suisse, et de vous persuader que vous assistez au conseil qui se tint la veille de la bataille de Morat. Douze guerriers, revêtus de leurs armures, sont là, assis autour d'une table, et semblent délibérer sur quelque résolution importante. Vous approchez... ce ne sont que les cuirasses, les casques, les brassards de ces hommes de tête et d'action, qui décidèrent le sort de cette mémorable journée. De ces hommes, il ne reste plus rien aujourd'hui que leurs armures et leur gloire. A quelques pas plus loin, on vous montre les trophées du combat, les bannières sur lesquelles le duc de Bourgogne, dans sa présomptueuse confiance, avait fait peindre des flammes et inscrire cette menaçante parole : « *Attendez-moi !* » et cette autre devise orgueilleuse : « *Plus que vous ! plus que vous !* » à laquelle la défaite de Morat servit de réponse. M. Bruner, le maître de l'hôtel de la Couronne, me dit qu'il avait fait, jadis, un voyage à Paris pour solliciter la restitution de l'armure d'un de ses ancêtres, qui avait combattu à Morat et s'y était distingué. Cette relique de famille, emportée par les Français, avait été déposée au musée d'artillerie, qui ne lâcha pas sa proie.

Le comte de Kybourg, l'un des seigneurs les plus puissants du voisinage, qui avait des prétentions sur la ville de Soleure, ourdissait dès longtemps des intrigues afin de s'en rendre maître. Un des chanoines de la cathédrale, d'accord avec les partisans du comte, s'était engagé à envelopper de linge le battant de la grosse cloche, pour qu'on ne pût sonner le tocsin pendant l'assaut nocturne qui allait avoir lieu. Un paysan, Jean Rott, eut vent du complot, et vint en avertir le conseil. Les Soleurois se tinrent sur leurs gardes, et les tentatives du comte de Kybourg échouèrent. En reconnaissance de ce service signalé, le conseil décerna à Jean Rott une singulière récompense nationale: on lui donna un habillement complet, mi-parti aux couleurs de la ville; il fut statué qu'il en recevrait un semblable chaque année, et que ce droit se transmettrait à perpétuité à l'aîné de sa race. Ce témoignage de la gratitude publique n'est pas le seul du même genre dont il soit fait mention dans l'histoire de la Suisse. Ulrich Danzler, de Zurich, obtint une distinction semblable pour avoir sauvé la bannière de la ville au combat de Kappel.

A.Hadamard del. Imp. Godard, Paris.

Le Schulteiss Wengi à la bouche du canon.

Les cantons catholiques, après cette victoire, se rendirent maîtres de Soleure, qui avait embrassé le protestantisme. Les vainqueurs laissèrent aux habitants la liberté d'opter entre une abjuration en masse « de leur détestable hérésie, » et le payement d'une contribution de trois mille florins. Les nouveaux disciples de Zwingle aimèrent mieux revenir à la foi de leurs pères que d'avoir à se saigner à blanc pour acquitter l'amende imposée.

À l'époque de ces troubles religieux, un des deux partis, se trouvant momentanément le plus fort dans la ville, traîna une pièce de canon chargée devant la maison où s'étaient réunis des bourgeois de la communion opposée. On allait mettre le feu à la pièce, lorsqu'un magistrat, également estimé de tous, le *schultheiss* Wengi, se fait jour au travers de cette foule forcenée, et se cramponne à la bouche du canon en s'écriant : « Si le sang de nos concitoyens doit couler, que le mien soit donc versé le premier ! » L'effroi et l'admiration arrêtèrent cette multitude égarée, et la paix fut rétablie.

Je profitai de l'après-midi, qui était superbe, pour monter au Weissenstein, excellente auberge située sur le sommet du Jura, et d'où l'on jouit d'une vue justement célèbre. On y peut arriver commodément en voiture, mais je préférai prendre le chemin des piétons, plus court et plus intéressant. Une fois arrivé là-haut, je fus dédommagé de mes peines par le plus magnifique coucher de soleil qui ait jamais enchanté mes yeux. Un panorama incommensurable se développait devant moi ; toute la Suisse y était : ses forêts, ses lacs, ses mers de verdure, ses collines, ses montagnes plus élevées, les rocs décharnés qui forment le premier gradin des hautes Alpes, et enfin, couronnant le tout, cette sublime chaîne des glaciers et des neiges éternelles, se déroulant depuis le mont Blanc jusqu'aux plus hautes sommités des Grisons. De glorieux souvenirs ajoutaient encore à l'intérêt de cette scène imposante ; Morat et Granson étaient à mes pieds. L'extrême transparence de l'air me permettait de distinguer les détails de cet ensemble admirable. La plaine était inondée d'une lumière chaude, moelleuse, qu'interrompaient, çà et là, de grandes masses d'ombres. Le ciel, d'un azur foncé, tranchait fortement avec l'éclatante blancheur des neiges. Pendant que je m'abandonnais avec ravissement aux émotions que faisait naître en moi un spectacle si nouveau et si grand, le soleil déclinait ; les ombres, s'allongeant sur la plaine, gagnaient déjà les montagnes ; les eaux des lacs, d'un bleu plus sombre, n'éblouissaient plus mes yeux. Le soleil venait de se coucher; il avait cessé de briller à l'horizon, mais ses rayons illuminaient encore les sommets neigeux des hautes Alpes. Une immense bande de pourpre, bizarrement découpée, se déployait entre la terre et le ciel, sur une ligne de plus de soixante lieues. Ses teintes pâlissaient par degrés, et ne paraissaient plus que légèrement rosées, tandis que le mont Blanc, la Jungfrau, le Finsteraarhorn élevaient du sein de la nuit leurs cimes colossales encore resplendissantes des feux du soleil. Un instant de plus, et tout cet enchantement avait disparu, me laissant l'impression la plus profonde qui me soit restée de mon voyage en Suisse. Je recommande à tous les voyageurs le Weissenstein; c'est toute une autre vue que celle du Rigi; s'il fallait choisir, je lui donnerais la préférence : l'effet en est plus grandiose et plus poétique de beaucoup.

Le lendemain, à quatre heures, j'étais sur pied; il faisait encore nuit; la ligne des glaciers se dessinait nettement à l'horizon et était d'un blanc mêlé d'une légère teinte d'azur. Peu à peu cette teinte s'effaça, et mon attention fut attirée par ce qui me sembla être un nuage rose. C'était le mont Blanc, qui s'éclairait le premier; un autre point lumineux brilla, puis un autre, et enfin l'ensemble de la chaîne se colora de pourpre, tandis que toute la plaine était plongée dans la demi-lueur du crépuscule; enfin le soleil parut resplendissant à l'horizon, et les neiges reprirent leur blancheur accoutumée, que rompaient de fortes lignes d'ombres.

La petite ville de Bienne n'offre d'intéressant que le voisinage de l'île Saint-Pierre, illustrée par le séjour qu'y fit J. J. Rousseau, et le manoir seigneurial des comtes de Nidau, l'une des familles les plus puissantes de cette partie de la Suisse. Je pris un bateau pour me rendre à l'île, qui, d'une forme peu gracieuse et peu pittoresque lorsqu'on la voit de loin, est charmante dès qu'on y débarque, tant la végétation y est belle et fraîche. La chambre qu'a habitée le célèbre et encore plus malheureux auteur d'*Émile* est salie d'une foule de noms de pèlerins obscurs, et, en feuilletant le registre dans lequel les voyageurs s'inscrivent, je n'y ai guère trouvé que des platitudes en fait d'éloges comme en fait de critique.

Il y a, dans le tableau que Jean-Jacques nous donne de la douce vie qu'il menait à l'île Saint-Pierre, une foule de détails charmants, et qui me semblent propres à jeter un grand jour sur son vrai caractère. Ce projet qu'il forme de décrire successivement toutes les richesses végétales que renferme son petit royaume, ce zèle si ardent qu'il y apporte au début, zèle qui ne peut se comparer qu'à la facilité avec laquelle il renonce à son plan ; ce plaisir ineffable qu'il goûte à laisser là, bien emballés, ses livres, ses manuscrits, son écritoire, enfin tout ce qui lui rappelle son métier d'auteur ; ses vagues et délicieuses rêveries, lorsque, étendu au fond de son bateau, il se laisse aller à la dérive ; les prétentions qu'il met à son talent de rameur et le secret orgueil qu'il éprouve en voyant que la femme du receveur n'est jamais plus rassurée que quand c'est lui qui rame ; la solennelle installation de sa colonie de lapins sur le petit îlot, tout cela m'attache à un haut degré. J'aime à voir le profond penseur, l'écrivain le plus éloquent de son siècle, échapper à ce tourbillon littéraire, à cette existence factice qui lui est à charge, cesser d'être auteur, pour se faire homme et se livrer, avec toute la simplicité et l'ardeur de son caractère, à de si vulgaires passe-temps et à des émotions qui tiennent d'aussi près à la nature.

A l'île Saint-Pierre, où l'on ne trouve que la seule maison du régisseur, il n'y a personne qui ait vu Jean-Jacques, ou même connu quelqu'un qui l'ait vu ; on ne peut s'y entretenir de lui avec qui que ce soit. Il est vrai que souvent on ne gagne pas grand'chose dans ces sortes de conversations, et j'en appelle, pour cela, à ceux qui ont causé, à Ferney, avec le soi-disant jardinier de Voltaire. Le comte de V.... racontait plaisamment devant moi comme quoi, se trouvant à Motiers-Travers, qu'habita Rousseau, il s'était, dans son enthousiasme de vingt ans, informé tout d'abord s'il n'y avait pas dans le village quelque personne qui eût connu l'illustre auteur de l'*Héloïse*. On lui en indiqua deux ; il courut aussitôt chez l'une d'elles, qui était une femme âgée. « Ma bonne, vous avez donc connu Rousseau ? lui dit-il en entrant. — Oh ! oui, monsieur, fort bien. J'allais souvent chez lui ; c'est moi qui blanchissais la maison. — Eh bien, racontez-m'en donc quelque chose. — C'était un bon monsieur, tout de même ; son linge était marqué J. R., en coton bleu. » C'est là tout ce que M. de V.... put en tirer. Croyant être plus heureux, il alla chez un bon vieillard qu'on lui avait également signalé. « Que faisait donc ici M. Rousseau ? lui demanda-t-il. — Il travaillait, et n'était jamais sans rien faire. — Mais enfin de quoi s'occupait-il donc ? — Eh ! il travaillait de son état, quoi ! il ramassait des herbes dans la montagne, et, rentré à la maison, il les rangeait dans des feuilles de papier. »

Le trajet de l'île Saint-Pierre à Bienne est charmant, et l'on ne peut rien voir de plus riant que la situation de la ville, dont on aperçoit le clocher et quelques maisons au travers des arbres. Les rives du lac s'inclinent en pente douce du côté de l'ouest; elles sont gracieusement ondulées et offrent une culture variée et riche, ainsi que des habitations nombreuses, parmi lesquelles s'élève le château de Nidau, dont le donjon et la masse pittoresque se dessinent sur le ciel. La rive opposée est monotone et aride; de tristes vignes descendent jusqu'au bord de l'eau, et, au-dessus d'elles, on voit se prolonger horizontalement, ainsi qu'un énorme rempart, la cime dépouillée du Jura.

Je m'arrêtais jadis volontiers, à Nidau, à l'excellente auberge du *Grand Ours*. L'hôte était un homme de fort bonne compagnie, dont j'aimais la conversation agréable et instructive; quant à l'hôtesse, elle jouait admirablement du piano et faisait les honneurs de la maison avec un empressement tout à fait aimable. On n'y était pas chèrement, et l'on s'y trouvait si bien, qu'on y revenait avec plaisir. Ces excellentes gens s'attachaient singulièrement à leurs pratiques. La maison est tombée en mauvaises mains et les voyageurs n'y vont plus.

J'ai déjà parlé des comtes de Nidau et du rôle important qu'ils ont joué dans le pays. Attachés à la maison d'Autriche, ils ont guerroyé à outrance contre les Suisses nouvellement affranchis et commandé souvent en chef les expéditions dirigées contre eux. A la fin du quatorzième siècle, les Bernois et les Soleurois emportèrent le château d'assaut après une résistance désespérée. En visitant leur conquête, les vainqueurs découvrirent, enfermés au fond du donjon, deux malheureux, pâles, décharnés, à demi morts de faim et de misère, et qui s'exprimaient dans une langue inconnue; c'étaient deux nobles Portugais, savoir : l'évêque de Lisbonne et le prieur d'Alcazena, qui, revenant de Rome, avaient été pris par les éclaireurs de la garnison autrichienne, lesquels se flattaient d'en tirer une bonne rançon. Informé de la chose, le conseil de Berne fit habiller et équiper les deux illustres prisonniers et leur donna douze cents ducats pour leur route. Ces Portugais, revenus dans leur patrie, ne furent point ingrats et renvoyèrent l'argent prêté en y joignant mille ducats pour les intérêts. En outre, Jean Ier, roi de Portugal, écrivit de sa main au magistrat de Berne une lettre en latin dans laquelle j'ai remarqué la phrase suivante : « N'ayant jamais jusqu'ici entendu parler de la ville de Berne, nous sommes bien aise d'apprendre à la connaître par un si bel acte de générosité envers nos sujets, et nous espérons que Dieu ne manquera pas de la faire prospérer dans toutes ses entreprises. »

Lorqu'on s'élève au-dessus de Bienne pour pénétrer dans les gorges de Moutiers-Grandval, on jette un dernier regard sur les neiges des Alpes. On s'est si bien accoutumé à les voir toujours apparaître à l'horizon, qu'il semble, quand on les a perdues de vue, qu'il vous manque quelque chose. On a de la peine à se faire à leur absence; elle vous attriste. Le premier aspect des glaciers produit une impression profonde, indéfinissable, et leur effet sur l'imagination peut se comparer à celui de la haute mer ou des sables du désert, à cela près qu'il est moins monotone. Il se déploie dans ce spectacle, vu sous des circonstances favorables, une grandeur sublime qui est, plus que toute autre chose, propre à réveiller l'enthousiasme dans les âmes les plus engourdies et les moins susceptibles de pareilles émotions. J'en connais de fréquents exemples.

A une demi-lieue au delà de *Sonceboz*, on trouve le passage de *Pierre-Pertuis*, passage creusé dans le roc, ainsi que son nom l'indique, et qui serait d'un effet très-pittoresque si le bassin de Tavannes, qu'on aperçoit au travers, était moins plat et moins nu. Cependant ce paysage, tout pauvre qu'il est, fait encore assez bien, encadré par cette arcade naturelle. On va peut-être me reprocher de faire, par ce dernier mot, tort aux Romains ainsi qu'à la bonne reine Berthe, les uns ayant, dit-on, ouvert ce passage que l'autre a élargi. J'éviterai prudemment la discussion, aimant mieux égayer mon récit par l'anecdote suivante. Lors de l'invasion des Français dans l'évêché de Bâle, on s'entretenait vivement de Pierre-Pertuis dans une petite ville voisine. Fallait-il l'abandonner ou le garder militairement? tel était l'objet en discussion. Un vieux conseiller, à moitié sourd, et qui dormait habituellement pendant les séances, dit d'un ton d'humeur à la fin du débat : « Je suis excédé, quant à moi, d'entendre si souvent parler du nommé Pierre-Pertuis; je le tiens pour suspect, et j'opine pour qu'il soit décrété de prise de corps et appréhendé partout où il se trouvera. »

On voit, dans une autre partie du ci-devant évêché, un second morceau d'antiquité non moins curieux : c'est une grosse pierre percée d'une ouverture circulaire et que les uns regardent comme un monument élevé par Arcoviste en mémoire de la victoire remportée par lui sur les Éduens, tandis que d'autres soutiennent au contraire que ce fut César qui, après avoir battu Arcoviste, érigea là une pierre pour perpétuer le souvenir de son triomphe. Une troisième assertion enfin tendrait à faire croire que ce rocher troué n'est autre chose qu'un autel druidique. Quoi qu'il en soit, le peuple, qui s'embarrasse peu des versions contradictoires des antiquaires, attache par tradition à la pierre dont il s'agit une singulière vertu : elle est renommée à plusieurs lieues à la ronde pour guérir de la colique le patient qui passe en rampant au travers du trou dont elle est percée. Les parois intérieures, polies par le frottement, prouvent que beaucoup de gens ont foi à cette recette, qui, si elle n'est pas toujours efficace, est du moins économique. On rapporte qu'un malade un peu corpulent, s'étant engagé à l'étourdie dans l'étroite ouverture, s'y trouva si bien emboîté, qu'il ne lui fut plus possible d'avancer ni de reculer. La frayeur le saisit; il n'était plus question pour lui de colique, il s'agissait de le tirer de là, et les assistants y parvinrent enfin, à grand renfort de savon, après l'avoir longtemps tiraillé par les pieds et par la tête.

Les gorges de Moutiers-Grandval passent avec raison pour ce que la Suisse offre de plus remarquable en ce genre; je ne vois guère, en effet, que les défilés des Roffles et de la *Via Mala*, au canton des Grisons, qui puissent leur être comparés. On se sent pénétré à la fois d'admiration et d'épouvante au fond de ces sombres abîmes, qui en quelques endroits semblent vouloir se refermer sur votre tête et ne vous laissent apercevoir partout qu'une étroite bande du ciel. Ce n'est que lorsqu'on commence à se familiariser avec l'aspect étrange et effrayant de ces lieux qu'on peut en apprécier la grandeur sauvage ainsi que les âpres beautés. Des rochers calcaires d'une prodigieuse hauteur s'élèvent à pic le long d'un gouffre tortueux et resserré d'une de ces crevasses profondes dont les convulsions du globe ont sillonné sa surface. Plus loin, leurs couches, jadis horizontales, sont devenues perpendiculaires, et, debout sur leurs arêtes, elles forment de longs et étroits couloirs parallèles. Offrant ailleurs des contours et des lignes moins tourmentées, les roches qui couronnent les hauteurs du défilé vous apparaissent semblables à des ruines, se détachant de la verdure variée qui les entoure. L'œil abusé croit y reconnaître les tourelles et les murs croulants de quelque vieux manoir, sur lesquels les sapins ont déjà pris racine. L'eau qui filtre goutte à goutte au travers des fissures et sur la surface de ces gigantesques masses en a en maint endroit usé les angles, arrondi les contours, et, par son action lente mais continue, a creusé à leurs pieds de spacieuses cavernes. Dans une belle matinée, ce trajet est d'un effet magique; un des revers du défilé, entièrement dans l'ombre et vu au travers d'une gaze de vapeurs, contraste avec le revers opposé, qui présente, aux rayons obliques du soleil, les formes abruptes de ses rochers, que revêt une végétation fraîche et touffue, et sur la crête desquels s'élève, ici un ermitage, plus loin une chapelle solitaire suspendue sur l'abîme et toute brillante de clarté. La route, excellente mais peu large, serpente entre le lit sinueux de la Byrse et la base du rocher. Lorsque l'espace lui manque sur une des rives, elle franchit, au moyen d'un pont hardi, le lit du torrent et se déroule au pied de la paroi opposée. Parfois la gorge s'élargit un peu et vous voyez, au-dessus d'un massif d'arbres, se jouer en légers tourbillons une fumée bleuâtre qui annonce la présence de l'homme. Vous avancez, et une ferme, un moulin à demi cachés dans la verdure, animent pour un moment cette profonde solitude.

J'ai remarqué à peu de distance de Moutiers une cascade d'un genre original. Elle est formée par un ruisseau qu'on voit descendre, en bouillonnant, des sommités voisines et se perdre tout à coup dans les mousses épaisses dont est tapissé le rocher. Il ne tarde pas à reparaître, mais subdivisé en mille et mille petits filets d'eau qui tombent dans le lit de la Byrse, où ils produisent l'effet d'une forte ondée.

Ce pays-ci faisait jadis partie de l'évêché de Bâle, dont le siége, depuis l'époque de la réforme, avait été transporté à Porentrui. L'administration des princes-évêques était douce et paternelle. Ils résidaient une partie de l'année dans la petite ville de Delemont, où ils avaient bâti un vaste château, qu'occupa plus tard le préfet du département du Mont-Terrible, à cette époque où la moitié des habitants de l'Europe étaient Français. Je crois que c'est ici que M. de Bonstetten recueillit, de la bouche d'un aubergiste, cet étrange panégyrique d'un des derniers princes-évêques qui venait de mourir : « C'était là un prince, monsieur! un grand homme et une forte tête! Il vous avait une paire de mollets, ah! il fallait voir ça! »

Mais déjà se montrent de toutes parts les indices avant-coureurs de la saison pluvieuse. Les matinées deviennent fraîches; des brouillards fréquents voilent l'aspect de la plaine, ou s'arrêtent en longues zones sur les flancs des montagnes, dont une neige fraîchement tombée blanchit les cimes. Au couchant s'amoncellent des nuages colorés de pourpre et d'or qui promettent un lendemain incertain. La verdure perd son éclat, que remplacent les nuances variées de l'automne, et le voyageur poursuit sa route au travers des feuilles jaunissantes que le vent fait voler sous ses pas. Tout l'avertit de hâter sa marche et de gagner ses quartiers d'hiver; là, il se reposera de ses fatigues, jouira de ses souvenirs et mettra en ordre ses notes. Heureux si ses récits peuvent intéresser ceux qui ont déjà vu la Suisse et inspirer aux autres le désir de la visiter!

TABLEAU RÉSUMÉ

DES ÉVÉNEMENTS DE LA SUISSE

DEPUIS 1830

La Révolution de Juillet fut accueillie en Suisse fort diversement, suivant l'esprit et la position des différents cantons. Ceux dont les institutions étaient plus ou moins aristocratiques et dont les familles influentes trouvaient dans le service de France une ressource assurée sentirent vivement le coup que leur portait notre révolution et sous le rapport politique et sous celui des intérêts privés. Berne, Fribourg, Soleure, Lucerne, le Valais, furent atterrés, tandis que quelques-uns des cantons démocratiques, tels que Bâle, Vaud, les Grisons et Saint-Gall envisagèrent avec une sorte de satisfaction un événement dont ils ne calculèrent pas d'abord les désastreuses conséquences. Ils ne virent dans la chute de la branche aînée des Bourbons que le triomphe des principes et des préjugés libéraux, ainsi qu'une satisfaction donnée à l'esprit protestant. Quant aux petits cantons, à ces vieilles oligarchies de paysans déguisées sous des formes démocratiques, ils tremblèrent pour le maintien de l'ancien régime suisse, auquel ils tenaient opiniâtrément et pour lequel ils avaient fait de si grands sacrifices en 98. Ces réflexions sont surtout applicables aux gouvernements cantonaux; car pour ce qui est de la masse des populations, elle ressentit presque instantanément l'effet de la commotion qui ébranla l'Europe. La fermentation devint générale; la lutte, dès longtemps établie entre les partis aristocratique et démocratique, lutte qu'avaient suspendue l'acte de médiation et la réorganisation de la Suisse en 1814, recommença avec un nouvel acharnement. La divergence de ces deux opinions extrêmes se complique encore dans ce pays d'un élément de division qui lui est propre, je veux dire de cet antique esprit d'hostilité régnant entre les habitants des villes et ceux des campagnes. Pour s'en expliquer l'origine il est nécessaire de rappeler qu'avant la fin du dernier siècle les villes exerçaient exclusivement la plénitude de la souveraineté et que les habitants des communes rurales se trouvaient, à leur égard, sur le pied de sujets plus ou moins doucement administrés. De là naissaient une sorte de préjugé de caste et de tendance au despotisme, d'une part; de l'autre, le sentiment amer d'une infériorité réelle. Le plus mince bourgeois de Zurich ou de Berne se croyait au-dessus du premier magistrat d'une petite ville municipale et le lui faisait sentir. Cet état de choses dura jusqu'en 98, époque à laquelle les mécontentements des populations, appuyés par les principes français et les baïonnettes du Directoire, éclatèrent dans plusieurs cantons. Les concessions arrachées alors par la force des choses, et sanctionnées plus tard par l'acte de médiation, furent retirées en partie en 1814, époque qui fut pour la Suisse une sorte de restauration; la masse des griefs s'en accrut, et il n'est pas surprenant que les événements de 1830 en aient hâté l'explosion. En quelques semaines la plus grande partie du pays fut couverte de clubs; les meneurs s'agitèrent; la guerre des pamphlets commença; le langage des journaux devint de plus en plus incendiaire; ils furent lus et commentés dans les moindres hameaux. Bientôt des rassemblements redoutables par leur nombre et par l'effervescence qui y règne se forment sur différents points. Le moment de la réaction des campagnes contre les villes, des ci-devant sujets contre leurs ci-devant souverains, est arrivé. Il ne suffit plus au campagnard (*landschafter*) de vaincre et de désarmer le bourgeois à la lance (*spiesburger*), il lui faut encore le garrotter pour l'avenir et lui rendre tyrannie pour tyrannie, humiliation pour humiliation. Deux mille cinq cents paysans de la Thurgovie, rassemblés tumultueusement à Weinfeld, exigent la convocation immédiate d'une *constituante* nommée par le peuple et forcent la main au gouvernement. A Uster, dans le canton de Zurich, douze mille habitants des campagnes arrachent au grand conseil l'initiative et obtiennent qu'un nouveau conseil soit nommé par les communes pour procéder à la réforme de la constitution, dont les bases sont posées par les chefs de ce club formidable. Plusieurs milliers d'Argoviens armés, que conduit un aubergiste, se portent sur Arau et contraignent les magistrats et le conseil à résigner leurs pouvoirs, après avoir convoqué une assemblée nouvelle chargée de reconstituer le canton. A Lausanne, la salle des séances est envahie par les flots d'une multitude furieuse. Presque partout enfin, le peuple fait acte de souveraineté à sa manière, en renversant par la violence ce qui existait, pour y substituer à la hâte un nouvel ordre de choses destiné à assurer le triomphe du principe démocratique et à neutraliser pour toujours le principe contraire [1]. Ce fut sous de tels auspices et au milieu de l'exaltation des passions déchaînées qu'on procéda au choix des députés chargés de la mission délicate de réformer les institutions de leur pays. Il est inutile d'ajouter que les constitutions ainsi révisées portèrent l'empreinte des circonstances. Dans toutes on retrouve la trace de cette animosité vindicative, de cette ombrageuse méfiance, de cette jalousie dont les villes étaient depuis si longtemps l'objet. Toutes sont conçues dans le but de les dépouiller de leur ancienne suprématie et de leur ôter les moyens de la ressaisir un jour. L'autorité y est entourée de précautions dictées par la plus méticuleuse prudence; on la traite évidemment en ennemie, et, dans la préoccupation qu'inspirent aux réformateurs les abus *possibles* du pouvoir, ils semblent avoir fermé les yeux sur les excès *probables* de la liberté. A cela près, les principes fondamentaux des nouvelles constitutions sont conformes à l'essence des États démocratiques. Elles contiennent la déclaration explicite de la souveraineté du peuple *exercée par ses délégués*, et consacrent en principes l'égalité des droits politiques ; la liberté des cultes, de la presse, la liberté individuelle; la séparation des pouvoirs, l'égale répartition des charges publiques, le rachat facultatif des dîmes, rentes et droits féodaux, l'abolition des fonctions à vie, le droit pour chaque citoyen d'être appelé à les remplir; le droit de pétition, et presque partout l'élection est directe, la généralité des citoyens y prend part, et la loi n'exige ni cens électoral ni cens d'éligibilité; les bourgeois pauvres assistés par la commune ne votent pas. Voilà quelles sont, à certaines

---

[1] Le mouvement de Fribourg offre un trait caractéristique. Ameutés devant l'Hôtel de Ville, les paysans, au nombre de plusieurs milliers, et armés de bâtons, demandaient à grands cris la réforme. La cloche de l'*Angelus* vient à sonner; tout à coup ces pieux révolutionnaires font silence, ôtent leurs chapeaux, marmottent dévotement leur prière, puis recommencent à vociférer de plus belle.

restrictions près apportées à ces principes dans quelques cantons, bases des constitutions nouvelles qui furent soumises à l'acceptation communes, après avoir été votées par les grands conseils. Elles tiennent pourtant encore une clause qu'il n'est pas inutile de m tionner : c'est celle qui est relative à la faculté de révision et au mo suivre, le cas échéant. Il est stipulé que la révision ne pourra avoir avant un laps de six années. Aux épreuves successives par lesquelles passer une proposition de ce genre, aux formes compliquées auxque elle est assujettie, il est aisé de reconnaître encore la crainte qu'a le p vainqueur de voir l'aristocratie reconquérir sa prépondérance prendre un beau jour le peuple souverain par surprise pour lui arrac son abdication. Cette précaution ne paraissant pas suffisante, sept cantons révolutionnés conclurent un traité particulier par lequel ils s gageaient à concourir réciproquement au maintien du nouvel ordr choses établi chez eux, dans le cas où l'on emploierait pour le renve la force matérielle qui l'avait fondé. Cette association d'assurance tuelle contre la réaction prouve assez combien les *faiseurs* de la ré tion comptaient peu sur la durée de leur ouvrage et montre le pe fond qu'ils faisaient sur l'appui des masses aveugles et passionnées avaient servi d'instruments à leurs desseins. Il est presque superflu jouter qu'une fois la réforme politique accomplie, la curée aux pl commença ; on vit alors en Suisse ce que nous avons vu chez nou 1815 et en 1830, ce que l'on verra dans toute révolution comme toute restauration ; ce ne furent ni les plus habiles ni les plus estima qui arrivèrent aux emplois : les plus exaltés et les plus intrigant devancèrent.

Après cet exposé des faits généraux, je crois à propos de consacre paragraphe à part à ce qui se passa dans le canton de Bâle. Le gouve ment y prit sur-le-champ l'initiative des réformes, et le grand co s'occupa à réviser la constitution dans le sens le plus libéral, mais introduire, il est vrai, dans le mode de représentation, le princip l'égalité politique absolue. Les habitants de la petite ville de Liesta de quarante-cinq communes voisines, mécontentes de cette omissi travaillées par quelques ardents radicaux, se soulèvent à l'improv chassent les autorités et les remplacent par un gouvernement provi qui, s'inspirant des souvenirs et des exemples de 93, met hors la lo magistrats de Bâle, ainsi que tous ceux qui refuseront de le reconna

Cela fait, les révoltés se portent en armes sur Bâle, commandés, chose étrange! par un officier d'un des régiments suisses au service de France qui venaient d'être licenciés. Ils bloquent la ville pendant quelques jours, tirant contre les murs de nombreux coups de fusil qui tuent ou blessent deux ou trois bourgeois. Mais une sortie faite à propos refoule les insurgés dans leurs communes, que le gouvernement fait occuper sans résistance. Cependant le grand conseil poursuivait son travail de révision; la nouvelle constitution votée par lui est soumise à l'acceptation des communes rurales et adoptée à la majorité de six mille cinq cents voix contre deux mille six cents; la minorité n'élève aucune réclamation. Mais, se sentant forts des sympathies des radicaux du reste de la Suisse, les habitants de Liestall ne craignent pas de revenir sur un fait accompli et s'insurgent de nouveau. Cette seconde fois, le gouvernement de Bâle échoua dans la tentative qu'il fit pour rétablir l'autorité de la loi que méconnaissait une minorité factieuse. Mais les passions de partis avaient déjà tellement fasciné les esprits, que cette rébellion flagrante, ce coup d'État populaire, trouvèrent de l'appui jusqu'au sein même de la diète. De là vinrent et les demi-mesures de cette assemblée et sa marche vacillante dans tous le cours de cette affaire. Elle n'osa ou ne voulut pas maintenir énergiquement une constitution qu'il était de son devoir de garantir, et refusa son concours pour plier des populations égarées sous le joug de la légalité; elle ne prit enfin parti ni pour ni contre, et se borna à faire occuper le canton afin de prévenir le retour de la guerre civile. A dater de cette époque, il devient difficile de justifier la conduite du gouvernement de Bâle, dont les membres firent preuve d'une absence totale de vues politiques. Sans parler de l'obstination avec laquelle, s'associant aux passions vindicatives de leurs concitoyens, ils refusèrent d'accorder aux insurgés soumis une amnistie générale et repoussèrent les moyens sûrs qu'ils avaient pour faire taire leurs exigences[1], ils commirent la faute irréparable de prononcer formellement la séparation des quarante-six communes rebelles d'avec la ville, retirant toutes les autorités et abandonnant ainsi à eux-mêmes les habitants de cette portion du canton, qui profitèrent de l'occasion pour se constituer et former un petit État à part, que la diète dut reconnaître comme demi-canton, faute de pouvoir agir autrement.

---

[1] Il leur suffisait, pour cela, d'accorder aux campagnards cinq ou six voix de plus dans le conseil, et de faire, en temps utile, à leurs chefs, quelques avances qu'ils n'auraient pas repoussées.

La révolution du canton de Zurich présente aussi quelques particularités remarquables. L'ancienne administration, composée d'hommes de cœur et de talent qu'animait un patriotisme aussi pur qu'éclairé, crut devoir, après la révolution, rester au timon des affaires tant que la place serait tenable. Leur présence gênait les chefs du parti démocratique : ils songèrent à les écarter à tout prix. A la tête et bien en avant de ceux-ci était un jeune citoyen de Zurich, M. Keller, riche, d'une famille ancienne et considérée, jurisconsulte habile, orateur adroit et entraînant, doué surtout du talent d'émouvoir les masses, et, ce qui est plus rare, de les maîtriser. Ce jeune homme, que sa position sociale et sa haute capacité appelaient à jouer un jour un rôle important dans sa patrie, aima mieux, pour ainsi dire, conquérir à la pointe de l'épée la première place que de l'attendre du temps. Confiant dans sa force et poussé par un caractère aventureux, il se jeta, de propos délibéré, dans les hasards de ce jeu enivrant des révolutions, sans s'inquiéter s'il y avait sur le tapis d'autre enjeu que le sien, et si le repos et le bonheur de sa patrie dépendaient d'un coup de dé. Peu difficile sur le choix des moyens, il se servit, pour renverser ses adversaires, d'un levier que plus tard il brisa. A son instigation, le principal club du canton, *se posant*, ainsi qu'ils font tous, comme interprète de la volonté du peuple, fit acte de souveraineté directe et adressa au conseil, de même qu'à l'administration, des réprimandes sévères sur la marche suivie par eux jusqu'alors, et d'impérieuses injonctions sur celle qu'à l'avenir ils avaient à suivre. Là-dessus les membres du gouvernement déclarèrent que si le grand conseil ne passait pas à l'ordre du jour sur cette adresse illégale autant qu'inconvenante, s'il se soumettait au contrôle d'une association n'ayant aucun caractère légal, eux, magistrats, qui n'en reconnaissaient pas d'autre que celui des députés, seuls organes officiels de l'opinion publique, croiraient devoir, en conséquence, donner leur démission ; c'était justement ce qu'on voulait. La majorité, dominée par l'ascendant du meneur suprême et emportée par la passion politique, accueillit la pétition avec faveur, et les membres du gouvernement donnèrent aussitôt leur démission; mais ils n'en continuèrent pas moins à siéger comme députés dans le grand conseil. En politique habile, M. Keller ne voulut point de la première magistrature; il se contenta de la place de président du tribunal d'appel, et, retranché dans une position indépendante, il dirigea tout, faisant concourir à ses desseins les vues ambitieuses et l'absence de conviction des uns ainsi que les illusions naïves et la crédule bonhomie des autres. Peu scrupuleux en matière de probité politique, incapable de se contenter d'un pouvoir partagé, le président Keller est, pour me servir d'une expression reçue, du bois dont se faisaient, dans les démocraties antiques, ces chefs de factions dont il est aussi difficile d'estimer le caractère que de ne pas admirer l'énergie et les rares talents. C'est à lui et plus encore au bon sens et à l'esprit de modération relative de ses populations que le canton de Zurich doit de s'être arrêté à temps sur cette pente glissante qui de la démocratie mène tout droit à la souveraineté de la populace, exercée virtuellement par les hommes de son choix, et aboutit à l'absurde et exécrable régime du comité de salut public.

Quant au canton de Berne, je possède peu de détails sur le mouvement qui s'y opéra. On m'a assuré que le cabinet français n'y était pas resté étranger. Quoi qu'il en soit, la réforme s'accomplit sans qu'on sortît des voies légales. Ce canton et celui de Fribourg sont les seuls qui aient établi l'élection à deux degrés, et Berne a fixé pour l'admission au grand conseil un cens d'éligibilité qui monte à sept mille cinq cents francs en propriétés ou en capital. Comme je l'ai dit ailleurs, les patriciens bernois, ainsi que leurs partisans, se retirèrent tout à fait de la scène politique et laissèrent le champ libre à leurs adversaires, dans le vain espoir que le peuple, étant mis à même de faire une comparaison, qui ne serait pas à l'avantage de ceux-ci, viendrait supplier ses anciens gouvernants de reprendre la direction des affaires. Mais il n'en a pas été ainsi : on s'est accoutumé à se passer d'eux, et je ferai voir plus bas que ce malheureux canton a de beaucoup dépassé le but et est tombé de l'excès du principe aristocratique dans celui du radicalisme le plus effréné.

Je dois entrer dans quelques détails sur les événements de l'été de 1833, parce qu'ils menacèrent la Suisse d'une complète dissolution et compromirent son existence politique, en mettant en question celle du pacte fédéral, sur laquelle elle repose. Depuis 1798, les *districts extérieurs* de Schwytz avaient obtenu du chef-lieu l'égalité des droits politiques, qui leur fut conservée par l'acte de médiation, et dont ils jouirent jusqu'en 1821, époque à laquelle le gouvernement de Schwytz la leur retira brusquement pour les replacer sous la tutelle dont ils avaient été si longtemps affranchis. En 1830, les populations des *districts* redemandèrent les droits qu'on leur avait ravis; mais la diète eut beau appuyer leurs justes réclamations; vainement elle s'efforça d'opérer un rapprochement sur le pied de l'égalité des droits, tout échoua contre l'immuable opiniâtreté du Vieux-Schwytz. En désespoir de cause, les districts extérieurs se constituèrent en fraction de canton indépendante, et la diète sanctionna leur constitution et admit leurs députés dans son sein.

Cependant ce grand conseil de la confédération, cette autorité suprême du pays, seul organe légal de sa volonté souveraine (la diète n'est et ne peut être autre chose), s'occupait de la révision du pacte fédéral, œuvre difficile, et qui le devenait encore plus en raison des circonstances. Trois partis difficiles à concilier se partageaient la Suisse sur cette question vitale. L'un, celui de l'ancien régime du *statu quo*, représenté par les cantons de Schwytz, Uri et Unterwald, auxquels s'étaient ralliés, dans le sentiment d'une haine commune contre les cantons révolutionnés, ceux de Neufchâtel et de Bâle-ville, protestait contre toute révision de l'ancien pacte; c'était toucher au passé. En conséquence, les députés de ces cinq cantons quittèrent la diète, et, retirés à Sarnen, lancèrent protestations sur protestations contre ses actes. Puis venait le parti radical, auquel les députés de Berne et de Bâle-campagne servaient d'organes habituels au sein de la diète, et qui comptait, en outre, dans les députations des autres cantons, des partisans déclarés ou secrets. Ce parti, signalé pour sa violence, ne voulait de la révision qu'à la condition qu'il en poserait les bases. Or les trois buts principaux de ses persévérants efforts étaient d'obtenir : 1° la représentation proportionnelle pour chaque canton, c'est-à-dire un député en diète pour un nombre donné d'habitants. Le canton de Berne, ayant, par exemple, une population vingt-quatre fois plus forte que celui de Zoug, aurait eu vingt-quatre voix, tandis que celui-ci n'en aurait eu qu'une seule. De la sorte, les trois cantons les plus populeux, en s'entendant, auraient fait la loi aux dix-neuf autres; 2° la suppression des instructions données aux députés en diète par leurs grands conseils respectifs, et d'après lesquelles ils sont tenus de voter; 3° la création d'un directoire destiné à centraliser, à corroborer l'action du pouvoir fédéral, et investi, à cet effet, d'attributions telles, que la souveraineté cantonale n'eût plus été qu'un mot. Ces trois points obtenus, les radicaux se flattaient de créer en Suisse l'*unité nationale;* mais bien des gens pensent qu'ils n'auraient réussi qu'à l'inféoder pour longtemps aux mains des démagogues. Enfin, entre ces deux partis extrêmes il en existait un troisième, auquel se rattachaient Genève, les Grisons, Vaud, Zurich, etc. Persuadé que l'ancien pacte n'était plus en harmonie avec l'état actuel de la Suisse, ce parti désirait concilier, autant que possible, les anciennes formes fédératives avec les besoins de l'époque, fortifier l'action de l'autorité fédérale, sans porter atteinte à la souveraineté des cantons, en ce qui concerne leur régime intérieur; resserrer, enfin, pour leur sûreté commune, le lien qui réunissait en faisceau ces vingt-deux républiques si diverses, et leur donner une certaine force de cohésion, sans effacer leur individualité respective sous le niveau unitaire. Ce que les hommes de cette opinion avaient surtout à cœur d'éviter, c'était de reconstruire l'édifice à nouveau; ils voulaient, en un mot, refaire un pacte pour la Suisse, et non pas refaire une Suisse pour un pacte, arrêté *a priori*. Après bien des difficultés et des délais, le nouveau pacte fédéral, conçu dans ce sens de progrès et de haute raison politique[1], parvint à réunir en diète le nombre de voix voulu, et fut aussitôt soumis à l'acceptation définitive des communes dans les différents cantons. Adopté par quelques-uns, on le voit, contre l'attente universelle, repoussé à une immense majorité par le peuple du canton de Lucerne. Ce vote imprévu produisit l'effet d'une commotion électrique. Dans les cantons révolutionnés, la stupeur fut grande; le parti des villes releva la tête et s'abandonna à un fol espoir. Partout on crut les choses mûres pour une réaction, et les représentants de l'opinion aristocratique, les membres de la *ligue de Sarnen*, partageant l'illusion commune, s'imaginèrent qu'il ne fallait plus qu'un signal pour déterminer en Suisse une insurrection générale contre les nouveaux gouvernements[2]. Ce signal, le canton de Schwytz se chargea de le donner. Le colonel fédéral Abyberg part à la tête de deux cents hommes pour opérer une restauration à main armée dans les *districts extérieurs*, récemment séparés, et occupe, avec du canon, la petite ville de Kussnacht, où il fait plusieurs arrestations. En vain le premier magistrat de Lucerne vient, au nom de la diète, le sommer de se retirer, le colonel répond qu'il a des ordres de son gouvernement, et n'a pas à en recevoir de la diète. Cependant le tocsin se fait entendre de tous côtés; les populations du Vieux-Schwytz, travaillées d'avance par le gouvernement, se

[1] Il était l'ouvrage du malheureux Rossi.
[2] Je dois dire que le député de Neufchâtel, M. de Chambries, homme habile, ne fut pas atteint de cet esprit de vertige et d'erreur, et qu'il donna à ses collègues de salutaires avis qui ne furent point écoutés.

lèvent en masse, armées de mauvais fusils, de fourches et de faux, pour soutenir l'occupation et défendre leur religion, *qu'on veut leur prendre*. La nouvelle de cet événement arrive à Zurich, où siégeait la diète, et y répand une surprise mêlée de sentiments divers. Cette audacieuse infraction de la *paix du pays*, commise à l'instant même où Schwytz vient de nommer des commissaires chargés d'arranger les différends à l'amiable, ces mesures de violence, ce manque de loyauté, ne trouvent pas un apologiste. Sur-le-champ la diète prend, à l'unanimité, un arrêté qui convoque le premier contingent des milices de la confédération, et enjoint au second de se tenir prêt à partir. Dès le lendemain, à midi, six mille hommes du canton de Zurich sont sur pied, complétement armés et équipés, et la moitié est déjà en marche. Vingt mille hommes, accourus de toutes les parties de la Suisse, se trouvent, trois jours plus tard, réunis à Lucerne, n'attendant que l'ordre d'occuper le canton insurgé. Douze mille hommes, sous la conduite du colonel Bontemps, entrent dans le canton de Schwytz, l'arme au bras et sans brûler une amorce. Les petits cantons, et Schwytz en particulier, ont senti trop tard toute l'étendue de leur irréparable faute; paralysés par cette masse de forces imposantes, effrayés de leur isolement au milieu de la Suisse démocratisée, ils ont craint d'aggraver leur position en essayant une résistance inutile. Terreur salutaire, qui a épargné à tout le pays de grands malheurs et d'inextricables embarras.

Pendant que ces choses se passaient, le gouvernement de Bâle, à la première nouvelle de la prise d'armes de Schwytz, fut dupe des mêmes illusions et crut l'occasion favorable pour faire rentrer Bâle-campagne sous son obéissance, au mépris des décisions de la diète, dont il ne prévoyait pas les mesures rigoureuses. Trouvant donc un prétexte tout prêt dans les agressions partielles des habitants de Liestall contre les communes restées fidèles, les membres du gouvernement bâlois décident brusquement et à la majorité d'une seule voix, dit-on, cette désastreuse expédition contre la campagne, qui a coûté si cher à leurs concitoyens. Une colonne de quinze cents hommes, avec douze pièces de canon, se met en marche pour occuper le chef-lieu des communes séparées; mais les campagnards ont pris habilement leurs mesures. Les Bâlois, qui avancent sans précautions, sont accueillis, dans un bois, par une vive fusillade qui jette le désordre dans leurs rangs. Leur commandant en chef tombe l'un des premiers, et le feu de deux petites pièces de canon, démasquées à propos, achève de les ébranler; on donne l'ordre de la retraite, qui, s'opérant au milieu d'une horrible confusion, devient bientôt une déroute. Enhardis par le succès, les campagnards s'élancent, poursuivent leurs ennemis la baïonnette dans les reins, ne font nul quartier, massacrent les blessés et tirent une atroce vengeance de l'incendie d'un de leurs villages inhumainement brûlé par la troupe soldée de la ville. En apprenant cette reprise des hostilités, la diète décrète l'occupation immédiate des deux parties du canton. La ville, atterrée du coup qui vient de la frapper, ouvre sans résistance ses portes aux troupes fédérales; mais il fallut menacer la campagne de l'emploi de la force pour la contraindre à se soumettre aux ordres de la diète. C'est que ces graves circonstances, en ranimant les clubs qui se mouraient de langueur, leur avaient rendu, avec leur arrogance, une partie de leur empire sur les masses, et les campagnards comptaient sur cet appui. De tous côtés s'élevaient des cris de rage et de vengeance contre la ville de Bâle. La presse radicale ne parlait que de croisade contre ce boulevard de l'aristocratie, que d'un 18 *brumaire* populaire, ayant pour but de jeter la diète dans la Limmat et de convoquer une constituante helvétique. Les motions les plus forcenées et les plus sanguinaires lui arrivaient journellement, et la députation de Berne était, avec celle de Bâle-campagne, la seule qui osât les appuyer! Bientôt s'offrit à la diète une nouvelle occasion de maintenir énergiquement ses décisions et de prêter force à la loi, envers et contre tous. Le canton de Neufchâtel, sommé d'envoyer ses députés en diète, ainsi que l'avaient déjà fait les quatre cantons qui, conjointement avec lui, avaient formé la ligue de Sarnen, refuse d'obtempérer. Aussitôt la diète ordonne que Neufchâtel sera immédiatement occupé, s'il persiste dans son refus; il céda. Le même jour, ou le lendemain, le grand conseil de Berne, ce club légal, donne ordre à sa députation de faire une motion qui semble dictée par le démagogisme en démence, et qui a pour but de frapper la ville de Bâle d'une contribution de quarante millions, de raser ses remparts, et de traduire devant une commission nommée *ad hoc* les membres de ce gouvernement et de celui de Schwytz qui ont pris part aux dernières affaires. Si la motion est repoussée, les députés de Berne devront protester, au nom du peuple souverain, et quitter la diète. Celle-ci déclare alors que, si cette menace se réalise, le canton de Berne sera occupé dans les vingt-quatre heures. Les députés bernois, organes du radicalisme pour le moment impuissant, demandèrent en toute hâte de nouvelles instructions qui ne se firent pas attendre.

Dans ces moments critiques, où l'imminence du danger fit trêve aux divisions, le pays, je le répète, a été sauvé par les mesures vigoureuses de la diète et par cet élan unanime avec lequel les populations ont répondu à son appel. On y a vu la preuve qu'il existait partout, en Suisse, une autorité supérieure aux partis et qui pouvait compter pour les comprimer sur le concours de la force publique. Ici, comme à l'étranger, on s'est convaincu que les Suisses suffisaient à maintenir la paix chez eux, et qu'il n'était pas besoin que les voisins les y aidassent. Leur organisation militaire a été également soumise, en cette occasion, à une épreuve décisive. En moins d'une semaine, quarante mille hommes ont été sous les armes, et j'ai vu des officiers français, d'un coup d'œil exercé, être frappés de la beauté et de la tenue militaire de plusieurs des contingents [1]. Malgré l'exaltation politique de la plupart de ces milices, elles ont observé une exacte discipline dans les cantons occupés.

L'année 1845 amena une nouvelle cause de complications qui surexcita au plus haut degré les passions populaires et prépara la guerre inique du *Sonderbund*, cette agression flagrante contre la souveraineté cantonale et la liberté de conscience, cette brutale violation des droits de la minorité par une majorité qui voulait dominer à tout prix et sans rencontrer de résistance.

En 1844, le gouvernement de Lucerne avait confié aux jésuites l'enseignement public du canton : il était dans son droit. Le radicalisme et le protestantisme s'en émurent, et ce fut au cri de « Mort aux jésuites ! » qu'on vit se lever ces corps francs dont il a été tant parlé. Désavoués par la diète fédérale, mais soutenus ostensiblement par les cantons de Berne, d'Argovie et le demi-canton de Bâle-campagne, ils s'organisèrent sur leur territoire sans être inquiétés, et envahirent le canton de Lucerne sous les ordres de l'avocat Ochsenbein, général improvisé pour la circonstance. Battus et mis en déroute, au pont de l'Emme, par les Lucernois et les contingents des petits cantons que commandait le général de Sonnenberg, ils repassèrent en désordre la frontière.

Cette victoire des catholiques consterna la Suisse radicale ; les gouvernements, les clubs et les populations se préparèrent à prendre une écla-

[1] On a remarqué entre autres ceux de Vaud, de Genève, des Grisons, de Zurich et de Saint-Gall.

tante revanche. Attaqués inopinément une première fois et toujours menacés, les catholiques conclurent à Lucerne (1846) une alliance séparée, *Sonderbund*, que signèrent les cantons de Lucerne, d'Uri, de Schwytz, d'Unterwald, de Zug, de Fribourg et du Valais. Ils s'engageaient, « pour le cas où l'un ou plusieurs d'entre eux seraient attaqués, et en vue de défendre leurs droits de souveraineté et leurs territoires, à repousser l'attaque en commun et par tous les moyens à leur disposition, *en conformité du pacte fédéral du 7 août 1815 et des anciennes alliances.* »

Le plus grand nombre des gouvernements cantonaux prit, vis-à-vis de cette alliance, une attitude expectante, tandis que ceux de Berne, d'Argovie, Soleure et Bâle-campagne la déclarèrent attentatoire au pacte fédéral et se mirent en mesure de la briser par la force. Mais il fallait obtenir la majorité en diète, afin de mettre sur pied et de faire marcher les contingents de la confédération. Ce fut à quoi les meneurs s'employèrent activement, en excitant et en exploitant les passions politiques et les haines religieuses, que l'affaire des couvents avait réveillées. Ce fut en vain que Genève s'interposa pour opérer un rapprochement, Berne et Zurich (alors cantons dirigeants) s'y refusèrent, et leur influence l'emporta, les clubs aidant ainsi que les sociétés secrètes. En conséquence, le gouvernement de Zurich, dans sa circulaire à ses co-États, comprit au nombre des questions que la diète aurait à traiter la dissolution du *Sonderbund* et l'expulsion des jésuites. Les députés des divers cantons qui avaient été activement travaillés se montrèrent disposés à voter dans ce sens; et celui de Genève fut le seul qui persista dans sa politique conciliante. Dès ce moment la révolution de ce canton fut résolue par le triumvirat de Berne[1]; elle ne se fit pas attendre : l'ancien gouvernement, depuis longtemps miné, tomba sous les coups de l'émeute.

Celui de Fribourg se maintenait encore debout, s'appuyant sur l'immense majorité de ses populations. Aidé par elles, il repoussa une attaque des corps francs, qui furent battus et dispersés aussi honteusement qu'à Lucerne; mais ils devaient être bientôt vengés par les baïonnettes fédérales.

Les cabinets d'Autriche, de Russie et de Prusse intervinrent inutilement pour prévenir le conflit et recommander le respect du pacte de 1815. Soutenues faiblement par le cabinet des Tuileries[2], ayant à lutter

---

[1] MM. Neuhans, Ochsenbein et Druey.
[2] M. Guizot se montra plus éclairé et plus prévoyant que le roi Louis-Philippe : il vou-

contre les efforts de lord Palmerston, en relations intimes avec le club dirigeant par le ministre Geel, ces trois puissances durent abandonner le *Sonderbund* à son sort, et la guerre devint inévitable. A la suite d'une conférence de M. Geel avec Ochsenbein, le meneur en chef, les contingents des douze cantons radicaux, évalués à quatre-vingt-quatorze mille hommes, que commandait le général Dufour, cernent le canton de Fribourg, isolé de ses alliés par sa position topographique. Une forte colonne placée sous les ordres du colonel Billiet-Constant se porte sur la ville, dont la défense a été confiée au général Maellardoz. On connaît le résultat de cette lutte inégale : après quelques engagements partiels et insignifiants, une capitulation est conclue, et Fribourg tombe aux mains des radicaux triomphants.

De tristes et honteux excès souillèrent cette facile victoire. Le pensionnat et le collége des jésuites furent dévastés de fond en comble, et Fribourg vit se renouveler les scènes du sac de l'archevêché de Paris. Des communautés religieuses, des maisons particulières, furent pillées et saccagées; des femmes, des jeunes filles, furent insultées; des vieillards, des prêtres, furent injuriés, maltraités, frappés outrageusement; et ces saturnales durèrent trois jours! Il est juste d'ajouter toutefois que ce furent les corps francs surtout qui se rendirent coupables de ces lâches vengeances. Les milices fédérales laissèrent faire, et le colonel Billiet eut le tort d'intervenir trop tard.

Après la reddition de Fribourg, un gouvernement provisoire s'y installa sous les auspices des corps francs, qui restèrent en partie chargés de l'occupation, et l'armée fédérale se porta tout entière sur les autres cantons, qui n'avaient à lui opposer tout au plus que le quart de son effectif; encore ces forces si insuffisantes étaient-elles assez mal armées et plus mal approvisionnées. La résistance devenait dès lors impossible. Le canton de Zug se hâta de capituler avant d'être attaqué, et cette défection diminua d'autant les moyens de défense.

Il importait à la politique insidieuse de lord Palmerston que les hostilités fussent promptement terminées. Il craignait, si elles se prolongeaient, de se voir forcé de s'associer au projet d'intervention des quatre grandes puissances; aussi pressait-il sir Robert Peel d'agir sur le club

lait empêcher la guerre à tout prix, et envoyer, dans ce but, un corps d'observation à la frontière. Il en fit la proposition au roi, qui répondit : « Y pensez-vous? on dira que nous soutenons les jésuites! »

directeur de Berne[1], dont Ochsenbein était l'âme. Sur une dépêche venue de Londres et communiquée aussitôt par le ministre au général Dufour, le mouvement sur Lucerne fut résolu. Les contingents s'ébranlent et entrent sur le territoire du canton. Le général de Salis, qui commandait la petite armée du *Sonderbund*, les attend au pont de Gislikose, et exécute, à la tête des siens, une charge brillante qui force l'ennemi à reculer; au moment où il va être enfoncé, la division Denzler arrive sur le terrain avec son artillerie de réserve, et prend part à l'action; les catholiques durent céder au nombre, et se replièrent sur Lucerne. Cette poignée de braves gens se voit cernée par une armée de cinquante mille hommes avec cinquante-six pièces de canon. Blessé deux fois, Salis demande un armistice dans le but de sauver la ville, puis va rejoindre, à Altorf, le conseil de guerre. Lucerne capitule, et sa chute entraîne celle des trois petits cantons.

Le parti victorieux se montra implacable : aucun genre d'humiliation ne fut épargné aux vaincus. Partout furent établis des gouvernements provisoires qui relevaient des corps francs et des clubs, aux décisions desquels ils avaient pour mission de donner la forme et la sanction quasi légales. Les confiscations, les amendes, la ruine au moyen des garnisaires, le bannissement, l'ostracisme en masse, les emprisonnements préventifs, les catégories de suspects, enfin tout ce que nous avons vu dans nos plus mauvais jours, sauf la guillotine, se reproduisit dans les malheureux cantons du Sonderbund. A Lucerne, à Fribourg, à Zug, en Valais, ce système d'oppression de la majorité par une très-faible minorité s'organisa et s'appesantit pendant des années, tandis que, plus heureux, les trois petits cantons de Schwytz, d'Uri et d'Unterwald, une fois délivrés de l'occupation militaire, revinrent à leurs vieilles constitutions, à leurs *landsgemeinde* (comices) et à leurs magistrats anciens.

La chute de la monarchie hybride de Juillet fut en Suisse l'objet de peu de regrets; mais l'avènement de la République y fit trembler tous les intérêts, ceux des clubs exceptés; les gouvernements des cantons régénérés, soudainement devenus conservateurs en vue de se conserver, eurent bien de la peine à se maintenir sur cette pente glissante qui aboutissait au démagogisme le plus effréné. Les clubs de la Suisse, dans

---

[1] Celui de l'Ours, ainsi nommé de la petite auberge où il tenait ses séances.

ces jours néfastes, n'eurent rien à envier à ceux de Paris, de Lyon et de Marseille. Ils dictèrent, dans les différens cantons, les instructions données au députés en diète; Berne prit en main la direction du mouvement, et l'autorité fédérale soutint, à l'aide des contingents fédéraux, les nouvelles constitutions imposées aux cantons de Lucerne et de Fribourg, et par une faible minorité, instrument docile du club dirigeant. On n'oubliera de longtemps l'invasion et l'occupation de ces malheureux cantons par les contingents fédéraux et leurs auxiliaires. Jamais baïonnettes étrangères ne vinrent en aide à des minorités plus oppressives, à de plus flagrantes illégalités. Heureusement pour ces cantons, le terme fixé pour la révision des constitutions nouvelles arriva; la majorité rentra en pleine possession de ses droits, et l'état normal succéda enfin à une anomalie révoltante dans un pays régi par des institutions démocratiques.

Dans le canton de Genève les conditions étaient différentes, et les choses se passèrent autrement. L'ancien gouvernement s'était attiré sa chute par la politique double qu'il avait suivie depuis 1830. Conservateur à Genève, il se montrait, le plus souvent, radical au sein de la diète, où il appuyait les motions les plus avancées. Il s'associa, par exemple, à la suppression des couvents, à cet acte de spoliation légale, à cette violation manifeste de la liberté de conscience. En outre, dans ses rapports avec la population catholique, le gouvernement se montrait ouvertement oppresseur, du moins tracassier et de mauvaise foi. M. James Fazy et ses amis tirèrent habilement parti de ces griefs; c'est grâce à la neutralité des catholiques qu'ils ont triomphé en 1846, et c'est avec leur appui qu'ils ont réussi à se maintenir au pouvoir, malgré les graves sujets de plainte qu'on allègue justement contre eux. On ne peut citer, en effet, le gouvernement actuel de Genève comme un gouvernement modèle, mais il est impossible de lui refuser une grande dextérité pour se tirer des difficultés qui surgissent fréquemment : *per fas et nefas*, telle paraît être sa devise. Cette remarque, au reste, pourrait s'appliquer tout aussi justement, en Suisse, à la plupart des gouvernements nouveaux. Le mouvement radical a porté à la tête des affaires des hommes qui ont fait preuve de talent et d'habileté : MM. Keller et Escher à Zurich; à Berne, MM. Schnell, Neuhaus, Stæmpfli; à Lucerne, M. Pfyffer, M. Druey à Lausanne, M. James Fazy à Genève; mais tous ces messieurs se sont montrés, en général, aussi peu scrupuleux sur le choix du but que sur celui des moyens; leur politique a été une politique d'expédients et de circonstance, se pliant par trop aisément aux exigences du moment, servant les passions populaires et se servant d'elles suivant l'occurrence. M. James Fazy, par exemple, dispose à Genève d'un corps de prétoriens qui, sous la dénomination de *Fruitiers d'Appenzell*, le soutiennent envers et contre tous, au risque de s'en faire désavouer quand ils se compromettent, ce qui a eu lieu cet été, lors de leur expédition sur Thonon, où ils ont tenté de faire des *faits accomplis*.

C'est de Berne principalement que partirent l'agitation qui s'est produite au sujet de l'annexion de la Savoie et les prétentions étranges qui se sont formulées. M. Stæmpfli, dont l'ambition rêve pour la Suisse un rôle qu'elle n'est pas appelée à jouer, avait voulu prendre, lors de la guerre d'Italie, l'initiative sur cette question, en faisant occuper le Châblais et le Faucigny; velléité conquérante que le cabinet de Vienne a réussi à lui faire abandonner. Aux réclamations de la Suisse la France n'avait d'autre réponse à faire que celle qu'a donnée M. de Thouvenel, savoir : qu'elle n'était tenue qu'à deux choses : posséder ce pays aux mêmes conditions auxquelles le possédait la Sardaigne, et porter devant une conférence européenne la question de la neutralité de la Suisse, qui se prétend menacée. Le gouvernement fédéral me semble avoir commis une grande faute en cherchant à ameuter contre nous, à cette occasion, les divers cabinets et à nous faire peur de l'Europe coalisée dans l'intérêt de la Suisse (?). L'Angleterre seule s'est prêtée à ces manœuvres maladroites : on devait s'y attendre.

Ce résumé ne serait pas complet si je ne disais quelques mots des réfugiés, qui, depuis trente ans, ont été pour la Suisse un sujet d'embarras et de complications graves, à l'intérieur comme au dehors. La présence de tous ces brouillons français, allemands, polonais et italiens, lui a été dangereuse sous plus d'un rapport. La Suisse a abusé du droit d'asile en les admettant indistinctement, et ces hommes de désordre ont abusé de l'hospitalité qu'on leur accordait (leur nombre s'est élevé à trente-six mille!). Les conspirateurs de tout étage, et même les assassins, ont trouvé, sur le territoire de la confédération comme en Angleterre, un point de départ à la fois et un lieu de refuge. Ils ont porté une grave atteinte à la considération du gouvernement fédéral et des gouvernements cantonaux, convaincus tour à tour de complicité morale ou d'impuissance quand ils ont sérieusement voulu réprimer; en outre, lorsque ces esprits turbulents n'employaient pas leur coupable activité au dehors, ils la tournaient sur les affaires intérieures du pays qui leur donnait si imprudemment asile, et ils ont souvent par là suscité des difficultés sérieuses aux gouvernements. On se souviendra longtemps en Suisse de l'embarras qu'a donné, des dépenses qu'a occasionnées à la confédération cette armée badoise gagnée à l'émeute, ces quinze mille soldats, traîtres à leur prince et infidèles à leur drapeau, que j'ai vu refouler par les baïonnettes prussiennes sur le territoire helvétique; rien n'était plus triste que le spectacle de cette débandade.

Je résume en peu de mots mon opinion sur l'état actuel de la Suisse. Toutes ses populations jouissent aujourd'hui de l'égalité des droits politiques; elles sont entrées en possession du *self-government*, qui est le but des démocrates; en seront-elles plus heureuses? cela dépend de l'usage qu'elle feront de leurs droits. Ce n'est pas en un jour que les nations apprennent l'art difficile de se gouverner elles-mêmes; elles payent, le plus souvent, leur apprentissage par le sacrifice temporaire de leur repos et de leur bien-être. Pendant les premières années il n'y a eu, à vrai dire, dans ce pays-ci, que réaction politique et mesures arbitraires. Après une révolution accomplie, les passions mauvaises, qu'on a mises à l'œuvre, réclament impérieusement leur salaire; la liberté se transforme en arme offensive aux mains du parti victorieux, et dans ses rangs retentit de toutes parts l'impitoyable cri : *Væ victis!* Mais des symptômes significatifs annoncent que la Suisse sort de cet état exceptionnel pour rentrer dans des voies régulières. Les gouvernements nés d'une révolution sont forcés en définitive d'entrer dans les conditions de leur existence et de faire de l'ordre pour se maintenir. Tout les y sert à point; l'accès de la fièvre politique tombe par degrés; le besoin du repos se fait sentir dans les masses, dont l'éducation se complète d'autant plus vite que, nouvellement affranchies, elles ont commis plus de fautes; les intérêts matériels longtemps en souffrance élèvent la voix et imposent silence aux passions déjà refroidies. C'est là ce qui arrive dans ce pays; la réaction morale, le retour aux idées saines et modérées, aux anciennes habitudes d'ordre, y est visible.

Mais, après que la société ébranlée a repris peu à peu son équilibre et s'est replacée sur ses bases, l'agitation, qui se prolonge à la surface, empêche longtemps les observateurs prévenus, les esprits froissés et les âmes passionnées de reconnaître le progrès, et c'est encore là ce qu'on voit en Suisse. Pour moi, qui ai foi à la raison publique et au triomphe de l'intérêt bien entendu, je me plais à croire que, **après avoir heureusement échappé à la guerre civile, aux mains des clubs et à l'occupation étrangère qu'ils eussent rendue inévitable, ce pays, si intéressant sous tant de rapports, marche enfin vers des jours meilleurs.**

DIRECTIONS ET PLANS DE VOYAGES

Je suis un homme du passé! J'ai beaucoup roulé par le monde, en diligence, en voiturin, en char-à-bancs, en cariole, et je m'en suis généralement bien trouvé. Qu'il me soit donc permis, en ma qualité de voyageur pittoresque et artistique, d'exprimer ici un regret, de verser une larme sur la disparition de ces divers véhicules, qu'a remplacés le banal et prosaïque chemin de fer, invention qui ne peut être bénie que de ces gens qui voyagent dans l'unique but... d'arriver. C'est surtout à l'égard de la Suisse que je déplore ce perfectionnement des temps modernes : il nous a dépoétisé cette intéressante et admirable contrée; grâce à lui, la Suisse n'a plus été le rendez-vous des voyageurs vraiment dignes de ce nom : elle est devenue un lieu commun! le chemin de fer y vomit sans relâche des flots de ce public mêlé que nous voyons se presser, se coudoyer sur nos boulevards, à Baden-Baden, à Hombourg; et la Suisse, jadis uniquement visitée par des curieux faits pour en comprendre l'intérêt et en goûter les charmes, est infestée aujourd'ui de badauds de Paris, de cockneys anglais, d'Américains, d'Allemands, de Russes, enfin de cette multitude de gens qui suivent le courant de la mode, vont où tout le monde va, et passent, comme les moutons de Panurge, là où les autres ont passé.

Toutefois, je ne puis le nier, cet engin du malin, ce chef-d'œuvre du diable de la prose, a son bon côté, en ce qu'il permet au vrai voyageur qui n'a que peu d'argent et de temps à dépenser de se porter rapidement et à peu de frais sur les divers points de la Suisse, et de se procurer des jouissances qui, bien qu'elles ne soient plus sans mélange, sont encore au nombre des plus nobles, des plus vives et des plus pures que puissent goûter toute âme bien organisée, toute intelligence élevée et cultivée.

Je vais, prenant conseil de ma vieille expérience et de la connaissance approfondie que j'ai acquise sur le sujet, indiquer ici les divers points que le voyageur devra choisir comme centre d'opérations, d'où il pourra rayonner en tous sens, *excurser*, selon l'expression anglaise, vers les parties les plus pittoresques et les plus intéressantes du pays.

Il en est cinq principaux, auxquels on arrive directement et d'une seule traite si l'on veut. Je suppose mon *client* parti de Paris : il vient à Zurich en dix-sept heures, voit la ville, monte à l'Uettiberg par une belle soirée, y passe la nuit s'il a du temps; il va visiter la chute de Schaffhouse et revient au point de départ. Il fait la course intéressante d'Einsiedlen (Notre-Dame des Ermites), gagne de là Rapperschwyl, y prend le chemin de fer, visite Glaris, le Gautenbruck, reprend la voie ferrée, qui le conduit, par le lac de Vallenstadt, trajet éminemment pittoresque, à Coire. Il s'arrête, chemin faisant, à Bagatz pour voir Pfeffers. De Coire il ira, par la *Via Mala*, à Hinterrhein, aux sources du Rhin; retour à Coire, excursions des plus intéressantes, dit-on, dans la vallée du Prettigau et la haute Engadine; le retour peut s'effectuer par les cantons de Saint-Gall et d'Appenzell, en prenant, à Altstetten, la route d'Arustos, qui monte à Gais.

Second centre d'opérations, Lucerne : ascension du Rigi; trajet par le lac à Altorf, la vallée de la Reuss, le pont du Diable, Andermatt; course dans la vallée d'Engelberg; pour les marcheurs intrépides, passage des Alpes Surènes, la vallée de Sarnen et de Lungern; passage très-facile, par le Brunig, dans l'Oberland bernois.

Troisième centre, Interlaken (par Berne et Thoune) : courses dans les vallées de Lauterbrounen, du Grindelwald, de Meyringen, en passant la Wengern-alp et la grande Scheideck; ascension du Faulhorn, *recommandée spécialement;* le Grimsel, les glaciers du Rhône et de l'Aar; retour à Meyringen. Je ferai observer ici que remonter une vallée et la redescendre, ce n'est pas faire deux fois le même chemin : rien n'est plus divers que les deux aspects qui s'offrent au voyageur. Toutefois, s'il lui faut choisir, il devra remonter les vallées, par la raison que, dans ce cas, l'intérêt est en progression en ce qui touche le caractère sauvage, alpestre et grandiose de la contrée. Revenu sur le lac de Thoune, le voyageur fera la course des bains de Louesche par la Gemmi et reviendra dans le Simmenthal pour gagner le lac de Genève par la Dent de Parnau.

Quatrième ou plutôt cinquième base d'opérations, Genève : la course au fond du lac par le bateau à vapeur; à Martigny, par le chemin de fer; à Chamouny, par le col de Balme; les bains de Saint-Gervais, tour du mont Blanc par le col de la Leigue, l'allée Blanche, Courmayeur, la cité d'Aoste, le grand Saint-Bernard (sept jours). Un voyageur intelligent pourra, en s'aidant de ces indications et des détails que lui fournit mon livre, se tracer un itinéraire d'après le temps et l'argent qu'il aura à sa disposition. Il faut compter sur dix francs par jour environ pour logement, nourriture et service dans les premiers hôtels, qui sont : les Trois Rois, à Bâle; l'hôtel Bauer, à Zurich; l'hôtel Weber, à Schaffhouse; le Schweizerhof, à Lucerne; le Faucon et la Couronne, à Berne; à Thoune, l'hôtel de Bellevue; l'hôtel de la Métropole et celui de la Couronne, à Genève; le nouvel hôtel d'Ouchy et l'hôtel Gibbon, à Lausanne; l'hôtel Monnet, à Vevay. Dans les hôtels de second ordre, on obtiendra une diminution de deux à trois francs.

Un guide coûte six francs par jour; avec un cheval, le double; une voiture, de douze à dix-huit francs, selon la course; un fauteuil à porteurs, six francs par homme (il en faut quatre). Les chemins de fer sont à peu près au même prix qu'en France; on est parfaitement bien aux secondes places, et il y a des compartiments où l'on ne fume pas (le tabac suisse est nauséabond).

TABLE

Dédicace.	1
Avant-propos.	3
Bale.	5
Schaffhouse.	19
Zurich.	32
Schwytz.	60
Le Rigi.	77
Lucerne.	90
Unterwald.	111
Uri.	126
Grisons.	147
Saint-Gall.	189
Appenzell.	201
Tessin.	222
Côme.	234
Milan.	237
Gênes.	252
Turin.	266
Le lac Majeur. — Le Simplon.	284
Valais.	291
Vaud.	319
Genève.	342

Savoie.	369
Berne.	389
Fribourg.	452
Neufchatel.	458
Soleure.	463
Tableau résumé des événements de la Suisse depuis 1830.	473
Directions et plans de voyages.	492

A LA MÊME LIBRAIRIE

LES
CÉLÉBRITÉS FRANÇAISES

ROIS ET REINES — CONNÉTABLES
MINISTRES — CHANCELIERS — MAGISTRATS — GÉNÉRAUX — SAVANTS
RELIGIEUX — MARINS
POËTES — ÉCRIVAINS — PRÉDICATEURS
PHILOSOPHES — MUSICIENS — SCULPTEURS — PEINTRES

PAR

M. ALFRED DES ESSARTS

UN SPLENDIDE VOLUME TRÈS-GRAND IN-8 JÉSUS, IMPRIMÉ AVEC LUXE

ILLUSTRÉ DE SUPERBES LITHOGRAPHIES ARTISTIQUES

PAR HADAMARD

PRIX, BROCHÉ, 15 FRANCS

Faire l'histoire de France par la biographie et le portrait, tel a été le but de l'auteur. Il s'est efforcé, en maintenant le plus possible l'ordre chronologique, de faire revivre l'esprit et les mœurs de chaque siècle. Son livre est une galerie où passent les plus grandes figures de nos annales. L'intérêt de l'anecdote s'y mêle à la couleur exacte et à la vérité des détails. C'est l'étude rendue facile et toujours attrayante.

LES GRANDS PEINTRES

PAR

M. ALFRED DES ESSARTS

UN TRÈS-BEAU VOLUME GRAND IN-8 JÉSUS

IMPRIMÉ AVEC LUXE SUR BEAU PAPIER GLACÉ ET ILLUSTRÉ DE SUPERBES LITHOGRAPHIES ARTISTIQUES ET TEINTÉES

Prix, broché, 13 fr. 50

PARIS. — IMP. SIMON RAÇON ET COMP., RUE D'ERFURTH, 1.

www.ingramcontent.com/pod-product-compliance
Lightning Source LLC
Chambersburg PA
CBHW080232170426
43192CB00014BA/2448